De herfst

Vertaald door Peter Abelsen

Jeffrey Lent

De herfst

2000 Prometheus Amsterdam

Voor Marion
De lange weg vol liefde

En voor hun niet-aflatende steun en enthousiasme,
Ken Hill en Holley Bishop

Eerste druk maart 2000
Tweede druk juli 2000

Oorspronkelijke titel In the Fall
© 2000 Jeffrey Lent
© 2000 Nederlandse vertaling Uitgeverij Prometheus en Peter Abelsen
Omslagontwerp Erik Prinsen, Venlo
Foto achterplat Marion Ettlinger
ISBN 90 5333 894 2

Proloog

De jongen ontwaakte in het donkere huis en wist dat hij alleen was. Hij wist het, en daarom werd hij wakker. Het huis was niet verlaten, maar hij was er alleen. Hij stond op, trok zijn kleren aan en liep door het donker de trap af. Vanuit de keuken kon hij het schijnsel van de lantaarn zien in de met bomen overgroeide wei aan de andere kant van de stal. Hij nam zijn jas van het haakje en hield de rand van de deur vast om hem geruisloos dicht te kunnen duwen. De dennen en lariksen om het huis torenden hoog boven hem uit. Hij stak de rulle oprit over en begaf zich in het kreupelhout van sumak, braamstruiken en jonge populieren. Hij hield steeds voldoende gebladerte tussen zichzelf en het lichtschijnsel. De duisternis maakte hem niet bang. Hij was bang om alleen binnen te zijn. De lantaarn stond op een platte kei. Zijn vader stond in de bodem van het bos te spitten. Naast de kuil lag een stuk zeildoek waarboven hij telkens zijn schop omkeerde. De jongen hoorde de aarde zachtjes van het blad glijden. Het was een rond gat, niet groot maar behoorlijk diep. Zijn vader ging behoedzaam te werk, nam alle tijd om met de punt van de schop keien en stenen los te wrikken. Toen de steel zowat voor de helft in de grond verdween hield hij op, zette de schop weg en pakte een van de drie koffieblikken die op de rand van het zeildoek stonden. Hij knielde neer, zette het blik rechtop in de kuil en bleef op zijn knieën zitten om er handenvol aarde omheen te drukken. Pas toen het helemaal bedekt was stond hij op om het karwei af te maken. Met trage bewegingen schepte hij de rest van de aarde van het zeildoek terug de kuil in, en klopte de aardhoop aan met het blad van de schop. Ploffende geluidjes in de nacht. Hij legde de schop neer, schudde het zeildoek leeg en pakte een langtandige hark waarmee hij dode bladeren en dorre twijgjes over het dichtgegooide gat begon te vegen. Toen de aanblik hem tevreden stemde pakte hij zijn spullen bij elkaar en trok een eindje verder het bos in, en de jongen sloop met hem mee. Een stille, steelse dans door het kreupelhout. Hij keek toe terwijl zijn vader een tweede kuil groef, wederom heel omzichtig, opnieuw een klein graf voor een koffieblik. Waarop ze weer verder het bos introkken en de vader een derde gat groef, dichtgooide en wegmoffelde. Toen hij klaar was ging hij op een steen zitten en stak een sigaret op. Nog altijd gadegeslagen door zijn zoon. De jongen wist dat hij als eerste terug in het huis moest zijn, maar een kleine voorsprong was hem lang genoeg. De punt van de sigaret gloeide rood-oranje op als de vader inhaleerde, en als de rook zijn longen verliet en door het gebladerte dreef probeerde de jongen er zoveel mogelijk van op te snuiven, als was het een deel van de man zelf. Op de avond na de dood van zijn zusje, toen zijn moeder nog tegen haar ziekte lag te vechten, was hij door zijn vader naar bed gestuurd. 's Nachts had zijn moeder hem wakker gemaakt. Ze had aan het voeteind van zijn bed gestaan, met zijn zusje aan een hand, zwijgend maar met haar blik op hem gevestigd. Claire had naar hem gezwaaid. Even later was zijn vader naar boven gekomen en had hij opdracht gekregen een lantaarn te pakken en de oprit sneeuwvrij te maken, helemaal tot aan de weg. Wanhopig had hij staan scheppen tussen de hoge dennen, kansloos tegen de sneeuw die tot aan zijn middel reikte, huilend en ploeterend in het besef dat al zijn moeite voor niets zou zijn. Maar toen zijn vader in de broze, paars-met-gele gloed van de dageraad naar buiten kwam, om een bezwerende hand op zijn schop te leggen, om hem te zeggen dat zijn moeder gestorven was, had hij niet van ophouden willen weten. Als een bezetene was hij op de sneeuw blijven aanvallen als op zijn eigen radeloze hart. Die aanblik van hen beiden, hand in hand in zijn slaapkamer. Een stil afscheid. Zijn moeder en zusje waren bij hem langsgekomen om hem nog eenmaal te kunnen zien. Dat was de reden waarom hij bang was om alleen in het huis te zijn. Aan het donker lag het niet. Buiten joeg het donker hem geen vrees aan.

 Zijn vader wreef de sigaret uit tegen de zijkant van zijn broek, trok de peuk uit elkaar en verstrooide de tabak. De jongen bleef waar hij was. Zijn vader pakte het zeildoek bij de punten op en hield het met gespreide armen omhoog. Voor een ogenblik gingen de lantaarn en de man schuil achter het zeildoek, een verlicht toneelscherm, waarna hij de punten op elkaar legde en het doek verder opvouwde. Hij klemde het onder zijn arm en pakte met zijn vrije hand de schop en de hark van de grond. Nu was het tijd om te gaan. Terwijl zijn vader zich bukte om de lantaarn te pakken keerde de jongen terug, behendig door het donker, het huis een massief silhouet tegen de nachtelijke hemel. Achter zich hoorde hij zijn vader hijgen, een schurend gerasp, alsof hij zich voortbewoog door lucht in te zuigen. Zijn longen waren nog altijd zwak door de griep die hij in het huis had gebracht, de winterse ziekte waar hijzelf overheen was gekomen maar die daarna Claire en toen hun moeder in de greep had gekregen. Zij hadden er veel korter aan geleden dan zijn vader, maar waren er beiden in verdronken. De jongen was in het geheel niet ziek geworden. Het gehijg achter hem was luid genoeg om te kunnen rennen zonder gehoord te worden, maar hij wilde het huis pas vlak voor zijn vader bereiken. Net in bed liggen en dan zijn vader horen binnenkomen, dat was alles wat hij wilde.

Wat er in die koffieblikken zat, wat er daarginds in het bos begraven lag, hij had geen idee wat het kon zijn. Het was iets geheims, verborgen nu, diep in de grond gestopt, uit het zicht, verdwenen. Het was iets wat alleen zijn vader aanging, dat hoefde niemand hem te vertellen. Hij was niet minder nieuwsgierig dan andere jongens, maar hij begreep dat hij dit moest laten rusten.

I

Randolph

I

De grootvader van de jongen was in de vroege zomer van 1862 vertrokken van de boerderij op de berg langs de weg van Bethel naar Randolph. Had afscheid genomen van zijn moeder en zijn jongste zus, had een laatste blik geworpen op zijn merinosschapen en de schamele kudde melkkoeien. Amper zeventien jaar oud was Norman Pelham geweest, maar hij oogde mannelijk genoeg in de kleren die zijn moeder voor hem had genaaid. Zijn lengte en zijn bedaarde houding vormden een waarborg tegen lastige vragen naar zijn leeftijd. Zijn vader bracht hem met de wagen naar het station van Randolph, een rit van een uur. De gecoupeerde staarten van het span werden dof door het zomerse stof dat tussen de strengen door omhoogwarrelde. Geen van beiden zei iets. Norman was een intelligente jongeman en het leek hem niet waarschijnlijk dat die burgeroorlog snel voorbij zou zijn. De zuidelijke staten, die met elkaar bijna de helft van de Unie hadden beslagen, zouden zich zomaar niet gewonnen geven. Toch hield hij geen rekening met de kans dat hij kon sneuvelen. Hij had zich voorgenomen om goed zijn best te doen, maar er vloeide hem geen heldenbloed door de aderen. De enige glorie die hem voor ogen stond was ooit weer over dezelfde weg naar huis terug te komen. Al met al had hij niet de minste behoefte om dit soort dingen met zijn vader te bespreken, en zijn vader hield zijn gevoelens ook voor zich. Dus tuurden ze naar de kraaien die boven de vallei cirkelden, keken naar de mannen die op de vlakke velden langs de rivier aan het hooien waren, mannen die ze al jaren kenden. Sommigen zetten hun zeis in het gras om hen met een armzwaai of een afgenomen hoed te groeten. Sommigen hadden hun zoon al eerder die ochtend naar het station gebracht. Sommige zoons waren zelfs al in Brattleboro, anderen zouden weldra volgen. Vader en zoon beantwoordden de groeten met een zwijgende hoofdknik. Woorden waren overbodig, want iedereen wist waar ze heen gingen. Het tuigleer kraakte, de zware wielen vermaalden het steengruis op de weg, het hart van de vader jaagde alsof het uit zijn borstkas wilde breken en ook het hart van de jongen ging tekeer. Er was geen woordenwisseling tussen hen geweest, geen heen-en-weergepraat over geschiktheid of leeftijd. De vader was maar al te graag zelf gegaan, maar dat kon niet. De jongen ging niet in zijn plaats. Hij ging uit eigen beweging.

In Randolph leidden ze het span in een halve cirkel weg van het station, zodat de kar alvast in de richting van de terugreis kwam te staan. De paarden lieten hun hoofden zakken, schuimig zweet op hun ruggen. De vader sloeg de leidsels in een enkele lus om de remhendel en stapte van de wagen. Norman klom er aan de andere kant af en reikte achter zich om een reistas met twee riemen te pakken, waarin een winterjas zat, een canvas broek, een gekookt wit hemd, een kleine bijbel met inscriptie, extra sokken en een scheermes. Allemaal spullen die hij van zijn moeder had moeten meenemen, op het scheermes na. Norman was van plan het in zijn zak bij zich te dragen, rekende erop dat hij altijd wel aan zeep en een scheerriem zou kunnen komen. Misschien voorzag het leger daar zelfs wel in. Maar dat wist hij niet zeker, en er was niemand aan wie hij het kon vragen.

Het was druk bij het station, dat langs aan kanten was volgehangen met zelfgemaakte vlaggen en vaandels. Zijn vader kwam op hem toe en ze gaven elkaar een stevige knuist, waarna ze elkaars hand op precies hetzelfde moment loslieten, alsof ze dit vele malen hadden geoefend.

'Nou,' zei zijn vader, en zijn blik dwaalde over de laadbak van de wagen naar het span.

'Pas goed op mijn schapen,' zei Norman.

'Zal ik doen,' zei de vader. 'Zorg dat je wegduikt als ze schieten.'

'Reken maar.'

Zijn vader knikte. 'Goed, dan ga ik maar weer.'

Norman slingerde de reistas over zijn schouder en liet hem op zijn rug hangen, met zijn elleboog in de lucht. 'Goed,' zei hij zijn vader na. Toen hij zich omkeerde en de menigte tegemoet liep besefte hij opeens dat hij veel meer mensen om zich heen zou hebben dan hij gewend was. Maar hij wist dat hij zich alleen maar stil hoefde te houden om net zo alleen te kunnen zijn als hij zelf wilde.

De rest van de dag werd in beslag genomen door de treinreis naar het zuiden, naar Brattleboro. De mannen om hem heen zaten zich allemaal te goed te doen aan eten dat ze in zakken of doeken bij zich hadden. Norman maakte zijn tas open om zijn scheermes te pakken, zodat hij de rest in de trein kon achterlaten. Er lag een stuk schapenbout bovenop, in papier gewikkeld met een touwtje eromheen, en een vers brood, en zes hardgekookte eieren. Terwijl hij de eieren pelde drong het tot hem door dat ze daar al haar eierengeld aan besteed moest hebben. Toen hij het schapenvlees en het brood had verorberd sloot hij de reistas en zette hem klem tussen zijn voeten, met het scheermes er nog in.

De volgende ochtend tekende hij in Brattleboro de presentielijst en kreeg een uniform uitgereikt, een achterladend Springfieldgeweer en een stuk of tien aanverwante spullen. In de weken die volgden deelde hij een tent met vijf mannen uit delen van Vermont waar hij nog nooit van gehoord had, nam deel aan exercities en oefeningen die hij op geen enkele manier met de oorlog in verband kon brengen. Na verloop van tijd begreep hij dat hij het getroffen had met zijn directe meerderen, oudere mannen die wars waren van ambitie, allang niet meer hogerop wilden komen maar wel veel ervaring hadden. In de eerste week van juli gingen ze per trein op transport naar het zuiden, om zich bij het immense Leger van de Potomac te voegen. Norman droeg het scheermes nu in zijn ene broekzak en de bijbel in zijn andere. Dat extra paar sokken had hij ook bewaard.

Het was eind september 1865 eer hij eindelijk door Bethel kwam, op zijn weg terug naar de boerderij op de berghelling, maanden nadat zijn kameraden van het Tweede Vermont in groepjes of koppels waren thuisgekomen. Ze waren niet erg mededeelzaam over hem geweest, die streekgenoten met wie hij tegen de Geconfedereerden had gevochten. Als iemand weleens vroeg waar die Norman Pelham toch bleef, hadden ze er het zwijgen toe gedaan. Zelfs tegen zijn moeder wilden ze hooguit kwijt dat hij elke dag thuis kon komen en dat hem niets had gemankeerd toen ze hem voor het laatst hadden gezien. Een aantal van hen tuurde nog altijd in de verte als ze daar een eenzame figuur ontwaarden, om te zien of hij het misschien was. Sommigen twijfelden of hij ooit nog terug zou komen, maar ook die twijfels waren weinig meer dan een vorm van nieuwsgierigheid, hielden geen oordeel over hem in. Deze mannen waren niet langer geneigd om zich al te zeer in een ander te verplaatsen, en ze spraken zich alleen uit over kwesties waarmee ze zelf te maken hadden. Wat Norman deed ging hen niet aan. Toch bleven ze in de verte turen.

Maar op die nazomerse ochtend, de suikeresdoorns waren al felgeel verkleurd en de schapenweiden stonden vol met jonge boompjes, liep hij dan eindelijk over de weg. Het nieuwtje was hem vooruitgesneld, zodat alle buren die dat wilden hem konden gadeslaan. Hij had de lange, ontspannen tred van iemand die afstanden niet meer in mijlen telde maar in maanden. De ransel op zijn rug was uit een legerdeken gemaakt, en naast hem liep een meisje in een verschoten blauwe jurk, net zo lang als hij, met een kartonnen koffer die met touw was dichtgebonden. Norman droeg zijn soldatenlaarzen, het meisje ging blootsvoets, had haar schoenen met de veters aan elkaar gebonden en over haar schouder geslagen. Hij stak zijn hand op naar eenieder die zich vertoonde, en de meesten knikten of wuifden terug. Het deerde hem niet dat sommigen in het donker van hun schuur of vanachter gordijnen stonden te kijken. Hij stelde zich tevreden met de gedachte dat hij hun geen kwaad hart toedroeg, ook al wilden ze hem kennelijk niet

groeten. Het meisje zei: 'Ze kijken naar ons.'
'Dat hebben ze steeds gedaan.'
'Ja, maar dit zijn jouw mensen.'
'Laat maar kijken. Dat recht hebben ze.'
'Dat zeg jij.'
'Nee, dat ís zo,' zei hij. 'Laat ze maar kijken wat ze willen en denken wat ze willen. Het zal mij een zorg zijn, en het zou jou ook een zorg moeten zijn.' En hij meende het. Hij had zijn twijfels allang van zich afgelopen, in het zuiden van Virginia al. Het was een gevoel dat niets met eigengereidheid te maken had. Hij wist gewoon zeker dat ze niets verkeerds deden. Voor zover hij nog aarzelingen kende, kwamen die voort uit zijn zorg om haar. Hij wist inmiddels hoe wreed mensen konden zijn, en was vastbesloten om haar te beschermen tegen alles wat zijn mensen haar zouden kunnen aandoen. Hij hield meer dan innig veel van haar. Zijn liefde was furieus.

Op iets minder dan een mijl van het dorp Randolph kwamen ze bij het pad dat over een lengte van zo'n halve mijl omhoogvoerde naar de boerderij. Waar ze nu alleen nog zijn moeder en jongste zuster zouden aantreffen. Zijn vader was twee jaar eerder door hun oude merrie tegen zijn hoofd getrapt toen hij zich bukte om een gevallen muntje op te rapen. De brief met dit bericht had hem enkele dagen voor de slag bij Fredericksburg bereikt. Tijdens die slag had hij links en rechts en voor en zelfs achter zich mannen zien sterven terwijl hij onwillekeurig het advies van zijn vader opvolgde en zich keer op keer via zijn knieën op de grond liet vallen, met zijn Springfield in de aanslag. Zijn oudere zusters waren intussen getrouwd en hadden zich ver van het ouderlijk huis gevestigd. Miriam op een boerderij in Iowa. Ethel in St. Louis, waar haar echtgenoot een handel in papierwaren dreef. Toen het meisje en hij het laatste huis aan de weg passeerden kwam de boerin net naar buiten om de was op te hangen. Met haar armen vol wasgoed en haar mond vol knijpers was ze niet in staat te groeten. Ze kon hen slechts aankijken, haar door de oorlog geharde buurjongen en het meisje met de groene ogen en het sierlijke zwarte lichaam, met een huid waaraan het zonlicht de glans gaf van gepolitoerd notenhout. Norman riep iets en het meisje stak een hand op in een gebaar dat de vrouw begreep als: jij staat daar in je voortuin en ik ben hier, en ik kom pas naar je toe als je het heel vriendelijk vraagt. Toen ze het pad opliepen meende Norman het zachte geluid te horen van wasknijpers die een voor een in het gras vielen.

Hij had tweemaal een verwonding opgelopen. De eerste keer bij Gettysburg, toen het Tweede Vermont een flankaanval inzette tegen Picketts overmoedige charge, naar binnen trok en het tij deed keren, wadend door een zee van dode en zieltogende mannen en paarden terwijl de veldslag zijn brullende hoogtepunt bereikte. Norman raakte gewond toen een roodogige cavalerist op hen inreed, het zomerlicht vlammend op zijn sabel die Normans rechterarm tot op het bot doorkliefde en weer opwaarts vloog voor de genadeslag. Norman was zijn Springfield kwijt maar hij hief zijn linkerarm op en wierp zich tegen het paard terwijl de sabel achter hem langs zoefde en trok de man over zich heen. Ze smakten tegen de grond en alle adem werd uit zijn lijf geperst en hij liet het aan de anderen om de rebel van hem af te trekken en met hun bajonetten te doorsteken. Toen hij zich weer bij zijn compagnie voegde, na te zijn opgelapt in het veldhospitaal bij het vroegere huis van Lee in Washington, bleken ze de sabel voor hem bewaard te hebben. Maar hij wilde hem niet. Hij kon nog altijd het zweet van die cavalerist op zijn gezicht voelen, rook nog steeds de walm van zijn doodsangst toen ze op de grond lagen en de lucht verduisterd werd door de gebogen lichamen van zijn kameraden.

De tweede wond kwam bijna twee jaar later, vlak buiten Richmond, nadat ze die stad veroverd hadden en Lee's leger voor hun ogen uiteen begon te vallen. Het was laat in de middag toen zijn compagnie een riviertje overstak. De bessenstruiken stonden in bloei en de lenteblaadjes aan de bomen waren lichtgroen en teer als muizenoortjes. De mannen die ze achtervolgden hadden voldoende voorsprong opgebouwd om hun enige veldstuk te kunnen keren en een laatste kartets op hen af te vuren. Ze hurkten neer tussen de zalmlelies en de gifsumak en de granaat spatte vlak voor hen uiteen. Ze hoorden de scherven over zich heen fluiten. De granaat was te kort ingeslagen, maar de explosie joeg iets anders door de lucht, een stuk boom misschien, dat Normans linkeroor aan flarden scheurde. Hij bleef bewusteloos liggen terwijl zijn compagnie de tenten opsloeg. Diep in de nacht kwam hij bij en kroop, nog steeds verdwaasd, uit het kamp weg als een ziek beest op zoek naar een plek om te sterven. Bij het ochtendgloren werd hij met helse pijn wakker, in de beschutting van een rij struiken, ergens in Virginia. Zijn oor was een kloppend ding aan zijn hoofd, zijn geest ijl en schimmig, hij rilde van de dauw die nog voor de eerste zonnestralen van hem af dampte en zijn tong snakte loom en dik naar water. Hij rolde op zijn rechterzij om zijn oor in de lucht, weg van de grond te houden, viel weer in slaap en toen hij zijn ogen opsloeg zat er een meisje bij hem, met een dodelijke ernst op haar gezicht en haar handen om een kalebas met water, en ze vroeg: 'Ben jij dood?'

Tegen het tollen van zijn hoofd in lag hij haar gezicht uit te tekenen. De ranke, hoge jukbeenderen die aandacht vroegen voor de amandelvormige ogen die al sprankelden voor de zon er zijn licht aan kon geven. Het kuiltje in haar kin die hij als een vrucht in zijn hand wilde koesteren. Haar gekloofde lippen die van haar eigen ontberingen getuigden maar niettemin uit het fijnste roze marmer gebeeldhouwd leken. Hij kon amper een woord uitbrengen van de pijn, maar hij wist dat hij iets moest zeggen omdat ze anders weg zou vluchten, denkend dat hij dood was, of gevaarlijk. Dus zei hij: 'Nee, ik moet alleen maar even uitrusten.' En door het bonken van zijn hoofd en oor heen: 'Zit daar soms water in?'

Ze knikte en ondersteunde zijn hoofd terwijl hij dronk en liet hem weer terugzakken en hij viel in slaap. Toen hij wakker werd zat ze er nog steeds en was de kalebas weer vol en ze hielp hem overeind en gaf hem te drinken. De zon stond nu hoog aan de hemel, maar ze zaten in de schaduw van de struiken. Ze had scheepsbeschuiten en een stuk ham waar ze de schimmel vanaf had geschraapt, en daar gaf ze hem van te eten en hij viel weer in slaap. Bij het vallen van de avond werd hij wakker door het verre geroep van nachtzwaluwen. Ditmaal stond ze. Ze boog zich over hem heen en zei: 'Nu moet je opstaan en meekomen. Het is niet ver, maar je moet mee. Nog een nacht hier en die koorts nekt je. Is alle moeite voor niks geweest.' Hij zag dat ze twee opgerolde dekens over haar schouder droeg. Ze zei: 'Zo erg is het niet. Je bent heus niet dood. Vooruit, opstaan.' En toen hij stond, zwaar op haar leunend, met een arm om haar heen en met haar arm om zijn middel, vroeg hij hoe ze heette. Ze zweeg even, draaide haar gezicht van hem weg, in de dekens, en zei: 'Leah.'

'Wat een mooie naam,' zei hij. 'Uit de bijbel.'

En ze keek hem even monsterend aan, en zei: 'Dat kan zijn. Maar goed, zo heet ik.'

Hij wilde haar zeggen dat zij nog mooier was dan haar naam, dan welke naam ook, maar die woorden leken verkeerd. Hij vond haar het mooiste zwarte meisje dat hij ooit had gezien. Terwijl de omgeving zich in de duisternis oploste werd de pijn in zijn hoofd verzacht door dat meisje naast hem.

Zo liepen ze door de avond. Het meisje leidde hem door het open veld terwijl hij uit alle macht probeerde zijn evenwicht te hervinden, en toen dat onmogelijk bleek liet hij zich door haar meevoeren als door een rivier. Ze leidde hem heuvelafwaarts naar een oud eikenbos en vervolgens een smal ravijn in, waar een beekje doorheen stroomde, en hij nam aan dat ze daar dat water had gehaald. In het donker kwamen ze ten slotte bij een schuilhut, in de grond uitgegraven, verstevigd met stammetjes en overdekt door welige rododendrons. De opening was voor de helft afgeschermd door een muurtje van opgestapelde stenen, met een moslaag die duidelijk maakte dat de hut hier al heel lang was. Binnen legde ze met vuursteen en een stuk ijzer een vuurtje aan en in het licht daarvan aten ze de rest van de ham op, waarna ze nog wat water haalde. Ze hield het vuur laag, maar samen met het voedsel was het genoeg om warm te worden. Ze vroeg waar hij vandaan kwam en hij vertelde het, en ze vroeg waar dat lag en hij zei onder Canada en zij zei dat ze wist waar dat was. Hij vroeg waar zij vandaan kwam en ze dacht even na en zei: 'Hier uit de buurt.' Hij betwijfelde of dat waar was, maar hij wist dat hij niet moest aandringen. Het was zijn zaak niet. Ze had redenen te over om hem niet te vertrouwen, en wat ze tot dusver voor hem gedaan had was al uitzonderlijk. Ze had een enorm risico genomen, en zelf zou ze wel denken dat ze dat nog steeds deed. Ze had hem meegenomen naar een schuilplaats die vermoedelijk door haar eigen soort was gebouwd. De kennis omtrent zulke hutten had zich ongetwijfeld langs een o zo dunne ader van vertrouwen verspreid, moest hoe dan ook buiten het bereik van zijn eigen ras blijven. Toen hij haar aankeek kreeg hij het gevoel dat hij haar begon te kennen. Er welde begeerte in hem op en hij schoof een eindje van haar weg en pakte een van de dekens. Hij liet haar zoveel mogelijk ruimte bij het vuur en zei: 'Je hebt me geweldig geholpen. Dankjewel. Morgenochtend laat ik je met rust en ga ik mijn regiment zoeken. Van mij heb je geen last meer, want deserteurs krijgen meteen de kogel.' En toen hij haar ogen zag oplichten: 'Grapje. Ze zullen wel denken dat ik dood ben. Als ik terugkom zien ze me vast voor een spook aan.'

Ze maakte een grimas die maar vagelijk op een glimlach leek. 'Jij bent geen spook.'

Hij grijnsde. 'Voorlopig nog niet, in elk geval.'

'Je bent een rare, jij.'

'Hoezo?'

Ze schudde haar hoofd en zei: 'Laat maar.' Het klonk droevig. Ze stapte om hem heen en liep gebukt naar buiten. Hij bleef liggen en zag haar in de duisternis verdwijnen. Toen ze terugkwam was ze stil, en hij ook. Er was even iets tussen hen geweest, iets als een touwbrug van de een naar de ander, maar die was nu weggevallen. Geen van beiden wist waarom, maar ze waren zich er beiden bewust van. En voelden zich er allebei bezwaard om, maar waren te schuchter om dat te zeggen. Dus zeiden ze niets.

In de nacht verschoof ze hem naar de gloeiende kooltjes, wikkelde zich in haar deken en ging lepelsgewijs tegen hem aan liggen. En zo werd hij met het krieken van de dag wakker met haar achter zich, en hij bleef roerloos liggen terwijl het licht door de toppen van de bomen kroop. Door de dekens heen voelde hij de spieren van haar lange bovenbenen tegen de zijne drukken, haar borsten in zijn rug, de arm die ze onder zijn deken had gestoken en om zijn borst had geslagen. Hij durfde zich pas te bewegen nadat ze wakker was geworden en de hut verlaten had, dus trof ze hem bij haar terugkeer in een zittende houding, zijn deken netjes opgevouwen, de tintelingen uit zijn stramme ledematen wrijvend. Ze leidde hem naar de beek en dwong hem op handen en knieën, pakte zijn hoofd beet en duwde de wond in de schok van het koude water. Liet haar vingers door zijn haar woelen om er de bloedkorsten en houtschilfers uit te krijgen. Haar aanraking was zelfs onder water nog warm. Toen hij weer rechtop stond had hij zijn evenwicht terug. Ze deed een stap naar achteren en zei, alsof ze hem een verwijt maakte: 'Had je gisteren al moeten doen.'

Nog naar adem snakkend zei hij: 'Dat had ik niet overleefd.'

Ze greep hem bij zijn onderarm en hij voelde de beet van haar nagels en ze zei: 'Niemand over deze plek vertellen, hoor je me?' Het klonk dreigend genoeg om ieder protest in de kiem te smoren, dus knikte hij slechts, eenmaal en heel kort, maar haar recht in de ogen kijkend. Hij wilde haar aanraken of iets zeggen, maar ze had zich al omgedraaid en beende weg. Na een paar stappen keek ze om met een blik waar ongeduld uit sprak, of minachting, en er zat niets anders op dan haar te volgen.

Ze voerde hem in een rechte lijn het ravijn uit, een bos door, en hij had geen idee of dit dezelfde route was als de avond daarvoor of een totaal andere. Vervolgens leidde ze hem over een grasveld naar een klein plateau vol bomen, dat uitzicht bood op een ander veld, waar een weg doorheen liep, waarlangs het Tweede Vermont zijn tenten had opgeslagen. Hij snoof de geur op van de kookpotten, deed enkele stappen naar voren en keerde zich om. Ze was in het struikgewas blijven staan. 'Kom mee,' zei hij. 'Ze hebben daar eten.'

Ze schudde haar hoofd.

'Kom op. Ik heb waarschijnlijk je hele voorraad opgegeten, dus dit is wel het minste wat ik terug kan doen.'

Ze schudde nogmaals haar hoofd en zei: 'Ga nou maar, meneer Norman Pelham.' Hij deed een stap in haar richting, maar ze hief een bezwerende hand op. In die houding liep ze achteruit, stap voor stap, tot ze een doornstruik tussen hem en zichzelf had. Toen keerde ze zich om. Hij bleef staan luisteren tot het geritsel vervaagde. Even overwoog hij haar te volgen, terug naar het veld aan de andere kant, maar hij wist dat ze niet meer te zien zou zijn. Dus bleef hij nog een poosje zo staan, keerde zich om en daalde af naar het kampement.

Toen hij gegeten had en zijn wond had laten verzorgen deed hij zijn verhaal, waarbij hij het meisje buiten beschouwing liet. Er werd amper naar geluisterd. De vorige avond had een gerucht het kamp bereikt, iets over het gerechtsgebouw van Appomattox, en iedereen had het over een terugkeer naar huis of een opmars naar North Carolina, waar een leger onder Johnston nog altijd strijd leverde. Volgens sommigen stelde dat leger niks meer voor en kon Sherman het op z'n dooie gemak oprollen. Anderen zeiden dat Lee al eens eerder verslagen had geleken en dat dit toen lelijk was tegengevallen. Het kon Norman allemaal niet boeien. Zelfs het idee van een capitulatie liet hem koud en hij hield zich afzijdig. Hij zat die avond bij het kampvuur, gestookt van hout dat uit omheiningen was gesloopt, en tuurde nietsziend in het duister, stelde zich voor hoe ze daar in die schuilhut bij haar vuurtje zat, al wist hij dat ze allang weer verder was getrokken op haar geheime weg en al mijlenver van hem verwijderd moest zijn. Hij vroeg zich af of zij het gerucht ook al had gehoord, en wat het voor haar zou betekenen, en opeens kreeg hij het gevoel dat ze vanuit dat ondoordringbare duister naar hem terugkeek. Hij stond op, rekte zich demonstratief uit, met zijn gezicht in de richting van het plateau, en voelde zich meteen een sufferd omdat hij wist dat ze daar niet zijn kon. Hij liep uit de lichtkring weg om een plas te doen en keerde er weer in terug voor een tinnen mok van de overgekookte koffie die iedereen zat te drinken. Het was een uur na middernacht toen ze hoefgetrappel hoorden en even later was de oorlog voor hen voorbij.

De volgende dag kwamen ze op hun weg terug naar Washington door twee dorpen. Beide keren stond de bevolking hen zwijgend aan te staren. De soldaten zwegen ook, alsof iedereen deelnam aan hetzelfde begrafenisritueel. Normans ogen speurden in beide dorpen de zwarte inwoners af, maar hij zag haar niet. Hij begon al te twijfelen of hij haar wel herkennen zou, tot zijn ogen een lange zwarte vrouw vonden, en daarna nog een, en hij in beide gevallen onmiddellijk wist dat zij het niet was. Hij vroeg zich af hoe lang die stelligheid zou blijven, en weigerde zich af te vragen waarom hij dit soort gedachten had.

Die middag zag hij tot tweemaal toe iets bewegen langs de kant van de weg, eerst in het struikgewas en een tijdje later achter een bomenrij. Beide keren keek hij om zich heen om te zien of de anderen ook iets hadden gemerkt. Had hij het zich maar ingebeeld? En waarom dacht hij steeds dat zij het was? Het landschap was vol mensen; deserteurs uit beide legers op zoek naar iets eetbaars, zwarten die nog slaaf waren of al waren weggelopen, blanke kinderen die met de deserteurs wedijverden om wat het land aan wild en wortels te bieden had. Veel vrouwen ook, blank zowel als zwart, die van het ene kampement naar het andere trokken om er zichzelf aan te bieden in ruil voor alles wat de mannen daarvoor over hadden. Hij bleef de omgeving afspeuren op elke beweging, hoe klein ook, maar hij zag niets meer.

Ze maakten die avond kwartier in een grote stal, met aangebouwde schuurtjes aan weerszijden. Omdat de omheining al gesloopt was trokken ze planken uit de lege muilezelhokken om die als brandhout te gebruiken. De vrouw van het huis kwam een ketel aardappelsoep brengen, gemaakt met melk en boter, al hadden ze nergens een koe gezien. De capitulatie, hoe belangrijk ook, betekende vooralsnog weinig voor de mannen die de zege hadden bevochten, en nog minder voor de mensen die hun dagelijks leven door hen ontwricht zagen. Wederzijdse beleefdheid was voorlopig het hoogst haalbare, dus werd de vrouw bedankt door elke soldaat die zijn mok bij haar kwam vullen, en knikte ze hen een voor een toe, en bleef ze zwijgend staan wachten tot de soep op was en ze de ketel weer kon meenemen.

Om middernacht was het zijn beurt om wacht te lopen, de Springfield losjes in een hand, zijn borstriem losgegespt, ontvankelijk voor de lentenacht, en niet alleen daarvoor. In het donker bleef hij even stil staan kijken naar al die mannen. De gedachte aan het naderende afscheid beangstigde hem een beetje. Velen van hen zou hij straks weer tegenkomen in Bethel of Randolph of Royalton of Chelsea, en hij vroeg zich af of ze elkaar dan met een hoofdknik zouden groeten om vervolgens weer snel door te lopen. Zou dit alles een voorname maar voor altijd verzwegen periode uit hun leven blijken? Vast stond in ieder geval dat het heerlijk zou zijn om weer op de boerderij te wonen, op februariochtenden het bloed van zijn armen te wassen als hij een lammetje had gehaald, of een verbrande en pijnlijke rug te hebben na een dag hooien op de smoorhete velden. De oorlog begon al uiteen te vallen in brokken die zijn geheugen aankon. Losse, bizarre dingen: de eekhoorn die over de weg rende, recht op de optrekkende vijand af tijdens de tweede slag bij Bull Run; de nevel boven de Potomac, twee zomers terug, die door de zon werd weggebrand terwijl ze Pennsylvania binnenmarcheerden; de soldaat in de verte tegenover hem op het slagveld, die achterovertuimelde en voor een langgerekt ogenblik zijn armen om die kanonskogel leek te slaan voor hij erdoor uiteen werd gereten; de jongen die languit op zijn rug lag, zijn ogen al vol vliegen, en op een verwijtende toon de naam van een vrouw riep alsof ze vlakbij was en hem geen aandacht wilde schenken. Deze en vele andere beelden, elk voor zich vastgepind in zijn eigen kleine doosje in zijn geest. Na zulke dingen zou het niet meevallen om terug naar huis te gaan en daar de draad weer op te pakken. En dan was er nog de dood van zijn vader, een bericht dat destijds weinig meer had geleken dan de zoveelste schakel in een keten van vernietigde levens. Nu begon hij te voelen dat het een leegte was die hij voor altijd met zich mee zou moeten dragen. Nooit met zijn vader over de oorlog kunnen praten, nooit meer die stille aanwezigheid naast zich als hij een ooi hielp werpen of het aardappelveld omspitte. Hij keek naar zijn kameraden en zag tegelijk ook zichzelf en opeens klonk het achter hem: 'Niet schieten met dat geweer van je.'

Hij draaide zich langzaam om en zag haar gezicht in tweeën verdeeld door schaduw en licht, haar ogen wijdopen, en haar neusvleugels ook, alsof ze hem wilde inademen. Haar lippen uiteen in waakzame aandacht. Hij deed een stap naar voren en zei, breed glimlachend: 'Ik dacht al dat je ons volgde.'

'Je kan me nooit gezien hebben.'

'Nou, zo af en toe zag ik wel iets.'

'Ja, hoor.' Ze snoof minachtend en hij schoot bijna in de lach. 'Je ziet ze vliegen, jij.'

'Hoe dan ook,' zei hij, 'je was eerst daar en nu ben je hier.'

'Ik ben niemand gevolgd. Ik heb hier gewoon gewacht.'

'O ja?'

Ze knikte. Hij zag dat ze een andere jurk droeg, die ooit diepgroen was geweest en nu de kleur van verdroogd mos had.

'Waarop gewacht?' En hij wilde de woorden meteen weer uit de lucht terughappen.

Maar ze zei slechts: 'Ik heb gewacht tot die vrouw klaar was met haar verwennerij terwijl jullie haar stal vernielen. Ik wilde wachten tot jij hier zou komen rondlopen. Om te zien of je in de lucht sprong van schrik en weg zou rennen als je me zag. Maar dat kan altijd nog, natuurlijk.'

'Ik moet de wacht houden vannacht. Als ik ervandoor ging, zou er van alles kunnen gebeuren. Dus kan ik hier maar beter blijven staan, denk je ook niet?'

'Staan? Je moet toch in de rondte lopen?'

Hij haalde zijn schouders op. 'De oorlog is voorbij, dat zul je al wel gehoord hebben.'

Zij haalde ook haar schouders op. 'Denk je soms dat dat iets uitmaakt, meneer Norman Pelham?' Voor hij antwoord kon geven stak ze een hand uit en streek over zijn onderarm, en hij voelde zijn vel omhoogkomen om haar vingertoppen te begroeten. Ze leek niet op haar eigen leven te doelen, noch op de levens van haar mensen of zelfs maar de levens van alle mensen, maar op de plotse en onherroepelijke inbreuk die zij op elkaars leven hadden gemaakt. En dat voordat er ook maar iets was uitgesproken, iets ter bevestiging, als het al mogelijk was om dit met woorden te bevestigen. Dus vroeg hij alleen maar: 'Heb je al iets gegeten vandaag?'

'Sommige mensen delen wat ze hebben.' Ze nam hem aandachtig op, als wilde ze nagaan of hij er nu eindelijk achter was. Of misschien was ze bang dat hij de woorden kende waarmee alles teniet kon worden gedaan. Dus raakte hij op zijn beurt haar bovenarm aan, en hij voelde de kilte van haar gladde huid. 'Ik moet een jas voor je zien te vinden,' zei hij.

'Ik heb een jas. Daarginds.' Ze wees met haar kin in het donker. 'Bij mijn dekens en de rest.' Norman rilde door het besef dat de komende minuten, uren, dagen voor altijd een cirkel om zijn bestaan zouden trekken. De oorlog had hem al snel afgeleerd om voortekens te willen zien in kleine, menselijke dingen, dingen die te nietig waren voor de hogere machten. Hoop en vrees en verlangen waren futiele menselijke eigenschappen vergeleken bij de werken van een hardvochtige god of een onverschillig universum. Maar op dit moment, hij wist het zeker, was het mogelijk zijn leven gestalte te geven. Het moment duurde en duurde, maakte hem ademloos, en toen bewoog Leah zich iets naar voren waardoor haar gezicht helemaal uit de schaduw kwam, en hij zei: 'Wacht hier, alsjeblieft. Heel even maar. Hier, neem dit.' Hij duwde haar zijn Springfield in handen, keerde zich om en holde naar het vuur, waar hij een koffiekan pakte, brood en spek van de plank griste en in de zakken van zijn tuniek propte. Hij wilde zich net omkeren en teruggaan toen hij Goundry naar hem zag kijken, de hoefsmid uit Poultney die nu de kapitein van zijn compagnie was, een gedrongen man, zwijgzaam uit overtuiging, wiens stem de luttele meters tussen hem en Norman maar net overbrugde.

'Wat doe je daar, Pelham?'

'Iets te eten pakken, kapitein.'

'Honger?' Goundry keek naar de uitpuilende zakken van zijn tuniek.

'Nou!'

Goundry knikte. 'Waar is je geweer, Pelham?'

Norman wenkte met zijn hoofd. 'Daar. Bij de stal, kapitein. Ik wilde alleen maar even iets te eten pakken.'

Goundry knikte opnieuw. 'Alles goed met je hoofd, jongen?'

'Helemaal in orde, kapitein.'

Goundry hield hem nog even in zijn blik gevangen, en zei: 'Jezus, wat ben ik blij dat het achter de rug is. Maak dat je wegkomt, Pelham.'

Hij vond haar neergehurkt in de schaduw naast een van de ezelhokken, zijn geweer rechtop tussen haar benen, de loop langs haar borst. Hij pakte haar hand en hielp haar overeind en ze zei: 'Er kwam een vent de stal uit om te piesen, dus heb ik me hier maar verstopt.'

Hij pakte zijn geweer terug en reikte haar de kan met koffie aan. 'Brood en spek heb ik ook,' zei hij. 'Weet jij een plek waar we kunnen zitten?'

Ze nam hem bij de hand en voerde hem over een lapje grond dat ooit een moestuin was geweest, langs een kippenren naar een zandpad waaraan een paar houten hutten stonden. Aan het eind daarvan stond een kleiner, vensterloos bouwsel van ruwe stammetjes. Van de deur was alleen nog wat versplinterd hout over, dat doelloos in de hengsels hing. Toen ze naar binnen waren gegaan hing ze een deken aan spijkers voor de deuropening en stak een stompje kaars aan. Hij zag een koffer op de vloer staan, naast haar dekens. Verder was er alleen nog een ruwe houten zitbank, gemaakt van een gespleten boomstam waarvan de takken als poten moesten dienen. Aan de achterwand van het hok hing een dikke ijzeren ketting met aan het uiteinde een opengebroken kluister. De glimmende afdrukken van de beitel zaten er nog in. Ze gingen op de bank zitten en deelden de koffie en hij sneed brood en spek voor haar af. Ze at met een nadrukkelijke beheersing die duidelijk maakte hoe hongerig ze was, en toen ze zei dat ze verder niets meer hoefde maakte hij zijn zakken leeg en legde de rest van het eten met een vertrouwelijk gebaar op de rand van de bank. Ze zaten zwijgend naast elkaar in het bevende kaarslicht; de jongen die jonger was dan hij dacht en het meisje dat ouder was dan ze dacht. Hij zag de rillingen over haar bovenlichaam lopen en knoopte zijn tuniek los, en terwijl ze hem uitdrukkingsloos aankeek trok hij de uniformjas uit en legde hem over haar schouders en bleef zwijgend zitten met zijn bretels over zijn wollen onderhemd. Ze kruiste haar armen en pakte de randen van de jas om hem dichter om zich heen te trekken, waarbij ze een beetje opzij leunde zodat haar schouder de zijne raakte. 'Wat wil je met me, Norman?'

Hij dacht na, maar wist niets anders te zeggen dan: 'Dat zou ik jou ook kunnen vragen.'

Zonder dralen zei ze: 'Vraag het dan.'

Dus vroeg hij het, en ze antwoordde: 'Ik wil naar onder Canada.'

'Vermont,' zei hij.

'Ver-mont,' zei ze, het woord in tweeën brekend. Het bracht hem zijn middelbareschooltijd in Randolph in herinnering. Inderdaad, dacht hij, *verde monte*, de groene berg die Champlain had beschreven. Maar het enige wat hij zei was: 'Da's heel ver hiervandaan.'

'Heel ver heb ik al vaker gelopen. Kan ik nog wel een keer.' En daarna: 'Of jij moet me niet mee willen hebben.'

Norman keek van haar weg, keek naar zijn handen tussen zijn knieën, zijn onderarmen op zijn dijen, en toen hij zijn stem weer terugkreeg zei hij: 'Ik weet niet.' Hij kon haar naast zich horen ademhalen, kon de lichte beweging van haar schouder tegen de zijne voelen, voelde haar geduld terwijl ze wachtte tot hij verder zou spreken, en hij wist op welke woorden ze zat te wachten, maar hij wist niet hoe hij ze zeggen moest, dus zei hij alleen maar: 'Ik ken je amper.'

'Tja,' zei ze, 'leg mij maar eens uit wat ervoor nodig is om iemand goed te kennen. Dat zou ik weleens willen weten. Heb jij broers, zusters?'

'Zusters,' zei hij. 'Drie stuks.'

Ze bleef praten alsof hij niets gezegd had. 'Je vader en moeder. Je kent die mensen je hele leven al, maar je weet niet hoe ze vanbinnen zijn. Niet echt. En denk je dat ze allemaal gaan zitten wachten tot je het weet, Norman? Denk je trouwens dat ze het zelf weten? Niet zo goed als ze zouden willen, neem dat van mij aan. Jij en ik zitten hier als vreemden, maar we zitten hier wel samen, of niet soms? En wat denk je daar dan van? Is dat alleen maar toeval volgens jou? Ik heb zo'n driehonderd mijl gelopen om jou tegen te komen, Norman, en ik wist niet eens dat jij het zou zijn tot ik je onder die struik zag liggen. En hoe kon ik toen weten dat jij was wie je bent? Want je lag daar bewusteloos. Dus dat wist ik helemaal niet. Begrijp je wat ik bedoel, Norman?'

Het enige wat hij kon doen was knikken, eenmaal, heel kort.

Ze zei: 'Als ik naar jou kijk, Norman, weet je wat ik dan zie?'

'Geen idee.'

'Dan zie ik iemand die door-en-door goed is. Helemaal tot in zijn ziel.'

Ze viel stil, en toen ze weer sprak had haar stem iets van zijn scherpte verloren. Hij hoorde het meteen, de zekerheid was eruit weggeëbd. Het gaf hem een gevoel alsof er heet water in zijn borst opwelde. 'En nu jij,' zei ze. 'Als jij naar mij kijkt, wat zie je dan?'

Hij fronste, rimpels in zijn voorhoofd als verse ploegsneden. Hij wilde precies de juiste woorden vinden maar wist niet hoe, en hij keek haar aan in de hoop dat ze wilde wachten, haar geduld kon bewaren. In de hoop dat hij meer zou kunnen dan het gesprek gaande houden.

Maar ze wilde niet wachten. Ze zei: 'Zie je een nikkermeid die op je brood en je spek uit is? Zie je me denken dat je bij me in het krijt staat, en dat ik nu dubbel en dwars beloond wil worden? Of wacht, misschien zie je een zwarte slet die voor een vriendelijk woord haar benen wijd zal doen. Is dat wat je ziet, Norman?' Ze zat kaarsrecht overeind nu, haar rug gespannen als een boog, met wijd opengesperde ogen en een opstandig gemoed dat ze niettemin in toom zou houden zolang hij zich op de vlakte hield. Hij keek weer naar zijn handen die langs elkaar streken, vingers die zich verstrengelden en weer uiteengingen, tot hij merkte dat zij er ook naar keek. Hij stond op, zwaaide zijn linkerbeen over de bank en ging wijdbeens naar haar toegekeerd zitten. Met een van angst verstard gezicht zei hij: 'Leah, het enige wat ik zie is het mooiste meisje dat ik ooit gezien heb.'

Ze stond op en wendde zich van hem af. 'Ik heb jou de waarheid gezegd,' zei ze. 'De eerlijke waarheid, Norman. Maar als jij zegt dat dat alles is wat je ziet, zit je te liegen.'

En zonder er verder bij na te denken zei hij: 'Wat ik zie is een prachtig meisje en een heleboel ellende. Niks dan ellende voor ons samen. Dat is wat ik zie.'

Nu zwaaide zij ook een been over de bank en ging tegenover hem zitten. 'Dat heb je goed gezien. Dat heb je heel goed gezien.' Hij pakte haar hand en keek ernaar, haar hand in de zijne, de kleine warmte tegen zijn vingers, haar leven dat tegen het zijne klopte, en hij keek haar nog steeds niet aan toen hij zei: 'Zo mag je nooit meer tegen me praten, Leah.'

'Hoe?' Ze zei het zacht, wist heel goed wat hij bedoelde maar wilde het toch vragen, wilde het hem horen zeggen.

Dus zei hij het. 'Over nikkermeiden en zo.'

'Blanke mannen zeggen wel ergere dingen tegen meisjes zoals ik.'

'Ben ik dan zomaar een blanke man voor jou?'

Met haar vrije hand pakte ze zijn vrije hand en legde die tegen haar borstbeen, vlak onder haar hals. 'Mijn vader is een blanke man.'

'Zoiets dacht ik al.' Maar zover had hij eigenlijk nog niet doorgedacht. En wederom zonder na te denken: 'Nou dan, hij zal toch ook niet zo tegen je praten?' Zijn hand laafde zich aan haar warmte, zijn geest dwaalde langs de knopen van haar frontje.

Ze hief haar kin om hem aan te kijken. 'Mijn vader heeft nog nooit iets tegen me gezegd.' Haar stem was hees van walging, venijn, een afkeer die bijna haar droefheid verhulde, al zag hij die droefheid net zo duidelijk als zij de goedheid van zijn ziel meende te zien. Hij schoof naar haar toe en zij drukte haar knieën tegen de bank om hem zover mogelijk te laten komen en hij sloeg zijn armen om haar heen en zij legde haar hoofd op zijn schouder, en zo zaten ze daar.

Het was niet ver van de bank naar haar dekens op de planken vloer, maar ze deden er een hele tijd over, stukje bij beetje, in een omstrengelde lichaamsbeweging die door geen van beiden werd geleid. Eenmaal op de grond waren hun ledematen loom en zwaar, zijn vingers prutsten blind aan de knopen van haar jurk en dan toch opeens haar borsten, tepels als rijpe bramen op de honing van haar huid. Ze sidderde onder zijn tong. Zij schrijlings over hem heen en zijn ene hand trok de jurk over haar heupen terwijl de andere zijn gulp openmaakte, maar ze boog van hem weg, hoe ver hij zijn heupen ook omhoogbracht. Zijn duim die over de volle lengte langs haar streek en ze bloeide voor hem open en haar vochtigheid die zijn adem afsneed. Ze bleef van hem wijken, met haar mond op de zijne, hun tongen vurig en onvermoeibaar, een worsteling haast, tot ze zich losmaakte en naast hem op haar rug rolde, haar jurk rond haar middel en haar benen nog steeds gespreid, en ze zei: 'Als je in me was gekomen had je gemogen.' Hij rolde om en boven op haar en drong naar binnen en haar stem was nat in zijn oor 'ik smelt helemaal' en hij liet zich gaan, stootte vanuit zijn onderrug en haar kreetjes buitelden als schimmige vogels door zijn hoofd. Toen hij klaar was legde ze bezwerend haar handen op zijn heupen en zei: 'Blijf.' Dus bleef hij tot hij uit haar gleed, en ook toen bleef hij liggen, terwijl hun vocht opdroogde tot ze aan elkaar plakten en geen van beiden weg wilde of kon.

Ze liepen over het pad vol kiezels en steenslag omhoog naar de boerderij, die nog altijd niet in zicht was, hooguit de toppen van de iepen rond het woonhuis als het pad zich even tussen de bomen vandaan slingerde. Maar het meisje verwachtte geen verrassingen meer nu ze de halve staat al achter de rug hadden, plus de rest van het noorden. De jongen liep met trage pas nu hij zich na al die tijd door thuis omringd wist, na al die lange dagen en veel te korte nachten, al die dagen plus de weken die ze aan de rand van Washington hadden doorgebracht, waar zijn compagnie de rouwperiode in acht had moeten nemen na de moord op Lincoln. Ze waren er bijna de hele maand mei gebleven, om uiteindelijk nog eenmaal samen te marcheren in de grote parade van het Leger van de Potomac, over Pennsylvania Avenue. Norman die angstig moest afwachten nadat Leah op een dag verdwenen was in de overstelpende lente van de hoofdstad, een stad die met zichzelf overhoop lag, uitzinnig van blijdschap over het einde van de burgeroorlog en moorddadig van woede om de dood van de president. Vier lange dagen later dook ze op, met bleekloogvlekken op haar handen en een onversneden vrolijkheid die door niets kon worden aangetast. Ze werkte in de kelder van een hotel, waar ze het linnengoed boende en tot een smetteloze stijfheid streek en pittig wat geld verdiende, een bedrag dat Norman tot nadenken stemde. In de oorlogsjaren was geld een abstract begrip voor hem geworden, iets vaags dat hij zo nu en dan, als er soldij was uitgekeerd, doortelegrafeerde naar zijn schapenrekening bij de bank in Randolph. En toen waren die eerste zes weken voorbij en waren ze vrij om hun eigen weg te gaan, en ze meden de volgepakte treinen naar Philadelphia of New York of Boston, liepen dwars door het land in de welige zomer, sliepen in bossen of in de beschutting van de struiken op het open veld, en kochten eten als ze honger kregen. Af en toe moesten ze een blaffende hond wegjagen, of de jouwende kinderen met hun schelle boosaardigheid die geen pijn deed omdat ze nog jong en onwetend waren. Het gebeurde maar één keer, vlak buiten Port Royal in New York, dat een man te paard hun de doorgang versperde en de prijs van die nikkerhoer wilde weten. En Norman haalde hem met één beweging van zijn paard, een koud kunstje na die cavalerist, en besprong hem en sloeg hem verrot terwijl drie andere mannen van een afstandje toekeken en geen trek hadden om zich ermee te bemoeien. Het was Leah die er ten slotte een eind aan maakte, die hem tegen zijn kuiten schopte en krijste en tierde tot hij ophield. Ze liepen weer verder terwijl de man languit op de weg bleef liggen, en zijn paard een eind verderop in het gras stond te briesen, en Norman keek in het voorbijgaan de drie mannen aan en wenste hun goedendag. En zo liepen ze naar Vermont, hun beider thuis, en wisselden onderweg verhalen uit. In het noorden van Massachusetts gaven ze elkaar het jawoord, bij een stadje aan de Connecticut River, naakt in het maanlicht, tot hun middel in het stroopkleurige water dat einde zomer laag stond. De juiste plek en het juiste moment voor het omdoen van de dunne gouden ringen die hij drie dagen eerder gekocht had. De volgende dag liepen ze bij het vallen van de avond Vermont binnen en Leah werd stil, haar levendigheid balde zich samen tot een intense aandacht voor het landschap, alsof alles wat ze zag een aanwijzing kon bevatten voor de plaats die ze zich te verwerven had. Alsof zwijgzaamheid een waarborg vormde tegen afwijzing en vijandigheid.

Het pad hield opeens op met klimmen. Ze hadden de rand van zijn hooggelegen geboortegrond bereikt – een kom in de berghelling, die zich uitstrekte als een reeks terrassen waarover het bedrijf verspreid lag: de hooilanden en schapenweiden en het hoger gelegen aardappelveld, de boomgaard vlak boven het woonhuis en de grote stal, tot aan de suikerschuur en het bos van hoge esdoorns dat de kroon op het geheel vormde, en daarachter de steile helling naar de rug van de berg, bezaaid met naaldbomen en dagzomen van graniet. Normans tred versnelde zich, en niet alleen omdat de klim erop zat. Zijn voetstappen voelden voor het eerst sinds jaren weer alsof hij elk afzonderlijk steentje door zijn zolen heen herkende. Leah volgde zijn versnelling en nam alles gulzig in zich op, tot haar ogen tot stilstand kwamen bij het huis onder de iepen. Met opgeheven hoofd en kalme blik liep ze naast hem. Zonder opzij te kijken vroeg ze: 'Denk je dat ze ons al gezien hebben?'

Terwijl ze het vroeg maakte zich een gestalte los uit de boomgaard. Norman zag de manden en het smalle trapje onder de volle bomen en dacht: cider! Ruiken kon hij het nog niet, maar proeven al wel. Het meisje kwam over het pad aangehold, kortbenig en struis. Tweemaal het meisje dat hem had uitgezwaaid toen hij naar de oorlog ging, nog altijd klein maar al wel volgroeid. Haar schoolmeisjesborsten tekenden zich af in haar blouse terwijl ze op hem af kwam rennen. Haar stem die zijn naam riep.

Naast hem bootste Leah zachtjes haar accent na: '*Nawmin*.'

Het meisje keek nu naar Leah en dwong zichzelf tot een wandeltempo en Norman zag het moment waarop ze stokte, haar hoofd schuin als een nieuwsgierige pup, en ze kon haar blik niet meer losmaken, bleef Leah staan aangapen terwijl Norman op haar toekwam en haar tegen zich aan trok. Nog voor hij iets kon uitbrengen zei ze: 'Als je er dan toch eentje mee naar huis moest nemen, was een stevige knaap dan niet nuttiger geweest?' En ze deed een stap terug en bekeek Leah van kop tot teen en haar ogen begonnen zich al met besef te vullen.

'Ik ben steviger dan je lief is,' zei Leah. 'Daar kom je nog wel achter, juffrouw Grootsmoel.'

Connie haalde onaangedaan haar schouders op. 'Er is hier werk genoeg,' zei ze. 'Ik neem aan dat je je handen kunt laten wapperen.'

'Dat doe ik mijn hele leven al. En mijn hersens gebruik ik ook. Zeker voor ik mijn mond opentrek. Ik heb tenminste manieren.'

'O, poeh.'

'Niks poeh. Je mocht willen dat je half zo slim was als ik.'

'Ophouden jullie,' zei Norman.

'Je hebt wel pit,' zei Connie.

'Anders was ik hier niet terechtgekomen. Trouwens, nu je broer het vergeet, mijn naam is Leah.' Ze stak een hand uit. Connie keek naar Norman en weer terug naar de hand.

Norman zei: 'Mijn zusje Constance. Maar we noemen haar Connie.'

Connie legde haar hand in die van Leah en beiden lieten meteen weer los. Norman vroeg: 'Waar is moeder?'

'Binnen,' zei Connie, en ze keek hem aan alsof haar iets te binnen schoot. 'Je ziet er heel anders uit.'

Hij knikte. 'Jij bent ook een stuk gegroeid.'

'Dat bedoel ik niet.'

Hij knikte nogmaals, en broer en zus namen elkaar aandachtig op, als vervreemde kennissen op zoek naar herkenbare trekjes, dingen ontdekkend die ze nooit eerder hadden gezien. Norman deed een gooi naar het normale, een onzekere sprong terug naar vertrouwd terrein. 'Ben je cider aan het maken?'

'De eerste. Ik heb vorige week al wat geperst, maar die was nog te zuur. Maar de schapen waren dol op de pulp.'

'Een kruik cider is het enige wat ik bedenken kan om die stoffige weg uit mijn strot te krijgen.'

Ze grijnsde. 'Dan zul je moeten helpen.' En ze keek weer naar Leah.

Norman zei: 'Ik denk dat ik nog wel weet hoe een appelpers werkt.'

'Je zal eerst wel willen eten.'

'Nou!'

'Ik ren wel vooruit om alvast te beginnen.'

'Doe dat,' zei hij. 'Dan kun je gelijk je nieuwtje kwijt.'

'Dat jij weer thuis bent is nieuws genoeg.' Haar ogen flitsten nog een laatste keer naar Leah en toen draaide ze zich om en zette het op een lopen.

'Zeg het maar, Norman. Was dit het makkelijke gedeelte?'

'Dat zou best eens kunnen,' zei hij. 'Maar ze bedoelde het niet kwaad, hoor. Ze schrok van je. Dat moet je kunnen begrijpen van de mensen hier, anders wordt elke ontmoeting een teleurstelling.'

Ze liepen verder en Leah zei: 'Zeg dat je van me houdt.' En dat deed hij en ze pakte zijn hand. Norman nam een kijkje bij de schapen en bij de koeien in het betere gras van hun wei, dichter bij de stal. En hij bekeek de gebroken as die rechtop tegen de wagen stond alsof niemand wist hoe het nu verder moest. Zo zag hij nog wel meer, onnozele en onbedoelde verwaarlozing die hij in gedachten tot een lijst aaneenreeg, een inventarisatie zonder verwijt. Halverwege het huis voelde hij haar vingers uit de zijne glijden en hij greep haar hand stevig beet en trok haar dichter tegen zich aan. Ze is alleen maar een beetje nerveus, dacht hij, en toen ze zijn greep beantwoordde dacht hij dat het alweer ging. Hij keek niet opzij. En daarom miste hij de angst die over haar gezicht trok, de plotse zekerheid dat de vrouw daar in dat huis in één oogopslag de kwetsbaarheid zou ontdekken die als een constante ondergrondse stroom door haar heen vloeide, de kern van rusteloze wanhoop in haar ziel. Ze zei niets. Hand in hand liepen ze om de voorkant van het huis heen, naar de zijdeur die via de houtschuur en de kleine werkplaats naar de keuken leidde, waar hij wist dat zijn moeder en zus zaten te wachten.

Zijn moeder was een oude vrouw. Ze stond gebukt voor de oven van het grote fornuis, draaide zich om en zette de bonenpot op de tafel waaraan Connie zat te zwijgen. Zijn moeder legde haar handen op het tafelblad en keek naar Norman terwijl ze zijn naam uitsprak. Haar gezicht was ruw en doorgroefd als boomschors, het haar als altijd in een strakke knot maar nu met muilezelgrijs doortrokken. Dikke aderen op haar handen, en vlekken met de kleur van verse roest. Ze was in drie jaar tijd een oude vrouw geworden.

'Bonen,' was het enige wat hij kon zeggen.

'Het is zaterdag,' zei ze afwerend. 'Ze waren voor vanavond, maar je bof dat ik ze gisteren al voor het melken te weken heb gezet. Ze zijn gaar. Ik heb alleen nog geen bruin brood gestoomd, dus je zult het met winkelbrood moeten doen. Er is tafelzuur.'

'Leah, mijn moeder. Moeder, dit is Leah.'

Leah zei: 'Mevrouw Pelham.' Vanuit zijn ooghoek zag hij haar bewegen alsof ze een revérence wilde maken. 'Aangenaam.' Weer stram rechtop nu.

Mevrouw Pelham bleef achter de tafel staan met een waakzaam geduld op haar gezicht, de uitdrukking van iemand die al vaker door rampspoed was getroffen en afwachtte tot het onheil zich in volle omvang zou aftekenen. Ze had nog nooit een negerin gezien. En deze eerste zag ze niet ergens in het dorp maar in haar eigen keuken. Mee naar huis gebracht door haar zoon die uit de oorlog kwam. Die vrouw had iets met haar zoon te maken. Dat was vooralsnog alles wat ze wist. Dus knikte ze traag en zei: 'Insgelijks. Gaan jullie zitten. Ik heb karnemelk en bronwater, meer niet. Geen cider, vers of van het fust. Ik heb de laatste paar jaar geen vaten meer aangelegd. Veel te veel werk voor ons tweeën, zonder iemand die het drinkt. Dus je moet het er maar mee doen. Maar ga zitten, jullie zullen wel uitgehongerd zijn nu je dat hele eind bent komen lopen.' En met haar blik op Norman: 'Sommige mannen hebben tenminste nog een stuk met de trein gedaan.'

Hij reikte naar de bonenpot en zei: 'Ja, ik had eigenlijk eerder moeten komen, maar ik wilde wat van het land zien. Zo'n kans krijg je niet meer, en ik dacht dat jullie het nog wel even aankonden met z'n tweeën.' En na een korte stilte: 'Dus we hebben de tijd genomen.'

'Je hebt de tijd genomen.'

'Ja.' Hij keek haar grijnzend aan, voor een ogenblik vergeten dat hij niet tegelijk de snaakse jongen en de ongenaakbare heer des huizes kon zijn. Hij duwde de opscheplepel tot onder in de pot, delfde de gekruide uienringen op en verdeelde ze over Leah's bord en het zijne. Vervolgens schepte hij zijn bord vol bonen en gaf de lepel aan Leah.

Connie zei: 'Misschien wil een ander ook wat.'

'Wie weet,' zei Norman. 'Maar die ander heeft misschien wel bonen bij de vleet gegeten terwijl wij het in de modder en de regen met oud brood en spek moesten doen. Goh, meissie, wat ben je groot geworden.' Om te zien of hij haar aan het blozen kon krijgen. Maar ze bloosde niet. Haar blik werd vijandig.

'Ja, ik zit op de middelbare school nu.'

Mevrouw Pelham zei: 'Connie, ga eens karnemelk halen.'

'Niet voor mij,' zei Norman. 'Bronwater is alles wat ik wil.' Hij keek naar de ijzeren pijp in de muur boven het spekstenen aanrecht. In de laatste zomer voor de oorlog had hij de leiding samen met zijn vader aangelegd, vanaf de bron hoog op de berg. De zwaartekracht zorgde het hele jaar door voor een gestaag straaltje, gefilterd door een prop kaasdoek in het uiteinde van de leiding. 'Ik heb al die tijd meer modder dan water gedronken,' zei hij. 'Genoeg om van die bron te dromen.'

'Misschien wil Lee...'

'Leah,' zei ze.

'O ja,' zei mevrouw Pelham toonloos. 'Misschien wil Leah wel karnemelk.'

'Nee hoor, dank u. Water is goed. Maar ik pak het wel even.' Ze begon overeind te komen.

'Blijf zitten,' zei mevrouw Pelham. 'Gasten worden hier netjes verzorgd, al hebben we geen personeel,' met enige nadruk op het eerste woord. Toen ze aan het aanrecht een kan had gevuld liep ze om hen heen, kwam achter hen staan en boog zich tussen hen door om de kan op tafel te zetten. Zo bleef ze staan, met haar hand om het oor van de kan, tot Norman opkeek en haar ogen zag glanzen, haar lippen die geluidloos prevelden terwijl ze naar de dunne gouden ring aan zijn linkerhand staarde. Haar stem kwam als een schorre fluistering. 'O lieve god, Norman. Wat heb je nou gedaan?'

Leah keek nu ook op, maar mevrouw Pelham beende al weg met flapperende rokken. Ze opende de tussendeur naar de zitkamer en sloot hem achter zich. Het geluid een droge tik in de stilte. Leah liet haar ingehouden adem ontsnappen. 'Ga erachteraan,' zei ze. 'Praat met haar, Norman.'

'Nee.' Connie kwam met een ruk overeind, haar stoel schuurde over de vloer. 'Nee. Ik ga. Blijven jullie maar zitten vreten.' Toen hij haar volle naam riep draaide ze op haar hakken om. Haar boze verwarring was alleen nog maar groter, haar gezichtje vertrokken, haar krullen los door de abrupte beweging. 'Je komt hier binnenvallen omdat je uitgewandeld bent, geen woord over vader, vraagt niet hoe het ons vergaan is en gaat op je dooie gemak midden op de dag zitten eten. En dan heb je ook nog die... die... zwarte mee naar huis gesleept en je gaat haar zitten voeren terwijl je bloedeigen moeder op een goed woord staat te wachten. Ons avondeten...'

'Zo is 't genoeg,' zei Norman. 'Leah is mijn vrouw. We zijn getrouwd.'

'Getrouwd?'

'Ja.' Gedecideerd.

'Norman Pelham,' zei zijn zuster ademloos, 'je bent niet goed bij je hoofd.' En ze liep waardig de keuken uit en deed de deur naar de zitkamer geruisloos achter zich dicht, alsof er niets aan de hand was.

'Ze zijn niet dol op me,' zei Leah.

'Maakt niet uit,' zei Norman, terwijl hij zich afvroeg waarom hij zijn moeder eigenlijk niet met een brief had voorbereid, waarom die mogelijkheid zelfs geen moment bij hem was opgekomen. En hij merkte tot zijn verbazing dat deze gedachten hem een opgewonden tinteling bezorgden, tot diep in zijn kruis. Hij keek naar de jonge vrouw naast hem en zei: 'Als ik het maar ben.'

Die zondagochtend spanden mevrouw Pelham en Connie de merrie voor het hoge tweewielige rijtuig, de merrie die enkele jaren eerder zijn vader had doodgeschopt, om in het dorp naar de kerk te gaan. Norman vermoedde dat ze na het slotgebed nog wel het een en ander te vertellen zouden hebben. Die waren niet voor het eind van de middag terug. Hij bracht de ochtend door aan het oude cilinderbureau van zijn vader, las de krabbels die voor een boekhouding moesten doorgaan en schreef een brief aan de paardenkoopman in Chelsea. Het span met die valse merrie moest weg. Toen hij klaar was liep hij naar buiten om zijn schapen te tellen, ging ze lopen turven op de hoge wei, met een stompje potlood op bruin pakpapier, en met een half oog op Leah die bij het huis in de weer was. Ze stond aan de tobbe en boende hun kleren met soda, wrong ze uit en hing ze te drogen over de seringen en hortensia's achter het huis. Vanuit de hoogte leken het net bontgekleurde vlaggen. Ze gaven hem een zorgeloos zomers gevoel en hij kon zich niet langer druk maken over het aantal jonge rammen, en over de drie ooien die hij miste. Hij ging op een steenrichel zitten en genoot van de aanblik die alles bood. Dit was allemaal van hem, en het was van hem afhankelijk, en hij zou er voortaan weer voor zorgen. Hij was nog voor het middaguur bij het huis terug en zocht Leah op en nam haar mee naar binnen, de smalle trap op naar de zolder waar ze de vorige avond ook naar toe waren gegaan, die ze verkozen hadden boven zijn oude kamer naast die van zijn zuster, en tegenover de kamer waar zijn moeder niet lag te slapen. Ze pakten de oude tijk die ze als matras hadden gebruikt, schudden hem op en even later lag hij op zijn rug in het stille huis, met haar op zich, en haar gezicht speurde zijn lichaam af en hij staarde verzaligd naar de graafwespen die tussen de dakbalken heen en weer kropen. 's Middags bikte hij de gebroken as schoon en maakte hem klaar voor de smid, waarna hij de grote stal met zijn verschillende compartimenten binnenging, de karige hooivoorraad in ogenschouw nam en het melkhok inspecteerde. De vijf koeien, buiten in hun wei, had hij al hoofdschuddend staan bekijken. Schonkige, grijsbruine Jerseys die volgens hem hun beste tijd gehad hadden. Hij had nooit veel opgehad met koeien, maar kon zich met de gedachte verzoenen dat die vijf hier zouden blijven, en dat er misschien nog wel een paar bij kwamen. Daarna liep hij het lege varkenskot binnen en strooide er wat maïskorrels rond om de kippen te lokken die over het erf liepen te scharrelen. Ze hadden er te veel en de meeste waren te oud. Ze zouden die winter een hoop gestoofde kip eten. Hij slachtte een jonge haan en nam hem mee naar Leah die onder de appelbomen zat, in een schone blouse en haar rok tot boven haar knieën opgetrokken, haar kin nat van het sap. Hij hield het haantje voor haar omhoog en zei: 'Het zou geen kwaad kunnen om iets op tafel te hebben als ze terugkomen.'

'O nee,' zei ze. 'Ik ga niet in haar keuken rommelen.'

Hij zei: 'Er zijn aardappels, peentjes en pastinaken, en op de mesthoop achter de stal liggen pompoenen te rijpen. Van deze appels hier zou je een taart kunnen bakken en in de kelder staan pannen met verse room. Het is jouw keuken.' Hij liet het dode haantje voor haar op de grond vallen. 'En het is mijn boerderij.'

Op het pad dat verder de berghelling opliep negeerde hij de suikerschuur, niet van zins een hoop kapotte emmers met verroeste hengsels te ontdekken. De oude esdoorns van het suikerbos waren nog altijd imposant, hun stammen dikbeschorst, ieder voor zich goed voor vijf of zes emmers sap. Van daar voerde het pad om de berg heen door een gemengd bos van beuken, berken, essen, ijzerbomen en bitternoten. Een orgie van kleuren, de geuren van de vroege herfst uitbundig zoet alsof de natuur haar eigen dood wilde vieren. Uit het struikgewas vloog een patrijs op en Norman deinsde onwillekeurig terug. Hij vroeg zich af of alles hem altijd aan de oorlog zou blijven herinneren, of een patrijs ooit weer gewoon een patrijs zou zijn.

Aan de andere kant betrad hij een dichte wildernis boven een klein ravijn en moest nog een kwart mijl lopen eer hij bij het huis van Ballou kwam. Een gammel onderkomen zonder bovenverdieping, afgezien van de grootte eerder een hut dan een huis, neergezet tegen een granieten dagzoom die benut was als achterkant voor de haard en de schoorsteen. De voordeur stond open om de middaglucht binnen te laten en Ballou zelf zat in de deuropening alsof hij Norman al verwacht had. Een groene kamgaren broek, leren bretels over een rood onderhemd, katoen met een extra laag van leem, zaagsel en de ingewanden van reeën en vissen. Zijn lange vette haar achter zijn oren gekamd en zijn wangen gladgeschoren, de gelaatstrekken van een marter. Hij rookte zijn langstelige stenen pijp, de enige die Norman ooit gezien had, de steel en de kop vaalbruin door zijn vingers en het tabakssap.

'Ik hoorde al dat je terug was.'

'O.' Niet verbaasd dat het nieuws al over de berg was gewipt.

'Een van mijn jongens was de hort op in Randolph, gister. Zit achter zo'n jong ding aan. Komt-ie vanochtend vroeg terug met dat verhaal over jou. Wil niet deugen, dat joch, maar op die leeftijd hou je ze niet tegen, hè. Mij niet meer gezien, hoor. Aan één wijf heb je meer dan genoeg. Kom jij straks ook wel achter.'

'Heb je mijn moeder wel genoeg hout gebracht?'

'Tuurlijk. Klaagt ze dan?'

'Nee, helemaal niet. Maar er ligt nog maar zo'n vaam of twee drie achter het huis.'

'Ze heeft gekocht naar wat ze nodig had.'

'Ja ja.' Boos, maar niet wetend op wie. 'Heb je in voorraad, nu?'

'Heb er zat gekapt, maar nog niks gezaagd en gespleten.'

'Was er nog moeilijk aan te komen?' Norman keek hem scherp aan.

Ballou grijnslachte. Bruine, dierlijke tanden. 'Ik kap alleen maar hier, hoor, niet aan jouw kant. Waar zou ik jouw hout voor moeten als ik dit allemaal heb?' Hij spreidde zijn armen.

Norman wist wel beter, wist dat hij de komende winter en lente stronken zou vinden aan de randen van zijn eigen land, wist dat Ballou het een geweldige grap had gevonden om zijn moeder haar eigen hout te verkopen. Hij zei: 'Ik heb tien vaam nodig voor de winter.'

'Tja, die zwarte wijven weten geeneens wat sneeuw is, hè. Om die warm te houden, daar gaat een hoop hout in zitten, Norman.'

'Henri, heb je het of niet?'

Ballou zoog aan zijn pijp. 'Hoe snel wil je die tien vaam?'

'Over twee weken.'

'Kan niet.'

'Twee weken.'

'Vergeet het maar.'

'Zijn je jongens er niet?'

Ballou keek zijn erf rond alsof hij ze zocht. Hij schokschouderde. 'In het bos ergens.'

'Dan heb je hulp genoeg.'

Ballou stak de brand in zijn uitgedoofde pijp. De rook geurde als de dag zelf. 'Vijftien oktober,' zei hij. 'Tien vaam.'

'Gespleten en gestapeld.'

Ballou spuugde op de grond, ter bevestiging.

'En ik betaal pas als ik ze heb.'

'De helft nu. Ik zal die jongens wat moeten geven om ze uit het bos te houden.'

'De helft als je de eerste vijf vaam vooruit brengt, de rest op het eind.'

Ballou haalde zijn schouders op. 'Moet je thee?'

'Nee dank je, ik heb nog een hoop te doen. De groeten aan je vrouw, Henri.'

'Die oorlog... Niet best, hè?'

Norman schudde zijn hoofd. 'Niet best.'

Ballous blik dwaalde af, hij was uitgepraat. 'Goed dan, Pelham. We beginnen deze week nog. Komen we een ladinkje brengen en kennismaken met je vrouw.'

Norman liep terug naar zijn eigen kant van de berg. De middag liep ten einde, het licht werd botergeel. Het rijtuig stond op het erf voor de geopende staldeuren, met de lege disselboom op de grond. Connie kwam de stal uit, pakte de dissel en duwde het karretje achteruit de stal in. Ze moest al een poosje thuis zijn, had zich waarschijnlijk eerst van haar zondagse kleren ontdaan en toen de merrie op stal gezet. Zat zijn moeder te melken? Hij besloot die drie nog even met elkaar alleen te laten. Misschien wenden ze sneller aan elkaar als hij er niet bij was. Uit de keukenschoorsteen steeg een heldere rook op, voortgejaagd door kookdampen. Hij ging aan de voet van een suikeresdoorn zitten, zijn rug tegen de weldadig ruwe schors en zijn knieën opgetrokken. Het huis nog steeds in zijn blikveld.

Hij dacht na over wat hij de komende dagen voor elkaar wilde krijgen, over alles wat hij moest doen en afspreken, en alles wat hij voor eens en altijd duidelijk wilde maken. Want wat hij nu ongezegd liet zou altijd onuitgesproken blijven, zoveel was zeker. Zoals het ook vaststond dat hij voor sommige dingen een prijs te betalen kreeg. Hij hield zichzelf voor dat dit hem van meet af aan duidelijk was geweest, de hele zomer, vanaf het moment dat hij was bijgekomen en haar naast zich had zien zitten. Hij hield zichzelf voor dat alles wat je deed altijd zijn weerslag had op anderen, maar dat je slechts één ding nodig had om al die consequenties het hoofd te kunnen bieden: wilskracht. Hij nam zich voor om de komende dagen goed bij de les te blijven. Het was alsof hij zijn vader hoorde zeggen dat hij uit zijn doppen moest kijken. Zijn blik dwaalde over het amfitheater van zijn bezit, daar beneden, zijn eigen fort, en vervolgens omhoog. Een vlucht ganzen trok over de rand van de kom, in de richting van de rivier. Het deed hem aan Ballou denken, de man die als een wilde gans zijn eigen weg ging en zich niks aantrok van wat er over hem gezegd werd. Normans vader had zijn naam altijd opzettelijk verkeerd uitgesproken, ook als hij met hem sprak, alsof zijn afkomst nog een zonde temeer was naast de onwil om zich kapot te werken voor de ontginning van een stuk rotsige grond. Een onbetrouwbare Frans-Canadees die zich tevreden stelde met een leven in die woestenij. Ballou die 's winters elke dag zijn sneeuwschoenen onderbond om strikken te gaan zetten, of bomen te vellen als daar een koper voor was, en die de rest van het jaar naar hartenlust viste, jaagde of weddenschappen afsloot bij draverijen en hondenrennen. Ballou die voorvoeld had dat de dienstplicht zou worden ingesteld, en als een van de eersten en weinigen een fiks bedrag aan gouden munten had neergeteld om drie plaatsvervangers voor zijn zoons te krijgen. Zonder zich nader te verklaren, laat staan zich te verantwoorden. Met een smalend lachje voor elke idioot die niet inzag dat het leven al bizar genoeg was zonder dat je je liet neerknallen voor andermans idealen. Ballou en hij hadden daarnet een kort en simpel dansje gemaakt. Hout besteld, prijs gemaakt. Maar hij voelde zich dodelijk vermoeid, als had hij er een deel van zijn ziel bij verbruikt. Hij wist inmiddels dat het ergste wat mensen elkaar konden aandoen niet het bloedbad bij Marye's Heights was geweest, of het beleg van Petersburg. Nee, niets overtrof het ontluisterende tijdperk van die meedogenloze generaties in Sweetboro, North Carolina – de hardvochtigheid die misschien gestuit was door het wapengekletter, maar nooit verdreven kon worden uit de gedachten, het gevoel en het leven van die vrouw daar beneden. Wat moest hij haar zeggen? Dat ze rust had gevonden? Terwijl ze allebei wisten dat hoe groot de afstand nu ook was, en hoe idyllisch deze plek, een vredig bestaan nooit vanzelfsprekend zou zijn? Leven in stilte, dat was haar ideaal. Maar al wist niemand wat de toekomst brengen zou, voor hen was zo'n leven hooguit mogelijk en geenszins zeker. Misschien had Ballou daarom ook wel die gouden munten neergeteld. Niet alleen om zijn zoons voor de oorlog te behoeden, maar ook om de hang naar een rustig bestaan tot uiting te brengen. En hij nam zich voor dat hij er in elk geval alles voor zou doen, zich er met al zijn krachten voor zou inspannen. In de hoop dat het wat zou uithalen.

Wat ze hem over Sweetboro had verteld, had ze pas verteld nadat ze uit Washington waren vertrokken en het geteisterde landschap van noordelijk Virginia hadden doorkruist, en via die uitloper van Maryland in Pennsylvania waren aangekomen. Ze hadden overnacht in de schuur van een man die ze langs de weg hadden ontmoet, de man die een koppel weerbarstige ossen probeerde te drijven en daar door Norman bij geholpen was. Hij had hun geen kamer in zijn huis aangeboden maar de vliering van zijn schuur. Vol mals, helgeel gerststro. Zijn vrouw, een kop groter dan hij, had bij de halve deur van haar keuken naar Norman en Leah staan kijken toen die het erf overstaken, en achter die halve deur de ronde gezichten van drie jongens in de leeftijd van een jaar of zes tot een jaar of tien. In de zomerse avond kwam de man hun een pot met zuurkool en versgebraden krabbetjes brengen, en een tarwebrood waar de damp nog vanaf sloeg toen ze het openbraken. Leah keek hem na tot hij het erf weer over was en de keuken binnenging, en stak toen pas een hand uit naar het eten.

'Je mag hem niet zo, hè?' zei Norman.

Haar mond glom van het vet toen ze antwoordde: 'Het gaat niet om hem. Ik vertrouw die vrouw niet.'

Norman vroeg bijna wat er te vertrouwen viel maar hield zich in, en liet de stilte voortduren terwijl ze aten. Het was de eerste warme maaltijd die niet door een legerkok was bereid of aan de achterdeur van een pension was gekocht. Sinds Washington had ze een wantrouwen, een bijna schichtige argwaan jegens vreemden getoond, die ze nooit had uitgesproken maar simpelweg in de praktijk had gebracht door liever in het struikgewas of onder bomen te slapen dan bij mensen aan te kloppen. Ze wilde nooit in een stad of dorp blijven hangen, meed groepen mensen, en vooral groepen mannen. Ze schrok zichtbaar als ze paarden hoorde galopperen. Hij dacht terug aan dat stadje in Maryland waar een politieman de straat was overgestoken en met haastige tred hun kant op leek te komen. Leah had zich tegen Norman aan gedrukt terwijl de man hen voorbijliep en hun amper een blik waardig keurde. In de groenige schemering bracht hij de pot terug en bedankte de vrouw. Terug op de vliering ging hij op de uitgespreide deken naast Leah liggen. 'Wat heb je tegen dat mens?' vroeg hij.

Ze leek nog te twijfelen of ze op de vraag in wilde gaan toen ze zei: 'Zoals ze naar ons kijkt. Iedereen kijkt, maar sommige mensen... Het lijkt wel of ze mijn gezicht ergens mee vergelijkt, met iets wat ze gehoord heeft, of een plaatje dat ze ergens gezien heeft. Of dat ze goed wil onthouden hoe ik eruitzie. Het is meer dan dat ze me niet moet, of dat ik met jou ben.'

Norman bleef zwijgend liggen, dacht bij zichzelf dat het waar was wat ze zei, en was er zeker van dat het niet waar was. Hij sprak pas weer toen het donker was geworden. Door het openstaande luik kon hij de sterren zien, en de vleermuizen die zich van de dakspanten losmaakten en door de nachtlucht buitelden. 'Ga je me de rest ook nog vertellen of wil je er liever nog even mee wachten?'

'Wat vertellen?'

'Waarom je zo bang bent voor vreemden. Ik weet niet of het iets is wat je gedaan hebt of iets wat je hebt meegemaakt, maar je schijnt altijd te denken er op je geloerd wordt.'

'Je hebt goed opgelet.'

Hij haalde toegeeflijk zijn schouders op, al kon ze dat waarschijnlijk niet zien in het donker. 'Je zult het me wel vertellen als je zover bent, denk ik. Maar het zou geen kwaad kunnen als ik wist waarvoor we moesten oppassen, als er al zoiets is.'

'Ik hou niks achter, Norman.'

'Dat zeg ik ook niet.'

'Ik heb je gewoon nog niet alles verteld.'

'Tja, je weet van mij ook nog niet alles.'

'Hou je mond nou eens even. Ik probeer je wat te zeggen.' Hij kon het niet zien, maar hij wist dat ze een gepijnigde uitdrukking op haar gezicht had. En toen begon ze te spreken, op een verrassend vlakke toon. Geen nadruk, geen stembuigingen. Een stem die ouder was dan zijzelf, alsof het de stem was van de plek waarover ze sprak, de klank van de stemmen die daar nog waren en via haar tot hem kwamen.

Ze vertelde hem over Sweetboro. Over die februarimiddag, zij alleen in de keuken van het grote huis, haar moeder Helen en de oude vrouw Rey in hun hut op zo'n dertig passen van de achterdeur. Leah die strijkbouten opwarmde op het fornuis, om er de kleren mee te persen van de blanke mensen die nu allemaal naar Raleigh waren vertrokken – op de jongste zoon na, die zich ergens in het huis bevond. De blanke mensen waren ontredderd op het radeloze af. Spencer, de eerstgeboren zoon, was het vorige jaar gesneuveld bij de verdediging van Petersburg. En de jongste, Alex van veertien, was twee maanden terug van huis weggelopen om mee te vechten, en binnen de kortste keren teruggekomen met een rechterarm die bij de elleboog was afgezet. Leah had de pusdoordrenkte bandages gewassen en ze lagen nu bij haar strijkgoed, want alles wat de blanke mensen op wat voor manier ook aan hun lichaam droegen moest gewassen en gestreken worden. Alex had het huis onder geen beding willen verlaten, leek de buitenwereld niet meer onder ogen te willen komen, alsof het verlies van zijn arm lang niet zo erg was als de schande van zijn terugkeer. Mebane had zijn vrouw en twee dochters naar de hoofdstad gebracht, waar het bestaan alleen maar minder grimmig was omdat er meer blanken waren met wie ze de grimmigheid konden delen. Leah was niet eens opgetogen over hun aftocht, die eigenlijk vanzelfsprekend was geweest. Geruchten had ze door de jaren heen leren negeren, maar de stemming onder de blanke mensen had er de laatste dagen niet om gelogen. Er was iets veranderd, voor eens en altijd, ook al stond ze hier nog steeds met hete stoom in haar neusgaten hun ondergoed te persen.

 Mebane had als jongste zoon van een jongste zoon de rijstvelden onder Wilmington verruild voor Chapel Hill, en was later om onduidelijk gebleven redenen met zijn jonge bruid naar Sweetboro getrokken, waar hij een praktijk als advocaat begon en regelmatig de dertig mijl naar Raleigh reisde terwijl zij hun huis bestierde met Rey en een andere slaaf, Peter, die ze gehaald hadden om de paarden te verzorgen, en de bloembedden die trapsgewijs waren aangelegd van het huis naar de straatweg van rood steengruis. Mebanes vrouw was al snel zwanger geraakt van Spencer, en vier jaar na diens geboorte had Alex het levenslicht gezien, en in de tussentijd hadden ze Helen gekocht van Mebanes broer. Dat laatste was nu zeventien jaar geleden, en Helen was twee jaar jonger geweest dan Leah nu. Mebane kwam van tijd tot tijd nog weleens de keuken binnen om Helen toe te knikken en door de achterdeur naar buiten te lopen en haar in de hut op te wachten. Leah kreeg dan hooguit een vluchtige blik, zijn ogen als vingers die een vlieg verjoegen, ogen die van hetzelfde flesgroen waren als de hare. Soms ook kwam hij haar moeder 's nachts opzoeken, en was dan minder steels, trok zich niets aan van het meisje en de oude vrouw achter hun gordijnen, zijn bronst wild en luidruchtig. Bij die gelegenheden had Leah voor het eerst de woorden gehoord die andere blanke mannen haar nu ook toeriepen. Bij die gelegenheden lag ze klaarwakker, zonder een vin te verroeren, haar gezicht verstijfd alsof het uit elkaar dreigde te vallen, haar adem een scherpe pijn onder haar ribben, te wachten tot hij aan zijn gerief kwam en weer wegging, te wachten tot zijn geur uit de nacht was weggetrokken en ze eindelijk in slaap kon vallen.

De februarimiddag was onverhoeds in een vooravond overgegaan, de regen viel gestaag en de keuken was warm en dampig geworden. Haar rechterhand bewoog de strijkbout heen en weer terwijl haar linker als een waaier voor en achter het ijzer wapperde. Er was iets aangenaams aan het zwaaien van haar bovenlichaam, iets plezierigs aan de spanning waarmee haar beenspieren haar boven de strijkplank verankerd hielden. Ze vond het prettig om alleen te zijn, om zich alleen gelaten te voelen. En het was dus niet zo prettig dat de tussendeur naar de eetkamer openging en Alex binnenkwam. Maar hij zou vast niet lang blijven en dan had ze het rijk weer alleen.

Hij ging tegenover haar aan de keukentafel zitten, met zijn goede arm op het tafelblad, de palm van zijn vlakke hand omlaag, de stomp van zijn andere arm stijf langs zijn lichaam. Er zat nog altijd verband om het dichtgeschroeide uiteinde, met een gelige plek waar de pus door het gaas lekte. Hij was een knappe jongen, met een brede onderlip en hetzelfde rossige haar als zijn vader, achterover van zijn voorhoofd geveegd. Zijn gladde huid oogde des te gladder door het vage dons op zijn kin, en zijn verkreukelde kleren wekten de indruk dat het hem niet langer schelen kon hoe hij eruitzag. Ze bleef doorgaan met haar werk, keek niet naar hem op, streek hetzelfde hemd nog eens met de afgekoelde bout. Ze moest onwillekeurig aan die ontbrekende onderarm denken, waar die nu was, wat ermee gebeurd kon zijn. Ze wist alleen maar dat ze hem eraf hadden gehaald, de flarden tenminste die er nog van over waren geweest. Maar een arm is niet zomaar iets en hij was vast ook een deel van zijn ziel kwijtgeraakt. Vroeg zich af waar die hand nu was, en waar hij naar reikte. De vingers van zijn andere hand trommelden op het tafelblad. Ze wist dat hij zat te wachten tot ze hem zou aankijken. Het was veel te heet in die keuken. Het zweet brak haar uit.

'Wat eten we?'

Ze keek niet op, haar arm bleef heen en weer gaan. 'Hetzelfde weer. Erwten, koolraap, rollade en volkorenbrood. Maar alles koud.'

'Nikkervoer.'

Ze haalde haar schouders op, keek hem nog steeds niet aan. 'Het is wat het is. Als je wat beters wilt, had je met ze mee moeten gaan.'

'Ja,' zei hij. 'Die zullen nu wel oesters en champagne hebben. Biefstuk misschien wel.'

'Weet ik niet,' zei ze. 'Ik weet alleen maar wat we hier hebben.'

Zijn vingers trommelden harder en sneller, en hielden toen op. 'Geef eens iets te eten.'

'Ik ben bezig.'

'Je hebt dat hemd nu al drie keer gestreken.'

Ze zweeg.

'Ik wil wat eten.'

'Ik ben bezig. Pak zelf maar wat.'

'Kijk me aan.'

'Ik weet hoe je eruitziet. Je ziet eruit alsof je best zelf wat kan pakken.'

Hij gaf een harde mep op het tafelblad. 'Kijk me aan, verdomme!'

Ze liep naar het fornuis, zette er de koude strijkbout op en nam een hete mee terug, die ze op de punt van de plank zette. Ze pakte het hemd en vouwde het op, legde het op de stapel en bukte zich om het volgende uit de wasmand te halen, legde het over de plank. En toen pas keek ze hem aan en zei: 'Wat wil je nou eigenlijk, meneer Lex?'

Er trok een zweem van duisternis over zijn jongensgezicht, iets wat de zachtheid van zijn huid ongemoeid liet maar zich in de spieren daaronder nestelde. Het was de eerste keer dat hij haar angst inboezemde. Die angst irriteerde haar, maakte haar boos op het mankind daar aan tafel, zo boos dat ze het opnieuw vroeg. 'Wat wil je nou, meneer Lex?' Ditmaal was de aanspreektitel een bitter kruid op haar tong.

'Weet je wat Mama nog tegen me gezegd heeft voor ze de benen namen naar Raleigh?'

Ze keek hem zwijgend aan. Zijn ogen waren donker, glanzend.

'Dat ik het enkel aan mezelf te wijten had. Ik zei dat ik alleen maar mijn plicht had willen doen, maar dat vond ze kletspraat. Volgens haar kon ik helemaal niet weten wat mijn plicht was. Ze zei dat niemand meer dezelfde plichten had als vroeger, dat we allemaal nieuwe zouden krijgen en dat niemand nog wist welke. En dat we zo slim moesten zijn om tot die tijd rustig af te wachten. Zo stond ze tegen me te praten. Alsof ze boos op me was. Alsof het mijn schuld was dat de toekomst is veranderd.'

'Het is een harde vrouw,' zei Leah, al wist ze dat pas nu ze het gezegd had.

Zijn blik gleed over haar gezicht alsof hij haar niet gehoord had. 'Het waren vooral bejaarden en jonge jongens als ik,' zei hij. 'Wat er nog aan mannen was stelde niks meer voor. Helemaal op. En koud dat het was. Volwassen mannen zonder laarzen, in hartje winter. Maar toen het vechten begon raakte iedereen door het dolle, stuk voor stuk. Het ene moment ga je nog als een wilde tekeer en het volgende lig je languit op de grond en is de hele wereld één grote pijn en springt iedereen over je heen om een goed heenkomen te zoeken. En je denkt aan je vader die alleen maar op z'n luie reet zit, en je weet dat het mannen zijn zoals hij die dit allemaal gaande houden, terwijl ze er tegelijkertijd voor zorgen dat er geen moer van deugt. Die arm was niks, daarmee vergeleken. Ik kwam ervan overeind en kotste mijn hart uit mijn lijf. Ik kan nog steeds kotsen als ik eraan denk.'

Ze stond weer te strijken. Ze wilde het niet over zijn vader hebben. Ze zei: 'Misschien had je mama wel gelijk.'

'Hoe bedoel je?'

Voorzichtig, haar woorden wegend: 'Ik bedoel helemaal niks. Maar dingen veranderen nu eenmaal. En op den duur raken mensen aan alles gewend.'

Hij nam haar zwijgend op. Haar oksels waren nat en ze kon zichzelf ruiken en dacht dat hij haar ook wel zou ruiken. Na een poosje zei hij: 'Weet je wat ik gezien heb toen ik weer naar huis kwam?'

Ze vouwde het hemd op en liep naar het fornuis om er de strijkbout op te zetten en draaide zich om. Ze stond vlak bij de tafel nu. 'Nou, wat?'

'Ik kwam een paar wagens tegen. Met huiven van dekzeil, en voor elke wagen een paar scharminkelige ouwe ossen. Helemaal volgeladen met huisraad. Matrassen, meubels, noem maar op. Niks groots, maar wat ik zien kon zag er mooi uit. Ouwe mannen en kleine kinderen en vrouwen in die wagens. En zes kerels op ongezadelde muilezels ernaast, met hooivorken en slachtmessen. Eentje had een zeis. Wat vind je me daarvan?'

'Ik vind niks. Er zijn nu zo veel mensen op weg.'

'Het waren nikkers. Een hele troep nikkers. Op klaarlichte dag op weg naar het noorden. In ossenwagens vol gestolen spullen. Hoe hard zouden ze opschieten op die manier? Zes mijl per dag? Acht? Niks geen vlucht naar de vrijheid. Op hun dooie akkertje. Twee van die kerels komen naar me toe gereden en ik zie dat ze die roestige hooivorken geslepen hebben, die punten fonkelden gewoon. Ze vroegen me wat ik daar liep te doen. "Wat moet je hier, bleekscheet? Loop maar gauw door. Gewoon je ene poot voor de andere blijven zetten en snel op huis aan." En ik zei niks terug, liep gewoon verder langs die kreupele ezeltjes en die ossen die toch al bijna dood waren. Ik keek niet een keer om, maar ik kon die hooivorken al in mijn longen voelen prikken. Ik wist dat ze me nakeken en niks liever wilden dan dat. Ik liep de hele dag door, aan één stuk tot laat in de avond, en al die tijd kwam ik niemand tegen die naar ze op zoek was. Op klaarlichte dag. Brutaal als de beul. Alsof ze niet naar het noorden gingen maar naar de hemel zelf, of op visite bij die panlat van een Lincoln. Alsof ze niet eerst nog even door Virginia moesten trekken, waar je nog duizenden mannen hebt die maar wat graag hun buks leegschieten op een stel weggelopen nikkers. Gepakt en gezakt, alsof het heel normaal was wat ze deden. Het zou me niks verbazen als de vrouwen en die ouwe kerels nog liedjes hebben zitten zingen. Wat denk jij daar nou van?'

Ze liep van het fornuis weg en ging tegen de koele achterdeur staan, aan zijn kant van de tafel. Ze kon haar eigen ademhaling voelen, een trilling langs haar ribbenkast. Zijn wijd geopende ogen strak op haar gevestigd, in elk een mengeling van spot en woede. Ergens in het huis sloeg een klok zes uur, elke toon een afgerond signaal van koperen helderheid. Ze zag de klok voor zich, de ineengestrengelde cherubijntjes die samen het bolronde uur-

werk droegen. Ze zei: 'Het gaat mij niet aan wat die mensen van plan zijn.'
'Ik vroeg ook niet wat ze volgens jou van plan waren.'
'Wat vroeg je dan?'
'Wat dacht je?'
Ze zette zich af tegen de keukendeur en deed een stap in zijn richting, en bleef staan. Ze sloeg haar armen over elkaar en zei: 'Waarom zit je me zo te pesten? Laat me met rust.'

Hij liet zijn vingertoppen over de planken van het tafelblad glijden, alsof hij een snaarinstrument bespeelde, zette zijn elleboog op tafel en legde zijn kin in zijn hand. 'Vrij,' zei hij. 'Dat ouwe liedje over een leven in vrijheid. In het noorden. Is dat wat je wilt, Leah?'

Ze schokschouderde, haar armen nog steeds over elkaar. Het zweet op haar lichaam voelde koud aan, het rook naar gesnipperde uien.

Hij sprak verder. 'Hoe denk je dat het daar zou gaan? Ik durf te wedden dat je daar nog niet eens over nagedacht hebt. Je denkt natuurlijk dat jullie met open armen ontvangen worden en dat je allemaal een knus huisje krijgt, en dat ze jullie eten en kleren en mooie spulletjes komen brengen, leuke snuisterijtjes. En dat ze jullie in hun kerk uitnodigen, zodat hun god voor jullie zorgen kan. En dat ze hun zoons middagwandelingetjes met jullie laten maken, en dat zo'n jongen je mee naar huis neemt voor het avondeten en dan later met je trouwt. Denk je dat het zo zal gaan? Of denk je dat jullie gewoon hier kunnen blijven en dat wij dan van plaats wisselen. Dat jullie hier komen wonen en de kleren van mijn moeder dragen, en op de veranda kunnen zitten kijken hoe zij op handen en knieën de moestuin ligt te wieden. En dat mijn vader jullie naar de stad rijdt als je daar zin in hebt, en een wet schrijft voor wat blanke mensen wel en niet mogen doen. Ja, misschien verwacht je dat wel. Of dat die magere baardaap daar in dat andere land, met zijn chique toespraken, dat die ervoor zorgt dat hier alles verandert. Dat dit prachtige land waar jij en ik thuishoren kapotgaat en dat jij straks alles krijgt wat je hartje begeert. Ja, dat is het vast. Dat verwacht je natuurlijk. Heb ik gelijk of niet? Kom, wees dan maar eens een vrije vrouw en zeg voor één keer in je leven de waarheid, als een onafhankelijke vrije vrouw. Kom op dan!'

'Ik denk helemaal niks.' En dan, opstandig en nerveus door zijn tirade, haar stem bevend: 'Ik denk dat ik zou werken. Hetzelfde werk als nu. Misschien hier, misschien ergens anders, dat weet ik niet. Maar voor mezelf. Dat ik alleen maar voor mezelf werk. Maar ik weet er niks van. En jij ook niet, Alex. We weten allebei niet wat er komen gaat, wat het allemaal te betekenen heeft.'

Zijn gezicht verduisterde nog verder en ze begreep dat hij iets anders had willen horen: dat ze bang was en zich vastklampte aan het leven dat ze kende. En ze dacht hoe jong hij nog was, en hoeveel woede er in hem zat. Dacht aan die hooivorken.

Zijn kin rustte nog steeds op zijn hand maar hij had zijn benen langs de tafel gestrekt, gekruist bij de enkels. Zijn stomp lag plat tegen zijn lichaam. Hij zei: 'Stomme roetmop die je bent. Er verandert niks. Sommige dingen krijgen een nieuwe naam, maar het wordt echt niet anders. Jij zult nog steeds een nikkermeid zijn en de rest van de wereld blijft gewoon blank. Er verandert geen ene moer.'

Ze knikte alsof ze hem gelijk gaf, en was er zeker van dat hij zich vergiste, maar dat ze hem dat nooit zou kunnen uitleggen. Dus zei ze alleen maar: 'We zullen wel zien hoe het loopt.'

Hij knikte terug en ze zag dat hij het ook niet meende. Hij keek haar aan. Een lange stilte, tot haar voeten gingen branden en onder zijn blik vandaan wilden lopen. Toen grijnsde hij en zei: 'Vertel me trouwens eens. De laatste keer dat Spence thuis was voor Thanksgiving, twee jaar geleden, heeft-ie je toen genaaid? Dat wil ik nou weleens weten. Hij had het er namelijk over. Hij zei dat je er rijp voor was, maar ik heb hem nooit horen zeggen dat hij het gedaan had. En, heeft-ie je gepakt toen?'

En ze stond weer stram rechtop, halverwege de tafel en de deur, opnieuw hevig zwetend, en ze dacht aan Spencer. Lang en slank, de bouw van zijn moeder, maar het rossige haar en de haviksneus van zijn vader. En de ogen. Het was Spencer geweest die haar toen gevonden had, die zomer van haar twaalfde levensjaar, weggekropen tussen de doornstruiken en kamperfoelie op het verwilderde kavel drie straten verderop. Hij vond haar in de groenige avondschemering, met haar armen om haar knieën, zichzelf wiegend tegen de eikenboom aan de rand van het kavel, weg van het keldergat van het huis dat lang voor hun beider geboorte was afgebrand, vond haar met haar jurk gescheurd en bloederig en besmeurd met het rode steengruis dat ook in haar haren zat en in vegen op haar gezicht, vastgekoekt als modder terwijl ze daar huilend heen en weer zat te schommelen in de zwoele, roerloze schemering, verstoken van geluid op het verre blaffen van een hond na. Ze hoorde hem aankomen, hoorde hem zachtjes haar naam roepen, op een fluistertoon bijna, opdat ze begreep dat hij wist waar ze was, en waarom ze daar zo zat. Dus rende ze niet weg maar bleef met haar hoofd op haar armen op hem wachten terwijl hij door het hoge gras en de struiken stapte, recht op de eik af en niet naar dat keldergat, alsof hij grondig had nagedacht over wat hij die jongens had horen zeggen. Alsof hij wist dat ze alleen maar daar kon zitten, omdat hij daar zelf ook naar toe zou zijn gekropen als hem zoiets gebeurd was. En daar was hij ten slotte en hij knielde bij haar neer en sloeg met stuntelige pubertederheid zijn arm om haar heen en drukte haar aan zijn smalle borst, zei niets, maakte alleen maar sussende geluidjes, en toen ze ophield met huilen hielp hij haar overeind en voerde haar over het laantje achter de huizen, en soms dwars door achtertuinen, buiten het zicht van de mensen in een rechte lijn terug naar huis. Zijn lange spillebenen vertraagde tot een behoedzaam tempo dat zij kon bijhouden, tot ze door het hek van de achtertuin kwamen en haar moeder van de stoep voor hun hut stapte en op haar af kwam rennen. Spencer liep achter hen aan naar de hut en tikte Helen op de schouder en zei: 'Ik heb hier niks mee te maken. Ik ben haar alleen maar gaan halen toen ik het gehoord had.' En haar moeder die hem toebeet: 'Laat ons met rust! En geen woord hierover, tegen niemand, ook je vader niet!' Haar moeder die de deur sloot en aan één stuk door praatte, een sissend gefluister over blanke jongens, blanke mannen, terwijl ze de jurk over Leah's hoofd trok en haar begon te wassen, rechtopstaand, niet meer bloedend, midden in de hut, met handen die o zo zacht waren in vergelijking met haar afgebeten woorden, woorden verspild aan Leah die naar het geronnen bloed op haar dijen staarde, woorden waar ze niet naar luisterde omdat ze alleen maar denken kon, geluidloos huilend, dat hij meteen gekomen was toen hij het had gehoord.

Spencer die voor het laatst thuis was geweest, twee novembers geleden, en toen zwijgzaam en ongedurig door het huis en de tuin had lopen ijsberen, alsof hij zich niet langer ontspannen kon in de nabijheid van mensen. De dag waarop Leah hem achter de tuinschuur aantrof, met zijn benen over elkaar op een blok brandhout zittend, toen ze uit de tuin kwam om de gaffel op te hangen waarmee ze aardappels had gestoken voor het eten van de volgende dag. Spencer in zijn uniformbroek en een wit hemd van zijn vader, de boord open. Die broek versleten en versteld maar nog netjes vergeleken bij de lorren die ze mannen in de jaren daarna zou zien dragen. Hij rookte een dun sigaartje met een zwart dekblad, lui achterover op het gekantelde houtblok, de rook uitblazend in de roerloze gouden lucht van de late herfst, en ze wist dat hij op haar had zitten te wachten. En hij zei: 'Zo, meid, hoe gaat het met je?' En hij nam die vork uit haar handen en hing hem aan de spijker. Ze zei dat het goed ging en vroeg hoe het met hem ging, maar hij kwam zwijgend op haar af en pakte haar bij haar bovenarmen en duwde haar ruggelings tegen de schuur en boog zich naar voren en kuste haar, zijn mond schuchter, zijn lippen zonder dwang. Zij hield de hare stil, niet stijf of afwerend maar gelaten afwachtend tot hij zou inzien dat dit verkeerd was. Hij nam zijn lippen van haar af en streek met zijn gezicht over haar wang. De zachte punt van zijn snor gleed langs haar neusvleugel en het voelde wonderlijk vertrouwd en ze wilde zijn mond terug op de hare, tuitte haar lippen om de zijne weer te vinden en deed ze van elkaar toen dat lukte, en hij kreunde zachtjes, drukte zich tegen haar aan, over de volle lengte van haar lichaam, en ze bewoog tegen het zijne. Hij dronk van haar mond terwijl zijn handen van haar schouders gleden, naar haar hals en dan omlaag waar haar katoenen blouse over haar borsten spande, en het bleke zonnetje scheen in haar ogen en de lucht werd weldadig en ze sloot haar ogen toen zich diep onder haar longen een geluidje losmaakte dat van haar mond in de zijne gleed, en hij stopte. Zijn handen vielen van haar weg en zijn hoofd week achteruit. Hij keek haar aan, zijn ogen vol trots en droefheid, ontledigde begeerte als was hij uit zichzelf getreden en zag hij wat hij deed, hoe ze daar stonden. En hij legde zijn handen tegen de wand van de schuur en duwde zichzelf van haar af, duwde tot hij weer op zijn eigen benen stond en zei: 'Neem me niet kwalijk, Leah. Het spijt me. Het spijt me verschrikkelijk.' Zo stond hij naar haar te kijken en zij keek stil terug, en toen hij zag dat ze zou blijven zwijgen, en precies leek te weten wat er door haar heen ging, wendde hij zich met neergeslagen ogen af en liep naar het houtblok om het uitgegane sigaartje op te rapen, en dan door het hek van de achtertuin het laantje in. Zij bleef waar ze was, trillend op haar benen, haar geest verhit door onvatbare gedachten, staarde naar de plek waar hij uit zicht verdwenen was. Een vleug sigarenrook kwam terug de tuin indrijven, een nagelaten zweem van hem. Ze keek naar haar handen waar de klei van de aardappels nog aan zat, veegde ze schoon aan het schort dat ze over haar rok droeg en strengelde haar vingers ineen en kneep hard en zag de knokkels wit wegtrekken onder de druk. 'Stom wijf,' zei ze hardop, en ze liep de tuin weer in om de mand met aardappels te pakken en naar de keuken te gaan.

En in diezelfde keuken zat zijn jongere broer haar nu aan te kijken, en ze dacht bij zichzelf dat het wel waar zou zijn wat hij over Spencer beweerde, want ze wist inmiddels genoeg om te weten dat mensen er meerdere versies van hun ware ik op na hielden, uiteenlopende vormen die ze beurtelings uitprobeerden. Er was iets loos met de ogen van die jongere broer. Te vochtig waren ze. Te donker. Te wijd opengesperd. Alsof zijn hersens op hol waren geslagen en die ogen moesten rennen om ze bij te houden. Ze dwong zichzelf tot kalmte en zei: 'Spencer is altijd aardig geweest. Een echte heer. Hij was als een broer voor me.' Ze hield haar eigen ogen onverschrokken op hem gericht en voelde zich verzekerd van iets, trouw aan iets, waar ze geen naam voor wist. Een mengsel van liefde en onwrikbare herinneringen, een gevoel dat uit haar vloeide als hars uit een naaldboom. Ze wist dat dit mankind er niets van begrijpen zou, zichzelf geen begrip zou willen toestaan, en ze wachtte gelaten op zijn reactie.

Het werd de reactie die ze verwachtte, die een deel van haar zelfs leek te verlangen toen hij opstond. Het onvermijdelijke dat eindelijk gebeuren ging. De deur die eindelijk openzwaaide. Hij beende op haar af en ze zag en hoorde en voelde elke voetstap in haar borst, in de maat met haar hartslag. Toen hij vlak voor haar stond zag ze heel even een weifeling in zijn ogen en ze dacht: ga door, en de weifeling was verdwenen. Die verminkte soldaat, een kop kleiner dan zij.

De enige vuist die hij had boorde zich onder haar ribben en ze sloeg dubbel en de vuist flitste opwaarts en raakte haar vol op haar kin, haar tanden klapten op elkaar en er ontsnapte een geluid aan haar keel, half kreet half snik, en hij ving haar op toen ze ineenzeeg, greep haar pols beet en draaide die zo ruw om dat ze haar rug naar hem toe draaide. Hij dwong haar pols ver omhoog en ze voelde hoe haar schoudergewricht werd opgerekt. Ze snakte naar adem terwijl hij haar voor zich uit duwde en toen lag ze voorover op het tafelblad. Hij liet haar pols los om haar jurk omhoog te trekken, haar wang op de vettige planken, de muffe geur van oud voedsel, haar neus ontveld door de klap waarmee ze op het blad was neergekomen. En Alex achter haar, zijn ademhaling raspend en piepend als een roestige zaag in rottend hout, zijn hand die over haar achterste gleed en dan tussen haar benen, zijn vingers die haar openden, zacht en glad na al die weken in bed, en ze merkte dat ze vochtig was daar beneden, beschaamd en geschokt door dit verraad van haar lichaam, dat opeens schuldig leek aan dit alles. Dat was niet zo, wist ze, maar ze voelde niettemin hoe ze voor hem uiteenweek. En toen was zijn hand verdwenen en ze hoorde, zacht geklik, hoe hij de knopen van zijn broek openmaakte. Ze legde haar beide handen plat op tafel en zette zich af en ramde haar elleboog in zijn kruis. Hij wankelde met een miauwend kreetje achteruit en het drong nu pas tot haar door dat hij al die tijd een drenzerig gezang had voortgebracht. Woorden die niet voor haar bestemd waren geweest maar voor hemzelf, om zichzelf op te zwepen. 'Vuile nikkerhoer, vuile nikkerhoer.' Ze stond rechtop nu, liep naar het fornuis en kwam weer terug met de hete strijkbout. Hij stond nog steeds gebukt, zijn kruis te betasten alsof dat de plek was waar hij iets mankeerde en ze haalde uit en trof hem vol op de zijkant van zijn hoofd, toch nog minder hard dan ze gewild had. Zijn hoofd leek van zijn schouder terug te stuiteren en hij richtte zich op en keek haar aan en gilde pas toen ze hem voor de tweede keer raakte, hard en diep, met de punt van de bout vlak boven zijn oor. Ditmaal zag ze zijn hoofdhuid opensplijten, zag het rossige haar een mergwitte scheur prijsgeven die zich onmiddellijk met bloed vulde. Het gutste er niet uit maar liep door zijn haar en dan in stralen over zijn gezicht. Hij hief zijn armen op om het bloeden te stelpen maar de wond werd maar door een hand bereikt, een vergeefse dam in de aanzwellende stroom. En toen zag ze die hand wegvallen, slap langs zijn lichaam, terwijl zijn hoofd achteroverzakte en zijn ogen haar hun griezelige wit toekeerden. Zijn gezicht een masker van bloed en zijn broek gedraaid om zijn dijen. Haar adem kwam in hete vlagen en ze liep achteruit en zette de bout op het fornuis, waarvan onmiddellijk een walm van schroeiend haar en bloed opsteeg. Ze keek naar hem. Hij lag roerloos op de grond. Ze deed een stap, en nog een, en siste 'pak aan blanke rotschoft' en trapte uit alle macht tegen zijn weke geslachtsdelen. Buiten was het nu aardedonker en in de keuken kwam al het licht van de olielamp op tafel. Ze boog zich erover, hield een hand boven het glas en blies de pit uit. Ze liep de achterdeur uit, de sneeuwdoorspekte regen in, trok de deur achter zich dicht, stevig maar zonder geluid te maken.

Ze haastte zich, nog net niet rennend, langs de hut met haar moeder en Rey, door de achtertuin, bij elke stap natter van de regen. Ze liep om de stal heen, leeg nu alle paarden voor de oorlog waren opgeëist, en gaf een harde roffel op de deur van het aangebouwde keetje waarvan het enige venster verlicht was. Een stem zei dat ze binnen kon komen, een stem zo zacht dat hij in de regen teloor was gegaan als ze er haar oren niet op gespitst had. Ze duwde de deur open en stapte naar binnen. De oude man zat in het midden van de ruimte aan een werkbank die ooit van een schoenlapper was geweest, zijn bed tegen de ene muur en een lage tafel met een enkele stoel daartegenover. Een vuurtje in de haard. Aan een van de muren hing een gareel, het mooiste uit de stal, dat hij voor de rekwisitieofficieren had kunnen verbergen. De koperen gespen en siernagels glommen als goud in het zwakke licht. Op de leest van de werkbank had hij een hoofdstel, waarvan hij het koperwerk zat te poetsen met een zwartgrijze suspensie en een zachte doek. Hij bleef doorwerken toen ze bij hem kwam staan, maar sloeg zijn ogen vragend naar haar op.

'Ik moet hier weg, Peter.' Ze merkte nu pas hoe haar hart bonkte, maar had het gevoel dat ze in duizend stukjes uiteen zou spatten als ze rust nam. Alsof haar huid een dun stolsel was over een kokende massa.

'O ja?' De hand met de doek bleef een cirkeltje beschrijven. Hij keek haar aan, zijn gezicht uitdrukkingsloos.

Ze wilde slikken voor ze verder sprak, maar dat lukte niet. Ze liep naar de emmer en zette de scheplepel aan haar lippen en dronk, en keek hem opnieuw aan. 'Ik moet weg, Peter. Nu meteen.'

Hij knikte en zei: 'Een slechte nacht om te reizen.'

'Meneer Lex ligt languit in de keuken. Morsdood. Hij sloeg me en probeerde zijn ding in me te steken en toen heb ik hem zijn kop ingeslagen met een strijkbout. Dus wat mij betreft is het een hele goeie nacht om te reizen.' Door het te zeggen had ze het in de hand gekregen. Ze voelde zich kalmer worden, zij het des te beweeglijker, alsof haar zenuwen al voor haar uit de regenachtige nacht in waren gevlucht. Ze keek toe terwijl Peter langzaam en zorgvuldig zijn poetsdoek opvouwde en voor zich op de werkbank legde. Hij stond op. Zijn ogen waren nu fel en priemend, niet boos maar doordringend op haar gericht. Hij zei niets. Hij deed de tussendeur naar de stal open en haalde aan de achterkant een zware overjas van een spijker, gerafeld aan de manchetten en de boord, met een scheur in het achterpand. Ze had die jas nog nooit gezien. Blauwe wol. Een jas van het Unieleger. Hij legde hem over de lage tafel en haalde een paar laarzen onder zijn bed vandaan, en twee paar sokken. 'Aantrekken.' Terwijl ze gehoorzaamde pakte hij een zak en deed er drie koude gepofte aardappels in, met de as van de haard er nog op. Toen ze opstond pakte hij de jas, legde hem om haar schouders en propte de aardappels in een van de zakken. 'Neem je schoenen mee en gooi ze bij het hek van de achtertuin in het laantje. Niet verder. Bij het hek, dat je moeder ze morgenochtend makkelijk kan vinden. Rechtuit lopen en zorg dat niemand je ziet, zwart of blank. Ga onder de spoorbrug door en verstop je tussen de ouwe eiken aan de andere kant, weet je die?'

Ze knikte.

'Daar wacht je. Als er iemand is, ga je terug en verstop je je op het kerkhof van de zwarte mensen. Maar er zal heus niemand zijn. Wacht daar of op het kerkhof tot iemand je komt zoeken. Een man. Lang duurt het niet, hooguit een uur, maar het zal veel langer lijken. Gewoon stil blijven zitten en wachten.'

Ze draalde, voelde zich opeens alleen, en zei: 'Kom jij niet met me mee?'

'Ik moet je troep gaan opruimen, kind. Je hebt mij niet nodig om je handje vast te houden.'

'Peter...' Begon ze, maar hij viel haar in de rede.

'Wegwezen hier,' zei hij. 'Geen tijd verspillen nu, maak dat je wegkomt. Kijk uit waar je loopt. En let goed op dat niemand je ziet. Weg.'

En zo vertrok ze, zonder afscheid van haar moeder te nemen, keerde zich alleen nog een keer om bij het hek van de achtertuin, haar gezicht nat van de regen, om naar het verlichte venster van hun hut te kijken. En weg was ze. Weg van haar moeder. Weg van de blanke man die zowel haar vader als haar eigenaar was, en die haar negeerde als was ze niets dan een droom van zichzelf. Maar vooral weg van Peter. In de laatste herfst voor de oorlog, na de zomer waarin ze verkracht was, had Peter haar op een avond mee naar zijn keetje genomen. Daar had hij water gekookt en pepermuntthee voor haar gemaakt. Hij was op de rand van zijn bed gaan zitten, en zij tegenover hem op de enige stoel in het vertrek, met de hete tinnen mok onder haar neus om die weldadige geur door haar heen te laten vloeien. En hij begon te praten zoals niemand ooit tegen haar gepraat had. In simpele bewoordingen legde hij uit wat er gaande was in de wereld daarbuiten, die ook haar wereld was, zonder haar te vertellen hoe ze over bepaalde dingen denken moest, alleen pratend over wat hij zag en voelde en geloofde. Ze luisterde ernaar alsof er een gek tegenover haar zat, of iemand die een vreemde taal sprak. Hij hield op met praten toen ze het laatste slokje van haar thee had genomen, maar het bleek nog niet afgelopen. Hij stond op, vergrendelde zijn deur en toverde een beduimeld kinderleesboek met een kapotte rug te voorschijn, zei dat ze naast hem op het bed moest komen zitten. Hij sloeg het boek open op de eerste simpele bladzij en las die voor. En daarna ging hij met zijn vinger langs de woorden die hij voorgelezen had en sprak ze nogmaals uit, en zij moest ze een voor een nazeggen, steeds opnieuw, tot ze die hele eerste bladzij uit haar hoofd kende. Alleen die ene bladzij, met bovenaan het vage prentje van twee kinderen, hand in hand. En toen klapte hij het boek dicht en nam haar mee naar de haard, knielde ervoor neer en streek een handvol as uit over de stenen vloer. Hij maakte er een mooie dunne laag van, en met zijn vingertop schreef hij er de letters van daarnet in, de woorden, en zij moest ze zeggen, telkens eerst de letters en dan het woord, keer op keer, boom en kar en al die andere woorden, tot hij ze alleen nog maar hoefde aan te wijzen en zij ze in een keer kon uitspreken omdat ze wist hoe de klank in de letters paste. Die avond eindigde met haar plechtige belofte dat ze nog liever doodging dan dat ze iemand vertelde wat ze gedaan hadden. En ze bleven het doen. Overdag liet hij haar links liggen, hoewel zij voortdurend naar hem keek, het op en neer gaan van zijn grijze hoofd volgde als hij bezig was met de paarden of de bloembedden, wetend dat hij wist dat ze keek. Maar op sommige avonden gaf hij het geheime teken en glipte ze de hut uit om naar hem toe te komen en die heerlijke thee te drinken en te leren lezen. Ze werkte zich door het hele boek en toen door een volgend, voor grote kinderen, en daarna werden het kranten, soms van een paar weken terug, soms jaren oud, die hij in de haard verbrandde als ze ermee klaar waren. In het tweede jaar leerde hij haar hoe ze zelf die letters in de as kon trekken, en hoe ze er haar eigen zinnen van kon maken. En er waren avonden, als het lezen en schrijven erop zat, dat hij haar ook nog vertelde wat hij allemaal van de wereld wist, en hoe de oorlog verliep, en dingen die hem uit het noorden hadden bereikt, of dingen die over het noorden gingen. Hij vertelde het met grote ernst maar nooit als onbetwijfelbare waarheid. Hij wilde haar kennis verruimen, niet meer en niet minder.

En in die gure februarinacht, toen ze door de vrieskoude regen wegvluchtte, niet meer omkeek nadat ze haar schoenen bij het tuinhek had neergegooid, toen begreep ze pas dat het allemaal alleen maar voor haar was geweest. Tot dan toe had ze aangenomen dat hij iets met haar wilde delen, een droom, iets waaraan ze zich beiden konden vastklampen. Maar daar had ze zich in vergist. Het weinige wat hij kon geven had hij haar uitsluitend in haar eigen belang gegeven, en ze begreep nu dat het hem niet eens om dankbaarheid te doen was geweest. Dus trok ze door de nacht in het besef dat ze door zijn liefde vergezeld werd, op weg naar wat de eerste van vele ontmoetingen in de duisternis zou worden, met vreemden die soms een eindje met haar optrokken tot ze haar een oriëntatiepunt konden wijzen, of een slaapplaats voor de dag, of die anders volstonden met een uitleg van hoe ze verder moest en, als ze geluk had, een bundeltje met wat eten. Zo kwam ze door de eerste van twee maanden waarin ze 's nachts naar het noorden trok en bij daglicht sliep, meestal in de veilige beschutting van struiken of bomen, twee keer op een hooizolder en eenmaal op een stapeltje dekens onder een bed in een slavenhut. Al die tijd met een gevoel alsof Peter vanuit de verte toekeek hoe ze zich door die lange, donkere tunnel bewoog, tot ze uiteindelijk op Norman stuitte, bloedend en ijlend aan het begin van wat een bloedhete dag zou worden. Ze was eerst van hem geschrokken, omdat zijn wond het evenbeeld was van hoe ze Alex had gedood. Maar toen ze op haar hurken naar hem zat te kijken kreeg ze het gevoel dat ze in hem een mogelijkheid had gevonden om alles weer goed te maken, alsof de wereld haar een kans gaf om iemand te redden en tegelijk boete te doen. Ze wist dat ze hier niet van kon weglopen, het was alsof heel haar leven op dit ene moment was neergestreken, op deze man, deze Unieman die voor zijn leven lag te vechten. Dus liep ze door de velden naar de beek in het bos, en keerde terug met de kalebas vol water, dat ze druppel voor druppel in zijn mond liet vallen en over zijn lippen smeerde tot zijn tong weer in beweging kwam en zijn keel begon te slikken.

Ze vertelde het allemaal zo eenvoudig en duidelijk en waarheidsgetrouw als ze kon. Alles zoals het gebeurd was. Maar wat ze niet vertelde, nog niet durfde vertellen, was dat ze zich voor een deel verantwoordelijk voelde voor alles wat er gebeurd was. Er was iets in haar, iets wat ze niet benoemen of zelfs maar benaderen kon, hoewel het haar als een ertsader doortrok, dat al die gebeurtenissen had opgewekt. Er was iets in haar wat in het naamloze donker om bestraffing schreeuwde. Iets wat alle ellende, alles wat haar overkwam, tot haar verdiende loon maakte. Het had volgens haar niets met haar huidskleur te maken, of met de omstandigheden waaronder ze tot dusver geleefd had. Ze vreesde dat het iets verkeerds in haarzelf was.

Hij daalde van het suikerbos af naar de stal die nu in de blauwe schemering lag. Zijn moeder stond op de vliering en gooide vorken vol hooi in de paardenboxen daaronder. Hij liep naar het melkhok en haalde de koeien uit hun halsbeugels, mepte ze op hun strontbesmeurde achterwerken om ze de nachtwei in te drijven en schoof de deur achter ze dicht. Hij nam het juk op zijn schouders en droeg de volle melkemmers de stal uit, zonder een woord met zijn moeder te wisselen, die net op dat moment naar beneden kwam. Hij stak het erf over naar de kelder van het woonhuis. In de koelkamer goot hij de melk uit in de langwerpige pannen en zette die bij de granieten rand van de put, gevuld met water uit dezelfde bron die de leiding naar de keuken voedde, de keuken die recht boven zijn hoofd lag. Hij rook etensgeuren, en kon kirrend meisjesgelach horen. Hij schepte de room van de ochtendpannen over in potten die hij afbond en voor de nacht in het water liet zakken. Zijn moeder kwam binnen en sprak zijn naam. Hij keerde zich naar haar om en zei: 'Ik had u op de hoogte moeten stellen. Het was verkeerd om niet eerder naar huis te komen en ik had op z'n minst een brief kunnen sturen. Maar het spijt me, ik heb er geen moment bij stilgestaan.'

Ze knikte, ten teken dat ze dat laatste al begrepen had. Ze zei: 'Na de dood van je vader dacht ik dat ze je wel naar huis zouden sturen.'

'Als ik daarom gevraagd had was dat ook gebeurd.'

Ze knikte opnieuw. Ze keek hem peinzend aan, monsterend, alsof ze in het reine wilde komen met die man tegenover haar. Toen zei ze: 'Dat was een hele verrassing, wat je mee naar huis hebt genomen.'

'Voor mezelf ook.'

Ze schraapte haar keel. Nu komt het, dacht hij. 'Je vader heeft ons geen cent nagelaten. We zullen moeten praten.'

Hij knikte. 'Ik heb geld op de bank.'

'Dat weet ik.' Ze zweeg even, en sprak verder. 'Ik was er al van uitgegaan dat je een meisje zou willen als je weer thuiskwam. Ik ben altijd voor de afschaffing geweest. Op mijn manier heb ik ook een steentje bijgedragen, spullen gebreid die werden doorgestuurd naar de mensen die naar Canada trokken. Jij hebt daar nooit iets van geweten. Het was niet iets waar je over sprak. Maar Norman, dit...'

Hij sloeg zijn ogen neer, keek naar de aangestampte keldervloer. Het rook zoet en zurig tegelijk, door de verse melk en de room en het vocht dat via de stenen fundering optrok. Van de vloer keek hij naar het plafond, de aanblik van zijn moeder mijdend, en hij zei: 'Zij is het geworden.'

Nu was het zijn moeder die naar boven keek. 'Ze heeft mijn keuken overgenomen. Zomaar, zonder te vragen.'

'Dat was mijn idee. Ik heb gezegd dat ze het avondeten moest maken. Wat er ook gebeurt, alles ligt aan mij. En Jezus wat ruikt dat lekker! Ik zou die kip helemaal alleen op kunnen.'

Zijn moeder knikte. En begon stil te huilen. De tranen biggelden over haar wangen. Handenwringend stond ze voor hem. Hij deed twee stappen en legde een hand op haar arm. De eerste aanraking sinds hij thuis was gekomen. Legde zijn andere hand op haar andere arm. Ze keek naar hem op, haar ogen groot en wijd en nat. Met hese stem vroeg ze: 'Weet je dat liedje nog, Norman? Dat grappige liedje dat ik altijd zong toen je nog klein was?'

Hij keek haar aan en schudde zijn hoofd. 'Ik kan me niet herinneren dat ik u ooit heb horen zingen.'

En ze hield zijn blik vast, haar handen kwamen omhoog en vouwden zich om zijn armen, en haar stem werd fluisterzacht toen ze zong:

> Het wachten is op schoonmama
> die lang niet is geweest.
> En zonder haar geschenken
> haar wijsheid en haar wenken
> was elke dag een feest.

Ja moederlief kom nu maar gauw
want alles is paraat.
Je kamer is vol muizen
je bedje vol met luizen
opdat je snel weer gaat.

Hij sloeg zijn armen om haar heen en trok haar tegen zich aan, en ze voelde aan als de oude vrouw die hij de vorige middag had gezien. Ze vlijde haar hoofd tegen zijn borst en hij stond rechtop, hoog boven haar uit, voelde zich stijf en ruw als was hij uit een boom gehakt, een houten beeld. Hij hield zijn moeder stevig vast, drukte zijn mond op haar kruin en voelde zijn adem warm tegen zijn lippen terugvloeien. En hij dacht aan de vrouw die boven op hem wachtte, en aan alles wat zij achter zich had gelaten, en met zich mee had moeten dragen naar dit huis. Het was haar moed die hem de kracht gaf om zijn moeder zo innig te omhelzen.

2

Ze kon ze maar niet vasthouden. Vier miskramen in vijf jaar. Vier keer stil en verslagen in bed, inwendig schreeuwend terwijl Norman troostende woorden sprak waar ze hem een beetje om haatte, geruststellingen dat ze het gewoon weer opnieuw zouden proberen en dat de volgende wel zou blijven en kerngezond zou opgroeien. Achter de gruwel van haar falen schemerde de gedachte aan de rusteloze zieltjes die zelfs de kinderzerken moesten ontberen waarmee de gedachtenis van eerdere jonge Pelhamdoden werd geëerd. De vierde keer was al met al de ergste. Een bloederig drama laat in haar vierde maand, het bloed overvloedig, dik en donker op het beddengoed, buiten helle zonneschijn op de hoge sneeuwbanken van februari, het raam naast haar bed vol druipende ijspegels, de pijn alsof haar hele lichaam samenkrampte om het wezentje maar binnen te houden, een vis die alsnog ontkwam in een vloed van glibberig vocht. Deze hadden ze geheim gehouden tot haar buik zich niet langer liet negeren en de zwangerschap bestendig leek. Norman was alleen toen hij de misgeboorte, te klein om er een kind in te zien, in een eierkistje legde en begroef op een plaats die hij haar niet wilde zeggen: onder de seringen naast de keuken, waar de zuiderzon de grond voldoende zacht had gemaakt, en ze hem niet kon zien graven omdat hun slaapkamer aan de andere kant van het huis lag. Het beddengoed verstopte hij hoog op de helling, tussen de bomen, waar hij het op een zachte dag vol natte sneeuw op een houtstapel verbrandde. Zij lag nog in bed om te herstellen, en de rook van het bloeddoordrenkte linnen kroop langs de helling omlaag en drong de slaapkamer binnen. De stank van haar vierde mislukking. Ze stond zwijgend op en ging weer aan het werk, niet in staat om niet te denken dat daarboven ook een lijkje werd verbrand.

De dokter was een gezette man met een pince-nez en dikke wollen pakken met vest, kortaf en terughoudend in zijn omgang met Leah, onmededeelzaam op de verzekering na dat dit zo veel vrouwen overkwam, niet echt geholpen ook door haar zwijgzaamheid over haar voorgeschiedenis. Hij steeg niet in haar achting toen ze hem tegen Norman hoorde zeggen dat het voorwerk plezierig genoeg was om het te blijven proberen. Zijn handen waren zacht en schuchter, beefden een beetje, en ze wist dat hij zoop maar kon zich niet tegen de gedachte verzetten dat haar huid zijn handen deed beven.

Die lente en zomer werkte ze als een bezetene, samen met Norman of alleen, elke dag een paar uur in de kippenhokken die in de plaats waren gekomen voor het melkhok van de stal, met lange rennen tot ver op de zuidelijke helling. Honderden kippen hadden ze nu, in elke ren een ander ras: Rhode Island en New Hampshire Reds, Barred Rocks, Plymouth Rocks en zilvergerande Wyandottes. Dag in dag uit raapte ze eieren en droeg de volle manden naar de kelder van het woonhuis om ze te schouwen en in kistjes met stro te verpakken, die Norman tweemaal per week naar het station van Randolph reed, waar ze in de trein naar Boston werden geladen. Ook werkte ze dagelijks in de nieuwe broedschuur, gebouwd volgens de richtlijnen van de landbouwhogeschool in Burlington, harkte afval aan, smeerde teerzalf op de wonden van kuikens die door andere waren gepikt, speurde de ruziemakers op en knipte hun snaveltjes, maakte ziek broedsel af. En ondertussen praatte ze tegen de hennen, een zacht, koesterend gemompel dat voor een deel ook tot haarzelf was gericht. Ze kende elke afzonderlijke hen en wist welke nek ze moest omdraaien als de leg afnam. Zes keer per jaar haalden ze de broedschuur leeg, plaatsten jonge hennen bij de broedkippen en stopten de haantjes in kratten, twee dozijn per krat, met de veemarkt in het zuiden als bestemming.

De meeste kip die ze zelf aten was gestoofd. Vlees van oude hennen die meer waren gaan eten dan ze legden. Taai vlees, in ruim water gekookt met veel kruiden en veel geduld tot het van het bot viel. In de lente gegeten met molsla van paardebloemen of jong varenblad of asperges, en soms met morieljes als Norman die in het bos vond en in zijn pet mee naar huis nam; in de zomer met groenten uit de tuin, en soms met gebakken schijven van de boleten die als helwitte keien in het grasland lagen; in de herfst en winter met pompoenen en de aardappels, wortelen en pastinaken die in kisten vol zand in de kelder waren opgeslagen. Altijd iets lekkers op tafel, en genoeg werk om hen allebei pezig en sterk te houden, bruisend van energie, zodat zelfs de lange zomerdagen, als het licht was van vier uur tot halftien, niet lang genoeg waren. En toch konden ze geen kind maken. Na de vierde miskraam spraken ze er niet meer over, hadden het niet meer over mogelijke oorzaken, en dat voorjaar was er voor het eerst een zekere verwijdering. Overdag werden ze door een vage afstand vergezeld, al waren ze geen van beiden bereid of in staat om dat te erkennen of zelfs maar te bespeuren. Maar 's nachts waren ze nog altijd onscheidbaar, vervuld van een onverzadigbaar verlangen. Dus was het niet de duisternis die hun de last van een sluimerende angst te dragen gaf, maar het daglicht.

Op een middernacht in augustus werd hij wakker. De kamer was in koel, grijzig maanlicht gedompeld, de plek naast hem in bed was leeg. Hij bleef liggen, wachten, hoewel hij wist dat ze zelfs niet in het huis was. Ten slotte stond hij op en ging bij het raam staan en stond er al meer dan een uur toen hij haar over de granieten richel van de hoge schapenwei zag stappen, in zijn oude werkhemd, waar zij 's zomers in sliep. Hij stond er nog steeds toen ze naar binnen was gegaan, en onder zich zag hij het vale schijnsel van de keukenlamp over de tuin vallen, en de geluiden die van beneden kwamen maakten hem duidelijk dat ze iets aan het koken of bakken was, en voorlopig niet terug naar bed zou komen.

Toen hij om halfvijf opnieuw uit bed kwam en naar beneden ging werd de keuken geparfumeerd door verse, dampende broden en een paar bramentaarten. Ze is midden in de nacht bramen gaan plukken, dacht hij. Ze had nog steeds alleen dat hemd aan en stond eieren te bakken. Op het fornuis stond al een pot koffie klaar. Hij liep naar haar toe, ging achter haar staan en sloeg zijn armen om haar heen. Zijn handen zochten haar borsten en deden de vertrouwde ontdekking dat ze zwaarder waren geworden, en ze zei, haar stem even vast en stevig als haar lichaam: 'Een nieuwe poging, Norman.'

'Mooi,' zei hij. 'Goed zo.'

Ze verschoof de koekenpan naar de koude kant van het fornuis. Ze draaide zich niet om. Ze zei: 'Je moet me zeggen dat het goed komt.'

'Natuurlijk komt het goed.'

Ze verroerde zich nog steeds niet. Liet zich vasthouden, liet zijn lichaam over de volle lengte tegen zich aan komen, maar gaf zich niet prijs aan zijn omhelzing. Ze zei: 'Nee, beloof het me.'

Hij begreep niet wat ze bedoelde. 'Tja, we zullen wel zien hoe het loopt.'

En toen draaide ze zich in zijn armen om, greep hem bij zijn hemdsfront, trok hem naar zich toe en duwde hem weer weg, haar vuisten klein en hard, haar ogen wild. 'Beloof het, Norman. Beloof het me.'

Hij liet zich lijdzaam heen en weer schudden, alsof hij het verdiende, alsof het allemaal zijn schuld was, zijn fout, alsof hij nog wel iets ergers verdiende. Hij bleef haar vasthouden, ook toen haar getier in gesnik overging en haar handen plat en stil op zijn borst lagen, hield al die tijd zijn mond, ook toen ze zich huilend tegen hem aan vlijde. Al wat hij deed was haar vasthouden in die keuken met zijn welige gistgeur. En toen zei hij het alsnog, zichzelf vervloekend omdat hij er zelf niet in geloven kon, maar ervan overtuigd dat het gezegd moest worden. 'Ik beloof het.'

Bij zijn thuiskomst met haar aan zijn zijde had hij al voorvoeld dat de band met zijn moeder en zuster zou vervagen, maar nadien was hij verrast door de vervreemding, de vrijwillige afstand die hij ging voelen jegens de buren en de mensen in Randolph. Er waren tijden dat hij dit betreurde, al vermoedde hij dat het geen verschil zou hebben gemaakt als hij in zijn eentje was teruggekeerd, dat hij het verlies van zijn saamhorigheidsgevoel niet moest toeschrijven aan zijn donkerhuidige vrouw maar aan de oorlog waarin hij haar gevonden had. Alsof hij het wel en wee van mensen was gaan zien als futiel gedoe, beheerst door hebzucht en egoïsme, een doelloze cirkelgang van bloed en bloedverwanten, een draaikolk waarin iedereen zich liet meesleuren, weg van de buitenwereld, een vlucht die niet zozeer uit angst voor het donker voortkwam als uit de onwilligheid om de kwetsbaarheid van het licht te zien. Niet dat hij zich boven hen verheven voelde. Ze interesseerden hem gewoon niet meer. Zo diepgaand was dit gebrek aan interesse, dat het hem een beetje bang maakte als hij er al te lang bij stilstond. Al wat hij wilde was zijn dagelijks werk, het fysieke plezier van zweet en vermoeide spieren en de bevrediging van geklaarde karweitjes en dan 's avonds de vrouw die inmiddels een deel van hemzelf leek, als had ze zijn ziel vervolmaakt, als had hij in de jaren daarvoor zonder het te weten een deel van zichzelf gemist. Zijn boerderij en zijn vrouw waren hem genoeg, al brachten de vijf jaren met die vier miskramen ook het verlangen naar kinderen. In het begin alleen maar omdat hij haar het moederschap gunde, maar na de derde miskraam wist hij met alle onmiskenbaarheid van zijn verdriet dat hij ze zelf ook wilde. Na die derde keer was hij zich gaan afvragen of zijn aanvankelijke lauwheid een rol kon hebben gespeeld. En naast die vraag was er de zekerheid dat zij niet alleen dat hervonden deel van hemzelf was, maar ook een levensgroot vat vol tegenstrijdigheden en roerselen, een veel te woeste persoonlijkheid om alleen maar de vervolmaking van andermans ziel te kunnen zijn. Haar drift kwam net zo makkelijk als haar hartstocht en hij dacht menigmaal dat de twee elkaars keerzijde waren. Zelf kende hij geen woestheid, die eindeloze oorlogsjaren daargelaten, en dat was geen woestheid geweest die een afdruk in hem had achtergelaten. Aan duistere woelingen had hij geen boodschap; hij wilde alleen nog maar paardentuigen repareren en aardappels poten. Hij wist niet of dit bij het eind van de oorlog begonnen was of op de dag dat hij Leah had gevonden, kon het een trouwens niet meer van het ander onderscheiden. Misschien was hij zelfs als kind al zo geweest, maar er was niemand om dat aan te vragen, en hij had ook geen idee hoe die vraag geformuleerd moest worden. Dat kind was een volslagen vreemde voor hem, net zo ver weg als zijn vader. Net zo ver weg als de wereld van zijn buren en de mensen uit Randolph.

In dat eerste jaar had hij veel geleerd. Meer nog dan Leah, want veel van wat hij leerde kwam neer op de ontluistering van een wereld die hij gemeend had te kennen. Leah kwam thuis met verhalen over kinderen die haar door de straten van het dorp achternaliepen. Eén jochie was zelfs op haar toegestapt om haar bij een arm te pakken, en had zonder een woord te zeggen over haar huid staan wrijven om te zien of hij er de kleur vanaf kon vegen. Het geloer en het gemompel dat ze in het voorbijgaan opving. Vrouwen met een hand voor hun mond alsof ze de woorden afschermden die wel degelijk voor haar bestemd waren. De winkeliers die haar negeerden tot ze alle andere klanten hadden geholpen, ook degenen die na haar waren binnengekomen. Ze had het allemaal wel verwacht. Het was hier nu eenmaal anders dan waar ze vandaan kwam. Dus was ze eerst verbaasd geweest, en later kregelig en uiteindelijk furieus toen Norman bleef aanbieden om in het vervolg de boodschappen te doen. Geen sprake van. Hij mocht hooguit bepalen wie ze hun klandizie zouden gunnen, en dat alleen omdat hij de mensen hier kende en zij niet. Het gevolg was dat ze hun drogerijen en grutterswaren bij Allen Brothers kochten, want Ira Allen bood al zijn klanten dezelfde haarkloverige bediening, of het nu Leah was, Norman of een kind dat voor een cent zoethout kwam halen. Hun laarzen, schoenen en paardentuig lieten ze door Gould maken en voor hun machineonderdelen zorgde Mose Chase, die ook de stoven en lampenschermen voor de broedschuur had gesmeed. Met Flannagan, de Ierse hoefsmid uit Bethel, hadden ze de afspraak dat hij tweemaal per jaar met zijn ossenwagen naar de boerderij kwam om de paarden te beslaan, en in de herfst extra te teren tegen het ijs. Dit omdat Harringdon, de hoefsmid uit Randolph, Norman eens had aangeschoten met de vraag of die zwarte vrouwen echt een overdwarse flamoes hadden. 'Nee hoor, gewoon een rechte,' had Norman monter geantwoord. 'Net als de merries die jij altijd neukt.' Hij reageerde altijd kalm. Ook die keer toen er een onbekende vrouw naar hem toe was gekomen, die hem met beide handen in zijn gezicht had geslagen, razend en tierend over de man en de twee zoons die ze had verloren, alsof die hun leven hadden gegeven opdat hij aan de vrouw kon komen. Hij had haar zwijgend aangehoord. Erger waren de veteranen die een of meer ledematen kwijt waren, en die geen woord zeiden maar hem vernietigende blikken schonken alsof ze hun verlies aan hem te danken hadden, hij die daar ongeschonden rondliep en in zijn huis op de berghelling die vrouw had zitten. Hij had ze niets te zeggen, hun niet en alle anderen niet. Hij deed zijn zaken en ging weer naar huis.

Ze hadden niet veel nodig uit het dorp. Een keer per week, twee keer als het seizoen erom vroeg, reed een van beiden met een lading eieren en eventueel een paar kratten met haantjes naar het station, haalde de post op of wat daarvoor doorging, en maakte tot slot nog een korte ronde met een boodschappenbriefje. Voor de rest konden ze zichzelf bedruipen, dus maakten ze zich veel minder druk om het dorp dan het dorp zich druk maakte om hen. Op de eerste dinsdag in maart ging Norman naar de dorpsvergadering en zat die in zijn geheel uit, voelde zich nadrukkelijk aanwezig door de voelbare afkeuring van de mannen om hem heen. Hij hoorde de beraadslagingen aan, riep zijn 'voors' en 'tegens' en vond dat hij daarmee genoeg deed. Ook bracht hij trouw zijn stem uit bij de tweejaarlijkse verkiezingen in november, maar daarmee was zijn burgerzin uitgeput. Voor de rest moesten anderen de boel maar regelen. Het kwam toch allemaal op hetzelfde neer. Na elke sociale verplichting haastte hij zich terug naar de boerderij, naar het werk dat hij ervoor had laten liggen. Terug naar haar.

Hij was zesentwintig en zij tweeëntwintig, die zomer waarin ze na haar vierde miskraam toch weer zwanger was. Hij begreep zijn leeftijd niet. Zijn jeugd zei hem niets. Hij herkende zichzelf niet in zijn spiegelbeeld of in de jongemannen die hij weleens in het dorp zag, noch in de middelbare winkeliers en ambachtslieden uit wie alle geestkracht geweken leek. Verwantschap voelde hij alleen met de stille oude mannen, degenen die volgens hem begrepen dat het leven in het beste geval onrechtvaardig was. Al het andere was flauwekul en dromerij. Al wat hij wilde was stevig met beide benen op de grond staan. En dat viel beslist niet mee. Toen Leah hem liet beloven dat hun kind nu echt zou komen had hij voor het eerst sinds die kartetsgranaat het gevoel gekregen dat hij het verder niet alleen aankon. Zijn angst was zo groot dat hij er niet eens over wilde nadenken, laat staan dat hij ermee wilde blijven rondlopen. Diezelfde avond nog ging hij aan zijn cilinderbureau zitten en schreef een brief.

Zes jaar eerder was zijn moeder met Connie naar het dorp verhuisd, drie dagen nadat hij met Leah aan zijn zijde was thuisgekomen. Cora Pelham had haar zoon verteld dat die verhuizing beter was voor zijn zusje, dat ze Connie tegen vriendinnen had horen praten over de geluiden die 's nachts van zolder kwamen. Norman had de uitleg met een hete gloed op zijn wangen aanvaard, had in stilte erkend dat het een gehaaide manier was om hem zonder gehakketak met een vertrek te laten instemmen. In een vlaag van gespeelde openhartigheid had ze er nog aan toegevoegd dat het heel normaal was als een jonge getrouwde man bevrediging zocht bij zijn vrouw, en hij had zwijgend naar de onoprechtheid op haar gezicht staan kijken, en begrepen dat zij de huwelijksplicht blijkbaar als een zware last had gezien. Hij had haar met een traag opkomend medelijden aangehoord, niet wetend of dat medelijden haar gold of zijn vader.

'Ik vind dat je haar verwent.' De hoed met het lange lint lag op haar schoot, haar haar, een wildere bos krullen dan ooit, waaide vrijelijk over haar gezicht.

'Misschien wel.' De leidsels lagen strak over de ruggen van de vossen die hij kort na zijn thuiskomst had gekocht, in plaats van het span met de merrie die hun vader had doodgetrapt. 'Maar misschien heeft ze dat ook wel nodig. Een beetje rust. Misschien dat het dan wél lukt. Het zal in elk geval geen kwaad kunnen, denk ik. Dus zolang jij bereid bent...'

'Natuurlijk ben ik dat. Waarom denk je dat ik gekomen ben?' zei Connie. 'Maar ik ga haar niet bedienen.' En na een korte stilte: 'Ik ben geen dienstmeid, voor niemand.'

Norman keek naar een weidespreeuw die verderop langs de weg op een doorbuigende stengel zat. 'Ik had ook helemaal geen dienstmeid in gedachten,' zei hij achteloos. 'Gewoon iemand die ons wat werk uit handen kan nemen.'

'O, dus ik ben gewoon maar iemand.'

'Natuurlijk niet. En ik vond het vooral belangrijk dat er een vrouw kwam.'

'Tja, en moeder komt niet in aanmerking.'

Het was geen vraag, maar hij gaf er niettemin antwoord op. 'Die heeft nu haar draai gevonden bij Breedlove. Volgens mij is ze blij dat ze niet meer op de boerderij woont. Ik denk niet dat ze graag terug zou komen, of de nood moest aan de man zijn.'

'Ik had het er ook wel naar mijn zin.'

'Ik heb het je gevraagd, hoor, niet bevolen.'

'Je weet donders goed dat het een bevel was, Norman. Maar het geeft niet, hoor. Het is lekker om weer in de frisse buitenlucht te zijn. Mijn longen zitten vol met stof.'

'Ik heb me altijd afgevraagd of je daar nu echt wel op je plek was, in Manchester.'

'O, over juiste plekken heb ik me nooit druk gemaakt. Zo veel mogelijkheden heb je als vrouw niet in deze streek.'

'Ik dacht dat je er misschien wel een echtgenoot zou opdoen.' Toen ze de weidespreeuw naderden vloog hij op en scheerde vlak voor het span over de weg, naar de wilgen aan de andere kant. De paardenruggen glansden van het zweet.

'Als ik daar op uit was geweest, had het ook wel gekund.' Haar toon een trotse loochening van haar teleurstelling. Hij keek haar van opzij aan, zijn stevige kleine zus, en vroeg zich af welk verhaal er achter die opmerking stak. Niet dat zij het hem ooit vertellen zou. Leah misschien. Ze sprak verder. 'Wat me nog het meest tegenstond was de sleur. Vijf dagen van tienenhalf uur en nog een halve zaterdag, binnen zitten in het stof en de herrie van die weefgetouwen en spinmachines. Het werk viel op zich nog wel mee. Er was alleen niets menselijks aan. Dat klinkt raar, omdat je met honderden mensen in zo'n hal zit, maar toch is het zo. Als ik terugdacht aan onze koeien, dan leken die menselijker dan de vrouw die aan de stikmachine naast me zat. Het werk kon ik aan en het geld was goed, maar toen je brief kwam was ik eerlijk gezegd al aan een terugkeer toe. Ik zat daar tussen mensen die er al vanaf hun twaalfde of dertiende werken en er tot hun dood zullen blijven. Dat kon ik me voor mezelf niet voorstellen. Geen moment. Ik ben er steeds van uitgegaan dat het tot iets anders zou leiden, en in zekere zin is dat nu ook gebeurd. Al heb ik geen idee wat ik moet gaan doen als je me niet meer nodig hebt.'

'Als de dag komt dat we je als een kapotte stoel afdanken, bedoel je.' Hij dacht aan Leah die bezig was om uit het niets een compleet pluimveebedrijfje op te bouwen. 'Ik kan niks met zekerheid zeggen, maar volgens mij zit er meer toekomst in de oude stee dan jij lijkt te denken. Daar kom je nog wel achter. Tijd genoeg. En wie weet, misschien loopt er in het dorp nog wel een leuke jonge snuiter rond.'

Ze snoof minachtend. 'Wat er nu nog aan jonge kerels in Randolph woont is te laf om naar het westen te trekken, of te stom.'

'Zoals je broer,' zei hij.

Ze keek hem aan. Ze reden het pad op naar de boerderij. Norman had het dat voorjaar geëffend, was er met een platte slee vol keien overheen gegaan tot alle steenslag vergruizeld en in de grond gedrukt was. De ergste hobbels had hij met een pikhouweel bewerkt, en de greppels met een spade uitgegraven. Het lag er nu, eind augustus, vlekkeloos bij. Zwart bijna, en heerlijk koel in de schaduw. Het span hield zijn sukkeldrafje moeiteloos vol. Connie zei: 'Nee. Stom ben jij zeker niet, en aan pit mankeert het je ook niet. Ik zou eigenlijk niet weten wat jouw tekortkoming is, Norman.'

'Misschien heb ik er wel geen.'

'Ben je nog altijd met die schapen in de weer?' Een spottende grijns.

Hij glimlachte terug. 'Ja, lach maar. Dat gedoe met die kippen levert een aardige grijpstuiver op, maar zonder mijn schapen was het geen echte boerderij meer. Met de huidige wolprijs kost scheren alleen maar geld, maar in Boston betalen ze goed voor mals lamsvlees.'

Ze draaide haar hoed rond in haar handen, werd nerveus nu ze over de rand kwamen en de kom inreden, de boerderij tegemoet. 'Mannen zijn rare wezens, Norman. Je weet nooit wat je aan ze hebt. Misschien weten ze het zelf ook wel niet.'

'Daar zit wat in, al heb ik goede hoop dat ík mezelf niet meer verrassen zal.'

'Ik help het je hopen, Norman.'

Norman en Leah in de voorraadkamer bij de keuken. De planken vol ingemaakte zomergroenten, in glazen potten met glazen deksels en gummiringen en metalen beugels, bussen met meel en bloem, kruiken met zoetzuur, zakken gedroogde bonen. Ze stonden te praten, fel maar heimelijk, alsof ze ieder moment gesnapt konden worden. Leah hield zijn beide handen vast en stond dicht tegen hem aan, haar adem een weldadige verkoeling in de drukkende warmte van de middag.

'Ik verdom het om zes maanden lang in bed te gaan liggen. Dat kan ik niet. Ik zou het niet eens kunnen als het moest, van de dokter of zo. Ik zou er niet tegen kunnen. En wie zegt me dat het een goed idee is? En waarom zou het trouwens aan mij liggen? Het kan net zo goed aan jou liggen. Heb je daar weleens bij stilgestaan, Norman?'

'Wie heeft het nou over in bed liggen? Heb je mij dat horen zeggen? Of Connie?'

'Stel je voor, nagelopen worden door een blanke vrouw.'

'Ze komt alleen maar helpen. En ze is niet zomaar een blanke vrouw.'

'Je denkt dat ik het niet kan, hè? Je denkt dat ik ons geen kind kan geven. Dat er iets niet goed is vanbinnen, dat er wat kapot is of dat ik wat mis. Denk je soms dat het komt door wat die jongens toen met me gedaan hebben? Niet in orde. Geen echte vrouw. Begin je soms spijt te krijgen van me?'

'De dokter zei dat je niks mankeerde, en op de rest ga ik niet eens in.'

'Wat weet die dokter nou. Ouwe zuiplap.'

'Hij weet genoeg om te kunnen zeggen dat jij een kerngezonde jonge vrouw bent en dat je alleen maar pech hebt gehad tot nu toe. Kijk, je hebt me iets laten beloven en nu wil ik mijn stinkende best doen om die belofte na te komen. En het eerste wat ik bedenken kon was iemand in huis te nemen, zodat je niet alles meer alleen hoeft te doen. Dus daar heb ik voor gezorgd.'

'Ik wil geen hulpje.'

'Ze is geen hulpje. Ze is mijn zuster.'

'Ik wil niemand, Norman. Jij en ik samen, dat is wat ik wil.' Haar handen klemden zich om de zijne alsof ze zo iets kon overbrengen wat anders in haar ziel zou achterblijven. 'Ik wil niet dat hier iemand op zijn tenen rondsluipt met het idee dat ik het niet alleen kan bolwerken. Ik wil geen medelijden.' Hij zag haar ogen schitteren met een mengsel van paniek en haat, en begreep niet waartegen die gericht was. Het moest iets groters zijn dan de komst van zijn zuster. Hij voelde zich uitgerekt als een gloeiend stuk staaldraad. Dacht terug aan iets wat zijn moeder had verteld; in de oorlogsjaren had de jongste dochter van Potter telkens naar hem geïnformeerd. Hij vroeg zich af of het met haar anders zou zijn geweest. Hij vermoedde van wel. En toch ook weer niet. Hij voelde een weemoedige hunkering opkomen, naar zijn weiden, het bos, de stal. Iets doen. Hard werken, iets oplappen, iets uitproberen, en dan weer aan het werk. Daar, buiten. De onmacht klopte pijnlijk in zijn slapen. Het maakte hem mild, teder, niet omdat hij zich zo voelde maar omdat hij wanhopig graag wilde dat zij zich zo zou voelen.

'Wat mij betreft is er geen enkele reden om ergens over in te zitten. Niets om spijt van te hebben. Ik weet niet beter of jij krijgt over een tijdje je eerste kind, en ze zeggen dat de eerste zwangerschap meestal nogal zwaar is. Verder valt er niets te weten. Het is iets wat wij niet bevatten kunnen. Het komt van boven.' Hij slaakte een zucht. Zijn handen waren uit de hare gegleden en lagen nu losjes op haar borsten. Daar hield ze van, wist hij. Zo kon ze de zwelling van haar borsten voelen. Hij raakte door droefheid overmand. 'Meer kunnen we niet doen. Met de beste wil van de wereld niet.'

Haar stem was een fluistering die hij meer voelde dan hoorde. 'Ja, het komt van boven. Zo voel ik het ook. Het is mijn straf.'

'Leah.'

'Nee, echt.'

'Leah.'

Luider nu: 'Probeer me nou maar niet te sussen, Norman Pelham.'

Hij stond daar zwijgend. Zijn handen opeens potsierlijk op haar lichaam. Grote, lompe dingen vol eelt en schaafplekken. Hij nam ze van haar af en wist niet wat hij ermee doen moest. Streek met zijn vinger langs de rand van een plank, stopte zijn handen diep in zijn zakken, vond dat een arrogant gebaar en haalde ze er snel weer uit en haakte zijn duimen achter zijn bretels, zijn vingers gekruld in losse vuisten. Nu leek het wel alsof hij zijn buik wilde beschermen. Hij gaf het op. Hij zei: 'Je moet niet alles met elkaar in verband proberen te brengen. Als je daarmee begint, komt er geen eind aan. Neem mij nou. Aan mijn handen kleeft ook bloed. Ik heb meerdere mannen gedood, zoveel ik kon, en niet uit heldhaftigheid. Als ik daar op jouw manier over denk, dan was God misschien wel zo kwaad op me dat Hij er toen voor gezorgd heeft dat mijn vader dat muntje uit zijn fikken liet vallen, pal achter die ouwe merrie die altijd klaar stond om te trappen. En misschien was ze wel zo vals omdat God haar zo op de wereld had gezet, dat ze al die jaren kon wachten om precies op de goeie plek te staan toen mijn vader die doodschop moest krijgen. Of misschien was ik het wel geneens. Misschien heeft mijn vader ooit zelf iets misdaan waar niemand wat vanaf weet, en is het daarom allemaal zo gelopen. Of niet, natuurlijk. Misschien heeft hij alleen maar dat muntje laten vallen. Misschien was dat wel alles.'

Ze had haar gezicht iets afgewend. 'Oog om oog,' mompelde ze.

'Dat heb ik nooit op die manier begrepen. Volgens mij betekent het dat je het Laatste Oordeel moet vrezen. Ik kan me niet voorstellen dat God de hele tijd bezig is om iedereen nu al te belonen of te straffen. Waar is het Laatste Oordeel dan nog voor? En het zou verdomd ingewikkeld worden allemaal. Ik denk dat Hij er op den duur ook niet meer uitkwam.'

Hij zag een geamuseerd glimlachje bij haar doorbreken. Ze kon het niet tegenhouden. 'Daar moet je geen grappen over maken.'

'Grappen? Ik ben bloedserieus!' Nu kon hij alsnog zijn handen in zijn zakken steken.

'Je weet dat ik heus wel op Connie gesteld ben. Ze is altijd lief voor me geweest.' Ze zweeg even, en ook Norman dacht aan anderen, die zich minder lief hadden getoond. Ze sprak verder. 'Ik moet alleen wel aan het idee wennen. Ik heb het altijd met jou samen willen doen.'

'Dat weet ik.'

'Maar wie weet, misschien heeft het wel nut.'

'Het kan in elk geval geen kwaad.'

'Daar komt ze.' Ze luisterden naar het kletsende geluid van blote voeten op de trap en even later kwam Connie de keuken binnen. Ze liepen de voorraadkamer uit. Ze had haar reiskleren verruild voor een eenvoudige witte zomerjurk en haar krullen hingen los over haar schouders. 'Het is al bijna september,' zei ze, 'maar mijn voeten zijn nog zo zacht als in juni. Dat zijn nou van die dingen die je niet eens mist tot je ze terugkrijgt, en dan weet je niet hoe je erbuiten hebt gekund. Kleine dingen, zoals op je blote voeten lopen in de zomer.' Ze trok haar jurk op, maakte een paar danspasjes om de keukentafel en kwam vlak voor hen tot stilstand. Ze schaterde. Norman voelde Leah's hand op zijn rug, strelend.

Connie zei: 'Nou, zeg maar wat ik moet doen. Ik steek geen poot uit tot iemand iets zegt. Zo niet, dan ga ik buiten lekker met mijn voeten door het stof darren, net als die ouwe kippen van jullie.'

'Er is zat te doen,' zei Norman.

'Vooruit,' zei Leah. 'Ga maar naar buiten. We roepen wel als we je nodig hebben.'

Het werd een gewelddadig natte herfst. Koude, striemende regens veranderden het erf in een modderpoel. De kippenrennen stonden vol plassen. De oude koeienpaadjes in de weiden stroomden als beekjes door het laatste gras van het jaar, welig en ongemaaid. De nieuwe bladkleuren waren oogstrelend in al die nattigheid, elke druipende vensterruit was als een aquarel. Ze plukten appels in de regen en persten vier vaten cider op de hooizolder, terwijl de schapen in hun kooi stonden te schreeuwen, door het dolle van de pulpgeur. De mooiste appels gingen, in kranten gewikkeld, in kratten naar de kelder. Norman stak de laatste aardappels en legde ze te drogen op de stalvloer. De pompoenen werden in een opslagruimte in de stal gelegd. Aan het eind van de maand was er nog een rustige dag met mild nazomerweer, en in de daaropvolgende nacht trad de kou in. Drie dagen later bleef de sneeuw al liggen en in de eerste weken van november verdween alles onder een kniehoog pak. De winter was een feit. Er moesten paden naar de stal en de schuren worden gegraven, en een dag later moesten ze opnieuw worden gegraven. Norman gebruikte zijn platte slee om een baan omlaag naar de weg aan te leggen, waar de sneeuw al gerold werd met grote, door ossen getrokken walsen. De sleerit naar het dorp was een barre tocht waarbij je weinig soelaas vond in de verhitte spekstenen onder de paardendeken. Hij kwam tweemaal per nacht uit bed om de stoven in de broedschuur en het kippenhok bij te vullen. De rook werd naar buiten afgevoerd door lange, slangachtige buizen die met ijzerdraad aan het plafond waren opgehangen; alles volgens de regels van de nieuwerwetse pluimveehouderij. Op donkere dagen ontstak hij de grote olielampen in de leghokken, met wijde metalen rokken die het licht naar beneden kaatsten. En de kippen bleven aan de leg. Een wonder. In zijn jongensjaren had hij van november tot de lente nooit een vers ei kunnen eten.

Doordeweeks ging de slee alleen naar het dorp als er genoeg eieren waren om op de trein te zetten, maar op zondag ging hij altijd, met Connie in haar eentje op de bok, stram overeind, dik ingepakt tegen de kou en op haar hoofd de zwarte hoed met fluwelen linten die ze in Manchester had gekocht. De leidsels strak zoals vader het haar geleerd had, naar de congregationalistische kerkdienst. En daarna met haar moeder mee naar het pension van Breedlove, voor de warme maaltijd die de oude weduwe Breedlove zelf bereidde. Mevrouw Pelham had er inmiddels een extra kamer gehuurd voor het naai- en verstelwerk waarmee ze in haar onderhoud voorzag. Borduurwerk nam ze af en toe ook aan. Ze kwam nooit naar de boerderij. Norman en Leah gingen nooit naar de kerk.

Toen Connie ernaar vroeg zei haar moeder dat ze dat negerinnetje heus geen kwaad hart toedroeg, maar dat ze het haar zoon niet vergeven kon. Toen Connie vroeg wat er dan te vergeven viel, werd ze bleek van woede en zei niets meer. 'U draait nog wel bij als dat kind er is,' zei Connie. Haar moeder draaide zich om naar de weduwe Breedlove en vroeg een tweede kopje van de dennenschorsthee die volgens de oude dame een probaat middel was tegen alle winterkwalen. Ze pakte een stroopkoekje en knabbelde eraan, en deed haar dochter denken aan een muis in een kooitje. De weduwe Breedlove zei: 'Ik vond dominee Potwin niet erg boeiend vanochtend. Maar misschien was ik er niet helemaal bij.'

'Het was ook wel erg koud in de kerk,' vond mevrouw Pelham.

'Dat was nu juist een mooie aanleiding geweest om ons in vervoering te brengen.'

'Hij heeft nu eenmaal een sobere stijl van spreken.'

'Daar is niets op tegen, zolang er maar bezieling van uitgaat.'

'Misschien was u er inderdaad niet helemaal bij. Ik vond het een mooie preek.'

'Volgens mij sprak hij voor de vuist weg. Ik ben vierenzeventig, maar er ontgaat me niets. Hij had zich in het geheel niet voorbereid als u het mij vraagt.'

'Ach,' zei Connie, 'we hebben allemaal weleens een mindere dag.'

De beide vrouwen keken haar enigszins verdwaasd aan, knipperden met hun ogen alsof ze zich afvroegen wie dat meisje was en wat ze bij hen aan tafel deed. Connie nam haar kopje afgrijselijke thee en deed alsof ze ervan nipte. De dames vervolgden hun analyse van de ochtend. Connie verlangde naar de knusse keuken van de boerderij. De klok op de schouw wees kwart over een. Tegen tweeën kon ze wel weg zonder aanstoot te geven. Het leven met Norman en Leah mocht dan tijdelijk zijn, mocht dan niet haar eigen leven zijn (gesteld dat ze dat nog kreeg), maar het was aangenaam genoeg. Zelfs de winterse routine beviel haar. Alles wat ze deed gaf voldoening, alles was spannend. Het deed zo'n bezoek aan haar moeder op een onderdompeling in lauwe stroop lijken.

Op de rug gezien leek ze helemaal niet zwanger, maar haar buik werd zo langzamerhand kogelrond. Het leek wel alsof ze er achteraan liep, alsof ze hem voor zich uit droeg. Als ze 's nachts wakker werd lag Normans hand er vaak op, die ze dan met haar eigen hand bedekte. Ze voelde de laatste tijd een waarachtige kalmte, niet omdat ze zeker wist dat ze dit kind levend en wel ter wereld zou brengen, maar alsof haar lichaam haar geest verstild had. Ze had het gevoel dat ze nu alleen nog maar de tijd hoefde door te komen, de kleine voortgang van de tijd in zonsopgangen en avondschemeringen. Haar weerzin tegen de komst van Connie had niet zozeer met een inbreuk te maken gehad als met het onbehagen dat ze van oudsher kreeg in vrouwelijk gezelschap. Ze had nooit een vriendin, een vertrouwelinge gehad, had zich dat zelfs nog nooit gerealiseerd – tot het haar na een paar weken was gaan opvallen hoe bedreven Connie was in het niet afpikken van haar werk, hoe bekwaam ze wachtte tot er iets te doen was dat alleen zij kon doen.

Rond de eerste sneeuwval hadden ze al een comfortabele routine opgevat met z'n drieën. De vrouwen bleven meestal binnen. Norman bracht, als het niet te bar was, zijn meeste vrije uren door in het bos op de helling. Bomen kappen en naar de zaagkuil slepen om de zestien vaam bijeen te krijgen die hij voor de winter wilde hebben. Connie en Leah deden veel samen, het schouwen en inpakken van de eieren, koken en bakken, schoonmaken, drie keer per dag de leghokken en de broedschuur nalopen, een keer per week de grote wasketel aan de kook brengen op het fornuis, en vaak ook samen in de woonkamer zitten om kleren te naaien en te verstellen. En na een aantal van die weken merkte Leah opeens dat ze nooit meer iets tilde of droeg, dat haar schoonzuster haar telkens voor was geweest als ze bedacht dat er iets verplaatst moest worden, onopvallend en zonder gepraat achteraf. Ze spraken trouwens toch alleen maar over het heden, alsof ze er geen beiden voor voelden hun verleden voor de ander te ontsluiten. Het leek volstrekt natuurlijk, dat stilzwijgen. Het gaf Leah een ontspannen en voldaan gevoel. Op een middag zaten ze in de woonkamer. Leah had een scheur in Normans broek genaaid, waar hij met zijn houtzaag was uitgeschoten, en wilde er een lapje overheen stikken toen ze opkeek naar Connie die op de paardenleren divan zat, met een grote bol wol naast zich; gesponnen van de onverkoopbare voorraad op zolder. De handen met die lange glanzende naalden flitsten kriskras langs elkaar, en op haar schoot lag iets kleins wat opeens herkenbaar werd toen ze haar armen hief om het om te keren. Leah vergat haar werk en keek toe, en met een stem die haar verried vroeg ze: 'Wat maak je daar?'

'Voor de baby. Het kapje heb ik al af.' Ze keerde het opnieuw om, zonder de naalden te laten stilvallen. 'Dit lijkt me handiger dan een dekentje, met die mouwtjes en zo. Hierna maak ik nog een groter maatje, dan kun je het hele eerste jaar vooruit.'

Leah ging verder met haar verstelwerk, maar bleef kijken naar de snelle bewegingen van de vrouw tegenover haar, naar het zachte ding in haar schoot dat steeds meer vorm begon te krijgen, terwijl haar eigen vingers de stiknaald in en uit de broekspijp werkten, met een snelheid die niet met haar schoonzuster wilde wedijveren maar hoger was dan normaal, en dat zonder op te letten. De naald drong diep in haar linkerwijsvinger. Haar tranen kwamen met een woest gesnik dat haar deed dubbelvouwen, haar gezicht op haar onderbroken verstelwerk, diep over haar dikke buik gebogen, alsof ze die wilde verbergen, beschermen tegen alles buiten haar. En toen voelde ze Connies handen op haar knieën. Niet dwingend, alleen maar erop, en ze kwam langzaam tot bedaren, voelde haar adem weer terugkomen. Hief traag haar hoofd op, net ver genoeg om Connie te kunnen zien, die bij haar was neergeknield en haar onderzoekend aankeek. Afwachtend. Teder. Leah zei: 'Moet je mij zien. Het zal de baby wel zijn.'

Connie nam haar handen niet weg. 'Norman behandelt je toch wel goed, hè?'

'Ja, o ja.'

'En hoe zijn de andere mensen?'

Leah zweeg even, liet het gevraagde langzaam bezinken. 'Niemand is gemeen. Ik geloof tenminste niet dat iemand me ooit met opzet verdriet heeft willen doen.'

'Daar zijn ze ook te stom voor, die varkenskoppen hier.' Leah schoot in de lach, en kreeg een hoestbui omdat ze nog niet met huilen was opgehouden. Connie stond op en trok de schommelstoel bij en ging met haar ellebogen op de knieën zitten. 'Wat is er gebeurd dan? Was het mijn moeder?'

Als een rennend kind dat opzij moet springen voor een slang op de weg zei Leah: 'Nee! Nee, nee.' Connies ogen keurden dit zorgvuldig en namen er genoegen mee. Leah ging door, niet meer in staat of bereid om zich in te houden, als in een roes. 'Nee,' zei ze. 'Ik was niet wat ze gehoopt had en dat begrijp ik wel. Ik kan ook heel goed begrijpen dat ze zich geen raad weet met me. Ze kan niet gewoon tegenover me zitten en een gesprek voeren. Dan gaat ze hakkelen, kan ze alleen maar hele korte dingetjes zeggen, alsof ze haar woorden een voor een moet afhakken eer ze eruit kunnen. Ik begrijp dat allemaal wel. En ik wil niet uit de hoogte doen, maar ik vergeef het haar. Want wie weet hoe ikzelf zou zijn in haar plaats. Je denkt gauw dat je weet hoe iemand zich gedragen moet, maar jij bent zo iemand niet, nooit. Misschien had ik het zelf ook wel anders moeten aanpakken. Ik zou alleen niet weten hoe, net zomin als zij. Dus ik begrijp haar wel.'

'Het gaat wel vaker moeilijk tussen vrouwen en de moeders van hun mannen,' zei Connie. Haar blik dwaalde af. 'En Norman is bovendien haar enige zoon. En mijn vader was er niet meer... Ik betwijfel of hij wel met een goed meisje had kunnen thuiskomen. Het is maar dat je het weet.'

Leah knikte. 'Een schoonmoeder is de tol die je betalen moet, zeggen ze.'

Connie glimlachte. 'Maar je hebt hier helemaal geen vrienden.'

'Norman is mijn beste vriend.'

'Daar bof je dan mee, maar...'

'Als kind had ik ook geen vriendjes en vriendinnetjes. Mama hield me bij de andere zwarte kinderen vandaan. Hield me apart. En de blanke kinderen, tja, dat waren de blanke kinderen. Die zagen me niet staan, die wilden niks met me te maken hebben. Tot ik de leeftijd kreeg waarop ze wel ineens iets met me wilden.'

'Hoe bedoel je?'

'Vier blanke jongens, bedoel ik. Grote jongens. Zestien, zeventien jaar. Die namen me op een dag te pakken. Ik was twaalf.'

'Jezus.'

'Ik denk weleens dat ik daarom die miskramen heb gehad.'

'Jezus, Leah. Heb je dat wel aan de dokter verteld?'

Ze schudde nijdig haar hoofd.

'Waarom niet in godsnaam?' Connie liet zich achteroverzakken in de schommelstoel en sloeg haar benen over elkaar.

'Waarom niet? Waarom niet? Het is een blanke man en als hij me ziet heb ik meestal geen kleren aan. Ik kijk wel uit om hem zoiets te vertellen.'

Connie werd stil van woede. 'Wat een tuig is het toch. Allemaal. Je bent echt de enige niet, hoor. Wat voor kerel het ook is, hij heeft altijd zo'n hoorn van de duivel tussen zijn benen.'

'Wat wil je daarmee zeggen? Heb je het nu over die man in Manchester?'

Connie verstarde. Op haar hoede: 'Wat voor man in Manchester?'

'Over wie Norman me verteld heeft.'

'Norman kan je niks verteld hebben, want hij weet niks. Er valt ook niks te weten.'

'Hij zei dat een man daar de reden was waarom je terug wilde komen.'

Connie snoof. 'Ik wilde terugkomen omdat ik daaraan toe was. Die stad hing me de keel uit, en die fabriek helemáál.'

'Dus er was geen man, daar in Manchester?'

Haar benen nog steeds over elkaar, haar handen samengevouwen over haar knie. Opgetrokken wenkbrauwen. 'Ach, het is nauwelijks het vertellen waard.'

'Was je verliefd op hem?'

'Dat dacht ik.'

'En?'

Connie stond op uit de schommelstoel en ging weer op de divan zitten en nam haar breiwerkje op, gadegeslagen door Leah. Verwoed getik van de naalden. Leah's verstelgoed lag doelloos op haar schoot. Het bleef stil. De winterse, paarsblauwe schemering begon terrein te winnen. Op een andere avond zou Leah zijn opgestaan om de lampen aan te steken. Nu bleef ze zitten, nam genoegen met het weinige licht dat nog door de ramen viel. Connie hield plotseling op, telde een aantal steken af en begon haar breiwerk voor een deel uit te halen. Daarna legde ze de naalden en de wollen lap in haar schoot en zei: 'De eerste dag in die fabriek was iets verschrikkelijks. De herrie. De machines. Al die mensen. Ik wilde vooral niet de boerentrien lijken die ik was en ik werkte als een paard. Maar het moet een maand of drie geduurd hebben eer ik het een beetje in mijn vingers kreeg. En al die tijd deed ik zo hard mijn best om geen boerentrien te lijken dat ik totaal geën erg in hem had. Hij moet me allang op de korrel hebben gehad voor ik zelfs maar wist dat hij bestond. Jack. Jack Lavin. Wat was-ie lief. Dat had me natuurlijk al aan het denken moeten zetten. Hij nam me mee uit. Naar de opera. Picknicks op zondag. Een echte heer. Hij vroeg me waar ik vandaan kwam en wilde er alles over horen, wilde alles weten. We begonnen over een terugkeer te praten, en dan samen een winkel in fournituren beginnen. Alsof dat fabriekswerk, elke dag duizend keer hetzelfde doen, alsof we daardoor alles af wisten van textiel. Op een avond na het werk kreeg ik een beker roomijs van hem, en toen ik het bijna ophad zag ik dat ringetje op de bodem. En Jack me in mijn oor fluisteren dat-ie zodra het kon een echte voor me zou kopen, dat dit maar een teken was van zijn bedoelingen. Helemaal van de wereld was ik. Het was een juniavond. We wandelden dwars door de stad naar het oude kerkhof, en toen was het al donker, maar nog steeds warm. We lagen daar tussen de dooien tot de dauw kwam, en toen bracht hij me terug naar mijn kosthuis, met zijn jas over mijn schouders. Zo ging het drie, vier weken door. Ik werd na verloop van tijd bang dat er wat van komen zou, maar volgens hem kon het echt geen kwaad. Tja, en ik weet niet waarom, maar ik had inderdaad geluk. En toen kwam-ie opeens niet meer opdagen, vijf dagen achtereen. Ik werd uiteindelijk dol van de zenuwen en liep in de etenspauze door al die hallen naar de weverij waar hij werkte. O, Jack, zei zijn voorman. Jack is met dat mokkeltje uit Quebec getrouwd en ze zijn naar Gaspé afgereisd. Daar hebben haar ouders een bakkerij. Jack had hem nog verteld dat hijzelf in een bakkerij was opgegroeid en dat hij alles af wist van brood en banket. Je hebt geluk gehad, meissie, zegt die voorman. Die Fransozen weten straks niet hoe ze het hebben als Jack opeens weer pleite is. Een zak bloem zal er nog wel staan, maar wat ze aan geld hadden, op de bank of in een ouwe sok, dat heeft opeens vleugeltjes gekregen. Ik zei dat ik alleen maar navraag kwam doen voor een vriendin. Legt die man een hand op mijn schouder en zegt: goed hoor, meissie, dan heeft je vriendin geluk gehad. Dus ik weer aan het werk, met het zweet op mijn rug, en ik bleef zweten tot ik twee weken later eindelijk ongesteld werd. Gewoon een dom tutje. Zoals ik al zei, een verhaaltje van niks.'

Leah legde haar verstelgoed opzij. Het was te donker geworden om de naald nog te zien. Ze stond op en ontstak de lamp op de zijtafel, en liep de kamer door en ontstak de lamp op de tafel bij de divan. Ze stond nu vlak naast Connie, en zei: 'We hebben allebei het slechte van mannen leren kennen. Maar het goede is er ook. Er is ook een Norman.'

'Tja, Norman is er ook. Maar die zou ik toch niet met je willen delen, hoor, al bood je het aan.' En ze trok een vies gezicht. En ze schoten allebei in de lach. En vielen stil. De kamer baadde in het lamplicht. Buiten in de blauwe schemering zagen ze Norman het erf oversteken naar de purperen schaduw van de stal. De maan hing als een vleeshaak aan de oostelijke hemel. Leah streek met beide handen over haar harde buik. Connie rolde haar breiwerk op, legde het naast zich op de divan en stond op. Leah zei: 'Tijd om het eten op te zetten.'

'Ik zal Norman even helpen voederen.'

'Laat hem maar,' zei Leah. 'Hij kan het wel alleen af.'

Connie zweeg even, en zei: 'Dan zou ik wel een kop thee lusten.'

'We hebben die dennenschorsthee die je moeder heeft opgestuurd.' Ze liepen achter elkaar door de kleine hal naar de keuken. 'Dank je feestelijk,' zei Connie. 'Ik zal wel wat van die muntthee maken waar jij zo van houdt.'

'Dat klinkt goed. Ik heb schoon genoeg van dat kruidendrankje dat Marthe Ballou me laatst gebracht heeft. Goed voor mijn bloed, zei ze. Nou, mijn bloed is goed genoeg vandaag. Als ik dat spul drink, krijg ik gewoon heimwee naar die dennenthee.'

'Misschien heb ik dat wel nodig. Een beetje beter bloed.'

Leah keek haar aan. 'Als ik je zo hoor, is er niks mis met dat bloed van jou.'

Connie sloeg haar ogen ten hemel. 'Het bevalt me wel weer, thuis. Behalve dan dat mannentekort.'

'Er komt heus wel een man. Je zult zien, net als je ophoudt met zoeken springt er zomaar een te voorschijn en schrik je je een ongeluk.'

'Zou je denken?'

Leah vulde de ketel aan de bronwaterleiding. Connie ging voor het fornuis staan, zette de trekschuif van het rookkanaal open, bukte zich en opende de stookklep om het vuur op te poken. Leah zette de ketel op het fornuis en zei: 'Het is mij ook gebeurd. En wat mij gebeurt, kan iedereen gebeuren.'

Connie gooide wat houtjes op het vuur, duwde de klep dicht en kwam weer overeind. 'Ik was wel elke keer bang dat er wat van komen zou,' zei ze. 'Maar afgezien daarvan vond ik het heerlijk.'

Januari. Hartje winter. Sinds de kerst was de temperatuur overdag niet meer boven het vriespunt gekomen. Dagen vol verstilde lucht, het zonlicht glinsterend op de bevroren sneeuwbanken. 's Nachts dertig tot veertig graden onder nul, wakker schrikken van bomen die met een knal, als geweervuur opensprongen door de vorst, Leah steeds verder opzwellend, gloeiend alsof haar lichaam zich als een kachel om haar kind wilde wikkelen. Haar adem in maanwitte bevroren wolkjes boven het beddengoed. 's Middags waagde ze zich naar de stal, dik ingepakt als een schommelende berin, om de kippen vanaf het looppad tussen de hokken te bekijken. Het bijvullen van de voeder- en drinkbakken, de stoven en de lampen liet ze aan Connie of Norman over, ze voelde zich zelf haast een broedse hen in de benauwde warmte. De broedschuur was dicht omdat er nauwelijks meer werd gelegd. Vervolgens naar de paardenstal, waar het koud was, dikke bloemen op de ruiten, en haalde traag en koesterend een borstel over de flanken van de twee ruinen. Als kind was ze als de dood geweest voor paarden, maar dit waren trekpaarden, met een heel ander temperament dan rijpaarden, dieren die het geduld hadden om voor de wagen of het rijtuig een bedaard drafje vol te houden, en die liever nog in velden of bossen een zware last versleepten. Fors en rond van bouw, brede halzen met grote fiere hoofden, ogen zo groot als haar gebalde vuisten, ogen met een diepte, een intensiteit die ze van geen ander schepsel kende. Tommy en Pete. Ze praatte tegen ze onder het borstelen, snoof gretig het zoetige stof op dat van ze opsteeg, alsof ze daarmee iets van hun ziel kon inhaleren. Ze wist zeker dat ze een ziel hadden. Ze vertelde hun alles over het kind in haar buik. Ze vertelde hun over de zomer. Ze wist zeker dat ze zich de zomer herinnerden. Ze gaf ze allebei een handvol haver. Hun grote, zachte lippen in haar hand. Ze aaide over hun neuzen. IJskraaltjes aan hun ruwe snorharen. Voor ze weer ging verwarmde ze hun neuzen met haar handen en adem. Ze droomde van ze. Ze voelde dat ze de beschermers van haar kind waren. Ze vertelde dit aan niemand.

Ze passeerde het punt waarop ze in de winter daarvoor haar miskraam had gekregen, gedacht het in stilte. De vorst had net genoeg aan strengheid ingeboet voor een nieuw pak sneeuw dat alles weer uitwiste, de laarsafdrukken op de paden, het zaagsel, de as en de houtspaanders die vanaf de helling waren neergewaaid. De wereld was weer een nieuwe ochtend. Maar los nog van de winter en de omgeving kreeg ze soms een gevoel alsof ze in een vreemd land woonde. Het was af en toe net alsof ze door de ogen van een ander naar haar bedrijvige handen keek. Soms begon ze zomaar een zachte melodie te neuriën, weinig meer dan een innerlijke trilling, die haar ver weg voerde. En ze wist pas dat ze weg was geweest als ze weer terugkeerde. Dit kon ook gebeuren als de anderen erbij waren, want ze ging niet zozeer naar elders als wel diep naar binnen, weg van alle beelden en geluiden, alles om zich heen kwijtrakend om alleen de deining van haar eigen bloedstroom over te houden, haar hartslag een zoemend ritme in haar oren. Minutenlang soms. Om dan opeens weer aan de oppervlakte te komen en te beseffen dat ze weg was geweest omdat ze niet begreep wat er gaande was. Aan de eettafel, bijvoorbeeld, waar Norman zei: 'Volgens mij wordt het half maart. En zo ja, dan zal het een pittig karwei worden.'

'Ja, van slapen zal niet veel komen,' zei Connie. 'Maar dat is juist leuk. Spannend.'

Leah ging door met eten. Het kind was uitgerekend voor midden april. Dat wist ze zeker, maar ze telde toch in stilte heen en terug. Ze wilde hun net zeggen dat ze zich vergisten toen Norman verdersprak. 'Ik heb nog nooit een winter meegemaakt zonder een dooiperiode aan het eind van januari, begin februari, maar het is nu wel godverse koud. Enfin, des te harder gaat het sap straks vloeien. Wees maar blij dat jij het koken doet en niet keer op keer door de smeltsneeuw hoeft met die volle emmers aan je juk. Dat zou je waarschijnlijk al te spannend vinden.'

'Schei toch uit man,' zei Connie. 'Ik zou het net zolang volhouden als jij, daar in het bos. En dat weet je heus wel.'

Norman schudde grijnzend zijn hoofd. 'Hoe dan ook, het zal op sneeuwschoenen moeten dit jaar. Ik zal maar denken dat ik er hard van word, dat ik meteen krachten opdoe voor de zomer.'

'Zo is dat. Je hebt tot nu toe maar wat staan lummelen bij die zaagkuil.'

Hij grinnikte. En weer serieus: 'Ik hoef nu ook nog geen dooi, begrijp me goed. Dan blijft het kwakkelen en ik maak die suikertap liever in een keer af. Maar christe mezielen, het zou toch wel een klein beetje zachter mogen worden. Die ooien kunnen nu elke nacht gaan lammeren. Da's zwaar voor zulke mormeltjes, hoor, die kou.'

Leah stond op en bracht haar bord naar het aanrecht, liet het in de gootsteen kletteren en kwam weer terug naar de tafel. Ze keken haar allebei aan. 'Is er wat?' vroeg Norman.

Leah zei: 'Ik heb azijntaart. Warm nog, maar al wel in punten. Willen jullie?'

Norman knikte, keek haar aandachtig aan. Een paar dagen eerder had ze hem duidelijk proberen te maken hoe ze zich voelde, maar ze was er alleen maar in geslaagd hem te laten schrikken met de opmerking dat ze zichzelf niet was, en had daarna de grootste moeite gehad om hem weer op zijn gemak te krijgen, terwijl ze zich juist door hem had willen laten geruststellen. Sindsdien had ze voortdurend zijn spiedende blik gevoeld. Maar dat gaf niet. Het kon geen kwaad als hij een oogje in het zeil hield. Norman zei: 'Lekker, azijntaart.'

Aan het eind van een heldere ochtend kwam Marthe Ballou naar de boerderij. Op sneeuwschoenen en gehuld in een groene kamgaren broek van haar man en de rood-met-zwarte jas die ze uit een indianendeken had gemaakt. Toen ze bij Leah en Connie aan tafel kwam zitten vulde de keuken zich met het zware aroma van houtrook en ongewassen oude vrouw. Ze haalde twee flesjes uit haar jas, elk voorzien van een kurk en een troebele inhoud: een mengsel van wilde kruiden en reepjes bast van allerlei bomen. Ze zette de flesjes naast haar mok met koffie neer en zei: 'Het zit nou wel goed in je buik, met deze twee red je het verder wel. Wil je meer, dan stuur je die kerel maar van je. 's Ochtends een lepeltje is van nu af aan genoeg, maar als je meer lust mag je meer. Zelf neem ik het van de eerste sneeuw tot aan de paardebloemen. Je ziet maar.' Hierna zat ze zwijgend haar koffie te drinken, een koekje wilde ze niet, terwijl de schoonzusters babbelden over de kou en de drie lammetjes tot dusver en toen niets meer te zeggen wisten en net als Marthe zaten te zwijgen. Ze had Connie nog geen blik waardig gekeurd en al die tijd naar Leah zitten kijken. Toen het een tijdje stil was geweest keek ze Connie aan en zei: 'Ik ben voor deze hier gekomen. Laat ons effe alleen als je wilt.'

'O, ik eh...' Connie stond op, maakte een doelloos gebaartje met haar vingers en zei: 'Dat geklets ook. Alsof er geen werk te doen is.' Haar ogen flitsten naar Leah, leedvermaak en verontwaardiging, de gegriefdheid van een kind dat niet mag meedoen. Ze liep de hal in, trok zwijgend haar laarzen en wintergoed aan en stapte zwijgend naar buiten, een golf van kou binnenlatend. Marthe leek te wachten tot de kou zich in de warmte van het huis verloren had en schoof toen haar stoel achteruit, zonder op te staan. Ze zei: 'Staan, jij.'

Leah zette haar handen op de stoelleuningen en werkte zichzelf overeind. Ze keek naar de oude vrouw, het vette grijze haar dat los over haar schouders viel, het doorgroefde gezicht, tanig en gelooid, haar neus een kleine vlezige verhevenheid onder de grote zwarte ogen. Haar lippen rood en gebarsten, de neerhangende mondhoeken. Leah kon zien dat ze vroeger niet knap was geweest maar oogverblindend mooi, en weigerde zich af te vragen waarom ze ooit haar leven was gaan delen met die halve barbaar in de wildernis aan de andere kant van de berg. Want haar eigen band met Norman was misschien nog wel raadselachtiger. Toen Marthe een poosje naar haar middel had gestaard hief ze een hand op, spreidde haar vingers zo wijd mogelijk en sloot ze tot een vuist die ze naar zich toe bewoog, alsof ze iets uit de lucht had getrokken. 'Kom,' zei ze.

Leah deed een paar stappen en kwam voor haar staan, ademde de geur in die aan omgespitte aarde deed denken, aan ammoniak in verse mest, Normans stoere oksels aan het eind van een zomerdag, geuren die zich van haar vroegste jeugd naar de toekomst uitstrekten. Marthe begon de knopen van haar jurk los te maken, van de zware borsten tot haar schaamstreek, en de stof gleed knoop voor knoop terug over de bolle buik met de uitpuilende navel. Marthe legde er haar handen op en maakte langzame cirkelbewegingen, van het midden naar haar lendenen en weer terug, een zachte streling die dieper ging dan hij aanvoelde. Leah keek omlaag naar die handen, het vuil van vele jaren diep in de huid, handen die iets onder haar eigen huid vandaan leken te halen, behoedzaam tastend en knedend als in het teerste brooddeeg. Een beweging zonder woorden of tijd. Niets dan die handen en de buik eronder. Een van de handen bespeurde een bewegingkje en gleed erheen, bevoelde het lichtjes en doordringend tegelijk. Marthes stem was een hese fluistering: 'Rechtervoetje.' En ze reikte omhoog en maakte de bovenkant van de jurk open en nam de gezwollen borsten in haar beide handen, en woog ze, liet hun gewicht op haar handen rusten, en haar handen gleden weer naar beneden en knoopten de jurk van onderaf dicht. En toen pas keek ze Leah in de ogen.

'Heel goed, dat kindje. Het komt wel goed met haar, en met jou ook. Prachtig ben je.'

'Komt het goed met háár?'

Marthe legde haar handen weer op Leah's buik, bedekt nu, en herhaalde de tastende bewegingen alsof ze die aan Leah wilde leren. 'Ze ligt helemaal wijduit. Hier. Een jongetje zit opgerold in de hoogte, dat je bijna geen lucht krijgt. Mannen zijn meteen al zo, daarom kan je ze ook niks kwalijk nemen. Zo worden ze gemaakt.'

'Een meisje,' fluisterde Leah. 'Een kleine meid.'

Marthe leunde achterover op de keukenstoel, haar ogen nu strak op Leah gericht. 'Weet ik haast wel zeker. Als ze gaat komen stuur je die Norman naar mij toe. Let op dat-ie Hurdle er niet bij roept. Kwakzalver. Levensgevaarlijk als je die je kind laat halen. Doe wat ik zeg en laat die Norman maar kletsen. Het komt allemaal goed.'

Norman op zijn knieën, met zijn onderarm diep in de ooi. Langs zijn pols voelt hij een paar rubberachtige pootjes. Connie zit voor de ooi neergeknield, haar armen troostend om de kop geslagen, zachte woordjes prevelend. Ze houdt haar rustig en zorgt dat ze op haar poten blijft staan. De ooi wil gaan liggen. Haar geblaat is in een raspend gehijg veranderd, haar adem maakt wolkjes in de ijskoude nacht. De lantaarn hangt boven hen aan een dakbalk en het vouwhek staat al klaar tegen de stapelmuur. Aan de andere kant van de schaapskooi staat een rotsblok, breed van onderen en spits toelopend. Het komt tot Normans middel en was te zwaar om weg te halen toen hij de vloer aanlegde. De lammetjes die een week eerder zijn geboren springen er voortdurend tegenop en buitelen over elkaar heen, elke keer rakelings langs Leah die toekijkt hoe Norman en Connie de ooi helpen werpen. Norman lijkt er bewegingloos achter te zitten, maar ze ziet de spieren rollen onder de huid van zijn blote arm terwijl hij zich behoedzaam naar binnen werkt. Hij zegt niets, laat het aan Connie over om de ooi te troosten, die opeens begint te kreunen en daar komt het lam op Normans hand naar buiten gegleden. Zijn arm, vol bloed en slijm, vlijt het lam op het ligstro neer en hij veegt het vlies van het kopje en het zuigt gretig de lucht naar binnen. Norman veegt het lam droog met een jutezak en tilt het ondertussen op zijn pootjes. De ooi heeft haar kop gedraaid om te kijken. Connie houdt haar nog steeds vast. Norman duwt het lam voorzichtig met zijn snuit tegen de flank van de ooi. Het staat even blindelings te woelen tot het op de zachte uier stuit en een speen vindt. De ooi waggelt haar staartje. Ze kreunt opnieuw en er glijdt nog een lam naar buiten. Norman is er net op tijd bij. Hij maakt ook dit lam schoon, en als het staat te drinken veegt hij zijn arm af aan de zak en komt overeind. 'Bij zo'n tweeling maakt de eerste soms ruim baan voor de tweede.' Leah komt naar voren om de lantaarn te pakken, terwijl Norman en Connie de ooi met haar jongen in een hoek manoeuvreren en apart zetten met het vouwhek. Ze staan een poosje met z'n drieën naar de zogende lammetjes te kijken. Norman pakt de lantaarn en bekijkt de ooien die nog moeten werpen. En dan gaan ze naar buiten, de ijle nacht in. De maan staat groot en wit aan de hemel, als de schoongepikte schedel van een dood beest. De sneeuw op de weiden en de helling, de bomen en de gebouwen zijn er allemaal door verzacht, onwerkelijk, onwezenlijk. Leah blijft staan en kijkt om zich heen. Dit is minstens zo mooi als een junidag. Soms wenst ze weleens bij de volle maan dat ze overdag zou kunnen slapen om hier 's nachts te kunnen rondlopen. Rondlopen in een wereld die het tegendeel is van de hare, de omkering ervan. Een oord waar haar geest eindelijk vrij zou kunnen zijn. Vrij van de last die zij ervoor vormt. Maar zo'n wereld bestaat niet. Ze loopt weer verder. In het huis zijn nog geen lampen ontstoken, niets dan het vage schijnsel van de lantaarn bij de deur, waar ze op haar staan te wachten.

Op het midden van de ochtend was hij meestal wel klaar met alles wat de stal zoal vergde, en was het tijd om de zaag te vijlen en de tweekantige bijl te slijpen. Dan nam hij het zwaarste tuig om Pete en Tommy voor de slee te spannen, legde daar de sleepkettingen in, deed haver in de voederzakken, maakte de strengen aan het zwenghout vast en reed naar het bos op de helling. Bij de zaagkuil aangekomen maakte hij het span los en liet Pete achter om samen met Tommy op zoek te gaan, verder naar boven over een pad dat zich van dag tot dag gevormd had, de kapotgelopen sneeuw krakend onder zijn voeten, de zaag over zijn ene schouder en de bijl over de andere. Bij het uitkiezen van een boom lette hij goed op takken en de valruimte. Op elke plek kon je tweemaal zo veel foute keuzes maken als goede. Hij wilde geen boom die bleef hangen. Als hij er een geveld had sloeg hij er met zijn bijl de takken af, waarna hij hem onder de top of in het midden doorzaagde, afhankelijk van de grootte. Op de meeste ochtenden haalde hij er twee neer, soms drie, waarna Tommy de stammen naar de zaagkuil sleepte. Tommy was een geboren sleeppaard, kwam bij het eerste woord in beweging en ging verder zijn eigen gang, had geen aansporingen nodig. Stond altijd keurig aan het einde van het pad te wachten tot Norman hem had ingehaald, en op diens 'los' deed hij een stap terug om de ketting te laten vieren. Als Norman ze de voederzakken had voorgebonden stapte hij de kuil in en trok de oude bizonvacht weg van de kantelhaken en de dikke ijzeren staaf die hij gebruikte om de eerste stam op de balken over de kuil te rollen. Hij zaagde zo'n stam in stukken zo lang als zijn onderarm, om en om vanaf de beide uiteinden werkend. De ruimtes tussen de balken dienden als zaagsleuven die precies de juiste maat opleverden. Was hij klaar, dan stapte hij de kuil weer in, op het verse zaagsel dat de kapotgetrapte sneeuw en het afval van de vorige dagen bedekte. De kuil was niet zomaar een diep gat, eerder een zelfgegraven spelonk met de balken als dak en een vlak stuk grond ervoor. Daar spleet hij de verzaagde stammen tot brandhout.

Als kind, samen met zijn vader, had dit werk een eeuwigheid in beslag genomen. Eindeloos beulswerk met ijskoude voeten, handen en oren. Nu, in z'n eentje, kreeg hij in een ochtend zijn slee gevuld, vaak zonder er erg in te hebben dat hij geen moment rust nam. Rond het middaguur waren de paarden weer ingespannen en bracht hij zijn lading naar het huis, als toevoeging aan het groeiende aantal vaams achter de houtschuur. Hij liet de paarden drinken, gaf ze hooi, tuigde ze niet af en viel op zijn maaltijd aan om 's middags van voren af aan te beginnen. Vanuit de zaagkuil kon hij de achterkant van het huis zien, en de warmte die daar al voor de volgende winter lag opgeslagen in hoge, donkere stapels. Bij het vallen van de avond of later betrad hij de geurig dampende keuken, de vermoeidheid van zijn spieren weldadig als de zomerzon. Hij kon zichzelf ruiken terwijl hij zijn handen waste, zweet en het zoete zaagsel, het omhulsel van een dag hard werken.

Het gevaar deed zijn geest verstillen. Zo'n omvallende boom was er slechts het begin van, waarna het overging op de vlijmscherpe randen van de bijl waarmee hij over de stam liep om er de takken af te slaan. Dan kwamen de bewegingen en mogelijke bewegingen van de stam zelf, als die naar de kuil werd versleept en er met de hand bovenop werd gerold. Bewegingen die een voet konden verbrijzelen, een been, een heel lichaam. En dan de bijl weer, op en neer suizend als hij het verzaagde hout in vieren spleet. De bijl die soms afschampte, en spaanders in het rond deed vliegen. En altijd het gevaar dat in de monotonie school; dat hij wegdroomde bij het lied van een mees die de houtsnippers in zijn nest vlocht, bij de klaterende urinestralen van de ruinen, bij het verre hondengeblaf. Tijdens het splijten welde er in zijn rechterarm een zeurende pijn op, van die sabelwond nog, zeurend om aandacht voor de glinsterende randen van de bijl.

Op sommige middagen was de slee al vol terwijl hij aan de lichtval kon zien dat het nog vroeg was. Februari strekte zich inmiddels in gelijke delen naar voor en achter uit. De kou hield stand, maar de zon klom steeds hoger aan de hemel. Op zulke middagen kon hij op deze zuidelijke helling op de balken van de zaagkuil gaan zitten, met bungelende benen, de omslag van zijn pijpen vol zaagsel, warm van het werken, de bedrieglijke vrolijkheid van het zonnetje op zijn gezicht en het gevaar niet zozeer bezworen als wel teruggedrongen tussen de bomen, wachtend op de kansen die het de volgende dag zou krijgen. En dan dwaalden zijn gedachten weg van het hier en nu. Soms naar het huis daar beneden en soms zelfs daar voorbij. Naar de hoop van dat kind, en minstens zo vaak naar zijn tekortkomingen als man. Dan leek het net alsof zijn vader in de buurt was. Vlakbij. Ergens tussen de sparren achter hem.

'Je vader was trots op je, Norman.' De laatste woorden van zijn moeder, voor ze haar hand op de schouder van de jongen legde die ze gehuurd had om haar naar het pension te verhuizen. 'Ik betaal je niet om te suffen, jongeman.' En de wagen die over het erf naar het pad ratelde, volgeladen met de kasten en commodes en de dozen vol kleding en persoonlijke bezittingen van Cora Pelham en haar dochter Constance. Zijn moeder die uit trots of verbittering zijn aanbod geweigerd had om hen zelf weg te brengen. Alsof ze door hem zo min mogelijk tot last te zijn een manier had gezocht om hem zo hard mogelijk voor het hoofd te stoten. Connie die zich omdraaide om naar hem te wuiven. De rug van de jongen die op de bok tussen de twee vrouwen zat ingeklemd. Norman zwaaide terug naar zijn zuster, en bleef voor het huis staan tot de wagen de rand van de kom bereikte en uit zicht verdween. En bleef ook toen nog staan terwijl de zegen van zijn moeder, of haar veroordeling, of beide, zich voor altijd in zijn geest grifte. Alsof dat precies haar bedoeling was geweest. Een laatste spoor van twijfel in hem planten, met alle indringendheid van het graf. Wie had dat beter gekund dan zij? Wie had beter kunnen weten hoe het gezegd moest worden, op een o zo neutrale toon die ruimte liet aan elke denkbare interpretatie, betekenissen die op hem neerdaalden als kraaien op een pasgezaaide akker. Dus bleef hij zo staan tot hij Leah naar buiten hoorde komen, waarop hij haastig naar de stal liep omdat hij nog even alleen wilde zijn. Niet boos omdat zij binnen was gebleven terwijl zijn moeder afscheid nam, maar nog niet bereid om dat ontbreken van boosheid te tonen door te luisteren naar wat ze te zeggen had. Hij melkte de koeien en zwoer een dure eed dat ze diezelfde week nog van de boerderij zouden verdwijnen, behalve die ene jonge vaars die ze voor eigen gebruik konden houden. Het was oktober. Hij was net terug van de oorlog.

En nu bungelden zijn benen boven de zaagkuil, waarover de sparren hun schaduw begonnen te werpen. De winterse avond breidde zich alweer uit als een inktvlek, al scheen de zon nog steeds in zijn gezicht. De paarden waren nog niet rusteloos, maar ze verplaatsten hun gewicht al wel van de ene hoef op de andere. De slee was vol. Uit de schoorsteen van het huis steeg een iele rooksliert op. Een wolkeloze hemel. Hij wachtte nog even of de stem van zijn vader misschien tussen de sparren zou opklinken. Maar dat gebeurde nooit.

Wat er in hem nog aan kind leefde was altijd met zijn vader samen. Een man wiens liefde zelfs in zijn bestraffingen had doorgeklonken, die altijd verzacht waren geworden door zijn droge humor. Een man die al twee dochters had gehad en zo blij was met eindelijk een zoon dat hij geen volmaaktheid van hem verwachtte, zodat hij hem door-en-door was gaan kennen. Hij had Norman altijd scherp in de gaten gehouden, met ogen die prompt mild werden als de jongen zich bedremmeld omdraaide van de kromgeslagen spijker, het kapotte gereedschap, de te kort gezaagde plank. Norman kon zich geen loftuitingen herinneren; iets wat goed was gedaan was goed gedaan. Zo niet, dan moest het over. Op zijn tiende had hij voor het eerst mee gemogen met de slee, naar het meertje bij het dorp waar ze mee zouden doen aan het ijszagen. Ze waren laat en keken naar de mannen die al aan de slag waren en de blokken met grote tangen omhoog tilden. Het water dat eraf droop bevroor nog voor het de grond raakte. Toen ze een poosje hadden zitten kijken stapte zijn vader van de slee, wikkelde de leidsels om de paal aan de voorkant, pakte hun boomzaag en keek de jongen aan. 'Tja, wie van ons tweeën moet nu het onderste eind nemen? Kruis of munt?'

Hij geloofde dat zijn vader Leah wel zou hebben gemogen. Dat leek hem tenminste een aannemelijke gedachte. Alsof zijn vader, bevrijd van het leven, ook vrij genoeg zou zijn om alle dingen te zien die Norman in haar zag. Niet alleen de moed en de schoonheid die niemand konden ontgaan, maar ook de kleinere delen die het geheel bepaalden: haar druistige temperament en de onbevangen glimlach die daar tegenover stond; haar gedachteloze lef en het eindeloze getob over besluiten waar ze door diezelfde lef voor gesteld werd, alsof ze beter dan wie ook begreep hoe onverbiddelijk het een tot het ander kon leiden. Haar milde spot die eerder bemoedigend leek dan plagerig, maar ook de stralende vrolijkheid op haar gezicht als hij struikelde of iets uit zijn handen liet vallen. Haar zelfbeheersing, zo ingespannen dat haar huid zich soms om een werveling van conflicten en contradicties leek te spannen. Of gewoon haar aanblik als ze blootsvoets door het grasland liep, tussen de welig tierende boterbloemen, madeliefjes en asters. Of haar gezicht half begraven in de seringen, terwijl ze haar ogen naar hem opsloeg. Of hoe ze 's avonds bij het licht van de lamp aan de ronde leestafel zat, met haar ellebogen op de uitgespreide krant, verdiept in het nieuws van die week. Of hoe ze steeds gevulder raakte door zijn kleinkind, voor wie Norman de naam James in petto had. Zijn naam. Norman zat op de balken van de zaagkuil en dacht dat zijn vader al die dingen misschien wel zag en kende. En ze niet slechts goedkeurde maar toejuichte. Maar dat dan wel omdat de doden alles konden overzien, ieder aspect van alles kenden, bevrijd als ze waren van de noodzaak om alleen hun eigen belang te zien. Had zijn vader nog geleefd, dan was het misschien heel anders gegaan. Misschien had hij haar dan wel niet meegenomen, misschien had hij haar wel ergens anders heen gebracht. Want tijdens de veldslagen en de moordende weken van marcheren, tenten opslaan en weer verdermarcheren had hij zich met de boerderij getroost waar andere mannen de beeltenis van een meisje op hun hart droegen. Misschien had hij haar zelfs wel in Washington achtergelaten om met zijn kameraden op een vrachttrein terug naar huis te springen, tevreden met de gedachte dat hij haar geholpen had en gekweld door de vraag hoe-het-gelopen-was-als. Maar nu was het allemaal heel eenvoudig geweest. De boerderij zou van hem worden als hij trouwde, in zo verre de ouders dan een vennootschap aangingen met de zoon en diens bruid. En kwam de tijd dat de zoon draagkrachtig genoeg was en alle partijen ermee instemden, dan kon hij het bedrijf tegen de marktprijs overnemen. Zoals altijd was deze testamentaire bepaling opgesteld in de verwachting dat de ondertekenaar nog tientallen jaren zou leven, evenveel kans liep op de dodelijke trap van een merrie als op een vallende ster die eerst het luchtruim en dan zijn schedel zou doorklieven. Maar het resultaat was dat Norman zijn meisje onbekommerd mee naar huis kon nemen, zij het ook met het bittere geheim van een zekere opluchting over de dood van zijn vader. Alsof die dood zijn vrijheid had ingeluid. Alsof zijn vader hem niet alleen de vruchten van zijn leven had nagelaten maar ook de mogelijkheid om zelf een leven naar wens op te bouwen. Zijn vader had zichzelf voor altijd in het verleden geplaatst, had zijn rol in het nu teruggebracht tot die van herinneringen die Norman naar believen kon ophalen. En de levenden zijn niet alleen vrij om zich iemand wel of niet te herinneren, ze kunnen ook kiezen wat ze zich voor de geest willen halen, en hoe. Dus was zijn vader meer een echo van zijn eigen verlangens geworden dan een man op zichzelf. Zoals een verloren tuinmes in de winter zijn scherpte verliest en in de lente wegroest van het rottende heft. Maar o wat sneed het altijd goed. Zoals de woorden van zijn moeder: 'Je vader was trots op je.'

   Norman liet zich van de balk glijden tot zijn laarzen op het zaagsel in de donkere kuil neerploften. Hij liep naar het span en tilde een voor een hun voeten op, nam de hoeven in zijn dikke want en klemde ze tegen zijn dijbeen om er met zijn zakmes de sneeuw en het ijs uit te schrapen. De adem van de paarden voelde als hete stoom in de snijdende avondlucht. Hij leidde ze naar de slee en tilde de disselboom op en haakte het halsjuk in de garelen en maakte de strengen aan het zwenghout vast, nam de leidsels en liep ermee naar de achterkant van de slee en stapte op de plank achter de laadbak. De zagen en de bijl lagen al op het hout. Hij sloeg de leidsels in een lus om zijn rechterhand, trok ze strak en zijn blik gleed van de achterwerken van zijn ruinen naar de lege voederzakken aan hun tuig. De avondster stond boven de oostelijke rand van de helling. Hij was versteend van de kou nu, en het werk van de dag lag zwaar op zijn schouders. Het sparrenbos was in duisternis gedompeld en hij voelde een akelige aanwezigheid. Iets wat hier niet thuis hoorde, iets wat niet in zijn leven hoorde, dat het ondermijnde. Een zwakheid die ervoor zorgde dat de vrouw daar beneden de reden was voor alles wat hij deed of naliet. Alsof het hem aan iets wezenlijks ontbrak, waarover andere mannen wel beschikten. Misschien. Hij wist het niet zeker. Maar er was geen enkele reden om te denken dat zijn vader nu trots op hem zou zijn, levend of dood. 'Kom op maar, jongens,' zei hij tegen zijn span.

Het was de laatste zondag van februari. De vorst hield nog steeds aan en Leah werd almaar dikker, liet zich zuchtend en steunend in stoelen neerzakken en stond er met veel moeite en gekreun uit op. Connie kwam de berg op na de kerkdienst, met Pete in een pittige draf tussen de lamoenstokken. Ze was dit keer niet meegegaan naar de weduwe Breedlove, had meteen naar huis gewild. Eenmaal binnen vulde ze de koperen ketel, tilde hem op het fornuis en schoof het rookkanaal open. Stormde de trap op en kwam weer naar beneden met schoon ondergoed en een jurk over haar arm. Vanuit zijn stoel in de woonkamer kon Norman zien dat het de jurk was die ze bij haar terugkeer had gedragen. Die had ze sindsdien niet meer aangehad. Hij keek naar Leah die in de familiebijbel zat te lezen, opengeslagen op haar buik, met haar beide handen eronder. Ze deed een uur over elke bladzij. Zo nu en dan maakte ze een geluidje, een vochtig nippen als ze kennelijk iets ter harte nam en een grom als ze iets betwijfelde. Ze zag zijn vragende blik en schudde haar hoofd. Kort, maar resoluut genoeg om hem zijn vragen te doen inslikken. Connie sloot de keukendeur en bleef daar enkele minuten voor ze naar de woonkamer kwam en met haar handen in de zij tot Norman begon te spreken. 'Ze maken tegenwoordig van die ijzeren bakken die je aan de zijkant van een fornuis kunt hangen, naast de stookklep, dat je altijd heet water hebt. Ben je van dat eeuwige gewacht af. Zoiets lijkt me geen overbodige luxe in een huis waar een kind wordt verwacht.' Waarop ze zich omkeerde en naar de keuken beende. De deur werd door haar snelheid dichtgezogen.

Norman zei: 'Wat krijgen we nou?'

Leah sloeg de ogen op die zich achter hun leden hadden teruggetrokken. 'Ik vind dat ze groot gelijk heeft. Die dingen zijn spotgoedkoop. En eenvoudig ook. Een beetje handige kerel zou er zelf een kunnen maken. Het duurt ontzettend lang eer je heet water hebt op dat fornuis, dus het zou een heel verschil maken. Alleen al omdat een mens zich dan wat vaker kon wassen.'

'Het zal je verbazen, maar ik was me heus weleens. Als je wat nodig hebt, moet je gewoon je mond opendoen. Ik zal je nooit iets weigeren als het betaalbaar is. Maar wat is er met haar?'

Leah streek met haar hand over de bladzij die ze had zitten lezen, als wilde ze het dunne papier gladstrijken. 'Wat ben je toch een sufferd, Norman. Die vrouw wil zich lekker wassen en iets moois aantrekken. Dat zal ze wel niet voor jou of mij doen, denk je ook niet?'

Norman zweeg even, en zei: 'Wat lees je eigenlijk?'

'Job.'

'Rare snoeshaan was dat.'

'Nee hoor, een mens als alle anderen.'

'Meen je dat nou?'

'Ja, en dat is volgens mij ook precies de moraal.'

'Zo zo, je lijkt wel een echte gelovige.'

Ze keek hem nu doordringend aan. 'Nee hoor. Ik zou trouwens niet weten wat dat is.'

'O. Nou, mocht je er ooit achter komen, dan hoor ik het graag.'

Ze bleef hem aankijken. In de keuken klonk geplas van water en af en toe een behaaglijke zucht. Zelfs met de deur dicht konden ze de geur van zeep en rozenwater ruiken, gedragen op de stoom die door het huis trok. Leah zei: 'Ik zal daar net zomin achter komen als jij. Maar dat weet je heus wel.'

Connie kwam de kamer binnen, haar gezicht blozend van het schrobben en al helemaal aangekleed voor buiten. 'We gaan schaatsen op de rivier,' zei ze. 'Ik hoop maar dat mijn tere enkeltjes het houden. Op het ijs laten die me altijd in de steek. Ik lig meer op m'n gat dan dat ik schaats. Dat vallen vind ik nog niet eens zo erg, maar dat ze je overeind moeten helpen.'

Ze bleek te worden afgehaald door de oudste zoon van Clifford. Hij kwam voorrijden met een chique slee, getrokken door een span zwarte dravers, elk met een fraaie witte bles. Norman was hoogst geamuseerd en deed zijn best dat niet te zijn, maar zijn mondhoeken kropen onwillekeurig omhoog. Glen Cliffords vader was de eigenaar van een luxe stalhouderij annex transportbedrijf. Het was dezelfde jongen, een jongeman inmiddels, die vijf jaar eerder Normans moeder en zuster had verhuisd. En nu kwam hij haar afhalen. Om haar mee uit schaatsen te nemen. Norman vroeg zich af of Connie hem al die jaren door zijn hoofd was blijven spoken, en hoeveel zondagen het deze herfst en winter genomen had eer hij haar had durven vragen. Hij gaf Norman een hand en noemde hem tot zijn verrassing meneer en begon een klaagzang over dat hij te jong was geweest om mee te vechten in de burgeroorlog en Norman was zo grootmoedig om er met een neutraal knikje op te reageren. Glen beloofde dat hij Connie niet te laat zou thuisbrengen, en voegde er de verleidelijke uitleg aan toe dat er 's avonds nog een vreugdevuur zou zijn. Kruip daar dan maar lekker bij met z'n tweetjes – het lag Norman op de lippen, maar hij beperkte zich tot: 'Let goed op met die paarden. Er ligt een hoop ijs waar de sneeuw is aangestampt.' En draaide zich met een brede grijns om naar zijn zuster, en maalde er niet om dat Glen dit kon zien. Connie kwam naar hem toe, ging op haar tenen staan en zoende hem op zijn wang. Glen schudde hem nogmaals de hand, knikte met diepe ernst naar Leah en zei de eerste woorden tegen haar sinds hij binnen was gekomen: 'Dag mevrouw.' Ze bleven als zongerijpte bessen in de lucht hangen, bol van het respect.

Toen ze vertrokken waren nestelde Norman zich weer in zijn stoel. Leah keek naar hem. Norman zei: 'Ik voelde me bijna een ouwe zak met die twee.'

Leah glimlachte, streek met een hand over haar buik en zei: 'Wacht maar.'

De tweede week van maart bracht een flinke dooi die volgens Norman niet zou aanhouden en dat ook niet deed. Drie dagen en nachten boven het vriespunt, waarbij de middagen zelfs zacht aanvoelden, gevolgd door een handbreedte aan zachte verse sneeuw en de wind draaide en alles bevroor weer. Toch volstond die dooi voor Norman om alvast de in elkaar gestapelde sapemmers van de hooizolder te halen en in slagorde op te stellen in de kelder, waar hij ze vulde met water uit de koelput om ze een nacht te laten staan zodat de duigen konden opzwellen tot ze klem zaten in de hoepels. De volgende dag schraapte hij de laag met ijs, schors en zaagsel uit de slee, rolde er de grote vergaarbak op, laadde de jukken en de emmers in, spande de ruinen ervoor en reed wederom de helling op, het sleeppad voorbij naar de kleine suikerschuur, niet veel meer dan een dak op palen met een schoorsteen en een haard van bakstenen, daaronder een stookput en de grote ketel aan een staaf in de stenen gemetseld. Daar spande hij de paarden uit, reeg de emmers met een touw aan elkaar en hing ze over Tommy's rug en trok samen met hem het suikerbos in, een nieuw pad banend met zijn sneeuwschoenen. Bij elke suikeresdoorn bleef hij staan om een gat in de bast te boren en er een aftapkraan in te hameren en daar een emmer aan te hangen. Terug bij de suikerschuur schepte hij de stuifsneeuw naar buiten en trok het dekzeil van de houtstapel aan de achterkant. Hij vulde de ketel voor de helft met sneeuw en legde er een vuurtje onder aan, en toen de sneeuw gesmolten was schrobde hij de binnenkant schoon met een stok die hij aan het uiteinde met jute had omwonden. De suikerschuur bood een troosteloze aanblik, zeker nu de sneeuw van de aarden vloer was geschept, maar hij zag al voor zich hoe het er over een paar weken zou uitzien: stoomwolken boven de ketel, dag en nacht vuur in de stookput en de heldere lucht doortrokken met rookflarden en de zoete geur van de suikerbomen, die nog zou aanzwellen als het sap genoeg was afgekookt en hij de ketel kon kantelen om de siroop in de filters te gieten. In het huis was Connie al bezig de vierkante lappen rood flanel te wassen en op rekken te drogen te hangen. Toen de ketel schoon was reed hij de helling weer af en stopte bij de zaagkuil om het gereedschap in te laden. Hij bracht het naar de stal, zette alles in het vet en hing het weg tot de volgende winter. Voor dit jaar had hij hout genoeg.

Een week later, een grijze dag. De kou was nog altijd als kiespijn maar de wind waaide uit west-noordwest en Norman verklaarde bij het ontbijt dat de winter voorbij was. Omdat hij niets anders te doen had ging hij naar de stal om eieren te rapen en de stoven te vullen en de broedschuur te controleren. De constante warmte zorgde er samen met de langere dagen voor dat de kippen weer aan de leg gingen, de weerbarstige kou ten spijt. Een stuk of twintig waren broeds geworden en zaten op de eieren die in dozen bij elkaar lagen. Nog geen kuikentjes. Hij nam een kijkje bij zijn ooien en lammeren. Even zo vele paasmalen voor de mensen die in Boston op de verrijzenis van hun Zoon wachtten, waarna ze naar huis konden voor hun lamsbout met muntsaus, een genot dat voor menigeen de lente en de Opstanding omvatte. Voor Norman was hun aanblik voorlopig slechts een vlucht voor zijn eigen ledigheid. Buiten snoof hij de gure lucht in, begerig naar de verandering waarvan deze wind de boodschapper was, die eraan kwam vanachter de grote meren, uit Canada, waar dan ook vandaan, maar komen deed hij.

De vrouwen in de keuken. Connie onder de bloem en tot haar ellebogen in het brooddeeg. De oven zwoegde en kraakte al van de hitte die de broodvormen tegemoet zag. Leah zat aan tafel gedroogde appelringen in partjes te snijden en in een kom suikerwater te gooien, voor de vulling van de taart die achter de broodvormen aan de oven in zou gaan. Ze keek naar Connies rug en armen, kon aan dat driftige gekneed en gesmijt zien dat het brood dik en stug zou worden. Na een poosje schraapte ze haar keel en zag de rug verstarren en de armen stokken, en weer doorgaan, langzamer, in afwachting van wat Leah ging zeggen.

'En?'

Connie keek met een ruk om. Haar kin streek langs haar schouder. Ze keek Leah even aan en dan weer naar de deegklomp voor haar. Haar stem klonk gedempt als werd hij door het deeg gesmoord: 'Wat en?'

'Je bent nogal uithuizig, de laatste tijd.'

'...'

'Vermaak je je een beetje?'

'Ja.' Alsof ze met een klap een doos dichtsloeg.

'Het gaat me niks aan, hè?'

'O nee, zo bedoel ik het niet.' Connie draaide zich om en veegde de losse krullen uit haar gezicht, een bloemspoor op haar voorhoofd achterlatend. 'Ik heb het naar m'n zin. Ik ben nu zes maanden terug in Randolph en ik vermaak me uitstekend. En als 't aan mij ligt, blijf ik dat doen.'

'Mijn idee. Die Glen... Is hij aardig of komt hij alleen maar van pas?'

'Hij is reuze aardig. Een beetje jong alleen.'

'Och, wat zal hij met je schelen. Twee, drie jaar?'

'Tweeënhalf. Maar je merkt het verschil.'

'Ach wat, Norman en ik schelen vier jaar!'

'Ja, maar het is anders als de vrouw ouder is.'

'Dat zal ook wel. Gedraagt hij zich een beetje?'

'Keurig. We houden het heel netjes.'

'En dat terwijl hij jonger is.'

'Precies.'

'En jij hebt al het een en ander meegemaakt, daar in Manchester.'

Connie schudde haar hoofd. 'Ik wil geen naam krijgen.'

Leah sneed het touwtje door van een volgende slinger appelringen. 'Dat zal zo'n vaart niet lopen.'

Connie kwam aan tafel zitten, pakte een appelring en ging er peinzend van zitten knabbelen. 'Maar god nog an toe, hij is goed gebouwd.'

Leah glimlachte. 'En toch houd je afstand.'

'Voorlopig maar liever wel, ja.'

Leah knikte. 'Tja, hij is natuurlijk nog wel jong.'

'In dat opzicht maakt de leeftijd van een man niet uit.'

'Het lijkt me een degelijke jongen.'

'Iedere jongen blijft beleefd zolang hij z'n toetje nog krijgen moet.'

'Zit dat erachter?'

'Ik wou dat ik het wist! Hij kan heel diepzinnig zitten praten, en ik ook, en het volgende ogenblik hebben we de grootste lol. Wat ik leuk aan hem vind, is dat hij serieus is maar niet al te serieus. Het klinkt allemaal precies goed, het past bij de indruk die hij maakt. En toch krijg ik af en toe de kriebels, zo'n diep waarschuwend gevoel vanbinnen. Maar we hebben het vaak ook gewoon gezellig en dan maak ik me totaal geen zorgen. Ik weet gewoon niet zeker of ik hem vertrouwen kan, en of ik mezelf wel vertrouwen kan, en ons samen.'

'Als ik je zo hoor, heeft die mooie meneer Jack uit Manchester meer bij je aangericht dan je dacht.'

Connie keek haar aan, beet op haar onderlip, dacht even stil na, knikte aarzelend. 'De vraag is: wanneer weet je het zeker?'

Leah reageerde onmiddellijk. 'Als je helemaal van de kaart bent. Als het je helemaal overheerst. Als er geen zinnige gedachte meer bij je opkomt.'

'Dat heb ik soms wel tien keer per nacht.'

'Dan is dit het misschien wel. En misschien ook wel niet. Maar de dag zal komen dat je hier tegenover me aan tafel zit en ronduit vertelt hoe je toekomst eruitziet. Misschien is hij het, misschien is het een ander. Misschien weet je het morgen al. Hoe dan ook, zo hoort het te gaan. Zo blijft het... interessant.'

Connie knikte. 'Het is interessant zat, dat geef ik toe.'

'Mooi zo. Meer kun je niet verlangen.'

'Maar ik zou het willen weten.'

'Maar je weet het nog niet.'

'Stommeling die ik ben.'

'Stom ben je om de verdommenis niet, maar je krijgt nou eenmaal geen bericht vooraf.'

'Ik ben trouwens bang dat ik te weinig hier ben. Voor jou en voor Norman. Ik heb hem iets beloofd, en jou dus ook.'

'Op het moment ben je er vaak genoeg. En als de tijd komt weten we heus wel dat we op je kunnen rekenen. Norman maakt zich voorlopig alleen maar druk om die suiker, en ik zit hiermee opgescheept.' Ze klopte liefkozend op haar buik. 'Je hoort het vanzelf wel als we je harder nodig hebben. En wie weet, misschien kunnen we die Glen ook nog wel gebruiken.'

Connie snoof geamuseerd. 'Dat zou wel een mop zijn.' En dan weer ernstig: 'Wanneer ben jij Norman gaan vertrouwen?'

'Geen idee. Maar toen ik hem ontmoette wist ik dat ik hem een kans moest geven. Dat wil niet zeggen dat ik meteen de deur heb opengezet, maar ik wist dat ik hem pas in het slot moest gooien als er niets anders meer op zat.'

Connie knikte, ging voorovergebogen naar het tafelblad zitten staren. Na een poosje zei ze: 'Als ik hem zie kan ik hem wel opvreten. Elke keer weer.'

Leah was klaar met snijden. Ze moest piesen. Dat moest ze de laatste tijd voortdurend. Ze zette zich af tegen de tafelrand en kwam overeind. Nu was het Connie die haar gadesloeg. Ze wankelde even en hervond haar evenwicht en zei: 'Je deeg is ingezakt.' In de hal sloeg ze haar sjaal om en trok haar overjas aan tegen de kou op het gemak. Ze keek om, zag Connie naar haar kijken en zei: 'Dat zijn heel natuurlijke gevoelens, hoor.'

Connie stond van tafel op. 'Ik zal het even pletten. Dan komt het wel weer opnieuw omhoog en gaat het straks de oven in. Gewoon nog even wachten.'

Leah knikte, ze schoof de grendel van de tussendeur naar de houtschuur en zei zonder om te kijken: 'Dat deeg is niet het enige wat omhoogkomt terwijl jij zit te wachten.'

Ze waren al een week lang dag en nacht aan het suikeren. Overdag spoot het sap zowat de bomen uit, dus Connie moest ook een juk nemen en met Norman mee het bos in. De sneeuw zette snel en ze konden na een paar dagen al zonder sneeuwschoenen op pad. Bij elke boom kwamen aan de zuidkant her en der bruine bladeren onder het wit vandaan. Ze haalden er nog een oude vergaarbak bij en plaatsten die op een schavot naast de suikerschuur, zodat ze bij het vallen van de avond, als de wind ging liggen en de temperatuur omlaag schoot, twee vaten sap hadden om af te koken. Een van beiden ging dan naar beneden om de karweitjes voor de avond te doen en te eten, terwijl de ander het vuur aanstak en met koken begon en na donker pas kon eten als de eerste terugkeerde met een portie in een met handdoeken omwikkeld koekblik.

Samen werkten ze dan tot in de kleine uurtjes, hielden het vuur hoog genoeg om het sap pruttelend aan de kook te houden, schepten er af en toe het schuim af en staken de spaan in één beweging de diepte in om de indikkende vloeistof om te roeren. Als het te wild begon te schuimen, sleepten ze er een bonk spekvet aan een touwtje doorheen om het te kalmeren. Liep het in een dunne sliert van de scheplepel, dan was het van sap tot siroop geworden, die dikker en dikker werd en uiteindelijk in de kristalmassa overging die ze haastig in de lange suikermallen goten. En dan ging er een nieuwe sloot sap in de ketel en stookten ze het vuur op en duurde het even eer de boel aan de kook raakte. In die pauzes pakte Norman de mandfles met cider en schonk de scheplepel vol en deelde die met Connie, die een paar teugjes nam waarna hij hem langzaam leegnipte. Ze waren allebei te moe om te praten. Norman ging buiten met zijn rug naar de schuur staan en staarde naar de kom die baadde in het sterrenlicht. En dan maar weer aan de slag, een rechte witte pluim uit de schoorsteen en binnen de stoom die tegen het dak uiteensloeg. Tegen halfdrie, drie uur waren ze klaar en de volgende ochtend trokken ze rond een uur of elf weer de helling op, gesterkt door de prille geur van de lente.

Op de avond voor de nacht waarin het ijs scheurde was het Connie die naar beneden kwam om de beesten te voeren en met Leah te eten om daarna Normans portie mee terug te nemen. Leah bewoog zich nu langzaam door de keuken, maakte eenpansgerechten die lekker bleven in het blik en stevig genoeg waren om hen door de lange nachten te helpen. Connie was uitgehongerd van de zware dag en werkte twee borden hutspot naar binnen. Aardappels met uien, pastinaken en wortelen, verkleurd door de lange opslag. Leah zat tegenover haar en at lusteloos, alsof het voedsel overbodig was voor haar overvolle buik. Toen Connie het blik met Normans eten had ingepakt keek ze naar Leah en zei: 'Wat zie je er belabberd uit.' Ze zette het blik neer en deed een stap naar voren. 'Gaat het wel goed?'

Leah haalde haar schouders op. 'Ik ben doodop, da's alles. Niks gaat meer vanzelf, alles wat ik doe kost moeite.'

Connie legde haar hand op Leah's voorhoofd. Hield hem daar even, nam hem weg, en bevoelde haar opnieuw. 'Voor zo'n hete keuken voel je wel goed aan. Maar het is eigenlijk verkeerd om in jouw toestand helemaal alleen het huis te bestieren.'

Leah schudde haar hoofd. 'Koken is alles wat ik doe. Ik heb al ik weet niet hoe lang geen bezem of stofdoek meer in mijn handen gehad. Het gaat wel. Dit is niks vergeleken bij wat jullie daar doen. Ik heb het in vorige jaren zelf gedaan, dus ik weet waar ik over praat. Ik ben gewoon een veel te dikke vrouw die een kind gaat krijgen. Da's alles, maar zielig ben ik natuurlijk wel.'

Connie grijnsde haar toe. Leah sprak verder. 'Ga nou maar. Zorg dat-ie wat in zijn maag krijgt voor-ie zich lam zuipt aan die cider.'

Toen ze Connie de deur uit had gewerkt deed ze de afwas, met heet water uit de nieuwe ophangbak aan het fornuis. Daarna veegde ze de keuken aan en vulde de kachels bij, in de keuken, de kamer en ten slotte die in de hal, met de gietijzeren buizen die de warmte door het plafond naar de bovenverdieping voerden. Liep weer terug de keuken in, naar de luxe van het warme water waarmee ze zich kon wassen en daarna in het donker de trap op, kleedde zich uit, trok het zachte flanellen nachthemd aan en liet zich langzaam op de rand van het bed zakken, en dan op haar rug. Er stonden voor het eerst sinds maanden geen bloemen meer op de slaapkamerramen.

Ze lag wakker toen het ijs begon te dreunen. Ze wist niet of ze al wat geslapen had. Dat wist ze nooit als ze 's nachts wakker lag. Het ijs op de rivier, een mijl verderop in de vallei. Het moest enorm dik zijn geworden, deze winter, en nu begon het uit elkaar te scheuren, in brokken zo groot als treinwagons en staldeuren, van boven zacht geworden door de mildere dagen en van onderen opgejut door het aanwassende smeltwater van de beekjes. Het viel met niets te vergelijken, dat geluid. Ze stelde zich er een droomtrage treinbotsing bij voor, die urenlang doorging. Of een verwrongen herinnering die Norman zou kunnen hebben aan ver kanongebulder. Het kruien op zich had ze nog nooit gezien, maar wel de gevolgen ervan.

De reusachtige schotsen en scherven tegen de wallenkant opgestuwd, torenhoge stapels in bochten van de rivier, of op plekken waar de oever was ingestort en het ijs zich achter boomgroepjes kon ophopen. De geul met woelig, donkerbruin water in het midden, schuimkopjes door de stroming die ijshompen, afgerukte takken en ander afval meesleurde. Zo lag ze stil te luisteren naar die luchtgemoffelde vernietiging van de winter, zag de gevolgen voor zich, en ook hoe de rivier er in de zomer zou uitzien, traag en loom langs de steenrichels en rotsblokken stromend en uitvloeiend in plassen en ondiepten, en dan opeens zonder kramp of wat voor waarschuwing ook de zachte warme vloed tussen haar benen en ze voelde eraan en nog voor ze eraan likte wist ze wat het was.

Ze stond op in het donker en ging de trap af naar de keuken waar nog een lamp brandde, hees haar nachthemd omhoog en voelde nog een keer en bekeek haar vingers. Haar wijs en middelvinger glommen, verwijtend, van het bloed. Ze stond er een tijdlang naar te kijken, en zei het hardop: 'O, godverdomme.' Liep door de houtschuur naar buiten, pakte onderweg een stuk gespleten brandhout op, blootsvoets door de ijskoude modder van het erf naar de verweerde ijzeren paal met de etensbel, die ze in al die jaren hier nog nooit gebruikt had, een overblijfsel uit vroeger tijden, en begon er met het stuk hout tegenaan te meppen. Eerst kwamen er alleen maar wat lage doffe klanken, tot de klepel uit het roest brak en in contrapunt met het hout tegen de binnenkant van de bel begon te slaan. Bij elke mep een lage klank gevolgd door de helderder toon van ijzer op ijzer. Elke mep alsof ze zichzelf afranselde.

Op de helling hadden ze net de suikermallen volgegoten en de ketel opnieuw gevuld. Wachtend tot het sap aan de kook zou raken luisterden ze naar het kruien van het ijs in de roerloze nacht. Norman stond het met ingehouden adem tot zich te nemen, tastte de lucht af naar het draaien van de wind, de voorbode van een warme stroom uit het zuiden, vond het nog niet maar wist dat het nabij was. Die warme lucht zou een eind maken aan de suikervloed. Ze lieten de scheplepel met cider heen en weer gaan. Ze hoorden het allebei tegelijk, en geen van beiden zei iets maar probeerde het duidelijker te onderscheiden van het doffe geknal op de rivier. En toen begonnen ze tegelijk te praten.

'Dat is een bel,' zei Connie.

'Zou er ergens brand zijn?' zei Norman. Hij speurde de randen van de kom af, en de vage diepte van de vallei daarachter. Zag niets behalve het zwakke licht en de stoomwolkjes van andere suikerschuren. En opnieuw tegelijk: 'Dat is onze bel!' 'Dat is onze bel!' Het kwam nu onmiskenbaar van de boerderij vandaan.

'O Jezus Christus.' Norman smeet de scheplepel weg en zette het op een lopen, zijn laarzen glibberend door de modder, sprong met wiekende armen opzij om door de sneeuw langs het pad verder te rennen. Connie stond hem even beduusd na te kijken en toen drong de betekenis van de bel ook tot haar door. Ze rende hem achterna, stopte, rende terug naar de suikerschuur, trok de klep van de stookput open, greep de oude spade en rende de schuur in en uit om scheppen vol sneeuw op het verse vuur te gooien tot ze zeker wist dat het zou uitgaan. Ze kon Norman in de verte Leah's naam horen roepen, blies de lantaarn uit en rende door het donker haar broer achterna.

Na tweemaal languit in de smeltende sneeuw te zijn gevallen bereikte ze het erf en zag dat Norman het rijtuig uit de stal had gehaald. Tommy stond ervoor met het gareel over zijn rug. Norman probeerde tegelijkertijd de buikriem vast te maken en de disselboom in het hoge rijtuig te haken. Buiten adem, hijgend, haar kleren doorweekt, pijn in haar rug en rechterarm, liep ze erheen en maakte het gareel aan het halsjuk vast, liep om haar broer heen, bukte zich en gespte Tommy's buikriem vast. Norman keek haar aan terwijl hij de strengen vastmaakte, en zei met verstikte stem: 'Ze bloedt. Ik heb haar naar bed gebracht.' Hij wikkelde de leidsels af en klom al pratend op de bok. 'Ik ga de dokter halen. Blijf bij haar zitten.' Hij trok de leidsels strak, haalde de zweep uit de houder en zei: 'Zorg dat ze zich rustig houdt. Het is maar een maand te vroeg. Ze redt het wel. Ik haal Hurdle en dan komt het wel goed. Huu, schiet op met je luie reet!' en hij legde de zweep over Tommy's rug en ze reden het erf af, het donkere pad op, de wielen zuigend aan de sneeuwdrek, de hoeven ploeterend, het rijtuig hotsend en botsend door de zompige kuilen.

Met die modder is het een uur naar het dorp, dacht Connie terwijl ze het huis binnenging, en dan moet-ie de dokter wakker zien te krijgen, als die al thuis is, en dan weer een uur terug als-ie het paard niet de dood injaagt. In de keuken bleef ze staan. Bang. Haar adem schuurde nog van het rennen. Het was doodstil in huis. Ze liep naar het aanrecht, waste haar handen onder de bronwaterleiding en kreeg langzaam weer vat op haar ademhaling. Schoof het trekgat van het fornuis open en vulde de koperen wasketel met water. Vulde de aanhangbak ook. Trok een kookplaat van het fornuis en zette een volle theeketel op het open vuur. Zette kopjes en schoteltjes en de theepot op een dienblad, propte kruizemunt in de theebal en hing die in de pot. Lepelde er pasgemaakte suiker bij. Keek of het water al kookte en zag dat er nog tijd was en rende naar de kelder, trok de stop van een kruik appelbrandewijn en vulde daar een half kopje mee. Die brandewijn hadden ze kort daarvoor gemaakt door een vat cider buiten te zetten en een paar nachten later de onbevroren alcohol af te schenken. Rende de trap weer op en goot de brandewijn in de theepot en vulde die voor de rest met water uit de zingende ketel. Schoof het trekgat weer dicht en liep met het blad de hal door, de trap op, met de prikkelende geur van munt, esdoorn en appel in haar neus en haar doorweekte, modderige kleren aan haar lichaam gekleefd.

De slaapkamerdeur aan het eind van de gang stond op een kier. Een oranje lichtkegel op de loper. Ze was doodsbang. Als laatstgeborene had ze zelf nog nooit een geboorte meegemaakt. En het zou ongetwijfeld gebeuren voor Norman terug was met de dokter. Zo'n klein kindje nog maar, zo vroeg. Ze wist maar vagelijk wat haar te doen stond. Ze rilde in haar natte kleren, alsof de dood haar omhelsde. Voor de deur bleef ze stilstaan en gluurde stiekem naar binnen. Ze kon alleen het voeteind van het bed zien, met de kleine tent van Leah's voeten. Ze huiverde bij de gedachte aan wat daar boven lag. De voeten lagen wijd uit elkaar. Het was volkomen stil in de slaapkamer, niets van het gekreun of gehuil dat ze verwacht had. Het dienblad woog als lood in haar handen, de spieren van haar onderarmen trilden ervan.

Vanuit de kamer Leah's stem. 'Ben jij dat, Connie?'

'Ik kom eraan,' riep ze met overslaande vrolijkheid.

'Kom snel, meid, ik heb je nodig.'

Connie liep naar binnen met het dienblad. Leah zat rechtop in de kussens, haar gezicht kalm, beheerst, vastberaden. Connie zette het blad neer en schonk al babbelend de kopjes vol. 'Ik heb dit maar even gemaakt, die muntthee waar je zo van houdt. Met wat pittigs erin. Norman is al op weg naar de dokter, dus blijf maar rustig liggen. Ze zijn er zo, echt, en dan komt alles voor elkaar. Hier, neem dit, je ziet er goed uit zeg, maak je maar geen zorgen. Gaat het een beetje?'

Leah nam het schoteltje in haar handen, bracht het naar haar gezicht om de thee op te snuiven en zette het vervolgens op het nachtkastje. Ze glimlachte naar Connie. 'Niks aan de hand. Volgens mij gaat het gebeuren, ik weet niet. Ik bloed een beetje, maar het is al bijna gestopt. Voor de rest is er nog niks gebeurd. Wat zie jij eruit!'

'We zijn komen rennen.'

'Ja, ik schrok nogal.' Ze nam haar kopje, blies, en nipte van de thee. Vouwde haar handen om het kopje en liet het op de dekens om haar buik rusten. 'Ben nog steeds wel een beetje bang, maar niet zo erg meer. Luister, ik wil je wat vragen dat je niet zal willen doen maar het moet toch. Je móet het voor me doen.'

Connie dronk van haar thee, en had onmiddellijk spijt van de brandewijn boven op de cider in haar maag. Had geen idee wat er komen ging. Nam nog een slokje en zette het kopje neer. Leah zette het hare aan haar lippen en nipte ervan en keek afwachtend naar Connie.

'Wat is dat voor iets wat ik niet wil doen?' vroeg Connie.

Leah grijnsde en zei: 'Je lijkt af en toe net een stierkalf, jij. Dan druk je je kin tegen je borst en zet je je helemaal schrap.'

'Wat wil je me vragen?'
'Ik wil dat je Marthe Ballou voor me gaat halen.'
'O nee, dat doe ik niet.'
'Nou en of je het doet.'
'Nee, vergeet het maar. Ik heb Norman beloofd dat ik bij je bleef. Hij is de dokter halen en het komt allemaal in orde.'

Leah zat haar zwijgend aan te kijken. Achterovergeleund in de kussens. Alsof ze nadacht hoe ze een ingewikkeld vraagstuk in simpele termen kon uitleggen. Connie keek terug en bespeurde een weifeling in zichzelf, een zwakte die ze nooit eerder had gevoeld, of altijd had kunnen wegwuiven. En verzette zich ertegen, beschouwde het als iets onechts, iets wat niet bij haar paste, en wist evengoed dat ze Leah uiteindelijk haar zin zou geven, al was het haar plicht om dat niet te doen en tot het einde toe te blijven redetwisten. En ze voelde een steek van jaloezie jegens de mannen en hun vermogen tot bestendigheid, hun grote zegen en hun vloek. Om een simpele, onbuigzame kijk op dingen te hebben terwijl het leven één groot probeersel was, een aaneenschakeling van toevalligheden, als het meezat.

Leah begon te praten. Langzaam, als tegen een kind, maar met een beslistheid die zich niet liet miskennen. 'Ik bloed een beetje en ik heb geen idee wat dat te betekenen heeft. Ik ben pas over een maand uitgerekend, het water is nog niet gebroken en ik heb geen krampen. Nog niet tenminste. Maar dat zou allemaal zo kunnen komen. Of over een week. Of pas over drie weken, zoals de bedoeling is. En het kan ook zijn dat ik dat kind ga verliezen. Dat is allemaal mogelijk en ik weet pas wat het wordt als het zover is. Het enige wat ik weet is dit: Norman doet nu wat volgens hem het beste is. Hij heeft me niks gevraagd, gewoon gezegd wat hij ging doen. Maar die beverige ouwe kerel, die zogenaamde dokter, blijft mooi van me af. Hij mag de dekens niet eens weghalen, laat staan dat-ie aan me mag zitten. Niks daarvan. Het zou best kunnen dat hij weet wat hij doet, maar ik heb geen vertrouwen in hem. Geen spat. En Marthe vertrouw ik wel. Dus ik wil dat je haar gaat halen. Klaar uit.'

Connie voelde haar adem in haar keel vastzitten, ergens achter haar tong. Ze zei: 'Dat kan ik niet, Leah. Ik heb het Norman beloofd. Ik ga hier niet weg.'

'Waarom niet?'
'Dat zeg ik toch. Omdat ik het Norman beloofd heb.'
Leah slaakte een sissende zucht.
'En al deed ik het, tegen de tijd dat ik haar hierheen heb gehaald zijn Norman en de dokter er al lang. Het heeft totaal geen zin.'
'Dat weet ik zo net nog niet. Welk paard heeft Norman genomen?'
'Tommy. Met het rijtuig. Met de wagen komt-ie niet door die blubber.'
'O, maar dan is het heel eenvoudig. Je doet Pete een hoofdstel om en je

neemt een paar touwen als teugels. Dan rijd je als de weerlicht naar Ballou en je neemt Marthe achterop mee terug.'

'Pete? Pete laat zich niet berijden.'

'Meissie, Pete rijdt alsof-ie ervoor geboren is. Trek die natte spullen uit en kleed je warm aan. Pak maar een broek van Norman, sla de pijpen om en trek de riem strak aan. Heb je een ideaal rijkostuum.'

'Heb jij dan weleens op Pete gereden?'

'O, zo vaak! In de zomer, met niks dan een touw om zijn onderkaak.'

'Ik verdom het, Leah. Ik begin er niet aan.'

'Natuurlijk wel. Ik lig hier half te bevallen. Natuurlijk doe je dat voor me.'

'Nee.'

'Ja hoor, ik weet zeker van wel.'

En net als het ijs op de rivier scheurde het opeens uit Connie los, ze proefde het op haar tong terwijl het eruit stroomde, schaamde zich ervoor en genoot ervan. 'Wat moet je toch met dat vieze ouwe wijf? Die verlopen hoer. Onder het vuil en de smerigheid zit ze, het lijkt wel een dooie bunzing zoals ze stinkt. Dat ouwe sekreet leeft daar als een beest. Je moest eens weten wat ik allemaal over haar gehoord heb. Ze was nog geen dertien jaar oud toen ze hiernaar toe kwam, helemaal in haar eentje, uit Quebec. Amper dertien, maar hitsiger dan de kerels door wie ze zich liet pakken. Voor geld, die vieze hoer. Waarom denk je dat ze alles weet van kinderen krijgen? Hoeveel kinderen denk je dat ze zelf op de wereld heeft gezet? Alleen dat handjevol jongens dat daar door het bos loopt te struinen? Kom nou! En dan zwijg ik nog van alle keren dat ze er wat aan gedaan heeft. En wat dacht je van al die andere zwangere meisjes, Franse snollen meestal, die haar van heinde en verre kwamen opzoeken? De berg op met een dikke buik, en er weer af met een slecht geweten. Wist je dat eigenlijk wel? Heeft iemand je dat ooit verteld over die lieve vriendin van je? Dat zal wel niet. Norman zal het je zeker niet verteld hebben, en zelf zal ze ook wel haar bek hebben gehouden. Ik zal de eerste wel zijn die je de waarheid over dat wijf zegt.'

'Je hebt echt de pest aan die Canadezen, hè?'

'Ik heb aan niemand in de wereld een hekel. Maar die mensen kiezen er zelf voor om het laagste van het laagste te zijn. Ze willen zelf als beesten leven. Daar kan ik ook niks aan doen. Daar kan ik nou echt niks aan doen.'

'Jij denkt dat je alles weet.'

'Ik weet wat ik weten moet!'

'Jij weet geen ene moer. Weet je waar je het over hebt? Nikkers. Daar sta je over te schreeuwen. Over mensen van wie je niks af weet terwijl je denkt dat je de wijsheid in pacht hebt. Dat het nikkers zijn. Maar kom bij mij niet aan met die wijsheid van je, want het zal je verbazen maar ik ben ook een nikker. Gewoon een dik nikkerwijf dat bevallen moet en daar het beste van wil maken. En niemand, echt niemand, jij niet en Norman niet, zal mij vertellen hoe ik bevallen moet. Dit is mijn lichaam met mijn kind erin. Niet dat van hem, niet dat van jou. Het lichaam van deze nikker hier.'

'Jezus, Leah, hou op.' De vlammen sloegen Connie uit. Haar gezicht gloeide als zonnebrand. Schaamte, trots, woede, angst ook, weerzin. Schaamte.

'Nee, ik hou niet op. Het is heel simpel. Ik ben niet van plan om van gedachten te veranderen. Iemand gaat te paard naar de andere kant om Marthe te halen. De vraag is alleen: ga jij of ga ikzelf?'

Op een paar keer als klein meisje na, toen Vader haar rondjes had laten rijden, had ze nog nooit op de rug van een paard gezeten. Dus voelde ze zich nogal hulpeloos toen ze de reus een hoofdstel met oogkleppen omdeed en daar twee einden touw aan vastknoopte en hem de stal uit leidde, een gevoel dat nog versterkt werd door de strakke riem om de zware kamgaren broek. Ze voerde hem het erf over naar het granieten blok met de ijzeren bindring, manoeuvreerde hem daar met zijn flank tegenaan. Liep om hem heen, klom op het blok, greep de touwen en een handvol manen, zwaaide haar rechterbeen omhoog en gleed sneller dan ze wilde op zijn rug. Hij verroerde zich niet. Ze trok aan de touwteugels en bonkte haar hakken in zijn flanken. En hij verroerde zich nog steeds niet. 'Pokkenbeest.' Ze gleed behoedzaam met haar rechterhand langs de teugel naar zijn bit, trok daaraan tot hij zijn hoofd draaide en met die draai meestapte. Een enkele stap. Ze bonkte nogmaals met haar hakken en hij kwam heel schroomvallig, alsof hij bang was voor vuile hoeven, in beweging. Sjokte over het erf naar het pad de helling op, haar hakken negerend, zijn rug gespannen alsof hij er elk moment de brui aan kon geven. Na een nieuwe ruk aan de teugels bleef hij stilstaan. Ze dacht aan opgeven, zette die gedachte van zich af en zei: 'Verdomme Pete, ze rekent op ons. Schiet nou eindelijk eens op.' En ze nam de teugels in een hand en sloeg hem er links en rechts mee op zijn schoften en trapte nog een keer uit alle macht en hij schoot in een vliegende galop vooruit, rolde heel zijn kolossale lichaam in de beweging alsof hij eindelijk snapte wat er van hem verlangd werd en ze kon maar net de teugels vasthouden en zakte voorover tegen de hoge kromming van zijn hals en greep de manen die haar gezicht geselden en klemde haar benen tegen flanken die ze nog niet voor de helft omspannen kon. Bij de suikerschuur werd het pad wat vlakker en daalde zijn tempo tot een pittige draf en zag ze dat haar mond zich vlak bij zijn naar achter gedraaide oren bevond. En toen pas merkte ze dat ze hem nog steeds toegilde dat hij vort, vort, vort moest gaan.

Pete werkte zich door het nachtelijke bos boven de suikeresdoorns, soms dravend, dan weer lopend, dan weer in een gebroken galop, steil omhoog over het pad dat grotendeels uit ijsmodder bestond, al was de sneeuw nog ongerept op stukken waar de sparren dicht opeen stonden, stukken waar hij moest worstelen om vooruit te komen, soms tot aan zijn buik in de sneeuw. Connie hoefde nu alleen nog maar de teugels vast te houden. Losjes. Niet omdat hij de weg kende maar omdat hij niet anders kon dan voortgaan over het smalle pad. De nacht was aardedonker, hierboven, zelfs de sneeuw was niet meer dan een grijstint in de duisternis. Het gebulder van de rivier was nog maar nauwelijks hoorbaar, eerder een verstoring van de lucht dan een geluid. En toen trokken ze om de flank van de berg naar de andere kant en was er alleen nog het zuigen en schrapen van zijn hoeven op een bodem die van stap tot stap een andere vorm van vorst of dooi bood. Maar ook hier draafde hij meer dan dat hij liep, zelfs toen hij met een voorvoet van een rots schampte en bijna onderuitging, woest briesend, en Connie nog net niet van zijn rug gleed.

Ze had de geur van het houtvuur al minutenlang in haar neus toen ze eindelijk de lichtjes van het huis zag opdoemen. Ballous honden sloegen aan. Connie riep Marthes naam en toen ze het erf opreed ging de deur open. Ballou verscheen in de deuropening, in zijn lange ondergoed, een geweer voor zijn borst en ongestrikte laarzen aan zijn voeten. Ze trok de teugels strak en Pete bleef direct staan, aan de rand van het licht dat uit de deuropening viel. De enorme honden, die beren en poema's op afstand moesten houden, hingen grommend aan hun strakgespannen kettingen. Pete stapte ongedurig heen en weer, nerveuze stoom uit zijn neusgaten.

'Kijk me daar es,' zei Ballou. 'Die meid van Pelham in een lange broek, met haar benen wijd op een ploegpaard. Op een paard zijn vrouwen op hun mooist, vind ik. Nou ja, op hun één na mooist.'

'Ik heb je vrouw nodig, ouwe.'

'Elke meid die hier 's nachts aan de deur komt heeft mijn vrouw nodig. Tegenwoordig wel, tenminste. Vroeger, nog niet eens zo gek lang geleden, moesten ze mij ook nog weleens hebben. Nou nooit meer. Maar weet je het wel zeker? Misschien denk je alleen maar dat je Marthe moet hebben, misschien heb je veel meer aan die ouwe Henri om voor je te krabben waar het jeukt. Nou?'

Connie riep luidkeels de naam van zijn vrouw.

'Hou je gemak maar. Ze hoort je wel. We hoorden je al voor die verdomde honden aansloegen. Ze staat zich aan te kleden, da's alles. Hoe zijn die kippen van jullie de winter doorgekomen?'

Pete stond te dansen op het rumoer van de honden. Ze trok de teugels aan en draaide hem tot hij recht tegenover Ballou stond, die nu ook minder van haar kon zien. 'Met de kippen gaat het best,' zei ze.

Ballou liet het geweer in één hand slap neerhangen, met de loop naar de grond. Zijn vrije hand gleed tussen de knopen door onder zijn ondergoed en hij wreef over zijn buik. Hij zei: 'Ze wil tegenwoordig geen geld meer voor wat ze doet. Maar jullie, geven jullie haar straks maar een paar haantjes mee. Ik heb al godslang geen ree of patrijs meer kunnen schieten met die kou. Dus geef maar een paar lekkere malse kippetjes mee, ja?'

Marthe verscheen, liep om haar man heen en dwong hem achteruit door pal voor hem te gaan staan. In haar ene hand hield ze een mand vol flesjes en pakjes, in doeken gewikkeld. In de andere hield ze een paar ronde Canadese sneeuwschoenen, berenklauwen, de kleinste die Connie ooit had gezien. Dikke wollen rokken onder haar indianenjas. Ze liep op Connie af en vroeg: 'Komt de baby?'

'Ik weet niet. Het lijkt er wel op. Ze is gaan bloeden.'

Marthe knikte. 'Bloed. En wat nog meer?'

'Verder niks, denk ik. Ze zei tenminste van niet.'

'Veel bloed?'

'O Jezus, weet ik veel. Weinig, zei ze. Maar dat was alweer een tijdje terug. God zal weten hoe het nu is. Norman haalt dokter Hurdle en Leah heeft mij gevraagd of ik jou wilde halen.'

Marthe zei niets. Knikte nog eens en reikte Connie de mand aan. Hurkte neer om de berenklauwen onder haar laarzen te binden. 'Neem die spullen maar vast mee. Ik kom zo.'

'Kom maar achter me zitten, dan zijn we er zo. Pete redt zich goed in het donker en hij is groot genoeg voor twee.'

Marthe stond op, schuifelde wat met de berenklauwen en knoopte haar jas dicht. Keek grijnzend op. 'Voor geen goud. Ga jij maar lekker alleen. Op deze dingen ben ik vliegensvlug, en ik ga recht over de bergrug terwijl jij er helemaal omheen moet. Het zit er dik in dat ik nog voor jou aankom.'

'Ze wilde jou er eerder bij hebben dan de dokter.'

'Als ze alleen maar een beetje bloedt kan hij weinig aanrichten. En ik zeg je, ik ben er eerder dan jij.' Ze draaide zich om en stapte het donker in, haar jas bijna lichtgevend tegen de vergrijsde sneeuw, bleef nog even staan, wiegde wat om de ondergrond te testen, deed weer een paar passen en ging met een sprongetje over op een soepele voorovergebogen gang, haar voeten gespreid. Connie hoorde de sneeuwschoenen op de smurrie neerkletsen. Toen ze tussen de bomen verdween, omhoog naar de top, leek ze niets aan snelheid in te boeten, het geluid bleef gelijkmatig, tot het niet meer te horen viel. Waarom heb ik daar niet aan gedacht, mopperde Connie inwendig. En toen hardop: 'Kom op, Pete, we gaan op huis aan!' Liet hem omdraaien en trapte venijnig met haar hakken en liet de teugels vieren. Hij schoot vooruit alsof hij zich uit een val had bevrijd. De honden begonnen weer te blaffen, en achter zich hoorde ze Ballou nog iets over kippen schreeuwen.

Met suizende oren van de dolle, struikelende en glijdende rit omlaag kwam ze de keuken binnen en zag Marthe aan het aanrecht haar handen staan wassen. De berenklauwen lagen in een plas smeltwater op de vloer en haar indianenjas was over de tafel geslingerd. Ze zette er de mand met mengseltjes en kruiden naast. Marthe pakte een handdoek en droogde met geconcentreerde aandacht haar handen af, alsof ze een appel schilde. Ze begon te praten voor Connie iets kon zeggen.

'Tot nu toe gaat het goed. Ze bloedt een beetje. Meer niet. Nog niet.' Goot heet water uit de koperen ketel in een wasbak. Liep door de keuken alsof het de hare was en pakte een stapel linnen handdoeken uit een kastje, legde ze over een arm en pakte de wasbak op. 'Goed dat je dat water klaar had. Zal wel niet nodig zijn, maar toch. Ik ga haar een beetje redderen en bij haar zitten. Maak jij maar vast wat koffie voor als die kerels straks komen. Ze nemen nogal de tijd, hè?' Ze grijnsde de gele scherven van haar gebit bloot. 'Als je klaar bent, kom je ook maar. Kan je over je ritje vertellen.'

En zo stond Connie alleen in de keuken, in die veel te wijde kamgaren broek, nog nagloeiend en beverig van haar dodemansrit, over het fornuis gebogen met wat fijngewreven eierschaal in haar hand, om in de koffie te gooien als die ging koken, toen haar broer via de houtschuur binnenkwam met de korte, gezette dokter in zijn kielzog. Het ijzerbeslag op de hakken van Hurdles laarzen bonkte in contrapunt met zijn raspende en piepende ademhaling. Connie gooide het eierschaalmaalsel in de kokende koffie en verschoof de pot naar de koude kant van het fornuis en draaide zich om terwijl Norman tegen haar begon te praten.

'Wat doet Pete daarbuiten met die touwen om zijn nek?' Zijn gezicht was vlekkerig rood van de kou en de wind en de opkomende woede omdat hij door begon te krijgen dat er iets buiten zijn medeweten en instemming gebeurd was, achter zijn rug om. Zo zou hij het ten minste zien, wist ze. En voor ze kon antwoorden sprak hij verder, terwijl de woede zich steeds duidelijker aftekende en door angst gevoed werd en ze vroeg zich af of hij het al wist toen hij vroeg: 'Waarom ben je niet bij haar? Gaat het goed boven?' Zijn ogen speurden het fornuis af. Het hete water. De spullen van Marthe.

De dokter maakte zich uit zijn overjas los als uit een benauwende omhelzing. Zijn pince-nez was beslagen en zijn vest spande over een massieve buik, zijn horlogeketting een iel draadje van gouden schakeltjes. 'Het meisje is boven.' Het was geen vraag. 'Ik zal heet water nodig hebben, sterke zeep en oude lappen of dekens voor het vruchtwater. Of wat we nog meer aan nattigheid kunnen krijgen. Ze is al ver genoeg heen om er een levend kind uit te halen, maar dat weten we pas als het ligt te krijgen. En wat van die koffie ook, en brandewijn als je hebt, maar cider is ook goed.' Hij diepte een zakdoek op, veegde zijn brilletje schoon en bette de zweetparels die op zijn gezicht waren verschenen. Hij trok zijn vlinderdas los, en zijn hemdsboord, en reikte naar zijn beugeltas van gerimpeld leer. Hij zag de mand op de tafel en prikte er zijn vlezige wijsvinger in. 'Wat moet dit voorstellen?'

'Marthe Ballou. Die zit boven bij haar.' Connie keek naar haar broer. 'Ik moest haar halen van Leah. Die is rustig nu. Ze dreigde dat ze zelf zou gaan als ik het niet deed. Ik had geen keus.' Haar ogen flitsten naar de dokter en weer terug naar Norman. 'Ze heeft een sterke wil, dat weet je.'

'Je hebt haar alleen gelaten.' Er was geen haat in zijn ogen, maar ze schitterden als van een wild dier. Ze maakten haar bang.

'Dat was een ernstige fout,' zei de dokter. Hij pakte zijn tas van de vloer en keek Connie strak aan. Zijn gezicht pafferig, aapachtig, ongezond. Rode adertjes in zijn ogen. Hij zei: 'Zo heb je een moeilijk karwei alleen nog maar moeilijker gemaakt. Ik wil die brandewijn niet in mijn koffie, maar los erbij. Een zwangere vrouw is niet voor rede vatbaar, zeker niet als ze bevallen moet. Daar zul je zelf nog weleens achter komen.' En hij schreed de keuken uit, het bonken van zijn hakken gedempt door de loper in de hal, en weer hard op de traptreden, en weer wegvallend op de loper boven.

Connie schonk twee koppen koffie in en gaf haar broer er een aan. Ze was zijn ontzetting blijven voelen terwijl de dokter tegen haar sprak. Ze zei: 'Marthe zegt dat alles goed is met haar. Niks aan de hand. Ik wist niet wat ik doen moest. Ze was zwaar over haar toeren maar het bloeden was gestopt. Dus ik dacht dat ik haar maar beter haar zin kon geven, zodat ze weer wat kalmer werd. Het was een risico, dat weet ik, maar er was verder niemand en ze ging vreselijk tekeer. Dus heb ik het maar gedaan. Ik had jou weleens willen zien onder zulke omstandigheden. En je weet dat ze die vent niet kan uitstaan.' Ze keek star terug in zijn ogen, beefde over heel haar lichaam.

Norman zette zijn kop-en-schotel op de gladde rand van het spekstenen aanrecht, met zorgvuldige vingers die zich trillend terugtrokken, zonder zijn smeulende blik van haar af te nemen. 'Ik vertrouwde je. Ik rekende erop dat je zou doen wat ik vroeg.' De woorden leken door zijn opeengeklemde tanden te worden geperst.

'Doen wat ik vroeg,' bauwde ze hem na. 'Want het enige wat telt is wat jij vraagt? Wat een ander wil doet er niet toe? Wat zij wil?'

'Godverdomme!' Hij veegde de koffie met een wilde armzwaai in de gootsteen. Het geraas trof Connie als een klap in haar gezicht, schoot door haar heen. Norman zei: 'Ik deed wat volgens mij het beste was.'

'Jij ja! Altijd jij! Ik weet precies hoe het gegaan is. Jij komt de helling afgerend en je grijpt haar beet en je gooit haar in bed en je rent weer weg om de dokter te halen. Nergens bij stilstaan, niks vragen, want jij weet hoe het moet. Het eerste wat bij je opkomt, zo moet het! En iedereen moet buigen en verder zijn kop houden. Want jij bent Onze Lieve Heer. Maar luister,

Norman, als jij God was had je die dokter niet hoeven halen. Dan had je het zelf wel geklaard. En trouwens, dan was het al die vorige keren wél goed gegaan. Dan zou alles altijd gaan zoals jij wilde, heel gladjes en niet met vallen en opstaan zoals bij ons gewone mensen. Denk daar maar eens goed over na.' Ze schokte, haar mond verwrongen, elk woord door verontwaardiging omstrengeld. Haar lippen nat alsof de woordenstroom een daadwerkelijke vloed was geweest.

Hij stond haar aan te staren, zijn wangen trillend van woede, zijn gezicht de kleur van verse baksteen. Hij opende zijn mond om iets te zeggen en perste hem weer dicht. Ze keek hem in de ogen. De keuken rook naar natte wol, zweet, angst en koffie. Hij draaide zich om en pakte de scherven uit de gootsteen, legde ze op zijn hand, keek er even naar en legde ze een voor een op het afdruiprek. Met zijn rug naar haar toe vroeg hij: 'Dus het gaat goed met haar?'

'Ga zelf maar kijken. Pak alles wat die vetzak wilde hebben en ga naar boven, naar je vrouw.'

Hij draaide zich weer om en zijn ogen waren gekalmeerd, aandachtig nu. Hij knikte. 'Ze wist precies hoe ze het aan moest pakken. Ik had veel langer tegengestribbeld.' Hij zweeg even, wierp een blik in de hal en vervolgde: 'Niet voor rede vatbaar... Maar gehaaid genoeg.'

Connie glimlachte. 'En niet op haar mondje gevallen.'

Hij wilde niet terugglimlachen. 'Vertel eens, hoe is Pete als rijpaard?'

'Breed! Maar hij reed als een tierelier. Moet je niet eens naar boven? Ik dacht dat je zo over haar inzat.'

'Ik wilde het eerst even laten betijen tussen die drie.' Hij schudde zijn hoofd. 'Hij heeft wel kak, hè, die Hurdle.'

'In zijn kop, ja.'

'Nou,' zei Norman, 'laten we maar eens gaan kijken dan.'

In de gang op de bovenverdieping was een lamp aangestoken. De dokter zat op een stoel naast de slaapkamerdeur, achterovergewipt, met zijn hakken op het dwarshout. Hij keek Norman en Connie verongelijkt aan. 'Ik ben hier voor niks naar toe gekomen. Die zwarte meid wil zich niet laten onderzoeken, werkt totaal niet mee. En die ouwe tang zit stompzinnig te grinniken in de schommelstoel. Het lijkt wel een stel apen.'

'Let op je woorden!'

'Breng me maar weer terug.'

'Ik heb voorlopig wel wat beters te doen.' Norman deed de deur open en ging naar binnen. De dokter zei: 'Mijn honorarium blijft hetzelfde, hoor. Ik vind het best om hier te zitten niksen.'

'Blij toe,' zei Connie terwijl ze langs hem heen naar binnen liep. 'Da's een hele zorg minder.'

Marthe had de lampen lager gedraaid en de kamer baadde in een goudgeel licht. Ze zat in de hoek en speelde kop-en-schotel, haar handen met gespreide vingers voor zich opgeheven, haar vette piekhaar als een sluier over haar schouders. De strakke draadjes vormden bij elke vingerbeweging een nieuwe figuur. De kamer was doortrokken van haar ouwewijvengeur, de houtrook in haar kleren, de verschaalde muntthee en onder dat alles het weeïge zweem van bloed. Leah zat nog steeds rechtop in de kussens, haar hoofd diep weggezakt en haar handen kalm op de dekens. In de wasbak op het nachttafeltje wentelde een trage bloedspiraal, naast de deur lag een besmeurde lap.

Norman ging naast haar staan en keek omlaag. Ze keek uitdrukkingsloos naar hem op, als in kalme afwachting. 'Dag Norman.'

'Ik heb me kapotgehaast.'

'Wat naar nou voor je.'

'Je had wel even kunnen zeggen wat je wilde.'

'Dat had weinig uitgemaakt, denk ik.'

Hij knikte. 'Toch zonde van alle moeite.'

'Daar kan ik niks aan doen. Ik was niet degene die in paniek was.'

Zijn blik dwaalde af naar de verre muur. Verschoten koolrozen op het oude behang. Elke roos leek een schaduw te werpen in het lamplicht. Hij keek weer naar Leah: 'Ik was bang dat ik je kwijt zou raken.'

Haar mond bleef neutraal maar haar ogen lachten. 'Daar is meer voor nodig.'

Hij schudde zijn hoofd. 'Toch had je niet alleen mogen blijven.'

Ze nam hem even peinzend op, en dan, haar stem zo zacht dat alleen hij het hoorde: 'Dat was ik niet.'

Hij haalde zijn handen uit zijn zakken en wreef ze over elkaar, zijn vingers eeltig en sterk. Alsof hij haar wilde aanraken. Alsof hij iets wilde pakken en vasthouden. Alsof hij ze aanbood, bereidwillig en vaardig, aan het onbekende voor hem in de kamer. De koolrozen leken een publiek van versleten oude gezichten. Hij nam aan dat ze op het kind in haar buik had gezinspeeld, en wilde vooral niet weten wie het anders kon zijn geweest. Ze keek naar zijn handen en hij keek naar de gloed in haar ogen. Dacht dat ze precies begreep waar die grove, aarzelende handen zich naar uitstrekten. Ze hief een hand op en legde die over zijn samengevouwen vingers, haar lange slanke hand die even hard in de zijne kneep en weer terugzakte naar zijn metgezel op de deken, in volmaakte rust op de bolling van haar buik. Norman draaide zich om naar Marthe.

'In het bos zal die sneeuwdrek wel weer pittig opgevroren zijn geweest, daarstraks.'

Ze schokschouderde. 'Geen probleem met die berenklauwen van mij. En een beetje beweging is goed voor me.'

'En wat vind je van deze vrouw hier in bed?'

Ze bleef doorgaan met haar afneemspelletje, maar haar blik was op Norman gericht.

'Beetje moeilijk te zeggen. Dat bloed was niks, denk ik. Gewoon om jou te pesten. Als ze deze nacht doorkomt, zal het voor de rest ook wel gaan. Ze zal zich te veel ingespannen hebben. Volgens mij redt ze het verder wel, maar we moeten eerst vannacht afwachten. Haalt ze de ochtend zonder gelazer, dan denk ik dat ze de laatste twee, drie weken gewoon afmaakt. Maar ze moet wel in bed blijven. Geen gebuffel meer, jullie niet langer in de watten leggen. Denk erom.'

Norman knikte en deed een stap in haar richting. 'Kan ik iets voor je halen, Marthe? Wil je wat?'

'Ik? Ik zit hier goed. Maar weet je wat je doen moet? Die kerel daar op de gang wat te zuipen geven. Hij zit te snakken naar een keil. Ik kan gewoon ruiken hoe zwaar-ie 't heeft. Hij is nog dorstiger dan-ie bang is. Als je hem wat geeft, wordt het een stuk vrediger hier in huis.'

'Ik was van plan hem te laten barsten.'

Ze schudde driftig haar hoofd. 'Niet doen. Als hij 't te kwaad heeft, slaat dat op ons allemaal over.'

'Vooruit dan maar,' zei Norman. 'Ik zal die paarden toch ook moeten verzorgen.'

'Heb je het ijs nog stuk zien gaan?'

'Nou en of. Godsvreselijk grote stukken. Hele stapels. Het water in het midden kon soms geen kant meer op.'

Ze knikte. 'Heb ik al in geen jaren meer gezien. Ik vond het altijd heerlijk om te gaan kijken, maar ik ben niet meer zo vlot als vroeger.'

'Ik waardeer het enorm dat je gekomen bent. Maar er was toch plaats genoeg voor twee op dat paard?'

'Als daarvanaf valt, val je meteen een heel eind. Kan je beter een schuiver maken op je sneeuwschoenen.' Ze grinnikte. 'Nou, schiet op. Ga je paarden doen en geef die dokter een keil. Die zit zo langzamerhand af te peigeren.'

'Doe ik.' Hij draaide zich weer om naar het bed. Leah keek hem aan. Hij voelde zich verlegen worden, niet op zijn plaats tussen die drie vrouwen. Zijn zuster zat op de rechte stoel bij de wastafel. Ze was in de tussentijd de kamer uitgelopen om een rok aan te trekken. Hij keek Leah diep in de ogen en zei: 'Ik ben zo terug.'

'Dat weet ik,' zei ze.

Tegen Connie zei hij: 'Ik doe jouw paard ook wel even.' Toen hij de kamer uitliep hoorde hij Leah vragen hoe de rit was geweest. Hij trok de deur dicht voor het antwoord kwam. De dokter was verdwenen. Hij liep de trap af en vond hem in de keuken, bij het fornuis met een kop koffie. Norman wees naar de kelderdeur en zei: 'Daar beneden staat een kruik brandewijn.

De cider in het vat is ook niet gek. Ik moet nu eerst voor de paarden gaan zorgen, maar ik kom straks met je meedoen.' Hurdle sloeg zijn waterige ogen naar hem op en keek hem scherp aan, gevangen tussen opluchting en een betrapt gevoel. Hij zuchtte en draaide zijn kopje om op de schotel. Een beheerst, al te beheerst gebaar. Hij tuitte nadenkend zijn lippen, schraapte zijn keel. 'Je vrouw in orde?'

'Ja.'

'Ik voel me overbodig hier.'

'Als het straks toch nog misgaat, is het goed dat je er bent.'

'Natuurlijk.' Hij draaide het kopje weer terug en zette het weg. 'Hulp nodig met die paarden?'

'Nee,' zei Norman. 'Ga maar naar de kelder. We kunnen allebei wel wat gebruiken. Ik kom zo.' Laat maar even, dacht hij, dan kan hij ongezien zijn gang gaan en ik ben terug voor het uit de hand loopt. En hij vroeg zich af of er in hem niet eenzelfde demon huisde als in de dokter, of er eigenlijk wel verschil was tussen zijn weiden, het bos, de vergetelheid van zijn werk en de zoete beet van de alcohol. Hij vroeg zich af hoe de dokter zich voelde, en of zijn eigen demon ooit net zo oppermachtig zou worden. En hoopte van niet. Maar zag geen reden om daarop te vertrouwen. Dus pakte hij Marthes berenklauwen en zette ze in de houtschuur, waar het vlechtwerk koud en droog zou blijven en liep de nacht in, de dokter aan zichzelf overlatend.

Op het erf stonden Pete en Tommy met hun hoofden bij elkaar. De een nog tussen de lamoenstokken en de ander met neerhangende touwen als was hij aan de grond gebonden. De hoofden zwenkten naar Norman. Stoom uit hun neusgaten, in hun dikke vacht de schittering van vorstkristallen. De brekende rivier was nu een ver rumoer in de vriezende nachtlucht. Norman hunkerde naar de onstuitbaar diepe dooi van april, en naar alles wat april nog meer zou brengen. Hij verloste Pete van het hoofdstel en de touwteugels, legde die in het rijtuig en zag Pete tevreden naar de stal sjokken. Maakte de lamoenstokken los van Tommy's gareel en ging voor hem staan, wreef hem over zijn borstelige neus en trok de ijsdruppels uit de haren, keek ondertussen omhoog naar de sterren. Orion vlak boven hem, op weg naar het zuiden zowel als het westen. Zou daar ergens de hemel liggen? Hij betwijfelde het, al had hij geen idee waar dan wel. Hij gleed met zijn hand langs het toom, zei 'kom maar' en liet zijn hand zakken. Het paard volgde hem naar de stal.

De pit was vrijwel leeggebrand en er warrelde roetige rook door het lampenglas. Trillende schaduwen die over de muren en het plafond kropen. Ze hijgde, uit haar slaap gehaald door kramp die haar als een dolk had doorstoken, desondanks blij dat ze wakker was, verlost van een benauwde droomslaap vol insnoeringen en samentrekkingen. Ze was van de kussens op haar zij gegleden, duwde zichzelf overeind en kronkelde zich in een comfortabele houding. De kamer was leeg op Marthe na, die in de schommelstoel was ingedut. Ze hield zich stil, haalde diep en regelmatig adem om klaar te zijn voor de nieuwe pijngolf die ze voelde aankomen, wilde niemand wakker maken, nog niet, wilde zolang het kon alleen blijven, zij en die pijn en verder niemand. De krampen werden zo onstuimig dat ze er telkens minutenlang van moest bijkomen, naar adem snakkend met tranen in haar ogen, zich vermannend in afwachting van de volgende. Het lijkt de hik wel, dacht ze, maar dan eentje waar je dood aan gaat. Ze moest er bijna om giechelen.

En toen kwam de eenzaamheid. Niet de angstige eenzaamheid van een kind of het smachten naar liefde dat ze gevoeld had toen ze Norman voor het eerst zag, maar een simpel en welomlijnd verlangen naar haar moeder, ze wilde haar moeder aan haar bed, een knagende pijn, een afgrond in haar ziel – haar moeder. Een pijn die verergerd werd doordat ze niet wist waar haar moeder was, hoe het met haar ging, niet eens in staat was om zich een voorstelling van haar te maken. Ze realiseerde zich met een schok dat haar moeder nog altijd een jonge vrouw moest zijn. Ze wisten niets van elkaar en van elkaars omstandigheden. Als ze op de een of andere manier contact had kunnen leggen... Maar dat was uitgesloten geweest. Nog geen brief had ze kunnen sturen. Alsof de vlucht uit haar oude bestaan een vlucht diep naar binnen was geweest. Alleen. Verstoken van de spiegel in de ogen van een naaste verwant, de enige kans om zich een waarachtig beeld van zichzelf en haar leven te kunnen vormen. Voor altijd weg. Ze kon net zo goed een brief naar zichzelf als kind sturen. Er was niemand anders dan Norman. Hij riep een wurgende angst in haar op, die ze nooit had geuit en ook nooit zou durven uiten. Hoe viel dat uit te leggen, dat ze doodsbang was voor dat wat ze liefhad? Hij zou het proberen te begrijpen en haar op haar gemak willen stellen, en daarmee zou hij bewijzen dat hij er niets van begreep. Die vrees kon nooit worden weggenomen. Zij die je zomaar kunnen wegvagen zullen nooit beseffen dat ze die macht hebben. Als ze het hem ooit vertelde zou hij het met een lach afdoen en haar een dag of wat met verbaasde ogen volgen, alsof ze een vreemde was, om dan weer snel terug te vallen in het oude vertrouwde ritme dat hij met haar had. Ze wist dat zijn leven evenzeer door haar bepaald werd, maar het zijne was door-en-door solide, had de robuustheid van graniet, hardhout, vette zwarte aarde. Het hare was nog geen spinnenweb, hooguit de dauwdruppels daarin op een zomerse ochtend.

En haar gedachten keerden terug naar haar moeder, die op haar vijftiende of zestiende van haar bevallen was, jonger was geweest dan zijzelf op de dag van haar vlucht, van haar bevallen was in de kleine muffe slavenhut met alleen de oude vrouw Rey om haar te helpen. Maar die hulp was meer dan toereikend geweest, wist ze, terwijl ze naar Marthe keek die met opengezakte mond in de schommelstoel zat te slapen. Op de een of andere manier waren die oude vrouwen altijd in de buurt. Net heksen. Wisten meer dan je wilde dat ze wisten, tot de tijd kwam dat je hun kennis nodig had. En ze vroeg zich af hoe erg haar moeder destijds haar eigen moeder had gemist. Een kind dat ver van huis een kind kreeg. En ze voelde zich minder eenzaam worden, alsof al die gedachten aan het verleden inhoud gaven aan hoe zij nu in dit bed lag. Alsof haar moeder alsnog een beetje bij haar was, omdat ze nu zeker wist dat haar moeder dat gewild zou hebben. Leah sloeg haar handen voor haar gezicht en huilde in stilte terwijl de weeën elkaar opvolgden. O lieve god, wat miste ze haar moeder.

Toen ze haar handen liet zakken zat Marthe naar haar te kijken, had geen vin verroerd, alleen haar ogen geopend. Een vaag grijs licht streek langs de ruiten en het was ijskoud in de kamer. Leah veegde haar neus af en voelde de pijn van nog dieper weg komen aanrollen en bleef Marthe strak in de ogen kijken. Toen de wee voorbij was leunde Marthe voorover in de schommelstoel. 'Gaat het een beetje?'

'Ik weet niet. Volgens mij wil dat kind geboren worden.'

Marthe stond op. 'Dacht ik al.'

Het was een grijze dag. Het ochtendgloren gaf een lusteloze kleur aan de onderbuik van het lage wolkendek en de wind draaide en de kou verdween uit de lucht. Van tijd tot tijd viel er een spat regen of wat natte sneeuw. Norman en Connie deden samen de ochtendkarweitjes, zwijgend, allebei nog confuus van de voorbije nacht, hun oren gespitst, zich uit alle macht door het werk sleurend, luisterend alsof een onzichtbare macht hen naar het stille huis trok. Niets dan het zwakke ping van regendruppels op het zinken staldak. Kort na negenen kwam Glen Clifford in een sjees het erf opgereden, om de dokter te halen voor een man die 's nachts op de rivieroever twee verbrijzelde benen had opgelopen, toen hij was uitgegleden en bekneld raakte tussen het ijs en het bruggenhoofd dat hij moest bewaken. Een uur later was Glen weer terug. Zonder de dokter, die de man slechts had kunnen doodverklaren en naar huis was gegaan om bij te komen van de doorwaakte nacht en de appelbrandewijn. Maar, had hij Glen gezegd, ze mochten hem meteen weer komen halen als het nodig was. Glen en Connie gingen koffie zitten drinken aan de keukentafel, terwijl Norman in zijn leunstoel met zijn vingers zat te friemelen, of door de kamer ijsbeerde, en het huis een klankkast werd voor de langgerekte kreunen en afgebeten gilletjes op de bovenverdieping. Rond het middaguur maakte Connie warm eten waar niemand iets van nam, behalve Norman, die er een heel gesneden brood bij naar binnen werkte, met dik boter. De gillen werden hoger en harder en akeliger, regen zich ten slotte aaneen tot het gekrijs van een ziel die aan zichzelf trachtte te ontsnappen. Norman hield het niet meer uit en rende de trap op naar de slaapkamer en Leah schold hem meteen de deur weer uit.

'Loop naar de hel jij! Wat heb je me aangedaan vuile schoft!'

Marthe liep achter hem aan de gang op en pakte hem bij een arm, zei dat hij zich er niets van moest aantrekken, dat het alleen maar de pijn was, en dat ze die kwaadheid nu goed gebruiken kon. Het ging wel weer over. Hij liep weer naar beneden en door de keuken naar de kelder om een kruik cider te tappen, maar toen hij daarmee bovenkwam was Glen weer vertrokken en Connie druk bezig. Ze schoof de koperen wasketel en de theeketel en nog wat potten en pannen heen en weer op het fornuis, om het water erin rond het kookpunt te houden. In opperste concentratie, als moest ze een eskader schepen in formatie houden met storm op til. Dus zat hij even later alleen achter een kroes cider, maar kon het gegil niet meer aanhoren en nam de kroes mee naar de stal, waar hij in de kleine werkplaats gereedschap ging zitten slijpen en door het raam naar het aanrollende lenteweer staarde. En omdat dit een raam op het zuiden was, had hij niets in de gaten toen Glen voor de derde keer die dag het erf opreed, ditmaal met mevrouw Pelham en haar geleidegeest annex raadgeefster, de extatische weduwe Breedlove. Maar toen hij later die middag de stal uitkwam en het mooiste overdekte rijtuig van de stalhouderij zag staan, onder de modder, begreep hij onmiddellijk wie er haar opwachting was komen maken, en begreep hij bovendien dat Glen op een dag zijn zuster zou trouwen. Normaal gesproken liet je zo'n rijtuig binnen met dit weer. Hij vroeg zich af of Clifford senior zijn goedkeuring had gegeven of dat junior zijn eigen gang was gegaan. Hoe dan ook, het was veelzeggend genoeg. En hij ging het huis in en trof de vrouwen stil bijeen in de zitkamer, met kopjes thee op hun knieën, luisterend naar het aanzwellen en wegsterven van de geluiden op de bovenverdieping, en naar hun eigen herinneringen en wensdromen. Glen stond bij het raam, draaide zich om en schonk Norman een plechtige hoofdknik. Norman hield zijn begroeting kort en nam Glen mee de keuken in voor een kroes cider. De pannen en potten op het fornuis hadden gezelschap gekregen van de pruttelende vetketel. Toen ze zwijgend achter hun cider zaten kwam Connie binnen en begon donuts te bakken, die ze met een omgebogen breinaald uit het vet viste. Met een bord vol liep ze even later terug de zitkamer in. Norman en Glen gingen bij het fornuis staan wachten tot die van hen boven kwamen drijven en lieten ze uitlekken op bruin pakpapier, veel te kort zodat ze bij de eerste hap hun gehemelte brandden, met de zoete stoom van suiker en gist op hun gezicht.

Norman voelde zich alsof zijn spieren en botten tot brekens toe vermoeid waren. Het was alsof de hemel gevallen was en hij die in z'n eentje had moeten torsen. Het leek haast wel alsof hij weer door het zuiden had gemarcheerd. Zijn ogen waren pijnlijk en roodomrand. Als hij iets pakte kon hij met moeite het beven van zijn handen bedwingen. De cider hielp amper, hooguit tegen de duizeligheid. Het was een lange nacht geworden met de dokter en hij had op zeker moment zijn zorgen om de komende dag laten varen, was gaan geloven dat Leah die resterende weken wel vol zou maken. Het kwam hem nu als verraad voor. Hij werd misselijk van zichzelf, onpasselijk van de manier waarop hij haar in de steek had gelaten. Dit was iets wat hij nooit meer goed kon maken. Nooit kon overdoen. Haar gegil was inmiddels afgezwakt tot een diep grommen en kreunen. Hij wist nu wel zeker dat ze dit niet overleven zou. En wist dat hij dit niemand zou kunnen vergeven, zichzelf al helemaal niet. Hij raakte vertwijfeld. Zijn walging steeg ten top. Hij nam nog een donut.

En toen werd het stil in huis. Hij liep de keuken op en neer. Connie kwam binnen en pakte een paar lappen om de koperen ketel van het fornuis te tillen. Hij wilde hem voor haar naar boven dragen maar ze zei nee en liep de keuken uit. Hij luisterde naar haar voetstappen op de trap. En toen was het weer stil. En toen dat gehuil. Iel, maar scherp als een scheermes, nieuw. De razernij van een nieuw leven. Uit de schoot verstoten, losgerukt uit de koestering van een grotere, liefhebbender moeder. De furieuze kreet van een bedrogene. Rauwe ontzetting. Alsof ze inzag dat ze als lotgenoot verwelkomd werd door zielen die wisten welk verlies ze geleden had. Of een erger welkom nog, door zielen die vergeten waren dat ze het wisten. Zo nieuw, die kreet, en zo oeroud.

Toen zijn vrouw en dochter gewassen en verschoond waren ging Norman de trap op om hen te zien. Het kind in een lamsvacht met het vlies er nog aan, de moeder in een frisse nachtjapon, schoon beddengoed en alle besmeurde lappen weggehaald. Leah nog steeds snikkend en bevend, het kind tegen haar zware borst. En hij liep naar de smalle inbouwkast en haalde er een extra deken uit en spreidde die uit over het bed, trok hem omhoog tot onder de baby. En Leah tilde het meisje van haar borst en het werd stil in Normans armen. Hij hield haar broos en nietig tegen zich aan, keek naar het rimpelige gezichtje met de dichtgeknepen oogjes, keek, en voelde niets, behoudens een lichte angst om haar te laten vallen of verkeerd vast te houden. Hij had iets anders verwacht van dit moment, al kon hij niet zeggen wat. Dus hield hij haar zwijgend in zijn armen en keek van het gezichtje naar Leah en vroeg hoe ze haar moesten noemen. En Leah zei de naam, niet als een vraag of voorstel maar als een vaststaand feit, en hij kortte hem af en dat was dat. Hij legde haar weer in Leah's armen en ze opende alvast haar pruilende mondje. Leah bewoog haar teder langs haar borst tot ze de tepel vond en ditmaal begon ze eraan te zuigen. Leah snikte niet meer maar beefde onverminderd, sloeg haar ogen naar hem op, ogen omfloerst met een gelukzaligheid die hij niet voor het eerst zag maar die hem nu deed sidderen, alsof hij een verboden geheim aanschouwde. Leah die glimlachte, een krans van licht om de uitputting op haar gezicht, en zei dat hij nu maar moest gaan, en dat hij zijn moeder naar boven moest sturen. En hij keek haar aan, volkomen van slag, en had nog net de tegenwoordigheid van geest om te bukken en zijn koude lippen op haar hete voorhoofd te drukken en zo spontaan mogelijk te zeggen dat hij dat zou doen.

En toen de trap weer af, en daar stond zijn moeder bij de deur naar de zitkamer, haar gezicht argwanend en warm tegelijk. Een kleine doorgroefde vrouw, bang en stralend, met tranen in haar ogen. Hij legde een hand op haar schouder en zei dat het een meisje was, en dat Leah naar haar gevraagd had, en hoorde haar de trap oplopen, haar voetstappen eerst nog aarzelend maar zekerder bij elke tree. Het was niet haar eerste bezoek in de zes jaar sinds haar vertrek, maar die trap, waarmee haar voeten zo vele jaren zo innig vertrouwd waren geweest, had ze nooit meer bestegen. Hij liep hoofdschuddend de keuken in. Er ging in dit alles een pijn schuil die te groot was om begrijpelijk te kunnen zijn, te groot om op een verandering te kunnen hopen, maar die er onmogelijk niet had kunnen zijn. Marthe, Connie en Glen zaten aan de keukentafel en toonden een opgewektheid die hem verbijsterde en hij mompelde wat plichtmatige woorden en trok zijn jas aan en sloeg Glens aanbod om te helpen af en liep de jonge duisternis in om de avondkarweitjes te gaan doen.

Hij voerde de beesten, vulde de stoven in de broedschuur en het leghok en stelde het eieren rapen uit tot morgen, deed een uur over werk dat anders tweemaal zo veel tijd vergde. Werkte met de noestheid van iemand die met dat werk zijn geest wilde verstillen maar zich toch ook weer zo snel mogelijk aan zijn zielenroerselen wilde overgeven. Alsof hij zo'n uurtje van vergetelheid hard nodig had, maar ook niet méér dan een uurtje. Hij liep het erf op en ging in het donker staan, in de milde avondlucht, boven hem een woelig wolkendek rond een driekwartsmaan. De zin van zijn bestaan ontging hem. Hij had gehoopt er door dat kind achter te komen, had gehoopt dat haar aanblik een ontlading teweeg zou brengen die hem al zijn zegeningen en gebreken zou doen inzien. Maar die was uitgebleven. Geheel en al. Hij ging ervan uit dat er nog wel iets zou komen. Hij zou vast wel van haar gaan houden. Ooit kwam de tijd dat hij met liefde zijn arm zou afhakken om haar die als een knuppel te geven waarmee ze hem kon afranselen. Maar nu voelde hij nog niets van dat alles. Vaderliefde kwam hem nu alleen maar voor als een last temeer op zijn schouders, die hem stukje bij beetje in de grond zou doen wegzakken. Hij trapte met de punt van zijn laars in de weke modder en vroeg zich af waarom hij niet van het vooruitzicht van de komende jaren kon genieten als zijn uiteindelijke lot toch al vaststond.

Hij vroeg zich af of hij egoïstisch was. Of zijn melancholie misschien alleen maar eigenliefde was. Hij keek omhoog. De lucht was alleen nog maar woeliger geworden. Geen spiegel te bekennen, daarboven. De hemel was zichzelf genoeg.

Zijn moeder kwam het huis uit en vond hem daar. Ging voor hem staan, zwijgend, en keek naar zijn gezicht alsof ze hem las, alles las wat hij was. Ze raakte hem niet aan. Hij staarde naar haar terug. Het kon hem niet schelen of alles wel waar was wat ze meende te lezen. Na een poosje legde ze alsnog een hand op zijn arm. 'Je hebt een heerlijk dochtertje,' zei ze, en zweeg, en vervolgde: 'Ze zal het niet makkelijk krijgen, maar wat zul je van haar genieten!'

Abigail heette ze. Ze noemden haar Abby. Achttien maanden later kwam het tweede meisje, Prudence, en haar noemden ze Pru. Twaalf jaren gingen voorbij en geen van beiden dacht nog aan een derde kind. En toen kwam de jongen, James, naar Normans vader. Maar Leah wilde hem geen Jim of Jimmy noemen. In het begin werd hij behalve door zijn moeder ook door zijn zusters opgevoed; later alleen nog maar door hen. Zij waren het die hem Jamie gingen noemen. Hij was net zo'n mooi kind als Abby. Hij was een nachtkind en hij hield niet van werken. Opwinding, sensatie, in welke vorm ook, daar hield hij van.

3

De kermis die in 1890 de jaarmarkt van Randolph opluisterde had een opmerkelijke attractie in de Afrikaanse Goliath. Een meer dan twee meter lange, uitbundig gespierde man die ieder halfuur het lage podium van een verduisterde tent betrad, met gaslantaarns als voetlichten. Slechts gehuld in een lendendoek, zijn enorme lijf ingesmeerd met olie, begon hij met het heffen van een opklimmende reeks gewichten terwijl er in het publiek een polsdikke ijzeren staaf van hand tot hand ging. Na een minuut of tien liet hij zich de staaf aanreiken en pakte hem bij de uiteinden om hem uiterst langzaam, zodat al zijn spieren trilden en opbolden, tot een u te buigen. De toegang was vijf cent. De omgebogen staven waren voor een dollar te koop bij de klantenlokker voor de tent. Maar het belangrijkste optreden kwam 's avonds, in een schuur of op een open plek in het bos, afhankelijk van het plaatsje waar de kermis was neergestreken. Daar kon je het voor tien dollar tegen hem opnemen. Vijfhonderd dollar voor eenieder die het drie minuten volhield, een prijs die soms wel en soms niet was geafficheerd, ook dat hing van het plaatsje af. Het deelnemersgeld was op die fikse tien dollar bepaald om alleen serieuze gegadigden te krijgen. Het was een gevecht met de blote vuist. Bijten en wurgen verboden op straffe van diskwalificatie. Sommige tegenstanders bevocht hij kalm, met veel geduld en techniek, hield ze op afstand en raakte ze net hard genoeg om de vaart eruit te halen. Op anderen stapte hij toe, ontweek hun maaiende armen en sloeg ze met één ram achter hun oor tegen de vlakte. Die keuze had niets met een inschatting van hun vermogens te maken, maar was ook niet zomaar willekeurig. Het was een reactie op de man in kwestie, iets wat hij aan hem aflas als hij de ring betrad die niet door touwen maar de omstanders zelf werd gevormd. De Afrikaan zei nooit iets tijdens de gevechten, er ontsnapte hooguit een zucht of grom aan zijn lippen. Als zijn man neerging draaide hij zich om en liep naar de hoek waar zijn manager stond, die overdag de klantenlokker van de tent was. Daar ging hij op een krukje zitten, waste zijn gezicht met water uit een zinken emmer, dronk een paar slokjes uit de scheplepel en stond weer op voor de volgende. De laatste opponent van de avond was steevast de plaatselijke krachtpatser, meestal de smid. Deze mannen trad hij met opzichtig respect tegemoet, een slepende rondgang door het eindeloze vierkant van aangestampte aarde, slagen en stoten uitgedeeld en ontvangen en gepareerd tot het publiek verstilde en het luiden van de bel nabij was. Dan mikte hij een rechtse opstoot onder de dekking van zijn geblokte tegenstander, raakte hem vol op zijn kaak en zag de ogen draaien alsof de man zijn geheugen afspeurde op een lang vergeten voorval. En terwijl dat gaande was een zakelijke linkse hoek en een stap naar achteren om hem op zijn knieën te zien zakken, waar ze zich soms nog even aan hun bewustzijn vastklampten alvorens ze voorover tegen de grond sloegen. Bleef de kermis drie of vier dagen in hetzelfde dorp of stadje, dan zag hij de meeste gezichten nog een tweede keer, maar nooit dat van die laatste tegenstander van de eerste avond. Bij zo'n verlengd verblijf werden de avonden steeds eenvoudiger. Hij kende zijn uitdagers, had van tevoren al geweten wie er belust zou zijn op een tweede treffen. Hij was altijd op zijn hoede voor een glanzend lemmet, al was hij nog maar één keer gestoken. Die man hadden ze met een gescheurd trommelvlies moeten wegdragen. De andere doorzetters kregen slechts het hoognodige, niet meer en niet minder. Zijn rug was overdekt met dikke littekens, als lag er een slordig visnet onder zijn huid begraven. Elke ochtend schoor hij zijn hoofd en lichaamshaar. Hij kreeg een vierde deel van de recette, van de dagen zowel als de avonden. Die vijfhonderd dollar hadden nog nooit uitbetaald hoeven worden. Hij sliep in een kleine, puntvormige tent die hij opzette in de relatieve veiligheid van het kermisterrein of diep in het bos, afhankelijk van wat zijn intuïtie hem ingaf. Zijn manager noemde hem Ben. Niemand kende zijn echte naam.

Hij had ze al vaker gezien in de verspreid liggende plaatsjes van het hoge noorden, waar ze per toeval of onder speciale omstandigheden waren aanbeland en blijven hangen. Hij had ze al vaker gesproken. Dus toen hij Leah onder de toeschouwers ontwaarde, die tweede middag in Randolph, wist hij al meer van haar dan ze kon bevroeden. Hij hief zijn gewichten nog trager dan anders, en zijn blik dwaalde van die theekleurige vrouw naar het lichtere meisje naast haar. Een jaar of achttien, twintig hooguit, en beeldschoon. En vervolgens naar het jongetje aan haar andere zijde, van een jaar of vijf. Dus wist hij dat ze haar blanke man tijdens of aan het eind van de oorlog had leren kennen, en met hem mee was gekomen naar deze streek. En hij wist dat hij hoogstwaarschijnlijk de eerste neger was die ze na al die tijd zag. Aan haar kleren en houding kon hij zien dat ze een welgestelde plattelandsvrouw was, die zich vermoedelijk weinig bemoeide met haar blanke buren. Hij was er tamelijk zeker van dat haar man zich niet in het publiek bevond, en vroeg zich af of hij de vorige avond bij het gevecht had staan kijken, maar ook dat leek hem niet waarschijnlijk. Hij dwong zijn ogen in een starende blik zodat hij haar kon bekijken terwijl ze hem de staaf zag buigen, en hij zag een glundering over haar gezicht trekken alsof ze de krachttoer samen hadden verricht. Hij wist dat ze hem na afloop zou komen opzoeken voor een praatje.

Achter de bedompte tent met zijn rossige schemer was het daglicht fel en heet, een stralende nazomerse middag. Hij nam een teug ijswater, liet de olie op zijn huid zitten en stapte in de pofbroek van rood satijn, het enige kledingstuk dat hij tussen zijn optredens aantrok, opdat de kermisbezoekers zich de komende twintig minuten aan zijn blote bovenlijf konden vergapen. Hij was er allang niet meer beducht voor dat hij op klaarlichte dag aangevallen zou worden door een verslagen tegenstander van de vorige avond. Dat was wel een enkele keer gebeurd, maar zijn reactie was steeds snel en afdoend geweest. Het had gewoon geen zin om erover in te zitten. Hij genoot van deze korte wandelingetjes door de menigte, de mensen die naar zijn grote glanzende schedel opkeken, de ruimte die voor zijn voeten ontstond als al die blanken schielijk voor hem uiteenweken. In die twintig minuten voelde hij zich vrijer dan op enig ander tijdstip. Zijn beide voorste snijtanden waren van goud en hij vond het heerlijk om ze in een warme, bijna kussende glimlach te tonen aan eenieder die hem aankeek. Hij genoot van de verwarring die zo'n glimlach verwekte. Hij was tweeënveertig jaar oud, had achtduizend dollar op een bankrekening in Brooklyn en vulde dat bedrag aan vanuit elk telegraafkantoor dat hij op zijn tournee tegenkwam. Nog tien erbij en dan kon hij het pand kopen dat hij al een tijdje op het oog had. Een goedlopende ijzerhandel op de begane grond en daarboven een gerieflijk appartement. Hij wilde er niet voor lenen, wilde het in een keer kunnen kopen, en zou dat na dit seizoen en het volgende kunnen doen. Hij was zich altijd bewust van het risico dat hij liep, de kans dat iemand hem neerstak of doodschoot, maar hij kon niet geloven dat dit zomaar zonder aanleiding zou gebeuren. Hij nam zijn bokspartijen uiterst serieus, vocht geconcentreerd maar zorgde er vooral voor dat hij niemand vernederde. Het was de vraag of ze dat op het moment zelf begrepen, maar anders kwam dat besef later wel. Besef, zo had hij geleerd, kwam meestal pas achteraf.

Hij trok de satijnen pofbroek omhoog, legde een knoop in het koord om zijn middel en bukte zich om de pijpen rond zijn enkels te binden. Toen hij zich oprichtte kwam de vrouw de hoek van de tent om. Het mooie meisje had ze niet bij zich, alleen het jongetje, maar dat vond hij niet erg. Hij had allang zijn bekomst van de jonge meisjes in al die dorpen, en de nabijheid van de moeder was plezierig genoeg. Toch vroeg hij zich af waarom ze hem niet had willen ontmoeten.

'Neem me niet kwalijk,' zei de vrouw, haar stem hoog en vrolijk, nerveus en onecht. Hij draaide zich naar haar om. Het jongetje aan haar hand liep een pas achter haar aan.

'Goeiemiddag samen,' zei hij met een neutrale grijns.

Het jongetje kwam naast zijn moeder staan en zei: 'Wat een zwartjoekel ben jij.'

'Jamie!' stamelde de vrouw geschrokken.

De man negeerde haar en ging op zijn hurken voor het jongetje zitten, torende ook zo nog boven hem uit maar was toch dichterbij. 'Nou, Jamie, je bent zelf ook niet lelieblank.'

Het jongetje drukte zich tegen zijn moeder aan, begreep niet wat de reus gezegd had, maar was er ondanks de vriendelijke toon niet gerust op. De man sprak verder.

'Jij bent nog maar een jochie, hè, Jamie? Zo zullen de meeste mensen over je denken. Een klein jongetje dat nog niet weet of hij iemand beledigt. Laat maar gaan. Hij weet niet beter. Maar dat jochie denkt heus wel na. Ze laten me elke keer gaan, denkt-ie, dus kan ik het blijven zeggen. Maar er komt een dag dat iemand je op je donder geeft. En dan denk je: ze hebben me altijd laten gaan, waarom wordt hij nou kwaad op me? Die vent is gek. Het ligt aan hem, niet aan mij. Maar weet je, Jamie, dat is dan een vergissing.' En hij stak een arm uit voor het jongetje nog verder kon wegkruipen, pakte hem bij zijn iele schoudertje en gaf er een kneepje in. Goedaardig, maar hard genoeg om het hem te laten begrijpen, zelfs al begreep hij de woorden niet. Het kind sidderde bij de eerste aanraking, maar zette zich vervolgens schrap en trotseerde de grote klauw. De man kwam overeind en onderbrak de verontschuldigingen van de moeder voor hij goed en wel rechtop stond. 'Dat klonk als een standje, mevrouw. Maar zo was het niet bedoeld, hoor. Ik probeer hem alleen maar te waarschuwen.'

Er lag een glans over haar gezicht. Een blanke vrouw zou nu vuurrode wangen hebben gehad. 'Hij weet wel beter.'

Hij knikte. 'Natuurlijk.' En hij wachtte niet op haar en stak joviaal zijn hand uit, wist dat hij nu het voortouw moest nemen. 'Ben,' zei hij. 'Of u moet me Goliath willen noemen.' Grinnikte zelf om de absurditeit van zijn naam. Was nu zelfs blij dat haar dochter er niet bij was, dat er niemand in de buurt was die iets aan deze vrouw kon afdoen.

Ze schudde zijn hand. De hare was precies zo sterk en eeltig als hij verwacht had. 'Leah Pelham,' zei ze.

'Mevrouw Pelham.' Hij liet haar hand los. 'U heeft een mooie dag uitgekozen om naar de kermis te komen.' Hij maakte een weids gebaar dat meer leek aan te duiden dan de kermis alleen. Meer dan de tenten met uitheemse beesten en opgezette rariteiten, de kleine tribune langs de renbaan, het gerulde veld voor het ossentrekken, het rumoer van de mensenmassa, de geur van gebakken of gesuikerde of gebakken én gesuikerde lekkernijen, het gejoel van de kinderen, het gekrijs, gekakel en geloei van de beesten op de jaarmarkt, meer nog dan dat alles, ook de dag zelf, de stralende hemel, de droge hete lucht van de late zomer. Alsof ze daarvoor gekomen was en niet voor hem. Alsof hijzelf maar bijzaak was.

'Ik hoorde van uw optreden,' zei ze, onverstoorbaar nu. 'En ik had sinds 1965 geen zwarte mensen meer gezien. Er schijnt een familie in Grafton te wonen, en nog een paar in Burlington. Maar dat zullen wel geen bekenden zijn, dus ik heb ze nooit opgezocht. Waar komt u vandaan?'

'Ik zag u daarnet al in de tent. Toen dacht ik al dat u niet alleen kwam kijken hoe ik die staaf boog. Dat doe ik nu een jaar of twee. Daarvoor woonde ik in Brooklyn, New York.'

'Ik bedoel dáárvoor.'

'O, ehh...' Hij keek opzij. 'Het zuiden.' Hij spuugde op de grond. Ze begonnen achter de tenten en wagens langs te wandelen, de tenten met rariteiten zoals de Siamese tweeling: twee runderkalveren in een eeuwige omhelzing op sterk water. Stapten over scheerlijnen en haringen, stoelen met ingezakte of verdwenen zittingen waarin de artiesten uitpuften tussen twee voorstellingen. Geen van beiden had het geopperd, ze waren zomaar in beweging gekomen, liepen zwijgend langs de verborgen achterkant van de kermis. Het jongetje maakte zich los en dartelde voor hen uit, sprong over lijnen, gluurde hier en daar naar binnen en schoot weer weg, zonder om te kijken maar steeds in het blikveld van zijn moeder blijvend.

Onder het lopen hief ze een arm zijwaarts en haar vingertoppen gleden over de dikke littekens op zijn rug. 'Ben jij daar niet te jong voor?' vroeg ze zachtjes.

Zijn stem klonk onverminderd vriendelijk. 'Sommigen van ons zullen er nooit te jong voor zijn. Jij zult al die tijd wel gedacht hebben dat alles er na de oorlog op slag veranderd was. Jij was een huisslaaf, hè? Als ik je zo bekijk heb je altijd binnen gewerkt.'

'Wij zaten bij stadsmensen in huis,' zei ze. 'We waren maar met z'n vieren.'

Hij nam haar van opzij op. 'Jouw moeder moet een mooie meid zijn geweest.'

'Dat soort schoften had je overal. In de stad net zo goed als op het land.'

Hij knikte, liep nog een paar zwijgende passen en zei: 'South Carolina. Het laagland. Rijst, hier en daar ook wel indigo. De katoenplantages zaten hoger. Ik zal een jaar of zes zijn geweest toen ik de akker op moest.'

'Mijn mensen kwamen ook uit die buurt. North Carolina. Ik ben er zelf nooit geweest, ben alleen langs de kust gelopen. Ook veel rijst.'

'Jouw mensen?'

Ze keek hem aan. 'Van beide kanten, ja.'

'Mijn vader zat op een van de laatste schepen uit Afrika. In 1923 werden ze in Charleston uitgeladen. Toen was het al tegen de wet, maar daar hadden ze maling aan. Hij schijnt een enorme kerel te zijn geweest. Bij hem vergeleken ben ik maar een onderdeurtje, heb ik gehoord. Die blanken... Ongelofelijk stom. Ze zijn met hem gaan fokken. Overal. Ik moet tientallen broers en zusters hebben. Grotere en sterkere nikkers fokken. Wat denken ze dat daar uiteindelijk van komt? Niet te geloven, zo stom als ze zijn.'

'Jij bent er weggekomen.'

'O ja. Dankzij die helden van de Unie, hè. Net als jij. Het gekke is alleen dat ze zelf helemaal niet blij leken toen we vrijkwamen. Ik weet niet waar ze nou echt voor gevochten hebben, maar ik heb nooit de indruk gehad dat het om mij ging. Ik ben tenminste nooit een noordelijke soldaat tegengekomen die niet net zo'n hekel aan nikkers had als de rest.'

'Zo waren ze niet allemaal.'

Hij keek haar aan, haalde zijn schouders op. 'Tja, tegen jou zullen ze wel anders zijn geweest.'

'Zo te horen ben jij geen haar beter dan de mensen over wie je het hebt. Jij kijkt ook alleen maar naar de kleur.'

'Da's niet waar. Ik laat me gewoon niks wijsmaken.'

'Wij kunnen ons net zo goed in mensen vergissen als zij. Dat weet je best.'

'Ik weet alleen maar dat ik nog nooit een fatsoenlijke blanke had ontmoet tot ik in New York kwam.'

'En daar heb je er een leren kennen? Of deugden ze daar opeens allemaal?'

Hij liep een tijdje zwijgend naast haar, en zei: 'Veel sneeuw hier, hè, in de winter.'

'Ik hou van sneeuw. Ik hou van dat koude weer.'

'Die man van je, behandelt hij je goed?'

'Ik ken geen beter mens dan hij.'

'Mooi zo.' Ze liepen naast elkaar voort, raakten elkaar bijna aan, Jamie voor hen uit als een druistig hondje. De man zei: 'Je ziet er inderdaad uit alsof je het getroffen hebt.'

'Ik werk hard,' zei ze ontwijkend.

Ze kwamen bij de baan voor de harddraverij, waar de pikeurs hun paarden lieten warmlopen. In verspreide groepjes over de baan, de sulky's weinig meer dan lage bankjes met wielen van hard rubber, de pikeurs met hun benen gestrekt langs de lamoenstokken, hun laarzen in beugels. De paarden hielden met moeite hun draf in. Af en toe schoot er een vooruit, al dan niet met goedkeuring van de pikeur, en liet zich met zichtbare tegenzin weer terugzakken. De draverij zou tegen zonsondergang gehouden worden, als het voldoende was afgekoeld voor de paarden en nog licht genoeg was voor de toeschouwers. Jamie was tegen de omheining opgeklommen, hield zich met gestrekte armen aan de bovenste witte plank vast terwijl zijn schoenen op de onderste rustten. Toen hij zijn moeder en de man hoorde aankomen sprong hij van het hekwerk en draaide zich naar hen om alsof hij nergens anders belangstelling voor had.

Ze bleven bij de omheining staan. De paarden waren schitterende wezens met lange slanke benen. Ze legde haar handen op de bovenste plank, en vroeg: 'Heb je daar iemand, in Brooklyn?'

'Nee.' De waarheid verhullend zoals hij ook zijn echte naam geheim hield. Om een reden die alleen hij kende.

'Jammer,' zei ze. 'Je verdient iemand.'

'Die tijd komt nog wel.'

'Waarom vecht je tegen die blanke mannen?'

Hij keek naar een voorbijdravend paard. Streek met een hand over zijn kale schedel. Begon genoeg te krijgen van deze noordelijke plattelandsvrouw met haar donkere huid. Hij slaakte een zucht. 'Zo verdien ik mijn geld. En zij vinden het prachtig.'

'Jij ook.'

Hij schokschouderde. Ze keek hem nu doordringend aan. Hij voelde dat ze sommige van zijn verhullingen doorzag, dat ze wist wat hij wegliet. Ze vroeg: 'Ben je ooit in North Carolina geweest?'

'Ik ben erdoorheen gekomen, destijds.'

'Sweetboro?'

'Nee.'

'O.' Het jongetje was weer tegen de omheining opgeklommen.

'Is dat de stad waar je woonde?'

Ze zweeg. Draaide zich weer naar hem toe, stak een hand uit en wachtte niet tot hij hem aan zou nemen: 'Het was me een genoegen.'

Hij knikte. 'Laat het rusten,' zei hij. 'Niet teruggaan. Je vindt er toch nooit wat je zoekt, of hoopt. Gewoon hier blijven en een moeder zijn voor die wildebras van je.' En pakte toen pas haar hand. En met die hand nam hij haar helemaal, voor dat korte moment, en hij zag aan het fonkelen van haar ogen dat zij het ook zo ervoer. Er leek iets uit hem weg te vloeien, over te gaan in haar. Hij kon niet zeggen wat. Een geslachtelijke vereniging had niet heftiger kunnen zijn. Maar dit leek zondiger.

'Ik ga nergens heen,' zei ze. 'Waar zou ik heen moeten? Ik was alleen maar nieuwsgierig, meer niet. Stom.' Ze snoof minachtend om zichzelf. En dan kortaf, en hij wist dat het voorbij was: 'Het was me aangenaam. Veel geluk, en pas goed op.'

'En jij veel geluk met dat joch.' Jamie hing nu half door de omheining. Ze draaide zich naar hem om. De man die zich Ben liet noemen liep weg. Hij had een voorstelling gemist. Dat ging hem geld kosten. En dat alleen omdat een of andere wildvreemde vrouw een vaag verlangen had naar een verleden dat ze nooit meer terug kon halen. Het was haar niet om hem gegaan, geen seconde. Hij hield de woede hierover diep in zijn borst gevangen, als een los draadje in een dik kluwen. Op zijn weg terug zag hij de dochter naar hem kijken vanuit de schaduw van de ossenstal, haar blik eerder verachtend dan afkeurend. Haar armen over haar borsten gevouwen, de handen om haar bovenarmen. Haar lange haar net zo krullerig als dat van het jongetje, glanzend als kraaienveren. Hij liep haar voorbij zonder zijn pas in te houden, schonk haar geen glimlach maar een vluchtige blik. Ze trok een wenkbrauw op.

Ze loog. Ze had tegen zichzelf gelogen toen ze het nieuwtje van die man op de kermis had gehoord, en had de leugen herhaald toen ze met hem sprak. Ze wist nu dat ze daarvoor ook al gelogen moest hebben, maar niet hoe lang. Alsof ergens diep in haar binnenste een flesje met gif was gebroken en de kwalijke damp in het geniep door haar lichaam had kunnen trekken, haar bloed had kunnen aantasten, en haar kijk op de dingen, op zichzelf, waardoor alles vertekend was geraakt. Ook tegen Norman had ze gelogen, toen ze zei dat ze niet de minste behoefte had om die zwarte krachtpatser te gaan bekijken, al had ze daarna pas geweten dat het een leugen was en dat ze de volgende dag zou gaan. Die ontdekking had haar op het spoor al die eerdere leugens gebracht, maar ze had geen idee wanneer ze begonnen waren, kon zich geen voorbeelden herinneren, geen kleine verdraaiingen die het geliег in gang hadden gezet, wist alleen maar dat het al lange tijd gaande was, had nu opeens de walm geroken die haar al veel langer omgeven moest hebben maar nu pas sterk genoeg was. Ja, ze rook het eerder dan dat het zich aan haar gedachten prijsgaf, alsof de bron niet haar geest was maar haar huid. Of haar ziel. Dat laatste leek haar nog het meest waarschijnlijk.

Dus had ze 's ochtends hun sierlijke vossen voor het vierwielige rijtuig gespannen om naar Randolph te rijden, door het dorp heen naar het terrein van de jaarmarkt. Met de nukkige Abby en de opgetogen Jamie achterin. In het volle besef dat het dom was om haar leugen ten uitvoer te brengen, want er zou geen weg terug zijn, het zou haar tot een speurtocht dwingen naar de bron van haar leugenachtigheid, en dat zou haar doen opdrogen zoals een gesprongen beverdam het welige moerasland weer in een schrale weide verandert. Maar ze keerde niet om, haar armen stram voor zich opgeheven, de leidsels strak als waren het verlengstukken van haar pezen naar de parmantige paarden. Ze reed door, op weg naar zichzelf, tintelend van de onvermijdelijke angst, een overweldigende, weldadige angst.

Ze stalde het span in de wagenschuur, hing ze de voederzakken om en nam haar kinderen mee naar de schuren met het vee. Zeugen amechtig op hun zij met ritsen zuigende biggetjes; hokken vol ooien en lammeren en een krulhoornige ram; de ossen; de schuur met het melkvee, met aan het eind een aantal hoogwandige hokken voor stieren; de ploeg- en trekpaarden; de stal bij de renbaan met de paarden voor de draverij, waarvan er enkele met hun eigen treinwagon waren aangevoerd; en tot slot de schuur met de hoog opgestapelde houten kooien vol kippen en hanen, waaronder een aantal uitbundig gepluimde en naar Leah's oordeel waardeloze vogels. Deze laatste schuur doorliep ze bijna op een holletje, allang bekend met wat er zoal aan pluimvee te koop was. Er waren geen kippen van haar bij.

Buiten liepen ze de schuren met etenswaren en nijverheidsproducten voorbij, naar het kermisterrein achter de renbaan. Bij de kramen aan de rand kocht ze versnaperingen voor haar kinderen maar at zelf niets tot ze bij de ijsventer kwamen, bij wie ze een kartonnen beker vol perzikijs nam. Ze had in al die jaren geen perzik meer geproefd. De eerste gesuikerde moot die ze uit het roomijs opdiepte zond een onbeschrijfelijke smaak over haar tong, rechtstreeks naar haar hart, en ze kreeg geen hap meer door haar keel. Haar ogen vochtig omrand in de droge, zuivere nazomerlucht. Ze duwde de beker in Jamies begerige handen en meed de blik van Abby en beende naar de tent met de toiletten, sloot zichzelf op in een van de hokjes, bleef er staan en bette haar ogen en neus met haar zakdoek, vocht tegen de opwellende snikken. Ze wilde haar gezicht wassen, haar ogen spoelen, maar er was geen water in de tent. Ze liep weer naar buiten, langs de rij wachtenden terug naar haar kinderen. Zonder een woord te zeggen nam ze hen bij de hand en liep de kermis op, in de richting van de blaffende stem van de blanke klantenlokker voor de tent, en zij tuurde nog gretiger dan haar kinderen naar de schildering van de afschrikwekkende neger, een zwarte reus die met zijn tanden hoefijzers verboog.

Ze had de entree betaald en haar kinderen mee naar binnen genomen.

En nu, nadat ze hem gesproken had, stond ze bij de omheining van de renbaan, waar de paarden door een fijn stofwaas draafden, met een hand op Jamies rug en haar blik op de bergen in de verte. Het was een zonderling moment. Haar geest was stil, ontledigd van gedachten, maar ze voelde de ingrijpende verandering, alsof haar geest nog geen woorden wilde geven aan wat haar lichaam al wist. Alsof ze op een punt was beland dat ze nooit verwacht of zelfs maar vermoed had, en dat nu toch onvermijdelijk scheen. En het was haar niet aangedaan of overkomen maar diep vanbinnen ontkiemd. Haar ziel. Ze voelde zich kalm, genoot van deze kalmte voor de storm van twijfels en bedenkingen. Een vredig moment in de koesterende warmte van de late zomer, met haar hand op de rug van haar jongste kind, samen naar de ranke paarden kijkend, naar de pikeurs in hun zijden tunieken, het land in de verte omhooggekruld en even vertrouwd als het jongenslichaam tegen de palm van haar hand, en de lucht die alles in een vlekkeloze, doorschijnende stilheid gevangen hield. Iets zei haar dat dit de laatste vredigheid was die ze zou kennen. Ze voelde dat Abby op hen toe kwam lopen en draaide zich naar haar om, en zei: 'Wat mij betreft gaan we weer naar huis. Ik heb het wel gezien hier, jij ook?'

'Ik hoefde hier al helemaal niet heen. Jij wilde dat ik meeging.'

'Da's waar ook. Nou, dan heb je je offer gebracht. En je hebt het nog overleefd ook, al vind ik wel dat je een erg lelijk gezicht trekt.'

Abby keek haar misprijzend aan. 'Wat moest je eigenlijk met die zielige figuur?'

'Mmm,' humde Leah. 'Ik wilde hem weleens zien, met hem praten.'

'Ja, en iedereen hier heeft het kunnen zien.'

'Als ik jou was zou ik me maar niet zo druk maken over wat de mensen denken.'

'Dat kan me ook niks schelen, heb ik me nooit wat van aangetrokken.' Zichzelf tegensprekend en zich daar niet om bekommerend. Haar boosheid sloeg als damp van haar af.

Leah vroeg zich af of zij ooit eenzelfde confrontatie met haar moeder had kunnen hebben. Waarschijnlijk wel. De vredigheid was als bij toverslag verdwenen. Ze zei: 'Het was een vreemde vent, met angstaanjagende trekjes. Maar zielig was-ie zeker niet.'

'Mama, het is een kermisattractie. Een speling van de natuur.'

'O, nee.' Leah schudde haar hoofd. 'Voor mij niet in elk geval.'

'Ik schaamde me dood, zoals jullie daar liepen.'

'Dat zal wel mee zijn gevallen. Volgens mij was je gewoon te bang om zelf met hem te komen praten.'

'En waarom zou ik dat willen? Omdat het een neger is?'

Leah schudde haar hoofd. 'Nee, dat zal ook wel niet.'

Abby ging in de tegenaanval. 'Ik had me nuttiger kunnen maken als ik thuis was gebleven. Dan had ik Papa en Prudy kunnen helpen met het hooi. Jij had me hier echt niet nodig.'

'Ik vond het fijn om je erbij te hebben. Maar je hebt gelijk, we moeten maar weer eens op huis aan.'

Jamies handen om de bovenste plank van het hekwerk geklemd. 'Ik wil blijven. Ik wil blijven voor de snelle paarden.'

'Dat zal wel.' Leah die een voor een zijn vingers losmaakte en zijn handen met de hare omvatte. 'Maar we gaan naar huis.' Abby die al vooruit drentelde in de richting van de wagenschuur, een lange gestalte in een witte jurk die haar nauw omsloot en tot haar enkels reikte, ruches op haar schouders als onluikende vleugeltjes en de mouwen verder strak tot aan haar polsen. Leah duwde het jongetje achter zijn zuster aan. 'Die paarden komen heus nog weleens terug.'

Ze reed het span terug door het dorp, dat er verlaten bij lag nu iedereen naar de jaarmarkt was, en nog een mijl langs de rivier voor ze de weg naar hun berg opdraaide, langs het zwartgeblakerde keldergat waar het huis van de oude mevrouw Doton was afgebrand in de winter van Jamies geboorte. De grond was er overwoekerd met sumak en braamstruiken, de grote suikeresdoorns en de seringenbomen hadden zich allang hersteld. Ze kon zich het kromgegroeide vrouwtje nog goed herinneren, dat met twee stokken had moeten lopen en Leah en de kinderen nooit een blik waardig keurde, tot de meisjes groot genoeg waren geweest om onder aan de berg te spelen. Toen was ze weerloos geweest tegen hun kinderlijke gratie en hadden ze haar binnen de kortste keren voor zich gewonnen. Een andere herinnering: de meisjes, pubers inmiddels, bij de rouwdienst na de brand. Abby rechtop in de kerkbank, geen andere beweging dan de trage glinstering van de tranen die over haar wangen biggelden. Pru ineengedoken alsof haar verdriet haar omlaag trok. Pru die sindsdien een ziekelijke angst voor brand had gehad, nachtmerries die na verloop van tijd minder talrijk werden maar nooit waren verdwenen, zelfs niet toen Norman sapemmers vol water in de hoek van hun kamer had gezet, en op de overloop. De herinneringen schonken Leah een portret van haar dochters, niet zozeer een beeld als wel een gevoel, een totaalindruk, ze zag hen niet als kind, bakvis of jonge vrouw maar als de persoon die ze waren en altijd zouden blijven. Zo'n indruk kon ze niet van het jongetje naast haar op de bok krijgen, dat met zijn handen op de hare deed alsof hij de paarden mende, klakkend en fluitend om ze aan te sporen. Het lag niet aan zijn jonge leeftijd. Het was iets anders, en het maakte haar bezorgd.

Op het pad naar de boerderij wist ze het zeker. Ze ging terug. Niet terug naar huis, want dat was hier, overal rondom haar, steeg vanuit de bodem in haar op, doorstroomde haar vanuit de lucht in het dagelijks leven met haar man en kinderen, de dieren en haar werk. Niet terug naar huis, maar terug. Naar een plek die niet zozeer uit herinneringen bestond als uit het grillige, obscure landschap van haar dromen in de voorbije vijfentwintig jaar. Terug naar de nachtelijke wirwar die haar talloos vele malen overeind had doen schieten in bed, met een tweede huid van zweet en angst, soms vaag en warrig, dan weer akelig welomlijnd. Terug om het allemaal te ontrafelen en misschien wel tot een nieuw geheel te weven. Terug om het voor zich op te eisen. Om het lot van allerlei mensen te achterhalen, en vooral dat van haarzelf. Terug om uit te vissen wie er nog leefde en wie er was gestorven, wie nog herinnerd werd en wie vergeten was, wie gebleven was en wie tot stof was vergaan. Wie misschien nog wel gezocht werd, en wie er nog over was om het zoeken op zich te nemen, en wat de reden kon zijn voor zo'n zoektocht. Terug om met die reden ook zichzelf te leren kennen. Toen ze het erf opreden keek ze achterom naar haar grote, trotse, verdrietige dochter die inmiddels ouder was dan zij daar was geweest. Keek om of ze misschien een aanwijzing kon vinden voor hoe ze zich houden moest op haar zoektocht. En die was er. En ze zag er geen.

Ze wist dat haar streven om zichzelf weer te leren kennen vruchteloos zou kunnen blijken. Het oprakelen van dode sintels. Ze wist dat het rampzalig kon uitpakken, dat ze er op iets kon stuiten dat al die jaren in een hinderlaag had liggen wachten. Ze was maar al te goed bekend met een dergelijk risico. Haar bestaan hier was eruit voortgekomen. Ze had het al eerder gelopen toen ze de gewonde Uniesoldaat was gevolgd die later Norman zou worden, dagen achtereen door het landschap van Virginia om hem uiteindelijk weer te benaderen, met geen andere zekerheid dan dat ze het doen moest, om te zien of hij zich haar nog herinnerde, en zo ja hoe. En ze besefte zeer wel dat de goede afloop toen geen enkele garantie bood voor een goede afloop nu. En dat was op zichzelf een reden temeer om te gaan. Alles op het spel, alles te verliezen. Ze wist het zeker: alles kwijtraken was in dit geval niet hetzelfde als alles vergooien. Dit risico moest ze lopen om het recht te behouden op de lucht die ze inademde, op het vermogen om haar ene voet voor de andere te zetten. Het was o zo makkelijk om op een zwoele zomeravond van het huis naar een stal te lopen, met als grootste gevaar dat ze een dode hen zou vinden, of een zieke ooi, of dat ze met een blote voet in de kippenstront zou stappen. Zelfs in een gure januaristorm was er geen enkele kans dat er iets mis kon gaan bij zo'n oversteek. Het was iets wat je deed, gedachteloos, zoals je met je vingers door elke aardkluit van een omgestoken aardappelveld woelde, blindelings op zoek naar een gladde, voedzame knol.

Terug dus. Maar terug naar wat? Het was geen kindertijd geweest om naar terug te verlangen. Maar ze zou eerst en vooral naar haar moeder teruggaan. Natuurlijk, haar moeder. Het lag tenminste voor de hand dat Helen er nog steeds zou wonen. Misschien niet meer in die bedompte slavenhut, maar dan toch in de buurt. In een zwarte stadswijk, wellicht. Een eenvoudig huisje, maar wel haar eigen bezit. Ze zou allang geen jonge vrouw meer zijn maar had misschien wel een man, of zelfs een gezin. Leah zag in dat haar plotse verschijning pijn kon veroorzaken, het verleden tot leven zou wekken. Maar dat moest dan maar zo zijn. Voor alle betrokkenen. En het was natuurlijk ook mogelijk dat ze spoorloos verdwenen zou zijn. Er was daar een complete manier van leven weggevaagd en het leed geen twijfel dat er mensen op de vlucht waren geslagen, net zo stilletjes in de nacht waren verdwenen als zijzelf destijds. Haar moeder was misschien wel een van die mensen geweest, en misschien was dat maar goed ook. Maar het ging om meer dan Helen. Ze wilde ook zien wat er met het stadje was gebeurd, met de blanke mensen. Wilde zien of het huis van Mebane nog overeind stond of ook tot een keldergat was gereduceerd. Wist niet wat ze eigenlijk liever wilde zien. En er waren nog andere dingen, minder concreet maar op een ongrijpbare manier van immens en verschrikkelijk belang, dingen die ze aan de weet wilde komen over de omgeving waar ze vandaan kwam, los van de mensen. Ze wilde de omstandigheden weer leren kennen, om vat te kunnen krijgen op de beelden in haar dromen. Het zou september zijn en nog bloedheet. Alles zou schuilgaan onder het rode steengruis, zelfs de boombladeren zouden er door verdoft zijn. De reusachtige bomen op de hoogvlakten, de eiken en magnolia's in de straten, alles onder het bleekroze stof. Behalve de naalden van de pijnbomen, maar die zouden verbleekt zijn door de hitte. De gazons bruinverbrand. De middagbries niets dan hitte die hitte voor zich uit dreef. De verstilde avondlucht als de zon tot een ontzagwekkende bal was opgezwollen, de kleur van een opengesneden perzik, en achter de wazige einder verdween. September. Als de mensen al vroeg naar de tabaksplantages togen, hun bonte kleding tegen het heuphoge groen waar de ochtendnevel vanaf werd gebrand door de nieuwe zon. De kinderen weer naar school, de straten verlaten. Een geschikte tijd voor een stille, onopvallende terugkeer om er uit te zoeken wat ze wilde uitzoeken. De zomer die nog niet voor de herfst wilde wijken, de mensen traag en lusteloos, hun hoop op een eerste koele dag al bijna vervlogen. Niemand die acht zou slaan op de onbekende zwarte vrouw die er uit de trein was gestapt. Precies wat ze wilde. Niet verwacht worden. Het voordeel van de verrassing hebben.

Ze liet Jamie het laatste stukje mennen. De vossen versnelden hun pas nu ze hun stal roken en hij had de leidsels nog niet vast of hij moest zijn geklak staken en ze intomen. Zijn voeten tegen de plank, zijn beentjes gestrekt, zijn hele gewicht in de strijd werpend om ze vaart te laten minderen. Zijn stem hoog en ernstig, geen spoor van angst of opwinding. De hoeven weerklonken op de donkere aangestampte grond als stokken op een trommelvel, en de ruinen dansten tot bij de wagenschuur naast de stal. Jamie liet zich terugzakken op de bok, sprak ze nog altijd vermanend toe.

Leah bleef nog even zitten, te kort om de aandacht van Abby te trekken, die het span al stond af te tuigen, maar lang genoeg om opeens iets in haar zoontje te herkennen – wat er aan twijfel en bangheid in haar leefde had zich in verhevigde mate in hem voortgezet, was in hem wedergeboren als een samengebalde woede waaraan hij vasthield als was het een gevonden kleinood. Diep weggestopt, geheimgehouden tot het moment zou komen waarop hij het nodig had. Opeens wist ze dat hij die innerlijke razernij van haar had geërfd. En dat zijn vader en zusters dit nog niet in hem ontdekt hadden. Maar die dag zou komen. Daar was ze zeker van, en ten diepste bedroefd om. Die dag zou komen.

Ze dorst zich niet voor te stellen wat dit voor Jamie betekende, welke gevolgen het voor zijn leven zou hebben. Ze was nog jong en gezond, maar dit was wat ze uiteindelijk zou achterlaten. Dit zou na haar dood overblijven. Dit was haar ware, onvergankelijke kern.

Norman en Prudence maakten die middag een begin met de laatste hooioogst van het seizoen. Hij op de grond en zij op de laadbak van de wagen die door de zwarte Percheronmerries van de ene schoof naar de andere werd getrokken. Ongehaast, de leidsels los neerhangend. Ze wisten precies hoe traag ze moesten sjokken om niet te hoeven stoppen en Norman toch de tijd te geven om de schoven op te vorken. Het was heet en benauwd in de hooiweide onder de stal. Norman werkte blootshoofds, had zijn hemdsmouwen opgerold tot halverwege zijn bovenarmen. Pru op blote voeten in een wijdvallende jurk, met een breedgerande strooien hoed die aan één kant door een schaap was aangevreten. Norman voelde zich een uitbuiter en een bevoorrecht man tegelijk, zwiepte zijn vork in een vaste cadans omhoog, waar zij telkens de hare gereed had om zijn hooi over te nemen en weg te leggen. Ze verdeelde de schoven dakpansgewijs over de laadbak, de lagen kruiselings op elkaar, zodat er gaandeweg een steeds hogere vloer ontstond die stevig genoeg was om op te staan, tot ze bij de hooischuur zouden komen waar ze hun menuet in omgekeerde volgorde konden herhalen. Haar hoed moest tegenspel bieden aan de overvloedige geelbruine sproeten die haar van top tot teen bedekten, amper ruimte lieten aan haar huid met de kleur van gedroogde mandarijnenschil. Haar haar was okerkleurig als was het met as bestrooid. Haar ogen groot en diepliggend en net zo mooi als die van haar moeder, de kleur van groen flessenglas onder water, met minuscule spatjes goud dicht bij de iris, die je alleen zag bij het juiste licht, als je wist waar je moest kijken. Ze was een struise jonge vrouw met een breed middel en stevige dijen en de kracht van een volwassen man in haar armen. Ze deed Norman aan zijn jongste zuster denken. Hij wist dat ze deed alsof haar uiterlijk haar niks kon schelen, en dat ze zichzelf lelijk vond. Hij wist dat ze de geest ruimschoots boven het lichaam stelde en in dat opzicht een tegenpool was van haar zuster. Hij wist dat ze door wanhoop verteerd werd. Ze hadden hier nooit over gesproken.

Ze babbelden onder het werk.

'Abby maakt me dol met dat getob. Een en al gezucht en gesteun en treurige blikken. De hele tijd niksen en dagdromen, en meteen schuimbekken als ik vraag of ze ergens mee wil helpen. En ze kan soms een vreselijk loeder zijn. Gisteren nog. We stonden af te wassen en ik zei dat ze het vandaag wel naar haar zin zou hebben op de kermis, met al die jongens die op haar af zouden komen. Zoiets. Geeft ze me zomaar een keiharde stomp met haar hand, hier.' Ze tikte met het uiteinde van haar vork op haar borstbeen. 'En ze zegt: als ik ooit over trouwen begin, moet je me een klap met een hamer geven. Daar kan ik nou echt niet tegen, hè, die aanstellerij. Als ze niet wil, blijft ze toch lekker thuis? Had ze kunnen helpen met het hooi.' Een mengeling van ergernis en hoon op haar gezicht, nat van het zweet, bezaaid met grasvezels. Ze stond heupwiegend op de deinende wagen, als op een ruwe zee.

Norman liep met de wagen mee en moest de schoven nu hoog boven zijn hoofd tillen, had minder adem om te praten. 'Ze heeft een flinke knauw opgelopen. Liefdesverdriet is geen lolletje.'

'Maar ik heb haar nog gewaarschuwd!'

'Tja, meisje. Gewaarschuwd zijn is één ding, maar iets weten is heel wat anders. Dat verschil leer jij ook nog wel, maak je maar geen illusies.' Het zweet prikte in zijn ogen.

'Ik? Ik zou wel beter weten. Ik heb het haar de hele winter gezegd. Geniet ervan, zei ik, maar maak geen plannen. Die Dan Martin heeft 't veel te hoog in zijn bol. Hij ziet dingen voor zich die je niet gauw tegenkomt in deze streek. Wat heet, je zult ze van je levensdagen niet tegenkomen. Daniel heeft nou eenmaal ambitie, zei ze dan. Niks ambitie, zei ik. Het is een dromer, die jongen. En hij droomt van zaken die helemaal niet kunnen. Maar je weet hoe ze is. Werd ze giftig. Ik laat me door jou niet voorschrijven waar ik van mag dromen! Dus dan haalde ik mijn schouders maar weer op. En ik heb het altijd maar voor me gehouden dat die lekkere Dan van haar vaak genoeg ook naar mij zat te loeren. Ongelofelijk. Maar goed, ik heb echt geprobeerd haar te waarschuwen.'

'Maar je ziet, ze is er uiteindelijk zelf wel achter gekomen.'

'En geen dag te vroeg.'

Ze hadden de laatste van een rij schoven gehad en namen even rust terwijl het span keerde en aan een nieuwe rij begon. In het helle middaglicht staken de schoven als bundels gematerialiseerde zomer af tegen de stoppels van het kortgemaaide gras. Donker en geurig, elk met zijn eigen slagschaduw. Norman begon ze weer omhoog te vorken. De lading werd steeds groter en hij moest steeds hoger reiken. Hij zei: 'Denk er niet te makkelijk over, Pru. Liefde is niet zomaar iets. Voor de meeste mensen is het zowat het enige wat ze op de been houdt. En menigeen moet genoegen nemen met een slap aftreksel. Namaak. Een soort van zakelijke overeenkomst. En dan heb je nog mensen die helemaal niemand hebben en al hun liefde op Jezus moeten afwentelen. En da's uitstekend, hoor. Nou ja, niet uitstekend maar in elk geval een goeie manier om toch iets te hebben. Maar als je echt van iemand houdt, en zo iemand houdt ook van jou... Daar kan niks aan tippen. De pest is alleen dat de een vaak meer van de ander houdt dan andersom. Misschien gaat het zelfs altijd wel zo. En dan komt het er maar op aan hoe groot het verschil is. En je zus... Tja, voor haar was het verschil dus te groot. Maar zoals ik zeg, dat gebeurt zo vaak. En de meesten van ons leren er alleen maar van. Dan weten ze des te beter wat ze zoeken.'

Ze stond nu hoog boven hem, in het tegenlicht van de dalende zon. 'Heb jij dat ook meegemaakt? Voor Mama?'

'Nee,' zei hij peinzend. En een paar stappen later: 'Ik had toentertijd wel wat anders aan mijn hoofd met die oorlog. En toen heb ik je moeder leren kennen.'

'Ja,' lachte ze. 'En dat verhaal kennen we.'

'Jij wel, ja.'

'Reken maar. Voor een groot deel in elk geval.' En ze zweeg even, en zei toen: 'Maar goed, over mij hoef je niet in te zitten. Ik blijf gewoon hier, tot ik oud en grijs ben en de pijp uitga.'

'Denk je?'

'Naar mij zal geen kerel komen zoeken. Ik ben snugger genoeg om dat in te zien.' Veegde met de rug van haar hand over haar gezicht. 'Maar vervelen hoef ik me niet. Ik word vast een lieve tante voor Abby's kroost. En voor dat van die kleine dondersteen, als zijn tijd komt.'

Normans achterhoofd en rug deden pijn van de zon en het tillen. Hij moest toegeven dat ze zichzelf goed inschatte en de pijn werd vooral pijn om haar. Hij dwong zichzelf tot monterheid. 'Dus jij denkt dat je alles weet, hè? Dan spreken we dit af: als je me binnenkort aan m'n kop komt zeuren over een of andere jongen, kost dat je tien dollar.'

Ze grijnsde hem toe vanaf de hoge hooistapel, haar tanden een witte flits in de schaduw van de hoed. 'Afgesproken. Maar als ik jou was, zou ik nog niks kopen voor dat geld.'

De avondschemering van eind augustus. Niet meer de langgerekte zachte zonsondergang van de zomer. De korte blauwe schemering die de herfst aankondigde. Maar de meisjes speelden evengoed nog croquet op het gazon, de passie die Abigail in de zomer van het vorige jaar had opgevat en niet meer had prijsgegeven, zelfs niet nadat ze op die juniavond aan het begin van deze zomer verteld had dat het uit was met Daniel Martin. Norman wist niet beter of ze had het bij die korte mededeling gelaten. Het was denkbaar dat Prudy meer wist, al dan niet uit de eerste hand, maar zo vrijelijk als ze hem deelgenoot maakte van haar ergernissen, zo discreet was ze als het om dit soort intimiteiten ging. Van Leah had hij ook niks gehoord, maar dat kwam ongetwijfeld omdat ze haar al evenmin iets hadden verteld. Hij was kwaad op die jongen, maar zonder kennis was het een futiele woede, dezelfde blinde verontwaardiging die hij ooit gevoeld had toen Abby huilend thuiskwam van haar eerste schooldag. Hij zat in zijn gekrulde schommelstoel bij het raam en keek naar ze: Abby vol ernstige overgave, vaardig in de weer met haar houten hamer, Pru afwezig op haar beurt wachtend, haar hamer als een bijl over haar schouder, naar de vleermuizen kijkend die onder de dakbalken van de stal vandaan kwamen. Voor hem op het vloerkleed lag zijn zoontje, languit op zijn buik, rustend op zijn ellebogen, verdiept in een tijdschrift. Het leek Norman uitgesloten dat hij zoiets al lezen kon, maar hij deed een eeuwigheid over elke bladzij. Aan de andere kant van de kamer zat Leah op de sofa. Ze hield haar handen gevouwen in haar schoot, haar knieën tegen elkaar, rug recht, haar blik aandachtig, gretig, vastberaden, en op een alarmerende manier teder. Alsof ze met liefhebbend geduld op zijn uiteindelijke instemming zat te wachten. Een blik die zei dat hij zijn tijd verspilde met dat tegenstribbelen.

Jamies aanwezigheid deed hem zijn stem rustig en amicaal houden, maar het jochie lag met zijn voeten naar hem toe, dus was hij vrij in het kiezen van een gelaatsuitdrukking. Hij keek haar dreigend aan en zei het zo mild als hij kon: 'Nee.'

Ze trok haar wenkbrauwen op en zei: 'Ik weet niet of je oplet of niet, maar ik had je niet om toestemming gevraagd.'

En hij zei het opnieuw, hoewel hij wist dat hij het alleen nog maar zei om het zichzelf te horen zeggen, om te kunnen weten dat hij dát in ieder geval gezegd had: 'Nee.'

'Norman...'

'Het is een idioot idee. Nog nooit zoiets idioots gehoord. Al die jaren in de rats zitten en over je schouder kijken en dan opeens bám, wil je daarheen. Leg mij maar eens uit waarom dat geen waanzinnig idee is.'

'Lieve hemel, ik maak me al jaren niet meer bang dat iemand me hier komt opsporen. Je gaat me toch niet vertellen dat jij daar nog steeds over inzit? Dat was 1865, Norman. Jij weet toch ook wel dat dat voltooid verleden tijd is?'

'Jazeker, daar heb ik me zorgen om gemaakt. Daar heb ik vaak genoeg aan gedacht. We hebben kinderen, we zijn aan elkaar verknocht. Er zijn in de voorbije jaren momenten geweest dat het me erger dwarszat dan ooit. De gedachte alleen al. Dat ik je kwijt zou kunnen raken. Dus ga me nou niet vertellen wat ik denken moet.'

'Dat doe ik ook niet. Ik zeg alleen maar wat ik ga doen. En ik moet het wel doen, Norman. Begrijp het dan. Verplaats je nou eens in mij.'

'Het spijt me, maar ik begrijp er niks van. Ik vind dat je bepaalde dingen los moet kunnen laten. Je moet naar het heden kijken, naar wat je hier hebt. Wil je dat dan allemaal in de waagschaal stellen?'

'Ik geloof niet dat ik iets in de waagschaal stel. Het is nu vijfentwintig jaar geleden dat ik er weg ben gegaan. Ik blijf er maar heel kort, en je moet niet vergeten dat ik daar lang niet zo opval als hier. Bovendien weet ik precies wat ik er wel en niet te zoeken heb. Ik ken het daar.'

De weifeling in die laatste zinnen was hem niet ontgaan. Hij pakte zijn pijp en stak er de brand in, met beheerste bewegingen die de schommelstoel in rust hielden. Hij zoog aan de pijp en keek naar buiten. De schemering was paars nu, en de ruit weerspiegelde de lamp in tweevoud, maar hij kon nog steeds zijn dochters zien, die bleven doorspelen tot het donker was. Typisch de jeugd, dacht hij. Maling hebben aan de invallende duisternis. En hij gunde zichzelf nog een laatste keer het armzalige plezier: 'Nee.' Hij keek haar aan en vervolgde: 'Je hebt geen flauw idee hoe het daar is. Iedere voorstelling die je ervan hebt zal fout zijn. Het is al zo lang geleden en er is daar zoveel gebeurd. Die mensen hebben zoveel meegemaakt. Alles zal er anders zijn. Misschien is het er nog wel slechter geworden. Dat weet je niet.'

'Norman, het gaat om mijn moeder.' Bij het laatste woord klonk haar stem als een vuist op tafel, hard genoeg om haar zoontje naar haar te doen opkijken, en dan over zijn schouder naar zijn vader. Ze zaten zijn blikken zwijgend uit. Toen hij zich weer aan het tijdschrift wijdde was Leah de eerste die versprak, haar kalmte herwonnen. 'Dat moet je kunnen begrijpen. Ik heb het voor jou en jouw moeder heel moeilijk gemaakt, dat valt niet te ontkennen. En als je wilde kon je mij er de schuld van geven dat ze afstand van je nam, van ons allemaal, terwijl ze gewoon in het dorp bleef wonen. Maar je hebt haar toch kunnen bezoeken toen ze zo ziek was. En je hebt haar die lente toch hierheen kunnen halen om het jongetje te zien dat we naar je vader hadden vernoemd. En je hebt toch haar kist helpen dragen, en aan haar graf kunnen staan in de stromende regen. Ik zal nooit weten in hoeverre het aan mij lag dat jullie elkaar zijn gaan mijden, maar ik weet wel dat ik je nooit belet heb je moeder op te zoeken als je dat echt nodig vond. Sta mij dat dan ook toe.'

Norman trok aan zijn pijp. De meisjes stonden nu in de keuken, iets te eten. De tabaksrook stroomde als een vloeistof door te kamer, krulde zich om de hete lucht boven het lampenglas. De wereld was van het ene moment op het andere uit het lood geraakt. Alles oogde opeens scherper, onwezenlijk echt, breekbaar. En zo voelde hij zichzelf ook. Een weemoedig gevoel. Hij wist al dat ze het af zou wijzen, kende alle redenen al die ze geven zou, maar wilde het toch gezegd hebben: 'Dan zou ik met je mee willen.'

Kende nu ook opeens de ware reden voor die liefhebbende blik, wist dat zij dezelfde weemoed voelde. Haar glimlach brak zijn weerstand. Hij voelde zich gekluisterd, lamgelegd door alles: haar behoefte, de kinderen, de boerderij. Alsof het allemaal samenspande om hem machteloos te maken. Na al die jaren toch niet bij machte om haar bij te staan. Ze glimlachte teder en droevig. 'Dat weet ik. Maar dat kan nu eenmaal niet.'

Het was geen goed jaar geweest. Een strenge winter en een even harde lente, met een reeks voorvallen die in juni leek te zijn besloten met het nieuws dat Abby's verkering van een jaar niet tot een verloving zou leiden. Norman had met haar te doen gehad maar was er niet echt rouwig om geweest, want met die jongen had het alle kanten op gekund, rampspoed zowel als geluk. Maar nu had het er alle schijn van dat de zomer slechts een rustpauze was geweest en dat de herfst nieuwe ellende zou brengen. Hij vreesde voor het uiteenvallen van zijn gezin. Leah's voorgenomen reis was het meest onrustbarende voorteken, maar er was ook Abby die de middelbare school had afgemaakt en in weerwil van haar mineurstemming voortdurend over het zoeken van een baantje sprak. Hij kende haar goed genoeg om te weten dat dit haar binnenkort zou lukken. Maar de vraag was waar, in het dorp of verder weg. Bovendien zou ze heus niet lang meer ongetrouwd blijven. En dan was er Pru die nog maar één jaar naar school hoefde. Ze had het dan wel over een leven op de boerderij, maar dat leek hem verre van zeker. Een deel van haar was inderdaad honkvast, maar ze had nog een andere kant en die achtte hij zeer wel in staat tot een totaal onverwachte en verbazingwekkende vlucht. Hij wist eigenlijk niet eens welke kant hij het liefst zag winnen. Al met al was de zomer nog niet om of hij zag er al op terug als een betreurde en voor altijd verloren periode van pais en vree. Soms dacht hij dat hij oud en sentimenteel begon te worden, maar hij wist wel beter: hij was altijd al zo geweest. En sentimenteel of niet, er viel niets af te dingen op zijn oordeel dat de zomer een verademing was geweest na de winterse verschrikkingen.

Die begonnen waren aan het eind van januari, toen Hiram Howell in de knoei was geraakt in het ravijn aan de andere kant van de berg, waar hij bij de achtervolging van een aangeschoten hert overvallen was door een sneeuwstorm. Het was een hevige bui geweest, die hooguit een uur had geduurd maar hem in een overweldigende witheid had gedompeld. Het bloedspoor was uitgewist, en zijn eigen voetstappen ook. En het begon al te schemeren in het ravijn, hoewel hij recht boven zich nog dunne vederwolken door de helle winterhemel zag jagen. Bang voor de nacht en de kou die bomen kon doen openbarsten had hij gepeild hoe het late zonlicht op de voortijlende wolken viel en besloten de steile oosthelling van het ravijn te beklimmen, in de hoop dat hij voor het donker het huis van Ballou kon bereiken, dat ergens daarboven moest liggen. Norman kon zich goed voorstellen wat voor klim dat moest zijn geweest. Bijna loodrecht omhoog. Zelfs met een goeie bevroren korst zou je wegzakken op plekken waar de sparren dicht opeen stonden of een granieten dagzoom de middagwarmte had weerkaatst. Hij kende de verleiding om in paniek te raken en je te gaan haasten als de avond begon te vallen, met het risico dat je uitgleed op een beijzelde rotspunt, naar beneden donderde en een arm of been brak. En dan opgeven als de kou een weldadige, troostrijke slaap over je deed komen.

Maar Howell gleed niet uit en haalde het, net toen de avond viel. En hij bleek precies ter hoogte van Ballous huis uit het ravijn te zijn geklauterd, alsof hij erheen was geleid. Want, en hij werd niet moe het te vertellen, hij had bij zijn klim geen flauw idee gehad waar hij boven zou komen, en of hij daarna links- of rechtsaf moest om het huis te zoeken. Maar het had recht voor hem gelegen. Donker. De schoorsteen rookloos. Verlaten. Dat had hem overigens niet verontrust, want van zulke lui kon je nou eenmaal alles verwachten, behalve dat ze zich ooit als normale mensen zouden gedragen. En hij had bovendien geweten dat zij wel de laatsten waren om het een verdwaalde man kwalijk te nemen als hij op een avond als deze hun huis binnenging om zich te warmen en iets te eten, als hij tenminste iets van zijn gading kon vinden. Althans, dat had hij zichzelf voorgehouden toen hij voor de dichte deur stond. Daarbinnen zou hij thee vinden om de kou mee uit zijn botten te jagen, en hopelijk ook iets sterkers om het zelfs een beetje warm te krijgen. Dus had hij de klink opgetild en de deur opengeduwd en was hij het donkere huis in het donkere bos binnengegaan.

Ondanks de vrieskou, hij werd niet moe het te vertellen, had hij het meteen geroken. Rook het, maar wilde er niet te veel aandacht aan schenken. Het zou wel bij dit huis horen, het aroma zijn van de mensen die er woonden. Trok zijn wanten uit en graaide door zijn geopende jas naar zijn vestzak en vond het doosje en streek een lucifer aan, zag de lamp op tafel en nam er het beroete glas af en draaide de pit omhoog en stak hem aan. En toen pas, terwijl het licht zich langzaam en flakkerend door de ruimte begon te verspreiden, merkte hij dat hij niet alleen was. Op het lage bed lag Marthe Ballou. Op haar rug en, vreemd genoeg, boven op het beddengoed. En hij pakte de lamp op en liep naar het bed en zag het gat in haar voorhoofd, dat haar hele gezicht deed vertrekken als in een verontwaardigde kreet. Een gat met een rand van bevroren bloed. Een arm omhooggeslagen alsof ze de gedraaide spijl van het hoofdeinde wilde grijpen. Er was iets aan de huid van haar gezicht dat hem bevreemdde. De smoezelige amberkleur ontbrak, die altijd zo scherp contrasteerde met haar witte haar. Het haar dat overigens even vet en slierterig was als anders. Ze was inwit, alsof dat aangekoekte vuil eindelijk eens van haar gezicht was geschraapt, haar huid de kleur van het vruchtvlees van zure appels, gemengd met het ijle blauw van een winterse avondschemering. Hij bleef er even naar staan kijken, over haar heen gebogen, en zag toen pas dat die witheid niet haar huid was maar de rijp die daarop was neergeslagen. Hij zag het aan de fijne kristallen in het dons op haar bovenlip, en in haar wenkbrauwen, en het haar in haar neusgaten.

Wat hij daarna deed zou hij niemand ooit vertellen, wat ook niet hoefde omdat iedereen het wel kon raden. Hij keerde de dode vrouw zijn rug toe, liep met de lamp terug naar de tafel waar tussen alle rommel een kruik appelbrandewijn stond. Toen hij die optilde bleek hij halfvol. Hiram was verkleumd, hondsmoe, ontredderd. Hij liep naar de openstaande deur, sloot hem en hield zijn rug naar de vrouw gekeerd terwijl hij een vuurtje aanlegde in de haard. Ging vervolgens aan de tafel zitten, nog altijd met zijn rug naar Marthe, en warmde langzaam op terwijl de stank erger en erger werd. En maakte ondertussen de kruik soldaat. Die vrouw was dood, dus daar was geen haast meer bij, en zelf was hij zo niet bijna dood dan toch doodop na die vreselijke middag en zijn slopende klim uit het ravijn. Dus nam hij een laatste teug en legde zijn hoofd op zijn armen en viel in slaap. Om een paar uur later te ontwaken met een hoofd dat als een brok ellende op zijn schouders rustte, vol verwarring en paniek. Was zich opeens ten diepste bewust van de afwezigheid van Ballou, die aanvoelde als een aanwezigheid. Hij goot een ketel ontdooid water in de haard en stapte de winternacht in, die vagelijk maar voldoende verlicht werd door de sikkelmaan, pakte zijn sneeuwschoenen van de sneeuwbank waarop hij ze had achtergelaten en maakte dat hij wegkwam. Zijn jachtgeweer had hij achtergelaten, wat geen kwaad kon omdat het een modern klein kaliber repeteergeweer was en dus duidelijk niet het moordwapen. En haastte zich struikelend en kotsend naar de andere kant van de berg, en ademde al die tijd niet de bevroren nachtlucht in maar de lijkstank en de walm van zijn braaksel, helemaal om de berg heen tot hij eindelijk de andere kant bereikte en even uit kon rusten en zowaar iets van de ijzige schone nacht in zijn longen kon krijgen. En nam zich voor nooit meer te gaan jagen. En ploeterde de helling af naar de vallei en kwam halverwege bij een boerenwoning en bonkte er op de deur waar eerst Leah verscheen en even later Norman, en zijn paniek was inmiddels zo hevig dat hij van de weeromstuit redelijk en kalm klonk, als beschreef hij hun de lotgevallen van een ander.

Later, veel later, in die eindeloze gure dagen van begin november, toen Norman voor het eerst van zijn leven wenste dat hij krankzinnig was, dat al het gebeurde slechts de herinnering aan een koortsige nachtmerrie was, toen hij keer op keer probeerde wijs te worden uit het kluwen van onbegrijpelijkheid, steeds opnieuw trachtte te bedenken wat hij had kunnen zeggen of doen om alles anders te laten lopen, in die novemberdagen kwam hij telkens weer uit op dat nachtelijke kabaal van Hiram Howell, op het nieuws dat hij was komen brengen. Verder terug kon hij niet gaan, kon hij zichzelf niet toestaan te gaan. Onder geen voorwaarde wilde hij terug naar de tijd waarin hij haar nog niet gekend had. Omdat dit tot de conclusie kon leiden dat zij hun vijfentwintig jaar samen minder belangrijk had gevonden dan iets anders, iets uit de tijd daarvoor, iets wat geen enkele betekenis had mogen hebben. Dus kwam hij telkens weer en uiteindelijk definitief tot de slotsom dat het de moord op Marthe Ballou was geweest die iets in Leah had opgewekt, een sinistere impuls, onkenbaar maar krachtiger dan welke menselijke hoop of wens ook, krachtiger zelfs dan de wil tot leven, een impuls die alles in elkaar had doen storten. Alsof ze de schuld voor Marthes dood op zich had genomen.

Het was Abby die de slee over de harde sneeuw reed om Hiram Howell naar de vrederechter van Randolph te brengen, opdat hij zijn verhaal kon doen. Pru bleef in het huis achter bij de slapende Jamie, terwijl Norman achter Leah aan om de berg trok. Beiden op sneeuwschoenen, Norman met zijn jachtbuks. En hij haalde haar halverwege in en kwam voor haar bij het huis aan, stil en donker, de deur open naar de nacht. Hij stak de lamp aan en Leah liep achter hem langs naar Marthe. Norman bleef bij de tafel staan, met zijn handen op het tafelblad, stond een poosje met zijn ogen neergeslagen en keek opeens met een ruk op. Speurde de donkere hoeken van het vertrek af. Zei niets tegen Leah en liep naar buiten om er de wacht te houden, hurkte neer met zijn rug tegen de donkere zijwand, weg van de verlichte deuropening. Die tafel was leeg geweest. Alle rommel lag er aan één kant naast, de borden aan scherven. Zo te zien was alles er met een woeste armzwaai vanaf geveegd. Behalve de kruik. En over het oor daarvan Hirams repeteergeweer, met de loop naar de deur gericht. Dat was niet het werk van Hiram Howell geweest. Norman zat met zijn buks op zijn knieën, zijn blik dwaalde over het erf en wat daarachter lag. De sneeuw tussen de sparren en dennen, de vervaarlijke stammen, de donkere plekken waar de sneeuw door graniet werd doorbroken. Op de uitkijk naar beweging, een vluchtige schim achter een boomstam of rots. Hij had niet het gevoel dat hij beloerd werd maar wist zeker dat Henri zich daar ophield, vlak bij het huis of verder weg, maar ergens daar voor hem. Na een tijdje van turen en niets zien kreeg hij kramp in zijn benen, kwam overeind en liep in een wijde halve cirkel voor het huis langs, af en toe omkijkend naar de deur, stapte tussen de bomen en bleef staan. Geen geluid, geen geur, niets. Hij sprak tot het donker. 'Ik ben het, Henri. Norman Pelham. Mijn vrouw en ik, meer niet. Maar er zullen zo nog wel anderen komen. Je kunt net zo goed met me mee naar binnen om ze op te wachten. Waarom zou je daar in de kou blijven zitten? Dat heeft toch geen zin? Kom nou maar te voorschijn, Henri.'

Bleef zo staan. Hij wist dat zijn stem, hoe zacht ook, tot diep in het bos droeg. Voelde de kou in zijn onbedekte hals trekken. Nog steeds geen enkel geluid, helemaal niets. Hij wist niet of hij gehoord was, maar meer kon hij niet doen. Hij liep terug naar het huis, trok de deur achter zich dicht en legde de grendel in de haken. Ging aan de tafel zitten wachten op de mannen uit het dorp, met zijn rug naar Leah. Toen hij binnenkwam had hij haar op de rand van het bed zien zitten, een hand van de dode vrouw tussen de hare. Hij zat met zijn gezicht naar de deur. Keek nog eens naar de merkwaardige opstelling van Hirams geweer over de brandewijnkruik. Pakte het wapen en legde het plat op tafel, met de loop weg van de deur. Het was allemaal al luguber genoeg zonder die boosaardige grap. Hij had geen idee waarom hij Henri deze dienst bewees. Zat daar en wachtte, luisterend naar de monoloog achter hem, alsof hij een gesprek afluisterde.

'Ik wist dat het hier niet goed ging, Marthe. Al een dag of tien. Ik voelde gewoon dat er iets verschrikkelijks aan de hand was. En toch maar denken dat ik het me verbeeldde. Ik vond het te koud om hier helemaal naar toe te komen. Dacht dat jij wel naar mij kwam als je me nodig had. Ik deed alles wat jij altijd doet, behalve hierheen komen om poolshoogte te nemen. Egoïstisch sekreet dat ik ben. Elke middag, al die zonnige middagen, dacht ik dat je wel over de berg zou komen om mij op te zoeken. Mij, mij, mij. Dat je bij me in de keuken kwam zitten, koffie drinken en die meiden plagen. En op die kleine mopperen, zoals je altijd doet. Dus ik wist het allang, maar wat ik wilde was belangrijker... Jij was altijd de enige die ik wilde. Al mijn kinderen heb je gehaald. En verdomme, ouwe heks, je wist het altijd precies als ik iemand nodig had om bij me in de keuken te komen zitten voor een praatje. Maar ik heb me nooit druk gemaakt om wat jíj nodig had. Ben ik te egoïstisch voor, Marthe. Jij moest maar voor mij klaarstaan, mijn stomme probleempjes oplossen. Stom!' En Norman die aan de tafel zat en naar de vergrendelde deur staarde en het geluid hoorde van zijn vrouw die zichzelf in het gezicht sloeg, en hij keerde zich niet om maar kon toch zien hoe ze zich over de dode vrouw boog, met die hand nog steeds in de hare, en hij hoorde haar snikken. En keerde zich nog steeds niet om. Zei niets. Omdat hij wist dat ze hem dat niet in dank zou afnemen.

En hij luisterde naar de woorden die ze steeds opnieuw mompelde. 'Marthe, Marthe. Godverdomme.'

En het werd stil. Norman nog steeds aan tafel zittend, nog steeds voor zich uit kijkend. Alleen nog de ademhaling van zijn vrouw, haar droge snikken, schor en rauw. Hij pakte zijn buks op uit zijn schoot en legde hem voor zich op tafel, parallel aan de rand. En legde er zijn beide handen op. Een op de loop en een op de kolf. Losjes. Wachtend op het geluid van naderende mannen.

Henri Ballou was spoorloos gebleven tot het eind van de lente, toen een visser door het moeras aan de kop van het ravijn had gewaad, benieuwd waar die stank en al die zwarte vliegen vandaan kwamen. Zijn neus voerde hem naar het punt waar zich een bergbeekje in het moeras stortte, en daar, ingeklemd tussen twee rotsblokken, had dat gelegen wat er nog van Henri over was. Jonge varens die zich tussen zijn benen ontrolden, halfvergane kleding aan het zwart geworden vlees dat hier en daar al van zijn botten viel. Een stel raven was van hem opgevlogen, boos krassend om de verstoring van hun maaltijd. Rond die tijd had iedereen al aangenomen dat hij zich in deze toestand moest bevinden, of anders veilig in Canada. Hoe anders was het geweest in de weken na de ontdekking van zijn vermoorde vrouw. Ballou was overal en nergens, een boze geest in de bossen en nachten. De opsporingsploegen hadden niets gevonden, op een raadselachtig teken na: een paar afgerukte dennentakken die op een open plek in een patroon waren neergelegd waar niemand wijs uit kon, alle sporen uitgewist door de verse sneeuw. De speurders waren aanvankelijk nerveus en schietgraag geweest maar gaandeweg lusteloos en halfhartig geworden. Niemand wilde graag de eerste zijn om ergens rond te neuzen en Ballou uit het gebladerte te zien stappen. Er werd steeds minder over Marthe gesproken, die in de plaatselijke grafkelder was gelegd tot de grond zacht genoeg zou zijn om haar in het armenhoekje van het kerkhof te begraven. De zoons van het echtpaar, allemaal volwassen kerels inmiddels, lieten hun gezicht weer in het stadje zien maar waren geen van allen bereid om hun vader te helpen zoeken. Al was iedereen ervan overtuigd dat ze wisten waar hij was en dat ze hem nog regelmatig zagen. En toen waren ze vertrokken, alleen of in koppels, en na het vertrek van de laatste twee, de jongste en op één na oudste, was het huis aan de achterzijde van de berg in vlammen opgegaan. Vlammen die niemand had gezien. Norman had de rook geroken, maar had geen trek gehad om naar de brand te gaan kijken. Er lag nog volop sneeuw dus er was geen enkel gevaar voor de rest van Mount Hunger, zoals de berg genoemd werd. Opgeruimd staat netjes, had hij gedacht.

Binnen een week begonnen ze kippen kwijt te raken. Twee tot drie per nacht. Malse jonge vogels. Norman kon wel grinniken om Ballous verfijnde smaak, maar zijn geruisloze werkwijze was verontrustend. Er school gevaar in die stilte. Zelfs Prudy's mastiff was door die eerste nachtelijke bezoeken heen geslapen. Hij zag zijn oude buurman niet direct als een bedreiging, maar het vermoorden van je vrouw wees nu ook weer niet op een evenwichtige geest, en een leven in het winterse bos zou hem er niet evenwichtiger op maken. Er was iets demonisch aan de manier waarop hij de spot dreef met de opsporingsploegen; die takken waren in een onbegrijpelijk patroon neergelegd, maar wel zo dat iedereen het als mensenwerk kon herkennen. Op een avond sloten ze de mastiff in de stal op, om hem de volgende ochtend terug te vinden in de schaapskooi, geen haartje gekrenkt en kwispelstaartend blij hen te zien. Leah was razend en Norman voelde zich in de maling genomen. Diezelfde avond nog droeg Norman zijn buks en een kan koffie naar het grootste kippenhok en ging op een omgekeerde krat zitten. In de hoek, zodat hij de beide deuren in de gaten kon houden. De gaslampen waren uit voor de nacht, maar de stoven maakten het behaaglijk. Kort na middernacht hoorde hij het zachte gerasp van een klink die werd opgetild, en met zijn buks in de aanslag zag hij de deur opengaan. Buiten viel het sterrenlicht op de sneeuw en hij kon duidelijk het silhouet in de deuropening zien verschijnen. De gedaante stokte, voelde of wist dat er iets niet klopte daarbinnen. Norman zei: 'Nog één stap en ik schiet je voor je raap, Henri.'

Geen antwoord. Het silhouet bleef roerloos in de deuropening staan.

'Ik gun je die kippetjes wel, hoor. Het bos is geen vetpot in deze tijd van het jaar. Maar als mijn vrouw hier gezeten had, was je nu dood geweest. Die had je meteen neergeknald. Marthe was haar hartsvriendin.'

Hij dacht een kleine beweging te zien bij het noemen van die naam. Een achterwaarts hoofdknikje. Nog steeds zwijgend. Nog steeds in de deuropening, binnen noch buiten, als op een stukje niemandsland. Norman was kalm, de buks zeker in zijn handen, zijn ellebogen ontspannen alsof hij zijn wapen tot in de eeuwigheid zo kon vasthouden. Zijn vinger kromde zich om de trekker.

'Van hieraf kan ik je makkelijk in je schouder of je knie schieten, Henri. Of gewoon in je buik, en je dan naar het dorp slepen en hopen dat je lang genoeg blijft leven om alle vragen te beantwoorden. Ik snap eerlijk gezegd niet waarom ik het al niet gedaan heb. Maar als je zo blijft staan, komt het er wel van.'

Nog steeds geen kik. De gedaante in de deuropening leek tot rust te zijn gekomen, alsof hij zich verzoend had met de situatie. Geen overgave maar berusting. Norman wist dat hij die houding niet met verslagenheid moest verwarren, en al helemaal niet met berouw of schuldbewustheid. Er leek eerder een soort nieuwsgierigheid uit te spreken. Ballou die zich niet betrapt voelde maar met milde nieuwsgierigheid wachtte op de dingen die komen gingen. Op zijn hoede maar onbevreesd. Deed aan een marter denken, een visotter of een veelvraat. Norman voelde alsnog een spanning in zijn armen sluipen. Hij wist dat Ballou gewapend was, ook al viel dat niet aan de gedaante af te zien. Kreeg een gevoel alsof hij degene was die tegen de lamp was gelopen. Hij leek nog maar één ding in zijn voordeel te hebben en besloot het te benutten, al wist hij niet zeker of praten op dit moment een val was die hij kon uitzetten of een val waarin hij verstrikt kon raken.

Zijn stem klonk hem vast, gelijkmatig in de oren. 'Ik heb er lang over nagedacht, Henri. Wat een afschuwelijke toestand. En ik weet hoeveel je van het bos houdt, maar daar zal het nu ook niet meevallen. Je zult je best nog een poos kunnen redden, misschien wel voor altijd zelfs. Maar het zal je blijven achtervolgen. Als je jezelf aangaf, kreeg je in ieder geval de gelegenheid om jouw kant van het verhaal te vertellen. Ik heb me proberen in te denken wat ik in jouw plaats zou doen.' Dit was niet waar. 'En het lijkt mij, dat zelfs wanneer je niet geloofd wordt, of ze geloven niet alles, dat het tenminste wel van je af is. Dat iedereen het gehoord heeft en zijn eigen oordeel kan vellen. Dat je het niet meer alleen hoeft te dragen. Dat zou ik namelijk vreselijk vinden. Op dit moment staat alleen maar vast dat jij Marthe hebt doodgeschoten. Niemand kent de rest van het verhaal. En die is er natuurlijk. Om zoiets te doen... Iedereen snapt dat ze je getergd moet hebben. Niet dan?'

In de deuropening een schrapend geluid en een lichtflits. Hij haalde bijna de trekker over. Ballou hield de lucifer in de pijpenkop en zoog, het vlammetje wakkerde hoog op en doofde, had even zijn gezicht getoond, een landschap van schaduwen. Ballou nam de tijd. Norman zag de rook traag omhoogkringelen en snoof de zoete geur op. En toen pas klonk de stem, een staccato van uithalen en trillers, een stem gewend aan raven en dennen, vervreemd van het menselijk gehoor. 'Je weet niet waar je over kletst, Pelham. Je denkt dat je er wat van snapt, maar je bent een idioot. Ik hoor het je denken: al die Canadezen, al die vuile Canucks, allemaal hetzelfde. Naaien, knokken, een stoet kinderen maken, vreten en zuipen en creperen. Want zo ben je zelf eigenlijk ook, niet? Daarom snap je ze wel, denk je. Maar je snapt mooi niks, jongen. Tergen? Dat doet elk wijf met elke kerel. Heb je dat nou nog niet door? Nee? Marthe en die van jou zijn zulke dikke vriendinnen. Heb je daar dan nooit bij stilgestaan? Natuurlijk wel. Allebei hetzelfde, zal je gedacht hebben. Allebei vreemd hier, niet op hun plek, dus dat zoekt mekaar op. Maar je snapt er mooi geen moer van. Want Marthe houdt helemaal niet van vrouwen. Ze kan ze niet uitstaan. Denk daar maar eens rustig over na. Al die meissies die naar haar toe komen, allemaal met jong, altijd hetzelfde gesodemieter. Die denken allemaal dat ze een vriendin aan haar hebben. Maar ze horen niet wat ze zegt als ze hun hielen weer gelicht hebben. Dat hoor ik alleen. "Zo ouwe, daar gaat weer een hoer waar jij straks je hart aan kan ophalen. Nergens anders meer voor geschikt, die meid. Kan alleen nog maar de hoer spelen." Dus tergen zeg je? Niks van aan, jongen. Ik heb jaren geleden al vrede met haar gesloten, met wie ze is. Mij best, zeg ik. Leven en laten leven. Maar van de winter werd alles opeens anders. Ik was helemaal het noorden kwijt, jongen. Behekst door dat wijf. Kwam er opeens achter waarom we nooit geen meiden hebben gekregen, enkel jongens. Ik altijd maar denken dat ik nou eenmaal een echte kerel was. Dat het daardoor kwam, weet je. Mooi niet. Op een nacht in november word ik wakker van een hoop geratel en geklepper. Allemaal kleine botjes die om mijn bed heen dansen. Kinderbotjes. En dat ouwe wijf zit in de hoek bij de haard dat spelletje van haar te doen, met die draadjes om haar vingers. Snel als de duivel, jongen, die vingers van haar. En die versleten grijns op haar smoel. Zat ze al die ouwe slaapliedjes te zingen waar ze vroeger de jongens mee onder zeil kreeg. Ik zweer het je, waar gebeurd. Ik denk: ik heb een nachtmerrie gehad. Maar het hele bed ligt vol met botjes, van die klepperende meisjesbotjes. Een herrie! En niet alleen meisjes, maar van alle kindjes die ze heeft weggemaakt. Ik zie niks, maar ik kan het zuiver horen. Want als je met botjes rammelt, er is niks op de wereld wat zo klinkt. Van dat hoge gekletter, weet je wel. En heel vrolijk, alsof ze de grootste lol hebben samen. Net bosmuizen met een slok op die de horlepiep doen. Was ook gek geweest, maar dat had ik liever gehad dan die botjes. En ze dansten op wat zij daar zat te zingen. Die ouwe Franse liedjes. O, jongen. Al die kleine kindjes. En dat wijf zit naar me te lachen. Maar uitdagend, weet je wel. Niks vriendelijks aan. En ik kan geen vinger optillen. Kan niet opstaan, niks. En zo bleef het doorgaan, af en aan. Tot nieuwjaar.

Het was natuurlijk stom van me. Gewoon niet bij nagedacht. Ik doe het op een gegeven moment, maar dat was precies wat ze wilde. Toen was ze helemáál in haar element. Het was niet meer te harden in huis. Wat een herrie! Nog een dag of drie heb ik het aangezien, en toen heb ik de benen genomen. Want kijk, ik kon natuurlijk niet meer bij haar komen, hè. Kon haar niet meer aanpakken. Het veranderde niet eens toen die idioot van een Howell haar vond en ze naar die kelder werd gedragen. Een kabaal in dat huis, niet mooi meer. Dag en nacht. Dus ik heb de boel maar in de hens gezet. Jazeker, dat was ik die dat gedaan heeft.

En nou denk jij natuurlijk: die kerel is malende. Tja, wie zal het zeggen. Misschien wel en misschien niet. Maar ik zal je wat vertellen dat je nog niet wist. Ik was zevenentwintig jaar oud, werkte in die houthakkerskampen bij de meren in Connecticut. En toen kwam zij daarheen, uit het noorden. Nog geen vijftien was ze, maar ze wist al meer dan ik. En ik dacht nog wel dat ik de vrouwen vanbinnen en vanbuiten kende. Maar die meid komt op een dag Colebrook binnen en het was net of ze al die kerels rondkeek en mij ertussen ontdekte. Ze kwam op me af en tikte me op mijn borst en er lag in één keer een ijslaag om mijn hart. En jonge dwaas die ik was, ik dacht dat het warm voelde. Dus nou denk jij: die jonge Ballou was verliefd. Weer fout. Is nooit geen sprake van geweest. Ha! Misschien had ik geeneens liefde in me om aan iemand te geven. En misschien heeft ze dat juist wel gezien. Maar hoe dan ook, zij had in elk geval helemáál geen hart in haar donder. Vraag me niet waarom. Om iets wat daar in het noorden gebeurd was, of misschien was ze wel gewoon zo. Was ze zo geboren. Misschien was ze zelf wel een hoerenkind, weet ik veel. Ze zal die kunsten toch ergens geleerd moeten hebben. Maar goed. Dat leven in de bossen beviel haar wel, of ze deed het ermee, of ze kwam er tot haar recht. En ze liet me lekker mijn eigen gang gaan, en tussen de lakens ging het beter dan met welk wijf ook, dus ik heb lang genoeg gedacht dat ik me geen betere kon wensen. Zou jij ook hebben gedaan.

Dus ik moest eerst een ouwe knar worden, traag van begrip, weet je, om eindelijk door te krijgen dat het haar nooit om mij was gegaan. Ik kwam gewoon van pas. Een goeie manier om die dingen uit haar verleden af te maken, of een goeie manier om ermee verder te leven. Ik bedoel: ze had die eerste keer meteen doorgehad dat ik dood was voor de liefde, en dat kwam haar wel uit. Omdat ze niet alleen zelf geen hart had, maar het ook bij alle anderen weg wilde hebben. En ze zal gedacht hebben dat ik te stom was om het te zien als ze dat een ander aandeed. Of dat ik het misschien wel zou zien, maar te stom was om er wat tegen te doen. En eerlijk is eerlijk, ik ben ook zeker geen heilige geweest. Maar ik heb nergens geen spijt van,

Pelham. Tweeënzeventig jaar oud en ik heb drie vrije maanden gekend, in mijn hele leven. Wat er ook aan haat door haar lijf liep, wat voor gemenigheid haar opgevreten had vanbinnen, het heeft mij ook opgevreten. Dus dat was het. Geen verhaal om die gasten in het dorp te vertellen, vind je ook niet? Schijt aan alles, jongen. En om je de waarheid te zeggen, er valt nog genoeg te bikken in het bos. En die kip kwam me zo langzamerhand toch mijn strot uit.'

En hij deed geen stap achteruit maar was opeens uit de deuropening verdwenen. Als was hij zonder te bewegen opzij gestapt. Norman bleef zitten, de buks nog steeds in zijn handen. Hij stelde zich de donkere gedaante voor tegen de sneeuw, over de helling op weg naar het bos daarboven, de dekking van de sparren en dennen. Of misschien was hij al niet zichtbaar meer geweest toen hij uit de deuropening was geglipt. Na een tijdje begon hij het gewicht van de buks te voelen en legde hem op zijn knieën. Het tochtte door de openstaande deur en hij stond op om hem te sluiten. Keek niet naar buiten. Alleen een vluchtige blik op het woonhuis. Hij was niet bang meer voor Ballou. Hij stookte de stoven op en bleef nog een tijdlang in het donker zitten. Hij had Leah niks te melden. Hij was niet van plan om tegen haar te liegen, maar de waarheid zou hij voor zich houden. Besloot nog een paar nachten in het kippenhok door te brengen, zodat de indruk zou ontstaan dat Ballou hem had doorgekregen en niet meer durfde. De kippen waren veilig van nu af aan. Hij geloofde dat ze allemaal wel veilig waren, voor zover hun leven van dag tot dag te vertrouwen viel. En verder vond hij niet dat hem iets te doen stond. Hij had Leah niets te melden.

Hij had niemand iets te melden.

Op een regenachtige ochtend in de tweede week van september bracht hij haar naar het station van Randolph, om de Boston & Maine te halen die haar naar New York zou brengen, waar ze moest overstappen op de Atlantic Coast Line richting Florida. Bij het ochtendgloren had ze in de keuken afscheid genomen van de kinderen. Abby met dikke slaapogen en gespeelde onverschilligheid; Pru stram rechtop in haar zachte lichaam, geagiteerd aan het fornuis om een lunchpakket voor haar moeder te maken; het jochie dat een gapende leegte van mama weg op zich af zag komen, beurtelings pruilend en gillend dat hij mee wilde. En nu zaten ze naast elkaar op de overdekte bok, Leah met haar geopende paraplu over haar rechterbeen, tegen het opspattende water. In haar zondagse kleren, violet over wit, de rand van haar hoed als een kelk rond haar gezicht. Haar droge laarzen glommen als natte. Ze had driehonderd dollar in nieuwe biljetten, zo van de bank, in haar damestas, en nog eens tien briefjes van tien in de voering van haar rechterlaars. Ze waren de rit begonnen met prietpraat over de kinderen en de boerderij, die al halverwege het pad was uitgeput, en zaten nu zwijgend naast elkaar. De regen was druilerig, de achterwerken van de paarden waren geitenleerroodbruin met grijze vlekken, de wereld was bedrukkend. De paardenhoeven roffelden over de weg die nog hard was van de zomerse hitte, deden Norman denken aan het geratel van de trein waar zij straks in zou zitten. Hij hunkerde naar een tedere aanraking in deze laatste minuten voor het station. Hij wist niet wat de juiste woorden waren voor het uiten van die wens, wist dat die er niet waren. Hij nam de leidsels in één hand en legde de wijsvinger van zijn vrije hand op de handen die zij boven op haar tas had samengevouwen. Zonder opzij te kijken vouwde ze er haar handen omheen, een soepele omvatting alsof ze hem in zich liet komen. Haar handpalmen waren vochtig koud, en werden warm om die vinger.

Ze zou een week, tien dagen wegblijven. Langer als ze haar moeder vond en meer tijd nodig had. Maar dan stuurde ze een telegram.

Randolph was vroege-ochtend stil en het station was een en al bedrijvigheid, alsof het dorpsleven daar via de stille straten heen was gestroomd. Het laadperron aan de noordzijde werd door boeren uit de omgeving volgezet met kratten vol late maïs en uien of vroege kool en aardappels, kisten eieren, hoge melkbussen. En alles werd door mannen van de spoorweg op trekkarren of steekwagens gezet en het station ingereden, naar de goederenwagons van de B&M, met bestemming Boston. Een vertrouwde aanblik. Prudence had de vorige dag nog de eieren van dat weekend plus achttien kratten braadkippen afgeleverd.

Op het rangeerterrein achter het station stond de losgekoppelde locomotief een walm van zwarte steenkoolrook uit te braken, met af en toe een stoompluim uit de remventielen. Een kolos van grote schoonheid. De schoonheid van een lelijk groot ding dat bij het leven was gaan horen. En naast die schoonheid ook afschrikwekkendheid; twee winters tevoren was een trein als deze ontspoord op de spoorbrug bij Hartford, omlaag gestort en dwars door het ijs van de White River gegaan. Wagons vol mensen die in het ijskoude water verdronken waren. De wagons die op het ijs bleven liggen hadden vlam gevat, en de mensen daarin waren levend verbrand. Ze dachten er allebei aan, Norman en Leah, terwijl hij langs het laadperron naar het station reed, waar alleen een paar huursjezen en wat particuliere rijtuigen op de kiezelstenen van het plein stonden. De trap naar de ingang was gesierd met smeedijzeren leuningen, met bovenaan twee uivormige gaslampen van melkglas, gevat in smeedijzeren wijnranken. Vanuit zijn ooghoeken zag Norman de steelse blikken van de handelsreizigers en monsterkoffermannen in hun chique kostuums met slobkousen, heen en weer flitsend tussen hem en Leah, hem diskwalificerend om zijn wollen pak, en haar aandachtig opnemend toen ze van de bok stapte. Hij liet de paarden voor wat ze waren en liep snel naar haar kant om de reiskoffer uit het rijtuig te pakken, en haar zijn arm aan te bieden en samen met haar de trap te bestijgen, waar ze het kluitje rokende en kuchende mannen passeerden. Van dichtbij oogden ze bleek en iel, sloegen hun ogen neer voor zijn haviksblik. In het voorbijgaan groette hij hen als groep. 'Zo, jongens, vroeg uit de veren vandaag. Maar doe geen moeite, hoor, ik koop geen rommel en ik heb de pest aan fantasieverhalen. Bewaar die maar voor de stommelingen op het volgende station.' Hij voelde hun haat in zijn rug prikken en had nu al spijt, vroeg zich af wie van hen straks wraak zou nemen op Leah, met roddels en leuterpraat, en troostte zich met de gedachte dat ze één, hooguit twee stations zouden meerijden. En vreesde dat dit de enige troostrijke gedachte van de dag zou blijven.

De stationschef nam Normans geld in ontvangst en schoof het reisbiljet onder het traliewerk van zijn loket door. Een kleine man met immense witte wenkbrauwen die boven zijn neus op elkaar botsten. Hij schraapte zijn keel, voor Norman het geluid bij uitstek van een man die zijn dagen binnen sleet, en zei: 'Welnu, mevrouw Pelham. Dit is het rijtuig naar New York. Daar krijgt u een slaapcoupé naar Goldsboro in North Carolina, en vandaar heeft u een rijtuig via Raleigh naar Sweetboro in North Carolina.'

'Goed,' zei Leah.

Het mannetje reikte met zijn linkerhand naar het mouwelastiek rond zijn rechterarm en schoof het omhoog. 'Het is mogelijk dat u in Virginia de slaapcoupé moet opgeven, en de rest van de rit naar Goldsboro in een rijtuig zult moeten doorbrengen.'

'Maar ik heb voor dat hele stuk betaald voor de slaapcoupé.'

'Dat klopt.'

'Dus waarom zou ik dan naar een rijtuig moeten?'

'Ik zeg niet dat dat gebeurt. Dat hangt van de trein in kwestie af. Hoe vol die is. En van de dienstdoende conducteur.'

'Dat begrijp ik niet. Ik heb betaald voor de slaapcoupé. Een Pullmancouchette.'

'Klopt.'

'En u zegt dat ze me daar in Virginia uit kunnen zetten.'

'Misschien. Maar misschien ook niet.'

'O.' Ze zweeg even. 'Het is toch een en dezelfde spoorwegmaatschappij?'

In de loop van het gesprek was hij een formulier gaan beschrijven. Nu keek hij weer naar haar op. Zijn gezicht was vlekkerig rood aangelopen. 'Van staat tot staat, begrijpt u wel?' zei hij. 'Dezelfde maatschappij, van staat tot staat. Daar wilde ik alleen maar even op wijzen. Begrijpt u?'

'O,' zei ze weer. 'Ja, ik denk dat ik het heel goed begrijp.'

'Het zal heus wel goed gaan,' zei hij. 'Ik zei het voor het geval dát. Ik zou niet willen dat u voor verrassingen kwam te staan.'

'Ik wil alleen maar met de trein naar mijn geboorteplaats.'

'Natuurlijk, lieve mevrouw. En daar wens ik u alle geluk bij. Zelf ben ik geboren en getogen in Randolph, en ik ben hier op mijn vijfendertigste ook weer heen gekomen. Dus ik wens u het allerbeste.'

Leah deed een stap achteruit. Ze had het biljet in haar hand. 'Dank u zeer,' zei ze.

'Ik wilde het alleen maar even zeggen. En maakt u zich geen zorgen, hoor, u komt er beslist.'

'O ja,' zei ze. 'Dat weet ik ook wel.'

Ze deed nog een stap achteruit en haakte haar arm weer in die van Norman en ze liepen door de deur het perron op en ze gaf hem een kus en stapte in en hij keek toe terwijl ze twee coupés naar voren liep en een plaatsje bij het raam vond en ging zitten en niet meer naar hem keek. Haar gezicht was verstrakt en hij voelde de angst in haar die hij in zichzelf had genegeerd, en hij stond daar naar haar te kijken terwijl de ene reiziger na de andere instapte, en ze keek nog steeds niet om. En toen zag hij de trein in beweging komen en wegrijden, en keek naar haar terwijl ze wegreed. Hij kon haar nog heel even zien en toen niet meer. Ze was weg. Omgeven door kolen en staal naar de diepte van Amerika. Weg van hem en terug in zichzelf, naar het zuiden, voor hem een oord van bloed en verbrijzelde botten, soldatenvlees dat nu allemaal wel tot stof zou zijn vergaan. Begreep niet hoe het in godsnaam bevredigend kon zijn om land te bewerken dat aldus bemest was. Uit de vallei bereikte hem het gefluit van de trein die nu door Bethel reed. Het regende. Hij liep het station uit en reed zijn span terug naar huis.

De vrijdagnamiddag van diezelfde week. Norman en Pru hadden de hele dag karrenvrachten afval en stront uit de kippenhokken geschept, en uitgereden over de gemaaide hooiweides. Ze zaten uit te puffen op omgekeerde kratten voor de openstaande deur van de hooischuur, hun kleren overdekt met het fijne bleke stof, hun laarzen besmeurd met kippenstront. Op de helling boven het huis waren Abby en Jamie aardappels aan het steken voor het avondeten, en Norman zag hen zelfs die taak in een spelletje veranderen. Jamie met een aardappel als een trofee boven zich opgeheven, heen en weer springend over het veld terwijl zijn zuster met gespreide armen op hem toekwam, wijdbeens, diep voorovergebogen, haar bovenlichaam zwaaiend als een boosaardige reuzin. Jamies gegil rolde over de helling.

Norman haalde zijn pijp uit zijn vestzak, schraapte de kop uit met zijn zakmes en vulde hem, klemde de steel tussen zijn tanden. Hij streek een lucifer aan tegen de granieten steunmuur en hield zijn vrije hand om het vlammetje, een gewoontegebaar in weerwil van de windstilte. Zijn wangen bolden op en de rookwolken dreven over het erf, bleven even hangen en vielen dan traag uit elkaar. Sinds woensdagochtend, toen ze volgens haar reisschema in Sweetboro moest zijn aangekomen, had hij geen idee meer waar ze was. Vijfentwintig jaar lang had hij dat altijd geweten. Het voelde alsof er iets uit hem was weggesneden. De kinderen hadden vergelijkbare gevoelens, heviger naarmate ze jonger waren en er minder van begrepen. De hunkering naar Leah. Hij rookte zijn pijp. Er woedde een razernij in hem, beteugeld door zijn aarzelende ideeën over de oorzaak ervan, omwille van zijn kinderen. Het was een algemene woede, op alles gericht en dus op niets, op niets anders dan zichzelf. Hij was hulpeloos, onslagvaardig op die vaderlijke zelfbeheersing na. Onderging zijn woede als een onderhuidse steenpuist, zo groot als zijn lichaam, die maar gewoon moest uitrijpen en wegvloeien. Hij hield de pijpenkop tussen zijn duim en wijsvinger, voelde de hitte door zijn eelt, zijn andere vingers langs de steel. De rook dwarrelde weg in de stille middag.

Vader en dochter keken naar die andere twee op de helling. Norman wist niet of het aan de heldere lucht lag, aan het ontspannen van zijn gepijnigde spieren of aan de tabak, maar het gegil van Jamie leek steeds harder en scheller te worden, en zijn gespring steeds wilder, terwijl Abby steeds theatraler en groteser op hem af waggelde. Met graaiende armen, haar krullen over haar gezicht.

'Als ze zo doorgaat piest-ie nog in zijn broek.' Pru zat met een houtje de kippenstront van haar zool te peuteren, haar kuit op de knie van het andere been. Met één oog op dit werkje en het andere op haar broertje en zus. 'Is-ie gek op, dit soort spelletjes. Hoe enger hoe liever.'

'Zo zijn alle kleine jochies,' zei Norman.

'Hmm. En de meeste grote ook, volgens mij.' Ze keek haar vader doordringend aan.

'Je vergist je,' zei hij. 'Op mijn leeftijd zijn het gewoon dingen die op je weg komen.'

'Volgens mij probeert ze hem te laten zien hoe gevaarlijk vrouwen kunnen zijn.'

'Denk je?'

'Ja.'

'Dat zullen jongens nooit van een vrouw willen aannemen.'

Ze grijnsde hem toe. 'Nee, dat moeten ze door schade en schande leren, hè?'

'Zo wil Moeder Natuur het nou eenmaal.'

'Ik vind het af en toe knap zinloos.'

'Dat komt doordat je er veel te diep over nadenkt.'

'En m'n zus?' Ze maakte een handgebaar naar de helling. 'Zou die er weleens over nadenken?'

Hij zoog aan zijn pijp. 'Abby lust het leven rauw.'

'En ik? Hoe denk je dat ik ben?'

'Zoals ik al zei. Jij bent een denkertje. Jij vaart ook mee op die grote rivier, maar je houdt de oevers goed in de gaten.'

'En is dat slecht?'

'Jezus, meisje, vraag mij alsjeblieft niet wat goed of slecht is. Iedereen zal op zijn eigen manier moeten leven, en daar ben je lang zo vrij niet in als het misschien lijkt.'

'Ik heb te doen met de man met wie zij uiteindelijk trouwt.'

'Abby?' Hij spuugde op de grond. 'Abby wordt een prima echtgenote.'

'O, zeker. Maar ik zou alleen niet graag de echtgenoot zijn. Ik denk niet dat haar man veel te zeggen krijgt over de manier waarop zij z'n vrouw moet zijn.'

'Pas maar op,' zei Norman. 'Wat je zegt ben je vaak zelf.'

'Je maakt je ongerust over haar, hè?'

Hij keek haar aan. 'Ben je gek. Ze komt heus wel weer over die jongen heen.'

'Ik heb het over mama.'

Hij klopte de pijp uit en stak hem in zijn vestzak. 'Valt wel mee. Je moeder weet van wanten, hoor.' Hij zweeg even, en voegde toe: 'Het zit me dwars dat ik niet weet waar ze precies uithangt, maar dat zegt meer over mij dan over haar. Die moeder van jou... Ik heb haar nog nooit voor een probleem zien staan waarvan ze niet allang wist hoe ze het op moest lossen.' En hij was zich ervan bewust dat hij loog, maar wist niet waarom. 'Ze redt zich heus wel,' zei hij. 'Ze redt zich heus wel.'

Pru zat voor zich uit te kijken en peinzend te knikken, en hij wist wat dat betekende. Ze had de weifeling in zijn stem gehoord, of misschien wel de leugen zelf. 'Hoe is het daar eigenlijk?' vroeg ze.

'Waar ze vandaan komt?'

'North Carolina, ja.'

'Kan ik je niet zeggen. Ik zat tijdens de oorlog in Virginia, zoals je weet, en ik heb haar pas ontmoet toen ze daar op haar vlucht naar het noorden doorheen kwam. Virginia was bevroren modder in de winter en zomers alsof je in gekookt wasgoed werd gewikkeld. Maar wat ik er los van de oorlog van gezien heb leek mooi genoeg. Je moet niet vergeten dat de mensen daar volop hun best deden om me naar de eeuwige jachtvelden te helpen. Het was geen plezierreis, niet de manier om er de mooiste plekjes te leren kennen. Maar toch, wat ik er zo af en toe van te zien kreeg zag er goed uit. Ik weet nog wel dat ik dacht: zet hier een stel jongens van de Groene Berg neer, die gewend zijn om in het graniet te ploegen en steenslag te schoffelen, laat die maar eens los op die grond hier en je bent binnen de kortste keren van alle gesodemieter af. Dan is er genoeg voor iedereen. Maar ja, dat is nou eenmaal het probleem. Hoe makkelijker de mensen het ergens hebben, hoe meer weelde, des te meer willen ze. Heel kortzichtig, maar zo gaat het. Tevredenheid zie je alleen als mensen keihard moeten werken om rond te komen.'

'Ja. Net zoals Abby haar uiterlijk heel gewoon vindt.'

'O, maar dat is voor haar ook gewoon. Zo is ze op de wereld gekomen. En met een knap smoeltje ben je er nog niet, hoor. Ze is heus niet te benijden, en het verbaast me dat je dat nog niet wist.'

'Weet ik ook wel. Maar het stoort me soms toch.'

'Nu nog wel, misschien. Maar als je jong bent denk je dat Vadertje Tijd ergens veilig in een kast zit opgesloten. Neem nou maar van mij aan dat hij ooit een keer ontsnapt. De tijd haalt alles in.'

'Dat haat ik nou. Van die wacht-maar-af-je-bent-nog-jongpraatjes.'

'Dat zal best. Maar wat ik zeg is wel waar.'

Ze zwegen. De figuurtjes op de helling waren weer aan het werk gegaan. Het kleine jongetje zij aan zij met de jonge vrouw, die de gaffel schuin in de grond stak en met haar voet naar beneden drukte om een aardkluit los te wrikken, waar het jochie met gretige bewegingen de knollen uit te voorschijn peuterde. Pru draaide zich een kwartslag op de omgekeerde krat, zodat ze recht tegenover haar vader kwam te zitten. Stak een arm uit en streek met een wijsvinger over zijn slaap. 'Daar kun je aan zien hoe wijs jij bent, al dat zilver hier.'

Hij boog zijn hoofd tegen haar hand. 'Zo, is 't je opgevallen? Ik vind het zelf wel chic staan, eerlijk gezegd.'

Ze knikte. 'Staat je goed. Zelf wil ik stokoud worden, met krijtwit haar en allemaal rimpels. Dan hoef ik nergens meer over in te zitten, kan ik eindelijk mezelf zijn. Kom ik eindelijk tot mijn recht, bedoel ik, want nu ben ik ook mezelf. En ik ben vast van plan dat te blijven. Ik kan me niet voorstellen dat ik ooit anders ga denken over dit soort dingen. Mij neem je niet in de maling, ik weet dat je je zorgen maakt over me. Ik snap alleen niet waarom. Ik vaar ook op die rivier, zeg je, maar ik weet verdomd goed hoe ik droog moet blijven.'

Hij knikte. 'Lijkt me een uitstekend plan.'

Ze grinnikte. 'Het is eigenlijk meer een experiment.'

'Misschien moet je aantekeningen maken.'

Haar wenkbrauwen voegden zich samen en ze tuurde naar de grond tussen hen in, en keek hem weer aan. 'Doe ik ook, eerlijk gezegd. Elke avond schrijf ik op wat er die dag gebeurd is, soms ook wat ik ervan vind. Staat allemaal zwart op wit.'

'Echt waar?'

'Ja.'

Boven de westelijke rand van de bergkom was een hoog aanbeeld van buienwolken verschenen, voortgedreven door winden van god weet waar, wolken als gezwollen vrouwenborsten, de randen donker dreigend. Hij zei: 'Ik denk soms weleens dat ik dat ook had moeten doen. Alles opschrijven. Maar ik vraag me af of de woorden dan niet de herinneringen verdringen, voor zover je die herinneringen al niet van tevoren hebt uitgekozen. De fout van mensen als jij en ik is dat we alles willen vasthouden. We kunnen niks loslaten. Maar het gaat allemaal toch zijn eigen gang, en uiteindelijk is het weg.'

Ze was een poosje stil, en zei: 'Sjonge, wat ben jij vandaag melancholiek.'

En hij bleef ook even stil, maar korter, en antwoordde: 'Zo ben ik altijd geweest.'

'Dat lijkt me geen manier van leven.'

'Ik ken geen andere manier.'

Een paar uur later zaten ze aan de keukentafel rond het opgediende avondmaal toen buiten het veelkleurige rumoer van wielen en hoeven klonk, dat over de rand kwam en naar de boerderij afdaalde. Norman was de eerste die het hoorde en liep naar het raam, waar hij gezelschap kreeg van het jochie, zijn handjes om de rand van de vensterbank, op en neer huppend om iets te kunnen zien terwijl zijn vader naar het rijtuig tuurde, en het beeld zag van een telegram met een onheilstijding, een bericht van iets ergers dan hij zich nu nog voor kon stellen. Achter zich voelde hij het gewicht van de meisjes die naar hem keken, met stomheid geslagen door hun eigen angstige fantasieën. Jamie begon te schreeuwen: 'Het is Mama! Mama is er weer!'

Ze wilde niets kwijt over haar reis, maakte resoluut een eind aan alle opgetogen vragen: 'Ik ben terug, klaar uit. Hou op met dat gedram.' Ze zat aan een kleine portie van de aardappels met stro-gerookte ham en Norman zag dat ze met moeite het beven van haar handen kon bedwingen, vage trillingen bij elke beweging. Ze meed zijn ogen na hem één keer te hebben aangekeken, haar blik een smeekbede om haar met rust te laten. Ze staarde naar haar bord, sneed het voedsel in kleine dobbelsteentjes die ze eindeloos heen en weer schoof en dan met tegenzin naar haar mond bracht. Ze vertelde niets en vroeg niets en het werd stil in de keuken, een stilte die ze niet leek op te merken, die uit haar leek voort te komen. Na het eten nam ze het jongetje tussen haar knieën en drukte hem tegen zich aan, aaide hem over zijn bol en liet haar handen gewillig wegvallen toen Abby hem kwam oppakken om hem naar bed te brengen. Prudence begon aan de afwas en Norman stond als gewoonlijk op van tafel om naar de zitkamer te gaan en een pijp op te steken, Leah aankijkend in de verwachting dat ze mee zou gaan. Ze zat nog steeds met neergeslagen ogen, haar handen op hun zij op het tafelkleed, de duimen en vingers in een ruwe komvorm, als had iemand ze daar achtergelaten. Keek niet naar hem op. Aan het aanrecht stond Pru stilletjes maar razendsnel te werken, haar rug kaarsrecht van de spanning. Ze liet de vaat op het druiprek staan om aan de lucht te drogen, spoelde haar handen af onder de bronwaterleiding en beende de keuken uit, met een laatste vluchtige blik op haar ouders. De deur ging dicht met een geluid als een teleurgestelde zucht, Norman bleef nog even staan en liet zich weer op de keukenstoel zakken. Nam zijn pijp en tabakszak. Vulde hem en stak hem aan. Wachtte.

Ze bleef roerloos zitten, keek niet naar haar handen maar naar een punt daar voorbij, of ervoor. Na een poosje slaakte ze een zucht, weinig meer dan een ademtocht die haar ontvlood, maar het was alsof Norman hem voelen kon. Een rimpeling van de lucht die niet slechts uit haar longen voortkwam maar uit elke spier en vezel van haar lichaam. Het klonk alsof ze zichzelf bijeenraapte. Ze stond op, pakte de koffer van de vloer en zette hem op tafel, knipte de beugels los en het deksel kwam langzaam omhoog. Een groot rechthoekig schelpdier. Ze liep naar het aanrecht en ontdeed zich met haar rug naar hem toe van haar bovenkleren, liet ze op de grond vallen, verfomfaaid en stijf van haar reis. Ze begon zich te wassen met de ruwe lap voor de pannen, eerst langdurig haar gezicht en handen, dan haar bovenlichaam. Liep terug naar de koffer, nog altijd Normans blik negerend, diepte een katoenen nachthemd op en liet het over zich heen vallen, reikte eronder en trok de rest van haar kleren uit. Trok het hemd omhoog tot aan haar middel en legde er een knoop in, waarna ze met dezelfde lap intensief haar onderlichaam begon te boenen. Haar benen. Zette haar voeten een voor een tegen de rand van het fornuis om de huid tussen haar tenen onder handen te nemen, en haar voetzolen, met noeste bewegingen alsof ze er al die afgelegde mijlen vanaf wilde schrobben. Norman had zijn blik inmiddels afgewend maar volgde haar nog steeds, wist niet of het vertrouwdheid was of onverschilligheid waarom ze dit in zijn aanwezigheid stond te doen. Toen ze klaar was maakte ze de knoop los en het nachthemd viel om haar benen omlaag. Ze bukte zich om haar kleren op te rapen en propte ze hardhandig in de koffer, drukte de sloten haastig dicht, als om ervanaf te zijn. En toen pas keek ze hem aan, haar ogen wijd opengesperd, onvast, onrustig. Hij las er angst in, en afkeer. Kon zich niet voorstellen dat dit tegen hem was gericht. Kon niet bedenken tegen wie dan wel. Het leken de ogen van een wild paard, opgegroeid in de natuur maar nu in een kraal gezet, kijkend naar de man met het lange touw.

Hij zei: 'Dat heb je snel afgewikkeld.' Boven hen klonken voetstappen, onderdrukt gepraat, en dan niets meer. Hij hoorde het verkoolde hout uiteenvallen achter de stookklep van het fornuis. Hij kon Leah horen ademhalen, het raspen van een slijmdruppeltje in haar keel.

'Er was niks.' Haar stem klonk rauw, alsof haar keel vol littekens zat, alsof er schors in groeide.

'Niks aan de weet gekomen over je moeder? Niemand die iets wist?'

Ze schudde haar hoofd. Weer die rauwheid in haar stem. Een lege huls. 'Er was niks.'

Verward door haar zowel als door haar woorden: 'Hoezo niks? Geen mensen meer? Geen stad?'

'Nee, nee!' riep ze uit. 'Gewoon, er was niks.'

'Leah,' zijn stem bloeide op rond haar naam.

'Wat wil je nou van me!'

Hij ging achterovergeleund zitten, sloeg een been over het andere, zijn gesokte voet bungelend. Moest opnieuw aan dat wilde paard denken, hoe de spieren hadden gerold als hij zijn hand op de vacht legde, voelbare angst. Hij zei: 'Laat maar. Je bent bekaf, zie ik. Je hoeft me niks te vertellen, nu niet en nooit niet. Ik ben alleen maar blij dat je weer heelhuids terug bent.'

'Ik zie niet in,' zei ze, 'waarom dat je blij zou moeten maken.'

Ze sliep dertig uur aan één stuk, terwijl de anderen op hun tenen door het huis liepen alsof er ziekte heerste. Om halfvijf in de ochtend van de zondag stapte ze uit bed en begon zich in het halfduister aan te kleden. Norman werd ook wakker en lag haar stil te bekijken, een donkere figuur tegen het jonge ochtendgloren op de ruiten. Het was koud in de slaapkamer. Vorst op de pompoenen, dacht hij, worden ze lekker zoet van. Als er lamplicht was geweest had hij zijn asem kunnen zien. Hij voelde zich gerustgesteld door de vertrouwde alledaagsheid van Leah die kledingstukken uit laden pakte. Hij wilde iets tegen haar zeggen, maar er was iets aan haar houding, eerder voelbaar dan zichtbaar, wat hem zijn mond deed houden. Ze bewoog zich niet echt stiekem, maar met de nadrukkelijke terloopsheid van iemand die geen aandacht wilde. Doen alsof hij sliep had geen zin, daar kende ze hem te goed voor, dus deed hij maar alsof hij te slaperig was om te reageren. Toen ze de kamer uit was luisterde hij naar haar voetstappen in de gang, en op de trap, en rolde op zijn rug. Klaarwakker. Hij hoorde haar bezig in de keuken, kon ruiken dat ze het fornuis had aangemaakt en voelde even later de warmte naar boven sijpelen. Toen de dageraad door het raam begon te dringen besloot hij uit bed te komen, en op dat moment hoorde hij de achterdeur. Het deurpaneel dat zachtjes terug tegen de lijst werd gedrukt, de klink die behoedzaam werd losgelaten. Ze ging de beesten voederen. Hij stond op met het verzaligde gevoel dat alles weer bij het oude was. Hij pakte een schoon ruitjeshemd, stopte het in zijn kamgaren broek en trok met een aanhalig gebaar zijn bretels over zijn schouders als om de juistheid en knusheid van de wereld te bevestigen.

Op het aanrecht stonden vier bakblikken met rijzend brooddeeg. Toen hij door het keukenraam keek zag hij dat de stal nog in duisternis gehuld was.

Hij stapte naar buiten en liep erheen, zag een donker voetspoor in de berijpte weide, naar het bos hoger op de helling. Ze was een ochtendwandeling gaan maken. Ook goed. Hij ging weer naar binnen en at een paar beschuiten met spek, een combinatie die zij hem had leren waarderen. Met een enkele kop koffie, omdat zijn darmen sinds een paar jaar niet meer verdroegen. Hij rookte een pijp en ging naar het privaat en nam zich weer eens voor om een toilet in huis te bouwen. Hij wachtte tot zijn kinderen zouden opstaan op hun enige luie ochtend van de week, en wachtte op de terugkeer van zijn vrouw. Ging de krant van een paar dagen terug zitten lezen. In de zitkamer, opdat hij geen uitzicht had op de helling. Hij wilde niet naar haar gaan zitten uitkijken.

Op het midden van de ochtend bakte Abby de broden, waar ze om twaalf uur bonen bij aten. Leah was nog niet terug. Het brood had smaak noch stevigheid. Ze was vergeten er zout in te doen. Zonder iets te zeggen nam Abby de overgebleven broden mee naar het erf, brak ze in stukjes voor de kippen en liep terug naar de keuken om nieuw deeg te maken. Pru spande een vos voor het rijtuig en nam Jamie mee naar het dorp voor een ijsje. Norman zocht zijn leunstoel weer op. Zijn maag knorde door de mislukte lunch en zijn pijp smaakte hem niet. Na een poosje ging hij op het erf de helling staan afspeuren. Geen beweging, buiten de schapen om. Hij ging weer naar binnen en zette zich aan het verweerde cilinderbureau dat hem allang niet meer aan zijn vader deed terugdenken. Deed er de boekhouding, de middaguren opdelend in debet en credit. In de keuken stond Abby kip te roosteren voor het avondeten, halveerde pompoenen, bakte uien, kookte de laatste taaie sperziebonen met gezouten spek, zoals haar moeder haar geleerd had, en maakte een taart van de eerste appels. Na een tijdje kwamen Pru en Jamie terug uit het dorp en begon Norman aan de karweitjes, met hulp van Pru toen die zich had omgekleed. Ze spraken er niet bij. Na afloop liep zij naar het huis terug met een mand verse eieren, terwijl hij nog een tijdlang in de blauwe schemering bleef staan. Speurde opnieuw de helling af. Probeerde zich te herinneren waar die ochtend haar sporen hadden gelopen. Nog steeds geen spoor van haar. Hij overwoog de helling op te lopen, maar wist dat ze overal kon zijn, wist bovendien dat ze woest zou zijn als hij haar tegen het lijf liep. Ze was daar omdat ze er alleen wilde zijn. Hij kon zich nog goed herinneren hoe ze er menigmaal en op de gekste uren had rondgezwalkt in de dagen toen het ernaar uitzag dat ze kinderloos zouden blijven. Hij liep terug naar het huis en nam er het zondagse avondmaal met zijn kinderen. Het brood was nog warm, de kip viel van het bot. Jamie was nog altijd rusteloos, maar Prudence moest hem die middag op de een of andere manier in het gareel hebben gekregen, want hij zeurde nergens om, zelfs niet om zijn moeder. Of misschien was hij alleen maar moe, voldaan. Na het eten werkten de meisjes op volle toeren om de tafel af te ruimen en Jamie in bed te krijgen, lieten Norman alleen met zijn pijp. En zijn wachten op Leah. Kort voor middernacht schrok hij wakker uit een dommelslaap en stond op van de keukentafel om zijn gezicht te wassen met het lauwe water uit de aanhangketel. Hij ging naar buiten, het maanlicht in, en speurde andermaal de helling af. Stak een pijp op en zag nog altijd niets. IJle wolken, een stralenkrans om de maan. Hij wilde haar naam roepen maar hield zich in. Klopte zijn pijp uit in zijn handpalm en zag de vonken naar de grond afdalen en doven. Hoorde het zwakke gesis op de rijp. Zijn maag kronkelde zich alsof de bonen van het middagmaal een uitweg naar boven zochten. Hij kon niets doen. Hij zag in dat hij er de man niet naar was om er werkelijk op te vertrouwen dat alles weer werd zoals het geweest was. Hij ging naar bed en lag er verkild en slapeloos te wachten. Om toch nog wakker te schrikken toen ze vlak voor zonsopgang binnenkwam, schrok wakker van haar koude achterwerk tegen hem aan. Hij zei niets. Hij wist dat zij wist dat hij wakker was. Zij zei ook niets.

Niet dat ze helemaal niets meer wilde zeggen. Na haar lange slaap en de lange wandeling begonnen de dagen zelfs weer een zekere gelijkenis met vroeger te vertonen. Maar ze kon niemand overtuigen, zelfs het jochie niet. Hatelijk was ze nooit, maar wel kortaf. Kort en bondig in alles wat ze zei, in haar aanwijzingen en terechtwijzingen, opdrachten en standjes. Geen diepe zuchten onder het eten, of treurige blikken naar onbekende verten. Niets van dat alles. Maar ze was ook niet echt aanwezig. Alsof ze rondliep met een onzichtbaar glas water op haar hoofd, balancerend met de last, de bezwaardheid, de jammerklachten van haar ziel die ze voor haar gezin verborgen meende te houden. Zelfs als ze haar stem verhief was er geen emotie. De constatering dat Jamie een glas melk had omgestoten, gevolgd door het oordeel dat hij het zelf moest opruimen. Niet zozeer werktuiglijk als wel ontledigd. Levend rond een holte in zichzelf die ze nooit helemaal verhullen kon. Die innerlijke leegte had zijn weerslag op de anderen, en de schroeven van hun vertwijfeling werden elke dag verder aangedraaid. De zusters vochten verbitterde ruzies uit over kleinigheden, die ze onderdrukten als zij in de buurt was. Ze werkten met een bezetenheid die hun vader geen moment ontging maar onzichtbaar bleef voor hun moeder, om alles te doen wat gedaan moest worden, en wel het liefst voordat zij zag dat het gedaan moest worden. Alsof ze hoopten dat die inspanningen haar milder zouden stemmen, haar weer de oude konden doen worden, of haar op z'n minst zouden doen inzien hoe ellendig zij zich voelden. Ook Jamie maakte een beroerde tijd door, was hangerig en huilerig, en werd bij iedere huilbui door zijn moeder opgepakt, die hem dan een zakdoek voor zijn neus hield en zei dat hij snuiten moest, en een waslap over zijn gezicht haalde, en troostende woordjes sprak die luttele maanden daarvoor nog toverkracht hadden gehad maar nu hun werking verloren hadden. En dan zette ze hem weer op de grond en sloeg geen acht op zijn ogen die haar bestudeerden, op zoek naar de moeder die zich daar ergens moest bevinden. Norman kreeg dikwijls het idee dat het jongetje beter dan wie ook begreep wat er met haar loos was. Meer dan eens nam hij zijn zoontje mee voor wandelingetjes door de schapenweide, in de vergeefse hoop dat Jamies geheime inzicht op hem zou overgaan.

Norman bracht zijn dagen door met een tomeloze woede die hij telkens op het nippertje kon intomen. Wat hij aan gesprekken met Leah had begon hij meer en meer te verfoeien. Wat hij ook zei, er was nooit meer dan een plichtmatige respons. Hij had het gevoel dat er met hem gesold werd. Niet door haar, al had hij geen idee door wie dan wel. Hij voelde zich te oud voor dit soort fratsen. Voelde zich gekluisterd, ontkracht, in de knoop gelegd. Er viel niets aan te doen. Hij bewonderde de vaardigheid waarmee ze onbereikbaar bleef. Hij gaf haar niet eens de schuld. Het lag vooral aan hemzelf, al wist hij niet waarom. Ze had nog steeds niets over haar reis verteld, bleef zijn vragen hardnekkig negeren. Er viel niets te zeggen. De wereld was een ui die dag na dag werd afgepeld, een eindeloze opeenvolging van nieuwe rokken die steeds eender waren, ondoorzichtig en onvatbaar. Pijn aan je ogen, tot diep in je hersens.

Ze deed hem keer op keer aan dat wilde paard denken. Een roodbruine vos. Van zijn zwager gekregen in de zomer toen Abby zes werd. Pete en Tommy waren op leeftijd gekomen en zijn zwager kon hem aan die stevige kleine merrie helpen, die alleen nog even getemd moest worden. Dus was ze gekomen. Portia. Hij was zich altijd blijven herinneren hoe bang ze voor mensen was geweest; een angst die hij zeer wel begrepen had, en eigenlijk ook wel met haar deelde. Maar in de tussenliggende jaren was hij de momenten vergeten waarop haar angst zo intens was geworden dat hij erin werd meegesleurd, alsof ze opeens elkaars wereld herkenden, hun beider levenservaring die voor anderen geheim bleef. Hij was het moment vergeten waarop hij geweten had dat hij geen vorderingen meer met haar zou maken, had moeten erkennen dat het hem aan kunde ontbrak om haar mak te krijgen, en dat ze niet te handhaven viel op een boerderij met twee kleine meisjes. In de weken sinds Leah's terugkeer waren al deze herinneringen weer boven gekomen, met name die aan de middag, vergeten omdat het destijds maar een ongeluk had geleken, waarop ze geprobeerd had hem te doden. Ja, het was een heuse moordpoging geweest. Nu pas zag hij in hoe slim ze te werk was gegaan, al was het maar een dierlijke slimheid geweest, de instinctieve zekerheid van het juiste moment. Hij had haar voor de cultivator gespannen om het aardappelveld los te ploegen. Na de eerste rij, halverwege de tweede, de omgewoelde zwarte grond onder zijn voeten en de sappige planten aan weerszijden, zijn geest verstild door de gezapige routine van het karwei, had ze opeens gesteigerd. Als een pijl was ze vooruitgestoven en hij had de handvatten van de cultivator moeten loslaten. Het werktuig zwierde heen en weer door de planten terwijl ze op het grasland afrende. Met de verwarde lijnen om zijn nek moest hij wel volgen, hollend en struikelend, tot de scharen van de cultivator verstrikt raakten in het hoge gras en het werktuig omkieperde en hij eroverheen viel, en nog steeds vooruit werd getrokken. De klap in zijn nek toen de lijnen strak trokken, zijn handen graaiend om zich ervan te ontdoen terwijl hij over de grond buitelde. Hij zag sterretjes, krabbelde overeind en stond nog maar net rechtop toen ze zich omkeerde en recht op hem afkwam. Ze hief haar voorhoeven voor een dodelijke trap, haar lippen weggekruld van haar brede tanden, bloeddoorlopen ogen rollend in de witte kassen. De ene hoef schampte zijn schouder en de andere zoefde vlak langs zijn hoofd en hij haalde uit en raakte haar zo hard als hij kon op haar neus, precies tussen haar neusgaten. Hij voelde het kraakbeen versplinteren in die eindeloze seconde, draaide zijn vuist in de slag om zoveel mogelijk schade aan te richten. Hij liet zich uitgeput op de grond zakken. De merrie trok zich een tiental passen terug en stond hem briesend te bekijken. Hij veegde over zijn vuist en schreeuwde het uit van pijn, voelde nu pas dat hij twee knokkels had gebroken. Op zijn gil draaide ze haar oren vooruit, een voor een. Hij slaakte een paar hartgrondige vloeken en het paard daar voor hem was plotseling een en al argeloosheid, wist nergens van. Ze keek naar hem, het gareel om haar lijf gedraaid, de cultivator ondersteboven. Ze strekte haar hals en brieste nog eens. Grote schuimvlokken uit haar neusgaten. Ze had haar hoofd laten zakken en even later had ze tussen de taaie lange halmen naar sappige klaver staan grazen.

Hij verloor die herfst maar één keer zijn geduld met Leah. Er veranderde niets door, hoewel hij in de dagen erna een zekere opluchting voelde, stoom van de ketel, alsook een knagende wroeging. Alsof hij zich had afgereageerd op iemand die zwakker was dan hijzelf. Een wroeging die enkele weken later zou terugkeren, in een mate die voor andere mannen in andere tijden reden zou zijn geweest om hun eigen rug kapot te geselen, blootsvoets door netels en doornen te lopen, blootshoofds onder een brandende woestijnhemel.

Hij had in de stal de ciderpers staan schoonmaken. De cider voor dat jaar stond in vaten in de kelder, de teil was afgewassen en schuin tegen de buitenmuur te drogen gezet. Hij had het mechaniek uit elkaar gehaald en de onderdelen afgespoeld, met jute gedroogd en in de machineolie gezet. De olie deed het metaal glanzen, verzachtte alle butsen en krassen tot onschuldige tekenen des tijds. En toen liet hij het grootste van de twee tandwielen uit zijn handen glippen. Het viel boven op de persplaat en er braken twee tanden af. Een nuttig stuk smeedwerk, mooi in zijn eenvoud, was op slag in schroot veranderd. Gegoten schroot nog wel. Kon niet eens meer in iets anders worden omgesmeed. Hij zat er beteuterd naar te kijken, lange tijd, en keek vervolgens door de open staldeuren naar het woonhuis. Nog geen veertig jaar oud, die pers. Hij kon wel een nieuw onderdeel bestellen, maar daar ging het niet om. Een prachtig apparaat verknald in één moment van onachtzaamheid, onoplettendheid. Zoiets kon je geen ongeluk noemen. Het was een gekmakende gedachte, maar daarom nog niet minder waar. Hij voelde de stijfheid in zijn armen en schouders door zich heen trekken, als een hete golf door zijn darmen naar zijn benen. Zijn hele lijf deed pijn. Het kwam niet door het werk. Het lag niet aan zijn leeftijd. Hij spuugde op de besmeurde stalvloer en vloekte. Een korte eruptie van schuttingtaal die opluchting had moeten geven maar olie op het vuur was. Hij keek opnieuw naar het woonhuis. Prudence was naar school, aan haar laatste jaar begonnen. Abby en Jamie waren met de platte slee naar de boomgaard om de laatste val te verzamelen, een laatste voorraad gekneusde appels om onder de schapen te verdelen. Aan de hogere takken hingen er nog wel, met stelen die de wind trotseerden en straks zelfs de eerste sneeuw zouden weerstaan. Maar op een zonnige novembermiddag zouden er patrijzen in de boom neerstrijken, om zich te goed te doen aan het rottende vruchtvlees en vervolgens stomdronken van de gefermenteerde suiker bergafwaarts te zeilen. Vorig jaar was er nog een koppel tegen de stal op gevlogen, in katzwijm op het erf neergevallen en in de braadpan beland. Hij stond op en bukte zich om het kapotte tandwiel op te rapen. Zette het voorzichtig op een richel aan de binnenmuur van de stal, met de afgebroken tanden naar boven, waar hij het tot in lengte van jaren wilde laten staan. Als aandenken aan zijn woede-uitbarsting, als aandenken aan een bijzondere dag. Hij liep naar het huis. Zijn tred een soort sluipgang. Elke stap deed pijn en dwong hem tot de volgende stap. Hij voelde zich zoals hij zich maar zelden voelde: alert, scherp, aandachtig, geconcentreerd, woedend. Gerechtvaardigde woede.

Ze zat in de zitkamer, op de nieuwe sofa van blauwzwart fluweel met een opgewerkt marineblauw bloemmotief. Met haar knieën tegen elkaar, handen in haar schoot, hoofd achterover tegen de leuning. Wakker maar haar ogen dicht. Hij ging tegenover haar zitten in de Windsor met de gespijlde rugleuning, zijn voeten uit elkaar, ellebogen op zijn knieën, kin in zijn handen. Hij wachtte, maar niet lang. Zijn stem bulderde door de kamer. Dit beviel hem. Het beviel hem zoals zijn stem de kamer vulde, die nu al wekenlang het domein was geweest van afgebroken zinnetjes en gefluister en onderdrukte zuchten, een atmosfeer waarin het leven niet geleefd maar in stand gehouden werd. Zijn stem klonk als een woest aangeslagen piano.

'Probeer het eens. Probeer nou eens te zeggen hoe lang je van plan bent zo door te gaan. Dan weet ik dat tenminste. Weten we allemaal hoe lang die poppenkast nog duurt. Dat lijkt me geen onredelijk verzoek. Kijk, dat je niks wilt uitleggen, of gewoon niet weet waarom je als een schijndode bent teruggekomen, dat moet je zelf weten. Maar je hebt hier een gezin, en iedereen vraagt zich af waar je gebleven bent. Zelfs die kleine vraagt zich af waar zijn moeder is gebleven. Heb je daar al bij stilgestaan? Hoe het voor hem moet zijn? Hij begrijpt er niks van. Het enige wat hij weet is dat zijn moeder een vreemde voor hem is. Zo ken ik je niet. Ik ken je niet als iemand die anderen de dupe laat worden van haar tegenvallers. En helemaal zo'n kleintje niet. Maar we schijnen allemaal naar de duivel te kunnen lopen. Je trekt je geen moer meer van ons aan. Daar lijkt het tenminste verdomd veel op.'

Hij zweeg even, haalde diep adem, vroeg zich af of zijn boosheid nu was uitgewoed, en merkte dat er een nieuwe golf opwelde.

'Je wilt niet met me praten. Mij best. Leuk vind ik het niet, maar ik kan ermee leven. Misschien dat je op een dag nog eens bijdraait. Er was niks, zei je. Tja, da's wel erg weinig. Kan ik maar moeilijk geloven, eerlijk gezegd. Ik neem aan dat het allemaal anders is gelopen dan je hoopte. Misschien was het zelfs veel erger dan je vreesde. Weet ik niet. Kan ik alleen maar naar raden. Maar godverdomme, Leah, ik ben het zat! Ik heb je nooit ergens van weerhouden. Heb je altijd alles laten doen wat jou het beste leek, vaker dan een andere kerel had geduld. En ik geef je graag toe: je had het bijna altijd bij het rechte eind. Maar dit moet afgelopen zijn. Zo wil ik niet leven! Zo kan het niet langer, maar ik weet bij god niet wat ik eraan moet doen. Dus zeg het maar. Jij zult me nu eindelijk eens wat moeten vertellen, al heb ik geen idee wat het zijn kan. Maar je moet! Dus...'

Toen hij hun zoontje noemde had ze haar ogen geopend, had even naar het plafond gestaard en had ze weer gesloten. Haar gelaatstrekken bleven regelmatig. Alsof ze volkomen kalm was. Of zichzelf met bovenmenselijke inspanning rustig hield. Of zo dodelijk vermoeid was dat ze de indruk van rust wekte. Of zichzelf had uitgeblust vanbinnen, in haar ziel.

Met haar ogen dicht zei ze: 'Dat jongetje redt zich wel.'

Zijn stem was zacht nu, door zijn tanden. 'Jamie. Het gaat om Jamie, niet zomaar om een jongetje.'

Eén wenkbrauw kromde zich tot een flauwe boog. 'Jullie redden je allemaal wel. Laat me met rust, Norman.'

'Nee! Ik laat je nu al een maand met rust.'

'Ga vooral zo door.' Ze hield haar ogen nog steeds dicht, maakte een wegwerpgebaar. 'Je doet het hartstikke goed.'

'Nee,' zei hij. 'Ik ben het beu. Ik ben het beu om je ter wille te zijn, beu om te zien hoe de kinderen voor je door het stof gaan. Het is de hoogste tijd dat jij weer eens een beetje vat krijgt op jezelf.'

Ze deed haar ogen open en keek hem aan. Ze glimlachte. Een grijnzende doodskop. Haar ogen dof van afkeer, haat. Erger nog: medelijden. 'Ah, vat op mezelf. Jongen, je hebt geen idee hoeveel vat ik op mezelf heb. En voor de rest moet je maar beu zijn wat je beu wilt zijn. Dat laat me koud. Weet je waar het hoog tijd voor wordt? Dat jij eens leert genoegen te nemen met wie ik ben. Want dit is alles wat je krijgt. Ik loop met iets verschrikkelijks rond, mag je weten. Iets wat ik met niemand hier wil delen, omdat ik het jullie niet toewens dat je het ooit aan de weet komt. Zo moet je het maar zien, dat ik jullie spaar. Ik wil niemand pijn doen, jou niet en de kinderen niet, wat je ook van me denken mag. Ik wil niemand pijn doen.' Ze sloot haar ogen weer.

Hij stond op, en toen hij stond wist hij niet waarom hij was gaan staan. Hij deed een stap in haar richting en stopte. Draaide zich om, keek uit het raam. Niets te zien. Niets meer dan anders; het uitzicht gebroken door de zestien ruitjes, vertekend door het golvende glas. Hij keek weer naar haar. Zijn handen jeukten om iets op te pakken, te breken, te verscheuren, uit elkaar te trekken tot aan de kern. Hij keek naar haar en stelde zich voor hoe het zou voelen als hij haar sloeg, en voelde de bevrediging in zijn borst en de walging in zijn maagstreek. Hij zei: 'Je doet ons allemaal pijn. Dag in dag uit. En jezelf ook.'

'O, lieve god,' zuchtte ze. Leek het niet tegen hem te hebben maar tegen de ruimte om zich heen. 'Ik doe niemand pijn, nooit meer. Kan ook niet, kan het niet erger meer maken. Ik wil alleen nog maar doorgaan en niemand pijn doen. Wat ben je toch een sufferd, Norman. Je weet toch ook wel dat Onze Heer Jezus en zijn Vader meer aan hun hoofd hebben dan mensjes als jij en ik, en waar we wel of niet tegen kunnen? Ik was opgenomen, zo voelde het. Opgenomen en naast jou neergezet en ik dacht dat ik opnieuw geboren was. Een nieuw leven. Geen redding, hoor. Geen beloning. Ben je mal. Zo stom ben ik nou ook weer niet. Maar ik dacht dat het misschien een kans was om het goed te maken, om iets goeds te doen, iets wat helemaal van mij zou zijn. Ik dacht het niet eens, ik wist het gewoon. Een zegen vond ik het.

Bij mij heb je voor en na. In het verleden, daar, was ik één iemand. En hier dacht ik dat ik iemand anders was geworden. Stom wijf. Daar werd jij mee opgezadeld, Norman. Met een stom sekreet. Maar beklaag je nou maar niet. Gewoon de waarheid onder ogen zien. Wees een kerel en laat het maar over je heen komen. Laat het je maar slopen. Zoals die ouwe stenen gebouwen, door het zwaard van de Heer. Ik dacht altijd dat dat de bliksem was. Maar weet je, nou denk ik dat het anders ging. Al die mooie ouwe stenen zijn een voor een gesloopt. Elke gek die langsliep sloeg er een stuk af. En ze wisten niet eens dat ze het deden, zagen niet eens dat de scherven eraf sprongen. Zo gaat het. Zo zijn ze.' Haar ogen nog steeds dicht.

Hij ging vlak voor haar staan, zijn laarzen vlak bij haar schoenen. Hij vertrouwde zichzelf niet genoeg om te bukken en haar aan te raken. Hij wilde haar nog steeds slaan. Hard op haar wang. Dat ze haar ogen opendeed. Zijn stem was fluweelzacht: 'Het kan gewoon niet zo erg zijn als je denkt. Je hebt het veel te lang opgekropt, dat is het vooral. Vertel het me nou maar. Gooi het eruit. Het is lang zo erg niet als je denkt.'

Ze opende haar ogen en keek vluchtig naar hem op, en dan uit het raam. 'Het punt met jou is dat je nooit de moed hebt om te zeggen wat je voelt, en de dingen nooit wilt zien zoals ze zijn. Jij denkt dat alles om jou en mij draait. Vergeet het maar. Alle mensen, de een na de ander, ze betekenen niks voor elkaar. Je geeft niks om mij, Norman. Je geeft alleen maar om jezelf. Zelfs die kinderen waar je je zo druk om maakt, dat doe je alleen omdat ze aan je hangen. Anders was het zomaar een stelletje kinderen voor je geweest. Laat me niet lachen, jongen, je weet dat ik gelijk heb. Mannen, vrouwen, allemaal nep. Al dat gedoe, al die gewichtigheid, het stelt geen moer voor. Zo is het gewoon. Geschreeuw om niks. Afval. Uiteindelijk stelt het niks voor. Maar we zijn zo gek om er anders over te denken. En Jezus was misschien nog wel de grootste gek. Die nam zichzelf veel te serieus. Misschien zit zijn Vader wel met zijn hoofd te schudden. Wat een idioot, die Zoon van mij. Misschien trekt Hij zich daarom wel niks van ons aan. Veel te verdrietig om wat er van zijn Zoon is terechtgekomen. Heb je daar weleens bij stilgestaan? Dat dat de reden zou kunnen zijn? Als je erover nadenkt moet het haast wel.'

'Schei uit,' zei Norman. 'Schei uit met dat geouwehoer.'

Ze richtte zich op. 'Wat voor geouwehoer? Zit-ie jou ook dwars, Jezus?'

Hij draaide zich om zonder te weten dat hij zich omdraaide en sloeg een vaas met asters tegen de vloer. Het blauwe melkglas spatte in duizend stukjes uit elkaar en viel weg tegen het vloerkleed, op de donkere vlek van het water na. De splinters daarin fonkelden. Scherp genoeg om door de eeltigste voetzool te dringen. Haar ogen fonkelden ook.

'O, ik snap het al. Nikkerpraat. Dát bedoel je, hè? Nikkerpraat.'

Hij stond met zijn laarzen uit elkaar boven de vochtige plek, zijn stem welde in hem op als uit een diepe zee. 'Je geniet hiervan, hè? Van je ellende. En helemaal omdat ik er niet bij kan. Kun je daar heerlijk zitten, je zware last dragen en ons allemaal onwetend houden, om ons te sparen. Maar je vergist je. Jij hebt het allang niet meer in de hand. Je ellende is de baas. Die maakt uit wat je zegt en niet zegt, en voor de rest zit je jezelf maar wat wijs te maken.'

Ze knikte aandachtig, alsof ze met hem instemde. En voor het eerst in weken klonk haar stem als vanouds: 'Moet je horen, Norman. Je bent zelf met me getrouwd. Een paar goedkope ringetjes, midden in de rivier om middernacht. Dat was alles. Omdat je te laf was om er meer van te maken. Neem ik je niet kwalijk, hoor. Maar je had moeten beseffen wat je kreeg. Een zwarte meid. Een nikkerwijf. Trok je je niks van aan. Heel stoer van je, al had je geen benul waar je aan begon. En ook dat neem ik je niet kwalijk. Ik had je per slot van rekening kunnen waarschuwen. Hoewel, waarom had je naar mij moeten luisteren? Ik ben heus niet slimmer dan jij. Nooit geweest ook. Maar zeg nou eens eerlijk, Norman, heb je niet stiekem gedacht dat je eigenlijk met een blanke vrouw trouwde? Heb je niet stiekem gedacht dat ik ooit een blanke vrouw zou worden?'

Hij stond op het vloerkleed. Naast haar linkervoet lag de dikke glazen bodem van de vaas, op zijn kant, met lange onregelmatige glaspunten. Een mislukte kroon. Hij deed een stap naar voren zodat hij hoog boven haar uittorende, wachtte tot ze op zou kijken, wist dat zijn grote lijf niet te negeren viel, nu niet. En na een poosje keek ze inderdaad. Haar ogen wijd, vochtig, glanzend. Zonder een spoor van angst. Bijna smekend om een klap. Of was het iets anders, iets wat hij niet begreep? Hij haatte haar erom. Hief zijn rechterlaars op en liet hem traag op het glas neerkomen. De punten braken een voor een. Een droog geluid. Het enige in de kamer. Hij vermaalde het glas met zijn hak, dreef het diep het vloerkleed in. Hij keek niet omlaag, naar de vloer noch de vrouw. Hij liep naar de deur en draaide zich pas om toen hij de kamer uit was, hield de deur vast om hem niet dicht te laten vallen. Hij zei: 'Ik weet heel goed met wie ik getrouwd ben. Heb ik altijd geweten. Zelfmedelijden is iets verschrikkelijks. Nooit gedacht dat ik het nog eens in jou zou zien.' Liet de deur los.

In de keuken stonden hun oudste dochter en zoon tegen het aanrecht, Jamie met zijn gezicht in Abby's rokken, zijn klauwende handjes die de stof in strakke plooien trokken. Abby hield een mand vol appels tegen haar heup, met beurse valplekken maar voor de rest nog stevig, de kleur van geronnen bloed. Haar ogen starend op Norman gericht. Kooltjes vol verwarring en angst. En een wilde verrukking. Hij liep hen zwijgend voorbij, voelde zijn wangen gloeien, wilde niet blijven staan om hun iets te zeggen, wilde niet dat ze hem zagen trillen. Hij liep via de houtschuur naar buiten, liep naar de stal en ging er een bittere pijp zitten roken. In de wetenschap dat hij de ruzie verloren had, wist alleen niet wat voor ruzie het geweest was. Hij voerde de beesten en deed de karweitjes. Prudence kwam thuis van school en voegde zich zwijgend bij hem. Hij voelde hoe ze naar hem keek en zei ook niets. Toen de avond viel gingen ze terug naar het woonhuis en even later zat hij met zijn kinderen aan het avondmaal. Leah was naar bed. Toen hij na het eten naar boven ging trof hij haar in diepe slaap, op haar zij, haar adem een diep ritme dat amper hoorbaar was. Hij lag een tijdlang naast haar. Op zeker moment begon ze in haar slaap te mompelen en hij boog zich naar haar toe om iets op te vangen, maar ze was alweer stil. Hij ging weer op zijn rug liggen. Legde een hand op haar hoge heupbeen. Na een poosje sliep hij in.

Drie weken later, op een druilerige novemberochtend met een lage, donkere hemel, trok ze haar werkgoed aan en liep door de berijpte schapenwei naar het bos op de helling. Naar de plek met de extra hoge granieten dagzoom, een grillige rotsrichel met een natte, spekgladde moslaag. Achter de rotsen aan de beide uiteinden van de richel stonden twee verweerde oude suikeresdoorns. De noordelijke van de twee precies op de grens van Normans grond, volgens de oorspronkelijke koopakte. En daaronder haalde ze het stuk touw te voorschijn, van de rol gesneden waar hij leidsels en halsters uit maakte. Het ene uiteinde maakte ze met een simpele slipsteek aan de onderste tak vast, het andere ging met eenzelfde steek om haar nek. En toen stapte ze van de rots af. Ze had een armlengte speling aangehouden, genoeg voor een flinke ruk. Ze sloeg met een klap tegen de rotswand aan en haar zij raakte besmeurd met mos en modder. Maar haar handen bleven schoon, want zelfs bij haar laatste stuiptrekkingen hield ze haar armen gestrekt omlaag, haar lichaam tot het eind toe gehoorzaam aan haar wil.

Hij vond haar op het midden van de middag. Toen ze die ochtend nergens te bekennen was had hij het ergste al vermoed. Maar hij had zich geremd gevoeld, de barrière van die twee maanden zwijgzaamheid, had de hele ochtend lopen dubben, zijn hart een pijnlijk strakke knoop in zijn borst. Rond het middaguur had hij hooi staan vorken op de vliering boven de schapenhokken toen hij alsnog besloot haar te gaan zoeken. En halverwege de ladder was hij duizelig geworden. Misselijk, een rood waas vol draaiende lichtjes. Misschien was het alleen maar de opwinding van zijn plotse besluit geweest, gecombineerd met een al te haastige klim omlaag, maar in de dagen die volgden raakte hij ervan overtuigd dat zij op hetzelfde moment van die rots was gestapt. Het zou hem altijd bijblijven, die bodemloze tel toen hij zich onpasselijk en blind aan een sport had moeten vastklampen.

Er was geen spoor om te volgen in de doorweekte novembervelden en het bos. Niets dan dood gras en hopen bladafval, in zichzelf wegzinkend tot de humus die nu, in het najaar, geen enkel nut kon dienen. Maar hij wist waar hij haar zoeken moest, besteeg de helling door de kille regenmist, langs de spookachtige boomstammen, kale takken zwaaiend in de gejaagde lucht, hun toppen verhuld door de wolk die over de berg was neergedaald.

Hij had haar ooit zelf meegenomen naar dat plekje. In de eerste herfst na de oorlog, nog voor het vertrek van zijn moeder en zuster. Ze was hem de helling op gevolgd, achter hem aan in dezelfde kwieke pas. Hij met een mand vol sandwiches, spek, koude bonen en gesneden ui, appels, een stuk maanwitte kaas en een kruik pasgemaakte cider. Achter de granieten richel lag een bron. Verzonken aarde rond een heldere poel, omzoomd door dicht opeen staande varens alsof die het zoete water wilden verbergen. In het midden stegen trage bellen op, die het oppervlak pokten als ze openbarstten. Nieuw water en oude lucht uit de diepten van de aarde. Na het eten hadden ze de varens tot hun bed gemaakt, in de vochtige bodem aan de rand van het water. Ze waren er nog een paar keer heen gegaan, maar daarna niet meer. Hadden er niet eens over gesproken, hadden beiden het gevoel gehad dat elke terugkeer afbreuk deed aan de serene tover van die eerste middag. Norman wist nog goed hoe hij op zijn rug tussen die varens had gelegen, nat van het water en het zweet, de oude esdoorn wiegend in een wind die hij niet voelen kon, in de stellige overtuiging dat een deel van zijn vader ergens tussen de bomen zat neergehurkt en hen met welgevallen bekeek. En hij had zekerder dan ooit geweten dat zij het enige was dat hij ooit nodig zou hebben.

Er ontsnapte geen enkel geluid aan zijn lippen toen hij de plek met de rotsen betrad en haar zag hangen. Roerloos boven de grond verheven. Vredig. Haar hoofd opzij geknikt, op een schouder neergevlijd. De mist was geen regen meer, alleen nog natte lucht die langs hem heen vloeide, waar hij zich doorheen bewoog. Het sluimerende bos, de schors van de bomen, de verkleefde dode bladeren, het mos op de stenen, de stenen zelf, alles was vol van kleur door de natte atmosfeer. Elk detail tekende zich af tegen de rest, als om de onvergankelijkheid van het geheel te benadrukken. Ergens in de hoogte klonk de waarschuwingskreet van een eekhoorn. Haar kleren waren donker van het water. Haar huid blauwzwart als rijpe bramen in augustus. Hij liep op haar toe en kon zijn adem niet beteugelen, verfoeide de snikken die zich aan hem ontworstelden. Een futiele en onwaardige reactie op haar aanblik. Toen hij bij haar kwam stapte hij een walm van ontlasting en urine binnen. Hij sloeg een arm om haar middel en zaagde aan het touw met zijn zakmes, maar kreeg het niet doorgesneden. Zijn mes was bot. Hij had zijn hele leven nog nooit een bot zakmes gehad. Hij probeerde het nog eens en ze draaide tegen hem aan en haar hoofd rolde op het zijne en het lukte weer niet. Hij klom op de rots en pakte het touw beet, trok het over zijn elleboog en hield haar zo omhoog en wendde zijn gezicht af terwijl hij het touw aan de tak doorsneed. Nu lukte het. Hij liet haar langzaam zakken, zo ver als het touw toeliet. En het eind glipte uit zijn handen en ze stortte omlaag en lag daar geknakt op de grond. Hij liet zich van de rots glijden en tilde haar op en drukte haar tegen zich aan, wang aan wang. Hield haar een tijdje zo vast. En droeg haar toen de berg af.

Norman had de vurenhouten kist in een nacht getimmerd, geschuurd en gepolijst. En nu ze hem in de kuil hadden laten zakken en de dominee van Randolph zijn spaarzame woorden had gemompeld, bukte hij zich en pakte een kluit vochtige aarde en wierp die in de kuil. Een holle plof. Hij staarde even naar de uiteengespatte aarde op het honingkleurige hout, draaide zich om, pakte de schop en stak hem in de aardhoop die zoveel groter leek dan het gat in de grond. Hij keerde de schop om boven de kuil en zwaaide energiek terug naar de hoop en Jamie rukte zich los van zijn zusters. Een klein, eenzaam jongetje. Weerspiegeld in de gestalten van enkele neefjes tussen de volwassenen aan de andere kant van het graf. Onder het lezen van psalm 23 had hij wezenloos voor zich uit staan staren, maar nu hij zijn vader de kuil zag dichtgooien, dat geteisterde gezicht, trok hij zijn handen uit die van zijn zusters en vluchtte weg. Zijn vader, Abby en Pru, de dominee, Connie en Glen en hun kinderen, het handjevol buren en winkeliers uit het dorp, het nog kleinere groepje oorlogsveteranen, ze keken allemaal weg van de grafkuil en zagen het tengere kind tegen de helling op rennen, weg van de familiebegraafplaats, de armen in het zwarte kortuumpje wiekend om evenwicht, zijn stem een langgerekte gil van ontzetting terwijl hij over de rand verdween, de kom in naar de boerderij. De zon scheen op hen neer, een bleek, uitgeput ding boven de straffe wind uit het noordwesten.

Norman keek naar zijn dochters. Zij keken naar hem terug en niemand zei iets. Abby gaf een kort kneepje in de hand van Pru en begon ongehaast haar broertje achterna te lopen, nu al wetend dat ze hem niet zou kunnen troosten. Ze stapte door de opening in de stenen muur rond het kerkhofje. Er was geen hek, alleen een paar granieten posten met loze hengsels waar het hekwerk al lang geleden uit was weggerot. In de zomer graasden hier de schapen tussen de zwart uitgeslagen grafstenen. In de zuidoostelijke hoek stond een verwilderde rozenstruik, nu slechts een bos kale takken die roerloos in de wind klauwden. In het suikerbos naast het kerkhof had zich een honderdtal kraaien verzameld voor een middagbijeenkomst, hun kreten scherp en hoog als wilden ze de mensen rond het graf kippenvel bezorgen. Norman keek Abby na tot ook zij over de rand verdween. Hij wachtte niet tot ze weer in het zicht zou komen op het erf in de verte. Hij keek niet naar de mensen om hem heen. Hij nam zijn schep weer op. Maar de vlucht van zijn zoontje had alles in hem tot stilstand gebracht en hij vervolgde het werk met het gevoel dat dit het karwei van zijn leven was, dat alles wat hij ooit gedaan had slechts een aanloop was geweest tot wat hij nu deed. Hij schepte ontspannen en traag nu, wilde het zo lang mogelijk laten duren.

Ze liepen in optocht door de kom naar het woonhuis. Norman en Prudence voorop, de lucht wazig, het zonlicht de fletse kleur van oude berkenbladeren, de wind guurder. Even later stonden ze in de zitkamer bij de schalen en manden met begrafeniseten, vulden hun borden en gingen in willekeurige groepjes en koppels bijeen staan. Behalve de dominee die zich in een hoekje afzonderde, als een palmboom over zijn bord gebogen, zijn haar verwaaid om zijn glanzende kale schedel. Norman zat met zijn kinderen rond de keukentafel koffie te drinken. Abby had Jamie op schoot en veegde doorlopend met een bevochtigd servet over zijn gezicht. Hij had zichzelf in een narcose van verdriet gehuild. Norman keek van hem naar Abby en ze schudde haar hoofd en hij knikte haar toe. Ze zou het hem later wel vertellen. Het bezoek kwam druppelsgewijs de keuken binnen om iets tegen Norman en de kinderen te zeggen. Hij zag hun monden bewegen en hun gezichten zwoegen en kon ze niet volgen, knikte en schudde de uitgestoken handen, probeerde de ogen te mijden, die overliepen van medelijden, afschuw, verbijstering, angst, en opwinding. Connie kwam binnen. Eindelijk. Ze trok een stoel bij en zei dat ze Jamie wel een paar weken in huis zou nemen.

'Lief van je,' zei Norman. 'Maar ik wil ons nu samen.'

'Denk nou even na, Norman. Jij en je meiden kunnen hem nu niet aanvoelen. Ik ook niet, maar bij mij heeft-ie zijn drie neefjes, en met z'n vieren kunnen ze er op hun eigen manier mee in het reine komen. Ik gaat me niet om jou maar om hem. Hij heeft nu vooral afleiding nodig, en leeftijdsgenootjes. Jochies van die leeftijd praten heel anders over de dood dan wij. Wij kunnen nu niks voor hem betekenen.'

'Ik wil hem niet meegeven om mezelf te ontlasten. Dat zou zijn moeder me nooit vergeven.'

'Kijk, dat bedoel ik nou.' Haar ogen waren teder, helder, droog. 'Wat zij je wel of niet vergeven zou doet er nu even niet toe.'

'Ik denk niet dat hij wil.'

'Wat hij nu het liefste wil kan hij toch niet hebben.'

'Dat is wreed.'

'Norman, niemand is minder wreed dan ik.' Ze viel stil en hij zag de gegriefde glimlach op haar gezicht. 'Ik heb nooit aan je oordeel getwijfeld,' vervolgde ze, 'maar nu weet ik het toch echt beter.'

En hij wendde zijn blik af van die al te nadrukkelijke aandacht in haar ogen, en zag dat Abby hem smekend aankeek, en dan Prudence met haar gezicht pafferig van het verdriet, die hem dwingend toeknikte. Hij draaide zich weer om naar zijn zuster. 'Goed dan. Een week, tien dagen. En als hij eerder naar huis wil, breng je hem meteen.'

Ze knikte en legde een hand op zijn arm. De gasten begonnen afscheid te nemen maar het ging hem niet snel genoeg. Hij wilde iedereen weg hebben, het huis verlaten en stil. Zodat de leegte in zijn hart zich kon samenvoegen met de leegte die hem nu al vanuit de hoeken en gaten aanstaarde. Wilde zijn nieuwe huwelijk met de eenzaamheid consumeren, alle rouw en herinneringen uitbannen en verderleven met wat zich nu aandiende. Voor altijd. Zijn nieuwe leven dat het exacte tegendeel zou zijn van het leven dat geëindigd was toen ze dat stuk touw van de rol had gesneden, toen ze de trein naar het zuiden had genomen, toen Marthe Ballou was vermoord. Toen ze van het graniet was gestapt.

En zo brachten Norman en zijn dochters die week door met alle werk dat in huis en op de boerderij gedaan moest worden. Ieder van hen schuchter en in zichzelf gekeerd, zich bewust van de anderen maar wetend dat ze elkaar nu weinig te bieden hadden. Af en toe een vluchtig moment waarop een van de dochters haar vader aanraakte, die hun korte streling onderging en niet kon beantwoorden, omdat het dan net zou zijn alsof hij Leah aanraakte. En dat begrepen ze, en in hun beklemmende verdriet vreesden ze het zelf misschien ook wel. Toen hij op een dag naar het dorp reed om de bankrekeningen te consolideren en wat akten door te nemen met Sutherland, zijn advocaat, haalden de meisjes al haar spullen uit de kasten en laden in zijn slaapkamer. Hij huiverde even bij de ontdekking, maar schonk zijn dochters een dankbare blik, blij dat er een tijdig einde was gekomen aan zijn gewoonte om 's avonds voor het slapengaan zijn gezicht tussen haar jurken te steken.

Prudence zocht hem als eerste op voor een gesprek. Norman zat in zijn leunstoel, pijp tussen zijn tanden geklemd, een opengevouwen krant op schoot, als kon hij die elk moment gaan lezen. Het vuur knetterde in de haard. Door de gesloten deur kwamen de geluiden van Abby die haar haren waste. Ondanks de deur de zoete vrouwengeur van heet water en zeep. De pendule op de schoorsteenmantel sleepte zijn wijzers bezwerend voort, alsof hij een oordeel velde. Een klok als rechter. De tekst op zijn schoot ging over van alles en nog wat en alles was even onbeduidend. De tijd viel immers niet af te meten aan zulke feitjes, schreed voort met die paar gebeurtenissen die je wereld in één klap veranderden. Dat had hij sinds de oorlog al geweten. Had althans gemeend dat hij het wist. Nu begreep hij dat hij niets geleerd had. Of dat hij dezelfde lessen steeds opnieuw moest leren. En als dat het geval was, dan waren die lessen eigenlijk ook niet van belang. En wat voor nut had dan zo'n leven in onwetendheid? Het was een vraag waar je niet omheen kon, al zou je er nooit het antwoord op vinden. Het enige wat hij wist was dat alleen een nietige geest met dagelijkse feitjes leefde, en dat het een machtige geest was die de zin zocht en vond. En dat zijn eigen geest dus nietig noch machtig was. En toen hoorde hij haar voetstap op de trap en zag haar voor zich, de marineblauwe jurk met de hoge boord, een patroon van tere witte ovalen, op blote voeten ondanks de kou, haar voeten eeltig ondanks het vroege sneeuwtapijt. De woeste rossige krullen. Het sproetige, brede, edelmoedige gezicht. Hetzelfde postuur als zijn zuster. Ze klonken doelbewust, die voetstappen. Hij kon horen dat ze naar hem op weg was en hem iets te zeggen had. En hij trok aan zijn pijp en sloeg de krant op en wachtte tot ze binnenkwam.

Ze kwam voor hem staan, door haar ernst van een stoel of de sofa weerhouden. 'Ik moet je wat vertellen.'

'Ga je gang.'

Ze maakte een boze grimas. 'Iets wat ik allang had moeten vertellen.'

Hij vouwde bedachtzaam zijn krant op en legde hem in zijn schoot. 'Zo, en wat mag dat dan wel zijn?'

Ze schokschouderde. 'Niet dat het iets veranderd zou hebben, hoor.'

'Heeft ze jou nog iets gezegd? Iets verteld?'

'Nee, nee. Zoiets is het niet. Ze heeft me niets gezegd.' Haar ogen nu vol overtuiging. En hij wist dat ze niet loog, en evenmin de waarheid sprak. Nam aan dat ze iets achterhield, iets wat ze toevallig gehoord had, of uitgedokterd, iets wat haar bereikt had langs een weg die ze niet helemaal vertrouwde of waarvan ze vond dat ze hem niet mocht prijsgeven. En in dat soort dingen toonde ze een standvastigheid die hij bewonderde maar die hem tegelijk ongerust maakte. Hij vroeg zich altijd af wat haar nog te wachten stond waardoor die standvastigheid uiteindelijk zou breken. Want gebroken zou hij worden, vroeger of later.

'Goed, voor de draad dan maar met je nieuws.'

'Het is geen nieuws. Gewoon iets wat ik je vertellen wil.'

Hij knikte en wachtte af.

'Ik haat dit,' zei ze. 'Het boetekleed aantrekken. Dat ik het zover heb laten komen. Sjonge, wat een afgang. Ik en mijn schone geweten. Rechtschapen Prudence. Prudente Pru. Een en al rechtschapenheid, en jezelf dan toch voor schut moeten zetten. Maar zo gaat het. Uiteindelijk komt het toch uit, en anders kom je er zelf wel mee. Zo'n kleinigheidje dat als een splinter in je blijft zitten en maar door blijft etteren. Net een horzelbeet die zweert en zweert tot de worm er ten slotte uitkruipt.'

'Lieve schat,' onderbrak hij haar, 'ik heb geen flauw idee waar je het over hebt.'

'Nee, natuurlijk niet. Zie je nou wel? Een en al rechtschapenheid en toch eindeloos om de hete brij draaien.'

'Ga nou maar zitten en vertel het. Dan is het van je af.'

'Ik blijf liever staan. Ik ben hier bepaald niet trots op.'

'Dat had ik al begrepen, ja.' Hij begon met rustige gebaren zijn pijp te stoppen, ten teken dat hij ontspannen en vergevingsgezind was. Zijn nieuwsgierigheid was gewekt. Hij vroeg zich af of die omslachtigheid opzet was, om uit te vinden hoe hij zou reageren.

Ze zei: 'Toen Mama me eindelijk mijn zin gaf, vijf jaar geleden, en ik die mastiffpup mocht hebben... Weet je nog wat een onbeholpen loebas hij was? Liep iedereen omver. Kende zijn eigen kracht niet, en zo is-ie eigenlijk nog steeds. En Mama maar zeggen dat hij in de houtschuur moest blijven, wat misschien nog wel geholpen heeft ook. Alhoewel, nu ik toch aan het biechten ben, ik ben vaak genoeg 's nachts naar beneden geglipt om hem stiekem op te halen, dat-ie bij me kon slapen. Dan voelde ik dat hij zich buitengesloten voelde, of misschien had ik juist wel behoefte aan hem. Maar ik bracht hem altijd voor zonsopgang weer terug. Het is een echte lieverd. Een lievere hond is er niet, en ik weet heel wat van beesten af.

Maar goed, wat ik je vertellen wil... In dat eerste jaar, toen hij nog maar een pup was, keek Mama hem op een keer goed aan en zei dat ik hem nooit mee de stal in mocht nemen. Altijd goed de deur moest sluiten. Het kon haar niet schelen dat ik hem aan het africhten was en dat-ie steeds beter ging luisteren. Als je dat bakbeest mee naar binnen neemt, zei ze, wordt het een bloedbad bij de kippen. Hoe goed je ook oplet, als je de deur ook maar op een kiertje laat, rent-ie naar binnen en heb je de poppen aan het dansen. Zo zijn honden nou eenmaal, zei ze. En ik deed wat ze zei. Altijd de deur dicht. Vond-ie best, trouwens. Hij bleef altijd rustig voor de staldeur liggen, al vroor het dat het kraakte. Bleef rustig in de sneeuw liggen wachten. Dus ik kreeg op den duur vertrouwen in hem, en toen ik hem een jaar had heb ik hem op een lentedag mee naar binnen genomen. Ik wist zeker dat-ie braaf achter me aan zou lopen, of misschien een beetje tussen de hokken heen en weer zou dartelen om naar de kippen te kijken. Dus ik ga naar binnen om de kuikens water te geven, en het ging precies zoals ze gezegd had. Hij stoof voor me uit, blaffend en springend, helemaal door het dolle. Ik zet meteen de emmer neer en sleur hem weer naar buiten. Het zal vijf, hooguit tien seconden geduurd hebben, maar die kuikens lagen allemaal over elkaar heen in een hoek. Braadkuikens van een week of acht, in een grote hoop. Ik ren ernaar toe om ze uit elkaar te halen, maar onderop lagen er al een stuk of tien dood. Gestikt onder de rest. Hij had ze niet eens aangeraakt. Gewoon van paniek gestorven. En wat ik toen heb gedaan... Ik heb ze allemaal opgeraapt en meegenomen naar een lege paardenbox en ze daar in een voederbak gelegd. En de volgende ochtend ben ik voor dag en dauw naar buiten geslopen en om ze boven in het bos te begraven. Nooit een woord over gezegd, tegen niemand. Niet dat ik het uit mijn hoofd heb gezet, hoor. Ik ben altijd blijven denken dat ik het op een dag nog weleens vertellen zou. Aan Mama. Maar weet je, de goeie dag kwam maar nooit. Want het eind van het liedje is dat ik gewoon een laffe trien ben. En nu weet ze het toch, en ze weet bovendien dat ik het haar nooit verteld heb. Een vreselijk idee vind ik dat, en ik heb geen idee hoe het nu verder moet.'

'Het is toch goed zo?' zei hij. 'Je weet precies wat je verkeerd hebt gedaan.'

'Ja, maar dat helpt niet.' Haar gezicht gloeide. 'Ik heb er eindeloos over nagedacht, maar het blijft me bezighouden. Kan het maar niet van me afzetten. Ik dacht dat het helpen zou als ik het jou vertelde, maar daar ziet het niet naar uit. Ik zal ermee moeten leven, denk ik. Vergeving... Dat bestaat helemaal niet, hè, Papa?'

Hij wilde haar zeggen dat ze ooit wel vergeving zou vinden in haar eigen kinderen. Maar in plaats daarvan zei hij: 'Als het al bestaat, komt het heel langzaam en mondjesmaat. Maar dat van die kuikens, dat wisten we hoor.'
'Nietes!'
'Denk je nou echt dat je moeder kippen kwijt kon raken zonder het te weten?'
Ze keek van hem weg. Hij liet een stilte vallen, probeerde te raden waar ze naar keek. Haar spiegelbeeld in de ruit? Het lamplicht in de kamer was zachtgeel als gepoetst koper. Hij zei: 'Het waren veertien braadkuikens, welgeteld. Da's een heel aantal, zelfs in een vol hok. En er is hier trouwens nog nooit een kind uit huis geslopen, overdag of 's nachts, zonder dat wij het in de gaten hadden. Ik heb niet eens de moeite genomen om te zoeken waar je ze begraven had. We wisten toch wel wat er gebeurd was. Wat dacht je van de veren die je in die voederbak hebt laten liggen? En dan zwijg ik nog van die hond die dagenlang ineenkromp als je naar hem keek, en van je eigen schuldige blik. Meissie toch...'
Ze liet haar kin op haar linkerschouder rusten, haar ogen nog steeds van hem afgewend. 'Dat doet niks af aan het feit dat ik nooit wat gezegd heb.'
'Nee.'
'En dat zij gestorven is zonder dat ik het gezegd heb.'
'Nee.'
'Dus het doet nergens wat aan af.'
Hij zweeg nadrukkelijk. Keek naar de klok. Bedtijd. Bedtijd voor iemand, ergens. Net als voorheen. Geen verschil. Wat je voor lief nam kun je kwijt zijn, wat je liefhad verdwijnt nooit. Hij probeerde zich voor te stellen hoe zijn leven er over een jaar zou uitzien. Over vijf jaar. Probeerde zich voor te stellen dat hij er ooit mee in het reine zou komen, en hoe dat zou zijn. Het lukte niet. En toch wist hij dat het op de een of andere manier gebeuren zou. Dat hij ooit weer rust zou vinden. Maar hoe? Misschien was hij een van die mensen die zichzelf steeds verder afpelden, schil na schil, tot er niets meer over was dan een vage schim. Hij zag zichzelf als een grijsaard, in zichzelf mompelend, raaskallend in afwachting van de dood. Zie je, dacht hij, alweer zelfmedelijden. Hij zei: 'Voor jou maakt het wel degelijk verschil. Je weet nu dat je moeder het wist en het je allang vergeven had.'
'Dat maakt het misschien nog wel erger.'
En al die tijd had zijn verbittering diep in zijn binnenste op de loer gelegen. Dat merkte hij nu pas, bij de woorden die uit hem opwelden. 'Luister, we zijn allemaal op onszelf aangewezen. Als we geboren worden, als we sterven, en in de tussentijd ook. En voor de rest maken we onszelf maar wat wijs. We zijn hier een poosje en dan is het over. Klaar. En denk nou maar niet dat het anders is of anders zou moeten zijn. Meer is er niet, en hoe sneller je dat doorhebt, des te beter ben je af.'

Ze keek hem verbijsterd aan. 'Dat meen je niet.' Haar ogen glansden vochtig.

Hij verfoeide zichzelf om wat hij zei, hoe hij haar geselde met zijn woorden, en genoot er intens van. 'Wat dacht je van je moeder? Wat denk je dat er in haar omging toen ze het deed? Eén ding is duidelijk: aan ons heeft ze geen seconde gedacht. Het ging haar alleen maar om haarzelf, enkel en alleen om haarzelf.'

Haar ogen veranderden, namen hem onderzoekend op. En keurden hem af. Het was een merkwaardige ervaring, iets wat nog nooit tussen hen gebeurd was. Hij was nu haar mindere, en vond het weldadig. Ze zei: 'Niet te geloven. Je bent kwaad op haar.'

'Natuurlijk ben ik dat.'

'En dat terwijl je precies de dingen zegt die je haar verwijt.'

'Jij bent ook kwaad op haar. En met recht.'

'Nee, ik ben verdrietig. Vreselijk verdrietig. Zo erg dat mijn borst er pijn van doet. Ik word soms wakker van de pijn. Ik ben verdrietig omdat ze dood is, en omdat ze zichzelf op die manier van het leven heeft beroofd. En ik weet niet wat ik erger vind. Maar je hebt gelijk, boos ben ik ook. Alleen niet op haar. Ik ben boos op wat haar tot die daad gedreven heeft. Op dat wat haar geen andere keus liet. Want ik ben niet zo stom om te denken dat ze niet aan ons heeft gedacht. Er moet iets geweest zijn. Iets verschrikkelijks, waar jij veel meer vanaf weet dan je wilt doen voorkomen. Dus ben ik ook boos op jou. Omdat je er niks over kwijt wilt, en omdat je er niks aan gedaan hebt, niks geprobeerd hebt om het te voorkomen. Of misschien heb je wel wat gedaan, maar het was lang niet genoeg. Jij hebt haar de afgelopen maanden net zo passief zitten aangapen als wij, terwijl jij degene was die wat had kunnen doen. Dus ja, je hebt gelijk. Ik ben ook kwaad. Maar op jou. Op mijn vader die zo'n lafbek is.'

'Ik duld niet dat je zo tegen me praat.'

'Ik zeg precies wat ik wil, zolang het de waarheid is.' En zo stond ze daar, haar hoofd opgeheven, armen over elkaar. Standvastig. Ontketend. 'Je zou jezelf eens moeten zien, zoals je daar zit. Helemaal opgaand in je verdriet. Of in je wroeging, wat het ook zijn mag. Alsof je de enige bent. Gadverdamme, ik schaam me voor je.'

Hij bleef zwijgend zitten. Zijn handen in zijn schoot. Zijn borst afgesnoerd. Hij nam zijn ogen niet van haar af. 'Was dat alles?' vroeg hij.

Ze keek hem argwanend aan. 'Dat was alles.'

'Dus je hebt gezegd wat je zeggen wilde?'

'Ja, en het werd tijd ook.' Stille tranen op haar wangen nu. Daar, dacht hij, je hebt haar aan het huilen gemaakt. Maar hij wist dat het nodig was geweest.

'Ga zitten,' zei hij.

Ze keek hem aan, verroerde geen vin.

'Ga zitten,' herhaalde hij. 'Ik zal je vertellen wat ik weet. Maar het wordt geen mooie rechte lijn die hier begint en daar eindigt. Zo zou het niet eens zijn als ik alles wist. En ik weet lang zoveel niet als jij schijnt te denken. Maar je wilt het horen, dus zal ik het vertellen. Want je hebt gelijk, jij hebt er minstens zoveel recht op als ik. Het was misschien wel fout om het je te willen besparen, en dat spijt me dan. In dat geval hoop ik dat je me vergeven wilt. En kun je dat niet, het zij zo. Maar wel gaan zitten, want ik ga niet de hele tijd omhoog zitten kijken.'

Ze haalde een zakdoek te voorschijn en snoot haar neus. Bette haar ogen, haar wangen, haar voorhoofd. Stopte de zakdoek weer weg en keek naar de pendule alsof ze haar besluit liet afhangen van een hogere macht. Deed een stap naar achteren, keerde zich om en streek langs de achterkant van haar jurk terwijl ze op de sofa ging zitten. Een sierlijke beweging. Ging met haar ellebogen op haar knieën zitten, haar ogen weer op hem gericht.

'Goed dan,' zei ze. 'Ik zit.'

Hij vertelde haar over Sweetboro, over waar haar moeder vandaan kwam. Niet de versie waarmee ze opgegroeid was maar zijn verhaal, alles wat hij kwijt wilde. Hij vertelde wat er gebeurd was waardoor haar moeder in de laatste oorlogsmaanden naar het noorden was getrokken. Noemde alle namen en vertelde alles wat hij wist, alles wat hij zich herinneren kon, alles wat hij daaruit had opgemaakt. Vertelde over de emoties die er opgelaaid waren en die welke onderdrukt hadden moeten blijven. Probeerde alle bloedbanden uit de doeken te doen; zowel de intense en liefderijke als die welke genegeerd waren geworden. Geloochend. Verworpen. Probeerde wederom een getuige te zijn, de plaats van handeling levensecht weer te geven, een zo groot mogelijke waarheid te benaderen over een oord dat hij nooit gezien had maar net zo goed kende als zijn eigen berghellingen en bossen en vee. Alleen die laatste korte reis, daar kon hij nog steeds niets van maken. Die liet hij tussen zijn dochter en hemzelf in de lucht hangen, in het vertrouwen dat zijn vertelling over het verre verleden zou volstaan, dat ze nu begrijpen zou waarom hij niet méér wist. Hij vertelde alles langzaam en weloverwogen, telkens op eerdere delen terugkomend als hem nog een detail te binnen schoot, iedere kleine wetenswaardigheid die opdook uit de poel van zijn geheugen. Vertelde haar zo goed als alles, niet alleen om haar vergeving te verdienen voor zijn fouten en tekortkomingen, maar vooral ook om het nu maar eindelijk eens uit te spreken, te delen met iemand anders. Opdat die ander het nu ook met zich mee kon dragen. En het enige wat hij niet wilde delen, het enige wat hij achterhield, haar niet gunde, was de last dat haar moeder had gemoord. Dat ergens in het verleden die fatale handeling lag, die niet het eigenlijke begin van alles was geweest, maar wel de aanleiding voor haar vlucht. Die last wilde hij niet op haar schouders leggen. Daar zag hij het nut niet van in. Hield het liever voor zich. Toen hij klaar was droop hij van het zweet, vochtplekken in zijn hemd, en keek over de schouder van zijn jongste meid die met gebogen hoofd op de sofa zat, en zag dat er nog geen twintig minuten waren verstreken. Wist niet of dat wat uitmaakte, en zo ja hoeveel. Al die jaren opgesloten in een klein halfuur. En wachtte nog even op een reactie tot hij wist dat die zou uitblijven, nu en misschien wel voor altijd. En zag haar opstaan en door de kamer lopen en ze draaide zich bij de deur om en wenste hem welterusten, met een stem die er niet echt leek te zijn. Een stem die zichzelf verloren had. Alsof ze hem niet geloofde. Alsof ze voelde dat hij iets verzwegen had. En toen liet ze hem achter. Ineengedoken, gebroken, murw, zijn handen knokig en hulpeloos in zijn schoot, pijn in zijn rug en voeten, zijn mond droog, bitter, vervallen. Hij wilde niets meer.

In de keuken zat Abigail in haar badjas, met een handdoek om haar haren. Het gesprek in de kamer was al een poosje voorbij en haar zuster was naar boven. Zat met haar haar droog en geklit in die handdoek. Zat met de woorden van haar vader. Niet alleen met zijn verhaal, dat ze in de keuken gevolgd had, en dat voor haar maar ten dele nieuw was geweest, maar vooral ook met zijn toon, zijn reactie op alles. Zijn woede om het leven. Alsof ze op een gedicht was gestuit dat orde had geschapen in de chaos, kalmte over de onrust had geworpen, het onduidelijke had verduidelijkt. Alsof ze een puzzel in elkaar had zien zetten en niet verrast was door de afbeelding, die ze al kende, maar door handen die de stukjes in elkaar hadden gepast. De woorden van haar vader waren voorgoed in het weefsel van haar eigen leven opgenomen, in haar begrip van hoe de wereld in elkaar stak. Maar ze wist dat haar eigen details onmisbaar waren voor het geheel. En als dat een hatelijk beeld opleverde, dan moest dat maar.
 Ze liet genoeg tijd voorbijgaan om haar vader de mogelijkheid te geven ook naar bed te gaan, en toen hij in de kamer bleef wist ze dat hij dat kennelijk nog niet wilde. En wachtte ook toen nog even, uit een piëteit die ze nog nooit voor hem gevoeld had, nog nooit nodig had geacht. En toen stond ze op, schudde haar haren uit en legde de handdoek over het wasrek bij het fornuis te drogen en liep de kamer in om hem deelgenoot te maken van het enige verhaal dat zij hem wilde vertellen, de enige draad die door hun beider leven liep. De lamp was bijna opgebrand, het licht bevend en zwak, en ze zag dat hij in slaap was gevallen. Onderuit in zijn leunstoel, zijn mond opengezakt, zijn gezicht verteerd door uitputting, zijn benige handen op de armleuningen alsof iemand anders ze daar had neergelegd. Ze liep naar de kast achter de sofa om een wollen plaid te pakken, die ze over hem heen legde tot onder zijn kin. Veegde met een punt het speeksel van zijn kin. Hield haar hand boven het lampenglas en blies hem uit, en

liep door het donkere huis naar haar bed in de kamer waar ze het hele jaar door het vloerrooster dicht hield en het raam op een kier, om in de frisse lucht te kunnen slapen. Op sommige ochtenden lag er sneeuw op de vensterbank en de vloer daaronder. Maar deze nacht was er geen sneeuw, alleen het iele sterrenlicht van de vroege winter. Geen maan. Ze lag op haar zij met een kussen tussen haar dijen en haar armen rond het kussen onder haar hoofd. Vanuit haar bed kon ze de schapenweiden zien, en het bos op de helling, de boomtoppen tegen de sterrenhemel. Het duurde heel lang eer ze in slaap viel.

Op het midden van de ochtend van de volgende dag, onder de lage, sneeuwzwangere hemel met de kleur van geslagen blik, was Norman in de stal bezig toen hij het geratel van wielen hoorde. En nog voor het rijtuig tussen de bomen vandaan kwam wist hij wie het waren en wat de reden van hun komst was. Alsof het al vaker was gebeurd. Hij liep ze over het erf tegemoet en tilde zijn zoontje uit het rijtuig. Het jochie hield zijn hoofd afgewend, maar niet ver genoeg en hij zag het blauwe oog en de bloedkorst onder zijn neus. En Jamie begon te spartelen in zijn greep en de korst sprong open en het volgende moment stond hij op zijn eigen benen, woedend naar zijn vader op te kijken terwijl het bloed over zijn opeengeklemde lippen liep en zijn handen zich tot vuisten balden alsof hij opnieuw wilde vechten. Norman keek hem aan, negeerde zijn zuster op de bok, en zei: 'Ik neem aan dat die andere jongen er nog erger aan toe is.'
'Ze waren met z'n drieën.'
'Hmm, da's wel veel,' zei Norman.
'Klootzakken.' En het jongetje liep weg, naar het huis. De deur ging open en Abby stapte naar buiten en zag wie er op haar af kwam lopen, en wachtte tot hij dichtbij was en hurkte toen pas neer en spreidde haar armen, en hij begon te hollen en vloog zijn grote zus in de armen. Over zes weken werd hij zes.
Norman wendde zich tot Connie. De vrouw die hem zo dierbaar was, bij wie hij geen enkele remming voelde, wat hij zelf toeschreef aan de afstand die ze altijd hadden bewaard. De afstand die ontstaan was door de oorlog, zijn lange afwezigheid die verhinderd had dat ze elkaar al te nadrukkelijk waren gaan kennen. Ze droeg dikke wollen kleren, had kloofjes in haar wangen en lippen. Hij zei: 'Je bent de sneeuw tenminste voor.'
Ze keek hem aan vanaf de bok. 'Jongens zijn gemene wezens.'
'Vertel mij wat.'
'Maar ik trek het me aan. Ik dacht dat ik ze het een en ander had bijgebracht. Ik probeer ze goed op te voeden.'
'Dat weet ik.'
Ze keek hem onderzoekend aan. 'Echt. Ik had er anders misschien ook

wel op gelet, maar door jou en Leah heb ik extra mijn best gedaan.'

'Dat weet ik ook.'

'Maar het heeft niet veel geholpen.' Haar ogen gloeiden als kooltjes.

Hij knikte. 'Jongens vormen een meute, dat hou je niet tegen. Het zijn net honden. Zet een stel brave gezinshonden bij elkaar en ze gaan op jacht, en niet eens om te eten maar om te verminken. Jongens weten gewoon niet wat ze doen. Maar ze worden vanzelf ouder en wijzer. Het lijkt me nog veel te vroeg om te zeggen of je ze wel of niet goed hebt opgevoed, al zie ik geen enkele reden om aan je te twijfelen. Neem dit nou. Dat je hem meteen hebt weggebracht zal ze al wel aan het denken hebben gezet.'

'Godverdomme, Norman. Ik had er de beste bedoelingen mee. Vooral voor hem. En nu heeft-ie alleen nog maar meer verdriet.'

Hij knikte, en stapte op de treeplank van het rijtuig. De damp sloeg van de paarden af. Hij legde een hand op de gehandschoende handen waarin ze de leidsels hield. Hij zei: 'Zelf kom ik er steeds meer achter dat we nooit kunnen weten hoe goed onze goede bedoelingen uitpakken. Je kunt alleen maar proberen je best te doen. En dan maar afwachten wat het wordt.'

'Je hebt recht op je eigen mening, maar ik vind dat een treurige manier van denken.'

Hij nam zijn hand weg en knikte. 'Zo denk ik nou eenmaal.'

'Ik wou dat ik je zeggen kon dat het ooit weer beter zal gaan.'

'O, maar dat is misschien nog wel het ergste,' zei hij. 'Ik weet wel zeker dat het ooit weer beter gaat.'

Nu was het haar beurt voor een gebaar. Ze legde een hand op zijn schouder, liet hem een lang moment liggen voor ze hem weer weghaalde. Hij keek omhoog, naar het wolkendek. 'Ik zou je zo graag willen helpen,' zei ze.

'Er valt niks te helpen.'

'Je zult het zien, Norman. Je bent een veel te sterke kerel om je zo te blijven voelen.'

Hij keek haar aan. Haar woede zo onmiskenbaar, helder, vloeide in hem over. De immense, eindeloze woede van de liefde. Hij glimlachte. 'Da's juist een van mijn grootste problemen. Dat ik een kerel ben. Ik weet bij god niet meer wat dat betekent.'

Ze bleef hem aankijken tot hij zijn blik afwendde, klakte met haar tong en liet het span omkeren, reed het erf af naar het pad. Hij keek haar na. Toen ze de rand van de kom bereikte zag hij een gehandschoende hand omhoogkomen en wuiven. Gebogen bij de pols, als een vleermuis in de grijze lucht. Hij had geweten dat ze zou zwaaien. Wist dat zij geweten had dat hij bleef kijken. Hij wachtte tot ze uit zicht verdween en liep naar het woonhuis.

Dus wachtte Abigail met haar verhaal. Ze voelde ook geen drang, was eerder apathisch dan gretig waar het haar verhaal betrof, alsof ze tot een diepe en waarachtige kalmte was gekomen en daarmee tot haar ware natuur. Ze nam het jongetje mee naar binnen en maakte zijn gezicht schoon en liet hem vertellen wat er gebeurd was, het oude liedje maar voor hem iets nieuws en schokkends. Luisterde en troostte hem zo goed als ze kon. En luisterde vervolgens naar de pogingen van haar vader om hetzelfde te doen, naar zijn onbeholpen tederheid die haar bijna de lage vlam van haar eigen haat deed zien, een vage flakkering in het neutrale duister. Een vlam die ze graag uit zichzelf had weggerukt, wat haar niet eens pijn zou hebben gedaan omdat de palm van die rukkende hand gevoelloos was van alle littekens. Maar in plaats daarvan begon ze het avondeten klaar te maken. Een eenvoudig maal van gebakken aardappels, uien en spek, met de tomatenpuree die ze de vorige zomer nog samen met haar moeder had gemaakt. En toen Prudence thuiskwam van school was deze laatste variatie op het oude thema alweer afgewerkt en gingen die drie naar de stal voor de avondklusjes en bleef zij achter bij het fornuis. En al was ze misschien niet gelukkig, ze was haar verdriet allang te boven. Ze was een stoommachine, niet sterk misschien, maar goed geolied, rijdend over een cirkelspoor, steeds terug naar zichzelf omdat ze nergens anders heen kon. Haar leven was van haar alleen. Een leven dat haar geenszins koud liet, en het deerde haar niet hoe anderen haar zagen.

Dus wachtte ze nog drie hele dagen. Ze ging er niet van uit dat haar verhaal iets zou veranderen, maar als ze het gedaan had zou haar vader alles weten dat hij mogelijkerwijs weten kon. En zij ook. Het ging haar allang niet meer om het ideale moment, ze wachtte alleen nog op een geschikte gelegenheid. Dat ze met hem alleen zou zijn, met voldoende tijd. Donderdagavond. Ze zat alleen in de kamer. Prudence benutte de warmte van het fornuis om aan de keukentafel haar huiswerk te doen. Met Jamie naast zich, bezig aan de optelsommen die ze voor hem neerschreef en corrigeerde en weer teruggaf. Hij had weinig geduld voor sommetjes en Prudence was de enige die zijn ongeduldigheid kon negeren en hem aan het werk wist te houden. Norman zat in het kleine kantoortje aan de overkant van de gang aan zijn weekboeken. Ze wachtte nog even en stond op, liep door het duister naar de streep licht onder zijn deur, en klopte aan en wachtte tot hij 'binnen' riep en ging naar binnen, deed de deur achter zich dicht. Hij wachtte zwijgend af, alsof hij al wist waarvoor ze gekomen was, en ze tilde de stapel grootboeken van de keukenstoel, veegde de rieten zitting af met haar hand en ging zitten. Norman legde zijn pen neer en zette zich af tegen de rand van het bureau, draaide zijn stoel een driekwartslag zodat hij tegenover haar zat, sloeg zijn benen over elkaar en wipte achterover om zich een ontspannen houding te geven. Nu wist ze zeker dat hij ook op haar had zitten wachten. Ze kon de inleiding overslaan.

'Ik heb haar in zichzelf horen praten. Niet zomaar wat gemompel, maar alsof ze iemand antwoord gaf. Of nee, het klonk eigenlijk meer als een ruzie.'

'Je bedoelt alsof ze met iemand bekvechtte terwijl ze alleen was?'

'Nee. Het leek meer op zo'n moment dat je achteraf pas weet wat je bij een ruzie had moeten zeggen.'

Hij knikte. 'Wanneer was dat?'

'Nadat ze terug was gekomen van haar reis.'

'Ja, dat snap ik. Maar hoe lang daarna?'

'Weet ik niet meer.'

'Als het kort geleden was, wil ik dat weten.'

'Je bedoelt vlak voordat ze zichzelf ophing?'

'Ja.'

'Waarom is dat belangrijk?'

'Ik zou willen weten wat er in haar omging.'

'Denk je dat je haar dan beter zou kunnen begrijpen?'

'Wie weet. Nou, wanneer was het?'

'Tja, wat ze zei lijkt mij belangrijker dan wanneer. Maar het zal een week, twee weken na haar terugkeer zijn geweest.'

'Goed. En waar was iedereen?'

'Buiten. Ze wist niet dat ik in de buurt was. En ik liet mezelf niet zien. Ik heb stil staan luisteren.'

'Heb je dat wel vaker gedaan, stiekem rondgeslopen in de hoop dat je wat hoorde?'

'Het was toeval. En ik vind niet dat ik stiekem heb gedaan door niet te zeggen dat ik haar hoorde. Ik vond dat het privé was en ik wilde haar niet verlegen maken. En het gaf me ook wel een beetje de kriebels, eerlijk gezegd. Ik begrijp al die vragen niet. Het lijkt wel alsof je allang weet wat ik je wil vertellen. En ik denk toch echt van niet.'

Hij keek haar neutraal aan. Nam zijn pijp, stopte hem en streek een lucifer aan tegen zijn schoenzool. Pufte wat aan de pijp om hem aan de gang te krijgen en zei: 'Nee, ik denk het ook niet. Ik vraag je die dingen omdat ik zoveel mogelijk aan de weet wil komen. Ik wil alle omstandigheden van je verhaal weten voor ik het hoor. Kun je dat begrijpen?'

Ze haalde haar schouders op. 'Het doet er allemaal weinig toe.'

'Goed, vertel het me dan maar.'

'Op één voorwaarde.'

'En die is?'

'Dat je me uitlegt hoe het te rijmen valt met wat jij weet. Ik heb je een paar avonden terug met Pru horen praten. En bepaalde dingen die je haar vertelde wist ik al, maar er waren ook dingen bij die niet kloppen met wat ik je ga vertellen.'

'Zoiets kan ik je niet beloven. Ik vind trouwens wel dat je erg vaak dingen van andere mensen opvangt.'

Ze haalde haar schouders op. 'Wou je me soms voor alles afschermen?'

Hij trok aan zijn pijp en het kamertje vulde zich met rook. Hij knikte. 'Nee,' zei hij. 'Natuurlijk niet.'

Ze zei: 'Ik beweer niet dat ik me alles woord voor woord herinner, en het zou weleens rommeliger kunnen worden dan het al was. Maar ik zal je alles vertellen wat ik onthouden heb en wat ik ervan maken kan. En zo slecht is mijn geheugen nu ook weer niet.'

'Je geheugen is meestal zo goed als je zelf wilt.'

'Man,' zei ze, 'hou nou eindelijk eens je waffel en luister.'

Hij knikte en legde zijn pijp in het koperen bakje dat hij daarvoor op de rand van zijn bureau had staan. Ze zaten een poosje zwijgend tegenover elkaar. Boven hen klonken de gedempte geluiden van Pru die Jamie instopte en zelf naar bed ging. Ze waren niet langsgekomen om hun welterusten te wensen, en Abby wist dat dat niets te maken had met eerbied of discretie. Norman haakte zijn duimen achter zijn bretels en staarde naar de planken vloer. Nu, wist ze, was hij eindelijk klaar om haar aan te horen.

'Het waren twee mensen. Ze leek het tegen twee mensen te hebben. Dat is nog het meest verwarrende. Met alle twee was het een soort van ruzie, zoals ik zei. Strijd. Maar de toon was heel verschillend. Tegen de een was ze heel hatelijk en met de ander was het eerder onderhandelen. Of nee, smeken. Alsof ze ergens vreselijke spijt van had en wilde uitleggen hoe ze ertoe gekomen was. Ik had het gevoel dat het met alle twee over hetzelfde onderwerp ging, over iets wat gebeurd was. Iets ellendigs. En volgens mij was de een er het slachtoffer van geworden, terwijl de ander ervoor verantwoordelijk was. Snap je? En ik kreeg de indruk dat de een dood was en de ander nog leefde.'

'Ja,' onderbrak Norman haar. 'Die dode was waarschijnlijk haar halfbroer. Een blanke man. En de ander zal haar moeder wel geweest zijn. Jouw grootmoeder.'

Abby schudde haar hoofd. 'Volgens mij niet. Nee, ik denk niet dat dat klopt.'

'Hoezo?'

'Omdat het allebei mannen waren. Dat weet ik heel zeker. Hoe heette die halfbroer?'

'Alex. Alexander Mebane.'

Ze schudde opnieuw haar hoofd. 'Nee. Die dode noemde ze Peter.'

Hij streek met een hand over zijn broekspijp. 'Peter,' zei hij. 'Weet je dat zeker?'

'Ja.'

'Weet je wie Peter was?'

'Ja. Die ouwe slaaf die haar toen geholpen heeft bij haar ontsnapping.'

'En hoe noemde ze die ander dan? Degeen die volgens jou nog leefde?'

'Jíj. Die sprak ze alleen maar aan met jij. Geen naam.'

'Tja, da's inderdaad verwarrend,' zei hij. 'Vertel me eens wat ze allemaal zei.'

'Ik zal mijn best doen. Eerst maar die zonder naam. Daar was ze heel fel op. Zo kwaad had ik haar nog nooit meegemaakt. Ze was zo nijdig dat ik het in het begin niet eens doorhad, want haar stem was heel kalm. Vlak. Alsof alleen de gedachte aan hem haar al deed stikken van woede, zodat ze haar stem heel rustig moest houden om nog iets te kunnen zeggen. Maar er was meer. Het was alsof ze tegen iemand sprak die heel boosaardig was maar ook heel nietig, minderwaardig, walgelijk. Minachting, dat woord zocht ik. Ze sprak heel minachtend tegen hem, zonder een greintje angst. Al vermoed ik dat ze in het verleden doodsbang voor hem was geweest. Maar goed. Tegen hem zei ze dat hij van de hoed en de rand had geweten en toch alles had laten gebeuren, er zelfs voor gezorgd had dát het gebeurde. Dat hij de wraak die voor haar was bedoeld op een ander had afgewenteld. En niet alleen omdat zij er niet meer was, maar omdat hij het kon. Omdat hij de macht had om die dingen te laten gebeuren. Gruwelijke dingen, waarvan hij geweten had dat ze gruwelijk waren maar die hij toch had teweeggebracht. En hij had er waarschijnlijk nog van genoten ook. Toen het gebeurde en al die jaren later nog steeds, toen hij haar erover verteld had. Met een glimlach op zijn gezicht. Die glimlach, daar bleef ze maar over doorgaan. Dat ze daar doorheen keek. Omdat zij de waarheid over hem wist, toentertijd al en nu nog steeds. En dat hij het zelf ook wist, dat hij precies wist wat voor man hij was. Ze zei dat ze geen greintje medelijden met hem had en met heel haar hart hoopte dat die zelfkennis hem nooit verlaten zou. Dat-ie er altijd door gekweld zou worden. Dat het een vuurtje in hem was dat altijd bleef smeulen, in zijn binnenste, in zijn hart. In zijn ziel. Dat zijn ziel niks anders was dan dat smeulende vuurtje. Ze zei dat ze blij was dat hij nog leefde, en ze hoopte dat hij altijd zou blijven leven, dag en nacht met die kwelling die hij voelde. Want dat hij haar niet voor de gek hield met die glimlach van hem, omdat ze wist dat het een levenloze glimlach was. En dat zij heus niet de enige was die dat wist. Dat iedereen het altijd had geweten, iedereen die hij zijn hele leven had gekend, ook de ouwe man die zijn leven had gered en dat met zijn eigen leven had moeten bekopen. En dat dit altijd bij hem zou blijven, dat ze dat vurig hoopte, dat het altijd aan hem zou blijven knagen, aan zijn hart of wat daarvoor moest doorgaan. Als fruitvliegjes op een grote rottende perzik. Ze zei dat dat nog het beste was dat hij in dit leven te verwachten had. Ja, zo zei ze het. Als een wens zowel als een vervloeking. En het kwam er allemaal uit zoals ik daarnet al zei: als iets wat ze eindeloos voor zichzelf gerepeteerd had, en dat er nu eindelijk goed uitkwam.' En ze viel stil, en wachtte op haar vader.

Hij hield zijn onderlip tussen zijn tanden geklemd. Zat zachtjes te knikken, nadenkend, peinzend. Niet instemmend. Na een poosje zei hij: 'Ik snap het niet. Ik snap er niks van, tenzij je je op één punt vergist. Maar dat komt zo. Vertel me nu eerst maar het tweede gedeelte. Dat ze verantwoording aflegde, waarbij ze zich schuldig voelde.'

'Het Petergedeelte.'

'Laten we daar dan maar van uitgaan, ja.'

'Dat zal niet meevallen, papa.'

'Moeilijker dan het eerste?'

'Veel moeilijker.'

'Waarom?' Het was nu doodstil om hen heen. Heel de boerderij was in de diepe rust van de winterse nacht gedompeld. Alle aanwezige levens tot rust gekomen, op hen tweeën na. Het vuur in de kleine vrijstaande houtkachel knetterde nog maar zachtjes, ritselend als een vogel in zijn nest. De rest van het huis was verstokten van ieder geluid, nog geen krakende plank, geen spijker die zich roerde in een traptrede, geen teken van de generaties van spoken die zich op de zolder verdrongen tegen de kou, alsof het huis zich vermoeid had neergelegd bij alle emoties van de voorbije tijd, of zich wilde voegen naar de ijzingwekkende kalmte tussen die twee in het kantoortje, beiden getint door het blauwe licht van de versleten koperen lamp, blauw getint als gaven ze elektriciteit af in de zinderende kleine ruimte, beiden volop beseffend dat ze niet aan een onbeduidend roofje zaten te pulken maar gezamenlijk een gat groeven dat hen voorgoed gevangen zou houden. Een graf voor hen beiden. Maar beiden kalm. De jonge vrouw en de middelbare man, niet langer dochter en vader, nu niet en nooit meer, maar de bewoners van een eiland dat uit deze nacht was opgerezen. Samen uitgevaren en gestrand, voor altijd. Een stel nachtplanten dat zijn eenmalige bloei beleefde. Zoolgangers die van nu af aan op hun hakken zouden lopen, hun vertrouwen in de bodem voorgoed verloren.

Abigail zei: 'Het moeilijke was niet alleen wat ze zei, maar ook hoe ze het zei. Zo rusteloos als ze klonk. Niet dat ze schreeuwde, maar haar stem was... Wild. Radeloos. Tegen die andere man was ze heel overtuigd geweest. Verbitterd, maar zeker van zichzelf. Bij deze was het een en al gekweldheid. Ze zei hem dat hij heel goed geweten had wat er gebeuren zou, en dat dat ook precies zijn bedoeling was geweest. Dat-ie heel bewust haar plaats had ingenomen. En ze verafschuwde haar eigen domheid, dat ze dat toen niet gesnapt had. Dat ze beter had moeten weten. En ze vroeg zich af of ze het misschien niet had wíllen weten, of het had weggestopt. Ze zei dat ze zichzelf had wijsgemaakt dat ze een oud leven afsloot en een nieuw begon. En dat ze dat o zo dapper had gevonden van zichzelf. Maar nu wist ze hoe laf het was om te denken dat je je oude leven kon afdanken en dat het nooit meer zou opduiken. Misschien was het de Heer wel geweest, zei ze, die haar toen dat idee had ingeprent. Als een soort vergelding op termijn. Dat ze bij haar terugkeer des te duidelijker zou zien wat voor iemand ze was, om de ontluistering des te groter te maken. Want geen straf was zo erg als te moeten inzien dat je nieuwe leven één grote leugen was. Een leugen tegen jezelf. Dat God ervoor gezorgd had dat ze niks meer ongedaan kon maken en ook niet meer verder kon. Gestrand in haar eigen haat, de haat voor zichzelf en alles wat ze bereikt dacht te hebben. Geen ontsnapping mogelijk. Zoals ze zijn naam zei, Papa... Niet één keer maar steeds opnieuw, als kraaltjes aan een ketting. Peter Peter Peter Peter. Het was net of dat ene woordje alles bevatte dat niet gezegd kan worden, alles wat geen stem heeft. Je begrijpt me wel, denk ik.'

En ze viel stil, keek hem doordringend aan, wachtte, tot hij een begrijpend knikje gaf. Toen pas ging ze verder. 'En ze vertelde hem dat hoe erg het ook voor haar was, wat zij ook te verduren had en slikken moest, dat ze nooit zou weten hoe erg het voor hem was geweest. Zou ze nooit kunnen bevroeden, zei ze. Of ze moest door een stel kerels op een houtblok worden neergezet met een strop om haar nek, met petroleum overgoten en een vlammetje erbij, en dan branden tot ze van dat blok af danste. Ze werd misselijk van de gedachte, zei ze. Misselijk van zichzelf. Vooral omdat ze ondanks alles toch nog met zichzelf te doen had. Dat haatte ze nog het meest aan zichzelf, haar zelfmedelijden.'

En daar stopte Abby en draaide haar ogen van haar vader weg, in een trage rol door de ruimte achter hem. Rondkijkend zonder haar hoofd te bewegen. Keek naar haar handen, slap in haar schoot. Ze was stil. Uitgesproken maar niet klaar. Ze zaten zwijgend tegenover elkaar.

Norman liet zijn hoofd zakken tot zijn kin op zijn borstbeen rustte. Hij sloot zijn ogen en bleef een tijdlang roerloos zitten. En toch kon ze voelen hoe hij trilde, voelde het aan zijn adem, al kon ze hem niet zien ademhalen. Toen hij ten slotte weer opkeek zag ze de fonkeling van een berustend inzicht in zijn ogen, de rouw voorbij. Het duurde nog even eer hij sprak: 'Die man Peter... Dat hij haar hielp vluchten en wat er daarna gebeurde, dat is nog niet eens het belangrijkste. Het gaat om de reden voor haar vlucht.'

Ze wachtte op meer.

'Het verwarrende van je verhaal was die andere man, haar halfbroer, tegen wie ze volgens jou sprak alsof hij nog in leven was. Dat was hij niet. Maar ik snap nu waarom jij dacht van wel. Ze gaf hem de schuld van Peters dood omdat hij die in feite veroorzaakt had. Maar toen was hijzelf al dood. Al zal er niet veel tijd tussen hebben gezeten, vrees ik.'

Ze schudde haar hoofd. 'Als je haar gehoord had...'

'Nee, luister nou. Het was om die halfbroer, om zijn dood, dat ze toen de benen moest nemen. Het was omdat hij dood was dat Peter haar moest helpen.'

'Je bedoelt... Heeft zij hem gedood? Die Alexander?'
'Ja.'
'Waarom?'
'Waarom denk je?'
Ze bestudeerde zijn gezicht en keek van hem weg. Nam haar onderlip tussen haar tanden, zachtjes, alsof ze zichzelf wiegde in die koesterende beet. Keek hem weer aan en nu zag hij haar ogen fonkelen. De heldere schittering van verdriet. Een zelfloze treurnis die niet zozeer haar moeder gold als wel de vrouw in kwestie. Een dieper verdriet dan ze tot dan toe gekend had, en tegelijkertijd ook milder, al zou ze dat laatste zelf nog niet beseffen.
'Dat heb je Pru niet verteld.'
'Zag ik het nut niet van in. Dat wilde ik haar besparen, en jou trouwens ook.'
Ze zweeg een poosje, hield haar blik afgewend, en keek hem toen weer aan. Knikte, en zei met zachte stem: 'Het maakt me bang. Alles. Dat zoiets je gebeuren kan, en dat je ermee leeft, jaar in jaar uit, en dat het je uiteindelijk weer keihard voor ogen komt te staan. Alsof het gisteren gebeurd is. Vijfentwintig jaar. Ze heeft zelfmoord gepleegd om iets wat vijfentwintig jaar geleden gebeurd is.'
'Niet alleen maar daarom. Maar je hebt gelijk. Het is krankzinnig hoe de tijd opeens ineen kan storten. Dat is haar overkomen toen ze terug naar het zuiden ging. Terug naar huis, had ik bijna gezegd, maar het is nooit haar thuis geweest. Dat denk ik niet, tenminste. Dit was haar thuis. Volgens mij hebben die vijfentwintig jaar wel degelijk iets voor haar betekend, dus ik geloof niet dat ze haar oude omgeving heeft opgezocht maar de plek waar ze vandaan kwam. Voor sommige mensen is dat hetzelfde, voor anderen is er een wereld van verschil. Hoe dan ook, er is daar meer gebeurd, en ik wou dat ik wist wat. Ik wou dat ze me genoeg vertrouwd had om het te vertellen. Voor de rest vertelde ze altijd alles. Voor zover ik weet dan, maar ik denk niet dat ik me vergis. Er is daar iets geweest, iemand... Het was meer dan dat verhaal over hoe het toen met Peter is afgelopen, al kan het haar best zijn aangedaan door degene die haar dat verteld heeft. Maar er is meer geweest... En nu vraag ik me af: als ze hardop tegen een stel schimmen uit het verleden liep te praten, waarom heeft ze dáár dan niets over gezegd? Zelfs niet tegen die spoken. Was het omdat ze daar geen geschikt spook voor had? Of was het gewoon te erg? Of allebei? Of geen van beide. Ik wou dat ik het wist.'
'Heb je zelf nog gedacht om daarheen te gaan?'
'Nee. Zelfs als ik er iets aan de weet kon komen... Daar zou ik niks mee opschieten.'
'Misschien toch wel.'

'Nee.'
'Omdat het niets zou veranderen?'
'Precies.'

En toen zwegen ze allebei. Het kantoortje in stilte gedompeld, één met de rest van het huis. Er was een noordoosterwind opgestoken die het kleine venster boven het bureau deed rammelen. Geen van beiden bewoog zich. Ze keken elkaar aan alsof ze elkaar na vele jaren terugzagen. Maar zonder nieuwsgierigheid. Twee verwanten bij een weerzien na lange tijd, die geen handdruk nodig hadden om weer kennis te maken. Het was de eerste keer in zijn leven, en hij was oud genoeg om dat zeker te weten, dat de beide ogenparen met gelijke hartenpijn in elkaar overvloeiden. En de tijd rekte zich uit als elastiek en hij dacht dat hij nu van pure liefde kon sterven, en hoe gepast dat zou zijn. En op datzelfde moment eindigde zijn leven als melancholicus, hoewel niemand dat ooit zou merken of het hem zou voorhouden. Maar hij liet zijn melancholie voor altijd varen en begon een nieuw leven. Niet minder droef dan het oude, net zo zwartomrand, daarom ook niet als nieuw herkenbaar, maar niettemin nieuw. Ook keerde hij God zijn rug toe. En als er al een god was die dit zag, dan bleef die goddelijke waarneming voor Norman zonder gevolgen. Er zou niets veranderen, alles bleef zoals het was, maar hij bekeek de dingen voortaan van een afstandje, vanuit een plekje ergens diep in zichzelf. Er veranderde niets, want lijdzaam is de geest die weet wat hij weten kan. Hij zocht geen voldoening in deze eindtoestand, maar vond het niettemin, en de verdwijning van zijn glimlach had geen andere reden dan dat hij geen glimlach meer nodig had. Alles rondom hem was volmaakt en al wat zich aandiende was dat niet. Hij verwachtte niets meer en werd dus aangenaam verrast door de kleinste dingen. Die nacht, in zijn nietige kantoortje, met de wind op het raam en zijn dochter tegenover hem, voorvoelde hij dit alles. En misschien was het wel helemaal geen voorgevoel. Misschien was het wel de eerste keer sinds maanden dat hij zijn volle gewicht in de stoel voelde, voor het eerst weer eens fysiek moe. Niets meer en niets minder. En misschien was dat ook wel genoeg. Na een tijdje maakte hij zijn blik los uit de hare, pakte zijn pijp en stopte die koud en wel in zijn mondhoek en hervatte het gesprek.

'Hoor ik ooit nog wat er tussen jou en die jongen is voorgevallen?'

Ze veerde op. 'Nee,' zei ze. 'Ik denk niet dat ik daar behoefte aan heb.'

En ditmaal knikte hij niet. Streek langzaam een lucifer aan en zoog aan zijn pijp. 'Ach ja,' zei hij. 'Er zijn nog zat jongens.'

'Nee,' zei ze. 'Niet meer voor mij.'

Hij zei niets.

Na een poosje zei ze: 'Ik ben een negerin. Knap en slim, maar evengoed een negerin.'

Hij wist niets te zeggen.

Ze stond op van de houten stoel, liep naar het venster en keek naar de egaal zwarte ruitjes en keerde zich om. Hief haar armen boven haar hoofd en rekte zich uit. Liet haar handen vallen en vouwde ze voor haar onderbuik. Hij zat in een wolk van rook, zij stond aan de rand ervan. Ze streek met een hand langs haar voorhoofd alsof ze zweet of vermoeidheid wegveegde. Ze haalde diep adem, als had ze haar adem urenlang ingehouden, en zei: 'Ik heb misschien maar weinig greep op wat me overkomt. Maar ik ben vast van plan om mezelf in de greep te houden.'

Hij blies zijn laatste rookpluim uit en legde de pijp weg. 'Het is laat,' zei hij, en stond op. Hij twijfelde niet aan de ernst van haar woorden, en wenste haar ook niets anders toe.

'Het is laat.' En ze hield de deur naar de gang open terwijl hij de lamp uitblies, en toen liepen ze achter elkaar de donkere gang in, zij vervolgens de trap op en hij naar de keuken om zijn laarzen en jas aan te trekken en naar buiten te stappen, de nacht in, om nog een kijkje te nemen bij de beesten. De wind deed zijn haar wapperen als een zomerweide vol hooigras. Toen hij weer uit de stal kwam bleef hij een tijdje op het erf staan, zijn hoofd in zijn nek, ogen wijdopen, rechtstreeks in de muil van de nacht turend. En toen keerde hij zich om en ging het donkere huis binnen.

II

Bethlehem

4

Op een ochtend in de zomer van 1904 glipte Jamie voor dag en dauw het huis uit en liep in zijn beste kleren de berg af. Met de veertig dollar die hij na drie jaar hard werken bij elkaar had gespaard, plus de zestig dollar die hij in dezelfde periode van zijn vader had gepikt. Hij stapte op de boemeltrein naar het noorden, door de vallei die nog gevuld was met de nevel van de rivier. Sloeg geen acht op de andere passagiers, negeerde het landschap. Hij was negentien, tenger van bouw met soepele dunne spieren, had een beweeglijke uitstraling, ook als hij zich niet bewoog. Vrouwen vonden hem steevast aantrekkelijk, mannen vonden hem bijna altijd onuitstaanbaar. Er was iets engelachtigs aan zijn honingkleurige huid en de grote donkere ogen boven de hoge jukbeenderen. Zachte zwarte krullen. Zijn vingers waren lang en slank met schone, roze nagels. Een gebeeldhouwde mond. Hij was levendig en sensueel, intelligenter dan menigeen maar net niet zelfbewust genoeg om aan charme in te boeten. In zijn ene jaszak had hij een dichtgevouwen scheermes, in de andere zijn bankbiljetten in een geldklem. De zon stond inmiddels aan de hemel, een brandende roze bal in de mist. Toen de trein het station van Barre binnenreed stapte hij uit. James noch Jim, nog altijd Jamie, maar voor de rest helemaal klaar voor een nieuw bestaan.

 Hij liep over het stationsplein alsof hij het allemaal al zo vaak had gezien. Ossenkarren met zes, soms wel acht juk ossen ervoor en monumentale stapels kisten of bouwstenen in de laadbak. Trekpaarden voor wagens met steenkool of cokes voor de smeltovens, of piekijzer voor de smederijen en gieterijen die dag en nacht draaiden om de steengroeven te voorzien. Of goederen en voedsel voor de stad. En boven hem de kabels en lijnen van de nieuwe eeuw; elektriciteit, telegraaf en telefoon. Voor het stationsgebouw stonden overdekte huurrijtuigen met piepjonge koetsiers, terwijl andere jongens omhangen met sandwichborden door de menigte liepen en luidkeels restaurants of pensions aanprezen. Werklui in hemdsmouwen en heren in driedelige pakken, die met z'n allen een veelheid aan vreemde talen voortbrachten. Hij liep er met stijgende opwinding doorheen als had hij de ideale startplaats gevonden.

Aan Merchant's Row vond hij een kleermaker bij wie hij voor negentien dollar een pak van het rek kocht, en nog twee dollar neerlegde om het meteen te laten vermaken. Toen het spelden en krijten gedaan was stak hij de straat over en kocht een paar glanzende schoenen, waarna hij zich in een kapsalon liet knippen en scheren, want het hoogste genot dat hij tot dusver had leren kennen was een hete handdoek op zijn gezicht en de weldadige streek van het mes over zijn wangen, vingers die pommade in zijn hoofdhuid wreven en die laatste streling van de gepoederde borstel langs zijn nek. Daarna ging hij terug voor zijn pak, kocht er nog een paar nieuwe sokken bij, twee extra boorden en twee paar manchetten, en verliet de winkel met zijn oude bullen in papier gepakt met een touwtje eromheen. Hij liep een steegje in en gooide de bundel op een stapel rottend afval.

Hij liep verder de stad in, naar de rivier en kwam bij een rij vervallen huurkazernes, met op de begane grond allerlei kleine eethuisjes, nog kleinere uitdragerijen, lommerds en kapperswinkels. De gebouwen werden onderbroken door de terreinen van schroothandelaren en voddenrapers. Hij nam een kleine, vergeelde kamer op driehoog voor drie dollar per week, met een doorgezakt ledikant en een vlekkerig matras, een rechte keukenstoel en een wasstel met een gehavende kan en kom. Hij betaalde twee weken vooruit en liep meteen weer naar buiten. Het was inmiddels vroeg in de middag en er hing een zekere rust in de straten. Noeste zwermen vliegen boven het vuilnis in de goten. Een horde kleine kinderen stoof langs hem heen. Boven hem leunde een vrouw uit een raam om wasgoed op te hangen aan een van de lijnen die tussen de gebouwen was gespannen. Zijn maag kromp samen van de honger, maar de eerste drie eethuizen liep hij voorbij, niet wetend wat hij bestellen moest, en hoe. Het laatste wat hij wilde was zichzelf voor gek zetten.

Hij dacht dat hij hard aan een maaltijd toe was. Hij vond iets wat hij nog veel harder nodig had. Achteraf begreep hij dat zij hem had gevonden. Ze was al oud, zeker vijfentwintig, misschien wel dertig. Ze had dik, touwachtig haar tot op haar middel en haar borsten waren groot en zwaar onder de witte katoenen blouse. Ze was alles dat hij zich wensen kon en de stof van zijn nieuwe broek hield hem pijnlijk in bedwang. Ze liep recht op hem af en streek er met haar hand langs en zei: 'Zal ik je daar even mee helpen?'

Ze noemde een prijs en hij bood de helft en ze pakte zijn hand, voerde hem mee een trapgat in, liep voor hem uit de trap op en bij de aanblik van haar uitbundig wiegende heupen kreeg hij het gevoel dat hij nu al iets belangrijks had geleerd. Op de eerste overloop bleef ze staan en ging met een vaardige hand langs de knopen van zijn gulp en haalde hem eruit, en hij wilde net zeggen dat dat tegen de afspraak was toen ze zich omdraaide, haar rok omhoogtrok en zich over de leuning boog. Hij had een kamer verwacht, een bed, en haar gezicht. Begreep wat hem in plaats daarvan te doen stond maar begreep het ook weer niet, keek bedremmeld naar haar weke achterste en het zwarte borstelhaar dat opliep tot in haar bilspleet. Ze wierp een blik over haar schouder, keek weer voor zich en stak een hand tussen haar benen door om hem beet te pakken en naar binnen te leiden. Hij strompelde tegen haar aan en ze gilde het uit van genot of pijn en bokte achteruit en hij kwam, en het gegil stopte abrupt, klus geklaard. Ze stapte van zijn onverminderde erectie af en streek haar rok glad, draaide zich om en duwde hem zijn broek weer in, knoopte de gulp dicht. Met een laatste klopje op zijn kruis zei ze: 'Jij onthoudt mij wel.' Liep de trap af en liet hem daar staan. Toen hij naar buiten kwam was ze al nergens meer te bekennen.

Hij liep de straat in. Enkele deuren verder, op de bovenste trede van een hoge stoep, zat een meisje van zijn eigen leeftijd in een blauwe jurk met witte sierranden aan het boordje, de heupzakken en de zoom. Ze had haar handen om haar opgetrokken knieën geslagen en zat te kijken hoe hij daar aan kwam lopen. Ze had hetzelfde dikke zwarte haar, losjes om haar hoofd gebonden, maar haar huid stak er lelieblank tegen af. Toen hij voorbijliep kwam er een spottend glimlachje om haar mond. Ze krulde haar wenkbrauwen en schudde haar hoofd. Hij schonk haar een gedecideerd hoofdknikje en keek weer voor zich uit, onaangedaan en niet in het minst gegeneerd. Op de eerstvolgende hoek ging hij een restaurant binnen en bestelde spaghetti, omdat hij dat woord weleens gehoord had en het mooi vond klinken. Hij had nog nooit van zijn leven een deegsliert gegeten of zelfs maar gezien. De gehaktballen smaakten eigenaardig, maar hij at zijn bord tot tweemaal toe leeg en veegde het schoon met het hardkorstige brood. De maaltijd kostte hem een stuiver.

Toen hij weer buiten stond merkte hij dat zijn geslacht tegen zijn broek plakte. Hij liep terug in de richting van zijn kamer. Het meisje zat niet langer op de stoep. In zijn kamer pakte hij de kan, liep er de trap mee af en vulde hem onder de pomp, ging er weer mee naar boven en waste zichzelf. Het was heet in de kamer, en het stonk er naar urine, zweet, bloed, rottend behang, muf pleisterwerk, verval. Hij dwong het raam omhoog en een golf hete lucht voegde de stank van de straat toe aan die van de kamer. Het gebouw omgaf hem, en buiten was het weer rumoerig geworden. Hij ging naakt op het matras liggen en legde het uitgewrongen washandje over zijn ogen. Hij spreidde zijn armen en benen tegen de hitte. Er kwam een diepe tevredenheid over hem. Gelukkig was hij niet, maar dat had hij ook niet verwacht. Voorlopig nog niet, tenminste. De tevredenheid was die van een kei die eindelijk was losgeraakt en nu van de helling rolde. Na een tijdje sliep hij in.

Toen hij wakker werd was het donker. Hij kleedde zich aan en ging naar buiten. Boven het stadscentrum zag hij de gloed van de elektrische straatverlichting. In zijn eigen straat kwam het enige licht van de beslagen winkelruiten, maar de trottoirs waren vol mensen, sommigen kuierend, anderen doelbewust onderweg. Op de stoepen zaten gezinnen of eenzame mannen en vrouwen roerloos te wachten tot de avond de laatste middaghitte had verdreven. Op de berghelling bloeiden de lichtjes van de steengroeven en hij kon het gezwoeg van de machines horen, en door zijn schoenzolen heen ook voelen. Hij had honger en ging op weg naar het restaurant waar hij eerder op de dag had gegeten, had geen zin om al meteen weer iets nieuws te gaan zoeken. Daar begon hij morgen wel mee.

Er kwam een vrouw op hem af die hem zachtjes begon toe te spreken. Ze leek hem niet de vrouw van het trappenhuis, maar het meisje van de stoep was ze zeker ook niet. Hij wilde het aanbod beleefd afslaan, maar dat had ze al aan hem afgelezen en ze liep weg voor hij iets zeggen kon. Hij keek haar niet na.

Het restaurant had nu dikke papieren rolgordijnen voor zijn ruiten en hij zag het silhouettenspel van de gasten tegen het lamplicht. Op het opstapje van de ingang zat een man, met zijn knieën opgetrokken tot zijn kin. Hij droeg een garibaldi en rookte een dun sigaartje, de rook een penetrante kringeling in de lucht. Toen Jamie naar binnen wilde stappen pakte de man hem bij een arm en zei iets in het Italiaans.

'Ik wil alleen maar iets eten. Honger.' Hij wees met zijn wijsvinger in zijn mond, stapte om de man heen en ging naar binnen. De man stond op en volgde hem. Overdag was het er rustig geweest, nu werd elk tafeltje omringd door mannen. Geen vrouwen. Niemand at iets. Ieder had een glaasje drank voor zich, en daarnaast een torentje van in elkaar gestapelde glaasjes die kennelijk als rekening fungeerden. Op een tafel achterin stonden mandflessen en rekken vol glaswerk. De man die eerder op de dag de spaghetti had geserveerd kwam direct op Jamie en zijn volgeling af. Zwaarlijvig, met grijze haarslierten over zijn kale schedel liep hij achter zijn buik aan en zei iets tegen de man achter Jamie, die iets terugzei. Jamie grijnsde hem toe. Hij grijnsde niet terug. 'Wat moet jij?' vroeg hij.

'Iets te eten.'

'Hebben niks. Besloten club.'

'Ik was hier vanmiddag ook. Toen heb ik heerlijk gegeten, dus ik dacht dat ik hier ook wel wat voor de avond kon krijgen.'

De man schudde zijn hoofd. 'Kan niet. Alleen lunch. Besloten,' zei hij. 'Is besloten gelegenheid.'

'Ach, een sandwich is ook goed. Ik weet zeker dat je nog wel wat hebt.' Hij nam voor het eerst zijn ogen van de man af en keek de zaal rond. 'En misschien nog wel wat anders ook. Om het weg te spoelen.' Probeerde opnieuw zijn olijke grijns.

De man keek hem geïrriteerd aan. Veegde met een hand over zijn hoofd als om zijn geoliede haar glad te strijken of zweet weg te vegen. Het gebaar deed twee mannen aan het belendende tafeltje overeind komen, beiden in dure pakken, met horlogekettingen over hun buiken. Naast Jamie waren zij de enige mannen in de zaal die geen werkkleding vol granietstof droegen, en geen helrode ogen hadden van datzelfde stof. Ze gingen aan weerszijden van de eigenaar staan, die nog één keer sprak: 'Ik zeg jou: geen eten. Wegwezen.'

De twee mannen stapten naar voren. Een van hen greep Jamie bij een schouder, ruwer dan hij verwacht had, en draaide hem met één beweging om, waarna hij door vier handen bij zijn armen en dijen werd gepakt. Hun vingers boorden zich diep in zijn spieren en de pijn was bijna verrukkelijk. Ze droegen hem naar de deur die door de man met het garibaldihoedje werd opengehouden, droegen hem tot op de drempel en gooiden hem omhoog en vooruit. Hij zette zich schrap terwijl hij door de lucht zeilde en kwam op zijn voeten neer, wankelde even maar vond net op tijd zijn evenwicht. Aan de overkant applaudisseerde iemand. Hij draaide zich om. De deur was dicht. De man met de garibaldi stond voor het restaurant, naar hem te kijken met een brede glimlach en het sigaartje nog steeds tussen zijn tanden geklemd. Jamie trok zijn kleren recht en liep op hem af.

'Vond je dat leuk, mannetje?' zei Jamie. 'Wacht maar, ik spreek jou nog wel.'

De man nam het sigaartje uit zijn mond, hield het tussen duim en middelvinger en maakte een groetend gebaar. De gloeiende punt beschreef een boog in de avondlucht. Stak het weer tussen zijn tanden en hernam zijn positie op het opstapje, met zijn armen om zijn knieën, van Jamie wegkijkend.

Hij stak de straat over en liep verder over het trottoir aan de overkant, negeerde de mensen die hem aangaapten en de man die had staan klappen. Liep een biljartlokaal voorbij, waar de geur van gebakken vlees uit kwam drijven maar waar het hem veel te druk en te hel was. Hij was uit zijn doen, had geen zin meer om zich in een luidruchtige mannenmenigte te begeven. Liep heuvelopwaarts, van de rivier weg in de richting van de hoofdstraat, en vond ten slotte een eetlokaal met een uithangbord in het Engels, waar hij aan een lange tafel ging zitten en bonen met ham bestelde, die hij opat met een stapel boterhammen. Met zijn maag gevuld en zijn zenuwen gekalmeerd liep hij het stadscentrum in. Naast de gehoorzaal vond hij een drugstore met een frisdrankenhoek, waar hij een poosje rondlummelde, tijdschriften uit het rek haalde en doorbladerde, af en toe omkijkend naar de mensen aan de tapkast. Ze leken hem in niets te verschillen van de mensen in Randolph en hij voelde er niets voor om bij hen aan te schuiven. Iedereen kende elkaar en hij wist dat hij hier niets te zoeken had, wist dat hij dit soort lui overal kon vinden en dat hij nooit een boodschap aan ze zou hebben. Wist ook dat er nog iets anders leefde in deze stad, waar andere mensen bij hoorden, bij wie hij zich wel op zijn gemak zou voelen, wist alleen nog niet wat en wie en waar. De knul van de frisdranken hield hem nauwlettend in de gaten, en de man achter de kassa ook. Dus liep hij naar de toonbank, kocht er een pakje Chesterfields en een doosje lucifers, salueerde met zijn wijsvinger aan zijn wenkbrauw en liep weer naar buiten, de avond in.

Terug in de buurt waar hij zijn kamer had gehuurd hield hij zijn pas in en bestudeerde het komen en gaan van de mensen. Na een poosje liep hij een steegje in waar hij anderen in had zien gaan om er al snel weer uit te komen. Bij een open voordeur zat een oud vrouwtje in een schommelstoel. In het trapportaal achter haar zag hij drie jonge mannen rond een tafel, die hem uitdrukkingsloos aanstaarden terwijl het vrouwtje zijn geld aannam en zich bukte naar de mand aan haar voeten, afgedekt met een lap, waar ze een halve literfles whiskey uit opdiepte. Op de tafel van de mannen stond een ijzeren geldkist naast een koffiepot met een drietal kroezen, en daarnaast lag een jong hondje te slapen, argeloos op z'n zij, en daarnaast lag een honkbalknuppel. Hij stak de whiskey in zijn binnenzak en liep de straat weer in, ging op een stoep twee huizen van het zijne zitten en stak een sigaret op. Van tijd tot tijd boog hij zijn hoofd in zijn jas voor een slok whiskey. Na een tijdje kwam hij overeind en zocht de stoep op waar hij het meisje in de blauwe jurk had zien zitten. Er zat nu een compleet gezin. Zij was er niet bij. Hij probeerde hen aan te spreken, maar ze spraken geen van allen Engels. De vrouw gaf een pasgeboren kind de borst en wendde haar gezicht af. Het leek hem dat haar schaamte niet haar borst gold maar zijn vraag.

Hij liep het huis in waar hij zijn kamer had gehuurd, naar het privaat in de achtertuin en leste daarna zijn dorst aan de pomp. Bleef nog even in het donker staan om een sigaret te roken en liep via de achtertrap naar zijn kamer. Hij legde zijn kleren over de houten stoel en klopte het stof van de broekspijpen. Hij ging naakt met gekruiste benen op zijn bed zitten, luisterde naar de straatgeluiden, het vage rumoer dat af en toe doorbroken werd door een man die een kennis begroette of een vrouw die de namen van haar kinderen riep. Na een poosje legde hij zijn scheermes onder het kussen en strekte zich uit op zijn rug.

Hij werd op het midden van de ochtend wakker door het citroengele zonlicht dat de laatste nevelflarden van de rivier brandde, zijn kamer al bloedheet en vol vliegen. De straat onder zijn raam was nog rustig. Aan de overkant zag hij drie vrouwen, hoeren waarschijnlijk, voor een open voordeur staan. De vrouw van de vorige dag was er niet bij, het meisje ook niet. Een voddenman kwam de straat in, zijn paard een aftandse schimmel met een nobel maar geteisterd hoofd en een slordig opgelapt tuig waarvan het koperbeslag rauwe voren in zijn huid trok. De man liep naast de kar zijn onverstaanbare kreet te roepen. Aan de overkant kwam een vrouw naar buiten met een bundel lorren. De hoeren waren inmiddels verdwenen. Hij had ze niet zien weglopen. De vrouw hield de bundel koesterend tegen zich aan terwijl ze met de voddenman over de prijs ruzide, en uiteindelijk akkoord ging en het geld in haar hand liet uittellen. Toen de voddenman alweer bijna de straat uit was stond ze de munten nog steeds na te tellen, alsof het er meer zouden worden als ze het maar vaak genoeg overdeed.

Hij waste zich aan de lampetkom, kleedde zich aan en trok eropuit. De zon deed hem pijn aan zijn ogen. Hij ging naar het eetlokaal waar hij de vorige avond gegeten had, nam er koffie met suiker en melk en las de krant die hij op straat gekocht had. Vacatures genoeg, maar er was niets van zijn gading bij, en hij had al wel geweten dat dit niet de manier was om het werk te vinden dat hij zocht. Wat voor werk dat dan precies was wist hij nog niet, maar hij wilde goed geld verdienen, en dat verdiende je niet door je keel schor te schreeuwen om andermans spullen te slijten. Dan verdiende je alleen maar geld voor je baas. Hij dronk zijn gratis tweede kop en bedankte de vrouw en gooide een dubbeltje in het stuiverspotje en liep terug naar zijn eigen buurt, waar hij zich liet scheren in de open pui van een kapperswinkel. De stoel was scheef en de spiegel stuk, maar de handdoek was lekker heet en het scheermes prima geslepen.

Hij ging een lommerd binnen en stond lange tijd boven een vitrine met messen. Liet er het ene mes na het andere uithalen en bepaalde zijn keuze ten slotte op een lange, tweesnedige kling waarin een wijnrankmotief was gegrift. Het heft was van fraai rozenhout met koperen inlegstukken tot aan de knop van massief koper, die op zijn beurt met rozenhout was ingelegd. Een uitgebalanceerd, vlijmscherp wapen. Een riem was er niet bij, maar het lag wulps in de leren schede die precies in zijn broekzak paste, en kwam daar met een enkele handbeweging uit vrij. Hij pakte zijn scheermes, legde het naast de dolk op de vitrine en keek op naar de pandjesbaas, een lange kale jood met een lange goudgeel-met-zilveren baard. 'Ruilen?'

De jood raakte het scheermes aan zonder het op te pakken. 'Rotzooi,' zei hij. 'Het mes is vijf dollar.'

'Met dit scheermes kun je een steen in plakjes snijden. Zo goed als nieuw.'

De jood droeg een duur hemd met een echte boord en manchetten. Hij knipperde traag met zijn ogen en zei: 'In de goot stikt het van de lege flessen. Pak er een bij de hals, sla hem tegen een lantaarnpaal en je hebt iets wat nog veel scherper is dan dat scheermes van jou.' Hij schokschouderde. 'Wat wil je, scherpte of schoonheid?'

'Vier dollar,' zei Jamie.
'Vijf.'
'Vier plus het scheermes.'
De jood slaakte een zucht, pakte de dolk en legde hem weer in de vitrine. Schoof het scheermes naar Jamie. 'Doe me een lol en ga een ander lastigvallen.'
'Jezus Christus.'
De man vouwde zijn armen voor zijn borst.
'Vier vijftig.'
De man schudde zijn hoofd.
'Vijfenzeventig?'
'Kijk me nou eens goed aan,' zei de jood. 'Denk je nou echt dat je mij om krijgt?'
'Zit er garantie op?'
'Tuurlijk, en wel deze: wie je er ook mee om zeep helpt, ik garandeer je dat ik dat mes nog nooit gezien heb.'
'Vijf dollar,' zei Jamie berustend.
De man knikte niet maar wachtte op het geld.

Op straat voelde het mes aangenaam zwaar tegen zijn bovenbeen. Knus. De koperen knop stak net boven de rand van zijn broekzak uit, ging schuil onder zijn jaspand maar was moeiteloos te pakken. Hij was niet van plan om iemand neer te steken, maar hij was evenmin van plan om zich te laten neersteken.

Hij liep de hele straat uit tot aan de rivieroever, stak over en liep hem weer helemaal terug, ontspannen slenterend. Hij had het heet in zijn jas. Zijn hemd plakte aan zijn lijf en hij begreep dat hij er nog een moest kopen, twee misschien wel, en een wasserij moest zien te vinden. Extra sokken waren ook geen luxe. Hij was op zoek naar het meisje maar zag haar nergens. De vorige dag had hij iets uitnodigends in haar blik gezien, maar daar was hij nu niet langer zeker van. Het kon ook medelijden zijn geweest, of spot. Ze viel nergens te bekennen. Enerzijds had ze hem ook een dolende ziel geleken, maar anderzijds was ze zeker geen weggelopen boerendochter. Zoals ze daar op die stoep had gezeten had ze een zekere kennis uitgestraald. Niet zozeer van deze stad als wel van het soort omgeving dat deze stad vormde. En van haar eigen plaats daarin. Hij negeerde elke hoer die nu nog naar hem lonkte, alsof die kuisheid hem weer onbedorven kon maken, een rechtschapen jongeman. Hij geloofde stellig dat ze dit onmiddellijk aan hem zou zien als ze elkaar weer tegenkwamen.

Op de berghelling werd het zo te zien tijd voor een nieuwe ploegendienst. Uit alle huizen en pensions kwamen mannen te voorschijn in schone werkkleding, met hun eten in trommels of papieren zakken op weg naar de trolleys die hen bergopwaarts zouden voeren, waarna de straten zich met andere mannen vulden, die uit tegengestelde richting kwamen, met hangende schouders, een sloffende tred, afgemat, zelfs de jongsten onder hen. Ieder overdekt met granietstof alsof de grond waarin ze gezwoegd hadden met hen mee naar huis kwam. De kroegen en eethuizen stroomden vol met deze mannen en hun aanhang, tot de middaghitte het stof deed neerslaan en de lucht liet trillen en ze huiswaarts gingen om te slapen of zich aan hun drank of hun vrouw te laven. Jamie ging ook naar zijn kamer, trok zijn jas uit, drapeerde zijn hemd over de rugleuning van de stoel om het te laten drogen en luchten in de roerloze hitte. Hij nam een teugje uit zijn whiskeyfles en stak een sigaret op. Na een poosje knapte hij wat op en trok zijn kleren weer aan en begaf zich weer op straat. Hij had honger, en een minstens zo grote behoefte om de man van het Italiaanse restaurant terug te zien.

Het meisje zat op dezelfde stoep als de vorige dag. Wederom in een blauwe jurk, maar nu een met witte stippeltjes. Ze hield een kleine witte parasol op tegen de zon, die er van een afstand chic uitzag maar bij nadering versleten en gescheurd bleek, gelig verschoten en grijs gevlekt door het kolenstof in de lucht. Haar benen strekten zich uit naar de laagste trede, waar haar enkels elkaar kruisten. Het zwarte haar lag als een stralenkrans om haar gezicht. Ze keek de andere kant uit maar hij voelde zich toch gadegeslagen, tot in elke vezel, bij elke stap. Toen hij voor haar langs liep draaide ze haar gezicht naar hem toe en keek hem even peinzend aan en hij bleef staan.

'Zo, bink,' zei ze. 'Hebben ze je nog steeds de stad niet uitgejaagd?'
'Lekker weertje, hè?'
'Loop maar door. Ik ben te duur voor jou.'
'En al was je dat niet, ik geef me niet af met hoeren.'
'Daar zou ik je een lel voor moeten verkopen, maar je boft. Veel te heet. Ik ben chanteuse, trouwens, geen hoer. En nu we het toch over hoeren hebben, wat deed jij gisteren in dat trapportaal met die ouwe snol? Tot Jezus bidden?'

Hij sloeg zijn armen over elkaar en nam haar aandachtig op. 'Voor een chanteuse leg je niet veel ambitie aan de dag. Dit lijkt me tenminste geen buurt waar met zingen veel te verdienen valt. En wat gisteren betreft: een misstap is nog geen gewoonte.'

'Je moest eens weten hoe vaak ik dat soort zinnetjes heb gehoord. Elke betrapte kerel zegt dat het de eerste keer was. Het valt me nog mee dat je niet zegt dat ze je had meegelokt. Ik werk 's avonds in Charlie Bacon's Supper Club, waar jij nog wel niet geweest zult zijn, als ze je al binnen zouden laten. Ik zal je in elk geval niet uitnodigen, daar niet van.'

'Natuurlijk niet,' zei hij. 'Straks denken ze nog dat je met mannen onder de zeventig omgaat.'

'Och gut, sarcastisch is-ie ook nog. Loop maar snel door, voor ik in slaap val.'

'Doe ik,' zei hij. 'Al heb je me nog steeds niet uitgelegd wat zo'n dure tante in deze buurt doet, elke dag weer.'

Ze kreeg opnieuw een peinzende blik, haar wenkbrauwen gefronst. En schudde ten slotte haar hoofd, eerder een rilling dan een beweging, en zeker geen willekeurige beweging volgens Jamie. Ze zei: 'Ik heb weleens zin om een luchtje te scheppen, een beetje in de zon te zitten voor ik naar mijn werk ga. In het centrum krijg ik dan altijd wel een vent op me af die me heeft zien zingen, en daar heb ik hier geen last van. Van zulke opdringerige kerels. Tot vandaag dan.'

Hij knipperde traag met zijn ogen. Keek haar aan alsof hij zich afvroeg wat hij nu negeren moest: haar gekat of haar. Hij zei: 'Ik zou je wel voor de lunch willen uitnodigen, maar ik moet iemand spreken over een baan waar ik misschien wel zin in heb. Dus graag een andere keer.'

'Ik zou je niet in de weg willen staan bij je carrière als bordenwasser, en zo'n lunch is waarschijnlijk toch te prijzig voor jou. En voor mij een hele zit, een uur lang met jou aan een tafeltje. Ik vind dit gesprek al veel te lang duren, eerlijk gezegd.'

'Je bent niet op je mondje gevallen,' zei hij, tikte met zijn wijs- en middelvinger tegen een denkbeeldige hoed en kwam weer in beweging. 'Jammer dat je alleen maar onzin kletst.'

'Ach, wie kletst er nou geen onzin?' riep ze hem achterna. En toen hij een stap of tien gedaan had: 'Joey.'

Hij stopte en draaide zich om. 'Zo heet ik niet, hoor.'

'Nee, maar ik wel. En nu niet aan iedereen vertellen dat we bevriend zijn. Ik probeer alleen maar beleefd te zijn.'

'Joey,' zei hij, liep een stukje terug in haar richting. 'Rare naam voor een meisje.'

'Joy,' zei ze, en wachtte even, en hij bleef staan dus sprak ze verder. 'Ik ben naar het Engelse woord voor vreugde vernoemd. Maar ik heb niemand ooit veel vreugde gebracht, dus heb ik het maar in Joey veranderd. Beviel me wel.'

'Tja, ik vind het ook wel leuk klinken.'

'Hoe jij het vindt klinken interesseert me niet. Ik heb je alleen maar gezegd hoe ik heet, meer niet.'

'Tuurlijk,' zei hij, en hij voelde dat het nu tijd was om te gaan. Dat gevoel, die plotse zekerheid dat hij moest wegwezen, had hij al zo vaak gekregen. En hij nam het altijd in acht. Het was nooit ten onrechte gebleken, al was het weleens jammerlijk uitgebleven. Hij grijnsde het meisje toe en zei: 'Nou, Joey, ik ga weer. Ik zie je nog wel.'

'Wie weet,' zei ze. Ze grijnsde terug. 'En pas op met die spaghettivreters. Als je niet oplet, doen ze nog wel wat anders dan je de deur uitgooien.'

Hij hield op met glimlachen. 'Waar heb je dat gehoord?'

'Het is maar een klein stadje, hoor. Misschien niet voor jou, maar toch.' Ze bestudeerde de boosheid op zijn gezicht en zei: 'Maak je niet druk. We gaan allemaal weleens over de tong. Ditmaal ben jij aan de beurt, da's alles. Ik zou er alleen wel voor zorgen dat het hierbij bleef, als ik jou was.'

Hij bleef haar even stil staan aankijken, en knikte. Nam haar nog eens van onder tot boven op, brutaler nog dan eerst. En toen hun blikken elkaar kruisten wendde zij de hare af, en hij zei, zijn stem iets lager: 'Je zou wel een nieuwe plu kunnen gebruiken.'

Ze nam de parasol van haar schouder en keek ernaar. 'Natuurlijk. Er is nog veel meer dat ik zou kunnen gebruiken. Wie niet? Wijs mij maar eens iemand in deze stad die nergens behoefte aan heeft.'

'O,' zei hij, 'volgens mij zijn er hier zat lui die het behoorlijk breed hebben.'

'Dat kan zijn. Maar al zijn ze nog zo rijk, mensen houden altijd behoeftes. Tegen de klippen op zelfs. Ze willen altijd wel een nieuw speeltje of hebbedingetje, al stikken ze erin.'

'Goh,' zei hij. 'Misschien kun je toch nog wel iets anders dan onzin kletsen.'

'Reken maar,' zei ze.

Het was midden op de middag. De vederwolken waren in een vage sluier uiteengevallen. Het was benauwd. De rolgordijnen waren omhoog en de ramen van het restaurant waren troebel van de vette aanslag. De gelagkamer was leeg op een klein meisje na, met grote donkere ogen, dat aan een tafeltje zat en met een stompje potlood tekeningen maakte op bruin pakpapier. Hij ging aan het tafeltje zitten waaraan hij de vorige dag had gegeten en wachtte af. De eigenaar kwam door de klapdeuren de keuken uit, in hemdsmouwen nu en met een vlekkerig schort dat hij hoog, onder zijn armen, had voorgebonden. Zijn gezicht veranderde niet van uitdrukking toen hij Jamie zag. Maar hij liep direct op hem af.

Toen de man voor hem stond, stinkend naar zweet en keukenwalm, keek Jamie langs hem heen naar het kartonnen menu dat aan de wand was opgeprikt. De handgeschreven tekst was in het Italiaans of een Engelse vertaling daarvan, wat voor Jamie niets uitmaakte omdat hij de woorden toch niet kende. Hij keek naar de man. De man scheen op zijn blik gewacht te hebben. 'Jij weer,' zei hij.

'Ik heb hier gisteren geluncht. Nog nooit zo lekker gegeten, dus daar ben ik weer.'

De man vertrok nog steeds geen spier. Zonder te knikken of wat voor gebaar ook zei hij: 'Goed. Spaghetti.'

'Nee. Ik wil eigenlijk wel iets anders proberen.'

Het was amper merkbaar, maar de man hield zijn hoofd nu een klein beetje schuin. 'Hoe anders?'

'Tja, dat weet ik niet.' Hij priemde zijn wijsvinger naar het kartonnen bord. 'Ik heb geen idee wat daar allemaal staat.'

'Wat moet je dan? Wat moet je hier?'

Jamie knikte instemmend, alsof hij de vraag gerechtvaardigd achtte. En zei: 'Breng me maar wat lekkers. Kijk zelf maar. Geef me maar wat je zelf zou nemen als je een hele dag niks gegeten had. Wat je dan voor jezelf zou maken. Is dat een idee?'

De man fronste. 'Jij wil wat anders. Niet van elke dag. Goed. Maar als jij niet lekker vindt...'

Jamie stond op en stak zijn hand uit. 'Pelham is de naam. Jamie Pelham. Wat betreft gisteravond, toen ben ik een beetje over de schreef gegaan. Geen halsmisdaad, maar toch. Ik geef het eerlijk toe. Je had gelijk toen je me er uitgooide. Had ikzelf ook gedaan. Het is maar dat je het weet.'

De man keek hem aan, keek naar zijn hand. Nam hem in de zijne. 'Victor Fortini. Zeg maar Victor.'

Jamie zei: 'Jij weet alles van Italiaans eten, ik niks. Dus breng me maar wat je zelf zou willen als je mij was. Als ik het niet lekker vind, heb ik pech gehad. Dat risico neem ik graag. Als je nooit wat probeert, kom je nooit ergens achter.'

De man liet zijn hand los. Keek hem monsterend aan. 'Dat duurt wel even,' zei hij.

'Maakt niet uit. Ik heb de hele middag. Nergens haast mee, vandaag.'

Jamie zat een tijdlang bewegingloos aan het tafeltje en toen kwam Victor de keuken uit en zette hem een platte schotel voor, met een gerecht van korte deeglapjes in de vorm van vlinderstrikjes, met groenten en vis, vers en uit blik, de verse vis in reepjes en ringen gesneden en het geheel overdekt met een witte saus en besprenkeld met geraspte kaas. Legde er een stokbrood naast. Liep weg voor Jamie iets zeggen kon. En verscheen weer toen Jamie met het laatste stukje brood het laatste likje saus van de schaal veegde. Zette een bord neer met een karbonade gedrenkt in een dunne bruine saus met paddestoelen. Varkensvlees was het niet, rundvlees ook niet. Jamie had geen idee wat hij at maar hij at het met smaak. De laatste schaal die Victor bracht lag vol met groenten in het zuur en plakjes vlees en kaas. Hij zette het boord met de afgekloven karbonade op een ander tafeltje, kwam tegenover Jamie zitten en begon van de schaal te eten. En Jamie wist niet zeker of dit alleen voor Victor was of dat ze het moesten delen, dus legde hij zijn servet op tafel, leunde achterover en legde zijn handen op zijn buik. Victor keek hem aan en gebaarde naar de schaal. 'Antipasto. Probeer wat met mij.'

Jamie pakte iets tussen zijn vingers en at het op, vond het lekker en zei dat ook. Ze aten zwijgend de schaal leeg en leunden toen beiden achterover. Jamie hief zijn armen op en vouwde zijn handen achter zijn hoofd.

'Het was allemaal even heerlijk. Dat zal toch gauw zo'n twee, drie dollar zijn geweest.'

Victor maakte een bezwarend gebaar. 'Gratis. Van het huis. Ik heb geen werk voor jou. Niks wat jij kan doen. Niets vegen, niets afwassen, niets wegbrengen. Niks hoeft gedaan.'

'Waarom denk je dat ik werk kwam zoeken?'

Hij schokschouderde alsof het vanzelf sprak. 'Jij hebt niks te doen. Hele middag niet. Weet niks, gaat ergens heen waar jij niet hoort. Mooie kleren, maar verder niks. Het eten krijg je voor je belangstelling. En omdat je hier weer durft te komen na gisteravond. Is stom of dapper, of allebei. Dus geef ik jou eten. Misschien heb jij geleerd. Is cadeautje voor jou.'

Jamie knikte. Haalde de geldklem uit zijn binnenzak en telde met korte, zakelijke bewegingen vier dollarbiljetten neer. 'Ik betaal voor mijn maaltijden, Victor. Ik wil niet zeggen dat je helemaal ongelijk hebt. Ik ben hier voor het eten gekomen, maar ook omdat ik werk zoek. Maar dan heb ik het niet over vegen of schrobben of afwassen. En volgens mij weet jij dat ook wel. Jij weet best waar ik op uit ben, en ik weet dat jij best wat voor me hebt. Kijk, je hebt volkomen gelijk: ik weet inderdaad niks. Maar ik heb een paar dingen in mijn voordeel, dingen waar jij misschien ook wel wat aan hebt. Eén, ik ben een snelle leerling. Twee, ik ben nieuw hier, en ik zie er niet uit als iemand met wie jij je afgeeft. Denk daar maar eens goed over na.'

Hij bracht de rest van die middag door in de kelder van een gebouw aan de overkant van de straat, waar Victor hem via een gang vanaf de kelder van het restaurant naar toe had gebracht. Aan een tafeltje met een olielamp zaten de twee mannen van de vorige avond. Een zat te patiencen, de ander las een krant, of een formulier van de paardenrennen. Ze sloegen in het geheel geen acht op hem en zeiden ook tegen elkaar slechts het hoognodige, in het Italiaans. Twee wanden van de koele stenen ruimte werden in beslag genomen door houten vaten, en uit de vaten van de ene wand tapte hij wijn over in etiketloze flessen die hij vervolgens van een kurk voorzag en in kratten plaatste, tot hij acht van zulke kratten gevuld had. Het schemerde al toen hij weer terug was in de gelagkamer van het restaurant, waar hij bij Victors dochter aanschoof die op pakpapier een aantal routeschetsen voor hem maakte, elke straat van een naam voorzag en met grote zorg de tussenliggende stegen uittekende. Hij voelde zich traag en dom naast het zelfverzekerde kind, maar lette scherp op. Toen ze hem ten slotte het stapeltje schetsen aangaf zei ze: 'Maak je geen zorgen. Je kunt alleen maar verdwalen als je het paard probeert te mennen. Als je de leidsels losjes vasthoudt, vindt hij zelf zijn weg wel en hij weet precies waar hij stoppen moet. Ik heb het zelf ook wel gedaan.'

De wagen had een trapsgewijze stelling in de laadbak, met lege drogerijenmanden op elke plank, en daaronder de kratten met de wijnflessen. Het paard was een oude vos met zwaar behaarde sokken. Aan zijn borsttuig was een paar oude koebellen opgehangen, waarvan de klepels waren afgevijld tot ze alleen nog een metalig getingel uit het groene brons sloegen. Gesmoorde vrolijkheid in de vochtige avondlucht.

Hij hield de leidsels losjes vast, zoals hem gezegd was, en het paard slofte door de onbestrate stegen en laantjes, nauwelijks breder dan de wagen zelf, gevoerd met zelfgemaakte afrasteringen of schuttingen van ongelijke planken, elk met een dito deur. Een voor een de mensen langs. Het waren meestal oude vrouwen, soms ook mannen van uiteenlopende leeftijd en in drie gevallen kinderen. Ze stonden telkens al te wachten en stapten op de wagen af met een of twee manden gevuld met groenten, soms ook brood of deegwaren, en altijd een lege, omgespoelde wijnfles identiek met die in de kratten. De manden waren niet altijd tot de rand gevuld maar werden stuk voor stuk omgeruild tegen een fles wijn die ze in een lege mand mee terug namen. Ieder knikte en sprak een paar woorden tot Jamie, en hij knikte terug maar zei niets. Er werd geen geld overhandigd en er werd niets op papier bijgehouden. Hij reed alleen maar zijn route terwijl de wagen van voor naar achter vol raakte met manden vol etenswaren. Bij één adres zag hij een kleine rechthoek van opgevouwen geld tussen de verse kroppen sla steken, waarna hij niet langer keek, niet meer wilde zien wat er in de manden zat. De opzet trof hem als hoogst effectief en schitterend in zijn eenvoud.

Toen hij terug was spande hij het paard af en stalde het in het schuurtje achter het restaurant, vorkte hooi in de krib, pompte een paar emmers water voor de drinkbak en wreef het paard droog met een jutezak. De lucht was zwoel en dampig geworden en hij trok een oud stuk zeildoek uit de wagen, waarmee hij de manden zorgvuldig toedekte. Hij liep de keuken van het restaurant binnen, die nu stil en schoon was, en leeg op het meisje na. Ze zat aan een bord gebakken brood, gedrenkt in stroop. Ze was een jaar of elf en erg mooi. Oud genoeg om Jamie aandachtig te bekijken en te jong om te weten waarom ze dat deed. Hij ging tegenover haar zitten.

'Hoe heet jij eigenlijk?'

'Loredona. Ik weet al hoe jij heet.'

'Heb je dat zelf klaargemaakt?'

Ze keek naar het bord en weer naar hem. Verlegen opeens, alsof hij haar betrapt had.

Hij vroeg: 'Is je vader voor?'

Ze knikte zwijgend. Niet langer het verwaten kind dat hem enkele uren tevoren instructies had gegeven bij haar zelfgetekende kaarten. Hij merkte dat ze hem bijna woedend maakte, vermande zich en zei zo vriendelijk als hij kon: 'Loredona, wees eens lief en ga je vader vragen of hij even komen wil. Zeg maar dat ik weer terug ben.'

En hij keek haar na door de klapdeur naar de gelagkamer, het mooie haar op haar rug en de rok tot op haar knieën. Toen de deur openzwaaide kwam hem een golf van geroezemoes tegemoet. Hij vroeg zich af wie er naar hem toe zou komen, Victor of de twee patsers die hem de vorige avond op straat hadden gegooid. Maar hij liet de dolk in zijn zak en reikte snel naar de andere kant van de tafel om een stukje van haar gebakken brood af te snijden. Veegde het door de stroop, stak het in zijn mond en haalde de vork langzaam door zijn gesloten lippen naar buiten. Legde de vork weer op het bord, precies zoals hij had gelegen.

Het meisje kwam terug met haar vader die Jamie gebaarde mee te komen naar het achtererf. Daar trokken ze het zeil van de wagen en Victor liep eromheen, tikte elke mand aan met de eerste twee vingers van zijn linkerhand, alsof hij telde, maar Jamie wist dat hij meer deed dan dat. Ze legden het zeil weer terug en Victor betaalde hem. Het was meer dan hij verwacht had. Er werd niet over het gedane werk gepraat, noch over volgende opdrachten. Victor gaf hem een stokbrood en ging naar binnen.

Het was bijna middernacht. De lucht zat vol regen. In de binnenstad wemelde het van de mensen onder de elektrische lichtjes. Een anonieme massa maar iedereen was duidelijk zichtbaar in het voorbijgaan, de gelaatstrekken uitgelicht zoals de middagzon dat niet kon. De gehoorzaal achter het stadhuis liep uit. De straat was vol sjezen en rijtuigjes, het trottoir vol met opgedirkte mensen. Hij merkte dat hij tegen de stroom inliep, draaide zich om en liet zich meevoeren tot hij de luwte van een lantaarnpaal bereikte. Daar ging hij tegenaan staan leunen, zette een opgetrokken voet achter zich tegen de paal. Hij stak een sigaret op en greep de arm van een langslopende man, vroeg waar Charlie Bacon's Supper Club was. De man bleef staan, tilde Jamies hand van zijn arm en liet hem neervallen en zei hem dat hij zijn neus maar achterna moest lopen.

Na een tijdje vond hij het, op twee blokken vanaf de hoofdstraat. De ingang had een luifel en de naam stond over de volle breedte van de gevel in vergulde letters op een gepolijst houten bord. Er stond een kleine rij voor te wachten. Hij liep naar de ruiten en zag een zaal vol tafels, allemaal bezet, met mannen en hier en daar een vrouw. Kelners met hoge schorten over witte hemden en zwarte broeken met een bies gleden tussen de gasten door. Amusement zag hij niet. Het was gewoon een restaurant, niks meer en niks minder. De regen die gedreigd had begon nu te vallen, een zacht gedruil van zomerse mist die te zwaar was geworden. Hij stak de straat over en rookte nog een sigaret. Na een tijdje viel hem op dat sommige mannen ook voor het gebouw langs liepen en de aanpalende steeg binnengingen. Slechts een enkeling kwam daar weer uit te voorschijn. Hij trapte de sigaret uit, liep de steeg in en zag een deur met een kaal peertje erboven. Gaf er een harde roffel op. Toen er werd opengedaan kon hij achter de deur alleen een gang zien, maar hij hoorde muziek, gepraat, een zingende vrouwenstem. 'Ik zoek Joey,' zei hij.

De man bij de deur zei: 'Dan ben je verkeerd.'

'Ze zingt.'

'En ik dacht dat je ene Joey zocht.'

'Doe ik ook. Ze zingt hier.'

'Ze hebben je in de maling genomen. Er is hier geen Joey, man of vrouw. Er is hier helemaal niks voor jou.' En de deur werd dichtgegooid. Jamie klopte opnieuw aan. Geen reactie. Er kwamen mannen achter hem staan. Hij voelde hun ogen in zijn rug en even later zei een van hen: 'Vergeet het maar, ze laten jou niet binnen. Stap nou maar opzij en geef ons een kans. Je komt er toch niet in.'

Hij keerde terug naar zijn plekje aan de overkant van de straat en hield de steeg in de gaten. Er liepen alleen maar mannen in en uit. De laatsten waren rood aangelopen, uitermate vrolijk en voldaan. Sommigen waren zo dronken dat ze door vrienden ondersteund moesten worden. Een van hen boog zich voorover, met zijn handen op zijn knieën, en begon uitbundig te kotsen. Jamie bleef staan roken en kijken. Na een tijdje werd de regen feller en kwamen er steeds minder mannen naar de steeg. Een iele dageraad drong zich door de regenhemel. Hij was koud en nat en zijn laatste sigaretten lagen doorweekt in het pakje. Liep door de straten terug naar zijn kamer, terwijl de eerste mannen alweer naar hun werk gingen. Op zijn kamer legde hij zijn natte kleren over de stoel en het voeteind van zijn bed, ging op het matras liggen en trok voor het eerst de halfvergane deken over zich heen. Lag te rillen, klappertandde van de kou. De regen sloeg door het openstaande raam naar binnen en het matras was aan een kant kletsnat. Het duurde lang eer hij insliep.

Hij deed dit werk vier dagen achtereen. Stond om twaalf uur op, of later, liet zich scheren en dronk koffie bij zijn krant en ging laat in de middag naar het restaurant, waar hij te eten kreeg alvorens hij naar de kelder achter de kelder ging om wijn te bottelen. Het eten was gratis en lekker, maar niet meer zo copieus als de eerste keer. Het meisje Loredona kreeg hij niet meer te zien en dit leek hem geen toeval. Joey zag hij ook niet meer bij zijn middagwandeling. Hij kwam elke dag een beetje meer aan de weet. In de kleinere vaten tegen de andere wand zat grappa, die Victor zelf in aarden kruiken of zinken emmers schonk, aanlengde met water en op smaak bracht met karamelsuiker en een scheutje azijn uit een fles waarin rode pepers dreven. Dit mengsel werd aan mensen verkocht die het op hun beurt in flessen deden en als whisky aan de man brachten. Ook kreeg hij te horen dat hij eenmaal per week betaald zou worden, op maandagmiddag. Hij was daar niet onverdeeld gelukkig mee, al leek het op die manier wel vast werk. Hoe dan ook, hij had geen andere keuze dan Victor te vertrouwen. Als hij 's avonds klaar was ging hij de binnenstad in en zwalkte er door de straten tot het zomerse ochtendgloren in de oostelijke hemel omhoogkroop, als wassend rivierwater dat hem naar zijn bed deed drijven. Hij kocht een papieren rolgordijn voor zijn venster. Op een avond zat hij om kwart over een in Charlie Bacon's en at er een biefstuk en stopte de kelner een vijfje toe en vroeg hem naar het vertier achter de eetzaal. En de kelner dankte hem vriendelijk en wees hem de toiletten. De deur in het steegje probeerde hij niet meer. Hij kocht een nieuw hemd en liet het oude wassen en stijven. Zijn sokken waste hij zelf, met handzeep. Zijn manchetten legde hij voor het slapengaan in een tijdschrift dat hij vervolgens onder zijn matras schoof. Zijn nieuwe kleren en schoenen buiten beschouwing gelaten, en die biefstuk, had hij net zoveel verdiend als uitgegeven en was zijn geld dus op peil gebleven. Het geld dat hij nog te goed had zou hem rijker maken dan hij bij aanvang was geweest.

Op zondag was er geen werk. Toen hij ergens in de middag uit bed kwam en naar zijn vaste koffieadres liep, bleek dat gesloten. Een krant en sigaretten kon hij wel krijgen en hij ging op een bankje zitten lezen en roken. Er kwamen mensen voorbij, te voet en in rijtuigen, maar niet veel. Een ver geknal als van een revolver, ergens op de berghelling, bracht het besef dat de rust vooral te maken had met de stilgelegde steengroeve. Hij legde de krant terzijde en luisterde naar de knallen die steeds dichterbij klonken, en ten slotte om de hoek van de straat kwamen. Een automobiel met twee zitplaatsen en veel koperbeslag, luchtbanden en geen deuren. Op de vlakke straat hield het geknal op en ging de machine sneller rijden en zoefde hem voorbij. De bestuurder droeg een cape en een stofbril, de vrouw naast hem had zich met witte mousseline omwikkeld. Hij stond op om hen na te kijken, en toen pas drong het tot hem door dat iedereen zich in dezelfde richting had bewogen. Hij sloeg die nu ook in, liep de straat uit naar het zuiden, de brug over naar een park. Er was een muziektent en een renbaan, allebei verlaten, op de baan alleen nog de hoefafdrukken van de vorige avond. Maar op het gras werd gepicknickt en honkbal gespeeld. Onder de iepen langs de rivieroever zaten mannen te vissen en jongens zwommen rond in zwarte korte broeken. In de schaduw van de muziektent stonden een paar kraampjes. Hij kocht een pasteitje bij een roodharige oude vrouw met appelwangen en een vet Schots accent, die hem bij zijn revers pakte en naar zich toe trok om zijn adem te ruiken, onder het uitroepen van haar stelregel dat ze haar kostelijke waar niet aan dronkaards verkocht. Het pasteideeg was taai vanbuiten en ongaar vanbinnen, het zenige vlees en de aardappelbrokken smaakten oud. Hij ging op het gras liggen, op gelijke afstand van de picknickers en de honkbaltoeschouwers, op een elleboog om de wedstrijd te kunnen volgen en zijn blik over de mensen te laten dwalen. Alles was even dof en plichtmatig. Iedereen leek zijn bestaan aan dat van de anderen af te meten. Alle gepraat, alle gebaren, het was allemaal vertoon voor de anderen, om erbij te horen, erkend te worden. Hij voelde dat er een reden was waarom hij tussen deze mensen was beland. Hij was hier om in te zien dat hij volop in beweging was, net als de jongens in de rivier. Hij ging languit op zijn rug liggen en keek naar de dikbuikige zomerwolken in de weidse hemel.

Die maandag werd hij wakker met een verscheurende honger en maakte dat hij op straat kwam. Het was negen uur 's ochtends en de eerste ploegen waren drie uur terug naar de steengroeve getrokken. Het was rustig op straat. Boven hem de vrouwen die hun wasgoed aan de lijn hingen. Hij wilde een stevig ontbijt, en nu hij toch vroeg op was besloot hij maar eens een bad te nemen en zich daarna pas te laten scheren. Liep daarom niet naar zijn vaste kapperswinkel maar de andere kant op, naar het eetlokaal met de lange tafels. En zag haar dus niet zitten op haar gebruikelijke plekje, twee stoepen van de zijne. Maar hoorde haar hollende voeten op de keien, en haar stem die zacht zijn naam riep, en hij keerde zich om en ze bleef op een paar passen afstand stilstaan, haar hoofd schuins naar hem opgericht. Trots en uitdagend. Ze zei niets. Hij zag de paarsblauwe pruim die haar rechteroog was, en de zwarte bloedkorsten rond haar neusgaten. Deze jurk had de kleur van aardbeienjam en er zaten vuile vlekken op. Een van de mouwen hing los. Ze bracht er een hand naar toe om hem omhoog te trekken. Ze keken elkaar zwijgend aan.

Hij smokkelde haar mee naar zijn kamer en liep meteen weer naar beneden met de waskom, kocht heet water bij zijn huisbazin en bracht het naar boven. Ze had haar jurk uitgetrokken, zat op het bed in haar onderhemdje en een knielange onderbroek met kanten randjes. Een bovenarm was bont en blauw waar de mouw gescheurd was geweest, in dikke horizontale strepen, de vleesschaduwen van krachtige vingers. Hij zette de kom bij haar neer en rende naar beneden, de straat op. Kocht vier sandwiches met gebakken ei, in een papieren zak die doorzichtig was van het vet, een kan koffie en een halfje melk, en vervolgens drie hoofdpijnpoeders bij de drogist. Dacht aan die aardbeikleurige jurk en ging een textielzaak binnen om een jurk van het rek te kopen. Gebruikte zijn handen om haar maten uit te duiden. Stond bedremmeld bij de toonbank terwijl de juffrouw er een pakje van maakte. En eindelijk lag het voor hem, en hij betaalde en stopte het onder zijn arm en liep de winkel uit, terug naar haar.

Ze zat met gekruiste benen op het bed, had zijn nieuwe hemd aangetrokken en dichtgeknoopt. De slippen bedekten haar aan de voor- en de achterkant. Ze keek hem vanuit haar ooghoeken aan, alsof ze twijfels had over haar beslissing om naar hem toe te komen. Hij legde het pakje met de jurk op de stoel, en de sandwiches op het nachtkastje en gaf haar de koffie en de melk aan. Haalde de poeders uit zijn zak en zei: 'Deze kun je wel gebruiken, volgens mij.'

'Ik hoop niet dat ik je problemen bezorg.' Ze dronk in één teug de helft van de melk op, vulde de fles weer aan met koffie uit de kan, liet twee poeders op haar uitgestoken tong glijden en spoelde ze weg met het mengsel.

'Die ouwe taart beneden is zo doof als een kwartel. Zit daar maar niet over in.'

'Ach, jongetje toch,' zei ze met een glimlach. 'Al vermoord je iemand in deze kamers, daar maakt niemand zich druk om zolang je de huur maar betaalt. Ik heb het over heel andere problemen.'

Hij haalde een sandwich uit het zakje dat hij tussen hen in op het bed legde. 'Neem ook,' zei hij, nam een hap en vervolgde: 'Nou, vertel op. Wat is je overkomen?'

'Het is niet wat maar wie,' zei ze. 'Het is je nooit gelukt om Charlie Bacon's binnen te komen, hè? Maar je hebt ook niet echt je best gedaan. Ik hoorde het van Mike: "Die nieuwe koerier van Fortini kwam naar je vragen, maar ik heb hem afgepoeierd." Ik had je wel wat taaier verwacht.'

'Ik heb een paar avonden voor die tent rondgehangen, dacht dat ik je wel zou treffen als je wegging.'

'Ik ga daar nooit weg door de voordeur, niet eens via de steeg. Zo ontloop ik de klanten die romantische ideeën hebben gekregen. Probeer ik tenminste.'

'Wil je geen sandwich?'

'Kots ik toch maar uit. Mijn maag is helemaal van streek, hij heeft me flink te grazen genomen.'

'Zo te zien wel, ja. Maar die plekken trekken wel weer weg, hoor. Ik heb nog nooit een vrouw met een blauw oog gezien. Dat een man zoiets doet... Ongelofelijk.'

'God nog an toe. Van mannen heeft-ie ook al geen verstand!'

Hij nam nog een hap. 'Oké, oké. Ik ben een stommeling, mij best. Maar wie heeft je dat nou aangedaan?'

Ze schudde meewarig haar hoofd. 'Ik heb je al verteld dat ik chanteuse ben. In een tent als die van Charlie wil dat zeggen dat je kostuums draagt waaraan ze goed kunnen zien dat je een meisje bent. Elke avond sta ik een keer of vijf, zes op dat podium en zing liedjes als "If You Were a Kinder Fellow Than the Kind of Fellow You Are" of "The Man Was a Stranger to Me" of als ik ze wat temperen moet "Don't Go Out Tonight Daddy". Je zou het niet zeggen als je me hoort praten, maar ik heb een goeie zangstem.

Tussen de nummers door moet ik tussen die kerels rondlopen. Zorgen dat ze blijven bestellen, voor zichzelf en voor mij, al wordt er voor mij alleen maar kouwe thee ingeschonken. Zorgen dat het geld blijft rollen. Zo noemt Charlie het. Als je even twee tellen je gemak neemt, achterin, komt-ie naar je toe en is het: kom op, meid, zorg dat het geld blijft rollen. En eerlijk is eerlijk, een deel ervan rolt mijn kant uit. Ze geven je wat omdat je mooi gezongen hebt, en dan flirt je wat met ze en geven ze nog meer. Je hebt er ook die smoor raken op een meisje en cadeautjes voor haar meenemen of haar geld toestoppen, dat soort dingen. Charlie wil niet hebben dat zijn meiden één bepaalde kerel voortrekken, maar het staat ze vrij om afspraakjes buiten werktijd te maken. Wat ze dan doen moeten ze zelf weten. Of de politie moet ze oppakken. Dan zijn ze hun betrekking kwijt. Enfin, het is de kunst om niet te hard van stapel te lopen met zo'n vent. Want je wilt dat-ie terug blijft komen, naar de club en naar je afspraakjes. Dus moet je ze gretig houden. Soms geef je ze een beetje hun zin, maar voor de rest laat je ze vooral denken dat ze meer krijgen dan je in feite geeft, of dat je op het punt staat ze dat te geven waar het ze eigenlijk om gaat. Sommige meiden kunnen een kerel maanden aan het lijntje houden op die manier. Maar je hebt ook meiden die het over een heel andere boeg gooien. Die kiezen zelf hun prooi uit. Meestal een ouwe sok die de hoop allang heeft opgegeven dat-ie ooit nog een jong ding in haar blootje zal zien. Dat soort moet je zo snel mogelijk geven wat ze het liefste willen. Des te langer liggen ze aan je voeten. Ik ben die weg persoonlijk nooit gegaan, maar ik moet toegeven dat het een stuk veiliger is. Dat eindeloze plagen en rekken kan behoorlijk link worden. Maar goed, ik heb er meestal geluk bij gehad.'

'Maar niet altijd dus, zo te zien.'

'Nee, niet altijd. Het is me weleens eerder overkomen dat ik een pak op m'n lazer kreeg. Een keer of twee. Je probeert het te voorkomen, maar elk vak heeft nou eenmaal zijn risico's. Zoals ik al zei: het is niet wat je gebeurt maar wie je treft.'

'En wie was het ditmaal?'

'Ditmaal was het de zwager van de burgemeester.'

'Getrouwd met zijn zuster of de broer van zijn vrouw?'

'Dat eerste.'

'Lijkt me geen probleem dan. Die zal toch niet naar zijn zwager de burgemeester rennen met een klacht over een revuemeisje dat hem zijn zin niet wilde geven.'

'Dat is het nou juist. Burgemeester Townsend weet hier al veel meer van dan jij denkt. Meneer de edelachtbare had er zelf twintig dollar op gezet dat zijn zwager mij niet tussen de lakens kon krijgen. Die zwager, Michael Heany heet-ie, heeft dat vervolgens een maand lang geprobeerd, wat me bepaald geen windeieren heeft gelegd. En toen-ie gisteravond zijn geduld verloor was ik zo stom om hem in zijn gezicht uit te lachen en te zeggen dat-ie tot overmaat van ramp ook die twintig dollar nog moest dokken. Dat was het moment waarop-ie me aanvloog.'

'Maar dan nog. Dan lijkt hij me degene die nu in de rats zou moeten zitten, na wat-ie je heeft aangedaan.'

Ze schudde haar hoofd. 'Het is een spel. De regels staan nergens opgeschreven, maar iedereen kent ze. Als een meisje een poosje verkering heeft en iedereen weet ervan, dan is er weinig aan de hand. Want een nette romance, dat wil iedereen wel. Maar als ze alleen maar met mannen naar bed gaat, cadeautjes en geld aanpakt en in ruil daarvoor de koffer met ze induikt, tja, dan is het een hoer en wil niemand haar meer. Daar gaat niemand meer naar op jacht. Want dat is waar het eigenlijk om gaat, snap je? Om het jagen, niet om het krijgen.'

'Ik zie nog steeds het probleem niet.'

'Het is een kwestie van trots,' zei ze. 'Meneer Michael Heany heeft de fout gemaakt om hardop te zeggen hoe verkikkerd hij op me was, en toen heeft Townsend die weddenschap met hem gesloten. En op dat moment waren de regels niet meer van toepassing. Toen was het geen spelletje meer maar een heuse wedstrijd. En het wrange is dat hij nu niet eens de echte verliezer is. Dat ben ik. Want niemand moet me meer, en Charlie dus ook niet. De hele stad is op me uitgekeken en ik zal mijn biezen moeten pakken.'

Hij keek haar monsterend aan. Na een poosje zei hij: 'Drink je de rest van die koffie ook nog op, of kan ik wat nemen?'

'Neem jij maar. Die poeders werken al.'

Hij pakte de kan en dronk de koffie op, die inmiddels koud was geworden. Zei: 'Ik kan het redelijk volgen, denk ik. Behalve dat laatste. Hij heeft je al een pak slaag gegeven, wat kan hij je nog meer doen?'

Ze nam een hapje van de sandwich, die nu ook koud was, rilde en legde hem neer. 'Kijk, knappe bink, daaruit blijkt nou dat jij nieuw bent in deze stad. Want meneer Heany is zomaar een ambtenaartje van het stadhuis. Maar zijn broer is het hoofd van politie.'

'Zoveel stelt dat niet voor, hoor.'

Ze zette haar handen achter zich op het matras en leunde achterover. 'Hoofd van politie, stelt dat niks voor?'

'Nee, dat andere. Alles van dit miezerige stadje af weten. Zo'n prestatie is dat niet. Daar zou ik me maar niet zo superieur om voelen als ik jou was.'

'Kijk niet zo naar mijn dijen.'

'Duw ze dan niet onder mijn neus.'

Ze bleef zitten zoals ze zat. 'Als ik slim ben maak ik dat ik wegkom, neem dat nou maar van mij aan. De moeilijkheid is alleen dat ik tot het donker zal moeten wachten, zodat ik naar mijn kamer in het centrum kan sluipen om mijn spullen te halen. Ik heb er twee koffers met kleren staan die ik liever niet kwijtraak. Plus nog een rolletje bankbiljetten in mijn kast, dat ik hard nodig zal hebben om waar dan ook heen te kunnen. Als het al niet gejat is.'

'Denk je dat er al iemand door je kamer is gegaan?'

'Zou best kunnen. Ik zet er een dollar op dat er nu al een jong agentje in de gang staat te posten. Die zal wel op een gratis nummertje pijpen uit zijn, waarna hij me alsnog meeneemt naar het bureau.'

'Ik zou willen dat je dat soort taal voor je hield.'

'Kun je daar niet tegen, het echte leven?'

'Ja hoor, maar ik hou niet van uitslovers. Ik neem aan dat je hiernaar toe bent gekomen omdat je dacht dat ik je helpen kon. En dat wil ik heus wel, ook zonder die vuilspuiterij.'

'Ik ben hiernaar toe gekomen omdat ik nergens anders heen kon.'

'Dat zei ik toch ook?'

'Nee, niet echt.' Ze keek van hem weg. Keek hem dan weer in de ogen. 'Ik zou hier ook zijn gekomen als jij er niet was geweest. Dit is de buurt waar ik ben opgegroeid.' Viel stil, alsof ze al meer had gezegd dan ze wilde.

'Je ziet er anders niet Italiaans uit.'

'Ben ik ook niet.'

'Heb je familie hier?'

'Nee.'

Ze zwegen. Hij maakte zijn blik los van de hare en keek naar buiten. Het was al middag, maar nog vroeg; het zonlicht viel schuin de kamer in.

'Wat zit je te denken?' vroeg ze.

Hij keek haar niet aan. 'Ik probeer er een beetje wijs uit te worden.'

'Hoe je het ook bekijkt, ik kan je alleen maar last bezorgen.' Haar stem klonk vlak. Oud en leeg.

Hij draaide zich weer naar haar toe. 'Die Joey toch.' Legde zijn hand op haar blote knie. De ronde knie die nieuwsgierig de wereld in keek.

Ze trok haar benen op en stapte van het bed, ging bij het raam staan en keek de straat in. Haar hand ging tastend langs haar gehavende neus en haar dichtgeslagen oog. Draaide zich om en wees op het pakje op de stoel. 'Wat is dat?'

'Een jurk.' Keek haar aan.

'Voor mij?'

'Die je aanhad leek me niet veel soeps meer.'

Ze pakte het op en keek hem aan. Trok het touwtje los en rukte het papier weg met snelle, gretige bewegingen en hij kreeg het gevoel dat hij haar voor het eerst zag zoals ze werkelijk was. Ze hield de jurk voor zich omhoog. 'Een gele.'

'Staat je wel, volgens mij. Tot nu toe had je altijd van die donkere dingen aan. Ach, het is maar dat je je even kunt redden.'

'Nooit excuses maken als je iets liefs hebt gedaan.'

Hij zei niets meer. Ze legde de jurk over de stoel, knoopte zijn hemd open en trok het uit. Ging zijwaarts naar hem toe staan en tilde de opgerolde jurk boven haar hoofd. De rand van haar hemdje kwam omhoog en hij zag haar buik, de kleine volmaakte schaduw van haar navel. Het zonlicht was hel genoeg om haar lichaam door haar ondergoed te zien schemeren. Ze liet de jurk over zich heen vallen en trok hem recht bij haar schouders en heupen. Kwam bij het bed staan en draaide hem haar rug toe zodat hij de knoopjes kon dichtmaken. Draaide zich om. Haar handen gleden er nog steeds overheen. 'Hoe staat-ie?' vroeg ze.

'Staat je goed.'

'Ik heb nog nooit een gele jurk gehad.' En toen: 'Hoe wist je m'n maat?'

Zonder erbij na te denken haalde hij zijn handen van het bed en beschreef opnieuw haar gestalte in de lucht.

Ze legde haar rechterhand over haar mond en bleef hem een lang moment staan aankijken. Haar ogen glansden. Hij keek terug, kreeg een gevoel alsof zijn gezicht zich van hem wilde losrukken om naar haar toe te zweven. Zonder haar ogen van hem af te nemen reikte ze achter zich en maakte de knoopjes los en stapte uit de jurk en legde hem over de stoel. En liep weer naar hem toe. 'Vertel eens,' zei ze terwijl ze haar hemdje over haar hoofd trok. 'Hoe komt het dat jij veel meer aanhebt dan ik?' Ging naast hem zitten. Liet zich achteroverzakken en zei: 'Trek het uit. Trek mijn broekje uit.'

Glad van het zweet duwde hij zich op zijn ellebogen omhoog. Van haar hals naar haar borsten was ze roze en wit, de onderhuidse adertjes de kleur van de zee. Hij stapte uit bed, ging bij het raam staan en stak een sigaret op. Het was middag. Ergens in de middag. Meer dan dat wist hij niet. Toen hij zich omdraaide lag ze erbij zoals hij haar had achtergelaten. Op haar rug, haar benen gespreid. Een hand streelde loom tussen haar benen.

'O... Jezus.'

'Wat? Nog nooit een naakte vrouw gezien?'

'Zo nog nooit, nee.'

'Dit was je eerste keer, hè?'

'Ach kom, je weet wel beter.'

'Ik heb het niet over dat ouwe mormel in dat trapportaal. Ik heb het over echte liefde, zoals het hoort.'

'Nou, vooruit.'

'God nog an toe, kijk nou toch weer eens.'

'Ja, soms wil-ie gewoon niet naar beneden.'
'Kom hier, jij.' Stak een arm naar hem uit.

Het middaglicht was uit de kamer weggetrokken en schurkte zich nu tegen de huizen aan de overkant, gaf de afgebladderde verf en de verweerde stenen een zachtheid die er anders niet was. Hij lag naast haar op zijn rug. Zij lag op haar zij, met haar rug naar hem toe, leek te slapen. De knobbeltjes van haar wervelkolom daalden af naar haar onderrug, en dan de hoge bocht van haar heupen, naar hem toegekeerd, en hij lag haar van boven tot onder te bekijken en dacht dat hij in haar alles terugzag wat hij ooit eerder had aanschouwd. Alle vruchten en landschappen, weides, grasland, verse akkers. Oprijzende hellingen. Elke soort boomschors in de overvloeiende schakeringen van haar teint. Haar ribben en botten het spel van takken en boomwortels. Haar haar het wilde gras en wind waaiend door het hooi en de ijle vloot van winterse wolken. Die gedeelten van haar waar de zon nooit kwam, ongerepte sneeuwbanken die je vingers lieten gloeien. Het zout van haar huid. De ploegsnede tussen haar billen. De kleine bron verscholen in de wei, onzichtbaar van elke afstand maar altijd aanwezig, het vocht dat weglekte in de omringende grond. Haar tanden dierlijk ivoor. Haar adem mist op de rivier.

De avond was al gevallen toen hij naast haar wakker werd. En toen pas schoot hem de wachtende wagen te binnen, de flessen wijn. Het leek allemaal ver weg. Onbereikbaar vanuit de kleine omgeving van zijn kamer. Spijt had hij niet, eerder het gevoel alsof hij een ruil had gedaan, en bepaald geen slechte. Zo'n geweldig baantje was het nu ook weer niet geweest, en het was nog maar de vraag hoe lang hij het anders zou hebben volgehouden. Hij had zichzelf misschien wel een dienst bewezen door het te verspelen, want iedereen scheen beter te weten wat het inhield dan hijzelf. Tijd om op te krassen, dacht hij. Er was alleen nog wel de kwestie van het geld dat hij te goed had. Plus nog wat andere kwesties. Hij ging overeind zitten en stak een sigaret op, zag de rookflarden door het open raam de zwoele avond in trekken. Joey rolde op haar rug en keek hem van opzij aan. 'Wat nou weer?' vroeg ze na een poosje.
'Ik zit na te denken.'
'Ik verga van de honger.'
'O.'
'Jij niet?'
'Ja...'
'Kijk hem nu eens piekeren. Pas maar op dat je hersens niet overkoken.'
'Ik probeer te bedenken wat me nu als eerste te doen staat.'
'Moest je geen wijn rijden voor die spaghettivreters?'

'Ja.'

Ze stapte het bed uit en begon zich aan te kleden. 'Blijf jij maar lekker tobben. Ik sterf van de honger en ik zal een manier moeten vinden om mijn spullen te pakken te krijgen voor ik ervandoor kan.'

Hij stond naakt naast haar en pakte haar bij een arm. 'Laat dat maar aan mij over,' zei hij. 'Blijf jij maar hier. Ik moet eerst even wat dingetjes regelen en dan neem ik wat te eten mee en gaan we jou hier weg zien te krijgen.'

Ze keek hem aan. Trok haar hemdje aan en pakte de jurk. 'Je schijnt te denken dat ik om hulp verlegen zit.'

'Dat denk ik helemaal niet,' zei hij. 'Maar het lijkt me zinnig als we nu even samenwerken.'

'Dat mag jou zinnig lijken, maar ik heb de goede gewoonte om me niet met mannen in te laten.'

Hij knikte. 'Dat recht heb je. Maar mag ik erop wijzen dat je hier bont en blauw bent komen aanlopen, en dat je nergens anders heen kon?'

'Ik wil je niks verschuldigd zijn.'

'Dat ben je ook heus niet. Erewoord.'

Ze ging op de rand van het bed zitten. Hoofdschuddend. 'Ik weet wel wat voor karakter jij hebt.'

'Wat moet dat nu weer betekenen?'

'Niks. Niks. Vooruit dan maar. Ga je gang maar, maar neem wel wat te eten mee. En niemand zeggen dat ik hier ben.'

Hij sloeg wat water in zijn gezicht uit de lampetkom, streek zijn haar achterover. Rook haar geur op zijn lichaam terwijl hij zijn kleren aantrok, alsof zijn huid van haar doordesemd was, alsof ze hem doortrok. Toen hij aangekleed was draaide hij zich naar haar om, ze zat nog steeds op de rand van het bed, en hij zei: 'Kleed je aan en wacht. Doe de deur achter me op slot, maar zorg dat je klaarstaat als je me de trap hoort opkomen.'

Hij liep in een wijde boog om het restaurant heen en betrad het achtererf. Zoals verwacht waren het paard en de wagen weg uit de schuur. Hij stapte de keuken binnen. Niemand. Ging via het restaurant naar buiten, stak de straat over, door het tegenoverliggende huis naar de achtertuin. Het koperen hangslot was van het kelderluik. Hij liet het openstaan en ging de trap af, hield zijn gezicht in de plooi toen hij de koele ondergrondse kamer binnenliep. Victor zat achter de tafel, met zijn rug naar het druipende vocht op de granieten wand. Zelfs hier had hij zweetkraaltjes op zijn voorhoofd. Tegenover hem zat een van de patsers, die zich langzaam omkeerde en zijn blik meteen weer afwendde toen Jamie hem toeknikte. Op de tafel stond een metalen geldkist en het tafelblad lag vol met stapels bankbiljetten. Jamie liep glimlachend op hen toe en Victor graaide met twee handen het geld bij elkaar en stopte het in de kist.

'Ik heb me verslapen,' zei Jamie, met zijn ogen strak op die van Victor, alsof hij geen geld gezien had. 'Stom van me.'

Nog geen hoofdknik. 'Wat moet je dan nog hier?'

'Je bent me nog iets schuldig voor het werk van de afgelopen dagen.'

Nu was het Victors beurt om te glimlachen. 'Ben jij niet goed bij je hoofd of zo?'

'Ja, hoor. Ik ben juist heel goed bij.'

Victor knikte. 'Dus jij denkt dat je wat weet. Iets wat moeilijkheden geeft voor mij.' De andere man, die vlak naast Jamie stond, keek op. Trommelde met de vingers van één hand op het tafelblad.

'Als iemand hier bang moet zijn voor moeilijkheden, dan ben ik dat wel. Maar dat neemt niet weg dat ik werk voor je gedaan heb en dat je me nog betalen moet. Heel eenvoudig.'

'Niks is eenvoudig. Alles is ingewikkelder dan jij denkt, want jij bent jong en nog dom ook. Maar luister, ik heb een groot hart.' Hij haalde een bankbiljet uit de kist en schoof het over de tafel naar Jamie toe. Het was minder dan hij voor die ene eerste dag had gekregen. Hij keek er even naar, pakte het op en zei: 'Is dat alles?'

'Dat is alles.'

'Tja. Dan valt er niets meer te zeggen, hè?'

'Nee.'

'Dacht ik ook al niet.'

'Nooit meer hier komen.'

'Weet je, Victor. Dat was ik ook al niet van plan.'

Hij draaide zich om alsof hij ging. Deed een stap en boog door zijn knieën en draaide zich in dezelfde beweging weer om naar de tafel, griste de houten botteliershamer van de vloer en richtte zich op en de hamer suisde naar de man met de trommelende vingers, die net van zijn stoel kwam waardoor het leek alsof hij de hamer op zijn voorhoofd wilde opvangen, zijn ogen vlammend van verbazing. Het geluid deed Jamie aan de honkslagen in het park denken. De man ging weer zitten en sloeg met stoel en al omver. Victors linkerhand lag nog op tafel waar hij het biljet naar Jamie had geschoven, maar zijn rechter bewoog zich van de geldkist naar zijn vestzak. Jamie had de hamer al laten vallen en greep zijn dolk en ramde die dwars door Victors linkerhand. Zijn rechter bleef halverwege zijn vestzak hangen en veranderde van koers naar de linker die op het tafelblad was vastgespijkerd, maar Jamie legde er zijn beide handen omheen. 'Nergens aankomen, Victor,' zei hij. 'Lief blijven zitten.' Hij voelde zijn eigen handen beven. Victor zakte met zijn achterhoofd tegen de muur. Zijn ogen rolden omhoog, en omlaag, en weer omhoog tot alleen het wit nog te zien was, dat snel rood werd als was hij daar ook gestoken.

'Rustig aan, Victor. Goed opletten nu.' Hield de slappe rechterhand in zijn linker en sloeg met zijn vrije hand de geldkist open. Telde het bedrag neer dat hij nog te goed had. 'Let je goed op, Victor?' Bewoog zijn rechterhand naar de dolk en gaf er een felle tik op, dreef de punt dieper de tafel in, pakte de knop beet en bewoog hem heen en weer. 'Ik neem geen cent te veel mee, zie je? Niet eens een toeslag voor alle moeite om het te krijgen. Zie je wel?' Hij wapperde de bankjes voor Victors gezicht en pakte er nog een vijfje bij. 'Kijk, die neem ik als vergoeding voor mijn mes. Precies wat het me zelf gekost heeft. Ik zie me gedwongen het hier achter te laten.'

Victor was geel nu, droop van het zweet, zijn mond stijf dicht. Zijn ogen murw. Niet langer de spiegels van zijn ziel maar uitgeblazen eieren. Jamie legde de rechterhand op de tafel neer, naast zijn doorboorde wederhelft, stapte om de roerloze man op de vloer heen en snelde de trap op en stond weer buiten. Rillend van de kou opeens, en drijfnat van het zweet. In de kelder was het nog stil, maar dat zou niet lang meer duren. Hij sloot het luik, stak het hangslot door de ogen en klapte het dicht. Liep naar de hoek van de achtertuin, keek naar links en naar rechts en zag niemand, rende weg over het laantje langs de rivier. Zijn benen maalden rond als zwaluwen in volle vlucht. Onder het rennen trok hij de schede van de dolk uit zijn broekzak en zwiepte hem in de rivier. Zijn mond wijdopen, zijn longen krampend om lucht, zijn voetstappen in de maat met zijn jagende, bonkende borst.

'Heb je niks te eten meegenomen?' Ze zat nog steeds in haar ondergoed. Het stompje kaars naast het bed was bijna opgebrand.

'Sjongejonge.' Ging bij het raam staan om de straat in te turen. 'Nee, ik heb niks meegenomen. Trek je kleren aan.'

'Jezus, ik besterf het zowat.'

'Kop dicht en aankleden.'

'Hé, zo laat ik niet tegen me praten.'

Hij draaide zich om en zei: 'Neem me niet kwalijk. Het spijt me echt. Maar weet je, volgens mij hebben we hooguit twee minuten om hier weg te komen. Jezus Christus.'

'Wat heb je uitgevreten?' Had haar jurk al over haar hoofd getrokken, haar handen achter zich voor de knoopjes.

Hij liet zich op zijn knieën vallen en trok zijn koffer onder het bed vandaan. Danste door de kamer om zijn bezittingen bijeen te pakken. Graaide onder het matras naar zijn extra paar manchetten.

Hij haalde de geldklem uit zijn broekzak en telde na hoeveel hij nog had en gaf het meeste aan Joey. Voelde het andere geld nog steeds in zijn jaszak wegen. 'Ik heb nu even geen tijd om het uit te leggen. Wat jij nu moet doen is maken dat je naar het station komt. Haast je maar let goed op dat je geen aandacht trekt. Kijk op de dienstregeling en geef me een halfuur. Nee, maak daar maar drie kwartier van. Koop twee doorreisbiljetten naar Portland in Maine.'

'Portland? Maine? Ik wil helemaal niet naar Maine.'

'Doe nou maar. Ik wil ook niet naar Maine. En verspil geen tijd met eten kopen. We nemen wel iets in de trein, als we die al halen. Daar zullen we alle geluk van de wereld voor moeten hebben. Koop die biljetten en ga ergens stilletjes zitten en praat met niemand. Zorg dat ze zo min mogelijk van je neus en je oog zien. Doe ontspannen, alsof je dag in dag uit met de trein gaat, en verder niks. Begrepen?'

Ze boog zich naar zijn koffer, knipte de sloten dicht en blies het stompje kaars uit. In het donker zei ze: 'Je hoeft mij niet te vertellen hoe ik doen moet. Maar als we er samen vandoor gaan, zal ik toch eerst mijn spullen moeten halen.'

'Daar heb ik die drie kwartier voor nodig. Ik haal ze. Dat lijkt me beter dan dat jij het probeert. Niemand zal mij daar verwachten. Dat hoop ik tenminste niet. Maar je moet me wel vertellen waar het is en waar ik je spullen kan vinden.'

Ze stond even zwijgend in het donker en zei: 'Waarom zou ik je vertrouwen?'

'Het is veiliger zo, en sneller. En je moet maar afgaan op wat we hier gedaan hebben. Meer kan ik ook niet zeggen.'

'Het is een hoop geld.'

'Je geld is wel het laatste waar ik op uit ben.'

'Ja, dat wil ik wel van je aannemen. En daar maak ik me eigenlijk ook het meest bezorgd om.'

Hij tilde de koffer op en stootte ermee tegen zijn knie. 'Voorlopig zul je me gewoon maar moeten vertrouwen. De rest praten we later wel uit. Maar op dit moment hebben we alle tijd verbruikt die we hadden, dus zeg het maar: ja of nee?'

'God sta me bij... Ik hoop maar dat ik hier goed aan doe.' En ze stapte tegen hem aan en legde haar handen om zijn hoofd en kuste hem. Bleef hem zo vasthouden en vertelde waar ze woonde en beschreef het gebouw en waar haar kamer lag vanaf de straat gezien, en vanuit de tuinen eromheen, en waar hij naar op zoek moest als hij binnen was, en wat er mocht achterblijven. En de kortste weg naar het station. En toen bleven ze zwijgend staan.

'Laat ik maar eens gaan dan,' zei hij.

'Zorg dat je zo snel mogelijk in het station bent.'

'Ik laat je heus niet in de steek.'

'Goed, dan zie ik je daar.'

'Maak je maar niet ongerust. Als het tijd is om in te stappen, ben ik vlak achter je. Voel je mijn hand in je rug voor een opzetje.'

'Dat is je geraden ook.'

'Reken maar.'

Ze pakte zijn hoofd weer beet, graaide ditmaal met haar vingers in zijn haar en trok zijn gezicht op het hare, duwde hem wild heen en weer tot hij met gebogen knieën op zijn tenen stond. Haar tranen op zijn wang, haar bloed in zijn ogen. Haar hete adem. 'Als je die trein niet haalt,' zei ze, 'spoor ik je op en schiet je voor je raap.'
'Dan mag je wel voortmaken, want dat idee hebben er meer.'
Ze kuste hem. 'Belazer me niet, jongen.'

Hij vond het huis aan de voet van de berg en verkende het. Liep langzaam over het trottoir aan de overkant. In veel kamers brandde licht en er zaten huurders in de schommelbanken op de veranda. Via een zijpad bereikte hij de achtertuin waar hij onder een oude berk ging staan om de achterkant in ogenschouw te nemen. Hij telde de ramen op de eerste verdieping af en vond het hare. Het licht was nog aan, zoals ze het de vorige avond had laten branden. Tegen de achtergevel groeide een seringenboom waarvan de bovenste takken de onderkant van haar raam bedekten. Hij glipte erheen, bestudeerde de struik en bepaalde de weg waarlangs hij moest klimmen, keek nog eens goed om zich heen en even later was hij bij het raam. De kamer was leeg en lag er nog ordelijk bij. Hij zette zijn handen op de vensterbank, duwde zichzelf omhoog en wurmde zich naar binnen. Het was muisstil. Haar geur hing overal. Hij vond haar reistassen onder in de hangkast, zette ze open op de vloer en werkte methodisch de kamer af. Haalde spullen uit laden, onder haar bed vandaan, tussen de kleren op het bed vandaan, keerde terug naar de zwarte rechthoek van de kast en trok haar jurken van hun knaapjes. Pakte de drie eau-de-cologneflessen van het dressoir en wikkelde ze in een jurk, propte die tussen de kleren die hij al had ingepakt. En liep wederom naar de kast en hurkte neer en tastte over de achterwand en vond het loszittende stuk pleisterwerk, trok het weg en haalde de tinnen bus te voorschijn. Schroefde er het deksel af. Hij zat vol met opgerolde bankbiljetten.

In een opwelling voelde hij nogmaals in het gat en viste er een fluwelen buidel uit, loodzwaar gevuld met munten. Had ze niets van gezegd. Eigenaardig. Was niets voor haar, om zoiets te vergeten. Kende ze hem soms al goed genoeg om te weten dat hij nog wel een keer zou voelen? Hij stopte de buidel in zijn binnenzak en duwde de bus tussen haar kleren en maakte de tassen dicht. Keek nog een laatste keer de kamer rond. Er was nog meer, maar hij had alles wat ze hem gezegd had mee te nemen. Hij tilde de tassen van de vloer, bewoog ze op en neer om het gewicht te voelen. Het was onmogelijk om langs dezelfde weg vertrekken als hij gekomen was. Hij doofde de lamp, deed de deur open, pakte de tassen op en sloot de deur met zijn pols, liep over de beloperde gang, de trap af, de voordeur uit.

De stationshal was rustig. Enkele tientallen mensen zaten over de banken verspreid met hun bagage aan hun voeten. Een jongen met een houten bord aan een riem om zijn nek, om sigaretten en snoep te venten, lag opgekruld op een bank te slapen. Zijn pet over zijn ogen getrokken. Jamie zette de tassen op een bank neer, waarop een in het zwart gestoken boerin zat te dommelen, met haar kin diep in haar onderkinnen. Hij keek de reizigers rond. Joey zat er niet tussen. Hij ging voor het bord met de dienstregeling staan en zag dat de eerstvolgende trein over vijftien minuten zou vertrekken. Naar Montpelier en daarna verder in oostelijke richting. Hij liep naar het loket en wachtte tot de beambte klaar was met zijn krantenartikel.

'Ik zoek een meisje. Donker haar, met een gele jurk aan. Ze moet hier zo'n halfuur geleden zijn geweest en heeft een paar doorreisbiljetten naar Maine gekocht.'

De beambte keek hem wantrouwig aan. 'O ja?'

'Ja... Luister, ik ben de degene niet die haar zo toegetakeld heeft. Ik help haar juist weg komen naar haar tante in Maine.'

'Tuurlijk.'

'Denk wat je wilt. Maar ze is hier geweest en ze heeft die twee biljetten gekocht. Twee stuks. Voor wie zou dat andere geweest zijn, denk je?'

De man keek hem nog eens scherp aan. Zette zijn kleppet weer op, pakte zijn krant en zei: 'Ze is op het perron.'

Hij liep terug naar de bank om de tassen te pakken en begaf zich naar de zwaaideuren van het perron. Daarnaast zat een oude man met een kale kruin en lang haar dat achter zijn oren langs tot zijn schouders reikte. Zijn beide benen waren bij de knie afgezet en hij zat op een houten bord met wieltjes in de hoeken, zijn broekspijpen om de stompen geslagen en keurig afgespeld. Droeg in weerwil van de zomerse nacht een oude overjas met epauletten en de v-strepen van een sergeant op de mouwen. Tussen zijn knieën had hij een tinnen mok met wat muntjes erin. Hij hield een korte stok vast, waarmee hij zijn rolplank kon voortduwen, de greep met leer omwikkeld en een ijzeren punt aan het uiteinde. Toen hij zag dat Jamie zijn pas inhield riep hij, zong het bijna: 'Help een oude man, meneer. Ik heb in de oorlog gestreden en had minder geluk dan zij die sneuvelden.'

'Waar heeft u uw benen verloren?'

'De slag bij Wilderness, mijn zoon.'

'Dat was een van de ergste, heb ik gehoord.'

'Niet voor te stellen. Niet in woorden te vatten hoe het was.'

Jamie stak een hand in zijn binnenzak, wurmde de fluwelen buidel open en viste er een gouden tien dollarmunt uit. Boog zich naar de man en gooide de munt in de mok. De veteraan hoorde dat het geluid zwaarder was dan het getingel van wisselgeld en zijn hand veegde door de mok om het muntstuk eruit te vissen, liet het door zijn vingers gaan en stak het tussen zijn lippen om het met zijn tanden te beproeven. Waarna de hand met de munt in de plooien van de jas verdween en Jamie door de deuren naar het perron liep. Hij hoorde het dankwoord van de man achter zich, maar keek niet meer om.

Joey zat op een bank aan het eind van het perron, weg van de lampen onder de overkapping, alleen met zijn koffer tussen haar voeten. Hij kon in de verte een trein horen aankomen, ergens ter hoogte van de rivier, het geluid als een engelenklaroen in de nacht. Hij zette de tassen neer, ging naast haar zitten en zei: 'Ik heb een van je goudstukken aan die ouwe soldaat gegeven.'

Ze gaf geen antwoord, keek voor zich uit, haar handen in haar schoot, met het papieren omslag van de reisbiljetten.

'Ik betaal het je wel terug. Hou het maar in op het geld dat je overhebt van de tickets.'

Ze keek opzij. Haar gezicht ging schuil in de schaduw zodat hij alleen haar lieflijkheid kon zien. Een gezicht waarvan hij gedroomd had kunnen hebben, als hij het voor mogelijk had kunnen houden dat zo'n gezicht bestaan kon. Ze zei: 'Denk je dat we hier weg zijn voor die Italianen komen?'

'Hopelijk wel. Ik hoor de trein al aankomen.'

'Ja, maar hen kun je niet horen aankomen.'

'Tja, da's waar.'

'Die munt was niet van jou.'

'Ik betaal het je wel terug. Hij is blind, voor hem zijn alle bankbiljetten hetzelfde en ik wilde dat hij wist wat hij had.'

'Ik hoef het niet terugbetaald.'

'Je hebt die buidel niet eens genoemd, trouwens.'

'Ik wist wel dat je hem vinden zou.'

'Zal ik hem terug gaan halen?'

'Nee,' zei ze. 'Laat-ie het maar houden.'

In Montpelier hadden ze een uur moeten wachten om te kunnen overstappen op de stoptrein naar St. Johnsbury, waar ze de Maine Central naar Portland zouden nemen. Hij was stug en zwijgzaam geweest bij dat eerste oponthoud, had geweten dat een goed span paarden aan een uur genoeg had om van Barre naar de hoofdstad te komen, zeker met een woedende koetsier op de bok. Maar toen ze weer in een coupé zaten en de glanzende koepel van het statenhuis in de nacht verdween had hij zich ontspannen, waarop zij gereageerd had door zich tegen hem aan en in slaap te laten zakken. In de bleke zomerochtendschemering reden ze St. Johnsbury binnen, op dit uur nog gehuld in de nevel van de rivier, weinig meer dan de schim van een stad, leeg op een groepje honden na dat de straten afschuimde, en een enkele melkwagen waarvan de helgele verf de mist trotseerde, als een stem die vergeefs om aandacht riep. Niet ver van het station vonden ze een eethuis waar ze bietenstamppot aten met gebakken eieren en geroosterde boterhammen, en daar reikte hij over het tafelblad naar haar en ze keek even naar zijn hand en legde er de hare op. Op wat beleefdheidsfrasen na hadden ze nog geen woord gewisseld sinds de vorige avond. En ze zwegen nog steeds toen ze van hun ontbijt terugliepen naar het station, hand in hand, alsof God zich even had teruggetrokken, rust nam, besloten had dat deze twee even alle leven op aarde mochten zijn, hun onuitgesproken woorden het enige oordeel wat de wereld nodig had.

Ze bleven maar een uur in de trein naar Portland zitten en stapten uit in Littleton, New Hampshire, met een handjevol handelsreizigers terwijl de trein volliep met gezinnen die vakantietochtjes naar de White Mountains gingen maken. De bergen lagen maar een paar mijl ten oosten van Littleton, maar die afstand was groot genoeg om de stad elke allure en frisheid te ontnemen. In plaats daarvan waren er looischuren en leer- en schoenenfabrieken, zij aan zij langs de Ammonoosuc River die uit de bergen kwam gestroomd. Ze lieten de trolleys voor wat ze waren en kuierden in oostelijke richting, volgden de bocht van de rivier en vonden een goedkoop pension waarvan de eigenares hun allebei een vuile blik schonk maar desondanks haar rode wasvrouwenknuist uitstak naar de week huur die hij haar aanbood.

's Ochtends ging hij de deur uit om harde broodjes te kopen bij een bakker en vlees en kaas bij een slager, waarna ze ontbeten op hun kamer en zij een lunchpakket voor hem maakte en in de broodjeszak deed, en met dat in zijn zak liep hij naar het station om een trein te nemen en de dag door te brengen in Bethlehem of Twin Mountain, Fabyan of Bretton Woods, Crawford of Franconia, een ronde te maken langs de grote hotels met hun witte zuilengevels, majesteitelijke schepen op een kalme zee van welonderhouden gazons, met de bergen op de achtergrond, scherp afgetekend in de ijle, heldere lucht. Hij keek er naar golf spelende heren, hing rond bij de tennisparken waar dames zowel als heren een balletje sloegen op banen van gemalen rode klei. Hij ging de bijgebouwen binnen en knoopte praatjes aan met stalknechten en melkjongens, wasvrouwen en keukenmeiden, kelners en gerants. Kreeg steevast werk aangeboden en sloeg het altijd af. Hij vond dat ze in een voortreffelijke omgeving waren neergestreken.

Als hij laat in de middag terugkwam was ze stil en korzelig, ongedurig door de trage terugkeer van haar oude teint. Het donkerpaars werd van rood tot geel, de waterige zwelling rond haar oog slonk gestaag, de beurse plek op haar neus heelde en de korstjes eronder werden met de dag kleiner. Na de eerste dag wist hij beter dan haar over zijn omzwervingen te vertellen. Hij wachtte tot ze haar haar had uitgeborsteld, tot het los en springerig rond haar gezicht hing, waarna ze de lome zomeravond introkken om ergens te gaan eten. Zaten ze zwijgend aan hun goedkope maaltijd, omringd door mannen met tanig verkleurde gezichten en armen, die onderdrukte gesprekken voerden in een mengelmoes van Frans en Engels, en een akelige geur verspreidden, niet van dood of verrotting maar van beits en looizuur en daaronder een scherp chemische zweem. Niet zozeer de lucht van dode runderen of het weeïge aroma van kalfsleer maar iets onbestemds daartussenin. En zo af en toe keek hij naar haar op en zag aan de schuine stand van haar hoofd dat ze dat gemurmureer niet alleen beluisterde maar nog kon volgen ook. En hij vroeg haar niet waar ze het over hadden. Ze aten geen twee avonden achtereen in dezelfde tent.

Na het eten slenterden ze door de vleermuizenschemering terug naar hun pension, waar ze blootsvoets op het bed gingen zitten en zijn sigaretten rookten, en pas dan vertelde hij over zijn dag en wat hij zoal gezien had, en waar. Over de dingen die ze volgens hem konden gaan doen als zij zover was, en waar. Opperde het met de grootste vrijblijvendheid, alsof hij geen plannenmaker was maar een verkenner van haar voorkeuren. En terwijl ze zo zaten vond hij altijd het juiste moment om zijn arm naar haar uit te strekken en zijn hand onder haar kleren te laten glijden, hij nog steeds pratend en zij nog steeds luisterend, en even later strekten haar handen zich naar hem uit en het duurde niet lang of ze waren naakt in de schemering en hun gesprek doofde langzaam uit, of ze vielen wild en hongerig op elkaar aan.

Later, in het donker, lagen ze naast elkaar op hun buik, met hun gezicht naar het raam opgeheven en een arm over elkaars rug. Een van hen rookte en hield de sigaret af en toe aan de lippen van de ander. De lucht was koel genoeg om hun zweet met rillingen van genot te laten verdampen. En dat was dan het moment waarop zij begon te praten.

Ze kon zich haar vader niet herinneren. Er was een foto geweest die zijn uiterlijk toonde, en ze herinnerde zich gewaarwordingen die bij de beeltenis pasten: grote, sterke handen om haar lichaam, de ruwe streling van zijn snor, enorme schoenen, een schaduw op het gras. Opgetild worden tot boven zijn hoofd en door de lucht buitelen, zijn handen klaar om haar op te vangen en weer omhoog te gooien. Steeds opnieuw. Quebec. Ze herinnerde zich de bomen om het huis in Saint Camille, de heldere witheid van het huis zelf, en van de zeilende zomerwolken, dat alles terwijl ze door de lucht buitelde en weer opgevangen werd. Maar ze slaagde er nooit in om in haar herinnering omlaag te kijken en het gezicht te zien dat haar bekeek. Het enige wat ze zich voor de geest kon halen waren die bomen en het huis. Zelfs de handen kreeg ze niet te zien, voelde alleen hun veilige greep en het moment waarop ze haar weer aan de lucht prijsgaven. Marc LeBaron. 'Ik heb het haar van mijn moeder,' vertelde ze. 'Dat van hem was blond en dik, in van die glanzende slagen.'

In de winter die op die zomer volgde was er in de steengroeve van Millstone Hill, twintig mijl naar het zuiden, een lierkabel geknapt. Hij was verpletterd onder een blok graniet van vier ton, uit de bodem gehaald om fraaie gedenkstenen voor andere mensen van te maken. De komst van het telegram kon ze zich niet meer heugen, maar wel een middag, donker door de vroege winterschemering, toen een buurvrouw haar in de keuken gebadderd had in de wastobbe terwijl haar grootouders en ooms en tantes in de zitkamer zaten, de overgordijnen dicht en de lamp aan, en geen ander geluid in huis dan de rauwe kreten van de bovenkamer waar haar moeder zich had opgesloten. Die uithalen waren voor haar de dood van haar vader geworden, de schemerkleuren op de sneeuw haar gedachtenis aan hem.

Op een heldere dag in de lente die op die winter volgde was de grond zacht genoeg geweest om hem te begraven. Hoge wolken die een voor een kwamen overdrijven vanaf de golf van Saint Lawrence, schaduwen die als de handen van God over het land trokken en haar gezicht beurtelings warm en koud maakten terwijl ze naast haar moeder stond die van kop tot teen in het zwart was gestoken. Twee dagen later per spoor naar het zuiden. De omgekeerde weg van een reeks brieven die haar moeder had ontvangen van een advocaat in Barre, die zijn diensten aanbood voor een zaak tegen de steengroeve. Later zou Joey begrijpen dat haar moeder de reis niet alleen ondernomen had door de belofte van geld, de kille genoegdoening voor het leven dat haar ontnomen was, maar vooral om aan haar schoonouders te ontkomen, het geroddel in het dorp, de blikken van de alleenstaande mannen van Saint Camille, en van de getrouwde.

Zes maanden lang woonden ze in een klein hotel en leefden er op kaas en het oude brood dat Claire mocht meenemen uit de bakkerij waar ze een baantje had gevonden als winkeljuffrouw. 's Ochtends bracht ze Joey, toen nog Joy, naar een vrouw met een bochel die in een vrijstaand huisje woonde, naast de vervallen pensions en kwijnende winkeltjes langs de rivierkade. De vrouw die Joey sloeg als ze Frans sprak in plaats van Engels, een pets op haar schouder of achterhoofd. Ze had nog een tiental andere kinderen onder haar hoede, en de oudere jongens en meisjes verdreven de tijd met het kwellen van de jongere. In die omgeving leerde Joey dat het gedrag van het mannelijk geslacht ingrijpend kon worden verbeterd door een venijnige kneep in het mannelijk lid. De meisjes daarentegen waren lastiger te stoppen, wreder en vindingrijker. Ze observeerde hen aandachtig, om te zien hoe ze hen milder kon stemmen, of op z'n minst kon evenaren.

En 's avonds was er af en toe het onaangekondigde bezoek van advocaat McCarson, die voor haar een zak met zoethout en ulevellen meebracht, en even kort met haar moeder sprak en dan de deur weer uitliep, om in het trapportaal te wachten terwijl Claire haastig een borstel door haar haar trok en haar mooiste jurk aanschoot en Joey alleen liet met haar snoep. Het zoethout at ze op, de ulevellen gooide ze een voor een uit het raam van hun dakkamer, keek ze na en zag ze over de pannen stuiteren en in de dakgoot belanden of een vrije val naar de straat maken. In de dagen na zulke avonden was haar moeder stilletjes, haar voorhoofd doortrokken met gedachterimpels. Maar dan werd ze weer zichzelf en ging met opgeheven hoofd en stralende ogen naar haar werk. Alsof ze weer greep op haar toekomst had.

Het proces werd een flop. McCarson stuurde de jongste bediende van zijn kantoor om de uitkomst te melden. Een week daarna kwam hijzelf weer zijn opwachting maken. Een grote vent met dure pakken en een glimmend gezicht, olijk, met een onderkin. Een liefhebber van rundvlees, varkensvlees en wildbraad. Hij was in beroep gegaan. Ze moest vooral niet wanhopen. Hij kende deze lieden. Het was net schaken. O, kende Claire dat spel niet? Welnu, het was net alsof je aan een nieuw recept werkte. De ingrediënten kende je al en je wist hoe het gerecht moest gaan smaken en je moest de boel alleen nog even op een rijtje krijgen. Een kwestie van doorzetten. Waar zouden we blijven als we dit soort dingen zomaar opgaven? En ze moest natuurlijk niet vergeten dat zijn rekening inmiddels flink was opgelopen.

En toen kwamen de avonden waarop Joey stil lag te luisteren naar het gehuil van haar moeder, een bedeesd gepiep als van een ziek vogeltje. En daarop zijn opbeurende woorden, zijn smeekbedes en onheilspellende bespiegelingen. Maar daar luisterde ze niet naar. Ze luisterde pas weer als het gehuil terugkeerde. Fel en jammerlijk nu, als van een ondraaglijk lijden. Een lijden dat Joey zich niet kon voorstellen maar wel begrijpelijk vond, al wist ze niet waarom. En als ze de deur dan hoorde dichtgaan en wist dat hij verdwenen was, stapte ze uit bed en trok de deken opzij die als afscheiding in de kamer was opgehangen. En dan zag ze haar moeder tegen het hoofdeind van haar bed zitten, of aan tafel in haar peignoir. Haar gezicht ingevallen, haar ogen open zonder iets te zien, maar verder geen tekenen van de marteling die ze had doorgemaakt. Alsof die samen met hem vertrokken was. Geen tekenen van haar eigen aandeel in dit alles.

'Eigenlijk was dat nog de goeie tijd,' vertelde ze Jamie. 'Dat eerste jaar of anderhalf toen ze nog hoop had. Al wist ze diep vanbinnen wel waar die ploert op uit was. Misschien is ze daar gaandeweg achter gekomen, maar het kan ook zijn dat iemand haar het hele verhaal ineens had verteld. Want ze was natuurlijk niet de enige granietweduwe. Hoe dan ook, op een gegeven moment liep het spaak met mij en moest ze een paar dingen veranderen.'

'Wat gebeurde er met jou?'

'Ik had kattenkwaad uitgehaald en ze moest het hotel verruilen voor een van die kosthuizen langs de kade, waar je terecht kon als je bepaalde afspraken wilde maken met de hospita. Voor haar kwam dat neer op boenen en vegen en 's ochtends de strontemmers legen voor ze naar de bakkerij ging. 's Avonds deed ze verstelwerk in de kamers die we op de derde verdieping hadden. Twee kamers, pal onder de dakbalken. In de zomer stikte je van de hitte en in de winter bevroor je, maar het was wel goedkoop. En ze had met dat sekreet van een hospita afgesproken dat die overdag op me zou letten. Had ik trouwens snel een duidelijke verstandhouding mee: zij moest mij niet en ik moest haar niet. Dus ik ging mijn eigen gang, en het was mijn eigen pakkie an om ervoor te zorgen dat mama er niet achter kwam als ik iets uitvrat.'

'Wat had je trouwens gedaan waardoor jullie dat hotel uit moesten?'

Ze rolde op haar zij en keek hem aan. Ze hadden nog steeds uit het raam liggen kijken, met een deken over hen heen tegen de avondkilte. 'In een papieren zak gepoept en daar was ik mee naar het kantoor van Evan McCarson gegaan. In de gang voor zijn deur neergelegd en aangestoken met een paar lucifers die ik gepikt had, en aangeklopt met de bedoeling dat hij naar buiten kwam en het vuur zou uitstampen.'

'Sjonge, da's een oud geintje.'

'Kan zijn, maar ik had het zelf bedacht. En mijn fout was dat ik bleef staan wachten.'

'Wat, ben je niet weggerend?'

'Ik wilde zijn gezicht zien.'

'En hoe liep dat af?'

'Hij was het zelf niet eens die naar buiten kwam, maar iemand die snel genoeg was om een emmer water over die zak te gooien en me evengoed nog op de trap te pakken te krijgen.'

'En, gaf je moeder je ook nog op je donder?'

'Nee.' Ze keek hem aan met een blik die leek te zeggen dat hij haar niet begrepen had. Later leerde hij dat die blik een andere betekenis had: dat hij iets aan haarzelf niet begrepen had. Ze zei: 'Ze heeft me nooit met een vinger aangeraakt. Toen niet en nooit niet.' Ze viel stil, keek weer uit raam. Hij liet zijn hand roerloos op de ronding van haar heup liggen. Na een poosje zei ze: 'Zo heeft ze vier jaar lang gewerkt, tot ze al het geld bij elkaar had dat ze hem schuldig was. Ze wilde het niet in gedeelten betalen. Ik was tien toen de avond kwam waarop ze het gaf. Zat aan tafel mijn huiswerk te maken. Ik denk er nog weleens aan terug en vraag me altijd af hoe ze zich gevoeld heeft toen die klop op de deur kwam. Hoe ze daarnaar had uitgezien. En wat ze dacht dat er van dan af allemaal veranderen zou. Ze liet hem binnen als altijd en schonk een kopje thee voor hem in terwijl hij aan tafel kwam zitten. Hij bracht toen allang geen snoep meer voor me mee. Ze deden allebei niet meer alsof. Hoewel hij haar wel altijd mee uit nam, van tevoren, al zal-ie dat wel gedaan hebben om met haar te pronken. Zijn bezit, zijn speeltje. Maar die avond verdween ze niet achter de deken om zich om te kleden. Ze schonk voor zichzelf ook thee in, ging aan tafel zitten en pakte de bus waarin dat geld opgerold en wel op hem te wachten lag. Al een week of twee, drie. Telde het voor hem uit, tot de laatste dollar. En ik zie hem nog opstaan. Hij telde het niet na, zoals ze vast gehoopt zal hebben, maar vouwde het op en stak het in zijn vestzak. Zei dat ze geen rekening had gehouden met de rente, maar dat hij die kwijtschold. Hij diepte een gouden tiendollarmunt op en legde die op tafel. Zei dat ze zich nu maar moest gaan aankleden, want hij had honger, en zij waarschijnlijk ook. En dat ze niet vergeten moest dat prostitutie bij de wet verboden was in Vermont, maar dat vrienden elkaar natuurlijk een bedragje mochten schenken. En toen nam-ie een sigaar en knipte er de punt af en stak hem in zijn vette bek en stak hem aan en gooide de lucifer op de vloer en liep de trap af om beneden op haar te wachten. Het stonk naar zwavel van die lucifer. Daar stond ze, naar de deur te kijken. Ze was nog een jonge vrouw, dat realiseer ik me nu ineens. En ze stapte achter de deken en ik hoorde hoe ze zich aankleedde, en ze kwam er weer achter vandaan, zei niks, keek me niet eens aan, en liep de deur uit. De trap af. Ik zat daar te luisteren hoe ze de trap afliep.'

'Mag ik je wat vragen?'

'Vragen staat vrij.'

'Was dat dezelfde klootzak die jou laatst in elkaar heeft geslagen?'

'Ik heb je al verteld wie dat was.' Geërgerd. 'Nee, met mij heeft-ie nooit wat uitgehaald. Niet meer na die ene keer, tenminste. Ik was alleen thuis en hij maakte zijn gulp open en probeerde zijn ding in mijn mond te steken, en daar heb ik toen mijn tanden in gezet.'

Hij voelde zich verschrompelen tegen het matras onder zijn buik. 'Heb je hem in z'n lul gebeten?'

'Ja, wat dacht je dan?'

'Eraf?'

Ze kroop tegen hem aan, deed haar mond wijd open en liet haar boventanden over zijn schouder schrapen. 'Tuurlijk niet. Maar er stonden wel afdrukken in. Hij gilde het uit en gaf me een lel.'

'En wat toen?'

'Hoezo wat toen?'

'Wat gebeurde er daarna?'

'Wat denk je? Hij liet me verder met rust.'

'Jezus, ja, dat zal ook wel.'

'Ze had het steeds over teruggaan naar huis. Naar Quebec, bedoel ik, niet naar Saint Camille. Over Sherbrooke had ze het. Montreal zelfs. Ze spaarde al dat geld, zal wel gedacht hebben dat ze er ooit een bakkerijtje van kon kopen. Om de dinsdag ging ze de deur uit om hem te ontmoeten en al die gouden tientjes gingen in haar buidel. Ik heb ze nooit gezien, op die eerste na, maar ik wist dat ze ze opspaarde. En zij maar denken dat ze het geheim hield voor me. Ik hoefde niet zo nodig weg, luisterde wel naar haar verhalen maar enthousiast werd ik er niet van. Canada! Je weet hoe ze hier over Canucks denken. Het was wel de laatste plek op aarde waar ik heen wilde.'

'Ik heb geen hekel aan Canadezen, hoor. Ik probeer elk mens op zijn eigen waarde te schatten.'

'Dat denk je maar.'

'Waarom zeg je dat?' Hij rolde nu ook op z'n zij, reikte over haar heen om de sigaretten van de vensterbank te pakken. Hij werkte zich op zijn elleboog, probeerde haar gezicht te lezen in het schijnsel van de straatlantaarn.

'Jij hebt zeeën vol haat in je,' zei ze. Bleef stil liggen. Volmaakte bewegingloosheid. De lieflijke curve van haar neus. 'Zoals elke man,' voegde ze eraan toe.

Hij knipte zijn sigaret met zijn duim en wijsvinger het raam uit, keek het lichtspoor van de gloeiende punt niet na maar rolde op zijn rug. Zijn stem was zacht: 'Ik ben bang dat je daar gelijk in hebt.' En net zo zacht: 'Hoe ging het verder met je moeder?'

Ze had zich nog steeds niet bewogen. Lag op haar zij naar buiten te kijken. Hij zag haar niet meer, zijn ogen dwaalden langs het plafond, waar niets te zien was behalve een paar lekkagekringen. Ze zei: 'Je zit helemaal in jezelf opgesloten, jij. Zo kan het nooit wat worden tussen ons. Ik hoop dat je dat begrijpt.' En hervatte haar verhaal. 'Ik had de pest aan school. Ze had de grootste moeite om me erheen te krijgen en het is een wonder dat dat nog zo lang gelukt is. Het enige waar ik wat aan vond waren de voordrachtsavonden en de optochten en de toneelstukken. Ik was altijd redenen aan het verzinnen om iets feestelijks te organiseren. Voor de ouders of gewoon voor klasgenoten. Maakte me niet uit. Washingtons geboortedag, de herdenking van de slag bij Lexington en de brug van Concord. Ethan Allen. Ik wist voor alles wel een gepast spektakel te bedenken. En dan was er de toneelclub nog. Als ik daar bij was gebleven, had het nog heel wat kunnen worden. Ze vond een zanglerares voor me. Ik wilde eigenlijk op pianoles, maar een piano zat er natuurlijk niet in. Dus werd het mijn stem. Nog een zegen, achteraf.'

'Nou, stel je voor dat we nu met een piano hadden moeten zeulen.'

'Precies. Het was een vreselijk oud wijf met een snor. Hongaars of Pools of zoiets. Ik moest op een kruk staan om mijn rug recht te leren houden. Ze leerde me ademhalen, en zingen natuurlijk. Stond ze voor me met een potlood de maat te slaan terwijl ik keer op keer dezelfde oefening deed. En als ik moe werd, prikte ze me in m'n bast en riep "lui wicht! lui wicht!" Ik kon haar niet uitstaan maar wat ze me leerde beviel goed. Ik bleef terugkomen, had geen aansporingen van mijn moeder nodig, al gaf ze die wel. Volgens mij had ze nog eerder door dan ikzelf dat zingen het enige was wat mij redden kon, waar ik misschien een beter leven door zou krijgen dan zij had gehad. Ze wist dat ik voor de meeste andere dingen geen geduld had. Zo ben ik altijd geweest, geen greintje geduld, nergens voor. Ze had kanker. In haar vrouwelijkheid. Toen ik erachter kwam zat het al door haar hele lichaam. Ze vertelde het pas toen het echt niet anders meer kon.'

Stil. Na een paar minuten vroeg hij: 'Hoe lang is dat geleden?'

'Drie jaar.'

'Da's al een hele tijd.'

'Ik heb me goed kunnen redden. Ik heb echt talent, moet je weten.'

En hij bleef zwijgend naar het bladderende pleisterwerk liggen kijken. Vroeg zich af hoe vaak zij al zo gelegen had, naakt naast een man terwijl ze haar levensverhaal deed, delen daaruit, elke keer een beetje anders. En hij wist dat hij het haar nooit zou vragen, wilde geen antwoord op die vraag, vooral omdat hij het nooit zou kunnen geloven, hoe het ook luidde. Al bleven ze nog duizend nachten zo liggen en zou ze haar ziel laag voor laag blootgeven. Zelfs dan zou hij weten dat er iets ongezegd bleef, dat ze iets achterhield. Dat vond hij nog wel het meest bewonderenswaardige aan haar.

Hij stapte uit bed en ging naar haar staan kijken. Haar lichaam was bleek in het wazige geel van de straatlantaarn, de kleur van een zongebleekte riviersteen tegen de plooien van het onderlaken, haar benen die uit haar leken te vloeien als water langs een helling, de ronding van haar heupen die zich spiegelde in het zwellen van zijn hart, en dan de holte van haar onderrug en de zachte glooiing naar haar schouders, de knobbels van haar ruggengraat en de verheven schouderbladen, haar gekruiste armen onder de zwarte waterval van haar haren. Haar voetzolen over de rand van het bed zouden precies in zijn handen passen als hij naar voren stapte om ze naar zich op te heffen. Hij wreef in zijn ogen en liet zijn handen over zijn borst glijden.

'Joey,' zei hij, 'wij kunnen doen wat we willen, jij en ik. Niets houdt ons tegen. We zijn wezen, allebei. We zijn vrij.'

Ze rolde om en ging overeind zitten, trok de deken om haar middel. Haar rug naar het raam, haar gezicht een ondoorgrondelijk masker. Ze sprak vanuit de wirwar van haar haar. Haar tepels keken hem aan vanuit het donker. 'Ik heb je altijd voor een weggelopen boerenzoon versleten.'

Hij knikte, bevestigend noch ontkennend. 'Ik heb mijn moeder gedood. Toen ik geboren werd.'

Dit maakte haar even stil. 'Dus je hebt haar nooit gekend.'

'Nee.'

'Net als ik en mijn vader.'

'Ik groeide op met alleen mijn vader,' loog hij. 'Er was iets mis met zijn hoofd, waardoor je mij ook niet echt een boerenzoon kunt noemen. Het was ooit wel een boerderij geweest, maar ik heb nooit iets anders gezien dan het onkruid waarin alles veranderd was, en het dak dat na elke winter minder pannen had. Hij had in de oorlog gevochten. De zuidelijke opstand. Had een of andere verwonding aan zijn hoofd opgelopen. Het kon hem niet zoveel meer schelen, allemaal. Die man zonder benen in het station van Barre... Daarom heb ik die een van je goudstukken gegeven. Vader was net zoiets, en in sommige opzichten was hij nog erger. Hij had een pensioentje van het leger maar hij moest rondkomen door stukjes van zijn land te verkopen. Hij kon goed koken en er stond elke avond een warme hap op tafel, maar daar bleef het bij. Zat-ie daar, naar mij te kijken terwijl ik at. Verhalen had-ie wel altijd, maar ze gingen allemaal over de oorlog en ze waren steeds hetzelfde, zonder kop of staart, alles door elkaar. Ik ben niet zo heel anders opgegroeid dan jij. Veel alleen gelaten, bedoel ik. Het is geen opschepperij als ik zeg dat ik berucht was in de buurt.' Hij zweeg even en keek van haar weg, en ging naast haar zitten maar keek haar nog steeds niet aan. 'Niet dat ik zo veel rottigheid uithaalde, hoor. Maar mensen houden nou eenmaal niet van wat ze niet kunnen vatten en ze vonden mijn vader en mij nogal eigenaardig, daar boven op die berg. Het was een harde leerschool, maar dat is zo slecht nog niet.'

Het bleef even stil. Ze hief haar hand op en liet haar wijsvinger langs zijn oor via zijn kaaklijn naar het puntje van zijn kin lopen, aaide hem daar even en nam haar hand weer weg. Hij reikte achter zich, zonder om te kijken, naar de sigaretten. Ging met zijn ellebogen op zijn knieën zitten. Hij zei: 'Het was een schoorsteenbrand, niet meer en niet minder. Maar ik was niet thuis en daarom probeerden ze mij de schuld te geven. Als ze eenmaal denken dat je niet deugt, blijft dat je altijd aankleven. Maakt niet uit wat er gebeurt. Het was in maart van dit jaar. Ik neem aan dat hij de schoorsteen al in geen jaren meer geveegd had. Het hele huis ging in de hens. Niks meer van over. Het keldergat en wat geblakerde balken, verder niks. Ik werd door de dominee en zijn vrouw in huis genomen. Ze hadden zelf geen kinderen, dus ik vermoed dat ze zich er heel wat van voorstelden. Maar goed, ik heb er een mooi pak aan overgehouden. Ik wachtte tot de laatste restjes land waren verkocht en ben met de opbrengst naar het noorden getrokken. Kwam in Barre terecht omdat de trein daar stopte. Maar wie weet, misschien was het de bedoeling wel dat ik jou zou ontmoeten.' Bleef stil zitten, voor zich uit kijkend.

'Dat is me het verhaal wel.'

Er viel niets op te maken uit haar toon. Dus draaide hij zijn hoofd net ver genoeg om haar te kunnen zien. 'Het is de waarheid,' zei hij.

Ze zweeg.

Dus zei hij het weer, zijn stem zacht en kalm en liefdevol, een ingetogen oproep: 'We zijn allebei wees, jij en ik. We zijn vrij om te doen wat we willen.'

Ze leunde opzij, naar hem toe. Haar stem was ook zacht, maar dringend, een zweem van dreiging zelfs. 'Ik leef mijn eigen leven.'

Hij keek haar aan. Wilde haar aanraken en deed het niet. 'Kun je echt zingen?'

'Als een nachtegaal. Om te janken zo mooi.'

Hij knikte. 'Morgen pakken we de trein en rijden we wat rond. Je zult zien, dit is een heel andere streek. We kunnen hier onze eigen gang gaan. Er zijn nog wat dingetjes waar we achter moeten komen, maar dat is een kwestie van tijd. Het is hier goed toeven.'

'Daar geloof ik geen pest van. Helemaal niks.'

Hij knikte. 'Je ziet het morgen zelf wel.'

Ze leunde nog dichter tegen hem aan, streek met haar handen door zijn haar, trok er voren in met haar vingers, haar vingertoppen op zijn hoofdhuid. Die vingers vertelden hem wat hij wilde horen. Maar hij wist dat hij nooit moest laten blijken dat hij iets doorhad voor ze het zelf zei. Dus onderging hij haar strelingen in stilte.

'Als je me belazert,' zei ze, 'snijd ik je strot af.'

Hij liet zich achterovervallen op het bed, zijn voeten nog steeds op de vloer. Staarde naar het plafond. 'Dat weet ik,' zei hij.

5 (intermezzo)

Ze stonden 's middags laat pas op, als de ochtendmist allang was weggebrand en de zon door de sparren en dennen rond het huis scheen. De lucht roerloos en geurend naar hars en naalden. Werden langzaam wakker met de dekens van zich afgetrapt en het laken tot een koord gerold tussen hun benen, zweterig en traag van de slaap. Groengerugde vliegen tikten tegen de horren en bromden langs het plafond. Het lied van de middag. Een van beiden maakte koffie en gehuld in hun ochtendjassen, met een handdoek om hun schouders, namen ze de pot mee naar buiten, onder het groen geparfumeerde dak van de naaldbomen door, waar eekhoorntjes kwetterden, door het schapenbegraasde grasland met zijn oesterkleurige steenrichels bakkend in de middagzon, over het kaalgelopen pad naar de Ammonoosuc. Daar zaten ze op een platte granietrots zo groot als een roeiboot, dronken hun koffie en zwommen wat rond in de holte die de rivierbocht in de oever had uitgesleten, het water zelfs in juli en augustus een koude rilling die zijn scrotum deed schrompelen en haar tepels deed oprijzen en hen beiden in kippenvel hulde. Klaarwakker, hun katers meegevoerd door de stroom, strekten ze zich dan uit op de rots, met hun ogen dicht en hun armen over hun gezicht soezend en bruinend in de zon, terwijl het gekabbel van duizenden riviertongetjes hun geest vulde met niets dan het besef van de plek waar ze lagen. En een paar uur later, als de noordelijke zomerzon nog prominent was maar de slingerende oever zich al met schaduwen vulde, liepen ze terug naar het huis om zich te baden en voor de avond te kleden en een ontbijt van eieren met geroosterd brood te nemen, waarbij zij een kop thee nam met honing, citroen en een scheutje whiskey, en hij een vruchtensapglas met whiskey puur. En in de weldadig lange schemering reden ze dan de drie mijl westwaarts naar Bethlehem, en zette hij haar af bij het casino van het Maplewood, waarna hij doorreed naar het Sinclair om daar zijn avond te beginnen. Een dienst van vijf uur waarin hij de scepter zwaaide over de hotelbar, mensen aannam en ontsloeg en de inventaris opmaakte en links en rechts praatjes maakte met wie hij zoal tegenkwam. Rond middernacht vertrok hij en reed de lange hoofdstraat op en neer en draaide de korte zijstraten in waar hij even zijn moest. Stopte bij achterdeuren in de dichte schaduwen van de zomernacht en leverde bestellingen af van de achterbank en uit de kofferbak van zijn automobiel. Ergens tussen twee en drie uur in de ochtend reed hij vanaf het laatste adres naar de clandestiene nachtkroeg aan Swazey Lane, waar Joey dan meestal al op een kruk zat, naast de pianist op het lage podium. Hier hoefde ze zich niet behaaglijk uit te rekken of andere verleidelijke houdingen aan te nemen, kon op haar gemak met haar knieën tegen elkaar zitten. Zingen. De ruimte was blauw van de tabaksrook en de laag brandende lampen, en de mensen die naar binnen hadden gemogen waren moe en dronken genoeg om rustig onderuit te zitten en te luisteren. Ook voor Jamie was het hier niet echt werken meer, eerder een plek om nieuwe contacten te leggen. Een man die hem terloops aanschoot en hem misschien niet eens aankeek en de naam van een tent liet vallen, of van een andere man, waarna de eerste draden van een overeenkomst werden gesponnen. Jamie gaf nooit zijn jawoord in deze uren, noch de indruk dat hij het wilde geven. Alles bleef vrijblijvend en voorlopig. Hij luisterde en knikte, nooit instemmend maar om aan te geven dat hij hoorde wat hem gezegd of gevraagd werd. En dan ging hij weer, om erover na te denken, of misschien niet eens te denken maar het te laten bezinken. En een paar dagen later wist hij of het de moeite waard was. Hij deed niemand ooit een belofte, behalve zichzelf. En die beloftes aan zichzelf waren nooit op hebzucht gebaseerd. Hij zat meestal ergens achterin en zag haar zingen en nipte van zijn whiskey en wachtte af. Als ze een pauze nam en naar buiten liep voegde hij zich bij haar, om een sigaret te roken en de nacht in te ademen, en weinig meer te zeggen dan wat onafgemaakte zinnen. De gecodeerde taal waaraan ze beiden genoeg hadden. Soms ook bleef hij zitten, als hij zag dat ze bezig was, iemand toezong, naar voren geleund op haar kruk, haar ogen geconcentreerd, haar blik op de rijpe vrucht voor haar die elk moment kon vallen. En dan liet hij haar begaan. Hij vertrouwde haar. Had geleerd dat hij dat moest. Ze onttrok geld aan mannen zoals hij de leemte in hen vulde. Zo wilden ze het zelf. Niet dat hij ze stom vond waar het de liefde betrof, of whiskey, of seks. Maar hij wist dat iedereen ergens kwetsbaar was, een gaatje had, een zwakke plek. De enige mannen die hem aanstonden waren zij van wie de zwakke plek goed verborgen was. Hij had nog nooit een man ontmoet die er helemaal geen had. De gedachte dat zo iemand misschien wel bestond was het enige wat hem bang kon maken. En uiteindelijk kwam dan het moment waarop de pianist niet meer naar zijn klavier terugkeerde en de kroeg leeg was op een paar plakkers na, en Joey voorovergebogen zat met haar armen rond het glas voor zich op tafel, en het gekwinkeleer van de vogeltjes in de seringenbomen en de iepen en rozenstruiken tot in de kelder doordrong, en hij haar arm aantikte en 'naar huis' zei, en zij knikte. Zo was het in de zomer.

5

૭

Het was Scully geweest die hen gered had, vijf jaar eerder. De graatmagere pianist met de uitschuifbare ledematen. Ze waren als roekeloze kleine kinderen door dat eerste seizoen van zomer en herfst gevlogen, hadden in een piepklein kamertje in het souterrain gewoond, waar ze de koudwaterbadkamer met tien andere hotelbedienden moesten delen. Joey had van meet af aan als serveerster in het Maplewood gewerkt, met zo nu en dan een optreden in een van de kleine clubs die opdoken en weer verdwenen. Jamie had een hele reeks baantjes afgewerkt, niet omdat hij lui of onwillig was maar uit een rusteloosheid die hem van tent naar tent dreef als wilde hij het stadje zo snel mogelijk tot in ieder detail leren kennen. Het was niet zozeer onnozelheid geweest als wel de zomerse roes waarin beiden hadden verkeerd, waardoor ze geen acht hadden geslagen op de tekenen dat het tijd werd om zich voor te bereiden op dat derde weekend in oktober waarin de blaadjes van de bomen vielen en op de maandagochtend toen alle vertrekkende treinen vol zaten en bij alle hotels de luiken voor de ramen gingen als sloten ze hun ogen tegen de gure kou. Eerder die maand waren er al een paar aaneengesloten ochtenden geweest waarop iedereen naar de toppen van de Presidentials had staan turen, waar zich helwitte sneeuw aftekende tegen de stralende hemel. Maar zelfs dat was voor hen slechts een voorbijgaand moment geweest, een fonkeling in het vrolijke leven dat hen omringde. Hun zomerse salarissen. Nieuwe kleren aan een lijn die hij in de hoek van de kamer had gespannen. Herinneringsflarden van whiskeydoornevelde zonsopgangen, de kleurige rand aan de einder als een elektrische stroom die alweer een nieuwe dag beloofde, nog een paar uurtjes slapen. Maar aan slaap hadden ze geen van beiden behoefte gehad in die zinderende dageraad, noch wilden ze denken aan de bezigheden die hun wachtten. Het enige wat ze gewild hadden was samen te zijn en het beest vrij te laten dat ze gezamenlijk vormden, de verrukkingen van hun tongen en huid. Op weg naar hun onderaardse woonvertrek, elkaar innig vasthoudend, hoofden tegen elkaar, elkaars geur zwaar als muskus in hun neuzen, zwalkend over de lange zwierende hoofdstraat van Bethlehem. Geen oog of een smalende lach voor de benepen blikken of zedig afgewende gezichten van andere vroege wandelaars, hotelgasten, koppels middelbare dames in lange witte japons met witte handschoenen, hun haar opgestoken onder wijdgerande hoeden, of oudere heren in dure kostuums, opgestaan voor de gezonde berglucht en met verwoede pas hun uitgezakte lijf trotserend, en de aantrekkingskracht van de aarde die des te groter werd bij de aanblik van die wellustige werveling, die dronken schandvlek van de jeugd op hun pad. En Jamie en Joey die hun haat herkenden en wisten dat die niet op hen van toepassing was, niet door hen in de wereld was gebracht. 'Je verstand staat erbij stil,' had ze weleens gezegd. 'Alles wat een mens nodig heeft is wat lekkers te drinken en een goeie beurt. Dus waar maken ze zich in godsnaam druk om?' Hij had het haar niet kunnen uitleggen. En hij had het verdriet gekend dat achter haar woorden school. En het enige wat hij kon doen, het enige wat zin leek te hebben, was haar met zijn arm overeind houden en met zijn vrije hand haar hoofd tegen zich aan duwen, zijn lippen over haar wang en dan haar oorlelletje tussen zijn tanden. Horen hoe haar adem in haar keel bevroor.

En zo door tot die maandag aan het eind van oktober, toen ze in de koude druilregen stonden en om zich heen keken alsof ze uit een diepe slaap waren weggerukt en zagen dat de stad opeens verschrompeld was. Overal in de hoofdstraat werklui op ladders, die de zwarte of donkergroene luiken losmaakten om ze voor de ramen te klappen en vast te schroeven. Het perron van het station puilde uit met een klasseloze menigte van late vakantiegangers en vertrekkende vakantiewerkers samengedrongen onder het smalle afdak. Opgestapelde hutkoffers naast plunjezakken en rieten koffertjes. Vrachttreinen denderden hooghartig voorbij, niet langer in het stadje geïnteresseerd. En kwam er een passagierstrein, dan stapte niemand uit.

Ze liepen naar het casino. Het moest nog middag worden. Ze waren er de enige klanten. Niemand die acht op hen sloeg. Twee mannen liepen inventaris op te maken. De vloer werd onder hun voeten door gedweild. Het was donker in de zaal, die nog donkerder werd toen er luiken zo groot als schuurdeuren voor de ramen verschenen. Ze kropen bij elkaar aan een tafel, zeiden niets, te schuchter om iets van iemand te verlangen. Na een poosje kwam de barman op hen toe, zette een paar glazen voor hen neer en een halfvolle fles van het een of ander, die hij zonder iets te zeggen op de tafel achterliet. Van het huis, wisten ze. Ze dronken er langzaam van. Ze konden nergens anders heen deden er het zwijgen toe.

En zo werden ze door Scully aangetroffen. Hij kwam de zaal door gelopen alsof hij al geweten had dat hij ze daar zou vinden. In een smoezelig zwart pak waarvan de mouwen en pijpen te kort voor hem waren, zijn kippenborst, zijn hoofdhuid glanzend strak over de kale kruin, haarslierten in de kleur van een oude centen, nicotinebruine vingers die rechtstreeks uit zijn knokige polsen leken neer te hangen. Altijd kalm en beheerst, die vingers, zelfs als hij ze bewoog, als waren het de enige delen van zijn lichaam die op zichzelf durfden vertrouwen. Hij ging tegenover hen zitten, een ledenpop vol hoeken en lijnen. Legde een tengere enkel op de magere knie van zijn andere been.

'Ik dacht al dat jullie hier ergens rondhingen.'

'Waar gaat iedereen opeens naar toe?' vroeg Joey.

Hij haalde zijn schouders op. 'Boston. New York. Sommigen naar het zuiden: Florida, Georgia, North Carolina. Waar werk is.'

'Lijkt me niet gek,' zei ze. 'De winter ergens in de warmte doorbrengen.'

Scully knikte. 'Heb ik ook weleens gedaan. Hebben jullie geld voor de trein?'

'Ik ga nergens heen,' zei Jamie. 'Ik red me hier wel, het maakt me niet uit hoe.'

Ze keek hem van opzij aan, zei niets.

Scully zei, zijn blik meer op haar dan op Jamie gericht: 'Het is mogelijk om de winter hier door te komen. Moet je wel een stuk of drie dingen combineren, maar het is te doen, al weet je nooit wanneer je wat verdienen kunt.'

Joey schoof haar glas door het vochtspoor op het tafelblad en keek naar Scully. 'Je hebt me horen zingen.'

'Jazeker,' zei hij. 'Dat zit alvast goed.'

Die eerste winter woonden ze bij Scully in zijn vierkamerhuis aan de voet van de berg in Littleton, vlak bij de spoorbaan waar de vrachttreinen hen wiegden in hun slaap en de stoomfluiten hun dromen doorboorden. Een huis met het bedrukkende aroma van een man die al jaren alleen woonde. De voorkamer werd in beslag genomen door een oude zwarte piano, gebutst en geschramd maar loepzuiver gestemd, en overal stapels bladmuziek, op de vloer, op de sofa met zijn gesprongen veren en op de houten wiebelstoelen. Het kamertje naast de keuken, waar Joey en Jamie verbleven, stond vol instrumentenkoffers van krokodillenleer, dik onder het stof, de sloten verroest en kapot, in allerlei maten en vormen als had een maniakale leerbewerker een reeks fantasiebeesten gebouwd. 'Er is er niet één waar ik nog op speel,' had hij gezegd. 'Maar het gaat me te veel aan het hart om ze weg te doen.'

'Zou het geen goed idee zijn als ik ukelele leerde spelen?' vroeg Joey. 'Heb ik wat te doen tussen de coupletten door.'

'Als je dat maar uit je hoofd laat,' waarschuwde hij. 'Het publiek wil niks tussen jou en hen in hebben.'

In de maanden die volgden bestreken Joey en Scully een fiks deel van het noorden, reisden in de weekends naar North Conway of Fryeburg, Colebrook of Saint Johnsbury, zelfs naar Dixville en Berlin, traden op in gehoorzalen, bij feesten in huiselijke kring en zelfs op een paar winterse dikke-buikenbruiloften. Waarheen het geld hen voerde. In de periode van tien dagen voor kerst tot de dag na nieuwjaarsdag sliepen ze in de trein en traden avond aan avond op en keerden uiteindelijk in Littleton terug met dikke blauwe wallen onder hun ogen en duizend dollar en vierden dat op gepaste wijze. Er waren ook avonden waarop ze dansavonden in schuren deden, of schaatsfeesten rond de westelijke uitlopers van de Presidentials, en net hun treingeld terugverdienden. Alsof muzikanten alleen maar bestonden voor de nummertjes die ze in hun hoekje van de zaal afdraaiden. 'We voorzien in een behoefte waar niemand over na wil denken,' zei Scully. 'Alles draait om hun plezier. Hebben ze dat, dan gaan ze ervan uit dat wij het ook hebben en verder niks hoeven. Het gaat niet zozeer om talent in dit vak, maar om het aanvoelen van wat je nu eigenlijk biedt. Hoe sneller je dat inziet, des te beter.'

'Ik ben opgevoed door een hoer, Scully. Ik zal me heus geen illusies maken.'

En daarop had hij haar peinzend aangekeken. Het was midden op de dag en ze zaten in een treincoupé. Het zonlicht dat door het raam op hun schoot viel was stralend als in hartje zomer. Maar aan de andere kant van het glas lag de sneeuw die van de spoorbaan was geschept, in zulke hoge wallen dat ze de bovenkant niet konden zien. Niets dan blauwig witte sneeuwmuren. Zo stijf bevroren dat ze overhelden zonder te breken, onberoerd door het passeren van de trein. 'Nou ja, van een klein beetje dromen zul je niet doodgaan,' zei Scully.

Hij was een man zonder vrouwen. Had het idee van een vrouw in zijn leven al lang geleden resoluut laten varen. Zijn handen gleden over het ivoor en het ebbenhout als minnaars die na lange omzwervingen terug waren bij hun geliefde. Zelfs na een pauze van tien minuten. De toewijding van een weerzien waar smartelijk naar was uitgekeken.

Jamie deed er lang over om dit te leren inzien. Langer dan hij zelf wilde. Het was een barre winter. In die eerste maanden kon hij nergens werk vinden en bracht zijn dagen in het huis door, meestal alleen, of rondlummelend in de kiosk of de kapsalon verderop in de straat. Was er zeker van dat hij haar kwijt was. Slokte alles op wat ze zei, elke frase, zelfs die bij het liefdesspel, en bleef er eindeloos over piekeren, tot hij het vege teken had ontdekt waar hij op uit was geweest. En toch kwam ze elke keer weer terug. In januari kregen Scully en zij drie aaneengesloten weken in North Conway aangeboden. Hij bracht hen naar het station en kon zijn ogen op geen van beiden gericht houden, hoorde niets van wat ze tegen hem zei, wachtte niet tot de trein wegreed maar liep het station uit, langs de bevroren rivier naar de looischuren en leerateliers en nam een baantje in de lijmkamer van een schoenfabriek, in het volle besef dat hij de zomer verkwanseld had en slechter af was dan bij een terugkeer naar de boerderij. Maar hij was vastbesloten om het uit te zingen, om de lente af te wachten en ditmaal zijn kop erbij te houden. Het enige alternatief was ervandoor te gaan met de goudstukken, maar hij wilde hoe dan ook geloven dat ze terugkwam, en wilde er hoe dan ook zijn als dat gebeurde. Hij merkte tot zijn verbazing dat het hem niet schelen kon wat ze hem te doen gaven, dat het werk hem koud liet zolang zij er maar niet was om het hem te zien doen. Dus werkte hij drie dagen achtereen in die lijmkamer en ging de eerste twee avonden kotsmisselijk naar huis, met barstende hoofdpijn en zijn ogen roodomrand en bevroren tranen op zijn wangen door de januariduisternis, op weg naar een koud huis en koud eten. En in de middag van de derde dag zocht hij zijn voorman op en zei dat hij ontslag nam, kon op de vraag waarom alleen maar zijn hoofd schudden. De andere lijmers waren volstrekt imbeciel en vreselijk misvormd en hij had niet de minste behoefte om erachter te komen of ze zo geboren waren of het aan hun werk te danken hadden. Hij wilde er geen minuut langer blijven en zo belandde hij in de grote hal van de fabriek, gezeten aan een stikmachine waarmee hij voorgesneden schoenlippen aan het bovenwerk naaide, keer op keer op keer. Maar het was er warm en de ramen boden uitzicht op de rivier en een stuk van het sparrenbos en hij ontdekte dat hij tijdens het werk in gedachten door dat bos kon dolen. En zo kwam het er alsnog van dat hij eerzaam werk deed, al schiep hij daar weinig eer in. Als die twee muzikanten om zeven uur 's ochtends thuiskwamen, zat hij al achter zijn machine, met een kater maar klaarwakker door de wandeling van een mijl bij dertig graden vorst. Hij maakte geen vrienden op zijn werk en wilde er ook geen. Dit was een periode die hij nooit meer wilde overdoen en waaraan hij nooit meer herinnerd wilde worden. Zat achter die machine als een kind met strafregels, leer op leer te naaien, zijn rechtervoet op en neer pompend, elke slag een tel verder in de tijd, met elke schoen een schoen dichter bij de zomer.

Als ze van huis was deed hij geen moeite om de gedachten aan haar te mijden, waar ze uithing en wat ze deed, halverwege zijn werkdag, met de zon op de messcherpe ijspegels aan de ramen van de fabriekshal, denkend dat ze nu misschien wel wakker werd, denkend aan de onbekende kerel die nu misschien wel naast haar lag, aan de talloze kerels die dat op z'n minst zouden willen. En hij vroeg haar nooit iets als ze weer terug was. Er was niets wat hij wilde weten. In maart, de winter hield moeiteloos stand met dagenlange leisteenkleurige hemels en een kou die vochtig was geworden maar nog geen zweem van lente vertoonde, liep hij tot tweemaal toe met een fabrieksmeisje mee naar huis, en met beiden bleef hij praten tot ze zichtbaar verveeld raakten, waarop hij afscheid nam en terugliep naar het donkere huis en zichzelf een handje toestak onder de stijve koude lakens, denkend aan wat hij had kunnen doen, had moeten doen. Haalde zich die meisjes voor de geest, en anderen, maar nooit Joey terwijl hij het met zichzelf deed. Alsof hij zich van elke schuld kon vrijwaren door haar buiten te sluiten. Als ze op pad was ging hij er nooit van uit dat ze weer terug zou komen, maar liet haar terugroepen door de koorts van zijn ziel, het koken van zijn bloed. Het was een winter van afwachten, van ingehouden adem.

En het werd mei. De sneeuw rotte weg onder de sparren buiten het fabriekshalraam en de rivier was hoog en vrij van ijs. En Joey en Scully zaten ver in het zuiden in Portsmouth aan de Atlantische kust, waar al iets van een voorseizoen op gang was gekomen. En Jamie vermande zichzelf en zei zijn stikmachine vaarwel. Nam dagelijks de trein naar Bethlehem, waar de grote hotels nog altijd hun luiken droegen en het gras van de gazons en golfbanen in dofbruine plukken onder de sneeuw vandaan was gekomen, maar waar ook alweer enkele hotelbazen kwartier hadden gemaakt, in kantoortjes in de kelders waar ze bij een hout- of kolenkachel hun boeken van het vorige seizoen doornamen, en rond het middaguur op de lege veranda's langs de hoofdstraat kwamen staan en naar het oosten tuurden om te zien hoe het smelten van de sneeuw op Mount Washington vorderde. En hij stelde vast dat sommigen van hen daar ook in de vooravond stonden, met een whiskey in hun hand, kijkend naar de witte top die dan roze kleurde in de kristalheldere hemel terwijl achter hun rug de zon achter de einder wegzakte. En op sommige van die avonden stonden ze daar zelfs al in hemdsmouwen. En het duurde niet lang of hij noemde hen allemaal bij de voornaam en kende de hoofdlijnen van hun persoonlijke en familiegeschiedenis. En toen op een vrijdagmiddag in midden juni de eerste zomergasten van de trein uit Boston stapten was Jamie de assistent-barbeheerder van het Sinclair, een positie die hem was toevertrouwd op basis van zijn onaflatende nabijheid.

En zijn winter van oud brood en harde kaas en groen uitgeslagen spek droeg zoete vruchten toen hij zijn opgespaarde geld kon neertellen voor de huur van een vrijstaand huisje met een leien dak en drie kamers, aan een zijstraat van Whitefield Road, iets benoorden het centrum van Bethlehem. Naar dat huisje leidde hij Joey toen ze terug was uit Portsmouth, met een zomers kleurtje van het strand, haar haar stug van de zilte wind. Die eerste nacht likte hij het zout van haar lichaam alsof hij in geen maanden iets hartigs had geproefd, Joey kronkelend onder zijn tong. Toen ze sliep lag hij op zijn elleboog naar haar te kijken. Hij was weer in de race. De opwelling om haar bij haar keel te pakken en tegen de muur te beuken duurde maar even. Hij liep het huis uit, de juninacht in, stond naakt op het jonge gras tussen de uitbottende iepen, waarvan de tere blaadjes een krachteloze maan gevangen hielden.

De zomer lachte hen weer toe en ditmaal zag hij het jaargetij zoals het werkelijk was: als een korte rustpauze in de jachtige sleur van alledag, voor hen die vakantie hielden én voor hen die in die vakantie voorzagen. Hij was van plan deze zomer dag voor dag te ontleden en een manier te vinden om zich er een rechtmatige plaats in te verwerven. Hij wilde geen hotelman worden, dat slag kende hij nu goed genoeg om te weten dat hij er niet tussen hoorde, maar iets anders. Iets wat dezelfde bevrediging zou bieden als die welke Joey en Scully uit hun roeping haalden. Hij twijfelde er niet aan dat dit mogelijk was. En hij was niet blind voor de tol die Scully had moeten betalen, maar geloofde niet dat hem eenzelfde lot kon treffen. Hij geloofde in geluk. Niet het banale geluk van onverwachte meevallers, maar in opgespoord geluk, gevonden in stoffige hoeken en gaten waar anderen vergaten te zoeken. Geluk dat verdiend was. En dat geluk diende zich die zomer aan in een onwaarschijnlijke gedaante.

Binter was een Boer. Of een Oekraïner, of een Pool. Jamie kwam er nooit achter en het kon hem niet schelen ook. Wat telde was Binters boerderij in de Eastonvallei, ten zuiden van Franconia, in de drassige graslanden van de Gale River. Een bedrijf met melkvee en schapen die hij liet grazen op de rotsige weiden die opklommen naar Sugar Hill. Vijf jaar voordien was zijn schaapskooi afgebrand en hij had een eindje verderop een nieuwe gebouwd en was de oude plek gaan gebruiken als verzamelkuil voor zijn wintermest. Zelfs bij de strengste januarivorst lag er een dampende hoop. In de verwoeste kelder had hij een kamer van bakstenen gemetseld, overdekt met de verkoolde balken van het oude hok. Een onderaards vertrek waar geen sterveling een vertrek zou verwachten. Er stond een distilleerketel in, compleet met spiraalbuis, en hij had nog zat ruimte over om te weken en te eesten en de wort in kleine vaatjes over te gieten en een maand of wat te laten staan tot hij hem uitgegist achtte. Bij het distilleren steeg de bleke stoom door de mest omhoog zodat er van buitenaf niets opmerkelijks was te zien. Gewoon een dampende hoop stront. Hij kocht fikse ladingen maïs om zijn melkvee te voeden en fikse ladingen aardappels uit Maine die een prima schapenvoer vormden, en van wat hij overhield stookte hij respectievelijk een soortement whiskey en iets wat nog het meest op wodka leek. Veel verschil was er niet tussen de beide dranken, ze waren eender van helderheid en smaak, maar die twee grondstoffen waren ook alleen maar bedoeld om geen argwaan te wekken. Hij bezat een flink aantal koeien en minstens zo veel schapen. Het kwam nooit bij hem op om dieren weg te doen. Hij sprak voortreffelijk, redelijk of in het geheel geen Engels, al naar gelang de situatie vereiste. Hij was een lange man met hangende schouders, dik haar en een snor die ooit blond was geweest maar wit was geworden en hij melkte zijn koeien in een pak met vest plus horlogeketting. Zijn schoenen waren met zaagsel en gedroogde mestspatten overdekt maar glansden niettemin. Zijn klantenkring bestond uit kennissen en verder voornamelijk houthakkers en houtvesters uit de buurt van de noordelijke meren in Connecticut. Aan ondernemingslust ontbrak het hem niet en hebzucht was hem evenmin vreemd, maar hij combineerde deze eigenschappen met de sluwe en nimmer wijkende voorzichtigheid van de immigrant. Jamie had hem die zomer driemaal moeten bezoeken eer hij Engels was gaan spreken. Jamie vond dat best. Hij had geduld. Hij wist alles al wat hij van deze man wilde weten.

Op een avond in juni maakte hij tegen melktijd zijn opwachting op Binters boerderij, net op het moment dat een jonge, pas melkgevende vaars een dwarse bui kreeg en niet meer verder wilde lopen op het pad naar de melkstallen. Binter negeerde Jamie zoals gebruikelijk, tot deze achter de koe kwam staan en haar staart op haar rug trok en zijn andere hand in haar nek legde en haar het hok binnenvoerde, waar hij haar de halsbeugel omdeed. Ze liet haar kop in de trog zakken en begon het overgebleven beslag op te slobberen. Binter hurkte naast haar neer en sloot zijn vuisten om de uiers en de stralen melk spoten met een hoge ping tegen de zijkant van de zinken emmer. Hij liet zijn wang tegen haar flank rusten en sloeg zijn ogen op naar Jamie. En Jamie schonk hem voor het eerst een glimlach, in de wetenschap dat hij het pleit gewonnen had. Nu hoefde hij alleen nog maar af te wachten. Na een poosje keek Binter omlaag in de emmer die langzaam vol raakte en nu een laag geklater voortbracht. Zijn handen waren op de voorste spenen overgegaan en trokken langzamer. Toen hij klaar was keek hij weer naar Jamie op. Hij had een groeiseltje op de punt van zijn neus. Hij kwam overeind, stapte over de goot en zette de emmer op het pad. Draaide zich om en spuugde een fluim in de goot en keek weer naar Jamie en knikte.

'Boter bij de vis. Eenmaal per week, niet vaker. Tegen melktijd, in de ochtends of de avond. Maar nooit op zondag. Als je het gebotteld wil, moet je zelf je flessen meenemen. Maar jij hebt een automobiel, dus je zal wel vaten willen hebben. Kun je zelf bottelen en breng je die vaten maar weer terug. Zo weet je ook zeker dat je nooit te weinig meeneemt. Want ik meen het...' Hij hief een vermanende vinger op. 'Nooit vaker dan eenmaal per week.'

'Heb ik al over nagedacht,' zei Jamie. 'Geef me een paar weken en dan heb ik het zo afgestemd dat ik je maar eens in de twee, drie weken hoef lastig te vallen. Da's beter voor ons allebei.'

Zijn baantje in het Sinclair beviel hem goed. Elke middag de zwarte pantalon en het gestreven witte hemd met nieuwe manchetten en een nieuwe boord en het gebrocheerde zijden gilet met paisleymotief in donkergoud op zwart en het rugpand van jadegroen. Het hing allemaal klaar in het kantoor achter de bar, zo van de wasserij, warm soms nog als hij het aantrok. Hij was behendig met de ijspriem en het hamertje, sprak ontspannen met de gasten terwijl zijn handen hun eigen gang leken te gaan en het glas met ijsschilfers gevuld raakte. Hij praatte honderduit en wreef ondertussen quasi-achteloos zijn vingerafdrukken van de zilveren spuitwaterflacon en de hooggehalsde flessen tot ze weer volmaakte spiegelbeelden boden van de gaslampen in de bar, de enige verlichting van het hotel die nog niet door elektriciteit gevoed werd. Hij was vaardig met lucifers, keek heimelijk toe als de gast een sigaar of sigaret te voorschijn haalde en was precies op tijd met het vuurtje, zijn vrije hand beschermend om de lucifer heen als waaide er een briesje in de bar. Hij vergat nooit een naam, zelfs niet als er drie of vier dagen tussen de eerste ontmoeting en de tweede lagen. Maar kwam hij een gast buiten tegen, op de veranda of kuierend door de hoofdstraat, dan zei hij niets, knikte hooguit, en ook dat pas als de ogen van zo'n man de zijne zochten. Want hij besefte dat de bar voor sommige heren het heilige der heiligen was. Dat sommigen de bar als een toevluchtsoord zagen, een plaats om even te ontkomen aan de genietingen van de welverdiende vakantie met hun beminde gezin. Dat het leven van sommige heren zo gecompliceerd was dat hun gezin tot een beslommering was geworden. Hun fooien waren er dan ook naar. En zijn naam was in de eerste zomer al regelmatig opgedoken in het logboek waarin vertrekkende gasten hun opmerkingen kwijt konden. Telkens als op zo'n gunstige vermelding gewezen werd, haalde hij bescheiden zijn schouders op, maar soms kreeg hij 's avonds laat, na het sluiten van de bar, de aanvechting om door het gastenboek te bladeren, op zoek te gaan naar zijn naam. En dan vormden die vlekkerige krabbels een bevestiging van zijn aanwezigheid, ze verwoordelden hem, gaven hem het gevoel dat hij op zijn plaats was, een gevoel dat zijn eigen ogen en hart hem nooit konden schenken. En dan verfoeide hij zichzelf om zijn nieuwsgierigheid.

De barbeheerder was een Schot met de naam Oliphant en roodgouden kortgeknipte krullen die bij zijn slapen grijs begonnen te worden, een gedrongen man die maar tot Jamies schouder reikte, met ogen die Jamie doorlopend in de gaten schenen te houden. Jamie mocht hem wel. Op een dag schoof Oliphant hem een papiertje toe met de naam van een drukker in Concord, en Jamie gebruikte zijn vrije dag om de trein naar het zuiden te pakken en etiketten te bestellen. De flessen liet hij rechtstreeks van een glasfabriek in het westen van de staat New York komen. De stilzwijgende afspraak was dat hij geen handel zou drijven in het Sinclair zelf. Hij verdunde het aardappeldistillaat voor drie kwart en liet het daarna drie weken in mandflessen staan, met daarin een handvol jeneverbesnaalden in kaasdoek gewikkeld, om het ten slotte af te gieten in flessen die hij van een ginetiket voorzag. De maïsdrank bottelde hij onverdund, gekleurd met karamelsuiker, als Schotse whisky. De etiketten waren geen kopieën van bestaande merken maar zagen er echt genoeg uit. Hij verkocht alleen aan mannen die hij kende, en alleen per krat; hij verkocht nooit direct aan een gast van zijn hotel of van welk hotel ook, alleen aan receptionisten, maîtres d'hôtel, hoofdkelners, kappers en stalknechten. Hij verkocht aan de clandestiene nachtkroegen. In die eerste zomer wilde hij niet verkopen aan mannen uit de buurt als die niets met een hotel te maken hadden, maar in de loop van de daaropvolgende winter breidde hij langzaam uit en kwam daarbij in contact met Wells en Terry. Broers qua karakter en qua bouw maar geen bloedverwanten. Bebaarde en gespierde kerels allebei, zij het ietwat verslapt nu ze niet langer in het bos werkten, al hadden ze nog wel het hele jaar door de geur van houtrook en spekvet aan hun kleren hangen. Sterke gele tanden met zwarte bederfranden. Terry was de grootste van de twee; Wells was het opvliegendst, druistig alsof hij dag en nacht een bos distels onder zijn hemd droeg. Ze bestreken een fiks deel van het noorden, van Island Pond in Vermont tot Millinocket in Maine, bedienden er de houthakkerskampen en fabrieksstadjes en kwamen eenmaal per maand of zes weken door Bethlehem met hun zware wagen getrokken door zes voskleurige Belgische ruinen. Jamie vertrouwde hen. Ze wisten precies wat ze deden en ze deden het stilletjes, zonder misbaar of opschepperij. Jamie had een hekel aan uitslovers.

In de zomer van 1909 waren ze vijf jaar in Bethlehem en had hun leven een patroon van tevredenheid en succes aangenomen. Hij was nu zelf barbeheerder. En daarnaast had hij zijn handeltje in sterkedrank. De plaatselijke politie behoorde tot zijn klantenkring, de staatspolitie ook. De federale agenten zaten verder naar het noorden en het was hem te veel moeite om helemaal de kant van Canada op te trekken om drank te slijten. Hij kwam zo ook wel rond. Met Binter was hij nu dikke maatjes. Hij nam alles af wat de oude boer hem leveren kon. In de winter had hij een T-model Ford gekocht, zo van de lopende band, en in het jaar daarvoor een huisje bij de rivier, omringd door lariksen en met zeven hectare grond, een schapenwei en achter de stal met het doorgezakte dak nog een weiland dat was volgegroeid met elzen en populieren en jonge berken en doornstruiken. In die stal stonden zijn kratten met drank onder een hooistapel, plus een span vospaarden, temperamentvolle dravers, een slee voor de wintermaanden waarin je met die Ford geen kant op kon, en een hoogwielig rijtuig voor de weken waarin de vorst uit de grond trok. In de voormiddagen, die zijn ochtenden waren, stond hij zich voor de spiegel te scheren en zichzelf voor te houden dat hij maar een klein mannetje was. Bij lange na geen Diamond

Jim. Hij deed dat altijd graag. Het was waar en tegelijk ook een grapje. Hij was nog maar net begonnen. Hij was gezond, sterk en gelukkig. Er viel nog veel te bereiken. Hij was vijfentwintig jaar oud.

Een avond aan het eind van juli. De Ford snorde lustig over de met esdoorns omzoomde weg die zachtjes omhoogglooide naar het stadje. Langs de noordzijde van de weg was het terrein van het Maplewood al begonnen: de greens en de course met zijn bunkers en roughs. Hij droeg een bestuurdersjas, leren handschoenen en een kleppet met stofbril. Naast hem zat Joey in een tot haar hals toe dichtgeknoopte duster die tot over haar schoenen viel. Haar haar ging schuil onder de wijdgerande hoed die ze met een gazen sjaal onder haar kin had gebonden. Aan haar voeten een schoudertas met haar badjas, slippers en kostuums. Hij draaide de lange oprijlaan van het Maplewood in, en de weg op die in een bocht om het hotel naar het casino voerde. Het was nog vroeg.

'Ik sterf het af in die tent.' Haar wangen en neus waren bedekt met asgrijs stof. Het was haar vaste opmerking op zwoele zomeravonden als deze.

'Er schijnt onweer aan te komen. Dat zal de boel wel afkoelen.' In het oosten stak de kroon van Mount Washington leikleurig af tegen een woeling van donderwolken. Bliksems die af en toe als gouddraad door het donker schoten. Het was nog te ver weg om hoorbaar te zijn. De avondzon scheen hen in het gezicht.

'Als het dan toch moet onweren, waarom begint het dan niet eerder? Op avonden als deze blijven ze allemaal tot het donker buiten. Wandelen, golfspelen, tennissen, en daarna wil de helft alleen nog maar eten en een bad en naar bed.'

'Da's waar,' zei hij met een knikje. 'Maar ach, er blijven er nog genoeg over. Het is nooit stil in deze tijd van het jaar.'

Ze zweeg. Er wandelden allerlei mensen langs de kant van de weg. In groepjes, in koppels en soms alleen. Ieder met de bestudeerde kalmte van een hotelgast die te welgedaan was om op te kijken als er een auto langsreed.

Hij wist wat er in haar omging. Ze werkte nu met het hotelorkest. Twee avonden hier, dan een in het danspaleis van Fabyan, eentje in het Mount Washington, soms in het Profile House in de vallei die de Franconia Notch werd genoemd. Later, als de ballrooms sloten, had ze de vrijheid om naar de kleine nachtclubs te gaan waar hij haar altijd aantrof. Zonder orkest. Alleen met haar pianist, en af en toe een muzikant uit het orkest, die met haar meekwam om nog wat bij te verdienen. Een of andere kornetspeler. En hoe vol haar agenda ook was, het verlangen was niet minder groot om het publiek tot de laatste man voor zich te winnen, elke avond weer, waar ze ook optrad, ongeacht het tijdstip. Het was de onverzadigbaarheid van haar talent, dacht Jamie. Het was maar drieënhalve maand per jaar, uitgerekt tot vier maanden in een goed jaar, dat ze een publiek had dat haar waardig was. Een publiek waarvoor ze zich bewijzen kon. De rest van het jaar was routinewerk. Maar nu kon ze tot haar recht komen als een zeldzaam wezen in het schijnsel van de voetlichten en die enkele spot als het toneellicht doofde. Een rijzige gestalte in fluweel of satijn, of later in de nacht niets dan verstilde rondingen op een kruk of sluipend als een kat over een klein podium. Haar ogen argeloos en geloken, vol van leven maar zedig neergeslagen, om dan plotseling op te vlammen en die ene man te zoeken, een tafel of vijf verderop, die nog niet voor haar gevallen was. Die haar stem alleraardigst vond maar niet uitzonderlijk, net iets te gekunsteld, iets te banaal, niet de stem van een ware grootheid. Op die man liet ze haar opgeslagen ogen dan neerdalen, gaf hem een enkel regeltje of een half refrein en sloeg ze weer neer en hij was voor de bijl. Jamie wist precies hoe ze te werk ging.

Ze reden het hotel voorbij en zagen de spitse toren van het casino opdoemen. Hij schakelde naar een lagere versnelling, de Ford gaf een droge knal en minderde vaart. De lucht om hen heen werd stil, vrij van stof. Joey trok de sjaal alvast los. Ze stopten voor het casino. Hij was luchtig en vrolijk, opgetogen met heel de nacht nog voor zich. 'Daar gaan we weer,' zei hij. 'Alweer een nacht om ze gelukkig te maken en hun zakken te legen. God, wat hou ik toch van die mensen.'

Ze stapte uit en ontdeed zich van de duster, vouwde hem op en legde hem op de vloer van de auto, zette haar hoed af en legde die erbovenop. Pakte de tas, zette hem op het gras achter zich en sloeg haar jurk af. Donkerpaars satijn, de kleur van een maanbeschenen middernacht. Haar laarzen bloedrood zadelleer. Haar blik dwaalde naar de tennisbanen. 'Schei toch uit,' zei ze. 'Je hebt de pest aan ze. Stuk voor stuk.'

Hij kon haar amper verstaan en zette de motor af. Het is weer zover, dacht hij. 'Ik zou met geen van allen willen ruilen,' zei hij. 'Maar dat wil niet zeggen dat ik een hekel aan ze heb. Niet meer dan aan andere mensen, tenminste.' Grijnsde haar toe.

Ze pakte haar tas op en draaide zich weer naar hem om. Een groepje gasten liep de auto voorbij. Hij voelde hen kijken en genoot. Ze zei: 'Het is niet nodig dat je elke nacht zo laat opblijft om me te kunnen ophalen, hoor. Ik kan ook wel een lift krijgen.'

'Dat geloof ik graag. Die kornetspeler zou niets liever willen, denk ik. Maar weet je, volgens mij raakt hij gegarandeerd de weg kwijt.'

Ze hield haar ogen op hem gericht. 'Ik weet de weg wel.'

'En of jij de weg weet. Daar zit ik nog het meest over in.'

'Het is gewoon een muzikant. Meer pik dan hersens. En over mij hoef je heus niet in te zitten. Ik voel me een beetje onvrij, da's alles. Aan banden gelegd. Het is niet dat ik het niet leuk vind om je daar te zien zitten, maar af en toe zou ik het weleens helemaal alleen willen doen.'

Hij knikte. 'Begrijp ik best.' Wist dat ze nu allebei logen. 'Goed, dan laat ik je van nu af aan met rust.'

'Ik heb niet gezegd dat je nu maar gelijk een meid van de wasserij kunt gaan naaien.'

'Nee, dat weet ik. Maar voor de zekerheid: zo bedoelde je het toch ook niet?'

'Sol niet met me, Jamie. Je weet heel goed wat ik bedoel.'

Hij stapte uit, liep naar de voorkant van de auto en stak de slinger in het gat. Keek naar haar op. 'Ik doe niks met jou dat je me niet wilt laten doen.'

Ze draaide zich met een ruk om, de tas sloeg tegen haar heup en de paarse jurk trok strak rond haar lichaam. Ze liep weg en zei, zonder nog om te kijken: 'Doe geen stomme dingen.'

Hij draaide de slinger tot het vliegwiel klikte. Deed een stap terug, gaf een klap op de slinger en trok zijn hand weg. De motor sloeg aan en de slinger kwam tot stilstand. Die eerste zwiep kon je een gebroken arm opleveren. Hij stapte weer in, drukte de gashandel omhoog en reed om het casino heen. Het stof warrelde hoog op in de roerloze lucht en gasten sprongen haastig uit de weg. De onweersbui bleef boven de Washington hangen en het zag er niet naar uit dat het die avond nog ging regenen. Of anders pas laat, de nacht oranje en groen, purper en blauw door het weerlicht. Daar hield hij van, zulke buien. Geschift misschien wel, dacht hij bij zichzelf, maar stom ben ik om de dooie dood niet.

In het Sinclair sprak hij even met zijn barkeepers, ging in het kantoor zitten een schreef een bon uit om bier te bestellen, en nog een voor sigaren en sigaretten. Las de aantekeningen in het schrift dat door het barpersoneel werd bijgehouden. Keek op het dienstrooster. Liep naar het uiteinde van de tapkast en ging daar tegenaan staan leunen tot de kelner voorbijkwam op wie hij wachtte, een man die ouder was dan hijzelf, met grote zweetovalen onder zijn hemdsmouwen, zijn dienblad nat van het bierschuim. Lege glazen.

'Goedenavond, meneer Pelham.'

Jamie knikte. 'Henley.' En toen: 'Probleempje, gisteravond?'

Henley had rode flaporen. Net stoplichten. 'Nee, hoor. Hoewel, ik heb iemand moeten vragen te vertrekken.'

'Vertrekken,' herhaalde Jamie.

'Ja. Stomdronken en heel vervelend. Hij vond het bier niet lekker, de sigaren waren niet goed, de whiskey was pet. Niks deugde. Zat daar achterin, in z'n eentje. Ik kon zien dat de andere gasten zich aan hem stoorden. En hij gooide een glas bier over me heen.'

'Werkelijk?'

Henley knikte. 'Was uilenzeik volgens hem. Hij vroeg hoe ik het vond ruiken.'

'En?'

'Dus ik verzocht hem te gaan.'

Jamie boog zijn hoofd in de richting van de barkeepers. 'Heb je Jake of Stanley er nog bijgehaald?'

'Nee, dat leek me niet nodig.'

Jamie knikte. 'Dus je vroeg hem te gaan.'

'Ja.'

'En, ging hij?'

Henleys tong gleed langs zijn lippen. Hij hield het blad nog steeds naast zich omhoog. Zijn arm begon te trillen van de inspanning. 'Ja, al moest ik hem wel een handje helpen.'

Jamie knikte opnieuw, keek hem belangstellend aan. 'Hoe?'

'Pardon?'

'Hoe heb je hem geholpen?'

'Ik heb hem bij een arm gepakt.'

'En toen vertrok hij?'

'Hij wilde knokken. Rukte zich los en hief zijn vuisten naar me op.'

Jamie glimlachte. 'Je meent het.'

Henley glimlachte terug. 'Ja, echt.'

'En toen? Je ziet er niet erg gehavend uit.'

'Ik zei dat als-ie één vinger naar me uitstak, dat ik hem dwars door de vloer zou slaan.'

'Ja? Heb je dat echt zo gezegd?'

'Reken maar.'

'En toen ging hij alsnog?'

'Hij pakte zijn hoed op van de tafel, de rand was helemaal nat van het bier, en zei dat ik nog wel een trap voor mijn testikels kon verwachten. Maar hij ging wel.'

'Testikels? Zei hij dat echt zo?'

'Nou, hij zei kloten. Maar ik wou het netjes houden.' Henleys blik dwaalde weg.

'Ik wou dat je het gisteravond netjes had gehouden. Meneer Arthur Shipley uit Schenectady, New York. Hij is hier met zijn vrouw, twee tienerdochters en een jonger zoontje. Arthur junior, geloof ik. Plus twee dienstboden. Drie kamers, twee badkamers, plus het onderkomen voor de dienstboden. Voor de hele maand juli. Dit zou zijn derde achtereenvolgende jaar zijn geweest. Hij houdt van golf, maar logeert hier in plaats van het Maplewood omdat zijn vrouw dol is op de bloementuin en het uitzicht vanaf de achterveranda. Zet dat blad neer voor je het laat vallen. Wacht hier maar even, dan reken ik je loon uit voor de maand tot dusver. Duurt hooguit een minuut of twee, en dan zal ik je door Stanley uit de kassa laten uitbetalen.'

'Meneer Pelham...'

Jamie nam hem het dienblad af en zette het op de tap. Legde zijn rechterwijsvinger op Henleys borst. 'Als die man op tafel was geklommen om je in je smoel te pissen, had je de rest van de avond vrij moeten nemen. Lekker in bad en dan naar je kamer. Had je Jake of Stanley nog om een fles whiskey mogen vragen voor de schrik. Dat had ik normaal gevonden. Dit niet. Dus wacht hier maar even en dan wil ik je nooit meer zien.' Hij trok zijn wijsvinger een eindje terug, kromde hem en gaf Henley een venijnig klopje op zijn borstbeen.

In het kantoor herschreef hij het rooster voor de volgende twee weken, onderstreepte de veranderingen met het rode potlood dat zijn personeel als een waarschuwing had leren kennen. Schreef een briefje aan de boekhouder, met het verzoek Henleys resterende salaris naar de kassa van de bar over te maken. Rolde peinzend het potlood heen en weer over het vloeiblad, mompelde 'wat kan mij het ook verrotten' en ontsloot de onderste bureaulade om zichzelf iets in te schenken. Trok de staande telefoon op het vloeiblad, nam er de luisterhoorn af en boog zich naar de spreekhoorn, vroeg de telefoniste om het Maplewood en wachtte op de verbinding, vroeg de telefoniste van het Maplewood om het casino en wachtte opnieuw. Gurnsey kwam aan de lijn, zijn tegenhanger in het casino. Beide mannen staken elkaar de loef af. Gurnsey werkte bij het beste hotel. Aanzien. Jamie had zijn handeltje. Onafhankelijkheid. Zodat ze al met al tegen elkaar opwogen, en er was een zekere intimiteit tussen hen gegroeid, door wederzijds respect en gezamenlijke afzondering. De een was wat de ander niet was en verder was er niemand zoals zij. Wat niet wilde zeggen dat ze elkaar mochten.

'Eric, is het bij jullie ook zo rustig?' Onder de oceanische ruis op de lijn kon hij het geroezemoes van een volle zaal horen, en daarachter de klanken van het orkest. Drukte het oorstuk tegen zich aan en probeerde een zingende vrouwenstem te ontwaren.

'Godver, nou. Een kerkhof. Ik denk er maar liever niet aan dat het al eind juli is. Dit seizoen wordt niks meer, als je 't mij vraagt. Ik durf niet eens meer in het reserveringenboek te kijken. En dan loopt mijn personeel ook nog voortdurend weg.'

'Als er binnenkort ene Henley komt solliciteren, niet aannemen.'

'Heb ik vorig jaar gehad. Geen pottenbreker. Maar goed, waar bel je voor? Moet ik een krat van het een of ander sturen?'

Jamie rolde het potlood heen en weer. 'Nee. Nee, ik heb niks nodig.' Viel stil.

'Wat is er, Pelham?'

Hij streek met zijn tong langs zijn lippen, herinnerde zich dat Henley dat ook had gedaan. Zei bijna dat er niets was, maar zijn behoefte om het te weten was groter dan zijn trots. Zijn stem daalde een octaaf. 'Wie is het deze keer, Eric? Die kornetspeler?'

Opnieuw een stilte, ditmaal aan de andere kant van de lijn. Geruis en geknetter. Het geluid van een grotere afstand dan die paar mijl. Gurnsey zei: 'Die kornettist is nog maar een jongetje, Pelham. Grote hunkerende ogen en een debiele grijns op zijn gezicht. Hij heeft het zwaar te pakken maar hij maakt geen schijn van kans. Niks aan de hand. Hou in godsnaam je handen thuis. Die andere jongen, vorig jaar herfst, kon amper nog lopen. Je weet toch ook hoe moeilijk het is om die lui onder contract te krijgen?'

'Ik heb die jongen toen met geen vinger aangeraakt, alleen maar met hem gesproken.'

'Jamie...'

'Ik zweer het je.'

'Kijk er toch eens wat nuchterder tegenaan, man, dan kon je er misschien nog wel om lachen ook. Zoals ze die kerels om haar vinger windt, niet te geloven. Jezus, Jamie, het is haar werk. Zo af en toe wordt er eens eentje verkikkerd, daar moet je mee leren leven. Dat hoort er gewoon bij, en dat weet zij ook.'

Jamie zat te knikken. Leunde verder voorover naar het mondstuk en trok tegelijk de onderste la open. Zette de fles op zijn bureau. Zijn eigen etiket, maar dat kon hem deze avond niet vrolijk stemmen. Hij zei: 'Je neemt mij niet in de maling, Gurnsey. Het gaat niet om een of andere melkmuil in dat orkest. Ze is iemand aan het bewerken, en dat weet jij net zo goed als ik. Ik begrijp ook wel dat dat erbij hoort, en ik kom heus niet schuimbekkend bij je binnenvallen. Maar ik wil weten wat er gaande is. Het is een vrouw, en we weten allebei hoe ze is. Ze vertelt me alleen wat ze kwijt wil, en als ik iets in de gaten krijg en wat laat merken, kijkt ze me aan alsof ik in mijn broek heb geschreten. Het is haar werk om honderd kerels per week de vernieling in te helpen. Best. Maar als er eentje aan haar blijft plakken, wil ik weten wat er speelt. Is dat zo erg? Goeie collega's houden elkaar op de hoogte, Gurnsey.'

'Maar in dit geval kan ik je niet helpen, vrees ik.'

'Ja ja, ik snap het wel. Het is een rijke patser, dat spreekt vanzelf. Dikke fooien. Als zij wat in hem ziet, zul jij ook wel een stijve van hem krijgen.'

'Het is jouw mokkel. Het is jouw zaak om te weten wat er speelt. Je bent een aardige jongen, Pelham, maar niet aardig genoeg om iedereen met je sores op te zadelen. Zo aardig is niemand, dat zou je moeten begrijpen.'

'Je hebt volkomen gelijk, Eric. Ik ben te ver gegaan, neem me niet kwalijk. Maar nu sta ik voor een dilemma. Ik kan het erbij laten zitten of ik kan in mijn auto stappen en zelf een kijkje komen nemen. Eigenlijk wil ik dat geen van beide. Ik wil alleen maar weten wie het is. Gewoon, dat ik op de hoogte ben. En dat zou jij weer moeten begrijpen.'

'Wat ben je toch een klootzak, Pelham.'

'Ja, vreselijk. Ik weet het.'

'Geloof me nou...'

'Lul niet, Eric.'

Weer een stilte. Een langdurige nu. Jamie trok de kurk van de fles en ging rechtop zitten voor een teug, het oorstuk nog steeds tegen zijn hoofd gedrukt, wachtend. Het was bocht, maar hij dronk het omdat het zijn bocht was. Hij had het gevoel dat als hij ophield het te drinken, hij ook zou ophouden het te verkopen. Het geroezemoes op de lijn verstomde. Hij dacht even dat Gurnsey had opgehangen, maar begreep dat hij zijn hand op het mondstuk had gelegd. Geen goed teken. Hij wachtte. Was het geen goed teken? Daar was Gurnsey weer.

'Het is een handelaar in jachtbenodigdheden, uit Providence. Hij is hier voor twee weken en dit is het eind van zijn eerste week. Zijn vrouw en kinderen schijnen aan de kust te zitten. De Cape. Dus het is gewoon een eenzame ouwe kerel. Niks om je druk om te maken. Ze doet gewoon haar werk.'

'Hoe heet-ie?'

'Weet ik niet.'

'Schei nou toch uit, Eric. Ik kom heus geen stennis maken. Maar ik laat me ook niet in de maling nemen.'

Weer een stilte, maar het rumoer bleef. En dan Gurnseys stem, zuchtend: 'Sloane.'

'Een jood?'

'Hier? Kom op, zeg.'

'Sloane.' Zette de fles weer aan zijn lippen. 'Hoe ziet-ie eruit?'

Gurnsey zuchtte opnieuw. 'Als een ouwe vent. Laat toch zitten, Pelham. Het heeft niks om het lijf.'

'Hoe ziet-ie eruit?'

'Heb jij enig idee hoeveel mensen jou met liefde een kogel door je kop zouden jagen?'

'Lik me reet, Eric. Hoe ziet-ie eruit?'

Stilte. 'Hij is vijftig, vijfenvijftig. Beetje kaal, maar nog goed fit. Mooie kleren, goeie manieren. Zoals ik zei, hij doet in jachtartikelen. Wandelt veel. Hij heeft een koffer met geweren bij zich, heeft een caddie gehuurd om kleiduiven voor hem te werpen. Elke dag, in de vooravond. Als de caddie snel genoeg gooit, schiet-ie moeiteloos een dubbel. Vissen doet-ie ook, 's ochtends. En 's avonds drinkt-ie, maar hij is niet het type dat er zijn eten voor laat staan. Zo genoeg?'

'Ik denk het wel, ja.'

'Jamie?'
'Zeg het maar.'
'Het is gewoon haar werk.'
'Weet ik.'

Weer een stilte. En Gurnsey zei: 'Als ik wat kan doen.' Het was geen vraag, en niet echt een aanbod.

'Niks, Eric. Helemaal niks.'
'Het gaat weer voorbij, Jamie. Het is maar een spelletje.'

Hij ging niet naar huis. Hij ging haar niet zoeken. Toen de bar om halfdrie sloot slingerde hij zijn Ford aan en reed de berg over naar Franconia en vandaar de vallei in. In het Profile House trof hij een serveerster wier dienst er net op zat. Ze reden de paar mijl naar Echo Lake, waar ze op het zandstrand gingen zitten en uit de fles dronken die hij van vanonder de tapkast had meegenomen. Voor doorvoer bestemde whisky, uit een transitoloods gesmokkeld. Waarna ze achterover gingen liggen en naar de sterren keken die voorbijtrokken in het driehoekige stuk nachthemel tussen de bergtoppen. Spraken over het verschijnsel dat mannen en vrouwen elkaar altijd maar weer pijn deden, en hoe het eigenlijk zou moeten zijn. En daarna, ondanks de kilte, trokken ze hun kleren uit en zwommen wat rond in het meer. Toen ze het water uitkwamen nam hij haar in zijn armen en tilde haar op, droeg haar naar de picknicktafel en zette haar op de rand neer, nam haar enkels in zijn handen en spreidde haar benen en drong naar binnen terwijl zij nee zei, en stond te stoten met zijn gezicht naar de hemel opgeheven en toen haar armen en benen zich om hem sloten en haar stem van woorden op andere geluiden overging deed het er niet meer toe. Hij nam haar hoofd in zijn handen en noemde haar lieverd en schatje en meisje van me en kwam in haar, en zij kwam van de tafel omhoog toen hij kwam. Zijn handen gleden onder haar billen en zo droeg hij haar over het strand, het zachte zand strelend onder zijn voeten. Een nachtvogel riep iets aan de andere kant van het meer. In de heuvels blafte een vos. De sterren waren stil. In het oosten gloorde de dageraad. Bleek, vrijwel zonder kleur. Hij stond en keek naar haar terwijl ze zich aankleedde. Ze was stuntelig in het mulle zand. Wiebelend op haar ene voet en dan op de andere. Hij stak een sigaret op. Ze was langzaam en hij had het koud.

Joey was niet thuis. De zon was al op geweest toen hij over de berg tussen Franconia en Bethlehem reed, nadat hij het meisje, Alice heette ze, naar haar kamer achter het Profile House had gebracht. Ze was huilerig geweest, en hij te moe om nog iets anders te doen dan de auto op de weg te houden. Had van haar af gewild. Snapte niet wat er te huilen viel. Voor ze uitstapte had hij haar nog even vastgehouden, op haar schouder geklopt, zich afgevraagd of iemand hen bespiedde. En toen de berg over, met de opkomende zon vlijmend door zijn ogen naar de achterkant van zijn hoofd. Om Bethlehem heen naar de rivier, de dichte nevel binnen die hem omwikkelde als een verband. En Joey was er niet. Hij had zich voorbereid op haar aanblik, slapend in bed, of anders nog op met haar kleren aan, bloeddoorlopen ogen en haar gezicht verstikt van woede. In de keuken zag hij hun ontbijtborden van de vorige avond nog in de gootsteen liggen. Geen teken dat ze thuis was geweest, en toch had hij het gevoel dat ze gekomen en gegaan was. Hij liep door het huis en alles leek aanwezig, op de plaats waar het hoorde. Het enige wat weg was waren de dingen die ze de vorige avond had meegenomen. Hij was te moe om de haard aan te maken, goot de koffie van een dag oud in een kopje dat hij verder aanvulde met whiskey, ging op de stoep van de voordeur zitten, luisterde naar de mist die van de bomen drupte. Zijn nek deed pijn alsof hij met een ijzeren staaf was geslagen. Hij dronk het kopje leeg, liep naar binnen, kleedde zich uit en waste zich met het koude water uit een teiltje. Zijn vingers bleven ondanks de zeep naar tabak en seks ruiken, alsof die geuren vanuit zijn huid kwamen. Hij ging naar bed.

Ze kwam vroeg in de middag binnen. Het huis rook geschroeid, een vaag aroma van muizenkeutels en dode vliegen. Ze had maar een paar uurtjes geslapen, maar was rusteloos in plaats van moe. Ze wierp een blik in de slaapkamer en zag hem daar op zijn zij liggen, zijn knieën opgetrokken en zijn handen ertussen, als een klein jongetje. Zijn onderlip uitgezakt, een donkere kwijlvlek op het kussensloop. Ze keek naar zijn kleren op de vloer en kreeg de neiging om zijn broek te pakken en aan het kruis te ruiken. Deed het niet. Er was niets wat ze wilde weten. Ze legde een vuur aan, zette koffie en kleedde zich uit. Haar kleren waren stijf en gekreukeld. Ze had erin geslapen. Ze nam een van zijn hemden uit de wasmand en met dat aan pakte ze haar koffie en liep ermee naar de rivier. Ze ging op een rots zitten, trok het hemd uit en dronk haar koffie terwijl haar lichaam beurtelings warm en koud werd onder de voorbijtrekkende wolken. Haar handen beefden. Kwam door de koffie, dacht ze.
 Haar leven leek aan scherven te liggen. Niet dat ze iets anders verwacht had. Alles wat ze ooit had meegemaakt had haar geleerd dit te verwachten. Maar wat waren die scherven dun. Veel te broos en klein om te kunnen oppakken. Water eeuwig stromend langs de ingesleten rand van de rots. Ze zag zichzelf voor zich, over tien jaar, vijftien misschien, haar stem nog maar een schim van wat hij was geweest, haar lichaam week en dik, ergens zitten, altijd ergens zitten, wachten op de nacht, en die spaarzame momenten waarop haar oude zelf voor even uit haar oprees en ze een muf zaaltje kon bespelen, en dan weer zitten wachten, drinken. Over een jaar of vijf

zou de hoop op haar redder definitief doven, op die ene man die haar hoorde en meenam naar New York of Boston. Ze was goed, maar niet zo goed. Ze was goed voor waar ze nu was. En voor nu. En hoe lang duurde nu? Vandaag. Morgen als ze geluk had. Haar moeder was daar op een onaangename manier achter gekomen. Joey wilde zulke onaangename manieren hoe dan ook mijden. De vraag was alleen: wat was het alternatief? Een of andere kerel vertrouwen? Ze spuugde in het water, maar zag haar speeksel neerkomen noch zinken noch in het water oplossen. Het was alleen maar weg. De wolken trokken voor de zon vandaan en ze kreeg het warm. Ze had er het beste van gemaakt, maar dat was dan ook alles wat ze had. Mannen kon je naar je hand zetten, maar niet voor altijd. Ze wist niet voor hoe lang. Geen idee. Hoe lukte het die keurige echtgenotes? Misschien veranderden mannen wel. Misschien pasten ze zich aan. Misschien leerden ze beter liegen. Misschien hielden ze van hun vrouw en kinderen en bleven toch gewoon een man. En misschien begrepen die vrouwen dat wel, konden ze het vergeven. Ze wist het niet. Ze kon het huis zien, aan de andere kant van de schapenwei en door de naaldbomen. Ze wist niet wie het was die daar lag te slapen. De middagwolken hadden zich verdikt, de aanbeelden dreven lager, de kolommen reikten hoger. Tegen etenstijd zou de bui losbarsten. Ze had nog een uur, hooguit twee. Ze liet zich van de rots in het koude water glijden en zwom daar, snel op en neer tegen de stroming in, dook telkens onder om haar lichaam helemaal met water te omgeven. Ze klauterde de rots weer op en stond er te huiveren in de zonneschijn. Voelde zich zo stevig en kwiek en jong als ze ooit geweest was, ooit weer zou zijn. Ze stond op de steen om warm te worden maar werd dat niet en boog zich ten slotte om het hemd op te rapen en in haar hand mee naar het huis te nemen, liep naakt door de wei en tussen de lariksen door terwijl het water snel van haar af dampte, kippenvel, haar vlees opgericht. Haar voetstap licht op de afgevallen naalden.

Ze hoorde hem voor ze hem zag. *Tak*. Dan even niets en daar klonk het weer. Toen bereikte ze de rand van de bomen. Hij stond zijwaarts, met zijn rug naar haar toe, met alleen zijn broek aan, blootsvoets en een bloot bovenlichaam. Hij had een emmer golfballen en een driver en sloeg de ballen een voor een in een hoog zeilende bocht uit zicht in het kreupelhout achter de stal. Hij speelde geen golf, maar kocht ballen per emmer van de caddies van het Maplewood en ging van tijd tot tijd buiten staan met die oude houten golfclub die hij ergens gevonden had, om de ene bal na de andere het bos in te meppen tot de emmer leeg was. Ze bleef achter hem staan en keek toe. De draai van zijn rug als hij de bal wegsloeg en zijn armen doorzwaaiden met de driver boven zijn hoofd, het was een prachtig gezicht. Zijn lichaam was niet meer de jongen die ze vijf jaar eerder had leren kennen, niet zozeer veranderd als bekrachtigd, spieren als kabels, strak en slank.

Zijn beenderen en ledematen sierlijk als uit hout gesneden. Ze vermoedde dat hij er over twintig, dertig jaar nog net zo uit zou zien. Ze trok het hemd aan en toen hij zich naar de emmer bukte stapte ze tussen de bomen vandaan, de kleine plek van zonlicht binnen waar hij haar zag en even stokte maar de bal alsnog op de tee legde en ver het bos in dreef. Keek hem na, zijn hoofd achterover. Liet de club vallen en liep naar de stoep en pakte zijn sigaretten en stak er een aan. De rook warrelde zijn neus uit.

'Waar heb jij verdomme uitgchangen?'

Ze schokschouderde zwakjes. 'Ik ben weer heelhuids terug.'

'En als je niet heelhuids was, zou ik dat niet weten.'

'Wat bedoel je daarmee?'

Hij spuwde een tabaksslierje van zijn lippen. 'Doe nou niet alsof je achterlijk bent. Je zegt me dat je zelf wel thuiskomt en dan kom je de volgende middag pas aankakken. Wat moet ik daarvan denken?'

'Denk maar wat je wilt.'

'O ja? Moet ik denken wat ik wil?'

'Jezus, Jamie.' Ze schudde haar hoofd. 'We zijn naar een feest ergens bij Whitefield geweest. Daar traden een paar Canadese fiedelaars op. Reels en jigs en dat soort dingen. Had ik in geen jaren meer gehoord. De mensen dansten alsof hun leven ervan afhing. Ik heb een beetje lol gemaakt, meer niet. Ik heb zelf niks hoeven doen, alleen maar lol maken.'

'En dat kon niet met mij?'

'Luister,' zei ze, 'het spijt me dat ik dat gisteren zo gezegd heb. Maar ik voel me af en toe in een hoek gedreven. Het spijt me.'

'Ik wil niemand in welke hoek dan ook drijven.'

'Wees nou niet zo boos. Ik hoorde pas van dat feest toen het er bij Laird op zat. Godchaux wist dat het gehouden werd, hij begon erover en toen zijn we met z'n allen gegaan. Da's alles. Ik weet niet of jij het wel leuk zou hebben gevonden, dat soort muziek. Maar iedereen dronk er jouw whiskey dus je zou het waarschijnlijk wel naar je zin hebben gehad. Maar goed, je was er niet toen het ter sprake kwam en ik kon ze toch moeilijk laten wachten tot ik jou had opgetrommeld, om halfvier 's nachts.'

'Is dat die kornetspeler?'

'Godchaux?'

'Ja.'

Ze knikte.

Hij wachtte even, en vroeg: 'En wie waren die we?'

Ze keek hem aan. 'Alleen Godchaux, Scully en ik. Godchaux reed ons erheen en heeft Scully en mij na afloop thuisgebracht. Meer niet. Ik heb in dat huis een paar uur in een stoel zitten slapen.' Hoofdschuddend. 'Je hoeft je echt geen zorgen te maken over die Godchaux. Hij is gewoon een geil jongetje en dat is wel het laatste wat ik zou willen. Stel je voor. Al moet ik zeggen dat-ie fantastisch speelt. Hij komt uit New Orleans, als dat je wat zegt. Voor hem is alles ragtime of barrelhouse, dat soort spul. Zelf snap ik niks van die jazzmuziek, maar ik luister er graag naar. Maar dat is alles. Ik geloof trouwens dat hij iets van nikkerbloed heeft. Die indruk krijg je tenminste als je hem zo ziet. Een huid met de kleur van citroenzuurtjes. Maar hij kan ook wel gewoon ziekelijk zijn, hoor. Ze schijnen daar allerlei koortsen te hebben, in New Orleans.'

Jamie kneep de kop van de sigaret en liet hem op de afgevallen naalden vallen waar hij bleef smeulen. Een dun rookpluimpje, als van wierook. Hij gooide de dode peuk in het muntbed naast het huis, keek omlaag naar het vlammetje dat door de naalden begon te lopen en trapte het uit met zijn blote voet. Keek weer op, naar haar. 'Als hij een zwarte was, had hij hier geen werk gekregen.'

Ze lachte. 'Hoe zou iemand dat kunnen zeggen? Niemand ziet hem ooit bij daglicht. Wat heb jij trouwens gedaan, vannacht?'

'Ik? Niks.'

'Niks? Schei uit.'

'Ik ben bij Laird weggebleven omdat jij dat wilde. Ben naar Franconia gereden en daar heb ik een fles whiskey leeggedronken en wat gezwommen in dat godvergeten kouwe water. Toen hiernaar toe gereden en alleen naar bed. Heerlijke nacht gehad.'

'Dat geloof ik nog ook.'

'Wat geloof je?'

'Dat je een heerlijke nacht heb gehad. Je zult het zelf niet eens gemerkt hebben met je dronken kop, maar o wat zul je heerlijk met jezelf te doen hebben gehad.'

'Ik had niet met mezelf te doen.'

'En of je met jezelf te doen had,' zei ze grijnzend. 'Anders was je wel achter een of andere meid aangegaan. Ik ken jou zo langzamerhand wel een beetje.'

Hij boog zijn hoofd, kneep zijn neus dicht met zijn duim en wijsvinger en zei: 'O ja?'

Alle vrolijkheid was alweer uit haar geweken. Ze zei: 'Zo zit jij in elkaar, ja. Als je het gevoel had dat ik met een ander was, zou je onmiddellijk een meid gaan naaien. Ik ken je wel degelijk.'

Hij liet zijn blik wegdwalen, naar de emmer met ballen en de golfclub op de grond, en vervolgens naar de lariksen waarboven de zon was verdwenen om hen in de kilte van de wolkenschaduw te dompelen. Een windvlaag pakte de takken beet en zwiepte ze hard heen en weer en verdween. De lucht was weer bewegingloos. Koeler. Het kon nu elk moment gaan regenen. Hij zei: 'Ik heb je nog nooit verdriet gedaan.'

'Nog niet,' zei ze. Haar ogen op hem gevestigd. 'Ik ben hard aan een bad toe. Even lekker in de week. Ik ben veel te wakker om een oog dicht te kunnen doen, maar ik krijg het later nog wel voor mijn kiezen.' Ze liep om hem heen de treden van de stoep op. Bleef op de bovenste staan en kuste hem boven op zijn hoofd. Zijn geur was de oudste gewaarwording die ze buiten zichzelf kende. Ze zei: 'Het gaat regenen. We hebben amper iets in huis. Als jij nou even de kap op de Ford doet, gaan we als ik klaar ben ergens eten. Ik wil wel weer eens een echte maaltijd. Een potje mosselen misschien. Of een biefstuk. Zoiets.'

En de wind jaagde weer door de takken, deed de slippen van zijn hemd om haar dijen flapperen. Ze ging door de hordeur naar binnen. Hij keek haar na terwijl ze door de keuken liep en in de badkamer verdween. De hemel was opeens laag en donker. Zo begon onweer hier altijd, plotsklaps. Het zou binnen een paar minuten gaan regen, gieten, de lucht paars verscheurd door de bliksem. Hij hoorde binnen een kraan lopen. En daar was de regen, hard en schuin. Hij liep erdoorheen naar de stal en trok het vouwdak op de auto. Opende de deur aan de passagierskant en speurde de stoel en de vloer af om te zien of Alice iets had achtergelaten. Trok een lange blonde haar van de stoelleuning. Hij geneerde zich en was boos om het gevoel tegen de lamp te zijn gelopen zonder dat hij tegen de lamp was gelopen. Alsof haar onwetendheid erger was dan welke wetenschap ook. En hoe zat het met haar? Van haar onschuld durfde hij ook niet echt uit te gaan. Hij durfde nergens meer van uit te gaan. Was blij dat hij Sloane voor zich had gehouden, die naam niet had laten vallen. Dat was al te makkelijk geweest. Nog niet, dacht hij. De blonde haar zat om zijn wijsvinger gedraaid. Een dunne goudkleurige ring die in zijn vel sneed. Geduld was het beste wapen dat hij kende. Hij wikkelde de haar weer af en liet hem op de vloer van de stal vallen, waar hij door het oude hooi werd opgeslokt. Hij had honger en vond het een goed idee om ergens te gaan eten voor hij naar zijn werk ging. Mosselen, dat zou inderdaad wel wat zijn. Van die kleine, botergestoofde kutjes. De regen sloeg door de openstaande staldeur naar binnen en het donderde nu vlak boven de bomen, wereldverpletterend. Hij dacht aan Joey in de badkuip, wist dat ze een kaars zou hebben aangestoken tegen het plotse middagdonker. Hij liep naar de deur en ging naar buiten staan kijken, liet zich nat worden. Zijn driver lag daar nog, naast de emmer met ballen die nu in een plas stond, van het regenwater dat over de rand liep. Hij trok zijn broek uit en propte hem onder een arm en rende naakt door de ijzige regenslierten naar het huis. De stoep op en naar binnen. Nat en koud. Hij gooide de broek op een keukenstoel en liep de badkamer in. Zijn huid tintelend, strak. Zijn pik voor hem uit.

Het was geen kunst om Sloane te vinden. Hij verliet het Sinclair de volgende avond rond etenstijd en liep de trage twee mijl oostwaarts naar het

Maplewood, de hoofdstraat rood gebiesd door de westwaarts neigende zon en de mensen loom wandelend nu de hitte van de dag gebroken was en Washington als een uitgezaagd decorstuk aan het eind van de straat, met de zwarte rookpluimpjes van de tandradbaan op zijn helling, alsof hij ademhaalde. Jamie liep om het hotel heen, de schuren en stallen voorbij, langs de tuin van de keuken naar een woest stuk grasland doorspekt met dagzomen, kon het laatste stuk op het geknal van een geweer afgaan. Bij de overstap van het hek ging hij op de bovenste plank zitten, keek, stak een sigaret op, deed geen poging onzichtbaar te blijven.

Een hotelbediende of stalknecht stond de kleiduiven op te gooien, zwiepte zijn arm in een vlakke beweging van elleboog en pols om de schijfjes te doen wegzeilen. Met zijn andere arm hield hij een stapel duiven tegen zijn lichaam gedrukt. Een kist vol stond op de grond. De jongen probeerde elke kleine discus snel door een tweede te laten volgen, zodat ze beide door de lucht vlogen. Alleen dan hief de schutter, Sloane, zijn geweer. Een snelle, vloeiende zwaai waarbij zijn lichaam bewegingloos bleef en niettemin ineen leek te duiken om dan naar voren te springen. De duiven waren dunne zwarte plakjes in de lucht, tot ze geraakt werden en in een regen van scherven uiteenspatten. Jamie sloeg het allemaal gade. Hij zag dat er een onmiskenbare bevrediging in school. Dacht eerst dat het aan het geluid van het geweer lag, maar terwijl hij bleef kijken vermoedde hij dat Sloane het niet eens hoorde. Het was de uiteenspattende klei waarop hij was afgestemd.

Sloane schoot met een grondigheid, een wilskrachtige concentratie die van dit afstandje duidelijk zichtbaar was en die Jamie direct herkende. Het was de kalme zekerheid van een man die in het middelpunt van de wereld vertoefde, wiens schoenen bij elke stap de grond onder zich opeisten. De exploderende kleiduiven boden hem niet zozeer vreugde als wel het uitkomen van zijn verwachting. De andere, die na een lange zeilvlucht in het gras neerploften, werden afgedaan, vergeten. Niet alsof ze nooit bestaan hadden, maar ze waren gewoon weg. Hij maakte zich op voor het volgende paar, was daar alweer op ingesteld, had het dubbelloops geweer opengebroken en wierp de koper-met-papieren hulzen over zijn schouder en ze vielen narokend tussen de andere die achter hem in het gras lagen, en hij schoof twee nieuwe patronen in de lopen en hief zijn wapen voor zich op, de kolf tegen zijn borst, alert en ontspannen. Jamies sigarettenrook mengde zich met de bitterzoete walm van verbrand kruit uit de verschoten hulzen.

De hotelbediende was nog niet door zijn kleiduiven heen toen Sloane ermee ophield. Hij liet het geweer gebroken over zijn onderarm hangen en reikte in zijn zak om de jongen een fooi te geven, draaide zich om en liep met soepele tred op de omheining af. De jongen zette de schijven terug in de kist en bukte zich om de lege hulzen op te rapen. Sloane kwam op Jamie af zonder hem aan te kijken, liep op zijn gemak door het gras met het geweer als een kind in de vouw van zijn linkerarm, terwijl zijn rechterhand een zakdoek over de volle lengte van de lopen en het hout van de kolf haalde.

Jamie zag hem naderen. Een man van gemiddelde lengte en bouw, vlezig maar niet dik, gelaatstrekken als van een vogel, bezadigd en gretig tegelijk. Zijn voorhoofd en neus streng en daaronder ter verzachting een ronde kin. Haar met de kleur van oud zilverwerk, gekapt als een gebruiksvoorwerp. Jamie keek naar de vingers die over het geweer streken, intense, gedachteloze toewijding. Sloane kwam bij de onderbreking in het hekwerk, keek op naar Jamie en zijn ogen gleden direct door naar het hotel terwijl hij zich zijwaarts draaide om de overstap te kunnen nemen, ogen die van Jamie waren afgegleden alsof hij een struik of sierplant was, iets wat het hotel daar ter verfraaiing geplaatst had. Een zonnewijzer. Een weerhaan. Iemand die hij niet hoefde te kennen.

En daarom sprak Jamie hem aan. Wat hij niet van plan was geweest noch gewild had. Hij had een vreemdeling willen blijven. Een bespieder. In plaats daarvan voelde hij zich een jongetje. 'Knap geschoten,' zei hij.

Sloane bleef staan en keek hem aan. 'Schiet u ook?' vroeg hij.

'Niet zo vaak meer, tegenwoordig,' zei Jamie. 'Maar ik heb het een tijdlang gedaan, en denk er weleens over het weer op te vatten.'

'Doen. Het is het wezen van een man. Dat wat hij op zichzelf is, los van alle poespas. Al het andere is uiterlijk vertoon. Verspil je tijd niet, jongeman. Geen tel.' Zijn ogen waren alweer weggedraaid, naar het hotel, het vallen van de avond, het diner voor zijn geestesoog. Jamie zat zich te wiegen, zijn billen op de scherpe bovenste plank, zijn hakken op de plank daaronder, wist niets meer te zeggen terwijl Sloane de overstap nam en zonder nog om te kijken naar het hotel liep.

Hij liep terug naar het Sinclair en sprak met de beide barmannen, pakte nog een fles transitowhisky van de plank onder de tapkast en liep de nacht weer in. Hij reed het stadje uit, nam ditmaal het achterafweggetje naar Franconia, helemaal om de berghelling heen, het wegdek sleets en doorgroefd en gescheurd door de rolstenen die hier zelfs tijdens de zomerdroogte omlaag kwamen. Reed langzaam, soms stapvoets in z'n vrij langs de grillig verminkte wegrand, dronk uit de fles die ontkurkt tussen zijn benen stond, volgde tuffend het bleke schijnsel van de koplampen. Op iets meer dan een mijl boven Franconia kwam hij bij een kleine bergweide die de boomgrens voldoende onderbrak om Mount Lafayette in het maanlicht te kunnen zien liggen, de spleet tussen de bergflanken afgetekend in de nachtlucht. Hij liet de auto tot stilstand rollen en draaide de motor uit en stapte uit met de fles, liep de wei in waar het hooi pas gemaaid was en in lange zwaden klaargelegd. Daar ging hij met opgetrokken knieën zitten, rookte en sprak regelmatig zijn fles aan, de maneschijn ijl en kwetsbaar als de brosse suiker van het drogende hooi.

Hij deed wat Joey geloofde dat hij twee avonden eerder had gedaan. Het maakte dat hij zich minder oneerlijk voelde. Mensen hoeven niet altijd de juiste feiten te kennen, als ze de intentie maar raden. Zij had niets over Sloane gezegd. Haar verhaal over dat Canadese dansfeest was misschien wel ongelogen geweest, maar dan nog ontbrak er iets aan: de manier waarop Sloane voor haar in die nacht had gepast. Zelfs als hij er niet bij was geweest. Het probleem, wist Jamie allang, was niet dat mensen de waarheid niet konden zeggen, maar dat het ze niet gegeven was te begrijpen wat ze hoorden. De waarheid was geen lijn van hier naar daar, noch de telkens wijdere cirkels van een doorgezaagde boomstam, maar een mengsel van in elkaar overlopende vloeistoffen, een bevend mozaïek dat zijn eigen leven en vorm aannam, in spiralen ronddraaide en van kleur verschoot en zo telkens nieuwe waarheden uit die eerste mengeling deed ontstaan. Iets was nooit maar één ding maar een veelheid van dingen. Elk feit was vele feiten. Hij begreep dit volkomen, en begreep tegelijkertijd dat zijn begrip bij de eerste woorden uit zijn mond ineen zou schrompelen tot iets kleins en laags, een punt om uit te spelen. Hij had het gevoel klem te zitten, gevangen tussen wie hij was en wat hij onder woorden kon brengen. Hij ging op zijn rug in het hooi liggen, zijn handen achter zijn hoofd gevouwen, het maanlicht om hem heen, de fles rechtop in het gestoppelde gras. De zomerse nachthemel, de melkweg, was een veeg van licht in de hoogte boven hem. Op de Grote Beer na kende hij de sterren niet. In zijn jongensjaren had zijn vader ze hem weleens proberen uit te duiden en had hij zich ingespannen om die sterke vlezige vinger te volgen, had driftig staan knikken, maar had geen patronen kunnen ontwaren in die hoos van verre lichtjes. Hij wenste dat hij ze kende. Dit soort kennis van de wereld ontging hem. Hij deed zijn best om maling te hebben aan de mensen die zulke kennis wel bezaten, maar hij kende zijn tekortkomingen.

Hij kwam met een ruk overeind, wakker geschrokken, hooivezels in zijn haar. Hij wist even niet waar hij was. Hij moest er een tijdje gelegen hebben. De maan was verdwenen, het hemelgewelf zwarter, de sterren stralender. Hij vond de whiskyfles, zijn sigaretten. Stond op en nam een teug, zwaaide op zijn benen. Kokhalsde en boog zich voorover en braakte een bittere straal op het hooi. Het kolkte op in zijn neus en hij rochelde en spoog. Nam nog een slok uit de fles, en nog een. Spoog en liep een grillige cirkel tegen het samenkrampen van zijn maag. Slingerde de fles tussen de bomen, waar hij in het kreupelhout neerkwam zonder het bevredigende geluid van brekend glas. Stak een sigaret op. Het daagde hem dat er een onuitgesproken wederzijds begrip tussen hen bestond: dat naaien voor geldelijk gewin of een gekalmeerd gemoed iets persoonlijks was, iets zakelijks, iets wat niks te maken had met het tere kleinood dat ze slechts bij elkaar vonden. Hij verwachtte net zomin zuiverheid van haar als van zichzelf, verlangde slechts de trouw van haar hart. Haar hart dat net als het zijne was, beschadigd, een ziek orgaan zonder hoop op herstel of een lang leven, maar vertrouwd voor de bezitter en daarom iets vertrouwenwekkends. Ze was zijn zielsverwant, zozeer aan hem gespiegeld dat ze een zuster leek uit een wereld die parallel liep met deze armzalige, een deel van zichzelf dat hij altijd gemist en nu gevonden had. Hij geloofde dit met stelligheid, van zichzelf en van haar. Hij vertrouwde haar.

Hij vertrouwde haar niet. In die middernachtelijke hooiweide, hoog en voor de wereld verscholen, stond hij rechtop met zijn hoofd in zijn nek en zijn ogen stijf dichtgedrukt, en zag haar schrijlings op een languit liggende Sloane. Een trage, vochtige rit, haar rug gewelfd, haar hoofd achterover zoals het zijne nu, haar losse haren als een woelig stromende nachtrivier over haar gezicht, haar armen en schouders en sleutelbeenderen als verbogen twijgen, haar borsten opwaarts door de curve van haar rug, de tepels hongerig, zijn handen eroverheen. Sloane in zelfvoldane wellust, een deel van hem turend naar die zwoegende jonge vrouw, een deel dat niet anders verwacht had, niet beter wist of dit was wat hem toekwam. Een schutter van kleiduiven.

Hij startte de Ford en reed achteruit de wei af en reed over de bergweg tussen de bomen terug naar Bethlehem, waar een eenzaam paard tussen de lamoenstokken van een verlaten rijtuig stond, opzij sprong en het rijtuig liet wiegen toen hij voorbijreed, de brede straat voor de rest verlaten. Hij stopte bij het Sinclair maar de bar was gesloten en leeg op een oude man met een emmer en een mop na, die de kleverige vloer aandweilde. Reed door naar de nachtkroeg met de dichtmetselde kelderramen in het huis van een man die Laird heette, met wie Jamie zaken deed en die hij niet mocht, met wie hij slechts langs omwegen kon praten, in grapjes en schimpscheuten, beide mannen geagiteerd in elkaars gezelschap. Een paar auto's en wat rijtuigen stonden samengedrongen onder de suikeresdoorns achter het huis. Een van die auto's was het eigendom van het eenmans politieapparaat van het stadje, Haynes geheten, een kapitein uit de Spaans-Amerikaanse oorlog. Jamie ging op zijn hurken zitten bij de stam van een esdoorn, rookte en keek naar de zwarte rechthoek van de dichte deur. Als ze daar niet was, wilde hij er niet op zoek naar haar binnenkomen.

De keldermuren waren een halve meter cement en stenen en hij hoorde niets, muziek noch stemmen. Hij had de enige man in heel het stadje kunnen zijn. De paarden van de rijtuigen naast hem stonden allemaal met een voorvoet opgetrokken te slapen. Af en toe schrok er een wakker om zijn tuig te schudden of zijn tanden op het bit te knarsen en weer weg te dommelen. Zijn sigarettenrook kringelde tot een wolk die hem omgaf in de nacht. Na een tijdje ging de deur open en kwam Scully naar buiten en sloot de deur achter zich en bleef roerloos staan, zoog de frisse lucht in, zijn schouders bijna tot een bochel gebogen van al die onafgebroken jaren boven het klavier. Alsof zijn lichaam een attribuut van zijn instrument was geworden.

Toen Jamie uit zijn schuilplaats stapte keek Scully schuchter langs hem heen. Dat mocht. Jamie zei: 'Ze is hier niet, hè Scully?'

Scully overdacht het even. 'Ze was moe. Zal wel naar huis zijn gegaan.'

Jamie knikte. 'Logisch dat ze moe is. Zul jij ook wel zijn na die wilde nacht gisteren.'

Nu keek Scully hem in de ogen. 'Ja, dat was een latertje.'

'Ik zou je niks willen vragen waar je om liegen moest. Dat weet je wel, hè?'

Scully's blik dwaalde weer weg. 'Ik heb nog nooit voor een ander gelogen.'

'Weet ik toch.' Hij zweeg even, keek nu ook opzij. Wilde weg zijn voor er nog iemand anders naar buiten kwam. Hij zei: 'Nou, dan ga ik ook maar eens op huis aan.'

Scully knikte. Zei: 'Je zou haar moeten trouwen.'

Jamie grijnsde hem toe. 'Dat weet ik zo net nog niet, Scully. Ik weet niet of ze me wel wil. Ik heb er weleens aan gedacht, maar volgens mij zijn we geen van beiden erg trouwlustig, zij niet en ik niet. Ik ben bang dat het de slechte dingen alleen maar erger zou maken, terwijl de goeie dingen zouden sneuvelen. Begrijp je?'

Scully knikte opnieuw, zijn schedeldak bleek glanzend in de duisternis. 'Ik heb het huwelijk ook altijd als een weg naar de hel gezien. Maar alleen zijn is ook zo geweldig niet, zeker niet als je ouder wordt.'

'Ik zal er nog eens over denken,' zei Jamie. 'Maar zoals ik zei, ik betwijfel of ze me wel wil. Op dit moment, tenminste.'

Scully kneedde met de vingers van zijn ene hand in de pols van de andere. Niet op zijn gemak, wilde spelen, bij Jamie vandaan. Hij zei: 'Als je 't mij vraagt is dit het beste moment.'

'Denk je?'

Scully keek hem aan. Schudde zijn hoofd. 'Ach, wat weet ik er nou van?'

Ze was niet thuis. Hij stak een lantaarn aan en liep ermee naar de vervallen stal, haalde de twee rijpaarden uit hun boxen en volgde ze naar de drinkbak bij de pomp, pompte water tot de bak overliep en luisterde naar hun geslobber, het werken van hun lange, ingewikkelde kelen. Hij was ooit verzot geweest op paarden. Maar het zou niet zo lang meer duren, een paar jaar hooguit, tot er auto's kwamen die het hele jaar bruikbaar waren. De wegen zouden steeds beter worden, de auto's ook. Soms kon je de toekomst als een gespreid spel kaarten voor je zien liggen, als je niet te erg aan het verleden hing. De geur van paarden, het zoete en zure van hun vacht, het opgedroogde zweet dat als stof opwaaide als je op hun flank klopte, schakels van een keten die door-en-door versleten maar ongebroken in de verborgen klieren van zijn geheugen lag. Hij schepte verse haver uit de ton in de voerbak en ze keerden zich van het water af en kwamen gretig terug naar hun boxen en hij maakte de trogkettingen vast. Bracht ze een paar vorken hooi. Het was bijna op, hij moest nieuwe kopen voor de winter. Het werd al licht en hij liep naar de voerbak en pakte de lantaarn en keerde naar het huis terug. Niemand kon weten wat de nieuwe dag brengen zou. Meestal niet, tenminste.

Ze bleef drie dagen weg. Hij ging niet naar haar op zoek. Waar ze ook mocht uithangen, ze had er nieuwe kleren aan. Dat was het enige wat hij met zekerheid kon zeggen. Hij werkte urenlang in het kantoor achter de bar van het Sinclair, regelde alles zo ver vooruit dat de zaak tot eind oktober kon doordraaien. Afbranden mocht wat hem betrof ook. Hij wijdde zich aan zijn handel. Op de derde dag reed hij vroeg in de middag bij het Sinclair vandaan, de lange, trage dertig mijl noordwaarts naar een houthakkerskamp bij de meren van Connecticut, waar een Franse kok werkte die Wells en Terry geld schuldig was dat zij Jamie schuldig waren. Jamie stond op het zaagselbestrooide erf voor de langgerekte kookschuur, met de hete zomerzon in zijn rug, en riep de naam van de Fransman en spande zijn schouders toen hij naar buiten kwam. Het was een kolossale vent, maar dik en zacht, zijn gezicht rood en pafferig van zijn ovens, zijn duimen achter de rode bretels over zijn bezwete blote borst. Jamie liep op hem toe en zei waarom hij gekomen was, hurkte neer en veerde weer op met het handvat van een afgebroken kantelhaak en haalde uit. Toen de Fransman met een bloedende neus naar voren wankelde deed Jamie een stap achteruit en ramde het handvat diep in de dikke buik en de man zeeg neer en zo liet Jamie hem achter. Reed de dertig mijl terug terwijl de middag in de avond overging en stopte onderweg om over te geven. Hij had in geen dagen gegeten. Hij kon in zijn kantoor gaan zitten en een complete maaltijd bestellen die hem prompt door een serveerster gebracht zou worden. Hij wilde oesters. Een salade. Een groot stuk vlees. Aardappels. Die kleine gestoomde broodjes, dampend nog. Boter. Taart.

Op de vierde dag kwam hij vroeg uit bed, op het midden van de ochtend. Al wat hij nog deed was naar zijn werk gaan, thuiskomen, niet opblijven. Hij wilde niemand spreken. Er werd ongetwijfeld druk geroddeld maar hem was niets ter ore gekomen, wat hem een duidelijke aanwijzing leek voor de ernst van de situatie. Voor het eerst sinds zijn jongensjaren brandden er tranen. Hij wilde haar bij haar schouders pakken en heen en weer schudden tot haar hoofd slap opzij viel en haar ogen wit wegtrokken. Hij stak het fornuis aan en wachtte en gooide een handvol koffiemaalsel in het kokende water en schoof aan de kant om te trekken. Er was niets eetbaars in huis, niets dat niet bedorven was. Hij had geen honger. Hij brandde zijn vingers toen hij de koffie in het gebarsten kopje goot, met het rozenmotief vlak onder de rand, waar zij altijd uit dronk. Dronk het gloeiend heet en kotste het uit in de gootsteen, op een stapel aangekoekt aardewerk. Alsof zijn maag zich een uitweg zocht.

Hij liep van het huis naar de stal, pakte een spade en liep naar het bosje met de elzen en jonge berken, waar op herfstochtenden houtsnippen opvlogen om even rond te zeilen en vervolgens weg te glijden, een spoor van witte poep achterlatend op de drassige bodem. Hij kon kerels aftuigen, hele kippen verorberen, oude mannen ontslaan die geen schijn van kans hadden om ooit nog werk te vinden, maar hij kon geen vogels schieten. En dat niet eens omdat hij zo'n dierenvriend was. Hij kon het gewoon niet. Een zoveelste tekortkoming. Die teringlijer van een Sloane. Met de spade in zijn hand liep hij naar het gedeelte waar hij papiergeld begraven had in koffieblikken en inmaakpotten met bolle deksels en rubber ringen, diep in het kreupelhout, en toen hij er was aarzelde hij geen seconde en duwde de spade in de vochtige zwarte grond waarvan hij nu al wist dat die onaangeroerd was. Groef evengoed het theeblik met de goudstukken op, omwikkeld met een jutezak, dat hij even in zijn handen woog en weer begroef, waarna hij de bodem gladstreek en toedekte met takjes en bladaarde. Het was heet. Het zweet liep in zijn ogen. Hij stapte achteruit het struikgewas uit en bleef even staan en merkte dat hij onder de dazen zat en sloeg ze van zich af en realiseerde zich toen pas dat hij naakt was, zich niet had aangekleed voor hij naar buiten was gegaan. Zijn lichaam zat vol bloedvlekken van de beten, aangezet met moddervegen van zijn meppende handen. Stond zichzelf zo te bekijken. Een wilde. Een soort oermens. Dazen in zijn haar. Op zijn dijen. Zijn achterste. Op zijn rug waar hij er niet bij kon. Hij danste in het rond, mepte zichzelf met zijn vrije hand, stapte in een bessenstruik en haalde zijn voet open op hetzelfde moment dat hij zich voor zijn voorhoofd sloeg met de hand die de spade vasthield. Het zonlicht door de bladeren en takken zwol aan en spatte uiteen. Hij liet zich op zijn hurken zakken, leunde op de spade. Hij begon te huilen.

Op de weg die vanaf het huis niet te zien viel kwam een auto tot stilstand met een droge roffel van de cilinders. Hij spitste zijn oren maar hoorde verder niets meer. Toen de klap van een dichtgegooid portier. Met de spade nog in zijn hand zette hij het op een lopen. Hij wilde via de stal naar de rivier voor een duik om zichzelf schoon te spoelen, en dan naar het huis waar zij al zou zijn. Rustig binnenkomen, ongeacht haar toestand, monter zoals hij dat 's ochtends altijd was. Zo, oefende hij in stilte, lekker weer, hè?

Door de achterdeur de stal in. Hijgend. Gutsend van het zweet. Hij zette de spade tegen de muur en liep naar de voordeur en daar kwam ze net tussen de lariksen vandaan. Liep het erf op met een soepele, ontspannen tred. Gespeelde kalmte, hoopte hij. Nog steeds die witte jurk met satijnen stroken van vier dagen terug. Een tikje verfomfaaid maar opmerkelijk schoon voor vier dagen. Hij veegde met zijn modderhanden de tranen en het zweet van zijn gezicht. Het was makkelijker geweest als ze in een nieuwe jurk was komen aanlopen, want hij kon nu al zien dat ze niet van zins was zich nader te verklaren. Een en al zelfbeheersing.

Er zat niets anders op dan haar tegemoet te lopen en te begroeten. Ze nam hem van kop tot teen op, haar blik een mengeling van schrik en lachlust. Met een glinstering van bezorgdheid, en een zweem van triomf. 'Wat is jou overkomen?'

'Ik was in het bos.'

Haar wenkbrauwen kromden zich. 'Om wat te doen? Met een bergleeuw te vechten?'

'Ik werd wakker van een stelletje blaffende honden, en toen ik naar buiten rende om ze weg te jagen ben ik gevallen en zowat opgevreten door de steekvliegen. Ik was net op weg naar de rivier om mezelf te redden. Wat ben jij vroeg op. Zo matineus ken ik je niet. Heeft je vriendje je soms de deur uitgeschopt?'

'Nee,' zei ze. 'Mijn vriendje heeft me niet de deur uitgeschopt.'

'O. Nou, ik heb in elk geval geen trek in de smoes die je wel voor me bedacht zult hebben. Ik mag aannemen dat je je niet langer in een hoek gedreven voelt. Mooi. Het doet me deugd dat je je aan mij niks gelegen hebt laten liggen. Je wist kennelijk dat het je vrij stond om net zolang weg te blijven als je wilde, met god mag weten wie, om jezelf uit de hoek te krijgen. En dat je dan weer doodgemoedereerd terug kon komen en dat ik allang blij zou zijn om je weer te zien. Fijn dat je je zo vrij voelt bij me, maar kom me nu niet met een of ander zwamverhaal aan, want dan sla ik je met plezier je tanden uit je bek. Ik ga nu even zwemmen en dan merk ik straks wel waarvoor je teruggekomen bent. Om te blijven of je spullen op te halen. Als je hier nog bent, best, maar waag het niet een verhaaltje tegen me af te steken. Begrepen?'

'Dat heb ik over je gehoord, ja.'

'Wat heb je over mij gehoord?'

'Dat je het leuk vindt om Frans-Canadezen in elkaar te rammen.'

'Ik heb geen idee waar je het over hebt.'

Ze nam hem opnieuw van onder tot boven op, was zo te zien niet blij met wat ze zag. 'Eerst een ouwe man en nu een vrouw. Lijkt me niet iets om prat op te gaan, Jamie. Ik kwam Estus Terry tegen. Hij vertelde hoe je die kok te pakken hebt genomen.'

'Wat moest Terry met jou?'

'Hij zei dat ze dat geld allang hadden, waar jij achteraan zat. Hij had behoorlijk de pest in, zei dat-ie uit eigen zak de dokter heeft betaald voor die ouwe man. Plus nog geld voor de tandarts, voor een plaatje. Hij begreep niet wat je bezield had.'

Daar heb je het, dacht hij. Haar haar was een wanorde alsof ze net uit bed was gestapt, en die jurk was gekreukeld maar veel te fris voor vier dagen dragen. Maar ze stond voor hem als was het een doodgewone ochtend. Haar ogen helder en groot en hij voelde dat het hem te machtig werd. 'Met Terry praat ik het wel uit. Dat met die Fransoos had nog andere redenen, en dat weet Estus ook. Hij heeft alleen maar op je gemoed willen werken. Waar zei je dat je hem bent tegengekomen?'

Ze schudde haar hoofd. 'Heb ik niet gezegd. Maar hij was bij Laird, eergisteravond, naar jou op zoek. Ik kon alleen maar zeggen dat je daar niet geweest was.'

'Was ik ook niet.'

'Nee, en ik weet niet waarom. Ik weet niet wat je hebt willen mijden, maar voor mij had je niet hoeven wegblijven.'

Hij keek haar aan. 'Estus Terry weet me heus wel te vinden als het nodig is.'

Ze deed een stap naar voren en streek met een vinger over zijn borst waar een dazenbeet gestold was, peuterde het korstje open en doopte haar vingertop in het verse straaltje bloed, stak de vinger in haar mond en veegde hem schoon tussen haar lippen. 'Hij was naar je op zoek en daarom zal hij wel naar mij zijn gekomen. Ik kan geen andere reden bedenken. Jij?' Haar ogen nu voor hem alleen, rimpelloze lege poelen op hem na.

'Wat Terry je ook over die Fransoos verteld heeft, hij weet wel beter. Estus Terry hoeft voor mij niet bang te zijn.'

'O Jamie.' Ze slaakte een zucht. Keek om zich heen, naar het huis, de stal, de dennen en lariksen alsof ze een antwoord zocht, of een bevestiging van wat ze al wist. 'Hij heeft me gevraagd met hem mee te gaan.'

Volslagen verbluft, wist hoe stompzinnig hij eruit moest zien met zijn opengesperde mond die de naam stamelde: 'Estus Terry?' Alsof zijn hersens zich aan de oude orde wilden vastklampen, het voorbije onderwerp, niet met de stap mee wilden die zij al gemaakt had. En haar blik van onverholen medelijden, alsof ze een eekhoorntje met een gebroken rug had gevonden, een geknakt wezentje dat haar hart deed opengaan.

'Nee.'

'O, ik weet het al,' riep hij uit. 'Dat weet ik allang!'

Ze zweeg, schudde haar hoofd, niet ter ontkenning maar om lucht aan iets te geven wat hij niet zien kon, nooit zou kunnen begrijpen. Een onwillekeurige beweging. Dat alles zag hij duidelijk.

'Het is die Sloane, hè? Die ouwe lul.'

'Edgar,' zei ze.

'Wie?' Hij was ademloos, verroerde geen vin.

'Zijn voornaam is Edgar.' Ze keek van hem weg alsof ze dit niet had willen zeggen en zich nu verbeet. Het gaf hem de hoop op een gaatje, een omslagpunt dat hij wellicht forceren kon om haar te laten kantelen.

Hij deed een stap terug, sloeg zijn ogen neer en trok met zijn grote teen een cirkel door het zand en de dorre naalden, zag opnieuw zijn naaktheid en vouwde zijn armen voor zijn borst. 'En,' zei hij, 'wat ga je doen?'

'Wat zou je denken, Jamie?' Haar gezicht weer naar hem toegedraaid.

Hij schudde zijn hoofd. 'Als ik het wist zou ik het niet vragen.' Zweeg even, en zei: 'Het lijkt wel of je bang voor me bent.'

'Ik ben vanaf het begin bang voor je geweest.'

'Meen je dat? En ik maar denken dat we zo'n goed span vormden.'

Het was heet op de open plek voor het huis. Een zweetglans op haar gezicht. Haar ogen fonkelden, vochtig. 'We hebben ook goeie tijden gehad.'

'Goeie tijden,' herhaalde hij. Voelde zich opengereten worden, zijn hart, ziel, een mes van zijn middenrif tot zijn keel. Ze wist dat ze hem aan flarden scheurde maar ging er toch mee door. Voor het eerst in die vijf jaar voelde hij hoe het was als die machine zich tegen je keerde, de zonderlinge kracht die van haar uitging al leek hij niet bij haar te horen, als had ze niets uitstaande met de kreunende pijn die ze door het dorre hart en de verbitterde ziel van een man kon doen gaan. 'Goeie tijden,' zei hij weer, en dan in één adem: 'Dus je trekt bij hem in? Gezellig bij zijn vrouw en kinderen?'

'Doe nou niet zo kleinzielig. Je denkt dat je iedereen doorhebt, hè?' Ze schudde haar hoofd. Milde minachting. 'Hij kent allerlei mensen in Providence en Boston. Mensen uit het amusement. Of nee, niet het amusement maar de theaterwereld. Het echte theater. Hij weet dat ik talent heb, Jamie, en hij wil alleen maar helpen. Het gaat niet altijd om geld of seks, al weet ik dat jij dat niet geloven kunt. Hij kan me niks garanderen, dat weet ik ook wel, maar dit is een echte kans, een risico dat ik nemen moet. Het zou weleens de enige kans kunnen zijn die ik krijg.'

'Niet te geloven. Weet je dan echt niet wat hij van plan is? Hij stopt je in een miezerig appartementje, betaalt je rekeningen en geeft je net genoeg geld om te kunnen rondkomen. Misschien regelt-ie ook nog wel wat optredens voor je, om je te laten geloven dat je grote doorbraak eraan zit te komen. En één keer per week komt-ie langs om even lekker zijn hart aan je op te halen, en voor je het weet ben je in je eigen moeder veranderd.'

'Wat ben je toch een hufter.'

'Ach, zo is het misschien nog maar het beste ook. Zo hoort het misschien wel. Dat we nooit leren, altijd hetzelfde blijven doen, steeds dezelfde fouten maken. Niet eens uit opzet, maar gewoon omdat we zo in elkaar zitten. Ja, zo zal het wel zijn. Dat je alleen maar worden kunt wat je allang bent, wat je allang weet dat je bent.'

'Ik haat het hier,' zei ze. 'Ik haat die winters als alles vastzit en je geen kant op kan. En de zomers ook. Jaar in jaar uit dezelfde mensen, hetzelfde programma. Ik haat het om altijd maar hetzelfde te moeten zeggen en dezelfde liedjes te moeten zingen, altijd maar weer. Ik haat het, echt! Ik kan er niet meer tegen.'

'En je denkt dat het anders wordt? Stel nou dat alles precies zo gaat als je hoopt. Zou dat wat uitmaken? Mensen vertier bieden om wie je geen moer geeft. Mensen die ook niks om jou geven, voor wie je alleen maar een versiersel bent. Denk je nou echt dat dát anders wordt? Uiteindelijk verandert er niks, al die winterse middagen dat je met je lieve Edgar Sloane ligt te vozen of in een dure jurk op een duur feest rondloopt, met een glas champagne en vijfhonderd chique lui die je allemaal een handje geven en een zoen op je wang. Uiteindelijk gaat iedereen weer weg en ben jij gewoon weer alleen. Aan jezelf overgeleverd en dat is dat.'

'Dat bedoel ik nou!' riep ze uit. 'Als je zo denkt, bereik je nooit wat. Ik ben het beu. Ik ben het beu om te denken dat het altijd zo zal gaan.' Haar gezicht strakgespannen, haar mond vertrokken, in de lucht bijtend als een schildpad. Wat was ze lief.

'Godverdomme!' zei hij. Zijn kracht was weggeëbd, vervaagd, verschrompeld. Het was alsof hij haar in de greep had zolang zijn woorden kwamen, maar zodra hij uitgesproken was vluchtte ze weg. Terug in zichzelf. Waar dat ook mocht zijn. Niet hier. 'Godverdomme.' Hij begon om haar heen te lopen, een sluipende cirkel, zijn voeten knedend door het zand. De beweging schroefde zijn toon omhoog. 'Ik heb je nooit iets misdaan. Heb je nooit kort willen houden. Ik heb je altijd je gang laten gaan. Misschien is dat mijn fout wel geweest, maar zo ben ik. Zo wil ik mijn leven delen. Ik heb je alles gegeven wat ik geven kon. Ik heb nooit iets anders gewild dan jou. Ik vertrouwde je, op ons samen. Stomme klootzak, hè? Gewoon een stomme klootzak. Goed genoeg tot je iets beters kon krijgen. Stom, stom, stom.'

Haar stem klonk iel toen hij achter haar stond. 'Ik heb nooit het idee gehad dat ik je kende. Dat ik wist wie je werkelijk was.'

Hij greep haar ruw bij haar schouders beet, draaide haar met een ruk om en boog zich naar haar toe, dicht genoeg om haar te ruiken, om geroken te kunnen worden, druppels zweet vielen van zijn gezicht op het hare. 'Vooruit dan maar, godverdomme.' En hij sprong van haar weg en holde met een paar stappen naar de Ford en greep de slinger, ramde hem in het gat en draaide hem vast, keek over zijn schouder en daar stond ze nog en hij riep: 'Vooruit, we gaan! Zoeken waar je voor teruggekomen bent. Kom op, ik breng je waar je maar wilt. Wegwezen hier!'

'Jamie...' Ze deed een stap naar hem toe.

'Wat? Staat hij soms op je te wachten? Is dat het?' Zijn lichaam neergezegen tegen de voorkant van de auto.

'Jamie.' Stond stil, haar gezicht verscheurd.

'Dus je kent me niet. Mij best. Kom op, we gaan.' Hij gaf de slinger een ruk en liet hem los en de auto hoestte en viel weer stil en hij rende naar de bestuurdersplaats en stelde de magneetontsteker bij en de gashendel en rende weer terug en gaf een nieuwe ruk.

'Jamie.' Haar stem hoger nu, dwingend.

'Wat? Wat moet je nou? Wat wil je nou van me?' Woorden als vogels die met geweld uit zijn ribbenkast losbraken. Nog steeds over de slinger gebogen.

Ze sloeg met haar vuisten op haar dijen. 'Ik weet het niet!'

Ze zouden pas weer spreken op de rivieroever, toen ze allebei naakt waren. Ze zeiden niets toen hij die paar stappen vanaf de Ford had gedaan (hij zou nooit meer begrijpen hoe hij die afstand had kunnen overbruggen) en hun monden tegen elkaar sloegen en ze elkaars kapotte lippen proefden en van elkaars mond dronken tot hij haar optilde en naar binnen droeg, samen een schepsel vormend dat hotsend en botsend door de keuken ging, een stoel omgooide, door de gang naar de slaapkamer waar hij haar op het bed neersmakte en de lucht uit haar longen dreef als wilde hij die met zijn eigen ziel vullen, en ze trok haar jurk op tot aan haar middel terwijl hij voor haar neerknielde en haar onderbroek van haar af scheurde en er wel taal was maar geen woorden. Na die eerste woeste werveling duwde ze hem van zich af en ging staan zonder hem aan te kijken en ontdeed zich van de resterende kledingstukken, haar borsten al beurs en rauw van zijn lippen en tanden, boog zich over hem heen om hem in haar mond te nemen tot hij weer vol en hard was en toen op hem in een wilde galop die hem zich opwaarts deed krommen van een heldere pijn waaraan hij zich niet kon of wilde onttrekken, weerloos onder haar heupen, niets dan rood ziend en in die duisternis die geen duisternis was kon hij niet uitmaken waar hij ophield en zij begon. Klamme vuisten verbonden hen en de zee van rood voor zijn ogen klopte met hun beider bloed, in de maat met haar kreetjes, heet op zijn gezicht.

En ze spraken nog steeds niet toen ze los van elkaar op het bed lagen, op adem kwamen, allebei verdoofd en in die zin nog samengeklonken maar al wel op zichzelf teruggeworpen, alleen, het middaglicht door de ramen waar de zon over de vloer viel, de kamer heet, en stil genoeg om te horen hoe de verdraaide lakens zich naar hun ledematen voegden. Zo bleven ze een tijdje liggen, op hun rug, elkaar net niet aanrakend, in staat noch bereid te praten, en toen stond hij op en zij volgde hem en ze liepen door het huis terwijl zij twee handdoeken pakte die dagen eerder over de keukenstoelen te drogen waren gehangen, en ze liepen zij aan zij over het pad dat ze in die vijf jaar tussen de verspreid staande naaldbomen hadden ingesleten, door de schapenwei en over de omheining, langs de rivieroever naar de bocht waar ze zovele uren hadden doorgebracht. Ze zat op de platte rots en keek naar hem terwijl hij zwom en dook er toen ook in en even later kwamen ze er samen uit, hun haren plat en hun lichamen tintelend, glinsterend door het hete zonlicht op de druppels die van hun huid de kleur van honing kregen en al snel aan de lucht opdroogden, en ook toen zwegen ze nog, gingen op de handdoeken liggen die ze op de rots had uitgespreid.

Zo lag hij daar en hij dacht dat er geen noodzaak meer was om te praten, dat het voorbije uur de sluier had afgerukt die over hen gevallen was, tussen hen was neergelaten in de dagen van haar verdwijning. Dat ze straks zouden opstaan om hun leven weer op te vatten zoals het geweest was, of misschien wel op een andere nog onvermoede manier, maar wel samen. Hij lag dit te geloven tot er enige tijd verstreken was en zij van haar rug op haar buik was gedraaid en het hem begon voor te komen dat die lange woordeloze leemte iets was waaruit ze onmogelijk nog konden opstaan om verder te gaan. Niet dat hij begreep waarom, maar die leemte was op zichzelf alles wat hij erover wilde weten. En hij bleef zo nog een tijdlang stil liggen, vrezend dat elk woord of zelfs maar een beweging het eind van alles zou inluiden. In de wei boven hen blaatte een ooi om haar lam. Daarachter klonk de kwetterende onrust van een eekhoorn. De rivier. Het geluid van de rivier waarbij hij wilde wonen. Boven het water in de bocht zweefde een groene waterjuffer, haar vleugels een fijn waas naast de glans van haar lichaam. Hij keek ernaar tot ze uit zicht verdween in de schaduw van de uitgesleten wallenkant. Toen stond hij op en veegde door zijn haar met de handdoek, met zijn rug naar haar toe en kon toch voelen dat ze overeind was gaan zitten en naar hem keek. Hij ademde diep in, liet de lucht langzaam ontsnappen en zoog zijn longen opnieuw vol, kon haar ogen nog steeds voelen. Hij keek naar de overkant van de rivier en zei: 'Als je zou willen, trouwde ik morgen met je.'

En zijn woorden bleven daar hangen en vervlogen ten slotte en hij was al van de rots gestapt en klom tegen de oever op naar de schapenwei toen haar woorden klonken, die hij al niet meer hoefde te horen, niet meer wilde horen omdat de stilte reeds gezegd had wat hij weten moest. Greep een paal en voelde het ijzerdraad in zijn voetzool snijden terwijl hij zijn andere been over de omheining zwaaide. Daar was het te laat voor. Dacht ze. Hij liep door de wei, de schapen uiteenjagend, en vroeg zich af wat er te denken viel. Wijven! Probeer je aardig te zijn. In het bos begon hij te rennen, de snikken schuurden zijn luchtpijp. Wilde tijd genoeg hebben om kleren te pakken en te maken dat hij wegkwam. Dat denken van haar was alleen maar vriendelijkheid, wist hij nu. Een zachtaardige manier om hem af te wijzen. Hij wilde weg. Moest weg. Ze was al eerder in elkaar geslagen en dat zou vast nog weleens gebeuren, maar hij wilde degene niet zijn die het deed. Die angst voor hem in haar ogen. Nee, hij zou het niet zijn.

Ze bleef in de zon zitten, een halfuur ongeveer, tot ze de Ford hoorde wegrijden. Ze keek naar het stromen van de rivier. Verwachtte dat ze ooit wel heimwee zou krijgen naar deze plek, maar wilde daar nu nog niet van weten. Nu keek ze alleen maar. Ze wachtte tot het geluid van de auto wegstierf en wachtte nog tien minuten en stond op en liep naar het huis. Ze wist niet hoe ze op de plaats moest komen waar ze heen ging. Ze had geen plan willen maken tot het moment waarop het zover was, omdat ze geweten had dat ze tot op dat moment onzeker zou blijven over wat ze wilde. En nu was het moment gekomen, toen ze hem had nageroepen dat het te laat was. Woorden die haar zelf volstrekt willekeurig in de oren hadden geklonken. Haar vertrouwen in Edgar Sloane was precies zo gering als ze hoopte dat Jamie zou denken. Liefde was iets waar ze onmogelijk in geloven kon. Ze had nog acht, hooguit tien jaar om wat van haar talent te maken, en wat er in die periode gebeurde zou bepalend zijn voor de rest van haar leven, hoe dan ook. Het was niet eens zozeer een zangcarrière waarop ze gezinspeeld had toen ze van een risico had gesproken. En Jamie... Jamie bleef heus niet lang alleen. Nog los van zijn uiterlijk zouden de vrouwen bij bosjes vallen voor dat zweem van gevaar dat hij uitstraalde, datgene aan hem wat deed denken aan een slang bakkend in de hete zon. Ze was niet bang voor hem en begreep niet waarom ze dat gezegd had. Het was waar dat ze hem niet kende, niet zoals ze zichzelf kende. Maar er was niets wat ze meer wantrouwde dan zichzelf.

In het huis kleedde ze zich aan en borstelde haar haren uit, ging voor de kast staan en pakte alleen een kleine reistas waar nog een ander paar hoge laarzen met knopen in zat, en een paar slippers, drie jurken en een badjas en een stuk of wat verschoningen. Stopte er een doosje bij met oorbellen en armbanden en het parelsnoer dat nog van haar moeder was geweest, misschien zelfs wel van haar grootmoeder. Dat was alles. Ze moest praktisch zijn. Op deze tijd van de dag was er genoeg verkeer op de weg van Crawford Notch naar Bethlehem, en ze wist zeker dat ze een lift zou kunnen krijgen. Met al die vakantiegangers was de kans klein dat ze door een bekende zou worden opgepikt, maar ze wilde niettemin voorkomen dat ze een dramatische indruk maakte. Ze moest gewoon een kordate meid op zoek naar werk lijken.

Ze ging naar de stal en zag dat hij de spade had gebruikt en wist waarvoor, liep het bos in en groef niet het goud op maar een van de inmaakpotten met bankbiljetten, geld waarop zij net zo veel recht had als hij. Ze liet het gat open, met de lege pot ernaast, en ging terug naar het huis en verborg de biljetten onder haar ondergoed. De goudstukken wilde ze niet. Ze wist dat ze die hier kon laten en dat ze hier ook zouden blijven. Ze zou stokoud kunnen worden en Jamie kon met een of andere vrouw trouwen en hier een gezin stichten en sterven en dan was dat theeblik inmiddels weggerot en zouden er alleen nog die dikke munten van boterkleurig goud in de grond liggen, zonder dat iemand het wist. Het was beter dan een bank. En een stuk beter dan al dat goud met zich meenemen.

En toen was ze klaar en wilde ze de deur uitlopen met haar reistas, het zandpad af naar de weg. Maar in plaats daarvan ging ze aan de keukentafel zitten. De zomerse geur van keukenafval, vieze borden in de gootsteen, muf behang. Ze dacht terug aan die ochtend toen ze met haar moeder Saint Camille had verlaten. Er waren volop treinen naar het zuiden geweest, maar ze hadden maar één keus gehad. McCarson, de advocaat. Edgar Sloane was geen McCarson. Maar wat voor man was McCarson volgens haar moeder geweest toen ze die ene trein naar het zuiden hadden genomen, naar een ander land? De weldaad van de zon en de rivier waren verdwenen, wat resteerde was de napijn van de seks. Spierpijn in haar dijen, haar borsten schrijnden tegen haar kleren. Haar moeder was gestorven, uiteindelijk. Ze was een hoer geworden en het leven had haar als hoer behandeld. Joey kende het verschil tussen haar moeder en haarzelf: haar moeder had zichzelf als een pechvogel beschouwd. Alsof het leven haar een zwaardere loer had gedraaid dan het de meeste mensen deed. Of niet het leven of het lot maar God. Ze moest op de een of andere manier tegen haar God hebben gezondigd en hij had op gepaste wijze gereageerd. Een hardvochtige straf waarvan haar moeder geloofd had dat ze die verdiende, terwijl Joey geloofde dat ieder mens zowel het goede als het kwade in zich droeg, al was niemand bereid om het kwade onder ogen te zien en als deel van zichzelf te aanvaarden. Of nee, misschien kwam die moed soms toch wel voor. Misschien beschikte zij er zelfs wel over. Een beetje dan. Edgar Sloane had er misschien ook wel een beetje van. Hij was een onberispelijke man, aandachtig, standvastig. Een man van in de vijftig. Misschien lag het daaraan, maar zijn zelfvertrouwen sloeg van hem af als aftershave. Wat niet wegnam dat hij op vakantie was geweest. En er was maar één manier om hem in zijn gewone doen te leren kennen.

Ze zat aan de keukentafel en huilde zachtjes. Ze huilde een poosje omdat ze dacht dat ze huilen moest, en toen nog een poosje omdat ze vónd dat ze huilen moest, en toen ze dat doorkreeg hield ze op met huilen en droogde haar gezicht aan een van de handdoeken en stond op en zag een doos sigaretten en stak er een op. Ze wilde hem oproken om zichzelf tot bedaren te brengen eer ze naar de weg liep, haar ogen te laten slinken en alle andere tekenen, maar met de eerste rook in haar longen vond ze het huis onverdraaglijk en pakte de tas en liep de middag in, het pad op, rookte terwijl ze liep en ze bereikte de weg en liep in westelijke richting naar Bethlehem, wachtend op een lift.

Jamie stopte bij het hotel en sprak even kort met zijn avondbarkeepers, en toen met de gerant, en reed naar Littleton waar hij een kamer nam in het Thayer. Hij betaalde een week vooruit en negeerde de schuine ogen van de receptionist, een man die hij ergens van kende maar hij wist niet meer waarvan. Het Sinclair kon wel een tijdje zonder hem, nog wel langer ook. Hij kon zo een man of tien opnoemen die maar al te graag zijn plekje zouden innemen, dus had hij zijn afwezigheid grondig voorbereid. Hij zat in zijn kamer, in een leunstoel, de rest van de middag uit, keek naar de trage noordelijke avond die over de stad viel, en toen naar het donker, en hij bleef in de leunstoel zitten. Hij had geen honger of dorst. Zat te roken.

In die vijf jaar sinds hun vlucht uit Barre had hij altijd geweten waar ze was en wat ze doormaakte, had zich altijd kunnen voorstellen hoe het haar verging. En nu kon dat niet meer. Ze was weg. Alles wat hij zich nu voorstelde was obscuur en onecht: zij en Sloane in bed in het Maplewood; samen in de eetzaal; of al in de restauratiewagen van een trein naar het zuiden; een Pullman; of in zijn auto, ongetwijfeld heel wat beter dan de Ford, misschien wel met chauffeur; Joey en Sloane in de diepe kussens van het achtercompartiment, met een rieten etensmand en champagne. Hij kon het allemaal voor zich zien. Kon het niet uitbannen. En bij alles wat hij zag wist hij dat het niet klopte, hoe aannemelijk het ook mocht lijken. Hij zat te roken. Als een houthakker die alles van bomen af weet en overziet en dan toch opeens onder een gevallen stam ligt, zijn benen verbrijzeld en afgestorven en de rest van zijn lichaam in de sneeuw gedrukt in afwachting van een langzame dood. Hij begreep niet waarom hij hier terecht was gekomen. Het hoe was hem wel duidelijk, het een had geleid tot het ander, maar het waarom ontging hem.

Tegen middernacht kon hij er niet langer tegen. Hij liep naar beneden, slingerde in de stille doordeweekse nacht de Ford aan en reed met genoeg maanlicht om de koplampen uit te laten door de brede vallei tussen de bergen naar het Profile House in Franconia, waar de serveerster Alice geen woord met hem wilde wisselen, waar de barman hem een aangelengd glaasje schonk en de bar sloot en de kas ging opmaken en niet de minste behoefte aan een gesprek etaleerde. Terug maar weer naar het Thayer waar de nachtreceptionist voorovergezakt op zijn stoel zat te slapen, zodat Jamie zijn mes tussen de keukendeur kon steken om het slot open te duwen, en in de keuken een paar dikke plakken ham afsneed die hij met eieren stond te bakken toen de nachtreceptionist achter hem binnenkwam. Jamie keek over zijn schouder en wuifde de man toe met zijn vrije hand en zei dat hij het maar op zijn rekening moest zetten. De receptionist knikte zwijgend, deed een schielijke pas achteruit en was weg voor Jamie doorkreeg dat zich in zijn wuivende hand nog steeds het mes bevond. Hij schoof er zijn omelet mee op een bord, veegde het schoon met een doekje en legde het op het aanrecht. Brak een flink stuk brood af en zette zich aan de hakbank om zijn maaltje te verorberen. Halfvier in de ochtend. Waar ze ook was, ze was nu twaalf uur weg. Hij vroeg zich af dit een voorproefje was van de rest van zijn leven.

Tien dagen later ging hij pas weer naar zijn huis terug. De meeste tijd bracht hij door op zijn kamer in het Thayer. 's Ochtends vroeg ging hij de straat op om zich te laten scheren, dan ontbeet hij in de eetzaal van het hotel en daarna volgden de lange uren alleen in de leunstoel bij het raam, turend naar de straat, zonder iets te zien, laat staan iets te onthouden van wat zich daar beneden afspeelde. 's Avonds reed hij naar Bethlehem om een paar uur in het Sinclair door te brengen, opgesloten in zijn kantoor om de boeken na te zien en bestellingen te schrijven en geschreven bestellingen te herzien en roosters op te stellen en zo verder. Een serveerster bracht hem zijn avondeten dat hij opat nadat hij de deur weer op slot had gedraaid. Behalve de serveerster waren de barkeepers met avonddienst en de gerant de enigen die op zijn afgesloten deur klopten, voor een kort bezoek waarbij ze hem problemen voorlegden die nooit ernstig waren maar hem nu eenmaal voorgelegd moesten worden. En hij merkte dat geen van deze mannen hem in de ogen wenste te kijken, en hij wenste niet te weten wat er allemaal over hem gezegd werd, wat men geloofde en niet geloofde. Was hij klaar met zijn werk, dan reed hij weer naar Littleton, naar zijn kamer op de tweede verdieping waar hij aan de kraan zijn gezicht waste en vervolgens aan het kettinkje van de hangende gloeilamp trok en toekeek hoe de gloeidraad oranje werd en in het donker opging, waarna hij op bed ging liggen om wel of niet te slapen, wel of niet te dromen, maar er heel de nacht te blijven. En elke ochtend stond hij geradbraakt op, weer verder ondermijnd, alsof de lakens op het bed en de uren in de leunstoel een slijtend effect hadden op zijn dunne vel dat weinig meer was dan een zak om zijn vastgelopen hart.

Hij deed niks aan zijn handel. De mannen die zonder drank kwamen te zitten zouden hem des te meer waarderen als hij weer verscheen. Ze konden zich toch tot niemand anders wenden, niet op zo'n korte termijn. Ze moesten maar even doen wat zovelen deden: smokkelwhisky uit een transitoloods op de kop zien te tikken. Maar op een middag verliet hij het Thayer kort na de lunch en ging op zoek naar Estus Terry.

Voor zover zijn karakter op bewondering gebouwd was bewonderde hij Terry als geen ander. Als er al iemand was aan wie hij ooit een voorbeeld zou nemen, dan was dat Terry, niet aan zijn levenswandel misschien, maar zeker aan zijn levenshouding. Hij geloofde niets van Joey's bewering dat Terry kwaad op hem was, maar hij wilde niettemin bevestigd zien wat hij al wist: dat Terry heel goed begreep waarom hij die Canadese kok had afgetuigd. Gewoon een zakelijke maatregel.

Terry had een eenkamerhuisje ver van alle beschaving, dat tien jaar voor Jamies geboorte was opgetrokken door een kluizenaar met de naam Bliss, in het ongerepte bosgebied ten noorden van Bethlehem, waar de Ammonoosuc een wijde lus naar het noorden maakte. Omgeven door ongespleten stammetjes brandhout, in wigwamstijl tegen elkaar gezet. De wanden het hele jaar door tot heuphoogte aangestort met bladaarde, op zijn plaats gehouden met kruiselings neergelegde dennentakken. Eerder een hol dan een huis, temeer omdat er niet een raam in zat. Een gammele zinken kachelpijp stond scheef op het dak als een arm die gedag of om hulp zwaaide. Een woonstee die niet zozeer iets over de financiële toestand van de bewoner zei als over de toestand van diens ziel. Een plek waar geen vrouw ooit voet had gezet.

Er was geen reden om aan te nemen dat Terry thuis zou zijn. In de zomer reisde hij nog intensiever rond dan anders, bestreek de houthakkerskampen van noordelijk Vermont en New Hampshire, waar zijn compagnon Aaron Wells hetzelfde deed in het weidse Maine. De Ford hobbelde over het pad dat zwaar doorploegd was door Terry's trekpaarden en de wielen van transportkarren. De bomen aan weerszijden drongen zo ver op dat de auto voortdurend door takken werd gemept. Hij bereikte het erf waar op een zomerdag als deze de schoorsteen rookloos was, maar de deur stond op een kier en een paar voskleurige Belgische paarden stonden te grazen op de open plek, zonder hoofdstel of tuig, zonder op te kijken toen de Ford zijn rumoerige entree maakte. Aan de verkeersweg gewend.

Terry's tengere gestalte verscheen in de deuropening. Hij stapte even terug in het halfduister, waarbij Jamie de donkere glans van een geweerloop langs zijn been zag, en kwam vervolgens het zonlicht in. Een grijze kamgaren broek en een gekookt hemd waarvan het wit veel te helder leek om uit dat huis afkomstig te kunnen zijn. Hij liep het erf op en legde een hand op de schoft van een van de paarden terwijl Jamie de motor afzette en uitstapte. Het paard streek met zijn lippen langs Terry's broekspijp en liet zijn hoofd weer zakken om verder te grazen.

'Pelham.' Terry had een witte stoppelbaard van een paar dagen, maar zijn haar was glad achterovergekamd, weg van zijn hoge voorhoofd.

'Estus. Neem me niet kwalijk dat ik zo stiekem kom aansluipen.'

Terry spuugde op de grond. 'Ik had je allang gehoord. Zo vaak gebeurt het niet dat iemand zich met zo'n glimmend apparaat op mijn weggetje waagt.'

Jamie grijnsde. 'Ik had natuurlijk ook een federale agent kunnen zijn.'

'Ach, schei uit. Die lui kunnen hun eigen aars nog niet vinden.'

'Jij zou eigenlijk ook een paar van die karretjes moeten kopen, Estus. Ze gaan veel sneller dan die knollen van jou.'

Terry liet zijn hand over de paardenvacht glijden. 'Behalve 's winters dan, al zullen ze daar nog wel wat op vinden. Maar ik ben er hoe dan ook te oud voor, ik ben het tempo van mijn span gewend.'

'Doe nou niet net of je bejaard bent. Je moet met je tijd mee, het wordt steeds makkelijker om dit soort werk te doen.'

Terry schudde zijn hoofd. 'Je bent de zo veelste jonge blaag die me komt vertellen dat het allemaal sneller en makkelijker kan. En het enige wat ik geleerd heb is dat ik zulke lui niet serieus moet nemen. Sneller is lang niet altijd beter. Trouwens, ik heb nog wat voor je.' Hij trok een portemonnee aan een kettinkje uit zijn broekzak omhoog.

Jamie hief een afwerende hand op. 'Ik wil dat geld niet, Estus. Ik heb gehoord dat je een dokter voor die vent hebt betaald. Had niet gehoeven, vind ik, maar goed.'

'Verdomme, jongen. Hij had me al betaald toen je hem te pakken nam. Dát had nou niet gehoeven.'

Jamie schudde zijn hoofd. 'Ik wist niet beter of hij stond bij je in het krijt. En dan nog, ze moeten niet gaan denken dat ze laks kunnen zijn. Met mij of met jou.'

'Maar er is een groot verschil tussen iemand iets duidelijk maken en gemeenheid. Wat ik zag dat jij met hem gedaan had, dat was puur gemeen. Hou ik niet van.' Terry keek hem nu strak in de ogen, zijn gezicht leek in een oven gebakken. 'Hij interesseert me verder niet, maar als het een ander was geweest had ik niks meer met je te maken willen hebben. Drank is net bronwater hier in het noorden. Heel makkelijk aan te komen als je weet waar je zoeken moet. Dus ga jezelf niet te belangrijk vinden, jongen, want dan lig je zo op je muil. Of erger nog. Vergeet nooit dat er altijd meer ogen op je gericht zijn dan je denkt. Wie buiten de wet treedt, moet zich verdomd goed aan de regels houden. Je bent niet de eerste jonge snuiter die denkt dat hij alles weet, en je zult ook zeker niet de laatste zijn. Knoop dat goed in je oren, en pak nou maar gewoon aan, dan kunnen we met een schone lei verder.' En ritste de portemonnee open en trok wat bankbiljetten van een rol en hield ze voor Jamie op.

Jamie verroerde geen vin. 'Nee. Als ik fout zat, hoeft jou dat geen geld te kosten.'

En Terry stapte bij het paard vandaan en kwam voor Jamie staan, vouwde de biljetten op en stopte ze in Jamies borstzak, ging neus aan neus met hem staan en zei: 'Als je mij ooit wat flikt, sla ik je kop achterstevoren, hoor je me?' En stapte weer naar achteren, legde zijn handen op zijn rug, keek Jamie onderzoekend aan.

Jamie stond hem een lang moment in de ogen te kijken. Liet zijn blik wegdwalen. Haalde zijn sigaretten en een doosje lucifers uit zijn broekzak, stak er een op en blies de rook opzij, weg van Terry. En zei: 'Lekker weer vandaag.'

Terry zei: 'Ik heb gehoord dat die snol ervandoor is.'

'Tja... Ze is weg.'

'Had een grotere vis aan de haak geslagen, als ik goed ben ingelicht. Wees maar blij, jongen. Zolang ze jong zijn, zijn ze lekker, maar als ze ouder worden heb je er alleen maar gezeik van.'

Jamie knikte. 'Heeft ze jou toen al gezegd dat ze wegging?'

Terry keek hem verbaasd aan. 'Mij? Ik heb nooit een woord met haar gewisseld. Heb haar voor het laatst gezien toen ik bij jou thuis was. In de lente. Mei, was het niet? Het stierf toen van de vliegen daar bij de rivier.'

'Klopt,' zei Jamie. 'Dat was mei. Maar ik hoorde van haar dat jij voor die Canadees hebt gedokt, en ze zei dat je haar dat zelf verteld had.'

Terry schudde zijn hoofd. 'Dat had ze niet van mij. Zal ze wel ergens gehoord hebben. Dat soort mokkels hoort van alles en nog wat.'

'Ik geloofde haar,' zei Jamie, zonder Terry tegen te spreken.

Terry zei: 'Wijven liegen zoals het ze uitkomt. Het zal haar wel zijn uitgekomen. Zeg, ik heb een paar flessen bier in de waterput hangen. Lijkt dat je wat?'

Hij hervatte zijn werk in de sterkedrankhandel. Gedreven door het besef dat het zomer was, de tijd van het jaar waarin het meest te verdienen viel. Hij maakte zijn ronden als vanouds, maar meed de nachtkroeg van Laird, had geen zin om de bekenden daar te ontmoeten, of door hen gezien te worden. Dus ging hij er 's middags langs, op zijn weg naar het Sinclair, als Laird nog pafferig en slechtgehumeurd was van zijn korte slaap en de cocktails van de vorige nacht. Hij zocht Binter op en bleef na het zakendoen nog even praten, kort, maar op een weldadige manier precies lang genoeg. Een plek die vrij was van associaties. Nu hij weer aan de gang was begreep hij niets meer van zijn zojuist beëindigde dadeloosheid. Alsof hij zichzelf kwijt was geweest. Het beangstigende was dat hij zich heel anders had gedragen dan hij van tevoren voorspeld zou hebben. Op drift. Onttakeld.

Op een avond kwam hij rond middernacht thuis. Hij betaalde de zoon van Flood de schapenhouder om dagelijks de paarden te voederen en te drenken, maar ging toch als eerste naar de stal om ze even te zien. Stond daar in de zomerse duisternis tegen ze te praten, oude vertrouwde woordjes als een richtingloze uitstroming van alomvattende liefde, een zangerige gemoedsuitstorting zonder inhoud maar boordevol betekenis. En hoorde zichzelf zo praten, en hoorde er opeens zijn vader in, en zijn zuster Prudence, en hield er meteen mee op. Zijn vader had de paarden altijd toegesproken alsof het godheden waren die toevallig pal naast hem woonden, ontspannen en eerbiedig tegelijk. En zijn zuster sprak tegen elk schepsel alsof het zonder haar stemgeluid niet overleven kon en ze het even gerust kwam stellen. Hij stond in de donkere stal. De paarden nu rusteloos door zijn gespannen aanwezigheid. Hij aaide ze, zei niets meer.

Het huis stonk naar verlatenheid. Hij zat op het erf in het bleke, gefilterde sterrenlicht en rookte en dronk een klein glas whiskey. Stond op en liep door het donkere huis naar de slaapkamer en stak een lamp aan. De kastdeuren stonden nog open zoals zij ze had achtergelaten. Hij ging ervoor staan en graaide een armvol jurken bijeen en duwde er zijn gezicht in. Zeeppoeder. De kastgeur van muizenkeutels, vervaagd cederhout, een bloemig zweem dat van haar afkomstig kon zijn maar ook van de kleding zelf. Hij blies de lamp uit en ontkleedde zich in het donker en stapte in het bed. De lakens klam en muf.

Hij werd midden in de nacht wakker, of half wakker, of in een andere toestand die geen naam had. Liet zich uit bed rollen, op zijn knieën en kroop in een krabbengang over de vloer en vond de kleren die ze die laatste middag van zich af had getrokken, graaide ze bijeen en drukte ze tegen zich aan en kroop ermee in bed, rolde ze tot een bal en ging daarop liggen rijen en draaide op zijn rug, drukte de klerenprop met zijn linkerhand tegen zijn gezicht, zijn neus en mond als wilde hij zichzelf verstikken, en masturbeerde met zijn woedend samengebalde rechtervuist. En sliep toen weer in.

In zijn eerste drie jaar op school kwam hij regelmatig onder de blauwe plekken thuis, bloedend uit zijn mond of neus, met dichtgeslagen ogen. Zijn knokkels gekneusd en ontveld. Het kwam in vlagen, dagen achtereen of zelfs een hele week en dan een paar weken niks en dan begon het weer. Hij wilde er nooit iets over zeggen, stond zwijgend met hulpeloze tranen op zijn gezicht terwijl een van zijn zusters of beiden hem oplapten. Het was Abigail die het rijtuig nam om de meester van de Rifordschool op te zoeken, maar ze kwam onverrichter zake terug, haar gezicht een grimas van stuurloze woede. Op het schoolplein gebeurde nooit iets, had hij haar verzekerd. Ook zijn neefjes wisten van niets, zeiden ze, terwijl ze Jamie aanstaarden alsof ze hem in hun geheugen wilden prenten. Tante Connie hurkte bij hem neer en pakte hem bij zijn ellebogen en noemde haar zoons een voor een bij de naam en vroeg of haar jongens hem treiterden en hij zei van niet. Hierna zei Prudence dat ze hem voortaan naar school zou rijden en 's middags weer zou ophalen. Maar als ze in de stal het paard stond op te tuigen glipte hij het huis uit en rende snel de wei over het bos in, en dan tussen de bomen door de helling af en de weg over naar school. En als ze 's middags op hem wachtte schoot hij stiekem achter het rijtuig langs en sprong over de greppel aan de andere kant van de weg om tussen de elzen en populieren te verdwijnen, over de vochtig verende bosgrond terug naar huis. Maar ook in het bos wisten ze hem te vinden, en als ze hem eenmaal gevonden hadden rende hij niet langer maar keerde zich om en keek ze aan, soms was het er een, soms waren het er vijf, en stond hij bevend van woede hun spotternij aan te horen. Over hemzelf, zijn vader, zijn dode moeder, zijn zusters, over hen allemaal. Het ging nooit zomaar over zijn huidskleur of die van zijn moeder of hoe ze gestorven was. Alles werd vermengd met de dierlijke wreedheid van jongens. Het echte, het gefantaseerde en het gegiste. De betekenis van de woorden was vaak niet eens duidelijk, aan hem noch aan hen, maar de scherpte en de kracht waren er niet minder om. Het valse, verlekkerde plezier van iemand pijn doen. Tot hij hen aanvloog, zwijgend, zijn vuisten gebald. Het waren niet alleen zijn neefjes, de broertjes Clifford, maar ook de broertjes Polk, Jimmy Potwin, Dennis Dowd, Bill Bartlett, Duffy Smith, de broertjes Morgan. Soms anderen. Hij nam het altijd tegen ze op. Hij wist dat ze zouden ophouden als hij dat ook deed, en dat maakte hem des te woedender, wild en vruchteloos maaiend terwijl zijn bloed begon te vloeien, maar hij wist van geen ophouden. Zijn vader wist dit, het een zowel als het ander, en zat 's avonds omkranst door pijpenrook dat te verklaren wat de jongen al begreep. Zijn vader, kalm en verwonderd, afstandelijk en teder. Zijn berustende herkenning geen steun maar een balsem, alsof zij samen de nutteloosheid inzagen van de woede van die twee vrouwen. Dat het niet om bloed of vuisten ging, zelfs niet om woorden, maar om heel iets anders wat toch nooit gestopt, ingetoomd of veranderd kon worden.

Toen de jongen zijn vierde schooljaar niet met een bloedneus of een blauw oog begon maar met een ontwrichte schouder, en hij een gil van pijn slaakte toen de dokter die terug in de kom duwde, de eerste pijnkreet die ze ooit van hem gehoord hadden, besloten zijn zusters hem van school te halen, weg uit het dorp, weg van de buren, om zelf zijn scholing ter hand te nemen. De overtuigde bezetenheid waarmee ze zich in deze missie vastbeten was niet die van de bekeerling maar van de oudgediende. Alsof ze de jongen langs deze weg konden redden. En de vraag die in de jongen leefde zonder dat hij hem kon uitspreken was: redden van wat? Wilden ze hem grootbrengen om een monnikenbestaan te leiden naast hun nonnenbestaan? Om net als zij niets anders te doen dan de aarde te bewerken en hout te kappen en zich om de levende have te bekommeren? In hem hadden ze hun project gevonden, hun bron van toewijding. En het was niet zozeer uit liefde als wel uit gedweeheid dat de tienjarige jongen geen moeite deed om zijn zusters het onuitlegbare uit te leggen. Hij ging ervan uit dat ze het wisten. En zo leerde hij dat onwetendheid niet altijd een schrijnend gebrek is maar soms ook een duidelijke en welbewuste ontkenning van het gewetene. En zo haalden ze hem weg van het strijdtoneel. En zo kwam het dat hij nooit won, geen enkele slag, nooit pijn of ware angst in zijn tegenstanders teweegbracht. En zo kwam het dat zijn kwelgeesten hem uiteindelijk versloegen door toedoen van de vrouwen die meer van hem hielden dan anderen ooit zouden kunnen en ooit zouden doen. En scholen deden ze hem, die twee vrouwen, maar ze vormden hem niet. Hij was al gevormd.

Hij werd vroeg in de ochtend wakker naast haar kapotte kleren, stijf van zijn zaad en geplet waar hij er 's nacht op was gaan liggen. Het gaf hem een gevoel alsof hij haar bezoedeld had. Hij droeg de samengepropte massa naar de stenen put waarin ze papierafval verbrandden en goot er benzine overheen en stak er de brand in. Terug in het huis haalde hij de rest van haar kleren van hun hangers en reed ermee naar een wasserij in Littleton om ze te laten wassen, stijven en strijken. Hij zei de vrouw dat ze alles voor opslag moest inpakken. De zon stond inmiddels flink hoog en hij had honger maar gunde zich geen tijd om ergens te gaan eten. Thuis maakte hij het fornuis aan en vulde de koperen wasketel en sloeg aan het schoonmaken. Begon met de borden die verkleefd in de gootsteen lagen. Hij zocht en vond een doek en stofte het meubilair af, veegde de vloer aan, zocht en vond nog meer doeken en deed een scheut azijn in een emmer warm water en lapte de ramen, binnen en buiten, met de hete zon op zijn blote rug en zijn maag een harde, zichzelf verterende knoop. Binnen zocht en vond hij een harde borstel en lag even later op zijn knieën de vloer te boenen. Hoorde een auto op het zandpad en wilde daar zijn werk niet voor onderbreken, zodat Scully hem daar zo aantrof, zijn broekspijpen doorweekt van het sopwater, zijn borst en armen nat van het werk, zijn haar in slierten, en toen hij zijn hoofd ophief om Scully te groeten liep het zweet in zijn ogen.

Scully trok een stoel onder de keukentafel vandaan en ging zitten om Jamies gezwoeg te bekijken. Scully in zijn gekreukte zwarte broek en een wit hemd en zijn zwarte colbert, zijn bolhoed op het tafelblad, een enkel op de knie van het andere been, zijn ellebogen zijwaarts en zijn handen rusteloos gevouwen op tafel. Hij deed aan een grote stuntelige vogel denken. Zijn dunne haar onzichtbaar op zijn glanzende schedeldak, de huid strak, de kleur van ranzige boter. Uit de plooien van zijn jas diepte hij een pintsfles zonder etiket op, afgesloten met een kurk, en zette hem op tafel neer. Stak een sigaret op. Nam een diepe haal en hoestte en nam nog een haal. Jamie dacht: daar heb je mij over twintig, dertig jaar, als ik niet oppas.

'Als je het allemaal netjes hebt, sta je gelijk voor de vraag hoe het verder moet. De hele dag rondrennen om alles zo te houden, of toekijken hoe alles ophoopt en weer een rotzooitje wordt. Wat je ook kiest, het blijft tobben.'

'Het is zomer,' zei Jamie. 'Een huis heeft een keer per jaar een schoonmaakbeurt nodig.'

'De voorjaarsschoonmaak zul je bedoelen.'

'Ja, maar ik ben nou eenmaal een laatbloeier.' Jamie ging op zijn hurken zitten, liet de borstel los en leunde tegen de keukenkastjes. Zijn handen waren opgezet en schrijnden door het loogzout. 'Hoe lang wist jij al dat ze ervandoor wilde?'

Scully schudde zijn hoofd. Trok de kurk van de whiskey maar liet de fles staan. 'Ze heeft niet eens afscheid van me genomen. En voor de rest heb ik steeds gedacht dat het alleen maar geflirt was. Je weet hoe ze naar vent een kan kijken en de dikte van zijn portemonnee kan schatten terwijl hij denkt dat het om zijn jongeheer te doen is. Dat ken je van haar.'

'Ik dacht altijd dat dat maar poppenkast was. Nooit gedacht dat ze er nog eens met zo'n kerel vandoor zou gaan. En toch zit het me dwars, Scully. Je moet gezien hebben wat er gaande was. Ik dacht dat we vrienden waren.'

Scully pakte de whiskey. 'Vrienden, Jamie? Ik weet geloof ik niet eens wat dat woord betekent. Een vriend is iemand aan wie je wat hebt en aan mij hebben de mensen hoe langer hoe minder, geloof me. Maar stel dat ik gezien had dat het dit keer menens was, en ik had het je gezegd. Wat zou je dan gedaan hebben? Wat had je kunnen doen om haar op andere gedachten te brengen?'

'Daar zit wat in.'

'Ik heb je nog gezegd dat je haar moest trouwen.'

Jamie zette zich af tegen de keukenkastjes en voelde zijn knieën kraken toen hij overeind kwam. Pakte de sigaretten en de lucifers. 'Had dat dan wel wat uitgemaakt? Stel dat ik haar vorig jaar al getrouwd had al, lang voordat die chique jachtmeneer opdook. Denk je dat dát haar ergens van weerhouden had?'

Scully knikte. 'Het is een koppige meid.'

'Het is een hoer, dat is ze.'

'Nee,' zei Scully resoluut. 'Nou laat je je gebroken hart praten. Het is gewoon een meid die er alleen voor staat, die op zichzelf is aangewezen en stap voor stap bekijken moet wat het beste is om te doen. Misschien leken jullie daarom ook wel zo'n goed koppel. Maar aan de andere kant, hoort het niet ook bij zo'n meid om zich vast te klampen aan iemand die wél de weg weet? En dat jullie zo eender waren... Het zou best kunnen dat zij daar lang niet zo blij mee was als jij. Misschien was het voor haar wel iets om zich zorgen over te maken. Kun je me een beetje volgen?'

'Wat wil je eigenlijk, Scully? Wat kom je hier eigenlijk doen?'

'Nou, om te kijken of het nog wel goed met je gaat.'

'Ik zal me heus niet voor m'n kop schieten, als je dat soms bedoelt. En voor de rest zou ik je niet kunnen zeggen hoe het met me gaat.'

'Dat zal ook wel niet. Maar ik had je al een poosje niet gezien.'

'Verwacht je dan dat ik net als vroeger blijf langskomen?'

Scully nam een slok van de geopende whiskeyfles. Hield hem op naar Jamie, maar die schudde nee. Scully zei: 'Er zijn misschien wel mensen die je willen zien, dat je niet in de put zit.'

'Als ze dat echt willen, weten ze waar ze me kunnen vinden. Ik hoef niemand achterna te lopen.'

'Misschien is het wel gewoon uit vriendschap.'

'Wie weet, maar ik voel me nu even niet zo vriendschappelijk.'

'Dan is het misschien juist wel goed om je vrienden op te zoeken.'

'Misschien, Scully, maar misschien ook niet. Heb je al een nieuw meisje gevonden om te zingen?'

Scully schudde zijn hoofd. 'Ik speel weer gewoon met de jongens. Het kan ermee door, maar het is niet wat het was. We zitten er een beetje verloren bij.'

Jamie pakte de fles en nam een teugje. Had er nu geen trek in, hij wilde koffie, en wat eten, maar had beslist geen zin om dat samen met Scully te doen. Hij veegde zijn mond af en zei: 'Ik heb in elk geval geen zin om daar nu rond te hangen.'

Scully spreidde zijn armen om het lege huis aan te duiden, en de schoonmaakspullen. 'Zo in je eentje is ook maar treurig,' zei hij.

Jamie schudde zijn hoofd. 'Ik kan hier op mezelf zijn. En of dat treurig is of leuk, dat is de mening van anderen.'

En Scully stond op, stopte de kurk weer op de fles en de fles weer in zijn jas. 'Goed dan.' Hij keek weg, naar de glanzend schone ruit boven de gootsteen, het zonlicht brekend in kleine belletjes in het glas. En dan weer naar Jamie. 'Hou contact, jongen.'

Jamie knikte, deed een stap naar voren en pakte de hand van de oude man. En zei: 'Het komt wel goed.'

De zomer rolde voort, van juli naar augustus. Hij haalde Joey's kleren op bij de wasserij, de jurken en pelerines en mantels in langwerpige dozen van dun karton, met deksels die als vleugels opzij konden klappen en dicht werden gehouden met een touwtje rond twee knopen van hard papier. Toen hij ze achter in de Ford had gelegd drong het gevoel zich op dat het net doodkisten waren. Van de liefde, het vertrouwen, of beide. Hij reed ze naar huis en legde ze in de ongebruikte logeerkamer. Deed de deur zachtjes achter zich dicht, en trok toen hard om het slot te horen klikken.

Met het vorderen van augustus kregen de nachten winterse trekjes en hij begon in de middag van huis te gaan met een gevoerde overjas opgevouwen op de achterbank, na het fornuis alvast stookklaar te hebben gemaakt. Hij kocht hooi bij Flood de schapenhouder en bestelde haver en stapelde de zakken in de graankast van nauwsluitende eiken planken. In het Sinclair werd 's avonds in elke zaal een haardvuur ontstoken. Ook in de bar, waar de vakantievierders dicht opeen zaten in hun zomerkleren, en Jamie gaf zijn barkeepers een opslag van tien cent per uur, als troost omdat ze onophoudelijk dezelfde opmerkingen over het weer moesten aanhoren. Jamie zat in zijn kantoor en af en toe op een hoge kruk aan de bar, gemberbier te nippen. Was voor het eerst getuige van wat er in een periode als deze gebeurde. Korte lonten en boze buien, de plotse opzeggingen, het sneuvelen van mooie romances of het begin van onwaarschijnlijke nieuwe, het personeel dat net iets langzamer op de gasten reageerde, de personeelsfeestjes-na-het-werk die steeds lamlendiger werden en daardoor een steeds hogere tol eisten onder de deelnemers waardoor steeds meer kelners en serveersters en stalknechten en keukenhulpjes en piccolo's steeds later of met steeds ergere katers hun dienst kwamen draaien. Hijzelf werd er alleen maar neerslachtiger door.

Zo nu en dan nam hij een meisje mee naar huis. In de tussenliggende tijd leek het alsof hij dit maar zelden deed, maar als het er weer eens van gekomen was kwam er altijd een moment, meestal vlak voordat hij opsprong om haar mee te tronen naar zijn auto en weg te brengen, maar soms ook als hij 's ochtends wakker werd en haar naast zich zag, waarop hij het gevoel kreeg dat het de een na de ander was, en dat ze allemaal hetzelfde waren behoudens de kleren die ze uittrokken, de hoge of hangende borsten, de dikke of dunne tailles, de verschillen tussen hun tanden en tussen de gilletjes die ze slaakten of juist niet. En met elk van hen was hij teder en moorddadig tegelijk, wilde niets anders van hen dan dat ze genoten, maalde niet om zijn eigen genot, maar als het achter de rug was, als beiden alles hadden gegeven, wilde hij ze alleen nog maar weg hebben. Dan stond hij om vier uur 's ochtends op, hunkerend naar slaap, en maakte koffie en droeg het dienblad naar het bed en wekte haar behoedzaam en deed lief als ze opzat en van haar koffie nipte, haar gezicht pafferig en week, de lakens en dekens in haar schoot gefrommeld, stond in gedachten al buiten de Ford aan te slingeren.

Hij schrok wakker uit dromen waarin Joey hem verliet en hij zich snikkend en smekend aan haar vasthield, zichzelf ontluisterend. Ontwaakte in een ademloze beklemming en kon haar nog even zien, voelen en horen en dan was alles opgelost. Soms kwam dit droombeeld later op de dag weer in volle hevigheid terug en dan hield hij op met wat hij deed en vouwde dubbel als door een vlijmende buikkramp.

En toen was het september en waren de gezinnen vertrokken en kwamen de oudere echtparen en de ongetrouwde tantes en de bejaarde damesgezelschappen en de clubs van heren die in de bergen gingen wandelen of kamperen. Jongedames met z'n tweeën op reis. Zo nu en dan de typische alleenstaande, een man of vrouw van onbestemde leeftijd, stijf omwikkeld door een lijkwade van eenzaamheid, de gelaatstrekken verankerd in een starende blik. 'Ah, juffrouw Blake,' werd haar toegeroepen door een van de oude dames aan de kaarttafels, terwijl ze haastig doorliep de gang in. Weg. Weg. En hij had het gezicht van juffrouw Blake niet gezien. Ze kon van zijn eigen leeftijd zijn of twintig jaar ouder, onaantrekkelijk of knap, robuust of timide, schuw. Maar hij kreeg toch het gevoel dat hij iets in haar herkend had, iets van een totaal andere orde dan waar de dames aan de kaarttafel nu over kwebbelden. Terwijl zo'n juffrouw Blake alweer op haar kamer zat en uit het raam staarde en zich eindeloos opnieuw dat voor de geest haalde wat ooit bijna gebeurd was.

Hij zag de winter naderen en het vervulde hem met de gesmoorde angst van een gedroomde val.

Zijn eerste avondbarkeeper, Stanley Weeks, kon niet wachten op het einde van oktober. Op een avond toen ze samen de opbrengst telden liet hij zijn gedachten de vrije loop. 'Florida, daar moet je wezen, de komende winter. Geloof me. Clearwater is een puik stadje. De winter daar is precies het omgekeerde van hier. Jij zou het noorden ook voor gezien moeten houden. Man, je zou daar dat stadje binnenkomen en de boel meteen naar je hand zetten. En dan die Golf van Mexico. Niks is zo mooi als met je reet in dat zachte witte zand zitten en de zon in dat blauwe water te zien zakken. De hele winter kun je daar gewoon zwemmen. En klandizie in overvloed. Veel van de New-Yorkers die hier de zomer doorbrengen, plus wat er nog over is van de rijke zuiderlingen. En meisjes, je gelooft je ogen niet. Ik meen het, J., je hoeft maar te kikken en Oliphant schrijft een aanbevelingsbrief waarmee je in heel Clearwater terecht kunt. Of waar dan ook in de hele staat.'

Jamie pakte een voor een de met elastiek omwonden stapels bankbiljetten en schoof ze in een envelop van geel manillapapier en boog de metalen klem terug. Doopte zijn pen in de inkt en schreef het bedrag en de datum op de envelop, en zijn sierlijke initialen daaronder. Zei: 'Ik denk toch dat ik maar hier blijf, Stanley. Ik heb verplichtingen.'

'Die kun je uitbesteden. Doe het nou, al is het maar één winter. Gewoon om eens te zien hoe het is. Het is daar totaal anders. Niet alleen het weer, een heel andere sfeer. Alles gaat er even gemakkelijk. Kijk, het stikt er wel van de joden. Die trekken naar Florida alsof dat het beloofde land is. Maar daar staat weer tegenover dat de zwarten er al het zware werk doen. Ik meen het, J., iemand die van wanten weet heeft daar een leven als een luis op een zeer hoofd. Je maakt zelf uit wat je doet.'

En Jamie schreef de datum en het bedrag nu ook in de smalle kolommen van het kasboek, in zijn kleine rechte handschrift, en sloeg het boek dicht en schoof op zijn plek, stond op en liep door het kantoor om de envelop in de openstaande vloerbrandkast te leggen en gaf een zwiep aan de knop en hoorde de tuimelaars zachtjes klikken. Hij bleef even met zijn handen op zijn knieën zitten en werkte zichzelf toen overeind, liep terug naar het bureau en ging achter Stanley staan, legde een hand op de schouder van de barman en liet zijn vingers even diep in het vlees dringen, maar eerder een liefkozing dan iets anders. Hij zei: 'Pak maar een fles van het een of ander, Stanley. Schrijf het maar gewoon even op.'

In het midden van september, de bomen onder de bergtoppen begonnen al te verschieten, kwam hij op een doordeweekse ochtend zijn kantoor in het Sinclair binnen en zag midden op het vloeiblad van zijn bureau een ansichtkaart liggen, met een vuurtoren erop, duinen met hoog gras, de zee met een rits schuimkoppen. Op de achterkant haar krabbelhandschrift zonder leestekens: *Als je langs wilt komen zou dat leuk zijn*. Daaronder had ze een rechthoek getrokken met een adres erin. Hij liet de kaart op zijn bureau vallen, liep naar de deur en draaide hem op slot. Pakte de kaart weer op en bekeek hem nauwkeurig. Zijn handen beefden. Scheurde de kaart in tweeën en de helften in tweeën enzovoort tot er alleen nog maar snippers waren, die hij uit zijn vingers in de lege prullenbak onder zijn bureau liet neerdwarrelen. Hij pakte zijn pet van het bureaublad en draaide zich naar de deur met geen andere gedachte dan te vertrekken, naar buiten, ergens heen rijden. En draaide weer terug, knielde neer en haalde de snippers uit de bak en paste ze in elkaar en schreef, nog steeds op zijn knieën, het adres over op een vel briefpapier van het hotel. Vouwde dat op en stak het in de binnenzak van zijn colbert. Greep de snippers bij elkaar en droeg ze naar de bar, waar de open haard brandde, en wierp ze in de vlammen, negeerde het handjevol gasten dat erbij zat. Liep naar de lobby, door de hoofdingang naar buiten en liep om het gebouw heen naar zijn auto, koos die omweg in plaats van de kortere door het binnenste van het gebouw om geen bekenden te hoeven tegenkomen. Iedereen die voor hem werkte zou van die ansichtkaart af weten. *Als je langs wilt komen*. Hij kon zijn handen niet vertrouwen, niet bij haar of wie dan ook. Als ze hem nu om de hoek van het hotel tegemoet zou komen, zou hij niet voor zichzelf kunnen instaan.

Wat hij weleens gefantaseerd had, op momenten dat hij zichzelf een fantasie toestond of er geen weerstand aan kon bieden, was Joey die onaangekondigd kwam opdagen. Dat ze op een avond het Sinclair binnenkwam, zo van de laatste trein. Of op een ochtend doodgemoedereerd over het zandpad naar het huis, sloffend door het rulle zand, die goedkope reistas tegen haar heup bonkend, haar haren in haar gezicht, ogen glinsterend naar hem opgeslagen, haar mond stijf dicht tegen de glimlach die eruit wilde. Maar dat *Als je langs wilt komen zou dat leuk zijn* was een steen die door de lucht was komen zeilen, geworpen door een ongeziene hand achter een boom waar hij al voorbijgelopen was. Precies op zijn achterhoofd.

Hij slingerde de Ford aan en reed zonder plan of bedoeling over de hoofdweg, maar merkte dat hij na Mount Agassiz verderging over het weggetje rond de berg die het land tussen Bethlehem en Franconia omhoog deed rijzen, eerst langs de boerderijtjes en dan door het lange bosrijke stuk tot hij bij de kleine hooiweide kwam van die zomernacht toen ze nog niet vertrokken was maar hij al wel wist dat ze zou gaan, waar hij had zitten drinken en in slaap was gevallen. Met uitzicht op Mount Lafayette. Die nu een dunne sneeuwlaag had op zijn rotsige top, de sneeuw schitterend in de zonnegloed van de vroege herfstdag. Hij zette de auto op het weitje, waar het gras allang weer was aangegroeid en de volgende zomer pas gemaaid zou worden opdat de herten er in de winter konden grazen. Hij stapte niet uit. Liet de motor draaien.

Het leek alsof hij er maar eventjes zat, al voelde hij de zon over hem heen trekken en zag hij de schaduwen van rechts naar links verschuiven. Opeens begon hij op het stuurwiel te beuken. Zijn vuisten stuiterden bij elke klap omhoog maar de pijn kroop pas na een tijdje door zijn armen naar zijn rug en vandaar via zijn nek naar zijn hoofd om in de maat mee te bonken. Wat een lef, dat sekreet! Een vingerwijzing had hij gekregen. Hij mocht de volgende stap nemen. Hij had het al geweten toen hij die kaart op zijn bureau zag liggen. Op hoeveel manieren kon een man zichzelf vernederen? Talloze, waarschijnlijk. Misschien wel op manieren, en hier hield hij op met slaan en bracht zijn gehavende vuisten naar zijn mond, die je nooit voor mogelijk had gehouden. Die je pas leerde kennen als je het deed. Dat adres... Wat moest ze in Massachusetts, godverdomme? Eén ding moest hij haar nageven: ze schreef boeiende ansichtkaarten.

Toen hij de Ford ten slotte weer in zijn versnelling zette en in een cirkel door het weitje reed om weer op Bethlehem aan te gaan, zag hij dat de sneeuw van de bergtop was. Dat was een sneeuwlaag van niks geweest. Het was middag. Hij vermoedde dat hij elk moment zonder benzine kon komen te zitten. De wandeling terug naar huis zou hem goed doen.

Wat hij zich van zijn moeder herinnerde was zijn vader die de keuken was binnengekomen. Dat hij vanuit de zitkamer de keuken in kwam rennen en zijn vader daar bij het fornuis zag staan, met zijn moeder in zijn armen, haar hoofd achterovergeknakt, haar gezicht helemaal opgezwollen, het gekneusde zwartpaars van braambessen. En dat zijn vader hem zag. En zijn bulderende stem, gebroken en angstig tegelijk, Jamie toeschreeuwend dat hij weg moest, weg hier! En Jamie die bleef staan en woordeloos naar het gezicht van zijn moeder staarde. Wat er daarna was gebeurd wist hij niet meer. Of hij weggerend was of dat een van zijn zusters was binnengekomen om hem mee naar buiten te nemen. Of heel iets anders. Hij wist het niet meer. En hij kon zich haar gezicht niet anders dan zo herinneren. Verder had hij alleen nog kleine geheugentintelingen, losse fragmenten waarin ze een aanwezigheid was, een geur, de aanblik van een kledingstuk in beweging. Hij kon zich heugen dat ze hem weleens vasthield maar kon zich haar handen niet herinneren. Hij kon zich heugen dat ze weleens een verhaaltje voorlas, maar niet hoe haar stem had geklonken. Als hij van haar droomde was ze monsterlijk, angstaanjagend, meestal boos om iets wat hij gedaan had, of niet had gedaan. Maar ook als hij daaruit ontwaakte was het niet alsof hij haar gezien had, niet zoals hij zich voelde als hij van Joey had gedroomd, meer alsof hij zich in een andere wereld had bevonden. En als hij eenmaal wakker was verdampten die gevoelens van haar nabijheid, bleef alleen de indruk dat ze boos op hem was geweest. Alleen dat.

Hij nam de trage nachttrein naar Portland. Bekeek zichzelf in het raam. Een andere man had haar uitgebannen, had die kaart tot een prop verfrommeld en weggegooid. Had haar terzijde geschoven, als een paar leuke jaren beschouwd, een pleziertje in zijn jeugd, om de draad weer op te vatten en misschien een andere vrouw te vinden, of niet, maar in ieder geval in harmonie met zichzelf verder te leven. Een ander zou een gevoel van eigenwaarde hebben behouden. Had wellicht ook een poos moeten knokken, maar zou haar na die kaart hebben kunnen vervloeken om haar onbeschaamdheid en had haar dan kunnen vergeten. Maar hij had het gevoel dat hij haar kende. En dat die kaart geen onbeschaamdheid was, niets anders wilde zeggen dan dat het hem vrijstond om te doen wat hij wilde. En nu zat hij in de trein. Met een doorreisbiljet en vijfentwintig dollar in zijn broekzak, en zijn portefeuille in zijn binnenzak vastgespeld, met twaalfhonderd dollar in contanten. Omdat hij wist dat hij die nodig had, al wist hij niet waarom. In Portland nam hij een exprestrein naar Boston en geloofde niet dat hij sliep, daarvoor waren zijn hersens te murw, maar dwaalde langdurig weg terwijl hij naar zijn spiegelbeeld staarde, en op zeker moment begon het landschap daar doorheen te dringen en zich rond de trein uit te strekken in een schimmig ochtendgloren en reden ze Boston binnen.

In het station begon hij te begrijpen waarom hij zo veel geld bij zich had gestoken. Hij had een gesprek vol misverstanden met een oude man achter een loket en hield daar een kaartje voor de boemel naar Plymouth aan over en een onnauwkeurige landkaart van Cape Cod. Zijn ogen brandden en zijn lichaam was stijf en hij voelde zich gammel en onzeker en kon zich niet veroorloven te lijken wat hij was, een jongeman van het platteland die niet wist waar hij was en hoe het hier toeging, voor wie zelfs het vervoer hier te ingewikkeld was. Hij wilde niet van anderen afhankelijk zijn. Daar kwam het op neer. Hij wilde niemand de weg vragen. Hij vond dat hij in staat moest zijn om te weten hoe hij ergens komen moest en wat hij daar moest doen en hoe. Mensen liepen hem aan alle kanten voorbij en hij voelde zich een grote gekneusde knuist die door iedereen omzeild werd. Hij wist dat dit aan hem lag en niet aan hen maar hij kon het niet veranderen. En wilde er niet aan toegeven. Hij wist dan wel niet waar hij heen ging maar was vastbesloten om er niet als een verdwaasde en hulpeloze stakker aan te komen.

Dus stapte hij in Plymouth gespannen en vol zelfvertrouwen uit de trein en liep drie huizenblokken en maakte de speld in zijn binnenzak los om de portefeuille te pakken en achthonderd dollar neer te tellen voor een gloednieuwe Ford, klaar voor gebruik, en dacht dat als dit een buitenissigheid zou blijken deze hele reis een buitenissigheid zou blijken. De autohandelaar bezat tevens een stalhouderij en een smidse en was voorkomend en zeer in zijn nopjes met het contante geld, waardoor het Jamie weinig moeite kostte om te vragen hoe hij in Truro kwam, ook al omdat dit nu niet ver weg meer kon zijn.

'Truro,' herhaalde de man, en deed zijn best de uitspraak niet al te nadrukkelijk te verbeteren. 'Tja, als je die kant opgaat, moet je wel wat lucht uit de banden laten lopen. Daar krijg je allemaal zandwegen.'

'Nu ik contant betaald heb,' zei Jamie, 'zal ik wel een volle tank meekrijgen.'

'Rij hem maar voor, dan kun je hem zelf vullen'

'Zandwegen. Da's moeilijk rijden.'

'Als je die banden wat laat leeglopen, gaat het best.'

'Het punt is,' zei Jamie, 'ik moet er vanmiddag al zijn.'

De man knikte begrijpend. 'Rij hem maar even voor, dan neem ik die banden wel onder handen terwijl jij tankt. Zijn ze precies goed.'

Jamie keek naar de lucht. 'Mooi weertje, hè?'

Het duurde tot het midden van de middag eer hij Truro bereikte. De laatste anderhalf uur door mul zand, wat heel anders rijden was dan sneeuw of modder, meer op een droom leek waarin je moest rennen met dode benen, de auto ploeterend. Het was niet ergerlijk meer toen hij aan het idee gewend was dat de omstandigheden zo zouden blijven, maar langzaam ging het wel. De lucht lag warm om hem heen, geurde zwaar naar de zee en de zoutpannen en de baai. Het zuidelijke deel van de Cape was een herkenbaar landschap met dorpjes en boerderijen, maar toen de weg noordwaarts boog door de lange dunne sliert naar de punt voelde hij de verwarring van het onbekende. En hij was moe. De huizen waren laag met langgerekte daken en hij stelde zich de winterse stormwinden voor, die eroverheen zouden jagen alsof ze er niet waren. Hij reed een man met een zeis voorbij, die in een weide lang en dun gras stond te maaien dat hij anders nooit voor voer zou hebben aangezien. Zo nu en dan vielen aan de andere kant de zandheuvels weg om hem een glimp van de zee te doen opvangen, een bleekgrijze vlakte die zich uitstrekte naar een verte waarin niet te zien viel waar het water precies ophield en de wazige lucht begon. Hij voelde zich raar, niet op zijn plaats. Niet zonder opwinding ook. De mensen keken naar hem als hij langsreed. De weg was goeddeels verlaten. Hij kwam een enkele auto tegen die in tegengestelde richting naar het zuiden reed. Passeerde een ossenwagen waar een oude man naast liep met een lange prikstok. De wagen was volgeladen met netten, roestrode boeien met de vorm van kogels. Hij had sinds Randolph geen ossen meer gezien.

Truro bestond uit een paar huizen hier en daar. Houten hekken waar zand doorheen was geblazen als door de tanden van een kam. Een paar verwaaide rozenstruiken. Door de ansichtkaart had hij een vuurtoren verwacht, maar die zag hij nergens. Een eenzame winkel met een vlag aan een paal deed getuige een uithangbord ook dienst als postkantoor. Hij parkeerde zijn auto aan de voorkant en ging naar binnen. Het was er donker na het heldere daglicht. Een vrouw met grijs, strak in een staart gebonden haar en een gebreide trui zat achter de toonbank en groette hem niet toen hij binnenkwam, maar hield hem nauwlettend in de gaten. Aan één uiteinde was de toonbank van enkele tientallen postvakjes voorzien, en er was een koperen brievenbus om post te versturen. Hij liep speurend de schappen af, pakte een blikje sardines en een handvol crackers en een doosje Sen-Sen voor een frisse adem en legde alles op de toonbank en stelde de vraag waarvoor hij binnen was gekomen.

'Ik zoek een huis dat High Tide schijnt te heten.'

Ze liet haar blik op hem rusten. Streek met haar tong langs haar lippen en zei: 'Het buitenhuis van de Sloanes, bedoelt u?'

Hij knikte. 'Inderdaad, ja.'

Ze zweeg een poosje. Niet omdat ze hem van snode plannen verdacht of vond dat hij daar niets te zoeken had of wat voor oordeel dan ook over hem had, maar gewoon omdat ze hem wilde laten wachten. En toen vertelde ze waar hij heen moest en waar hij naar moest uitkijken. En hij bedankte haar en pakte zijn etenswaren en liep de deur uit. En als hij op dat moment Sloane de handelaar in jachtbenodigdheden was tegengekomen, had hij hem met de slinger van zijn buitennissige nieuwe auto tot pulp geslagen.

Hij reed zoals ze hem gezegd had te rijden en zette de auto stil toen het zand aan de banden begon te zuigen. Hij bleef zitten en at de etenswaren.

Hij wenste dat hij ook iets te drinken had gekocht. Hij stapte uit en veegde met zand de visolie van zijn vingers. Veegde de crackerkruimels van zijn vest. Maakte de Sen-Sen open en kauwde er eentje. Streek met zijn hand door zijn haar, dat dik was van de zilte lucht. Zijn gezicht voelde bepoederd. Hij stak een sigaret aan, zijn hand om de lucifer gekromd tegen de wind, en begon door het zand tussen twee duinen omhoog te lopen. Aan weerszijden van hem hingen slierten zeewier in het helmgras. En toen was hij boven.

Het leek in niets op de ansichtkaart. Het strand was verbluffend breed en strekte zich eindeloos ver naar links en rechts uit. De zee was een mirakel, zo immens dat hij de aanblik tot zich door liet dringen maar niet kon bevatten. Schuimkoppen in drie of vier lange rijen kolkend wit die nooit ophielden en nooit hetzelfde waren als werden ze door een onzichtbare vuist uit het water gegeseld. De lucht en de wind leken hem de doorgang te willen versperren.

Hij daalde af naar het samengepakte laagtijzand en sloeg de richting in die hem was opgegeven, hield zijn oog op de huizen die her en der in de duinen lagen, in afwachting van het huis dat aan de beschrijving zou voldoen, maar keek vooral naar het water. Als de golven waren uitgewoed gleden ze in opstaande waterranden achter de hollende strandvogels aan, die ze telkens net voorbleven. De zon overgoot hem met diffuus licht dat hem niet direct leek te raken, zoals in de bergen, maar van ver weg leek te komen. Er was niemand anders op het strand. In het water was een stompneuzig bootje bedrijvig in de weer. Verder weg zag hij een grotere boot. Tegen de horizon. En begreep dat dat een zeeschip moest zijn. Het was warm, leek eerder midzomer dan midden-september. En toen wendde hij zijn blik weer naar de duinen en zag het huis dat hem beschreven was.

Ze zat op de overdekte veranda met gekruiste benen op een ligbank, en de lucht die door de schaduw van de overkapping waaide was koel ondanks de warmte van de dag, dus had ze een plaid losjes over haar schoot gedrapeerd. Haar haar was hoog opgebonden, zwaar en ruw van het zout. Het enige zoete water kwam uit een wijnvat dat achter het huis onder de dakrand stond en dienstdeed als regenton, dus baadde ze zich niet buiten haar dagelijkse zwembeurt om. Het haar dat zich aan het haarlint had ontworsteld en in spiralen om haar gezicht hing was van een dichtheid die ze nooit gekend had en die haar goed beviel. En er was hier trouwens niemand die haar zag. Bij haar spaarzame bezoeken aan de winkel van Truro werd ze genegeerd door de oude vrouw achter de toonbank. En als dat mens al gedachten over haar had, dan lieten die haar koud.

Ze zag hem al toen hij nog ver weg op het strand liep. Te ver om meer dan een poppetje te zijn, maar ze wist niettemin dat hij het was. En toen ze hem zag stond ze zichzelf voor het eerst toe te weten hoezeer ze op zijn komst gerekend had, alsof ze al die dagen dat ze over het strand had gewandeld of in de duinen had gezeten of hier op de veranda, of 's avonds in zee had gezwommen, alsof dat inderdaad de tijd van bezinning was geweest die ze gezegd had nodig te hebben. En nu hij daar zo tergend langzaam in haar richting kwam gelopen wist ze dat ze daar al op gewacht had voor ze die ansichtkaart had verstuurd. En even wenste ze dat hij niet zo snel was gekomen. Dat ze nog even die dagen had kunnen vasthouden die nu achter haar lagen, de dagen van wandelen en zitten en wachten. Dat ze nog even had kunnen doorgaan met zwemmen in de avondschemering als land, zee en hemel samenvloeiden en ze door het water gleed dat nog warm was van de zomer, een vrouw alleen aan de rand van de wereld. Maar nu kwam Jamie eraan. En waar hij ook mee kwam en waar hij ook mee weg zou gaan, met of zonder haar, die tijd van voor zijn komst was nu voorbij.

Nu ze hem naar het huis zag turen wist ze dat ze hem onrecht had gedaan. En ze voelde zich klaar voor alles wat dat tot gevolg zou hebben. Ze kon niets ongedaan maken en zou hem niets dan eerlijkheid kunnen beloven. Het was een dunne strohalm om zich aan vast te klampen en ze probeerde niet te veel belang te hechten aan het simpele feit van zijn komst. En binnen die overwegingen voelde ze zich kalm. Wat er ook te gebeuren stond, dit gevoel maakte alles bij voorbaat goed.

Hij liep over het uitgesleten pad in het duingras omhoog en ontwaarde haar gestalte op de veranda. Zijn maag knorde en hij nam nog een Sen-Sen en vroeg zich af of die sardines misschien bedorven waren geweest. Het was onwaarschijnlijk, zijn aanwezigheid hier, maar hij kon zich niet voorstellen dat hij hier niet zou zijn. De zon scheen over zijn linkerschouder en de voorkant van het huis baadde in het licht en hij liep erheen met het gevoel dat hij een ernstige fout had gemaakt, dat hij na zijn aankomst eerst ergens de nacht had moeten doorbrengen. Hij voelde zich stram en ongemakkelijk, alsof hij de taal niet machtig was die hier gesproken werd. Hij liep de twee treden op en opende de hordeur en stapte naar binnen. Joey keek hem met grote ogen aan. Hij twijfelde even of zij het echt wel was, niet alleen omdat ze nu opeens voor hem zat maar ook door het broze gevoel dat ze hem gaf.

En toen meende hij angst in haar ogen te zien en grijnsde haar toe. En zei: 'Ik had me Rhode Island heel anders voorgesteld.'

'Klopt,' zei ze. 'Het is niet de plek waar ik dacht dat ik terecht zou komen.'

Hij knikte. 'En zo snel al.' En wist dat dit gemeen was maar kon er geen weerstand aan bieden. Hij sprak verder. 'Och, het is zo gek nog niet. Mooi gelegen in elk geval. Toch zal het hier van de winter wel koud worden. Het lijkt me geen huisje dat op de winter gebouwd is. Nogal eenzaam ook. Maar goed, hij zal je in de weekends wel komen opzoeken.'

'Is dat nodig?'

'Wat is nodig?'

'Om meteen zo te beginnen, met wat je denkt te weten?'

'Ik ben niet degene die ervandoor is gegaan.'

'Ik ben er niet vandoor gegaan.'

Hij gooide zijn hoofd in de nek. 'O nee? Hoe noem je het dan, wat je gedaan hebt?'

'Weet ik veel. Ik was mezelf even niet. Zoiets.'

Hij knikte. 'Aha. En nu ben je jezelf weer en wil je weer thuiskomen.'

'Ik weet niet wat ik wil. Maar ga vooral zo door, dan kom ik er snel genoeg achter.'

'O, heb ik het nu gedaan? Ik heb die kaart niet verstuurd, hoor.'

Ze zweeg even. Hij aarzelde. En het drong tot hem door dat ze het niet zou zeggen, niet zou verklaren waarom ze hem had laten komen. Dat ze daar niet eens over wilde praten. 'Jamie,' zei ze smekend.

Hij keek van haar weg. Door de openstaande deur kon hij een vurenhouten tafel zien, met een koperen stormlamp erop, en daarachter een ruw gemetselde haard van zeestenen met een stapel drijfhout ernaast. Hij keek weer naar haar. 'Heb je wat te drinken? Gegeten heb ik al, maar ik ben vergeten iets te drinken te kopen. Ik ben zowat uitgedroogd.'

Ze schoof de plaid opzij en stond in één beweging van het ligbed op. Ze droeg een witte jurk die om haar borsten spande en om haar middel en daaronder in losse plooien neerviel. Een beetje kort voor overdag, vond hij. Maar ach, dit was het strand. En er was verder niemand. Nu niet, tenminste. Ze zei: 'Ik heb een paar flessen bier, maar ze staan niet op ijs. De ijswagen komt hier alleen in de zomer langs en ik kan het hier zelf niet naar toe slepen. Je bent trouwens veel te dik aangekleed voor het strand.' En draaide zich om zonder hem aan te raken en liep naar binnen, keek over haar schouder en hij volgde haar.

'Ik heb nog het liefst water. En ik wist niet dat ik op een strand zou belanden toen ik thuis wegging.' Hij zei het tegen haar rug, de losse haren in haar nek, vrijgekomen uit de weelderige massa op haar hoofd. Daar wilde hij zijn neus tegenaan drukken. Maar hij durfde haar niet aan te raken, die bekende vreemdelinge.

Ze gingen aan de planken tafel zitten, met een tinnen kan water uit de regenton en een paar verschillende glazen. Het water was lauw maar heerlijk. Bij het naar binnen gaan was er iets onuitgesprokens over hen neergedaald, niet zozeer een wapenstilstand als wel een besef van wederzijdse kwetsbaarheid. Zonder dat het met woorden genoemd was, of met een aanraking uitgedrukt, was er een gevoel van tederheid. Voortgekomen uit waar ze het beiden probeerden te verhullen.

Jamie trok zijn colbert uit voor hij ging zitten en rolde zijn hemdsmouwen op. Trok gedachteloos een schoen van zijn voet om er het zand uit te gooien en betrapte zichzelf en keek bedremmeld naar Joey aan de andere kant van de tafel. Ze lachte hem toe. Die kleine volmaakte tanden. 'Ga je gang maar hoor,' zei ze. 'Het is een strandhuis. Overal zit zand. Hoe gaat het met je, Jamie?'

Met zijn schoenen en sokken uit dronk hij zijn glas leeg en schonk het weer vol, en vroeg: 'Waarom ben ik hier?'

'Ik zal er niet omheen draaien. Ik wil weer terugkomen, als je me nog hebben wilt. Er zijn... Complicaties.'

'O ja? En voor wie dan wel, voor jou of voor mij?'

'Ik begrijp heel goed dat je vragen hebt. Ik zal er zo eerlijk mogelijk antwoord op geven, maar ik ga me nergens voor verontschuldigen. Kun je daarmee leven?'

'Dat klinkt behoorlijk hoogdravend.'

'Zo draaf ik nou eenmaal.'

'Dat zal wel. Maar je maakt het voor mij wel ingewikkeld op die manier.'

'Hoe bedoel je?'

'Nou, wat je ook zegt, ik mag het niet betwijfelen en ik mag me er ook niet kwaad om maken. Het lijkt wel een gesprek tussen twee engelen, wat jij voorstelt. En zulke engeltjes zijn we niet, dus hoe krijgen we dat voor elkaar? Als je 't mij vraagt kunnen we beter een potje knokken en dan maar zien of de scherven nog gelijmd kunnen worden. Dan weten we in elk geval waar we aan toe zijn. Dat ik hier ben wil niet zeggen dat ik niet verschrikkelijk pissig op je ben. Een deel van me weet ook helemaal niet waarom ik gekomen ben. Wat zeg ik, nu ik er even bij stilsta zou ik bij god niet weten waarom.'

Ze knikte. 'Dat kan ik billijken.' En liet het daarbij, liet hem nog steeds in het ongewisse.

Hij zei: 'Maar vertel eens, wat is er gebeurd in Providence? Hoe ver is Rhode Island hier eigenlijk vandaan? Ik weet verdomme niet eens waar ik ben.'

'Ik ben zwanger.'

Hij stond van de tafel op en liep blootsvoets door de kamer, langs haar heen naar een hordeur in de achterwand van het huis. Ging ervoor staan en stak een sigaret op. De rook krulde door het gaas naar buiten en dreef weg. De regenton stond bij een kleine uitbouw aan de achterkant van het huis. Daarachter alleen nog het rijzen en dalen van de duinen, met de wind golvend door het helmgras. Het licht van de late middag. Nu hij zijn schoenen uit had sleepten zijn broekspijpen over de vloer. Hij stond daar even en kneep zijn sigaret uit en tikte de deur open, net wijd genoeg om de peuk in het zand te kunnen gooien. Draaide zich om. Ze zat nog steeds aan de tafel, met haar rug naar hem toe. Ze had zich niet bewogen. Haar schouders en nek en hoofd leken strak gespannen. Hij vroeg zich af of ze een klap verwachtte. Hij ging bij de zijkant van de tafel staan en keek haar aan, en zei: 'Dus dat is de complicatie waar je het over had?'

Ze sloeg haar ogen naar hem op. Hij zag haar gezicht in gedeelten, alsof zijn ogen het niet tot een geheel konden maken. Alsof elk deel voor zichzelf de angst en kracht toonde die in haar samengingen, onafhankelijk van zijn blik. Ze zei: 'Ik heb je niet gevraagd om me te komen redden.'

'Nee?'

En alle delen werden alsnog een geheel. Hij wist niet of dit door haar kwam of door hem. En wist het volgende ogenblik dat het door haar kwam. Ze zei: 'Nee. Ik heb jou niet nodig om een kind groot te brengen. Ik heb van nabij gezien hoe dat moet, en ik weet dat ik het ook wel kan. Ik weet wat erbij komt kijken, wat ervoor nodig is. En jij zult het ook wel weten. Maar ik heb het niet alleen over mezelf. Ik durf het heus wel alleen aan, maar ik weet nog hoe het was, en hoe het voor jou zal zijn geweest. Ik heb mijn vader moeten missen, jij je moeder. Ik zeg niet dat we eronder geleden hebben. Volgens mij zijn we er zelfs gehaaider door geworden dan we anders waren geweest. Maar het is een gehaaidheid die we zelf hebben moeten leren, om een zwaar gemis goed te maken. En ik denk dat we dat deze keer zouden kunnen voorkomen. Als we willen, zouden we het er samen behoorlijk goed van af kunnen brengen.'

'Godsamme,' zei hij.

Alsof het leven zelf in de vermomming van een vrouw voor hem was opgedoken, en hem voorhield dat alles allang vastligt voor je er zelfs maar een vermoeden van hebt, en dat het zich niet aandient omdat jij eraan toe bent maar gewoon omdat het zich wil aandienen, zomaar. En hij dacht aan die spiksplinternieuwe Ford, een mijl verderop achter de duinen, en schaamde zich erom. Alsof alles wat niet aan hem deugde in die auto tot uitdrukking kwam.

Hij zei: 'Dus als ik het goed heb ben jij hier neergeplant omdat je lieve meneer Sloane zo zonder al te veel trammelant van je af kon. En ik heb zo'n idee dat je dat al aan zag komen voor hij zijn mond opendeed, en dat je al wist hoe je er zoveel mogelijk uit kon slepen. En daarna krijg ik die idioot van een Jamie wel weer zover dat hij doet wat ik wil. Wedden dat je nu meer geld hebt als toen je de benen nam? En ik weet ook wel zeker dat je van tevoren al bedacht hebt wat ik zoal kon gaan zeggen, nog voor ik zelf wist dat er iets te zeggen zou zijn, en dat je op alles ook al een antwoord hebt. En hier ben ik dan. En ik voel me net een haan die ontdekt heeft dat de boerin niet met een handvol graan op hem afkomt maar met een hakbijl.'

En haar blik dwaalde van hem weg, naar het tafelblad waarop ze haar handen plat had neergelegd. Zonder op te kijken zei ze: 'Het is ons kind, Jamie. Van jou en mij.'

'Ja, allicht.' Hij deed een stap achteruit en propte zijn handen in zijn broekzakken. 'Je zou me hier heus niet naar toe laten komen omdat je me het kind van een ander wilde laten opvoeden. Zo ben jij niet. Recht-door-zee ben jij. Goudeerlijk. Jij bent geen meid die elke kans waarneemt om misbruik van mensen te maken. Jij niet.'

Ze streek een paar haren uit haar gezicht. Draaide haar hoofd alsof ze vermoeid was. 'Zeg maar wat je wilt. Je krijgt mij niet zover dat ik ruzie met je maak. Kom op, spui je gal maar. Je bent niet voor niks helemaal hierheen gekomen.'

'Ja, en ik had me die moeite kunnen besparen als je wat meer had geschreven dan dat ene regeltje. Dat had je er toch wel even bij mogen zetten, vind ik, dat je me vragen wilde of ik een bastaardkindje met je wilde opvoeden.'

Haar ogen vernauwden zich tot de helft. 'Was je dan niet gekomen? Zou je dan echt niet gekomen zijn?'

'Zelfs een beest gaat niet vrijwillig in de stront liggen.'

Het glas spatte uiteen tegen de zijkant van zijn hoofd. De voorkant van zijn hemd was doorweekt van het water. Hij had zijn ogen dichtgeknepen toen hij het glas zag komen en op zijn gesloten oogleden zag hij nu de bioscoopbeelden van Joey die het oppakte en naar zijn hoofd smeet. Hij was niet weggedoken. Had alleen zijn ogen dichtgeknepen. En de beelden trokken weg en de pijn trok door hem heen. Het deed meer pijn dan hij verwacht had. Hij had gedacht dat het als een klap zou voelen. Hij boog zich voorover en schudde zijn hoofd om de glassplinters kwijt te raken, en de pijn. Opende zijn ogen, woelde met een hand door zijn haar en zijn vingers kwamen bebloed terug. En toen pas hoorde hij haar, en vermoedde dat ze al die tijd al had gesproken.

'Rot maar op,' zei ze. 'Wegwezen. Wat heb ik me vergist in jou. Ik dacht dat er achter dat jongenssmoeltje een man schuilging. Ik heb hier zitten denken dat het misschien wel zo lopen moest, dat het misschien wel ergens goed voor was. Maar dat was dus een vergissing. Jij vergist je nooit, natuurlijk. Maar ik wel. En ik weet het ook als ik me vergist heb. Dus rot maar op. Ga.'

'Jezus. Heb je een doekje of zo? Ik bloed.'

En daarop gooide ze de tinnen kan naar zijn hoofd. En nu bukte hij en hoorde het ding met een holle gongslag tegen de muur slaan. Nog steeds gebukt zag hij vanuit zijn ooghoek hoe ze opstond en de stoel pakte en om de tafel op hem af kwam met die stoel hoog boven zich geheven, en hij wist dat hij haar met een lichaamsblok tegen de grond kon werken maar dacht aan haar zwangerschap, talmde, en toen was ze te dichtbij om nog iets anders te kunnen dan zich gebukt en wel uit de voeten te maken en zijn schoenen met de sokken erin van de vloer te pakken en ze ramde de stoel op zijn gebogen rug. Hij ging neer. Geen lucht. Een scherpe pijn in z'n zij. Een houtspaander? Gebroken rib? Hij kreeg zijn adem weer terug en werkte zich op zijn handen en knieën, kwam stram en langzaam overeind alsof hij werd uitgeklapt. Zijn zij deed pijn bij elke beweging. Ademhalen deed pijn. Er zat bloed op zijn gezicht, in zijn ogen, uit zijn kapotte hoofdhuid. Hij had nog steeds zijn schoenen vast.

Ze hield zijn colbert naar hem op. 'Opsodemieteren.' Haar stem een en al haat.

Ze raapte de brokstukken van de stoel bijeen en legde ze op de stapel drijfhout bij de haard. Veegde de glasscherven bij elkaar. Er lagen bloedspatten op de vloer maar die kon ze laten opdrogen en dan schuurde het zand ze wel weg. Zette de kan weer op tafel. Er zat een deuk in. Al die schade zou mevrouw Sloane wel te denken geven, de volgende zomer. Ze liep de veranda op, pakte de plaid van het ligbed en sloeg hem om haar schouders. Door de hordeur kon ze hem over het strand zien lopen. Hij was een kwart mijl gevorderd, in de richting waaruit hij gekomen was. Hij had zijn broekspijpen over zijn kuiten opgestroopt en droeg zijn schoenen in één hand en het colbert over zijn arm, liep op het natte zand bij de waterlijn. Langzaam. De ergernis die ze voor hem voelde was in werkelijkheid op haarzelf gericht, wist ze. Dat ze op hem had zitten wachten. Op die idioot. Nu wist ze beter dan ooit waarom ze die zomer uit New Hampshire was vertrokken. Enfin, het was de hoogste tijd om te bedenken hoe ze nu verder moest. Ze zag hem sjokken en wilde hem alleen nog maar weg hebben. Dan was ze eindelijk van hem verlost en kon ze vanavond bij het haardvuur zitten, met blauwe en groene vonken van de zoutkristallen op het drijfhout, en haar plan trekken. Meer dan dat hoefde ze vandaag niet meer te doen, vond ze. Het was een bewogen dag geweest.

En terwijl ze hem nakeek zag ze hem stoppen. Hij draaide zich niet om, maar liep het droge zand op en bukte zich om zijn schoenen neer te zetten en zijn colbert uit te spreiden, en hij ging erop zitten met zijn gezicht naar de oceaan, zijn knieën opgetrokken en zijn armen eromheen en zijn kin erbovenop, starend naar de branding. Als ze al een onderbreking van zijn aftocht had verwacht, dan een resolute terugkeer naar het strandhuis. Wat leek hij klein. Ze kon het niet langer aanzien. Ze reikte achter zich en trok de knoop uit het haarlint, schudde haar haar los en streek er met haar vingers doorheen. Het moest nodig gewassen worden. Ze had geen flauw idee wat hij daar zat te denken, maar ze herkende zijn houding. Zo had ze zelf ook vaak gezeten in haar eerste week hier. Ze trok de plaid vaster om zich heen en ging op het ligbed zitten, trok haar voeten onder zich, haar knieën opzij. Drapeerde de plaid om zich heen, haar handen eronder, op haar buik gevouwen. De zon stond nu zo laag dat hij door het gaas in haar ogen scheen. Ze wachtte op hem.

De wereld was amberkleurig geworden toen hij weer door de hordeur de veranda opkwam, nog steeds blootsvoets, colbert over zijn arm. Hij opende de deur en keek haar aan en stapte naar binnen. Ze zag dat hij zijn schoenen ergens had achtergelaten en vroeg zich af of hij dat zelf wel wist. Hij legde de jas over een schommelstoel en zei: 'Ik zat te denken dat zo'n fles bier misschien toch wel lekker was.'

'Hoe is 't met je hoofd?' Er zaten bloedvegen op zijn wang en ze kon de klonters in zijn haar zien.

'Mijn hoofd?' Hij grijnsde. 'Een puinhoop.'

'Dat bier staat in een krat op de vloer van de bijkeuken.'

'Jij ook?'

'Nee, ik maar niet.'

Hij kwam terug met de geopende bierfles en een schoteltje als asbak en ging in kleermakerszit op de vloer voor het ligbed zitten, keek haar afwachtend aan, en ze bekeek hem en zag dat de wrok uit hem geweken was en dat er nieuwsgierigheid voor in de plaats was gekomen. En ze werd bang, niet voor hem maar voor zichzelf. Het hoge woord was eruit en zij was nu degene die de rest tot een goed einde moest zien te brengen. Dus begon ze hem te vertellen hoe het gegaan was, dat het anders was gelopen dan ze gehoopt had, maar ook niet zoals hij voorspeld had. Dat Edgar Sloane haar vanaf het station van Providence niet naar een pension had gebracht, zoals ze had verwacht, en ook niet naar een gemeubileerd appartement, zoals ze had gevreesd, maar naar een bakstenen pand met twee etages, midden in een straat, met een leien dak en een koperen deurklopper in de vorm van een zwaluw, waar hij haar had toevertrouwd aan de zorgen van Virginia Reeves, een vrouw van zijn eigen leeftijd, struis en vormelijk, sober maar duur gekleed in zwart en wit, haar zwarte haar zonder een vleugje grijs in een strakke Franse vlecht, die kort met Sloane gesproken had alvorens ze Joey was voorgegaan naar een kamer waar een vleugel stond, waarop ze een paar toonladders had gespeeld en Joey had toegeknikt en een paar bekende variéténummers met haar had doorgenomen, waarna ze Joey gevraagd had welk nummer ze zou zingen als haar leven ervan afhing en Joey had 'If I Could Tell You' gekozen, en de vrouw had het langzaam en met zachte aanslag gespeeld, van de toetsen wegkijkend naar een punt ergens aan de andere kant van de kamer terwijl Joey zong. Toen het liedje uit was speelde de vrouw nog een paar losse noten alsof ze geen afscheid kon nemen van het geluid, en ze negeerde Joey en draaide zich om naar Sloane en vroeg: 'Waar heb je haar gevonden, Eddy?'

En zo kwam Joey bij Virginia Reeves te wonen. De rest van juli en heel augustus. Ze vroeg niet wat er tussen deze vrouw en Sloane was en hoefde dat ook niet verteld te krijgen omdat ze het die eerste middag al gezien had, en het later telkenmale bevestigd kreeg op de avonden, een- of tweemaal per week, dat hij langskwam. Om kwart over vijf, op zijn weg van de winkel in jachtbenodigdheden naar het huis waar zijn vrouw en kinderen op hem zaten te wachten. Dan maakte Virginia voor zichzelf een gin-rickey klaar en schonk Sloane zich een Schotse whiskey in uit de karaf op het dressoir en brachten ze een genoeglijk uurtje door met z'n drieën. En dan kon Joey altijd hun jongere ik in hen zien doorschemeren, zoals ze geweest waren toen ze elkaar voor het eerst hadden getroffen, met een kracht die hun voorafbepaalde koers niet had kunnen ombuigen maar die altijd was blijven nawerken en nog steeds een zweem van droefheid gaf aan het plezier dat ze aan elkaar beleefden. Edgar en Virginia. Hun wederzijdse plezier werd moeiteloos geschonken en ontvangen, maar de prijs was hoog. Joey sloeg hen gade en wist dat ze zich maar zelden zo aan anderen getoond hadden. Het was een aanblik die haar huid deed schrijnen.

Overdag zong ze toonladders en oefeningen tot haar buikspieren een harde gordel vormden en haar longen tegen haar borstkas drukten. Dronk kamillethee met honing en citroen voor haar keel. Ze werkten haar hele repertoire door, nummer voor nummer, en Virginia Reeves schafte de meeste af en verving ze door nieuwe; sommige nieuw in de zin dat Joey ze niet kende, andere letterlijk nieuw, bladmuziek die zo uit New York kwam. Aan het eind van de middag dronken ze thee met broze koekjes, gebakken door de Ierse vrouw in de keuken en geserveerd door een zwijgzaam Iers meisje, en na de thee was er een drankje en dan gingen ze aan tafel voor de maaltijd die het stille wicht opdiende, waarna ze op avonden dat Sloane niet kwam mahjong speelden in de salon of naar aria's luisterden op de Victorgrammofoon. Als de plaat was afgelopen bleven ze nog even zitten tot de geest van de muziek vervaagd was en dan stond een van beiden op om de tikkende naald op te tillen en de zware, sierlijk gebogen toonarm terug op de houder te leggen of de naald opnieuw in de groef te laten zakken en nog een keer te luisteren. Hun conversatie ging zelden verder dan instructies of wederzijdse beleefdheden, een stilte waarmee mevrouw Reeves niet alleen haar eigen privacy leek te beschermen maar die ook bedoeld leek om Joey de waarde van een discrete levenshouding te doen inzien.

Maar ondanks die terughoudendheid, of misschien juist wel dankzij, kwam Joey genoeg aan de weet. Alleen al door de trappen op en af te lopen tussen de benedenverdieping en haar kamer op de tweede etage. Het trappenhuis en de overlopen hingen vol met ingelijste foto's, ingelijste krantenknipsels zelfs. De data, de kleding en het langzaam veranderende gezicht op de foto's omspanden dertig jaar uit het leven van haar gastvrouw. Van zomaar een gezichtje bij de revue of het variété tot eenzame ster in concertzalen en bij grote shows. Joey leidde er eerst uit af dat Virginia Reeves ouder moest zijn dan ze eruitzag, maar moest later erkennen dat haar uiterlijk precies klopte met haar leeftijd, en daarmee had ze geleerd dat het leven een mens niet altijd platwalste maar ook een langzame oprekking kon zijn tot iets wat je waardigheid kon noemen. Eigenwaarde. Een gevoel, besloot ze, dat zij zich ook eigen moest zien te maken, tegen elke prijs.

En toen begon Virginia Reeves mensen uit te nodigen voor het diner. Gezelschappen van vier of vijf gasten, zes hooguit, mannen van haar eigen leeftijd of ouder, soms met hun echtgenote, soms alleen en soms vergezeld door een jongedame. Deze jongedames waren zonder uitzondering actrice van beroep. De echtgenotes bekeken de actrices met koele minzaamheid. Virginia Reeves sloeg hier geen acht op en was tegen al haar gasten even voorkomend, al had Joey al snel door dat ze met de heren een soort van geheimtaal sprak, en dat de andere aanwezigen dit ook wisten en dat niemand zich er ooit in mengde. Na afloop van zulke soirees zaten Virginia en Joey in de salon en deed Virginia omstandig uit de doeken wie de betreffende heren geweest waren. Van welk theater ze de eigenaar waren, of van welke productiemaatschappij, wat hun politieke standpunten waren en wat dat betekende binnen de verhoudingen van Providence, bij welke sportvereniging of honkbalclub ze een vinger in de pap hadden, wat ze zoal aan andere zakelijke belangen hadden, hoe trouw ieder van hen was aan zijn idealen en doeleinden, en wie er te veel dronk of onkuis was met de actrices. Als Joey vroeg wanneer ze voor hen zou mogen zingen, kreeg ze te horen dat deze heren heel goed wisten waarvoor ze waren uitgenodigd en dat hun belangstelling voor dat donkerharige meisje allang gewekt zou zijn, door het simpele feit dat ze aan Virginia's tafel had aangezeten. 'We laten ze gewoon nog een poosje over je denken. Laten ze zich maar afvragen wie je nu eigenlijk bent. Dat is goed voor een man. Geef ze de tijd om eerst hun fantasie aan te spreken voor je ook maar een noot gezongen hebt. Dan vallen ze als een baksteen wanneer het zover is, geloof mij maar.'

En het werd augustus en ze werd niet ongesteld. Ze schrok daar wel van, maar schreef het toe aan alle opwinding en de vreemde omgeving en deed haar best er niet aan te denken. En dat ze steeds wilde slapen, voortdurend slaap had, dat hield ze voor een reactie op haar schrik, een manier om er haar ogen voor te sluiten. Van misselijkheid had ze geen last, maar die wendde ze wel voor om Virginia Reeves een verklaring te bieden voor haar vermoeidheid en de manier waarop ze bij maaltijden naar het eten op haar bord staarde alsof ze nog nooit zoiets gezien had. Ze sneed alles in de kleinst mogelijke stukjes eer ze het op haar vork nam, en als ze het dan kauwde en doorslikte kon ze niet geloven dat ze dat werkelijk deed. En op zulke momenten, en vele andere, voelde ze de ogen van Virginia Reeves op zich gericht. En dan brak haar schrik uit zijn dunne omhulsel en jaagde door haar heen. Als een voorhoede van de waarheid die ze had buitengesloten.

Op een middag stormde Joey midden in een oefening de kamer uit, de gang door naar de badkamer met een hand voor haar mond om de vloed van zure kamillethee te keren en stond even later boven de wasbak terwijl ze de kraan liet lopen, en haar maag bleef maar samenkrimpen en bij elke golf dacht ze: dit moet toch 's ochtends? en toen het voorbij was waste ze haar gezicht met warm water en bekeek zichzelf in de spiegel, keek naar het bleke en opgezette mysterieuze gezicht dat vanuit het glas terugkeek, en voelde opeens een diepe vrede. Liep met vaste tred door de lange gang terug naar de muziekkamer en vertelde de vrouw op de pianobank wat die vrouw allang wist maar met groot geduld voor zich had gehouden tot Joey er zelf mee zou komen. En Virginia Reeves sprak kort over een kennis van haar, een dokter die in stilte zijn diensten aanbood in het wereldje der aankomende actrices in Providence, en toen Joey daar niets van wilde weten stond mevrouw Reeves op van de pianobank en bleef haar een lang moment staan aankijken, met ogen vol hartstochtelijk verdriet, waarna ze woordeloos de kamer uitliep, haar rug kaarsrecht als altijd. En Joey vroeg zich af wat ze zoal aan redenen kon hebben gehad voor die verdrietige blik, en kon er maar een paar bedenken, en hoorde ondertussen haar zachte stem bij de telefoontafel in de gang.

Anderhalf uur zat ze alleen in de muziekkamer en toen kwam Edgar Sloane binnen. Hoewel het nog lang geen avond was nam hij haar mee naar een restaurant, waar het koel en schemerig was, met plafondventilatoren en wanden van donker gebeitst hout. Het was de eerste keer sinds New Hampshire dat ze met z'n tweeën waren. Sloane was bedaard en aandachtig en vriendelijk en ze bespeurde een intense onrust in hem en vermoedde dat hij bang was om met haar gezien te worden, en ze vond het aandoenlijk dat hij dat gevaar wilde trotseren en ze gedroeg zich uiterst formeel. Ze zaten over voedsel gebogen waarin ze geen van beiden trek hadden en hij vroeg haar wat ze van plan was en ze zei hem dat ze dat niet wist. En hij vroeg welke keuzes ze volgens zichzelf had en daar had ze wel een antwoord op. Ze had er in de muziekkamer in alle rust over kunnen nadenken, en de keuzes hadden zich geopenbaard als een vuist die zich opende om een paar losse centen te tonen. Ze wist in ieder geval heel goed wat ze niet wilde. En ze wist ook dat verdergaan met Virginia Reeves uitgesloten was. En ze was niet van plan iets van Sloane te vragen en verwachtte al evenmin iets van hem. Ze zette uiteen wat ze aan keuzes meende te hebben, in woorden die niet zo moedig en helder waren als de gedachten erachter, maar ze toonde geen gêne voor de beperktheid van haar mogelijkheden. En hij vroeg haar welke van die mogelijkheden ze zelf het meest haalbaar achtte. En ze kon slechts herhalen dat ze dat niet wist. Hij pakte zijn servet, drukte het tegen zijn lippen en vouwde het op, legde het naast zijn bord neer en vertelde wat hij voor haar kon doen.

Hij kwam haar de volgende ochtend in alle vroegte ophalen, en ze stond al klaar, glipte de deur uit, de frisse morgenstond van de late zomer binnen, met alleen de goedkope reistas waarmee ze uit New Hampshire was vertrokken. Virginia Reeves had ze sinds de voorgaande middag niet meer gezien of gesproken, had nog wel wat woorden van dank en spijt op papier gezet maar had het briefje opgevouwen en in de zak van haar jurk gestoken, in de overtuiging dat Virginia Reeves het gebaar met minachting zou bezien. Ze namen de trein naar het oosten, naar Orleans, zwijgend naast elkaar in de coupé. Ze wist niet of hij zich een toekomst met haar had voorgesteld, laat staan welke, en wist dus ook niet of hij nu berustte of opgelucht was. Maar één ding was zeker: wat hij nu deed kwam niet zozeer uit gevoelens voor haar voort als uit een idee van hoe hij zich te gedragen had, wat een fatsoenlijk man nu moest doen. En ze wist dat dit voor hem volstond, dat het tegemoet kwam aan wat er aan passie of overtuiging in zijn ziel school.

In Orleans reden de zomerkoetsen nog en ze reisden noordwaarts. Als er onder de andere reizigers bekenden van Sloane waren, dan sprak hij die niet aan en zij zeiden ook niets tegen hem. In de winkel van Truro sloeg hij een voorraad levensmiddelen in zonder Joey te raadplegen, die achter hem aan liep langs de schappen en vervolgens op de veranda op hem ging staan wachten. Toen hij naar buiten kwam keek hij haar even zwijgend aan en zei toen dat de boodschappen en het ijs later die dag aan huis bezorgd zouden worden. En hij pakte haar reistas op en liep voor haar uit door de duinen naar het strand en ze sjokten meer dan een mijl over het zand, zij een eindje achter hem om naar de zee en de lucht te kunnen kijken, en naar de vogels die tussen de schuimvlokken rondscharrelden. In het huis gaf hij haar een korte rondleiding, legde uit hoe het water werkte, het kleine fornuis en de ijskist, en ging toen met zijn hoed in zijn hand voor haar staan en zei dat ze kon blijven tot ze wist wat ze wilde, mits het niet te koud werd, en zei dat als ze nog iets nodig had, wat dan ook, dat ze hem dan in zijn winkel kon bereiken. En hij legde een visitekaartje op de tafel neer en ze stonden elkaar een poosje aan te kijken en ze wist dat ze elkaar nooit meer zouden zien en vermoedde dat hij het ook wist. Vermoedde dat hij haar goed genoeg kende om dat te weten. Dus deed ze een snel pasje naar voren en kuste hem, en toen ze haar mond weer wegnam maakte hij een kreunend geluidje. En toen stond ze op de veranda en zag hem over het strand weglopen.

En tot slot vertelde ze hem, zonder uitleg of excuses, dat ze zichzelf sinds haar vertrek uit New Hampshire Joey Pelham had genoemd. Dat ze sindsdien zijn naam had aangenomen.

De dag was in een fletse, blauw met grijze schemering overgegaan. Ze kon aan het geluid van de branding horen dat de vloed kwam opzetten. Hij had al die tijd roerloos op de vloer zitten luisteren, de fles met het lauwe bier onaangesproken naast hem. Met zijn blote voeten en opgerolde broekspijpen rilde hij af en toe in het zeewindje dat over de veranda waaide. Ze vroeg zich af of hij zijn schoenen tot aan het huis had meegenomen of dat hij ze op het strand had laten staan, in welk geval ze nu verdwenen waren. Toen ze klaar was met vertellen bleef hij zitten zonder te bewegen of te spreken, verwarring en spanning op zijn gezicht, teer als van een jongetje, en zij zat daar met de plaid om zich heen en wilde bij hem gaan zitten, hem aanraken. Na een tijdje vroeg hij: 'Heeft-ie je geneukt?'
'Of ik daar nu ja of nee op zeg, zou dat wat uitmaken?'
'Weet ik niet.'
'Zeg ik nee, dan blijf je altijd denken dat dat een leugen was. Zeg ik ja, dan zul je het me bij elke ruzie voor mijn voeten gooien. Dus weet je wel zeker dat je het wilt vragen?'
'Ik heb het al gevraagd.'
'Wat denk je zelf?'
'Ik weet niet. Ik kan geen hoogte van jou krijgen.'
'Goed dan,' zei ze. 'Wil je dat ik het zeg? Wil je de waarheid?'
'Ik denk het wel, ja.'
'Thuis nog. Van de zomer. Hij hunkerde naar me. En hij had een indrukwekkend verhaal over hoe hij me helpen kon. Het was heel anders dan met de idioten die ik gewend was, en de waarheid is dat ik het er inderdaad voor over zou hebben gehad. Maar de meeste mannen zijn zowat hun hele leven op één ding uit en daarna hebben ze geen belangstelling meer voor je. En ik wilde binnenhalen wat hij me te bieden had, dus hield ik hem aan het lijntje. Wat een goede inschatting bleek. En wie weet wat er nog gebeurd zou zijn als het allemaal volgens plan was blijven lopen. Maar zo liep het niet en nu zit ik hier. Het korte antwoord is dus nee. Maar als het nodig was geweest, zou ik het gedaan hebben. Kun je daarmee leven?'
Hij zweeg. De schemering was nu onverdeeld grijs. Hij keek van haar weg, keek de vloer van de veranda rond alsof hij iets zocht. En keek weer naar haar op. 'Je krijgt een kind.'
'Daar ziet het wel naar uit, ja.'

'Mijn kind.'

'Ons kind.'

'Wat weet jij eigenlijk van kinderen af? Ik niks. Wat heet, ik heb nog nooit een kind om me heen gehad.'

Ze grinnikte. 'Ik ook niet. Tja, je krijgt ze en dan zal het een wel tot het ander leiden, denk ik zo.'

'Volgens mij komt er meer bij kijken.'

'Ja, dat zal ook wel.'

En ze lieten een stilte vallen. Het was bijna donker. Boven de zee hing een stuk maan te schijnen en er viel een grauwig bleek licht over de verandavloer. De wind was gaan liggen en het was niet zo kil meer. De lucht voelde zwaar, alsof er een elektrische lading in hing, of de aanwezigheid van de oceaan zelf. Na een poosje zei hij: 'Dus je wilt weer thuiskomen?'

'Ja,' zei ze.

En hij kwam soepel overeind, maar draaide zich van haar weg, naar het gaas waarmee de zijkant van de veranda was afgeschermd, met zijn rug naar haar toe. Zo bleef hij een tijdje staan. Huiverde niet meer. En draaide zich ten slotte om. Ze had niet op hem gewacht maar wel naar hem zitten kijken, wist dat hij stond te wikken en wegen, alles op een rijtje stond te zetten, en was er al die tijd zeker van dat hij het antwoord misschien nog niet kende maar dat het allang vast lag. Hij zei: 'Het is mooi hier, hè? Ik heb me de zee vaak proberen voor te stellen, maar dit slaat alles. Zoiets als dit kun je je ook niet voorstellen, denk ik. Jij?'

'Nee, ik had ook geen idee.'

'Zullen we een eind gaan lopen? Nu ik hier toch ben, wil ik er zoveel mogelijk van zien.'

'Ben je je schoenen kwijt?'

'Nee, die staan voor het huis. Maar op dat zand wil ik geen schoenen aan.'

En ze stond van het ligbed op en rekte zich uit, haar armen hoog boven haar hoofd. Liet ze zakken en omarmde zichzelf. 'Kom, dan gaan we.'

Hij deed een stap in haar richting. 'Kan het eigenlijk wel? Voor jou?'

'Wat, lopen?'

'Sta me niet zo uit te lachen.'

'Jamie, ik heb hier elke avond naakt gezwommen. Ik zie niet in hoe een wandelingetje kwaad zou kunnen.'

'Gezwommen? In het donker?'

'Ja, een heel eind erin en je dan door de golven terug laten brengen.'

'Al dat water,' zei hij. 'Doodeng.'

Ze liep naar hem toe, raakte hem niet aan en liep door naar de deur en opende die, bleef staan, draaide zich om. 'Heerlijk is dat. Angstig en nog veel meer, alles tegelijk. Jij vindt het vast ook geweldig. Kom.'

'Wat, wil je zwemmen?'

'Ja, ik wil zwemmen. Met jou. Ik wil dat je erachter komt hoe het is.'

'Naakt zwemmen, in die grote zee?'

'Ja,' zei ze.

'Nou, eh...'

'Het is er lang zo donker niet als je denkt. Je staat er versteld van wat je allemaal nog ziet. En wat je niet zien kunt, kan je ook niet schelen. Zie je die maan? Kom op.'

Hij kwam in beweging en ze keerde zich om en liep de treden af, het mulle duinzand in en keek om en zag dat hij op de bovenste trede was blijven staan, met zijn handen in zijn zakken. Hij keek naar haar. 'Dus je bent jezelf Pelham gaan noemen.'

'Ja.'

Hij boog zijn hoofd, een heldere flits van zijn gezicht in het maanlicht, gevolgd door zijn zoutverwaaide haar. 'Als Frans-Canadees kotst iedereen je uit, hè?'

'Ik wilde het slim aanpakken.'

'Pelham is een goeie ouderwetse naam.'

'Ik heb geen misbruik van je willen maken.'

'Natuurlijk niet,' zei hij. 'En als je er wat aan gehad hebt, gun ik je dat van harte.' Hij kwam bij haar in het zand staan. Ze kon hem weer ruiken, een geur die ze zich niet had kunnen herinneren toen ze bij hem vandaan was geweest maar die nu weer onvervreemdbaar leek. 'Mensen grijpen nou eenmaal elke kans aan om wreed te zijn,' zei hij.

'Ik weet dat jij zo denkt, ja.'

'Ik denk het niet, ik weet het. En jij weet het ook, uitzonderingen daargelaten.'

'Misschien ook wel, ja.'

'Weet je,' zei hij, 'ik ga toch liever een eind lopen.'

Ze aarzelde even en pakte toen zijn hand, en leidde hem het duin af naar de zee.

Foster werd in maart geboren, tijdens een driedaagse storm die begon met een voet aan natte sneeuw en overging in vriesregen die een ijsslaag over de sneeuw legde en toen zakte de temperatuur en kregen ze nog drie voet poedersneeuw en op de derde dag klaarde het op en was de wereld, wit, kristallijn, vreedzaam en toegedekt. Tegen het eind van die drie dagen waren er achttien verschrikkelijke uren zonder hoop geweest. Jamie had op zeker moment in de keuken gestaan en zich met zijn vuisten voor zijn hoofd geslagen tegen de gedachte dat hij maar het best die besmeurde gruwelkamer kon binnengaan om haar te wurgen en een eind aan alle ellende te maken.

En toen was hij teruggegaan en op zijn knieën voor haar neergevallen en enige tijd later had hij tussen haar bebloede dijen kunnen reiken om een kindje in zijn armen te nemen, dat ook met bloed overdekt was, en met een helder slijm, en het had heel even gehuild, niet meer dan een zwak gemiauw, en was toen vredig gaan liggen zuigen. En Jamie had Joey gewassen, had het bloeddoordrenkte beddengoed onder haar vandaan getrokken en door verse lakens vervangen en was toen naar de keuken gegaan om zichzelf te wassen met het laatste warme water. En aan het eind van die dag was hij naar buiten gegaan, had de deur tegen de opgehoopte sneeuw moeten openduwen en had om zich heen naar de storm staan kijken. Hij had de hongerige paarden in de stal kunnen horen, had gedacht dat daar niets aan te doen was, had zich omgekeerd om weer naar binnen te gaan, en had zich nogmaals omgekeerd om door de heuphoge sneeuw naar de stal te waden, was bij elke stap door de ijskorst gezakt die zijn benen had opengeschuurd. Toen de storm eindelijk voorbij was, de volgende dag of die daarna, dat kon hij zich nooit meer goed herinneren, wilde hij nergens meer heen, wilde alleen nog maar blijven waar hij was.

Foster was naar niemand vernoemd. Het was gewoon een naam die ze mooi vonden. Zij had een keer de naam van zijn vader geopperd, en hem een paar dagen later zomaar gevraagd wat hij van Foster vond. Drie jaar later kregen ze een dochtertje, voor wie ze zonder enige discussie de naam van Joey's moeder kozen. Claire.

6

In de zomer van 1919, volgend op de winter van de griep waarna ze met z'n tweeën waren overgebleven, betaalde hij de jongste dochter van Flood om elke dag over te komen en op zijn zoon te passen. Dat vertrouwde hij Sharon wel toe. En hij had misschien ook wel het gevoel dat hij haar meer bood dan die kleine vergoeding alleen. Even weg van de stank van mest en het constante geblaat van de schapen, en van de bejegening thuis waar hij zo zijn vermoedens over had. En ze leek inderdaad te voldoen. Tot de middag toen hij thuiskwam en de jongen halverwege een den zag zitten, schrijlings op een grote tak met zijn rug tegen de stam, zijn voeten bungelend. En het meisje Sharon daaronder, op een omgekeerde krat gezeten met een stuk zeep als een bijbel in haar handen. Ze deed Jamie haar relaas. 'Ik stond wat stoofvlees op te bakken voor zijn middageten en hij zeurde dat hij zo'n honger had. Nou, dus ik zei dat hij de pan alvast op tafel kon zetten terwijl ik brood sneed, en toen greep hij de steel en heeft-ie zijn hand verbrand. Nou, en toen zei hij een lelijk woord en ik zei dat dat niet mocht waar ik bij was. En toen zei hij dat ik zijn moeder niet was en dat hij kon zeggen wat-ie wou. Dus ik zei dat ik betaald kreeg om op te passen en dat ik de baas was. En toen zei ik dat je na lelijke woorden je mond moest uitwassen en ik pakte de zeep. Nou, en toen is-ie naar buiten gerend en in die boom geklommen.'

Jamie ging voor de boom staan en keek omhoog. 'Foster, kom naar beneden.'

'Nee. Niet met haar in de buurt.'

Jamie streek langs zijn kin, nog steeds naar boven kijkend. 'Kom eens hier en laat je hand zien.'

Foster keek van zijn vader naar het dikke meisje en overdacht de situatie. En klom naar beneden. Jamie hoorde hem sissen als hij met zijn verbrande hand langs de ruwe schors ging. En toen was hij beneden, draaide zich om en hield zijn hand op. Er lag een brede gelige schroeiplek over zijn roze vingers, besmeurd met hars, een lelijke brandwond. Het zou nog dagen duren eer daar een blaar op kwam.

'Wat is er gebeurd?' vroeg Jamie.

'Ze zei dat ik de pan op tafel moest zetten. Hij stond op de rand van het fornuis en ik wist niet dat-ie nog zo heet was. Het deed pijn.'

'En wat nog meer?'

'Nou, en toen wou ze zeep in mijn mond stoppen. Mooi niet! En toen heeft ze me naar buiten gejaagd. Ben ik in deze boom geklommen.'

'En wat nog meer?'

'Hoezo, wat nog meer?'

'Wat had je gezegd dat ze je mond wilde uitwassen?'

'Kut. Toen ik die pan vast had.'

Jamie pakte de opgehouden hand en boog zich om hem goed te bekijken. De beide kinderen keken toe. Hij liet de hand los en zei: 'Ga naar binnen en was die hars eraf. Doe er maar wat boter op. Vooruit.'

De jongen wilde voor geen goud alleen binnen zijn. Alles was anders en Jamie bleef nu de meeste avonden thuis, en op de paar avonden dat hij weg moest nam hij Foster mee, met z'n tweeën in de Packard Twin Six, de jongen meestentijds stil. Soms zat hij te neuriën, flarden melodieloos geluid. Soms korte stukjes uit liedjes die zijn moeder ooit gezongen moest hebben bij het huishouden, maar de woorden zong hij nooit, zat alleen maar vals te neuriën, hoog en kinderlijk. Gedachteloos. Alsof die stukjes delen van hem waren die nergens op aansloten. Soms ebde het neuriën langzaam weg, soms hield het abrupt op, en dat waren de keren dat Jamie opzij keek. En dan zat de jongen recht voor zich uit te staren, de nacht in. Of hij had zijn hoofd naar het zijraampje gedraaid. Of hij zat tegen tegen de bekleding van het portier gezakt, te slapen.

Nu de dochter van Flood niet langer kwam reed Foster overdag ook mee. Voor de rest van de zomer, in ieder geval. Met z'n tweeën een op drift geraakte wereld in.

In november waren ze met z'n vieren naar Littleton gereden voor de viering van de wapenstilstand die zojuist in Europa getekend was. De eerdere loze berichten over een wapenstilstand hadden iets in hen losgemaakt wat nu voor een feeststemming zorgde die anders zou zijn uitgebleven. Want de oorlog zelf had voor Jamie nauwelijks betekenis gehad, buiten de nadelige invloed op het hotelleven dat er vrijwel door was stilgevallen. Buitenshuis had hij er nooit woorden aan vuil willen maken en in huiselijke kring had hij onveranderlijk beweerd dat het, zoals met alles, alleen maar om geld draaide, zijn vaste commentaar, waar Joey de spot mee dreef door de zin voor hem af te maken. Maar die novemberdag was vrolijk en zonnig, de sneeuw van die nacht was al aan het slinken toen ze 's middags van huis gingen en de wintervogels, mezen en gaaien, flitsten met zichtbaar plezier heen en weer alsof de winter niet slechts een dag uitgesteld maar alweer voorbij was. Ze reden vol spanning naar de feestelijkheden, een gevoel dat Jamie later zou uitleggen als een voorgevoel, alsof ze al bespeurd hadden wat hen te wachten stond.

De straten van Littleton waren zompig en schuimig van de herfstmodder waar de middagzon de ijskorst vanaf scheen. Boeren op hun wagens menden hun paarden bedaard opzij om die lawaaiige rammelkar voorbij te laten komen. De grote Packard werkte zich door de blubber alsof hij over een gazon rolde. Elke gevel had een stok met een wapperende vlag en de gehoorzaal was over de gehele breedte met wimpels versierd. Binnen was het stampvol mensen in dikke winterkleren, voorbereid op de kou van de reis terug in de namiddag. Het was er bloedheet. Iedereen was schor van de droge lucht. Achter Jamie stond een man die elk onderdeel van de ceremonie luister bijzette met een toeterend gesnuit in zijn zakdoek. De koorvereniging zong 'Over There' en 'It's a Long Wat to Tipperary' en 'When Johnny Comes Marching Home'. Een hoogwaardigheidsbekleder uit het staatsbestuur hield een toespraak. Er waren nog geen actieve troepen thuisgekomen, maar een jeugdige veteraan met een fraai geknipte snor en een rottinkje debiteerde enkele geestigheden over de moffen en Parijs en oost west thuis best. Een bevallige jongedame in een oogstrelend gewaad van fijne kant en haar haar hoog opgestoken en een zijden rood-wit-blauwe sjerp zong het volkslied en alle heren in het publiek namen hun hoed af en tuurden zich scheel om onder dat kant de vorm van haar borsten te raden. Een dominee sprak een gebed uit voor al wie had moeten lijden en sterven, voor alle verminkten en getroffenen, voor hen die hun huis of zelfs hun stad hadden verloren, voor de jongens die nu aan boord van transportschepen huiswaarts keerden, voor de moeders en vaders die op hen wachtten, voor het eeuwig heil van de natie, voor de staat New Hampshire, voor de bevolking van Littleton, en voor de hoogwaardigheidsbekleder van het staatsbestuur. Jamie vond dat het gebed één ding gemeen had met de weinige andere gebeden die hij in zijn leven gehoord had: het was veel te lang. Maar het had hem tenminste wel van dat gespannen gevoel afgeholpen. Ze liepen de schemering en de snijdende kou in en reden terug naar de bladerloze bergen die zich nu in de roze avondgloed baadden. Joey straalde, een uitgelaten blosje op haar wangen. Hij zag haar Claire wiegen, die op haar schoot lag te slapen. Joey zag hem kijken en zei: 'Wat een prachtig meisje, en zo'n mooie stem ook.' Ik moet haar weer eens mee uit nemen, dacht hij. Dat zou toch te regelen moeten zijn. Ze laat die kinderen veel te gemakkelijk een excuus zijn om thuis te blijven. Het kan best een keertje. Wat zou dat nou? Jezus, gewoon eens op een doordeweekse avond, naar de bioscoop of zo.

Drie dagen later lag hij op sterven. De lakens raakten keer op keer doorweekt van zijn zweet, en als Joey ze onder hem vandaan trok en door schone verving lag hij verstijfd van de kou, schokkend over zijn hele lichaam, klappertandend in een hard staccato. Zijn longen leken te verschrompelen in zijn borst, konden geen lucht meer inzuigen. Taai slijm in zijn keel, een smaak van ontbinding in zijn mond. Alsof hij lag weg te rotten. Ze hield de slaapkamer donker en bedolf hem onder dekens of hij het nu heet had of koud. Ze wilde niet naar hem luisteren. Wat hij zich achteraf het duidelijkst herinnerde was dat ze op de rand van het bed zat en twee bezwerende vingers op zijn lippen legde en zei dat hij stil moest zijn. Ssst. En hij vroeg zich dikwijls af wat hij haar al die keren had willen zeggen en wat ze niet had willen horen. Ze had een zijden sjaal over de lamp op het nachtkastje gelegd en hield de gordijnen gesloten waardoor het dag en nacht schemerig was, niet meer dan een zweem van licht. De tijd verdween. Soms was ze daar en trok ze hem overeind en duwde lepeltjes bouillon in zijn mond. Meestal door zijn tanden met de duim en wijsvinger van haar vrije hand van elkaar te duwen. Zoals zijn vader en zuster altijd gedaan hadden met een paard dat het bit niet wilde nemen. Soms ook werden de muren vloeibaar en week de kamer uiteen voor zijn koorts. Geen dromen. Bezoekingen. Zijn vader. Zijn zusters. Zijn moeder. Een meisje van wie hij zich de naam niet kon herinneren, dat hem geluidloos toeschreeuwde, bloed uit haar neus en ogen, modder in haar haar. Of geronnen bloed, of stront. Zijn vader neergeknield, snikkend, in gebed verzonken. Zoals hij hem in het echt nooit gezien had. Dacht hij. Zijn moeder lachend, vervagend, terugkerend, draaide hem haar rug toe terwijl ze haar jurk openknoopte, zei dat ze hem iets wilde laten zien. Draverijpaarden. Paarden op een renbaan. In kleuren die heller waren dan de wereld toeliet. Zijn kleine meid, Claire, haar stemmetje hoog en klagelijk maar ook met een zekere opwinding, buiten de slaapkamerdeur, vragend of pappie doodging. Hij kon het antwoord niet horen.

En toen drie weken waarin hij niet stervende was maar wenste van wel. De koorts nu alleen nog kilte en pijn in zijn botten, zonder de afleiding van gruwelfresco's. De tijd keerde terug. Rekte zich uit, steeds langer. Dagen van doorgelegen plekken en slopende hoestbuien, nachten van dezelfde hoestbuien onderbroken door wanhopige flardjes slaap. En hij was nu voldoende helder om voor zijn vrouw en kinderen te vrezen. Hij had de verslagen in de Bostonse kranten gelezen over de honderden, duizenden, tienduizenden die het loodje hadden gelegd. De meesten binnen een paar dagen, als je de kranten kon geloven. Hij lag te herstellen in de slaapkamer op de benedenverdieping, luisterend naar de kinderen die boven speelden nu december het dagelijks leven had lamgelegd, lag nu met ramen die niet langer afgeschermd werden zodat het sommige dagen somber maar andere volop licht was. Lag in die sombere dagen te denken dat hij de sneeuwval niet alleen zag maar ook kon horen. Zo ziek was hij nog nooit geweest. Er waren middagen dat hij opstond om zich in een kamerjas te wikkelen en bij de kachel te zitten terwijl de kinderen het pandemonium van hun spelletjes opvoerden. Joey die hem naliep met hete thee. Vers brood. Die de kinderen stil probeerde te krijgen. En dan gebaarde hij dat ze hen moest laten begaan. Hij wilde ze horen.

En toen, eindelijk, weer naar buiten. Op de dag voor kerst, dik ingepakt in de auto voor een rit door de vallende sneeuw, dansende vlokjes die elk hun eigen koers door de lucht leken te volgen. Naar Littleton, waar Joey met de kinderen ging winkelen en Jamie naar het Thayer liep in zijn dikke overjas en wollen das, nog altijd hoestend, zijn benen krakkemikkig als van een stropop, en een praatje maakte met de receptionist en een stuk of zes telefoontjes pleegde vanuit de cel in de lobby, en toen de straat weer op naar de kapper om zich te laten knippen en geld in ontvangst te nemen dat hij nog te goed had en zoveel mogelijk nieuwe afspraken te maken. Nu hij een maand had stilgelegen was zijn handel gehalveerd. Hij deed beloften waarvan hij niet wist of hij ze wel kon houden maar die hij wel gedwongen was te doen. Toen zelf ook nog even winkelen: bij elkaar passende moeder-en-dochtermedaillons aan dunne gouden kettinkjes en een zakmes met twee lemmeten voor het joch. Terug naar de auto en hij liet de motor draaien voor de warmte en nipte van de met leer beklede heupfles uit het handschoenkastje. Keek naar de gestalten die over straat gingen door de grauwe sluier van de gestaag vallende sneeuw. Wachtte op de drie anderen. Stak een sigaret op en bluste zijn hoestbui met een slok uit de heupfles. En daar kwamen ze. Joey met Claire op haar arm door de ophogende sneeuw, pakjes onder haar andere arm. Foster naast zijn moeder, zijn beide armen om een stapel pakjes. Het rode papier en de groene linten en daarboven zijn rood kleumende jongensgezicht. En toen zaten ze weer samen in de auto, Joey's warme adem op hem toen ze zich naar hem toe boog om haar koude lippen tegen zijn gezicht te drukken.

En zo vierden ze Kerstmis. De sneeuw bleef vallen. Laat in de middag baande hij zich een weg naar de stal, waar de paardenboxen al drie jaar leegstonden sinds hij de Packard had gekocht. Hij ging in de kou op een omgekeerde krat zitten en stak een sigaret op, keek niet om naar de schimmelende hoop oud hooi, wist zo ook wel hoeveel kratten whiskey die verhulde. Acht. Een fractie van het aantal dat hij nodig had. Dus dat werd een lange rit naar de boerderij van Binter en vandaar naar de kelder die hij in Bethlehem gehuurd had om zijn whiskey te bottelen. En dan bezorgen, wat hij nu 's nachts moest doen, want het alcoholverbod uit de oorlog zou tot de demobilisatie van kracht blijven, en dan had je nog de Bond tegen de Drankverkoop die overal in het land in opmars was. Volstead was niet meer te stoppen. Die kreeg dat amendement op de grondwet er wel doorheen en dan was het rommelen geblazen. Sjoemelen en sjacheren, stiekemer dan ooit. Die drankbestrijding was tot dusver meer spel dan ernst geweest, maar nu werd het menens en was hij moe terwijl hij maar beter niet moe kon zijn, zwak terwijl hij zich geen zwakte kon veroorloven.

Twee nachten later werden ze wakker door het gehuil van Claire. De kinderkamers onder de dakbalken waren onverwarmd maar ze voelde heet aan, droop van het zweet, haar pyjama om haar heen gedraaid. Tegen zonsopgang was ze doodstil, lag in bed alsof ze sliep, haar ademhaling een vochtig zuigen, kleverig slijm in het kelkje van haar lippen. Joey zat op de rand van haar bed, dompelde doeken in een kom warm water en drukte die op haar voorhoofd. Jamie holde de trap op en af om het water te vervangen dat bijna net zo snel afkoelde als hij het boven bracht. Beneden hield hij de kachels op volle kracht, schoof de pot met bouillon van de hete kant van het fornuis naar de koude en weer terug om hem warm te houden. Blafte korte bevelen naar Foster die stilletjes aan de keukentafel zat, dat hij op de soep moest letten, op het vuur onder het fornuis, de watervoorraad in de boiler. Dat hij weer naar de schuur moest om hout te halen. De jongen sprong stil en angstig van zijn stoel en Jamie zag vanuit zijn ooghoek dat hij even vijf kanten tegelijk op wilde. Boosheid op zijn vader in zijn ogen.

Tegen de middag lag Joey ook op bed. Voor de rest van die dag en avond wist Jamie niet waarom dit erger was dan toen hij het zelf had gehad. Omdat het er nu twee waren? Omdat de griep nu heviger leek? Of alleen maar omdat hij nu aan de andere kant stond? Dat laatste geloofde hij het liefst. Hij droeg Claire de smalle trap af en legde haar bij haar moeder in bed. Hij kon ze niet voeren. Ze waren te heet, ijlden, buiten bereik. Hij kon niets voor hen doen omdat ze niet konden zeggen wat ze wilden. Hij ging van warme kompressen over op koude. Hij boog zich over hen heen, van de een naar de ander terwijl de middag ten einde liep, om hen te horen ademen, om hun adem te zoeken. Van dichtbij hoorde hij het pruttelen van hun longen. Claire maakt steeds minder geluid, was krijtwit geworden. Joey had af en toe stuipen, vlekken als van hevige emoties in haar gezicht, haar tong snelde langs haar lippen.

Die nacht rende hij om drie uur de trap op en haalde Foster uit het bed waarin hij niet lag te slapen en stuurde hem met een lantaarn naar buiten om de oprit sneeuwvrij te maken tot aan de weg. Het had opgehouden met sneeuwen en de winterse sterrenhemel hing laag en Jamie zette de jongen tegen beter weten in aan het werk, want de weg zou natuurlijk net zo vol met sneeuw liggen als het pad erheen. Maar hij wilde tekenen van inspanning zien. Voor wie, dat wist hij niet. Nu de jongen buiten was nam hij zijn dochtertje in een laken gewikkeld in zijn armen en liep wiegend met haar door de keuken. Alsof hij op de aankomst van iets wachtte. Uren later pas, toen de zonsopgang zich aankondigde met een vaag purperen weerschijn op de sneeuw onder de lariksen, legde hij het meisje weer bij haar moeder in bed en liep naar buiten om zijn zoon op te zoeken. Foster had de sneeuw over zo'n vijftig passen geruimd, wijd genoeg voor de auto. De lantaarn was uit. De sneeuw aan weerszijden tot boven zijn hoofd. Huilend maar verwoed doorscheppend. Zijn neus en mond bedekt met bevroren snot. Bleef doorgaan toen zijn vader een hand op zijn schouder legde. Bleef de sneeuw in hoge bogen wegzwiepen. Zijn lichaam schokte toen zijn vader de schep uit zijn handen nam en hem tegen zich aan trok, hield zijn gezicht afgewend alsof hij achterom keek naar zijn onvoltooide karwei.

De kerstmedaillons lagen om de halzen van de doden. In de paar minuten die hij met hen alleen had gebruikte hij zijn zakmes om een pluk af te snijden van de vuist vol haar die hij bij zijn slaap opzijgetrokken hield, verdeelde het haar en stopte in elk medaillon de helft. Had liever zijn borst opengekerfd om ieder een stukje van zijn hart mee te geven. Boog zich voorover en kuste het koele goud. Kon het niet opbrengen die ijskoude gezichten te kussen.

Over Foster had Joey weleens gezegd: 'Dat moet hij van jouw kant hebben. De LeBarons waren over het algemeen gedrongen en gezet. De familie van mijn moeder ook.' Jamie had er niet op geantwoord, maar het was wel waar. Het was een langbenig joch, lange armen ook, met een hoge, brede borstkas en schouders als rivierrotsen. Maar zijn haar was als een harde borstel, net zo schoensmeerzwart als dat van Joey maar zonder haar verzachtende krullen, of die van Jamie. Zijn ogen hadden de afwezige zwartheid van een nachtdier. Ondanks zijn lengte was hij verre van onbeholpen, bewoog zich alsof elke handeling, hoe klein ook, uitvoerig overdacht en voorbereid was. Wat hij aan kinderlijke uitbundigheid had gehad, en veel was het niet geweest, was met zijn moeder en zus gestorven. Als hij nu nog enthousiasme toonde, leek het zwakjes, oppervlakkig bijna, alsof het hem eigenlijk niet kon schelen. Maar Jamie was ervan overtuigd dat sommige dingen hem wel degelijk raakten, zo diep zelfs dat hij ze liever verloochende dan toe te geven hoe belangrijk hij ze vond. Hij was stil van aard.

De winter steunde en kreunde verder, sneeuwstorm na sneeuwstorm. De sneeuw zette niet eens meer, werd gewoon hard. In maart een dag of wat dooi, maar toen winterde het weer verder tot in de eerste week van mei. In februari was de sneeuw al zo hoog geworden dat er geen treinen meer door de Notch reden. Foster ging naar school als het kon en Jamie reed whiskey als het kon, maar bij voorkeur overdag. De jongen wilde voor geen goud alleen thuis blijven. Moest Jamie wel 's avonds, dan gingen ze samen. De koplampen op de donkere sneeuwkoek van de weg, de sneeuwwallen aan weerszijden hoger dan de lichtkegels, boven hen de zwarte desolate nacht. Jamie vond het niet prettig om Foster op zulke avonden bij zich te hebben, vond dat zo'n jongen niet op zijn plaats was bij zoiets, al reed hij alleen maar mee en bleef hij bij elke stop in de auto wachten. En het akeligste idee in die eerste winter samen, in dat voorjaar dat maar niet beginnen wilde, het gevoel waar hij nog het minst bij wilde stilstaan, was dat de jongen hem beschermde. Dat Foster eerder een beschermer was dan een passagier. Dat zijn aanwezigheid een soort talisman was die het boze toeval moest afweren, hem voor een misstap moest behoeden.

De zomer kwam zonder de voorafgaande voordelen van de lente. En Foster brandde zijn hand aan de koekenpan en Jamie stuurde de dochter van Flood weg, keek haar na op het zandpad tussen de bomen met het zonlicht in vlekken over haar kalme, waardige tred. Hij had haar betaald en zijn stem had hem schor in de oren geklonken toen hij haar bedankt had en gezegd dat hij geen beroep meer op haar wilde doen. Iets anders had hij niet te zeggen geweten.

Zomer. Het zonlicht zo scherp dat de winter nooit kon hebben bestaan. Zelfs de nacht leek iets vergezochts, een dwaling van de geest. Fosters vingers waren paars van de zwarte bessen. Met z'n tweeën in de bocht van de rivier, op de granieten ligsteen. Jamie in zijn zwarte zwembroek, de jongen in zijn naakte niksie. Bruin als appelstroop. De oever hing vol springbalsemien.
'Papa?'
'Zeg het eens.'
'Wat denk jij van de hemel?'
'Tja. Een mooi idee wel. Maar ik weet eerlijk gezegd niet wat ik ervan denken moet.'
De jongen knikte. Was even stil. En toen: 'Ik ook niet.'
Jamie zat hem met opgetrokken knieën te bekijken. Foster liet zijn blik dwalen. De bomen aan de andere kant van de wei, de hoge zomerwolken, de springbalsemien. En weer naar zijn vader. 'Ze zijn er tenminste samen. Ze hebben elkaar, daarzo.'

Een dokter in Whitefield, Dodge geheten, nam Jamies whiskey per krat af. Voor eigen gebruik en voor patiënten die er baat bij hadden. Zijn Engelse setterteef had die lente een nest van negen pups geworpen en Jamie kocht er een voor Foster, vond het niet erg origineel van zichzelf en ook niet erg praktisch, maar het was tenminste iets tastbaars, een beetje afleiding voor dat joch, gezelschap. Dodge wilde de pup cadeau doen, maar daar wilde Jamie niks van weten en de oude man knikte plechtig en vouwde de bankbiljetten in zijn vestzak. Vroeg zachtjes hoe het met Jamie zelf ging, die zonder nadenken antwoordde: 'De pit is eruit. Ik zou meer dan ooit op mijn tellen moeten passen, maar het kan me allemaal geen moer meer schelen. Ik zal het moeten afschudden, die slapheid, anders eindig ik nog in het ziekenhuis, in de lik of op het kerkhof. Maar het lijkt wel of er niks tegen te doen is.' De dokter zei niets, keek Jamie alleen maar onderzoekend aan. Dodge was allang niet jong en spontaan meer, en nooit een man voor vriendelijke woorden geweest, maar Jamie wist dat hij zweeg omdat er niets zinnigs te zeggen viel, geen oplossing kon worden geboden. En Dodge stak een arm uit en streek hem over zijn mouw, een vluchtig gebaar als wilde hij iets wegnemen, en zei dat Foster maar moest bellen als hij vragen had over die pup, en dat Jamie ze over een poosje maar eens mee moest nemen om te laten zien hoe het ging.

Toen Jamie de twaalf weken oude pup onder zijn jas vandaan haalde lichtte het jongensgezicht voor een ogenblik op, een korte opstanding uit de schaduwen in een nieuwe wereld. Maar bij de woorden 'hier, ze is voor jou' stak Foster er zijn handen naar uit met een gezicht waar alweer een sombere ernst uit sprak. De consequenties begrepen en aanvaard, de verantwoordelijkheid ingezien en op zich genomen. De pup liet haar tong in krachtige snelle krullen over Fosters gezicht gaan en hij kneep zijn ogen even gelukzalig dicht. Hij sloot zijn handen stevig om haar heen, drukte haar tegen zijn borst en keek op naar zijn vader. 'Ik zal haar Lovey noemen,' zei hij. 'Omdat ik van haar hou.'

De gevlekte pup en de jongen. Spoorloos in de bossen, die lange zomermiddagen die al avond begonnen te worden eer ze weer kwamen opdagen, twee zoet geurende hongerige vermoeide voldane kleine dieren. Sliepen naast elkaar in zijn bed op de bovenverdieping. 's Ochtends werd Jamie voor zonsopgang wakker en hoorde haar dan janken en hoorde hem enkele tellen later de trap afkomen om haar uit te laten. 's Avonds sliepen ze op de vloer in de keuken, of in de zitkamer bij de radio, de pup languit voorover en de jongen tegen haar aan gekruld, zijn knieën onder haar opgetrokken en zijn armen losjes om haar heen. 's Middags stoeiend in de zee van afgevallen naalden op het erf, de jongen op zijn knieën en de pup die in wervelende achtjes om zijn uitgestrekte armen rende. In die eerste weken was elk klein voorwerp in huis aan flarden gescheurd of door haar kleine scherpe tanden doorboord. Jamie die bij de ochtendkoffie naar de linkerschoen keek die hij de vorige avond vergeten was op te ruimen, beteuterd maar met bewondering voor haar doorzettingsvermogen.

Maar hij kon nog steeds niet alleen van huis. Het starten van de Packard was genoeg om de jongen en de pup uit het bos te laten opduiken, of uit het huis of bij de rivier of de duvel mocht weten waar vandaan. En zoals ze er dan uitzagen, naast hem op de voorbank. Vermoeid en vuil en innig tevreden. De pup op haar rug met alle vier haar poten uitgespreid tussen de man en de jongen, met haar kop op Fosters dij en haar ogen onafgebroken op Jamie gericht. Foster met een hand op haar buik. Vroeg nooit waar ze heen gingen. Keek zijn vader niet eens aan. Zijn ogen neergeslagen, half in zichzelf gekeerd, half in afwachting tot de auto zou optrekken en ze weer in de beweging werden opgenomen.

En zo werd Jamie de dranksmokkelaar met een jongen en een hondje als handelsmerk. De meesten van zijn klanten kende hij door en door, mannen die al jaren in het groot bij hem inkochten. Veelal uit de hotels: een receptionist of een chef-piccolo of een stalknecht of wie het ook was die de dorstige gasten aan hun drankje moest helpen. En verder spoorwegmannen of houthakkersbazen of kappers of drogisten. Sommigen spraken Foster bij zijn naam aan en kwamen bij het raampje staan om een arm naar binnen te steken en de pup aan te halen. Anderen negeerden de passagiers met dezelfde hardnekkigheid waarmee ze elke wetenschap loochenden van wat Jamie en Foster die winter hadden doorgemaakt. De weinige nieuwe klanten, die Jamie via het fluistercircuit op het spoor waren gekomen en de juiste namen hadden laten vallen, keken vreemd op van die jongen naast hem, maar tegen hen was Jamie altijd de spontaniteit zelve. 'Da's mijn zoon Foster. Geef die man een poot, Foster.' En ondertussen zijn ogen strak op de klant gevestigd, met de glans van nieuwe munten.

Tijdens haar koorts had ze veel gezegd waar hij niets van begreep, en ook dingen die hij niet had willen horen en niet had onthouden. Toen de koorts geweken was en ze doodstil op bed lag, haar ogen wijd, droog en helder, haar mond opengesperd naar de lucht die haar longen niet konden opnemen, in die uren toen het kind naast haar al een lijkje was, al had hij niet de indruk dat ze dat wist, had ze nog tweemaal gesproken. 'Nou hoef ik nooit meer...' – en toen een lange onderbreking waarin ze hoestte en kokhalsde en naar adem snakte – 'dat nummer te zingen.' En later een heldere zin die nog lang in de wanhopig aangegrepen lucht van de kamer bleef hangen. 'Verdomme, nou kun je me nooit meer neuken.' Een jammerklacht. Het was deze tweeling van vertwijfeling en spijt die hij zichzelf als haar gedachtenis toestond. Elk van beide een formule waarmee hij haar voor zichzelf kon oproepen, die alles herbergde wat hij van haar wist. Elk van beide een draad waarmee heel het vlechtwerk van haar leven kon worden ontrafeld. De enige betrouwbare herinnering, haar stem. Hij kon haar horen.

Aan het eind van juli kwam Binter op een ochtend voorrijden in zijn T-Ford waarvan hij de achterkant had opengezaagd om er een soortement van vrachtwagen van te maken. Jamie had niet eens geweten dat de boer wist waar hij woonde. Maar hij had hem ruimschoots van tevoren horen aankomen. De motor miste een cilinder en de terugslagen knalden alsof de auto met zichzelf in oorlog was. Jamie op de bovenste trede voor de voordeur om het gevaarte over het zandpad naderbij te zien komen. Binter stapte niet uit zijn rammelende schetenmachine, bleef achter het stuur zitten tot Jamie naar hem toe kwam. De oude man, zijn haar grijs met gelige vegen als van urine, zei: 'Ik nok ermee, het is maar dat je het weet. Wat ik nou nog stook is het laatste. Daarna ben ik met pensioen.'

Jamie deed nog een stap, leunde voorover om zijn handen op de rand van het portier te leggen en zijn gezicht vlak bij dat van de oude man te brengen. Het gepruttel van de Ford een rouwmars in het middaglicht. Uit de auto steeg de lucht op van ongewassen mannenvlees. De smoezelige grijze rand van zijn wolletje onder de open boord van zijn overhemd. Het zwarte colbert gekreukt en wormstekig van de mottengaten. 'Wat krijgen we nou, godverdomme?'

Binter keek hem aan. Draaide langzaam, met afkeer en tegenzin, zijn ogen weg naar zijn schoot. En omhoog naar de voorruit. 'Ik nok ermee,' zei hij. Trapte de koppeling in, reed een cirkel door het zand om Jamie heen, knallend en kuchend het pad af naar de weg.

Hij reed Foster en de pup naar Littleton, naar het huisje van Scully, waar de oude man zijn dagen sleet in een beklede schommelstoel bij de kleine kolenkachel, de enige in het huis, die zelfs nog brandde als het hartje zomer was. Scully met een deken over zijn knieën. Een stapel tijdschriften aan één kant van de stoel, een doos met driestuiverwesterns aan de andere. Scully die altijd een beetje scheef zat, met zijn armen en benen in scherpe hoeken. Reumatiek. Zijn handen gekromde klauwen die lichtjes schokten als hij zijn lectuur vasthield. Jamie vertelde waarvoor hij gekomen was.

'Die jongen is hier altijd welkom,' zei Scully. 'En dat beest ook, zolang ze de boel niet onderschijt. Als hij wil luisteren, zal ik hem over vroeger vertellen.'

'Laat hem je niet aan je kop zeuren, hoor.'

Scully negeerde dit. 'Iemand hoort het hem te vertellen. Hij moet iets van haar af weten, en jij zult het niet doen. Leer mij jou kennen.'

Jamie keek het huisje rond. Lovey snuffelde langs de rand van het aanrecht dat vol kruimels lag. Hij keek naar Foster. 'Hou je het hier wel even uit?'

'Ja.'

'Maak jezelf maar nuttig. Vul de kolenkit bij. En er valt wel wat te boenen ook.'

'Laat die jongen met rust. Hij hoeft mij niet na te lopen.'

'Ik ben met een uurtje of twee, drie terug.'
'Ja.'

Terug naar Bethlehem om Jeeter Carrick op te sporen, een fletsogige lapzwans die soms als bordenwasser werkte, soms als boodschappenjongen, en soms als flessenvuller voor Jamie. Onbetrouwbaar tot en met, tenzij hij bij je in het krijt stond. En op dit moment stond hij voor een paar honderd dollar bij Jamie in het krijt, dankzij het verlies van vijf kratten drank die hij voor Jamie aan de man had mogen brengen na zijn toezegging dat het niet mis kon gaan maar waar hij geen cent voor had gebeurd, waarop Jamie had gezegd dat er wat hem betrof nog steeds niets mis kon gaan maar dat die garantie zich niet tot Carricks leven uitstrekte. Vond hem ergens in een goedkoop huurkamertje op de begane grond, waar hij zijn roes lag uit te slapen. Schopte hem overeind, sleepte hem de gang door het achtererf op, hield hem bij zijn nek onder de pomp en liet het water neerplenzen en gaf hem ondertussen nog een paar fikse trappen onder zijn reet om hem zo aandachtig te krijgen als iemand in zijn toestand zijn kon. Zette hem rechtop voor zich neer en gaf hem een hengst en wachtte tot hij overeind was gekrabbeld uit de zachte modder rond de pomp. En deed een stap naar voren, greep hem bij zijn hemd, gaf hem nog een paar meppen met de vlakke hand om de boosheid uit zijn ogen te krijgen en deelde hem vervolgens mee dat hij de gelegenheid kreeg om zijn schuld te delgen, en dat dit op een manier zou gaan waarbij hij uiteindelijk zelf ook baat zou hebben.

Daarna reden ze met z'n tweeën door de bergen naar Franconia en vandaar door de langgerekte vallei van de Gale River, met hier en daar boerderijen tussen de heuvels. Geen van beiden zei iets. Carrick zat nippend tot zichzelf te komen met de lederbeklede heupfles uit het handschoenkastje. De boerderijen gaven Jamie een zondags gevoel, hoewel het een doordeweekse dag was. De geur van pasgemaaid hooi. Gemengde kuddes van Jerseys en Guernseys in de weilanden. Sommige koeien hieven hun kop om hen voorbij te zien rijden. Een paar voskleurige Belgische trekpaarden in de lommer van een olm. Hun hoofden plechtig omlaag, hun staarten op vliegenjacht. Zelfs de geur van de mesthopen naast de stallen was weldadig, een parfum in de middaglucht. Wilgen en iepen.

Carrick zat sigaretten te bietsen, met zijn gezicht uit het opengedraaide raam, liet zijn darmgassen de vrije loop.

Ze kwamen tot stilstand op Binters erf. Het was er stil. Zo ook het huis. Een paar rode hennen scharrelden door het zand aan de zonnige kant van de stal. Jamie stapte uit en keek door het raampje naar Carrick. 'Wacht hier,' zei hij. 'En overdenk het nog maar eens goed. Als je me belazert en iets op eigen houtje doet, hoe klein ook, pak ik je keihard aan. En ik weet al hoe, want je hebt me onderweg op een idee gebracht. Een gloeiende kachelpook in je hol. Denk daar maar eens goed over na. En blijf met je poten van mijn whiskey af.'

Binters vrouw sprak geen woord Engels maar liet haar brooddeeg voor wat het was en beende woedend om de keukentafel heen op Jamie af toen hij door de hordeur naar binnen kwam, haar armen wiekend in een wolk van bloem en haar gezicht ziedend van haat alsof ze in deze ene man een groot en onverdiend onheil herkende, haar mond dorre lippen die van haar gele tanden terugweken, haar tong klakkend tegen haar gehemelte, haar taal Nederlands of Oekraïens of Pools of iets anders, Jamie wist nog altijd niet wat. Hij ontliep haar langs de andere kant van de tafel, negeerde haar gekrijs en haar hamerende vuisten op zijn schouders en rug. Ze was klein maar vol van boezem, haar haar in een strakke knot met de kleur van dof gietijzer, geen grijs. Ze kreeg vat op het rugpand van zijn jas, trok eraan en hij rukte zich los zonder zich naar haar om te draaien. Probeerde haar niet stil te krijgen. Van hem mocht ze blèren, des te sneller zou Binter zich vertonen. Hij was nog nooit bij hen binnen geweest, maar liep routineus van de keuken de gang in naar de eerste deur links. De gordijnen waren dichtgetrokken tegen de zon en het meubilair was donker met veel heraldisch houtsnijwerk en krulpoten en bekleding van donkergroen fluweel. Het drukke bloemetjesbehang werd bijna geheel in beslag genomen door prenten en foto's in zilver en goud geschilderde gipsen lijsten. Binter die overeind kwam van een chaise longue van hetzelfde fluweel, zijn broek open om zijn pens de ruimte te geven bij zijn middagdutje. Zijn haar door de war. Knoopte zijn gulp dicht. Zijn vrouw was bij de deur blijven staan alsof ze haar pogingen staakte, of Jamie wilde tonen dat ze getuige zou zijn van alles wat hij ging uitvreten.

'Stuur haar weg,' zei Jamie.

Binter streek met een hand door zijn haar, zijn vingers gekromd, een gedachteloos, onverschillig gebaar. Keek Jamie even peinzend aan. En zei iets tegen de vrouw in dat brabbeltaaltje van ze.

'Ik heb een vent meegenomen die bij je intrekt. Leer hem hoe hij stoken moet, alles wat daarbij komt kijken. Als ik tevreden ben met wat hij kan, neem ik de hele boel van je over. Maar geen dag eerder. En ondertussen mag je hem overal voor gebruiken, en als hij dwars gaat liggen laat je dat maar weten. Zo gaan we het doen.'

Binter keek hem aan en zei: 'Gebeurt niet.'

'Het is al gebeurd. Hij zit buiten in de auto. Er zit echt niks anders op.'

'Nee.'

'Luister nou, ouwe. Als je wilt stoppen, zijn er maar twee manieren om dat te doen. En geloof me, dit is verreweg de beste manier. Voel je wat ik bedoel?'

Binter slaakte een afkerige zucht. 'Gebeurt niet.'

Jamie schudde zijn hoofd. 'Als je dit niet wilt, had je dat eerder moeten bedenken. Al die jaren terug toen je begon. Als je eenmaal in een behoefte voorziet, kun je niet zomaar stoppen. Dus ik laat je ook niet stoppen. Kijk, het gaat niet alleen om jou en mij maar om een heleboel mensen. Maar aan de andere kant gaat het wél om jou en mij, want jij bent de enige die ik momenteel heb. En ik laat je niet gaan omdat je toevallig een beetje moe bent. Zo erg zal het niet zijn, trouwens. Hoe lang zal het duren? Een maand of vier, vijf?'

'Ik heb de koeien verkocht.'

'Wat heb je verkocht?'

'De koeien.'

'Waarom zag ik dan een en al koeien toen ik hierheen reed?'

'Ze zijn verkocht. En als ze eenmaal weg zijn, heb ik geen excuus meer voor al die maïs. Dezelfde man wil ook mijn schapen.'

'Godverdomme.'

'Je hebt gelijk, ik ben moe. Maar het is ook allemaal anders geworden. De mensen kijken hier nu anders tegenaan dan vroeger.'

'Daar heb ik schijt aan.' Er viel een stilte. Jamie keek de kamer rond, Binter keek naar Jamie. Na een poosje keek Jamie naar hem terug en zei: 'Als je je beesten verkocht hebt, waarom zijn ze dan nog hier?'

'Hij geeft goed geld.'

'Ja ja.' Jamie knikte. 'Ik snap het al. Hoeveel?'

'Per stuk?'

'Nee, voor de hele teringzooi.'

'Alleen de koeien of ook de schapen?'

'Jezus Christus. Alles.' Tastte in zijn achterzak, haalde zijn portemonnee te voorschijn. Ritste hem open en haalde de rol bankbiljetten eruit, met een elastiek erom. De rol die hij nog nooit aan een andere man had laten zien. Hoopte dat hij genoeg had. Wist dat Binter nu elk willekeurig bedrag kon noemen en dat hij geen keus had, want geen kennis van zaken. Koeien en schapen. Lekkere boerenzoon was hij.

'Ik ben te oud,' zei Binter. 'Te oud voor dit werk.'

'Ik zei al dat ik iemand voor je heb. Je hoeft alleen maar te zeggen wat ie moet doen.'

'Een man die hier komt wonen?'

'Ja.'

'En wie betaalt dan zijn kostgeld?'

'Jezus, dat verdient-ie vanzelf wel terug.'

Binter schudde resoluut zijn hoofd. 'Die man van jou. Dat is meer werk dan als ik het zelf doe. Al leert-ie nog zo snel.'

Jamie haalde zich Carrick voor de geest. 'Hoeveel kostgeld?'

'Twintig per week.'

Jamie zweeg, telde zijn biljetten na, keek Binter aan. 'Ik koop al je koeien, al je schapen. En het voer neem ik ook voor mijn rekening. Moet je dan evengoed nog twintig per week kostgeld?'

'Ja.' Binter glimlachte.

Ze liepen door de wei langs de Gale, stonden daar met de hete zomerzon in hun nek. De rivier liep hier in een smalle, doorwaadbare bocht. De overkant was lommerrijk en bezaaid met varens waarvan de frisse zoete geur als een briesje over het water kwam. Carrick trapte met de punt van zijn schoen in de grond.

'Mooi niet. Ik verdom het om een zooitje van die kutkoeien te melken. En stront ga ik ook niet voor hem scheppen. Dat was de afspraak niet. Ik ga geeneens melkemmers sjouwen. Die lucht, melk en koeienstront door elkaar heen, ik moet al kotsen als ik eraan denk. Ik heb gezworen dat ik dat nooit meer zou doen.'

'Hoezo, ben jij op een boerderij opgegroeid?'

'Met een klein lappie grond vol stenen en rotsen, bij Lyndonville. Ik heb er nooit meer aan teruggedacht en ik zal er ook nooit meer aan beginnen ook.'

'Het is maar voor een paar maanden. Als je goed oplet misschien nog wel korter.'

'En daarna? Ga je die distilleerderij dan naar een andere plek verhuizen? Dan heb je nog alleen maar een stelletje apparaten. Je kunt toch nooit die grondstoffen verklaren?'

'Weet je wat. Ga jij nou maar aan de slag om van je schuld af te komen, dan maak ik me wel druk om de rest. Ik vind altijd wel een oplossing voor dat soort dingen.'

'Dus wat je bedoelt is dat ik totaal geen keus heb.'

'Je ziet het helemaal verkeerd. Als je een beetje je best doet, ben je straks zelf ook wat waard. Snap je dat dan niet?'

Carrick schudde zijn hoofd. 'Ik had me nooit met die drank moeten inlaten. Heb er altijd een slecht gevoel bij gehad, zelfs toen het een grote klapper leek te worden.'

'Van je fouten leer je.'

'Goddomme.' Carrick wendde zijn gezicht af. 'Stel me dan maar voor aan die ouwe zak.'

Toen ze terugliepen door de wei bleef Carrick opeens stilstaan. Bietste een sigaret bij Jamie en stak hem op, trapte de lucifer uit in het gras. Blies de rook uit en keek naar Jamie.

'En als ik daarstraks nou had geweigerd, wat had je dan gedaan?'

Jamie keek hem even aan, en zei: 'Zie je nou, je begint al nieuwsgierig te worden.'

'Dan had ik nou in dat water rondgedobberd, hè, met mijn gezicht omlaag.'
'Gewoon je best doen en mondje dicht, dan komt alles goed.'
Carrick tuurde in de verte, en toen weer naar Jamie. 'Kutkoeien.'

Jamie zag ze overal. Vrouwen met kinderen. Een vrouw in de lentesneeuw op straat in Bethlehem, half in een hurkzit gebogen in haar zware overjas om een das vaster aan te trekken om het gezicht van haar kleuter. Een vrouw aan de wandel met twee kinderen, een jongen en een meisje, achter haar aan met ieder een papieren zak vol boodschappen. Een vrouw in een matrozenblouse op het gazon van een hotel, croquet spelend met haar tienerdochters, met z'n vieren ingespannen en fanatiek in de weer, zweterige haarslierten op hun wangen. Een van de meisjes kijkt even kort naar Jamie en is weer een en al aandacht voor het spel. De jonge schooljuffrouw van Fosters school, op een meimiddag buiten in de pauze, met een horde kinderen om haar heen. Ze lijken uit haar te stralen, of kleine planeetjes te zijn om de zon van hun juf. Een jonge vrouw die uit de trein stapt met een zuigeling op haar heup, haar hoofd iets achterover als ze het perron afspeurt naar de man die haar en haar kind komt afhalen. De kalme zelfverzekerdheid van haar blik. Het middelpunt van de wereld. En dan haar glimlach, de zon breekt door op haar gezicht als de jonge vader zich uit de menigte losmaakt en op haar afkomt. Maar moeders met een enkel dochtertje, kleine meisjes, daar keek hij weer haastig van weg, bang dat ze in zijn richting zouden kijken en het verlangen op zijn gezicht zagen en verkeerd zouden begrijpen. Of juist goed. Op een zomerse middag in Bethlehem hoorde hij het *Pappie!* van Claire, precies zoals zij geklonken had, en bleef stokstijf staan, star voor zich uit kijkend, wilde niet zien hoe dat kind op haar vader afrende en werd opgetild. Op een avond liep hij op zo'n vijftig passen achter een man met zijn dochtertje op de schouders, tot ze bij het Maplewood naar binnen gingen. Van achteren had hij het zelf kunnen zijn, die man, en het meisje was Claire, het haar van Joey, haar jurkje, de handen van haar vader op haar knieën, haar armen om zijn hoofd, haar kin in zijn kuif. Toen ze afsloegen naar de ingang van het hotel keek hij de andere kant op en liep haastig door, wilde niet zien hoe ze er van opzij uitzagen. Hij droeg hen altijd met zich mee, als een paar gladgeslepen riviersteentjes, ergens diep in zijn hart. Fantaseerde dat hij misschien wel lucht inademde die ooit ook hun longen gepasseerd was. Maar Scully had gelijk: hij sprak met geen woord over ze tegen Foster. Al wist hij dat Foster vergelijkbare gedachten en fantasieën moest hebben. Ze hadden geen van beiden een taal voor dit soort dingen. Hij geloofde dat niemand daar een taal voor had.

Op een ochtend aan het eind van augustus, toen een eenzame suikeresdoorn langs de rivier in de vuurgloed stond die het nieuwe jaargetij aankondigde, kwam dokter Dodge onaangekondigd voorgereden, zijn setterteef rechtop naast hem zittend op de voorbank. Jamie stond op de bovenste tree met een kop koffie en keek toe hoe zijn zoontje en de pup Lovey op het bezoek afrenden, de pup in gestrekte galop en blaffende opwinding, dansend om de auto. Jamie wist dat Foster de dokter van tijd tot tijd opbelde. Dodge stapte uit, droeg kniehoge rubberlaarzen over een kamgaren broek en een groen met zwart geruit houthakkershemd. Jamie liep erheen, het zand kil en vochtig onder zijn voeten. De setterteef sprong over het portier heen de auto uit, besnuffelde haar pup en joeg haar de stuipen op het lijf met een uitbarsting van woest gegrom en ontblote tanden. Lovey kroop jankend achteruit, een spoor van angstpies achterlatend. Bleef door haar poten gezakt zitten kijken. De dokter stampte de tabak aan in zijn pijpenkop. De teef lag aan zijn voeten, haar ogen op de beide mannen gericht. De dokter sprak tegen Foster terwijl hij zijn pijp op gang bracht.

'Ga je er nog weleens op uit met haar?'

'Elke dag zowat.'

'Doorkruist ze al?'

'Voor- en achteruit gaat al goed. Heb ik weinig voor hoeven doen.'

'Hoe ver?'

'Dat hangt af van waar we zijn. In het bos blijft ze vlakbij, maar op grasland verdwijnt ze soms helemaal uit zicht.'

'Hmm. Ze is nog jong. Zit en Af, wil dat al een beetje lukken?'

'Nee. Ik weet ook niet hoe ik dat moet leren.'

'Da's makkelijk genoeg, anders. Je oefent het gewoon in en om het huis. Voor je de deur opent bij het uitlaten, voor je haar laat eten, noem maar op. Begin met dingen waarbij ze het graag zal willen, dan leert ze het snelst. Gaat ze nog steeds wel achter vogels aan, maar uiteindelijk krijgt ze het door.' En toen tegen Jamie: 'Je ziet er goed uit, Pelham.'

'Het gaat wel.'

'Ik dacht zo dat je het niet erg zou vinden als ik je dat joch een dag uit handen nam. Eens kijken of we wat jonge patrijzen aan het schrikken kunnen maken. Ik wil weleens zien wat voor hond ze voor hem worden gaat.'

Jamie keek naar Foster, vroeg naar de bekende weg: 'Lijkt je dat wat?'

'Nou!'

'Gedraag je. En let goed op wat de dokter je vertelt.'

Dodge zei: 'Dat zal best lukken. Ik heb al eten bij me. Heb je laarzen, jongen?'

'Ja.'

'Nou, ga ze dan aantrekken. Hoe vroeger we beginnen hoe beter. Voor de dauw optrekt en alle reuk met zich meeneemt.' Toen Foster naar binnen was gerend keerde hij zich om naar Jamie. 'Hij moet toch wat om handen hebben, dus dan maar dit. Ik weet niet eens meer hoe lang geleden ik er

zelf mee begonnen ben, maar het verveelt nog steeds niet.'
 'Ik zou niet weten wat voor zomer hij zonder die pup had gehad.'
 Dodge knikte. 'Ik kwam gisteren Estus Terry tegen. Hij vroeg naar je. Als ik je eens zag, moest ik zeggen dat hij je zien wil.'
 'Hoe gaat het met Estus?'
 'Terry? Die overleeft ons allemaal.'

Estus Terry woonde nog steeds in zijn kluizenaarshut in de woestenij ten noorden van Bethlehem, in de grote noordwaartse lus van de Ammonoosuc. Hij was al drie jaar gestopt met werken, sinds zijn compagnon Aaron Wells gefileerd was door een houthakker in Allagash. Zoals hij Jamie toen gezegd had: 'Als je niet meer voor je maat kunt opkomen, moet je het voor gezien houden. Een jaar of vier, vijf terug had die klootzak het wel uit zijn kop gelaten om een vilmes tegen Aaron te trekken. En was hij toch zo stom geweest, dan had hijzelf op de grond gezeten met zijn darmen in zijn handen, niet Aaron. Kijk, de grote kunst is te weten wanneer het genoeg is geweest. Maar wanneer weet je dat? Op je zenuwen kun je niet afgaan, anders waren we allemaal al jaren terug gestopt. Je hebt een teken nodig. Als het mij was overkomen, zou Aaron ook zijn gestopt. Had-ie nu in Bangor of Augusta gezeten met een of andere verlopen hoer. Het spijt me dat het zo gelopen is, maar ik kan er niet echt om rouwen dat ik degene ben die overblijft.'
 De grote paarden waren weg. Waar Terry nu heen ging, ging hij te voet. Het huis was onveranderd op een nieuwe kachelpijp na, die nodig was geweest toen de oude van narigheid omver was gevallen. Terry zat hem op het erf op te wachten. Jamie had een paar flessen transitowhisky meegenomen en stapte de Packard uit met de flessenhalzen in een hand. Terry met zijn knieën uit elkaar op het hakblok, een groene katoenen broek, wit hemd en daarop een zwart, dichtgeknoopt gilet. Zijn haar glad achterover, alsof hij er zojuist een natte kam doorheen had gehaald. Hij grijnsde een zwartgerande begroeting.
 'Pelham.'
 'Hoe is het ermee, Estus?'
 'Goed, jongen. Maar ik schaam me wel dat ik er van de lente niet bij was toen je je meissie en je kinderen hebt begraven. Ik zou graag zeggen dat ik ziek was of het te laat gehoord heb, maar de ellendige waarheid is dat ik het gewoon niet aankon. De reis wel, natuurlijk, maar de rest niet. Ben ik niet op gebouwd, dat soort plechtigheden.'
 'Geeft niks, Estus. Het was trouwens toch in besloten kring. Ik had zelf ook geen trek in een grootse bedoening. Trouwens, het waren Joey en Claire die gestorven zijn. Mijn zoon Foster heeft het niet eens gekregen. Nog geen snotneus.'
 'Wist ik. Niet van die jongen, wat me trouwens deugd doet, maar dat

andere. Dat je geen poespas zou willen. Maar ik vind achteraf toch dat ik de moeite had moeten nemen. Ik mocht haar graag, die meid.'

'Het was op dat moment alleen nog maar iets wat gedaan moest worden. Ze waren al vier maanden dood. Het was een regenachtige dag, Estus, die weinig om het lijf had. Maar ze mocht jou ook graag, daar niet van. Kijk, ik heb deze voor je meegebracht.' Hij legde de flessen in het gras en de houtspaanders bij het hakblok.

'Da's fideel van je.'

Jamie pakte zijn sigaretten en lucifers, liet zijn blik wegdwalen, stak een sigaret op. En zei: 'Ik heb voor Foster een pup gekocht bij die pillendraaier van een Dodge in Whitefield. Ze zijn samen het bos in, vandaag.'

Terry streek met zijn handen over zijn bovenbenen. 'Ik heb gehoord dat je een nieuw opzetje hebt.'

Jamie ging op zijn hurken zitten, nam een haal van zijn sigaret, keek Terry aan. 'Wát heb je gehoord?'

'Dat je een nieuw opzetje hebt.'

'Nee, hoor.' Jamie schudde zijn hoofd. 'Nog steeds dezelfde regeling.'

'Zit me niet in de zeik te nemen, jongen.'

'Hoezo? Het is nog steeds dezelfde regeling.'

'Pelham?'

'Ja?'

'Hoe ver is het naar Whitefield?'

'Whitefield?'

'Ja, hiervandaan.'

'Jezus, Estus, weet ik veel. Een mijl of twaalf, veertien?'

Terry knikte. 'Iets in die buurt, ja. En vertel me nou eens waarom ik dat hele stuk zou lopen, en terug, een tippel van zowat een dag, alleen maar om iemand te vragen of hij jou wil vragen een keertje hiernaar toe te komen.'

'Dus je wilt me waarschuwen? Begrijp ik het goed?'

Terry spuugde in het gras.

'Die Jeeter Carrick is minder sukkelig dan hij lijkt,' zei Jamie. 'Er zit heus wel pit in, maar je moet hem af en toe een zetje geven. En ik weet allang dat hij vroeger of later gretiger zal worden dan me lief is, maar hij weet allang dat ik hem dan een toontje lager laat zingen. Ik ben niet achterlijk, Estus, ik weet heus wel dat het daar een keer van komen zal. Maar ik kan het wel aan. Carrick zal mij heus geen kunstje flikken. Ik ben nog lang niet versleten, weet je. Kijk, hij was beschikbaar, net toen ik iemand nodig had. Zo komen de mooiste dingen tot stand. En zo stom als hij zijn mag, dat ziet hijzelf ook wel.'

'Zou best kunnen.'

'Binter wilde ermee nokken, dus ik moest snel wat doen.'

'Tuurlijk.'

Beiden zwegen. Er was niets uitgepraat. Jamie voelde een vage spanning opkomen, tastte in het donker naar iets waarvan hij niet eens wist of het er wel was. Vergelijkbaar met die keren dat hij midden in de nacht wakker schrok en een arm naar Joey uitstak, en niet wist waarom ze er niet was, waar ze kon zijn, waar hijzelf eigenlijk was.

Hij kwam overeind en liep naar de oude paardentrog, fris en helder water dat werd aangevoerd door een bronwaterleiding en wegliep door een uitgesleten v-vormige overloop aan het uiteinde van de bak, in een klein stroompje over de grond. Hij sloot zijn handen tot een kom en schepte het water op voor een paar flinke slokken. Heerlijk water, koud genoeg om pijn te doen aan zijn tanden. Draaide zich om naar Terry en zei: 'Maar Jeeter Carrick is niet de reden waarom jij helemaal naar Whitefield bent gelopen, en terug.'

'Een mooie wandeling.'

'Dat zal best, deze tijd van het jaar. Maar zijn er geen lui die je een lift kunnen geven?'

'Ik loop graag. Elke dag. Ik heb zo het idee dat je dan een grotere kans maakt om snel de pijp uit te gaan. Pats boem. Langzaam wegkwijnen lijkt me iets vreselijks.'

'Een gezond leven. Dat zou ik nou nooit achter je gezocht hebben, Estus. Wat gebeurt er als je eens een dag moet overslaan?'

Terry grijnsde hem toe. 'Dat probeer ik te voorkomen. Zelfs als het sneeuwt. Dan kan ik altijd nog wel even op en neer naar de rivier zonder te verdwalen. Da's weliswaar nog geen mijl gaans, maar dan ben ik er toch even uit. Patrick Jackson had het over je toen hij me laatst kwam opzoeken.'

Daar zul je 't hebben. Jamie veegde zijn handen af aan zijn broek. 'Wat moest Pat Jackson hier?'

'Hij kwam me een in beslag genomen fles whisky brengen. Vindt-ie leuk, om zo af en toe eens langs te komen voor een praatje. Volgens mij heeft-ie het gevoel dat-ie tegen mij alles zeggen kan, terwijl-ie bij anderen altijd op zijn woorden moet letten omdat iedereen wil weten wat hij van plan is. Iedereen heeft belang bij wat hij doet, en dat weet-ie. Volgens mij komt-ie hier af en toe stoom afblazen. En vergis je niet, hij zit net zo met die drooglegging in zijn maag als wij allemaal.'

'Ik heb nog nooit gelazer met hem gehad, noch met andere federale mannen.'

'Op Patrick kun je bouwen. Da's geen fanatiekeling. En trouwens, die federale jongens maken zich net als vroeger vooral druk om de grens, om wat er vanuit Canada binnenkomt. Zijn probleem is de verkrijgbaarheid, snap je, nu het bij ons met de legale handel gedaan is. Er zijn nogal wat mensen die zich heel wat voorstellen van die drooglegginsonzin. En het is als met zo veel dingen, je hebt altijd lui die er een slaatje uit willen slaan.'

'Vertel mij wat. Ik moet elke maand al een envelop of tien volstoppen met geld. Meer kan ik ook niet doen. Ik heb iedereen gedekt die gedekt moet worden, en wat die anderen betreft kan ik weinig anders dan ze uit de weg gaan.'

'Ik denk dat ik wel weet wat Patrick dwarszit. Zijn jongens pakken die Canadezen genoeg af om tevreden te zijn. Er gaat ze nog heel wat voorbij, maar dat maakt ze niet uit, zolang ze maar genoeg binnenhalen om een goeie indruk te maken. Maar waar Patrick nou over inzit, denk ik, is dat jij misschien je kans ruikt. Dat je mogelijkheden ziet, een gat dat je zou kunnen vullen. En zijn idee is: laat dat gat zitten. Hou het bij wat je hebt, bij wat je doet. Hou je het daarbij, dan heb je niks te vrezen. En volgens mij heb je ook niks te klagen. Het gaat je zo toch al goed genoeg?'

'Misschien moet ik Patrick maar eens opzoeken.'

'Nee. Patrick is een aparte kerel. Hij doet niet met de mode mee, daar kent hij de mensen te goed voor. En hij is al helemaal geen boerenlul die overal een graantje van wil meepikken. Ik denk dat je hem maar het best met rust kunt laten.'

'Mij best. Ik heb trouwens ook geen grotere plannen dan door te gaan met wat ik nu doe.'

Terry knikte. 'Kijk, wij kunnen geen van tweeën in de toekomst kijken. Dan hadden we alle twee ook wel een ander leven gehad. Maar ik zeg je dat het nog een jaar of twee duurt, niet meer, of we krijgen hier nieuwe gezichten. Lui die de markt willen inpikken. Snap je wat ik bedoel? En dan heb ik het niet over eerlijke kerels als jij en ik, die alleen maar hun brood willen verdienen. Dan krijgen we hier een heel ander slag, denk ik zo. Maar het duurt nog wel even, en tot die tijd hoef jij je nergens druk om te maken.'

'Ja, zie je dat ervan komen?'

Terry schokschouderde. 'Zo gek veel maakt het allemaal niet uit. Je moet gewoon op je tellen passen. Niet opvallen. Het enige verschil met vroeger is dat er nu meer lui op de loer liggen.'

'Ik ben voorzichtig genoeg. Dat kan ik wel.'

'Ja, maar jij hebt nu ook ogen in je achterhoofd nodig.'

'Ik weet wat je bedoelt. Maar ik heb Carrick goed genoeg in de hand. Ik zal het echt wel zien aankomen als hij het bit wil uitspugen. En hij weet wat ik dan voor hem in petto heb, dus hij kijkt wel uit. En daar ben ik voorlopig tevreden mee. De rest zie ik wel. Het grootste probleem dat ik nu met hem heb is dat hij koeien moet melken en schapen moet hoeden.'

Terry grinnikte. 'En hij maar denken dat-ie van die boerderij af was.'

'Ik denk dat ik binnenkort maar eens de hotels ga afstruinen, kijken of ik niet een of andere meid voor hem kan vinden, een serveerster of een keukenhulp of zo. Een struise meid met heimwee naar het buitenleven. Hoeft geen schoonheid te zijn, als ze er maar goed genoeg uitziet om meneer Carrick pikkestaanderig te maken. Want één ding weet ik zeker: een stevig wijf is het beste middel om een kerel in het gareel te houden.'

'Ja, mannen zat die niks anders willen dan terug het gat in waar ze ooit zijn uitgekropen.'

'Kerels met simpele verlangens. Het soort dat ons zo rijk heeft gemaakt, Estus.' Jamie grijnsde naar de oude man.

Hij grijnsde niet terug. 'Hoe zit het met die boer en zijn vrouw? Die zullen niet zo blij zijn met de nieuwe opzet.'

Jamie knikte. 'Ze krijgen dik betaald. En het werk wordt ze uit handen genomen, voor een deel tenminste. Het is zijn zorg niet meer. Dus al met al denk ik dat ik hem redelijk in de hand heb. Voorlopig wel, in ieder geval. Tja, het is een onzekere tijd. Ik spring van rots naar rots, maar ik weet het tenminste.'

Terry stond op, strekte zijn armen uit naar de zon. Grijze natte ovalen onder zijn armen in het witte hemd. Hij bukte zich, pakte de whiskyflessen op, hield er eentje omhoog om het etiket te kunnen lezen, zijn ogen toegeknepen. Keek daarna naar Jamie, zijn ogen nog steeds toegeknepen maar de uitstraling anders. Iets wat veel van genegenheid weghad. Hij zei: 'Heb je weleens een rat in een ton gezien? Je staat ervan te kijken hoe hoog die nog springen kan, al is-ie nog zo oud.'

Die herfst kwam Foster elke dag uit school om snel wat kleren uit te trekken en andere aan te doen, en net lang genoeg te blijven zitten om een snee brood te eten terwijl hij zijn laarzen alvast dichtreeg, waarna hij het touwtje met de zilveren fluit om zijn nek deed en de middag instapte, met Lovey in huppelpas om zijn voeten, haar tong uitzinnig uit haar bek. Ze waren allebei flink gegroeid in de voorbije zomer. Lange, stakerige armen en benen en poten, stuntelig en soepel tegelijk. Foster kwam zijn vader al tot de schouders. Jamie had zich niet meer zo klein gevoeld sinds hij Fosters leeftijd had gehad. En op sommige middagen werd hij bijna boos op de jongen, die zijn moeder en zuster al zo snel vergeten leek te hebben. En dan vermande hij zichzelf, hield zichzelf voor dat hij niet weten kon wat er door Fosters hoofd ging. Net zomin als de jongen zijn gedachten kon raden. Welke zielenroerselen dwongen die jongen elke dag het bos in, het gure mysterie van de natuur? Hij wist het niet. Hij wist wel dat er in hemzelf een huiver leefde, een onzekerheid die er nooit eerder had gehuisd. Waren het de omstandigheden of begonnen de jaren te tellen?

Maar niet alles veranderde. 's Avonds kon hij nog steeds niet van huis zonder de jongen en de hond. Zelfs als ze al sliepen hoefde hij de auto maar aan te slingeren of ze kwamen naar buiten gerend, klaar voor vertrek. Alsof het open- en dichtgaan van de deur genoeg was om hen uit bed te krijgen. Hij dacht erover het hun te verbieden, maar kon zich daar niet toe zetten.

In september kwam de dokter nog drie zaterdagochtenden om Foster en Lovey de hele dag op sleeptouw te nemen. En als ze dan 's avonds thuiskwamen hoefde Jamie niet te vragen hoe het geweest was, sprak hun vermoeide plezier boekdelen. Op een van die middagen viel hem in dat hij jaloezie hoorde te voelen. Maar hij kon die emotie niet in zichzelf vinden.

Alsof de jongen hem al ontnomen was. Alsof hij alleen nog maar kon toekijken hoe zijn zoon in een man veranderde.

In het warenhuis van Stodd Nichols in Littleton stond hij de verkoper een grondiger ondervraging toe dan hij zich in jaren had laten welgevallen. En hield er een enkelloops .410 jachtgeweer aan over, en twee kartonnen dozen met patronen. Het geweer heette bij uitstek geschikt te zijn voor patrijzen en houtsnippen, voor de korte afstand, wat het beste was voor een jonge jongen. Laat hem nu maar flink veel moeite doen, had de verkoper gezegd, dan zal hij de andere modellen later des te meer waarderen. Bovendien, zo had de man uitgelegd, kon zo'n klein kaliber geweer maar weinig schade aanrichten als er iets fout ging. Jamie was niet bang dat er iets fout ging. Maar het idee van klein beginnen stond hem aan. Iets te geven wat een nieuwe start suggereerde, het toewerken naar een passie. Hij kon zelf geen vogel doden, maar de rest begreep hij wel. En daar stond hij met het nieuwe geweer in een kist onder zijn arm, tegen de glazen toonbank geleund, te kijken naar het assortiment pistolen en revolvers, zonder te weten welke term nu eigenlijk bij welk wapen hoorde. Niet van zins dat te vragen. Er lagen wat kleine platte dingen bij, zonder de bobbel van een cilinder. Dat leek hem wel wat. Kon zo in je zak. En hij keek op naar de verkoper die naar hem stond te kijken. En voelde zich doorzien. Dat hij nu geen vader meer was die zijn zoon diens eerste jachtgeweer ging geven. Hij klemde de kist vaster onder zijn arm, keek de verkoper aan en zei: 'Dank u voor de uitleg. Prettige dag verder.' En liep de winkel uit.

Foster werkte zich door allebei de dozen heen zonder iets te raken. Kwam 's middags het huis binnen met zijn gezicht grimmig in de plooi, manmoedig zijn falen dragend. Toen de patronen op waren ging Jamie weer naar Littleton en kocht ditmaal zes dozen en stond een hele middag in de schapenwei, blikjes omhoog te gooien voor de jongen, tot het magische moment waarop een knal het blikje tollend uit zijn baan door de lucht deed schieten. Foster schoot achter elkaar drie dozen leeg. Bij de derde doos was het even vaak raak als mis.

'Ik kan het voelen,' zei hij tegen zijn vader. 'Zodra ik afdruk voel ik dat het raak is.'

'Nou, misschien hebben we binnenkort een keer patrijs op tafel. Lijkt me smakelijker dan zo'n leeg blikje.'

'Je moet er gewoon naar kijken, meer niet.'

'Ja, is dat alles?'
'Dat je verstand ophoudt. Dat is het.'
Jamie aaide hem over zijn bol. Zei niets. De korte herfstmiddag was al avond geworden. De blaadjes van de bomen aan de rand van de wei hadden een zachte gloed in het schemerlicht, bij de suikeresdoorns leken het kooltjes in de haard.

Eind oktober. Midden in de nacht. Het regende dat het goot en de telefoon rinkelde alsof de wereld verging. Jamie in de donkere gang, een hand om de spreekhoorn, met de ander de luisterhoorn tegen zijn oor drukkend, ingespannen luisterend. Ondanks het noodweer en de ruis op de lijn hoorde hij de schrilheid in Carricks stem. En reageerde daarom met een lage bedaardheid. Ja? Natuurlijk niet, ben je mal. Een kalmte die spotte met de voetzoeker die in zijn hoofd afging. 'Hou je rustig en blijf daar,' zei hij ten slotte. 'Niemand anders bellen. Ik ben er met een halfuur. Hoe houdt dat ouwe mens zich?' Luisterde. En zei: 'Natuurlijk, kan ook niet anders. Luister, maak thee en gooi er een scheutje in. Of nee, niks geen thee, geef haar maar gewoon een keil. Maar niet te veel, hoor. Eén glaasje. Begrepen?' En wachtte Jeeters weerwoord niet af maar had al opgehangen en liep terug door de gang, trok zijn pyjamabroek alvast uit. Hoorde gestommel op de overloop boven. De jongen of de hond. Waarschijnlijk allebei. Knipte aan het eind het licht aan.

Twee meevallers. Binter was zoniet in zijn slaap dan toch in zijn bed gestorven, had zich moeizaam opgericht, zijn vrouw wakker geroepen, met zijn handen in zijn borst geklauwd terwijl zijn stem al brak, reutelend, waarna hij zijn handen grijpend had uitgestrekt naar iets in het donker voor hem. Dus rustte er geen enkele verdenking op Carrick. Plus de verrassing dat mevrouw Binter, de vijandige figuur op de achtergrond die in de voorbije tien jaar niets dan vuile blikken en gebrabbel was geweest, nu alsnog Amerikaans bleek te spreken, minstens zo goed als haar man dat had gedaan.

Toen hij die nacht uit de regen het woonhuis binnenstapte, na de jongen en de hond in de auto te hebben opgesloten, kwam de vrouw op hem toe en pakte hem bij zijn ellebogen en keek hem doordringend aan, en haar rimpels werden tot vouwen en ze legde haar gezicht tegen zijn borst en huilde. Alsof hij haar zoon was. En hij klopte haar troostend op haar rug, negeerde de blik van Carrick die aan de keukentafel zat met de geopende whiskeyfles voor zijn neus, en de twee glazen. De vrouw schokte in zijn armen. Hij keek omlaag. Haar haren los voor de nacht, over de schouders van haar nachthemd. Hield op met kloppen en liet zijn handen om haar rug glijden en trok haar tegen zich aan en ze klemde zich aan hem vast en zo stonden ze daar. Zijn kin op de scheiding van haar haar. Haar kin een priemende punt in zijn borstbeen.

Later, nadat Jamie de dokter in Franconia had gebeld om de overlijdensakte te komen opstellen, en een telegram had doorgebeld naar de New-Yorkse zuster van de nieuwbakken weduwe, en een grote kom water de trap op had gedragen zodat ze haar dode man kon wassen, en even bij het bed had gestaan, waar Binter kleiner leek nu hij dood was, waardig, kalm, na dat alles ging Jamie aan de keukentafel zitten en pakte het onaangeroerde glas van de vrouw met de drie vingers whiskey, sloeg het achterover en keek Carrick aan, die al die tijd had zitten wachten.

'En, wat doen we nou?'

'Niks. Ik ga naar huis. Ik kan hier maar beter weg zijn voor de dokter en de buren binnenkomen. Voor jou is het anders, jij bent gewoon de knecht.'

'Dat bedoel ik niet.'

'O. Nou, voor de rest hangt het er maar van af.'

'Waarvan?'

'Van wat jij geleerd hebt in de laatste drie maanden.'

'Ik heb het helemaal onder de knie. Van begin tot eind. Uitleggen kon-ie goed. Langzaam en niet te veel tegelijk. Ik kan het aan, reken maar.'

'En hoe staat het er nu voor?'

'We hebben één stook op vat gezet en waren net aan een nieuwe begonnen.'

'Mooi, dan zien we wel.'

'Wat zien we wel?'

'Of het goed spul is geworden.'

'Natuurlijk is het dat.'

'Blij dat te horen.'

'Zit me niet te stangen, Pelham. Je weet best wat ik bedoel.'

'Wat dan, Jeeter?'

Carrick spreidde zijn armen. 'Dit hier. We hebben deze kutzooi niet meer nodig.'

Jamie schudde zijn hoofd. 'Ik zal je vertellen wat ik van plan ben. Ik wacht nog een week of twee, voor het goeie fatsoen, en dan doe ik haar een aanbod. En jij... Nu je alles onder de knie hebt, blijf je gewoon zo doorgaan. Geen bokkensprongen, niks achter mijn rug om doen, dan kun je me in drie, vier jaar die hele boerderij afbetalen. En dan ga je van dat moment af goed geld verdienen, jongen. Goed geld.'

'Ach, Jamie. Die koeien... Ik moet er niet aan denken.'

Jamie boog zich naar hem toe, zijn onderarmen plat op het tafelblad. Keek hem strak aan. 'Word eens wakker, jongen. Zo'n aanbod krijg je je hele leven niet meer. Haal je kop uit je reet en kijk eens goed om je heen.'

Het was een doordeweekse middag en Foster zat op school. Jamie en het meisje maakten een ritje in de Packard. Het eerste wat ze hem verteld had toen ze uit Bretton Woods wegreden, de lange rechte weg op naar de Washington, was dat ze dol was op kinderen. Een onopvallende meid met een weke mond en roodblond haar, niets aantrekkelijks buiten haar jeugd om, een beetje reptielachtig door die haakneus, sproetige zachte armen die weldra mollig zouden worden. Amelia Hewitt. Ze liet zich Amy noemen. Het was niet eens zo moeilijk geweest om haar te vinden. Hij was naar Bretton Woods gereden, waar Jeeter Carrick een onbekende was voor zover hij wist. Het was oktober, een tijd om aan de toekomst te denken. 'Let maar op, voor je het weet heb je zelf een huis vol,' had hij gezegd. 'Maar mij is het nu alleen te doen om een leuk ritje op een mooie dag. En ik wil je wat vertellen over een goeie vriend van me. Da's alles.'

Ze keek hem vluchtig van terzijde aan. Een heel andere blik dan die ze hem eerst had geschonken. Dat was een blik geweest zoals hij die in de voorafgaande zomer van tientallen vrouwen had gehad; een mengsel van medelijden en wellust, als had de dood van zijn vrouw alle tussenliggende stappen overbodig gemaakt. Alsof hij een verlaten schip was, klaar om opnieuw uitgerust te worden. Nu zat ze snel een nieuwe inschatting te maken. Dat beviel hem wel. Het sloot aan bij wat de hoofdkelner van het Mount Washington hem eerder op de dag had gezegd. Dat zij precies het type was dat hij zocht. Daar zullen we dus gauw genoeg achter komen, dacht hij bij zichzelf.

'Ik vroeg me al af waarom je mij had uitgekozen.'

Hij zei niets.

'Wat is er mis met die vriend van jou, dat hij zelf geen meisje kan krijgen?'

Nu keek hij haar aan. 'Jeeter? Daar is helemaal niks mis mee. Als hij wat meer onder de mensen kwam, zou hij ze waarschijnlijk van zich af moeten slaan.'

'Jeeter? Wat is dát voor een naam?'

'Weet ik niet. Een bijnaam misschien wel. Nooit zo bij stilgestaan, eigenlijk.' Aan het eind van de weg sloeg hij oostwaarts af naar de smalle bergpas van Crawford Notch.

'Wat scheelt hem dat hij nooit onder de mensen komt? Zit-ie vast?'

'In zekere zin wel, ja. In mijn ogen tenminste. Ik heb altijd gedacht dat je gestoord moest zijn of erfelijk belast om een boerderij te hebben.'

'Wat voor soort boerderij?'

'O, van alles wat. Melkkoeien, schapen, weet ik veel. Een boerderij.'

'Wat voor koeien?'

'Bruine.'

'Jerseys.'

'En ook van die gevlekte. Wit en bruin. Roodbruin.'

'Guernseys'

'Zal wel. Koeien.' Een innerlijk stemmetje zei hem dat hij ooit gestraft zou worden voor zoveel gespeelde onwetendheid.

'Dan vind ik het raar dat hij al niet lang door een buurmeisje is ingepikt, als-ie zo'n goeie partij is.'

'Dat kan ook elk moment gebeuren, als je 't mij vraagt. Maar hij kent niet zo veel mensen. Hij gaat zelfs niet met zijn buren om.' En dacht bij zichzelf dat dat na de dood van Binter wel veranderen zou, en hoopte dat het binnen de perken zou blijven. Hij zei: 'Hij komt oorspronkelijk uit Vermont, ergens.'

Nu schoof ze van het opengedraaide raampje weg en ging met haar rug tegen het portier zitten, gedraaid op de voorbank om hem goed te kunnen aankijken. 'Waar is die boerderij dan wel?'

'Onder Franconia. De Eastonvallei. Ooit geweest?'

'Nee,' zei ze. 'Maar ik weet wel dat dat precies de andere kant uit is.'

Hij reed van de weg af, het parkeerterrein op aan het begin van de bergpas. Links van hen dook de weg het nauwe ravijn in, rechts liep de spoorbaan langs de zuidelijke flank, een kronkelend breukvlak dat in de laagte door bomen aan het zicht onttrokken werd, de wanden grillig en steil alsof ze door een bliksemschicht waren uitgesneden. Er stonden nog meer auto's geparkeerd, waaronder een paar huurwagens van de hotels. Mensen stonden aan de reling naar het oosten te turen.

Ze bleven in de auto zitten. Ze vroeg: 'Als hij uit Vermont komt, hoe is-ie dan aan een boerderij hier gekomen?'

Gis mokkel, dacht Jamie. 'Tja, we zijn zo'n beetje compagnons, hij en ik.'

'Zoiets dacht ik al. Maar, eh... Een boerderij?'

'Nou, en nog wat anders.'

'Dat zal best, ja.'

'Wat je over mij gehoord hebt zal hooguit voor de helft waar zijn. Maar goed, ik zal open kaart met je spelen. Ik ben een eerlijke vent, weet je. Ik doe wat ik zeg. Mijn idee is om hier even wat te babbelen, en als je daarna nog wilt, kunnen we naar Easton rijden zodat je het zelf kunt bekijken. En kennismaken, als je zou willen.' Als de snelle wolken overdreven was het koel in de auto, waarna de zon het weer warm maakte. Ze keek van hem weg, naar de toeristen die zich aan de pas stonden te vergapen. Hij was even bang dat hij haar kwijt was, maar ze draaide zich weer om.

'Het zijn mijn zaken niet,' zei ze, 'en ik zeg het ook maar één keer. Maar jij bent harder aan een vrouw toe dan een of andere lummel die nog elke ochtend moet kijken wat de goeie kant van zijn scheermes is. Dat gevoel krijg ik tenminste.'

Hij zweeg even, en zei: 'Ik heb niet zo'n behoefte.'

'Dat zei ik ook niet. Maar behoefte en iets nodig hebben, dat is twee.'

Hij keek haar aan. Die struise, bollende meid. Keek hem recht in zijn ogen. Na een poosje zei hij: 'Ik heb een zoontje. Hij is de enige die ik in mijn leven nodig heb.'

Ze strekte een arm uit en raakte de zijne aan waar zijn pols op het stuurwiel rustte, niet meer dan een streling van haar vingertoppen. Zijn huid veerde op onder de aanraking. En haar hand lag alweer in haar schoot. De koelte van de wolken schoof over de auto. Ze zei: 'Ik vind het maar niks om hier te zitten lummelen. Als we nu naar Easton reden, kon je me onderweg vertellen wat je wilde. We zouden toch een ritje gaan maken?'

November. De wereld was grijs geworden. Druilerige ochtenden waarop de witte berken opgloeiden tussen de andere bomen in de bossen en op de berghellingen. Jamie voelde de vakantietijd al naderen, het verstrijken van dit eerste jaar. Alsof hij met zijn neus in de wind naar een geur snuffelde en alleen een zweem van zijn eigen angst opving. Probeerde zichzelf en Foster, dat jaar samen, af te meten tegen de tijd die ze anders met z'n vieren hadden gehad. Niet te doen. Alsof je een totaal ander leven in kaart probeerde te brengen. Lege handen.

Hij betaalde vijftienhonderd dollar in contanten voor de achtenveertig hectare aan weilanden en het lage oeverland langs de Gale, de steil oplopende schapenweides tot aan de heuvelrug naar Landaff, en het bos daarboven. Hij reed Binters weduwe naar het station van Littleton, voor de trein naar haar zuster en de rest van de familie. Een ander leven. Ze zat handenwringend naast hem, keek star voor zich uit als wilde ze er niets meer van zien. Hij wenste dat hij haar kon troosten, iets aardigs kon zeggen. Er viel hem niets in wat beter was dan zwijgen. Hij bleef bij haar zitten tot de trein kwam en stond op het perron toen hij vertrok. Keek niet de ramen langs om haar gezicht te ontdekken, stak geen hand op, stond daar alleen maar.

Bottelen in de gehuurde kelder in Bethlehem, met Carrick. Een enkel peertje, het raam van binnen en buiten met planken afgetimmerd. Altijd overdag, als Foster naar school was. Een balk in ijzeren haken voor de eiken kelderdeur, de deuren van de uitbouw daarvoor vanbinnen afgesloten met een hangslot. Jamie was altijd nerveus als ze dit deden. Dit gedeelte was volgens hem de zwakke schakel in het geheel. De distilleerderij was veilig, dat was door de jaren heen wel gebleken. Carrick was onder controle, tot dusver, en op zijn klanten was hij ook gerust, had hij voldoende in de peiling. Het bezorgen was alleen riskant bij onverwachte wendingen. Een lekke band op de verkeerde plek, dat soort dingen. Dit was het enige gedeelte waarbij hij zich kwetsbaar voelde. Wat je ook verzon, wat je ook smoesde, dit kon je nooit op iets anders doen lijken voor mensen die niet mochten weten wat het wel was. En je kon nooit weten waar die mensen waren. Dus werkte hij als een bezetene, met zijn tinnen trechter en de doos kurken en de lege kratten naast zich, en een hoop stro om bij het verpakken tussen de flessen te proppen. Zijn boven- en ondertanden gleden zachtjes over elkaar, een vaag geklik in zijn kaakgewricht, en verder naar boven in zijn hoofd.

Carrick zei: 'Die Amy. Dat is me d'r eentje.'

Jamie zei niets. Werkte door.

Carrick zei: 'Geil als boter, meneer.'

Jamie slaakte een nadrukkelijke zucht, zei: 'Ja?'

'Nou en of. Maar dat had je vast al gemerkt.'

Dit was niet de kant die Jamie op wilde. 'Ze leek me een slimme meid,' zei hij. 'Goed stel hersens en ze weet wat ze wil.'

'O ja, dat is ze zeker. Een beetje koppig zelfs. En niet op haar mondje gevallen. Maar dat mag ik wel, een vrouw die zegt wat ze denkt.'

'Ja.'

'Maar geil! Ik zal je vertellen...'

'Doe maar niet.'

'Nee, serieus. Ik sta echt niet snel te kijken, want je weet hoe die hotelmeiden zijn.'

'Ja.'

'De meesten, tenminste. Die lusten er wel pap van, dat weet je.'

'Tuurlijk.'

'Maar die Amy. Jezus!'

'Bof jij even.'

'Ze heeft één foefje... Dat had ik nog nooit meegemaakt.'

'Jeeter.'

'Wat?'

'Laat maar zitten.'

'En wat ik nou steeds denk is: waar heeft ze dat opgestoken? Hoe komt ze aan zoiets?'

'Tja, zo gaat het tussen de jongens en de meisjes, Carrick. Zo af en toe verzint iemand wat nieuws om het leuk te houden. Anders zouden we uitsterven.'

'Nee, vertel eens. Hoe komt ze daaraan?'

'Wat moet ik je vertellen? Ik heb niks te vertellen.'

'Wat ze doet... Ze neemt hem in haar mond. Nou, dat hebben ze wel vaker bij me gedaan, en van mij mag het, daar niet van. Maar wat zij doet, als ze me bijna zover heeft...'

'Ophouden, Carrick, dat hoef ik niet te weten. Hoor je me? Het interesseert me niet.'

'Heb jij dat weleens meegemaakt? Als ze weet dat ik ertegenaan zit laat ze haar mond er helemaal overheen zakken en dan bijt ze erin. Heel fel, maar heel kort ook. Dus het is al voorbij eer ik het goed en wel in de gaten heb. Jezus, man, het is alsof je ballen ontploffen. Zeg eens. Hebben ze dat weleens bij jou gedaan?'

Hij probeerde het zich te herinneren. Die hufter van een advocaat die Joey's moeder toen zo te pakken had genomen in Barre. McCullen. McCarson. McWcetikveel. En Claire. Dat waren nu al twee Claires die hij nooit zou kennen. Die advocaat. Dat verhaal van Joey, dat ze hem ooit in zijn pik had gebeten. Ze was nog maar een kind geweest, hooguit een jaar of drie ouder dan Foster nu. Niet dat dat wat uitmaakte, natuurlijk. Hij wenste dat er een manier was, een of andere ruil die hij kon doen, om door de tijd terug te keren naar dat kleine meisje van toen, om haar te redden, haar daar weg te halen. Net zo stompzinnig als alle andere stel-je-voors, maar deze had zijn voorkeur. Iets zuivers. Iets wat hij nooit geweten had.

En hij vroeg zich af of dat meisje van twaalf, dertien, toen ze die advocaat in zijn pik beet, vroeg zich af of hij toen in haar mond was gekomen. Hij kon die dikke worstvingers in haar zwarte krullen zien graaien, aan haar haar zien trekken.

Bij hem had ze dat nooit gedaan.

Slapen werd steeds moeilijker. Hij wilde het ook steeds minder. Wilde niet meer wakker worden uit dat soort wrede dromen.

In latere jaren zou Foster zich zijn jeugd in drie aparte fasen herinneren, even duidelijk van elkaar gescheiden als de verdiepingen van een huis. Beneden, de onderste laag, was een duister oord vol verwrongen beelden, herinneringen aan zijn moeder en zusje, maar ook aan iets anders, een gevoel van orde, als had het leven toen een masker van zinvolheid gedragen. Hij nam aan dat dit bedrog voor ieders kindertijd gold, dat zijn versie alleen maar verschilde doordat ze minder tijd bestreek. Maar het bleef altijd op de loer liggen, en als volwassene werd het niet door specifieke beelden opgeroepen maar door alledaagse gewaarwordingen en indrukken die hem zomaar beetgrepen in een peilloze droefheid dompelden; een zweem van dennenhars op een windstille zomerdag, het bessenaroma van jam op geroosterd brood, een bepaalde lichtval bij een winterse avondschemering, de geur van een voorbijganger op een drukke straat, een opengepelde sinaasappel. Pas gewassen vrouwenhaar. Een nachtzwaluw bij zonsondergang.

Daarna waren de drie, vier jaar gekomen dat hij niemands kind was. De jaren waarin de eerste honden in zijn leven waren gekomen, de honden die hij meer was gaan vertrouwen dan enig ander levend wezen. Meer dan mensen. Jaren waarin hij onophoudelijk door de bossen had gezworven, al was het maar in gedachten terwijl hij in zijn schoolbank zat en door het raam naar de overvloedige vlokken staarde, voor zich zag hoe het allemaal zou blijven liggen in de bossen en weilanden en verwilderde boomgaarden die hij kende als zijn broekzak. Wist hoe de sneeuw zich rond de stam van een bepaalde boom zou ophopen, één kant vrijwel onbedekt zou laten. En hoe die op het zuiden liggende holte op zonnige februaridagen tot de grond toe wegsmolt en hoe je dan op handen en knieën de geur van natte aarde kon opsnuiven, en het verkommerde groen kon zien. De wereld, de hond en de bossen, en hij die in dat alles opging. De hond die hem net zomin leidde als omgekeerd. Ze wisten altijd waar de ander was en waar ze zich samen bevonden. Nooit verdwaald. En daarachter de aanwezigheid van zijn vader. Als de hond en hij magneten voor elkaar waren, was zijn vader de reuzenmagneet waar ze altijd naar terugkeerden. Zelfs in de nachten waarin het huis door spoken bezocht werd en hij niet kon slapen maar gekruld tegen de slapende hond aan in bed lag, zelfs dan was er die troostrijke immensheid van zijn vader pal onder hem, slechts door de dunne vloerplanken van hem gescheiden. In die nachten hoorde hij het steevast als zijn vader uit bed kwam, en dan stond hij ook op, kleedde zich aan in het donker, de hond al klaarwakker, en dan samen de trap af om mee te rijden. Snel, snel, ook na de onuitgesproken toezegging dat zijn vader nooit zonder hen weg zou gaan, altijd op hen zou wachten. Op hen zou rekenen. Rijdend door de nacht, soms in slaap, onderuitgezakt op de voorbank met de hond tegen zich aan, maar als ze stopten wist hij voor hij wakker werd al waar ze waren. Zelfs op de vreemde plekken. De kleine hooiweide tussen de bomen op die berghelling boven Franconia, de drassige weg naar Whitefield, de afslag bij Twin Mountain waar ze ooit een beer hadden gezien toen ze zaten te wachten. Allemaal plaatsen waar ze een of meer mannen troffen. Ongeduldig, gehaast, maar niet onvriendelijk. Kwamen bijna altijd even een praatje met hem maken voor ze het achterportier openden en de spullen van de achterbank haalden. En er was meer: de ritten naar huis, op zomernachten met de kap omlaag, het gekwaak van kikkers in sloten langs de weg, of de winterse nachten als de sneeuw hoog was onder de volle maan, de weg een donker lint voor hen uit, nachten waarin zijn vader de koplampen doofde en ze mijl na mijl door het donker reden als op een geheime missie. Zijn vader die met de palm van zijn hand op het stuur zat te slaan alsof het hem niet snel genoeg kon gaan. Die zijn sigaret uit het raam gooide en dan een regen van vonken achter hen. En alweer een nieuwe opstak. Alsof de wereld zich had overgegeven en hun alleen toebehoorde. Alsof ze nooit meer zouden stoppen, nooit meer konden stoppen.

En toen het laatste deel. Hij was veertien, vijftien jaar oud toen dat begon. Of toen hij zich ervan bewust werd. En hoewel het voor hemzelf nieuw was, had hij niet de indruk dat het zijn vader verraste. Alsof zijn vader het had zien aankomen. Het had verwacht. Niet anders had verwacht. Zo begreep Foster het tenminste. Want de bossen hadden hem toen al geleerd dat het nieuwe slechts een verschuiving was in het reeds gekende. Een verschuiving van het vertrouwde. Een nieuw patroon, meer niet. De wereld was kenbaar. Zoveel was duidelijk. Hij was veertien. Hij had al eens gerookt. Had al meer dan eens gedronken. Op een goeie middag bracht hij een stuk of drie patrijzen thuis, en nog wat houtsnippen. De hond Lovey was een deel van hem geworden. De wereld straalde. Geneukt had hij nog niet. Maar ook daar had hij al ideeën over.

Estus Terry stierf in de winter van 1927. Iemand, Jamie kwam er nooit achter wie, was hem tijdens de maartse dooi gaan opzoeken en had het lijk gevonden dat al een heel eind vergaan was. Terry had een been gebroken, had zichzelf naar zijn hut gesleept, was er op bed gaan liggen en was daar doodgehongerd of doodgevroren of allebei. Er waren tekenen dat hij nog geprobeerd had het uit te zingen. Een ruwe kruk uit een tak gemaakt. Keukengerei dat her en der door de kamer lag. Lege conservenblikken naast het bed. De kist met brandhout leeg, en op honderd onmogelijke passen afstand nog tien vaam hout in de ongebruikte paardenstal. Muizen of een wezel hadden aan zijn gezicht en handen geknaagd, en door de sok van die ene ongelaarsde voet.

Op de eerste april reed Jamie in zijn een jaar oude Chrysler naar Whitefield, voor de rouwdienst. Een congregationalistische dominee sprak niet over Terry, die hij nooit gekend had, maar over het droeve lot der mensheid en de glorie van de Schepper. En hij besloot met psalm 23. Er waren nog geen tien aanwezigen, onder wie de hoofdinspecteur van de federale politie, Patrick Jackson. Het was een druistige dag. Regenvlagen geselden de ongebrandschilderde ramen van het kerkje, afgewisseld met bundels zwak zonlicht over de kerkbanken. Jamie zat in zijn overjas op de derde rij van achteren, zag hoe Jacksons overjas om zijn brede rug spande. Hij had de hele dienst roerloos rechtop gezeten, alleen op de voorste rij, boog zijn hoofd niet bij dat afsluitende gebed voor eenieders zielenheil. Jamie vroeg zich af of hij naar de dominee keek of naar de onbeschilderde muur achter hem.

Het bezoek sjouwde nog even door de dikke modder van het kerkhof en ging meteen daarna uiteen. Alsof niemand zin had in een gesprek. Iedereen kende alle anderen en iedereen had Terry gekend en iedereen wilde kennelijk alleen zijn en zich met niemand bemoeien. Behalve Patrick Jackson, en Jamie wist dat, en wachtte niet af maar benaderde hem zelf.

'Jackson.' Liet een knikje op de naam volgen.

'Beroerde dag voor zoiets, hè? Niet dat het Estus wat had uitgemaakt. Ik geloof niet dat er weer was waar hij niet van hield. Je hoorde hem nooit klagen dat de winter te lang duurde, of dat de modder te diep was, of de zomer te heet.'

Beiden hielden elkaars blik gevangen. Vijandig noch vriendelijk. Monsterend. Jackson was een grote kerel. Jamie had het gevoel dat dit in zijn voordeel was. Hij zei: 'Het is precies geworden waar hij bang voor was. Langzaam doodgaan. Hulpeloos op bed.'

'Tja, wie is daar niet bang voor? Ken jij lui die daarvoor zouden kiezen? Maar het is misschien zo erg nog niet geweest. De kou zal hem wel danig in de greep hebben gehad. Hij heeft wel volop de tijd gehad om zijn eind te zien naderen, maar kou haalt de scherpe kantjes van zoiets af. Heb ik weleens gehoord, tenminste. Hij was erg op jou gesteld.'

'We konden het goed vinden samen. Niet dat ik hem zo vaak zag, hoor. Jij kwam er volgens mij vaker.'

'Ja,' zei Jackson. 'Ik zal ze missen, die bezoekjes. Maar Jezus, wat een toer om er te komen.'

Jamie glimlachte. 'Die weg, hè?'

'Dat was toch geen weg, man. Een voetpad met kapsones, dat was het.'

'Zo zul je er wel meer kennen, heb ik het idee.'

'Klopt. Maar bij die andere heb je meer oog voor waar je uitkomt. Jij bent de onzichtbare man tegenwoordig, Pelham.' Er kwam een luchtige vrolijkheid in Jacksons stem, opgeheven door de grimmige ernst die op zijn gezicht verscheen.

'Ik leid een rustig leventje.'

'Blij dat te horen. Ik zou willen dat er meer tevreden mannen met rustige leventjes waren. Hoewel, misschien zou ik ze dan wel in de gaten moeten gaan houden.'

'Als ik de kranten mag geloven, heb je het al druk genoeg.'

'We zitten niet stil. In het grensgebied is elk beekje of bospaadje een verkeersweg de laatste tijd. En het gaat niet meer zoals vroeger om kerels die een paar dollar op de accijns willen uitsparen. Het is zwaar georganiseerd. Voor elke agent van mij zijn er wel twintig smokkelaars. Er gaat groot geld in om.'

'Is dat zo? Dat zou ik niet weten.'

'Tuurlijk niet. Jij hebt een rustig leventje.' Jackson keek omhoog, speurde de gebroken hemel af. 'Estus Terry. Dat slag zien we nooit meer terug. Ben jij weleens ene Pompelli tegengekomen?'

'Nee.'

'Ik ook nog niet. Ik weet niet eens wat hij is, een Griek of een spaghettivreter of weet ik veel wat. Maar volgens mij heeft hij alle touwtjes in handen momenteel. Als je telkens weer op dezelfde naam stuit en je hebt er geen gezicht bij, dan kun je er vergif op innemen dat hij je man is. Geen idee waar hij zit. In Boston misschien wel. Het is niet uitgesloten dat hij alleen maar voor het geld zorgt, maar in dat geval zou hij toch een man moeten hebben die de zaken hier voor hem regelt. En het wemelt dan wel van de kerels, maar dat zijn allemaal boerenlullen. Loopjongens. Er moet iemand achter zitten die de leiding heeft. En die zou ik best eens willen spreken.'

'Dat geloof ik graag.'
'Enfin,' zei Jackson. 'Als het even kan probeer ik op zondag thuis te zijn. Als je ooit eens in Colebrook mocht zijn op een zondag, kom dan even langs. Iedereen daar kan je zeggen waar ik woon.'
'Ik weet waar je woont.'
'De kunst bij dit soort werk, Pelham, is te onthouden dat je zo af en toe eens over je schouder moet kijken.'
'Zoiets heeft Estus ook weleens tegen me gezegd.'
'Werkelijk?' Jacksons gezicht opende zich nu iets. Milde verrassing. 'Ik had het over mijn eigen werk, eerlijk gezegd.'

Wat moest dat verdomme voorstellen? dacht Jamie toen hij wegreed en de regen weer was gaan vallen. Alweer een waarschuwing? Een of ander aanbod? En wie was die Pompelli? Het enige wat hij zeker wist was dat Jackson niets gezegd had waar niet over nagedacht was. Er ging nu inderdaad een hoop illegale whisky uit Canada door de streek. Hij had daar zelf ook al de nodige handel door verloren, maar nam aan dat het meeste spul verder naar het zuiden ging, naar de steden. En als hij tegenwoordig handel verloor, dan liet hij dat gebeuren zonder bonje te maken, zoals hij dat tien of zelfs nog maar vijf jaar eerder wel zou hebben gedaan. Hoeveel hij ook mocht mislopen, hij had het gevoel dat hij nog steeds redelijk goed draaide. Het liep nog steeds naar wens. En Carrick... Carrick werd langs twee kanten in het gareel gehouden. Enerzijds was daar Jamie die nog steeds tevreden was met de stand van zaken, en anderzijds was er Amy Hewitt, mevrouw Carrick nu, die haar echtgenoot goed genoeg kende om te weten dat Jamie meer verstand van zaken had dan Jeeter ooit zou krijgen. En ze hadden nu drie kinderen die samen met de boerderij het fort vormden dat Amy met hand en tand zou verdedigen. Jeeter deed denken aan het konijn in de sappige lenteweide, dat geen benul had van de havik die boven hem rondcirkelde. Jamie reed door de regen en vroeg zich af waar zijn eigen ongeziene havik zweefde.

Een tijdlang, verscheidene jaren na de dood van Joey en Claire, had hij soms een meisje of vrouw mee naar huis genomen na een avond van voorzichtige luchthartigheid in een van de clandestiene kroegen in de achterkamers en kelders van het noorden. Enkele jaren terug was daar een eind aan gekomen toen hij op een zomerse ochtend laat wakker was geworden en in bed had liggen luisteren naar het gepraat en gelach in de keuken, en ten slotte naar beneden was gegaan om zijn zoon in een onderbroek en onderhemd aan te treffen, met het meisje dat zich in een oud hemd van Jamie had gehuld. Ze hadden tegenover elkaar aan de keukentafel gezeten en koffie gedronken. Waren stilgevallen toen hij binnenkwam, alsof ze ergens bij gesnapt waren. In de paar tellen die hij nodig had gehad om zich te vermannen en naar het fornuis te lopen om koffie in te schenken had hij zich gerealiseerd dat het meisje qua leeftijd dichter bij zijn zoon stond dan bij hem, en dat het tijd was om er een punt achter te zetten. Zij was de laatste. En het had geen moeite gekost om voor zichzelf te erkennen dat hij er eigenlijk toch al niks aan had gevonden, dat hij zelfs een zekere opluchting voelde nu hij dit deel van zijn leven had afgesloten. En op dat moment herkende hij zichzelf als een ingetogen wezen. Als iemand die dat altijd al geweest was. En vond een zekere troost in die herkenning.

Foster bracht de middag na schooltijd door met Andy Flood. Ze duimden een lift voor henzelf en de cedergeribde oude kano naar Twin Mountain, waar ze te water gingen om de rivier af te zakken en misschien wel een paar lente-eenden te schieten. Lovey lag tussen twee ribben tegen Fosters knieën aan gekruld terwijl de jongens zich een weg stroomafwaarts baanden, zoveel mogelijk de oever hielden en zich door de stroom lieten dragen, hun peddels alleen gebruikten om te sturen en rotsen af te weren. De kano botste en schuurde zachtjes voort, gedreven door de lentevloed; over een maand zou het water al te laag staan voor een kano. Het was een heerlijke middag, zachte druilregen op hun gezicht, de struiken op de wal rossig van de lenteaanwas, gezwollen knoppen aan de overhangende takken. Als de zon zo nu en dan doorbrak, had hij de kleur van honing. Ze joegen een vlucht wilde eenden op. Te ver weg voor een schot. Zagen een eenzame pronkeend, een mannetje, een werveling van kleuren, maar daar keken ze slechts naar terwijl Foster een oevertak vasthield om hen op de plaats te houden. Waren heel zeldzaam, pronkeenden. Hoefden ze geen woorden aan vuil te maken. Dat stond hem aan in Andy. Het was ze trouwens helemaal niet zo om eenden te doen, veel meer om een middagje drijven.

In de scherpe bocht voorbij het huis haalden ze de kano uit het water en droegen hem op hun schouders naar de stal, elk met een hand om een bankje geklemd, in de andere hand hun geweer. De hond was al uit zicht, thuis. Ze moest alleen iets van boten hebben als Foster erin zat.

Ze legden de kano omgekeerd op een paar zaagbokken. De geur van natte wol, van hun jacks en petten, was een verademing in de mufheid van de stal. Voor de openstaande staldeuren stond de Chrysler met parelende regendruppels op de lak. Andy Flood dreef de punt van zijn laars in het oude hooi. 'Ik dacht dat je ouweheer naar een begrafenis was.'

Foster knikte. 'Een of andere ouwe boef die ik nooit gekend heb. Zo te zien ligt-ie al onder de grond.'

'Dan ga ik maar eens op huis aan.'

'Het heeft met jou niks te maken, hoor. Jij hebt hem niks misdaan.'

'Hij heeft anders behoorlijk de pest aan de Floods.'

'Hij heeft aan zowat iedereen de pest, zo is-ie nou eenmaal.'
'Ik ga.'
'Oké.' Ze liepen samen de stal uit. Foster zag Lovey op de bovenste tree zitten, tegen de voordeur geschurkt. Andy liep het zandpad op dat naar de weg voerde. Keek nog een keer om. 'Die pronkeend.'
'Nou!'

Binnen stond zijn vader in hemdsmouwen boven het fornuis, zijn stropdas in zijn hemd weggestopt, een meelzak om zijn middel gebonden als het schort van een kelner. De ramen waren beslagen. Er stond iets te koken. Etensgeuren. Foster hing zijn jack en pet aan haakjes te drogen, haalde een houten kistje uit een kast, ging ermee aan tafel zitten en brak zijn geweer open. Zijn vader keek hem aan.
 'Je bent doornat.'
 'Dat droogt wel weer. Wat eten we?'
 'Weet ik veel. Wat heb je meegebracht?'
 Foster grijnsde. 'Niks.'
 'Niks?'
 'Ik heb een pronkeend gezien.'
 'Lekker mals, zo'n pronkeendje.'
 Foster streek met een oliedoekje over de onderdelen van het geweer. 'Was te ver weg.'
 'Ik ben nog even langs Bethlehem gereden voor koteletjes. Lijkt dat je wat?'
 'Krijg ik wel weg, een koteletje.'
 'Twee?'
 'Misschien ook wel.'
 'Met aardappels. En tomaten uit blik.'
 'Je maakt me hongerig.'
 'Was je al. Je wist het alleen nog niet.'
 'Zou kunnen.' Zweeg even, en vroeg: 'Hoe was die bedoening?'
 'De dienst?'
 'Ja.'
 'Niet veel aan. Voor mij niet, tenminste. Maar ik ben wel blij dat ik gegaan ben.'
 'Hoezo?'
 'Estus was een van de ouwe getrouwen. Ik stel me zo voor dat-ie het leuk heeft gevonden dat ik er ook was. Als mijn tijd gekomen is, hoop ik dat er ook nog een paar de moeite zullen nemen.'
 'Voel je je al zo oud dan, pap?'
 'Nee, hoor. Niet zozeer oud als, eh... Niks eigenlijk.'
 'Maar ook niet jong meer?'

'O, dat ben ik al heel lang niet meer. Nee, het is... Niks.'

Ze zwegen. Foster was klaar met het geweer, veegde het af met een schone doek en zette het weer in elkaar. Stond op en borg het kistje weg en zette het geweer in een hoek. Vroeg: 'Zal ik de aardappels schillen?'

'Die staan al te koken. Ruik je dat dan niet?'

'Weet ik veel, ik wilde alleen maar even helpen.'

'Er valt niks meer te helpen. Ik heb het allemaal al gefikst. Maar je bent tenminste eerlijk. Ik heb een eerlijke jongen grootgebracht.'

'Klopt, ik heb nooit tegen je gelogen.'

'Nog niet, nee.'

'Pap?'

'Zeg het eens.'

'Hou op.'

'Waar moet ik mee ophouden?'

'Gewoon, ophouden. Ik kan er niet tegen als je zo doet.'

'Hoe doe ik dan?'

'Laat maar.'

'Niks laat maar. Hoe doe ik dan?'

'Zo stekelig. Prikkelbaar. Alsof je er elk moment op los kan gaan meppen.'

'Ik heb alleen maar het eten klaargemaakt, da's alles. Het was toch mijn beurt?'

'Ik heb het gisteren gedaan.'

'Nou dan. Zie je?'

'En de avond daarvoor. Maar toen was je er niet, dus dat telt niet.'

'Was ik hier niet? Waar was ik dan?'

'Weet ik niet.'

'Waar ben ik geweest? Jezus, ik zou het echt niet meer weten.'

'Laat maar. Wat voor koteletjes zijn het?'

'Kalfs. Lekker?'

'Ja.'

'Kort gebakken?'

'Heel kort.'

'O ja, dat is ook zo. Jij bent een halve wilde uit de bossen.'

'Ik vind het gewoon lekkerder zo.'

Een stilte. En toen: 'Hoe gaat het op school?'

'Goed.'

'Ja, goed?'

'Ja.'

'Ik bedoel je lessen. Kun je het een beetje bijhouden allemaal?'

'Pap, het gaat uitstekend.'

'Je moet goed je kop erbij houden. Vooruitdenken. Het is niet genoeg om de dingen zo aan te pakken dat ze in je plannen passen. Je moet ervoor

zorgen dat je zelf in je plannen past. Voel je wat ik bedoel?'
'Hou nou maar op, alsjeblieft.'
Na een poosje: 'De boter is heet. Eén kotelet of twee?'
'Hoeveel heb je er gekocht?'
'Drie.'
'Geef mij er dan maar één.'
'Ik hoef er zelf ook maar één.'
'Eén is goed.'
'Oké, ik bak ze alle drie, dan vechten we wel om die derde.'
Ze aten. Foster smokkelde randjes vet en stukken aardappel onder de tafel naar de hond, die ze van zijn vingers nam met een natte veeg van haar tong. Ze deelden het laatste koteletje. Het was lekker vlees, mals spiervlees doortrokken met smakelijke vetstrengen. De keuken was warm door het fornuis, de etensdampen, de drie lichamen. Het was er stil op het tikken van hun bestek na. Rozenknopjes langs de randen van de borden, de kleuren verschoten. Jamie schoof zijn stoel achteruit en stak een sigaret op. Blies de rook omhoog naar de plafondlamp met de drie bollen.
Foster zei: 'Ik heb van de week nog met dokter Dodge gesproken. Die avond dat jij er niet was. Hij heeft een jonge reu, en Lovey zal in mei loops worden. Ik zou haar willen laten dekken door die hond van hem.'
'Waarvoor?'
'Puppy's.'
'Dat snap ik, ja. Maar waarvoor wil je puppy's?'
'Ze wordt acht. Ik wil er eentje houden. En voor de rest lijkt het me gewoon leuk. Eentje houden, de rest verkopen.'
'O, ga je in zaken?'
'Nou, zaken...'
'Eentje houden, hè? En wat gebeurt er als je er geen afstand van kan doen? Zitten we hier dan met een huis vol honden?'
'Pap, setters werpen meestal acht tot tien, soms wel twaalf pups. Ik weet heus wel waar ik aan begin. Ik wil er echt maar eentje houden.'
'Jezus Christus. Acht tot tien honden die de hele dag door het huis rennen.'
'Ze zou ze in de zomer krijgen. Ik wil haar binnen laten werpen, een nest voor haar maken van een kartonnen doos. Maar als ze een week of twee zijn, kunnen ze naar de stal.'
'Je hebt het al helemaal uitgedacht, zo te horen.'
'Anders zou ik er niet over praten.'
'Vragen.'
'Pardon?'
'Je praat er niet over. Je vráágt het.'
'Vragen dan.'

Jamie keek hem aan, drukte zijn sigaret uit in de asbak. Een grijnslachje. 'Wat, worden we opstandig? Ga je je ouweheer afzeiken?'

'Neem me niet kwalijk. Natuurlijk niet. Maar het zou gewoon een goeie terugfok zijn.'

'Wat wil dat zeggen?'

'Die reu, Trice, is van Loveys moeder en een hond die Copper heette. En die was weer een halfbroer van Loveys grootmoeder. Daarom zou het een goeie terugfok zijn. Zo noem je dat.'

'Dat klinkt mij in de oren als zo'n moerasfamilie waar iedereen met zijn eigen neef of nicht trouwt.'

'Daar lijkt het ook wel op, maar dit is juist de opzet. Je fokt op bepaalde kenmerken en karaktereigenschappen. Dat kan niet altijd maar doorgaan, natuurlijk, maar als je het op het goeie tijdstip doet, met de goeie honden die precies de goeie verwantschap met elkaar hebben, dan kun je mooie resultaten krijgen. Dokter Dodge denkt dat die Trice en Lovey bij uitstek geschikt zijn. Ik moet op zijn woorden afgaan, maar ik wil weleens zien wat er gebeurt.'

Zijn vader zat naar een punt ergens achter Foster te staren. Foster wachtte. Stond na een poosje op om de tafel af te ruimen, en liet de gootsteen vollopen, en begon aan de afwas. Achter hem zei zijn vader: 'Stel jij je weleens voor hoe het geweest zou zijn als je moeder en zus nog leefden?'

Foster draaide zich om. Zijn vader had geen vin verroerd, keek hem niet aan. Zijn hoofd een beetje schuin alsof hij een plekje op de verre muur bestudeerde. Foster zei: 'Ik denk nog wel aan ze, van tijd tot tijd. Maar ik kan me ze nooit ouder voorstellen dan ze toen waren.'

'Nee?'

'Nee.'

Een stilte. Getinkel in het afkoelende rookkanaal van het fornuis. Foster wreef zijn handen.

Na een poosje zei zijn vader: 'Als je eenmaal achter de meiden aangaat, moet je goed bedenken dat je een zuster hebt gehad. Eentje die met jongens als jou te maken had gekregen als ze was opgegroeid. Moet je goed onthouden. Begrepen?'

Foster zweeg.

Een kortere stilte ditmaal. Zijn vader draaide zich om en keek hem aan. 'Ik vroeg je wat.'

'Ik hoor je wel. Ik weet alleen niet wat ik erop zeggen moet.'

'Dat je me begrepen hebt.'

'Maar dat doe ik niet echt.'

'Godverdomme.' Zijn vader stond op. 'Let maar niet op mij. Ik heb een rothumeur vanavond. Heb het niet eens zien aankomen, maar daar is het niet minder om. Het zal wel met die begrafenis te maken hebben. Laat maar zitten verder. Ik moet de deur uit. Rijd je mee?'

'Ik heb huiswerk.'

'Ik kan me de tijd nog heugen dat je voor geen goud alleen thuis wilde zijn.'

Foster zei, heel stilletjes: 'Vind ik niet zo erg meer, tegenwoordig.'

Jamie trok zijn stropdas uit zijn hemd en streek hem glad. Rolde zijn hemdsmouwen af. Foster liep langs het aanrecht naar de stapel schoolboeken. 'Vooruit maar,' zei zijn vader. 'Laat haar maar dekken.'

Pompelli. Hoe kon je een naam naspeuren die je niet wilde uitspreken omdat je nooit kon weten welk belang de ondervraagde bij die naam had? Dan kon je dus alleen maar luisteren. Aandachtiger nog dan je al gewend was. Wat haast niet kon. Dus luisterde hij met geforceerde aandacht, met ongekende gretigheid, volkomen gespitst op het geluid van die naam. Wat niet zonder gevaren was. Want dan konden andere dingen je ontgaan. Wat ontging hem?

De lente werd zomer. Het hotelseizoen begon, en de afzet bleef dalen. Niet ingrijpend, niets wat om een harde aanpak vroeg, gewoon mannen die telkens iets minder nodig hadden. Nee, aan twee kratten heb ik genoeg tot donderdag. Of weet je, maak daar maar volgende week maandag van. Hoe gaat het verder, Jamie? Hoe gaat het, Pelham? Hoe is 't met die jongen van je? Wordt al groot zeker? Zelfs de houthakkers. Sommigen kwamen niet eens meer opdagen. Anderen begonnen te pingelen, of kleine beetjes te kopen. Omdat ze naar believen de hand konden leggen op wat er door hun bossen ging, dacht Jamie. Maar hoeveel ging er dan door de bossen? De onduidelijkheid daarvan deed hem avond aan avond in zijn auto stappen. En dan was er nog Carrick, die hem bij ieder bezoek meenam naar zijn hooizolder en het hooi wegvorkte om hem het groeiende aantal vaten te laten zien, de onverkochte voorraad. En Amy Carrick die hem geen seconde uit het oog verloor, vlak voor hij wegreed aan kwam rennen met een vers brood of een zak eieren of iets uit de moestuin. Alsof ze hem verzorgen moest. Maar wat hem nog het meest ergerde waren de mannen die hij van tijd tot tijd in de hotels trof. Mannen aan wie hij kon zien dat het geen gasten waren, onbekenden in dure kostuums, die hem even vluchtig opnamen en vervolgens langs hem heen keken alsof hij er niet was. En dan ging hij ergens bij hen in de buurt staan en probeerde hun gesprekken af te luisteren. Over honkbal, politiek soms, in lachwekkende gemeenplaatsen, meiden in het algemeen, de plaatselijke meiden in het bijzonder, fragmenten over meer persoonlijke onderwerpen, die hij niet kon volgen omdat ze dan in geheimtaal spraken, want hij herkende geheimtaal als hij het hoorde spreken. En telkens als hij het hoorde voelde hij zich een buitenstaander.

Een sukkel. Iemand die er niks van snapte.

En nooit, maar dan ook nooit, viel de naam Pompelli. Alsof hij een mistflard achterna zat op een mistige weg die nergens heen leidde. De gedachte speelde meermaals door zijn hoofd: probeerde Patrick Jackson hem uit de tent te lokken? Hij zag alleen geen enkele reden waarom Jackson dat zou willen. Er waren nachten, die zomer, waarin hij zijn handen over het stuurwiel voelde glijden, zwetend in de koele nachtlucht. Veel te koel om te hoeven zweten.

Midden in de nacht, eind juni. Foster werd wakker door natheid in zijn bed. Lovey aan zijn voeten met twee pups eruit en een derde onderweg, gekruld op haar zij om de eerstgeborenen schoon te likken, handpalmgrote jonkies, blind, kleine oortjes tegen hun kopjes gekleefd. Hij trok de sloop van een kussen en veegde de puppy's een voor een schoon, telkens als er weer een kwam, aaide de zwoegende teef, tilde de puppy's op om ze te kunnen seksen en legde ze dan in de rij aan de gezwollen tepels onder haar buik. Grotendeels wit, die pups, met vage spoortjes kleur, citroen of leverbruin, donkere neusjes, staartjes als afgebroken twijgjes. Tien in totaal, waarvan één doodgeboren. Negen puppy's, drie vrouwtjes en zes mannetjes. Die ene dooie was een vrouwtje. Hij pakte haar weg terwijl Lovey nog lag te werpen en wikkelde haar in een kussensloop en legde het bundeltje op de hoogste plank van de kast. Door alles wat er gaande was zou Lovey haar niet missen, dat wist hij wel zeker. Foster meende de dood goed te kennen, als een deel van zichzelf, dat hij er dingen van wist waarvan leeftijdsgenoten geen idee hadden. Maar het begin van leven was nieuw voor hem, in deze vroege ochtenduren. Daar had hij nog nooit deel van uitgemaakt. Had het nog nooit mogen aanschouwen. En het was onverdraaglijk lief. Het gaf hem het antwoord op een vraag waarvan hij niet eens geweten had dat hij ermee rondliep: wat houdt dit allemaal gaande?

Na zonsopgang liep hij de trap af en trof zijn vader in de keuken met een kop koffie. Foster schonk ook een kop vol. Zijn vader zei: 'Ik hoorde je rommelen boven.'

'Ze heeft haar puppy's gekregen.'

'Ik dacht dat het de bedoeling was dat ze ze hier zou krijgen.' En hij wees op de afgeknipte kartonnen doos, gevoerd met een oude gescheurde deken, naast het fornuis.

'Dat was ook de bedoeling.'

'En wat ga je nu doen?'

'Die doos naar boven dragen en ze erin leggen, en er dan weer mee naar beneden, als ze dat tenminste pikt. Maar dat zal wel. Ik durf te wedden dat ze gewoon achter me aan komt en er dan bij springt. Het zal haar niet kunnen schelen waar ze is, zolang ze maar bij haar pups kan zijn.'

'Hoeveel zijn het er geworden?'
'Negen. Drie teefjes, de rest reuen.'
'En je wilde een vrouwtje houden, hè?'
'Ja.'
'Da's geen ruime keus dan, die drie.'
Foster dronk zijn kop leeg. 'Keus genoeg,' zei hij, en stond op om de doos te pakken.

Met het zomerseizoen in volle gang begon de handel beter te lopen. Wat ook niet meer dan normaal was. Zo ging het altijd. Maar Jamie kon het idee niet van zich afzetten dat het dit keer van iemand mocht. Met het toenemen van hun bestellingen werden zijn klanten makkelijker in de omgang, losser, alsof ze blij waren dat ze hem niet langer teleur hoefden te stellen. En dat gaf weer twijfel. Het was alsof er een bevel was uitgevaardigd: geef die Pelham maar wat meer armslag. Dan werkt hij zichzelf wel in de nesten.

Ook de Carricks waren meer ontspannen. Wat volgens Jamie niet alleen aan de stijgende verkoop lag, het afkalven van die voorraad op de hooizolder, maar ook aan het zweven van de midzomer, de korte periode waarin het leven niet langer aan seizoenen gebonden leek. Het meest opvallende was dat Amy Carrick voldaner, minder snibbig was. Haar kinderen waren dik en zelf leek ze ook almaar steviger te worden, wat niet zozeer een kwestie van omvang was als van de zelfverzekerdheid die haar als een stralenkrans omgaf. Haar jongste was nu bijna twee en het deed haar zichtbaar plezier om hem op haar heup te hijsen en haar blouse omhoog te trekken en hem te zogen, haar borst melkwit met blauwe aderen, de tepel een gezwollen bloedrode rozenknop. Zonder dat het ooit gezegd, geroken of gezien werd wist hij dat ze met grote regelmaat van de whiskey snoepte. Hij nam aan dat ze nooit dronken genoeg werd om tegen de lamp te lopen, maar die bedachtzaam snuivende ademhaling, als dreigde de wereld haar voortdurend te overweldigen, was hem niet ontgaan. Die had hij eerder gezien, en zelf ook ervaren. Hij vond het voor vrouwen nog gevaarlijker dan voor mannen. Waarom hij dat vond kon hij niet zeggen, maar hij wist dat hij gelijk had.

Op een avond tegen het eind van juni kwam hij terug van een bezorging bij het Forest Hills boven Franconia, reed door het beboste hoogland naar Bethlehem toen de weg na een bocht de bomen verruilde voor een bevermeertje. Het landschap strekte zich opeens aan beide kanten uit en de late zon scheen hem vanaf de einder tegemoet. Hij zette de auto stil en leunde achterover in het wijnrode licht. Stak een sigaret op. Kreeg voor het eerst in maanden weer eens een ontspannen gevoel. Alsof hij weer helemaal in zichzelf was teruggekeerd. Hij startte de auto met het idee dat het er weer in zat. En ondanks dat idee besefte hij dat het hebben van zo'n idee al reden was om er niet in te geloven. Om het niet te vertrouwen.

Op zomerochtenden zat hij op de treden voor het huis en keek naar de andere kant van het erf, waar Foster de puppy's uit de stal had gelaten. Hun vacht begon uit te groeien, hun poten leidden een eigen leven terwijl ze elkaar achterna zaten door de afgevallen naalden. Hun tekening kwam te voorschijn, zij het eerder in spikkels dan in vlekken. Lange vleugen kleur in hun oren en staarten, het citroengeel en leverbruin maakte zich waar. Een van de mannetjes was driekleurig, met een zwart masker en zwarte spikkels op zijn poten. Foster zat op een gekantelde krat tegen de wand geleund en de pups gebruikten zijn gespreide benen als horden, of als schuilplaats voor een hinderlaag. Foster onderging het allemaal vadsig, bewoog zich alleen als een pup zijn tanden te diep in zijn enkel zette, of om een kluwen vechtende hondjes van zijn benen te vegen. Alsof hun gedartel en rumoer hem in een trance bracht. Soms ook liet hij zich van de krat op handen en knieën vallen om een van de pups met een trage armzwaai omver te duwen, hield zijn hand erboven als het beestje overeind krabbelde en verdwaasd om zich heen keek en uiteindelijk die hand bespeurde en met een huppelsprongetje tot de aanval overging. Soms lag hij op zijn rug met al die puppy's over zich heen, en dan verscheurde zijn jongenslach de landerige ochtend.

Hij was in maart zestien geworden. Zijn vader sloeg hem gade. Een jongen en een man die om voorrang vochten in die ene slungelige gestalte. Er liep iets ten einde. Hij keek ernaar op die zomerochtenden, en probeerde te bedenken wat er nu zou komen.

Aan het eind van juli was er een incident, een tragedie volgens de kranten, ver boven de noordelijke meren van Connecticut in de ongebaande wildernis van het grensgebied. Iets middernachtelijks waarbij twee federale agenten en drie andere mannen de dood vonden. Een paar vernielde auto's die bijna door hun assen zakten door de lading Canadese whisky. Het dagblad van Littleton had gillende koppen. In het verslag werd Pat Jackson geciteerd met de bewering dat de drie onbekende mannen leden waren van een 'crimineel netwerk waarvan de herkomst buiten deze streek gezocht moet worden'. Meer had hij niet willen zeggen. De dode agenten waren streekgenoten die vrouwen en kinderen nalieten. De rouwdienst werd massaal bezocht. Het redactionele commentaar van de Littletonse krant sprak van de noodzaak om dit gespuis met wortel en tak uit te roeien, dat het kwaad bij de bron moest worden bestreden. Men liet na te vermelden waar die bron zich bevond.

Dokter Dodge aanvaardde zijn dekvergoeding in de vorm van de driekleurige reu. 's Middags nam Foster de bende pups mee naar de schapenwei bij de rivier en zat daar op een rotsblok naar hun spel te kijken. Aan het eind van die middagen sloot hij ze in de stal op, behalve het teefje dat hij Glow had gedoopt. Met haar begaf hij zich in het moerassige kreupelhout. Hij liet haar flinke moeite doen om hem bij te houden, liep soms zo ver voor haar uit dat ze hem kwijtraakte, en hoorde dan hoe ze begon te janken. Ging op zijn hurken zitten en wachtte af. Ze vond hem wel weer. Al duurde het soms wat lang. Ze moest leren haar neus te gebruiken, haar neus als gids te aanvaarden. Hij vond het niet erg om te wachten, neergehurkt in de vochtigheid, knokkend tegen de aanvechting om haar naam te fluisteren of zachtjes te fluiten of wat voor geluid dan ook te maken. En dan kwam het moment waarop ze haar koppetje optilde van het geurspoor waarin ze zich verloren had, en hem zag en op hem af stoof met de ongebreidelde passie van een schepsel dat slechts liefde wilde geven. En dan pakte hij haar op en drukte zijn neus in haar vacht, liet zijn hart omwikkelen door die zoetige puppengeur.

Foster verkocht drie pups via Dodge. Een mannetje en de twee resterende vrouwtjes. Het viel niet mee om dat geld aan te pakken, zes dollar per stuk, maar toen reed de man het erf af en zat het geld in zijn zak en knaagde Glow aan zijn broekspijp en had hij er een goed gevoel bij. De andere reutjes verkocht hij via een advertentie in de krant. Dit was nog moeilijker omdat deze mensen helemaal onbekend waren. Hij trok zich niets van hen aan en tilde elke pup van de grond en kuste hem op zijn kop en zei hem woordeloos vaarwel alvorens hij hem overhandigde. En toen zat het erop. Loveys vacht begon weer dicht te groeien en ze werd weer de oude, al leek er iets voorgoed in haar veranderd. Hautain en gebiedend drukte ze zich 's nachts tegen hem aan, maar draaide haar kop weg als hij haar wilde aaien. En Glow was er nu. Een uitgelaten, druistige pup. In het bos bleef ze soms zo abrupt bij een reukspoor stilstaan dat ze over haar eigen poten struikelde, met haar neus in de aarde dook, haar ogen alweer opwaarts om te zien hoe het nu verder moest.

Zo gaan die dingen. Als een holte, een gat in de grond dat op invulling wacht. Niet passief maar met een zuigende aantrekkingskracht. Het was de vierde augustus, kort na middernacht, de Perseïden een veeg in de hemel. Jamie zat aan een glimmend gepoetste ovalen tafel in het kantoor van de gerant van het Forest Hills. Eerder een privé-salon dan een kantoor, met overdag uitzicht op de vallei die Franconia Notch heette en de bergketen die de Old Man werd genoemd. Een lustoord van een kamer. Een zeldzaamheid in de kwijnende hotelwereld. De gerant was een ervaren hotelman, Harold Shelton geheten. Jamie had de hele avond met hem doorgebracht, whiskey gedronken, sterke verhalen en klaagzangen uitgewisseld. Shelton die het gesprek onderbrak om de telefoon aan te nemen en een probleem uit de wereld te helpen zonder van zijn stoel te komen. Het deed Jamie terugdenken aan de tijd waarin je dingen nog recht kon zetten. Kijkend naar Shelton zag hij een man uit een ander tijdperk, iemand die tot een vroegere orde behoorde, een voorgoed voorbije orde. En die dat zelf nog niet wist. Of nee, dacht Jamie terwijl hij van zijn glas nipte, hij weet het maar al te goed en zit gewoon zijn tijd uit. Shelton was een slanke, pezige man met een welverzorgde rode baard en manieren die volmaakt bij zijn gemanicuurde nagels pasten. Zijn haar was witgevlekt bij de slapen en het wit ebde o zo fraai naar achteren weg, alsof het aangebracht was door een eersterangs reclameschilder. Aan de muur hing een ronde elektrische klok die bij elke verstreken minuut een tik liet horen. Een keurig stapeltje briefpapier met het vignet van het hotel. Een inktstel. En de telefoon. Verder niets tussen hen in behalve de fles en de glazen op hun kurken onderzetters. Het was laat en stil in de kamer. Shelton draaide zijn glas rond op de onderzetter, keek ernaar, keek op naar Jamie. Jamie legde zijn hand om zijn eigen glas en keek naar Shelton.

'Ken jij ene Pompelli, Harold?'

Zag Sheltons gezicht overgaan tot een bedaarde uitdrukking, het resultaat van jarenlange oefening, het gezicht waarmee hij onvoorziene problemen tegemoet trad.

'Niet persoonlijk,' zei Shelton. 'Maar het verbaast me dat jij hem niet kent.'

'Hoezo?'

'Tja.' Shelton keek van Jamie weg, naar de ramen die nu zwarte rechthoeken waren. 'Jullie zitten in dezelfde handel.'

'Ik heb hem nog nooit gezien.'

'Werkelijk? Daar kijk ik van op.'

'Waarom, Harold?'

'Ik dacht dat jullie zaken deden met z'n tweeën.'

'Hoe kwam je aan dat idee?'

Shelton schudde zijn hoofd. 'Je hoort weleens wat.'

'Waar heb je dat gehoord dan?'

Shelton schudde opnieuw zijn hoofd. Zweeg even. En Jamie voelde het al voor hij zijn mond weer opendeed. Verraad. Niet tussen hen in hangend, maar als elektriciteit door zijn lijf stromend. Shelton zei: 'Niet op een bepaalde plaats. Je weet hoe dat soort dingen rondgaat.'

Jamie ademde uit. Het was een zinloze vraag maar hij stelde hem toch: 'Weet je waar ik hem vinden kan?'

'Geen idee. Je weet dat ik zelf allang niet meer aan die kant van de handel zit. Dat doen anderen vandaag de dag. Maar de kerels die voor hem werken kun je moeilijk over het hoofd zien. Daarom dacht ik ook dat jij hem wel zou kennen.' De vage angst in zijn ogen kreeg nu gezelschap van waakzaamheid. Ze begonnen te glanzen, die ogen, half geloken.

Jamie zat een tijdje stil voor zich uit te kijken, zwenkte zijn glas. Bleef lang genoeg zo zitten tot de man tegenover hem de stilte begrepen had. En zei toen, zachtjes, als had hij het tegen zichzelf, of tegen een andersoortige aanwezigheid: 'Je weet tegenwoordig nooit meer waar iets vandaan komt.'

Shelton knikte instemmend. Zei: 'Als ik jou was, zou ik bij het zoeken naar zo'n man in mijn eigen achtertuin beginnen.'

In de Eastonvallei bevond zich op een halve mijl van de Carricks een parkeerterrein in de bossen, waar diverse wandelpaden naar het Kinsmanplateau begonnen. Het was ver genoeg van de boerderij verwijderd om nog even door te rijden, te keren en met gedoofde koplampen naar het terrein terug te komen en er te blijven staan zonder dat ze dat op de boerderij in de gaten konden hebben. De eerste keer was na die avond in het Forest Hills. Hij reed er om halfdrie heen en bleef er tot vlak voor de dageraad zitten, toen een koude mist vanaf de Gale door de vallei begon te trekken. Van de rivier of een vennetje ergens in de buurt kwam het geroep van een fuut. De boerderij bleef al die tijd in diepe rust gedompeld. Met de mist kwam ook de ochtendkilte en hij startte de Chrysler en reed langs de boerderij, waar de koeien bij het hek van de nachtwei stonden te wachten tot ze de stal weer in mochten. Reed door Franconia en vervolgens naar Littleton waar hij ontbeet in het restaurant. Waste zijn gezicht met warm water op het herentoilet. Om negen uur liep hij naar Stodd Nichols en kocht er zo'n plat klein automatisch pistool en een doos kaliber tweeëndertig patronen, stond stil en geduldig te kijken toen de verkoper liet zien hoe hij het magazijn moest laden. Betaalde contant en reed naar huis met het geladen pistool in de vering van zijn stoel geduwd, waar hij er zelfs onder het rijden makkelijk bij kon.

Foster zat spiegeleieren op geroosterd brood te eten, zwaaide zijn onderbenen genotzuchtig langs elkaar heen, ook omdat het kruis van zijn broek dan aangenaam langs zijn piemel streek. Dacht aan Judith Beebie die op dit uur nog wel in haar bed zou liggen in Bethlehem, gehuld in een wijdvallende nachtjapon. Hij kon zich niet voorstellen dat ze zonder kleren sliep, zoals hij, omdat hij zich nauwelijks kon voorstellen hoe ze er zonder kleren uitzag. Zijn favoriete fantasie was dat ze meeging voor een boswandeling met Glow en Lovey. Hij was er tamelijk zeker van dat ze verrukt zou zijn van Glow, omdat hij zich nauwelijks kon voorstellen dat iemand dat niet zou zijn. Hij kon geen enkele reden bedenken om haar voor zo'n wandeling uit te nodigen, dus had hij al zijn hoop op het toeval gevestigd. Als hij maar genoeg tijd in de bossen doorbracht, kwam hij haar vanzelf een keer tegen.

Als ze op een stronk van de rust zat te genieten. Of wilde bloemen plukte. Ze was een jaar ouder dan hij, een eeuwigheid, en hij hoorde bovendien niet bij haar kring, of welke kring dan ook. Hij werd buitengesloten. Ze moesten een of ander verwrongen idee hebben van wat zijn vader voor iemand was, of wat zijn moeder voor iemand geweest was, of misschien wel van wie hij was. Een onderscheid waardoor hij overal buiten viel. Misschien vonden ze hem wel gewoon een rare. Was hij een eenling die nergens tussen paste. Die wachten moest op iemand die net zo tegen de dingen aankeek als hij. Hij kon dan wel niet uitleggen wat voor kijk dat was, maar hij geloofde dat dat ook niet nodig zou zijn als de juiste zich aandiende. Wat zijn gedachten weer op Judith Beebie bracht. Niet dat ze ooit ook maar het minste teken had gegeven. Ze weet het zelf nog niet eens, dacht hij.

Hij hoorde de auto aankomen. Stond op en schoof de koffiepot naar de hete kant van het fornuis. Zijn erectie slonk. Hij ging weer aan tafel zitten en veegde het eigeel op met brood. Zijn vader kwam de treden op, de keuken binnen, de hordeur een vaag tikje achter hem.

'Morge, Pap.'

Zijn vader keek hem aan. Jamie was bestoppeld, bloeddoorlopen, zijn gestalte teer binnen de kreukels van zijn kleren, zijn bewegingen traag, bedachtzaam, beverig en ietwat gammel. Hij keek de keuken rond, en weer naar Foster. 'Waarom ben je niet naar school?'

'Pap? Welke maand is het nou?' Foster keek hem zorgelijk aan.

Zijn vader streek met zijn handen over zijn gezicht, drukte ze tegen zijn ogen. 'Augustus,' zei hij. 'Augustus pas.'

'Wil je wat eten? Eieren? Er is koffie.'

Jamie schudde zijn hoofd. 'Ik heb al gegeten.'

'Misschien ben je toch nog niet zo oud, als je de hele nacht op kunt blijven.' Foster zweeg even, en voegde eraan toe: 'Ik hoop dat het de moeite waard was.'

Jamie deed een paar snelle stappen naar de tafel en bleef weer staan. Keek naar de jongen, de grijns nog op zijn gezicht maar zijn ogen alweer ongerust. Dacht terug aan de eerste keer dat hij hem mee uit zwemmen had genomen. Jamie op zijn rug drijvend in de bocht van de rivier, hield het kind hoog boven zich opgeheven en liet het langzaam op zijn borst zakken, spartelend en krijsend. Paniek en pret, gevolgd door een verbijsterd stilzwijgen toen hij voorover op de borst van zijn vader lag en het koude water om zich heen voelde. Datzelfde kind keek hem nu aan. Onderzoekend, een tikkeltje angstig. Een opgeschoten knul. Jamie keek met een ruk van hem weg, liep naar het fornuis en schonk de koffie in waar hij geen trek in had. Nipte ervan en zette de kop op de koude kant van het fornuis neer. Hij zei: 'Wat je vandaag ook van plan bent, ik wil het hier stil hebben. Ik moet slapen.'

'Tuurlijk.'
Jamie legde zijn hoofd in zijn nek. Het kraakte. 'Jezus,' kreunde hij.
'Gaat het?'
'Ja hoor. Ik ben bekaf, da's alles.'
Foster stond op en pakte zijn spullen van tafel en liep langs zijn vader naar het aanrecht. Begon af te wassen. Zonder op te kijken vroeg hij: 'Kan ik nog iets doen?'
'Me rustig laten slapen.'
'Niks anders?'
Het bleef stil. Foster waste zijn bord af, zijn kop, het bestek. Schuurde de koekenpan met schoon water en zette hem weer op het fornuis om te drogen. Voelde zijn vader achter zich, de kracht en spanning van een magneet naar wie hij zich wilde omdraaien, die hij wilde weerstaan.
Na een poosje zei Jamie: 'Nee, niks anders.'

Jamie ontwaakte in de lage zomeravondschemering. Wist niet waar hij was. In die eerste paar seconden was hij een jongetje op de boerderij in Randolph, tijd om op te staan en te helpen bij de ochtendkarweitjes. Zijn lichaam rolde om met de moeiteloosheid van een kind en hij werkte zich overeind op een elleboog maar er was geen raam waar een raam had moeten zijn en toen was hij weer helemaal terug. Kreunde. Dacht aan de voorbije nacht, en de komende. Vroeg zich af hoeveel nachten het zou vergen om zijn vermoedens bevestigd te krijgen. En voelde een tinteling van angst door zich heen trekken, vroeg zich af of hij hier eigenlijk niet te oud voor was.
Hij waste zich en trok zijn kleren aan. Onder het scheren hoorde en rook hij hoe beneden het eten werd klaargemaakt, hoe zijn zoon ondertussen tegen de honden stond te praten. Hij bleef even staan, zijn gezicht half onder het schuim, zijn scheermes opgeheven. Hij was nog jong zat. Die klootzakken. De man in de spiegel had heldere, onverschrokken ogen. Fosters lach steeg op naar boven. Het geluid deed hem glimlachen.
Kalfslever met uitjes en spek. Veldsla aangemaakt met appelazijn. Maïs, en wat voor maïs. Een schaal radijsjes en sjalotjes. Sjalotjes in zout, was hij dol op. De maïs was de eerste van het seizoen, zoet en barstend van de melkachtige pulp.
Hij vroeg: 'Wat heb je uitgespookt vandaag?'
'De Floods geholpen bij het hooien, mezelf afgespoeld bij de rivier, nog wat gelezen.'
'Kunnen de Floods zelf niet voor hun hooi zorgen?'
'Ik weet dat je ze niet kunt uitstaan, maar die Andy is een aardige gozer. Vriend van me. Ze laten hem alles doen, dus eigenlijk heb ik alleen hem geholpen.'

'Dat zal die ouwe Flood wel mooi hebben gevonden. Jou te zien zwoegen.'

'Toen ben ik met de Chrysler naar Bethlehem gereden.'

'Zo! Met de auto naar de stad. Doen we dat zomaar?'

'Iemand moest toch boodschappen doen. Anders had ik jou wakker moeten maken voor de winkel dichtging. En zoals je er vanochtend uitzag, had het me niet verbaasd als je tot morgenochtend was blijven doorslapen.'

'Dus ben je naar de winkel gereden en meteen weer terug.'

'Ik heb heus niet rondgetoerd, hoor.' Maar een kleine omweg had hij wel gemaakt, door de stoffige namiddagstraten om langs het huis van de Beebies te rijden, en het blok rond om er nog een tweede keer langs te rijden, maar ook toen geen glimp van de blondgelokte Judith. Hoe dan ook, het was geen echte leugen om te zeggen dat hij niet had rondgetoerd.

Jamie haalde zijn schouders op. Zei: 'Je hebt de leeftijd om er af en toe op uit te willen, dat zie ik ook wel in. We zullen iets moeten afspreken. Tijden waarop jij de auto kunt gebruiken.'

Het bleef even stil. En toen zei Foster: 'Dat zou mooi zijn.'

'Sjongejonge, die maïs is echt verrukkelijk, hè?'

'Er ligt nog meer op het aanrecht. Zal ik er nog wat in de pan doen?'

'Nee, zo is het goed. Net lekker.'

En toen allebei stil, met hun eten in de weer. Het deed Jamie terugdenken aan de dagen waarop Joey en hij tot laat in de middag hadden uitgeslapen en dan waren opgestaan om de avond te beginnen. Een ander leven was dat geweest, maar bepaalde vezels ervan liepen nog door zijn huidige bestaan, en een belangrijke uitloper zat tegenover hem aan tafel. Het schonk hem een moment van kalmte en ontspanning, een troostrijk intermezzo. En zo at hij af met een weldadig vertrouwen in de komende nacht. Hij stak een sigaret op en wipte zijn stoel achterover en keek naar zijn jongen. Foster zat naar hem terug te kijken. De pup Glow drentelde door de keuken, heen en weer tussen de vader en de zoon, in gelaten afwachting tot ze zouden snappen hoe uitgehongerd ze was.

Jamie zei: 'Wat zou je ervan zeggen als we deze hele boel opdoekten en ergens anders gingen wonen?'

'Wat zeg je me nou?'

'Gewoon, dat we het hier misschien maar beter voor gezien kunnen houden. Het is hier niet meer wat het geweest is.'

'Zie je nou wel.' Foster grijnsde. 'Ik zei toch dat je oud begon te worden?'

'Bevalt het jou nog wel dan?'

'Gaat wel.' En toen: 'Wat had je in gedachten?'

'O, weet ik veel. Ergens naar het westen misschien. New Mexico.'

'Tussen de indianen wonen?'

Jamie glimlachte naar hem terug. 'Californië?'

'Bij de film gaan.'
'Tuurlijk. Kun jij best.'
'Ik dacht dat ze daar knappe jongens voor zochten.'
'Ja, maar ze hebben ook altijd wel lui nodig om een menigte te vormen.'
'Hoor eens, ik kan er ook niks aan doen dat ik nu al groter ben dan jij.'
'Nee, da's waar.'
Een stilte. En toen Foster: 'Je meent het nog ook, hè?'
'Tja, je begint de volwassen kant op te gaan. Een andere omgeving zou misschien wel goed voor je zijn.'
Een langere stilte. En Foster vroeg: 'Wat is er aan de hand?'
'Niks. Ik zat zomaar wat te denken.'
'Ik heb het hier best naar mijn zin, hoor.'
'Dat weet ik wel. Maar heb je al aan volgend jaar gedacht? En aan de jaren daarna?'
'Niet echt, nee. Een beetje. Ik wil de pup deze herfst gaan africhten. Als dat goed gaat, probeer ik misschien wel verder te fokken met die setters. De beste achterhouden, africhten en als jachthond verkopen. Is goed geld mee te verdienen.'
'Dus je wilt een hondenboer worden?'
'Wat zou ik anders moeten worden? Ik zou zo gauw niks weten.'
'Hoeft ook niet. Je hebt nog tijd zat.'
Foster blies zijn adem uit tussen zijn lippen. 'New Mexico.'
Jamie grinnikte. 'Het was maar een idee.'
Stilte weer. Langdurig. En Foster vroeg: 'Ga je weer ergens heen, vanavond?'
'Voor zaken, ja. Het zou wel weer laat kunnen worden. Moet ik je nog ergens afzetten?'
'Nee, ik blijf lekker thuis. Of wil je dat ik meerijd?'
'Nee. Het stelt niks voor.'
'Als je wilt, rijd ik graag mee hoor.'
Jamie schudde zijn hoofd. 'Is nergens voor nodig. En zoals ik al zei, het zou best weer laat kunnen worden.'
'Weer de hele nacht?'
Jamie glimlachte. 'Het is niet wat je denkt. Was 't maar waar, trouwens.'
'Ik zou het niet erg vinden als je met een vrouw omging, hoor.'
'Nee?'
'Welnee.'
'Nou.' Jamie stond op, stak zijn handen onder zijn bretels om zijn hemd glad te strijken. 'Ik zal het onthouden.'

Het was ruimschoots na donker toen hij van huis ging, maar hij voelde geen haast, reed met de ontspannen kalmte die onder het eten bij hem was opgekomen. Aandachtig en zeker. Reed Bethlehem binnen en dacht aan wat Foster die dag had gedaan. Had natuurlijk als een vorst door al die straatjes gereden. De vertederde gedachte bracht hem het pistool in herinnering. Hij reikte onder de zitting en tastte rond, zijn vingers vonden de kruiselings gegroefde kolf, zijn gedachten waren nog steeds bij Foster. Hij was niet bang dat de jongen het ding zou vinden. Hij wist wel beter dan rond te neuzen. Was zijn aard niet, had hem nooit ingeprent hoeven worden. De onrust die Jamie niettemin voelde was de vrees dat hij dat pistool daadwerkelijk nodig zou hebben. Een verwarrende angst: dat hij, als het erop aankwam, niet in staat zou zijn om wie of wat dan ook te beschermen.

Een somber humeur, een heldere geest. Hotelgasten wandelden door de verlichte straten van Bethlehem. Hij reed langzaam. Keek niet opzij maar recht vooruit.

Hij nam de omweg over de berghelling naar Franconia, het smalle bosweggetje. Het was nog vroeg. Hij stopte op drie kwart van de afstand bij het weitje tussen de bomen. Liet de motor lopen, haalde het automatische pistool onder de zitting vandaan en stapte uit. Het lag zwaar in zijn hand. Aangenaam, dat gewicht. In het schijnsel van de koplampen bekeek hij de veiligheidspal en schoof hem heen en weer, erop en eraf. Richtte het pistool schuin voor zich uit en haalde met zijn rechterwijsvinger de trekker over. Het geluid een plotse scheur in de nacht. Het pistool sprong op in zijn hand. Als echo's van de schoten hoorde hij het gedempte ploffen van de zachtneuzige kogels die zich in de grond boorden. Zag schimmige wolkjes aarde en verscheurd gras opspatten. Bevrediging. Hij kwam weer een beetje tot zichzelf. Ging op zijn hurken zitten in de feloranje schemering, laadde het magazijn en schoof het met een klap terug. Een nieuwe scheut bevrediging toen het in het mechanisme vastklikte. Hij liet de veiligheidspal eraf en stapte weer in, legde het pistool in het handschoenkastje.

Naar Franconia en dan de brug over, de Eastonvallei in. Bij het woonhuis van de Carricks was het zitkamerraam verlicht. Hij reed de boerderij voorbij en keerde een paar mijl verderop en reed vanuit het zuiden naar het parkeerterrein waar hij de auto stilzette. Zat lange tijd in het vleermuiszwarte donker eer de stilte van de nacht rondom hem tot leven kwam. Het licht in de boerderij was nog steeds aan. Opmerkelijk laat nog, vond hij. Hij wachtte af.

En toen, zomaar, alsof hij het al zo vaak had gezien, verscheen kort na middernacht een auto op de weg, die de oprit naar de boerderij opdraaide en op het erf zijn lampen doofde en achteruitreed tot hij achter de stal verdween. Zoals hijzelf zo vaak had gedaan. Hij keek toe. Een paar tellen later ging de lamp in de zitkamer uit en toen was er het dansende lichtje van een lantaarn, van het huis naar de stal. Jamie stak de brand in een sigaret en rookte hem helemaal op, startte de Chrysler, liet de koplampen uit en reed langzaam naar de boerderij en knipte op het erf alsnog de koplampen aan en gaf gas en kwam zodoende met veel geraas naast die vreemde auto tot stilstand. Razendsnel eruit met het zware pistool in zijn hand, rende om de Chrysler en die andere auto heen, een grote Dodge-reiswagen met de kap omlaag en de motor ook nog lopend. Hij trapte de staldeur open en liep de vale cirkel van lantaarnlicht binnen.

Carrick en drie andere mannen. Hun gezichten naar hem opgeheven. Kratten whisky in een stapel op de stalvloer, open en bloot. Wachtend op wat komen ging.

Jamie hield het pistool voor zich uit, kneep in de trekker en bedacht dat hij hem ook weer los moest laten en een van de kratten splinterde en spetterde. Jamie riep: 'Oké, jongens, allemaal braaf zijn.'

De drie onbekende mannen richtten zich heel langzaam naar hem op. Ze bewogen zich alsof ze dit uitgebreid geoefend hadden, hun handen zijwaarts van hun lichaam, jonge vogels in een aarzelende zweefvlucht.

Een van hen zei: 'Wat moet dit voorstellen?'

Carrick zei: 'Dat is hem.'

'Jeeter, stomme klootzak.'

Een andere man: 'Is dit Pelham?'

'Hou je bek! Jeeter, ik heb 't gehad met jou, oetlul.'

De eerste man zei: 'Kom kom, waarde vriend. Meneer Carrick hier mag dan verrast zijn, wij hadden u wel verwacht. Doe geen domme dingen.'

Jamie deed enkele stappen, verder de lichtcirkel in. Zwaaide het pistool voor de drie mannen langs. 'Jullie hebben helemaal niks verwacht. Koppen dicht.'

Carrick zei: 'Dit gaat niet ten koste van jou. Ik ben altijd eerlijk tegen je geweest.'

Jamie deed nog een stap en richtte het pistool op de eerste man. 'Ik ben makkelijk genoeg te vinden. Als jullie me wilden spreken, waarom heb je dan zo lang gewacht?'

De man glimlachte. Haalde zijn handen uit de gespreide vleugelhouding en wreef ermee over zijn gezicht. 'We wilden wachten tot je wakker werd.'

'Ik ben klaarwakker, hoor.'

'Ja?'

'Ben jij Pompelli?'

De man schoot in de lach. Keek omhoog naar het duister van de vliering, peinzend, en dan weer naar Jamie. 'Je denkt alleen maar dat je wakker bent.'

En er gebeurde iets verrassends. En terwijl het gebeurde vermoedde Jamie dat hij op een later tijdstip nog wel beseffen zou dat hem iets ontgaan was. Gedempte voetstappen op het kaf. Een schichtige oogbeweging bij een van de mannen. Het gevoel beslopen te worden. Al die gemiste tekens regen zich aaneen op het moment dat de dubbele geweerloop hem op zijn achterhoofd raakte, vlak boven zijn nek. En achter hem zei ze: 'Gooi neer dat ding. Neergooien!'

En in het ogenblik tussen haar woorden en het doordringen ervan haalde ze het geweer terug en stootte het met kracht vooruit en het kwam nu hard genoeg aan om hem voorover te doen struikelen terwijl hij gehoorzaamde en het pistool liet vallen, in de dikke laag kaf voor de nieuwe hooihopen, zijn hoofd een feloranje flits en helwitte pijn. En toen lag hij op zijn knieën, de ruwe oneven planken van de stalvloer. Jeeter zei: 'Daar hebben we moeders.'

De drie mannen trokken Jamie overeind, ieder met eenzelfde pistool als het zijne in de hand, dat wapen opgeraapt en in een jaszak gestoken. Zijn hoofd was een bonkende pijngalm. Amy Carrick met een wollen vest over haar jurk. Ze hield het geweer nu kruiselings voor haar borst, als een bezem. Een van de mannen liep op haar af en legde zijn hand op het geweer en ze liet het zich afnemen. Carrick zag hij niet, die stond ergens achter het groepje waarvan hij het middelpunt vormde. Maar op hulp van Jeeter hoefde hij toch niet te rekenen, dat was hem al duidelijk geweest toen hij zijn sigaret uit het raampje had gegooid en hierheen was gereden.

Ze bonden zijn handen op zijn rug met een teugelkoord. Hij onderging het zonder zich te bewegen of iets te zeggen. De man die als eerste gesproken had leek Jamie de leider van het drietal. Een afgedwongen leiderschap omdat hij de sterkste persoonlijkheid had, of in elk geval de meeste kalmte. Hij kwam voor Jamie staan. 'Zoals ik al zei, je werd verwacht. Je wilt meneer Pompelli zien, hè? Nou, neem maar van mij aan dat hij jou nog veel liever wil zien.'

Jamie zweeg.

De man keek hem even in de ogen en deed iets merkwaardigs: hij stak een hand uit en aaide Jamie zachtjes over een wang.

En hij draaide zich om en richtte zich tot de Carricks. 'Jullie rijden achter ons aan. Een van jullie in zijn auto. Ik wil niet dat dat ding hier blijft staan. Zet maar bij een van de hotels in Franconia neer en dan volg je ons weer verder.'

Amy Carrick zei: 'Ik laat de kinderen hier niet...'

Hij onderbrak haar: 'Ik vroeg het niet, ik zei het.'

'Moeders,' zei Jeeter sussend.

De man zei: 'Zo is het, moeders. Luister naar je man.'

En toen sprak Jamie. 'Wat heeft het voor zin om mijn auto in Franconia neer te zetten? Neem hem maar mee naar de plek waar wij heen gaan, dan kan ik van daaraf naar huis rijden.'

De man glimlachte naar hem. 'Daar zit wat in. Maar meneer Pompelli wil niet te veel auto's voor zijn deur. Dat trekt de aandacht maar.'

Ze reden in colonne door de Eastonvallei. Een van de mannen aan het stuur van de Dodge, de beide anderen met Jamie tussen hen in op de achterbank. Op een afstandje volgde een Carrick in de Chrysler, en een eindje daarachter de andere Carrick in hun oude Ford. Hij pijnigde zijn hersens, probeerde de situatie te overzien, een uitweg te vinden, iets waarmee hij Pompelli kon paaien. Waar zou hij mee kunnen schermen? Carrick stond al tot Pompelli's beschikking, dus bleef alleen zijn distributienet over. Wat niet veel was, omdat Pompelli het makkelijk kon kopiëren, als hij dat al niet gedaan had. Zijn contactpersonen, die welwillende ontvangers van een maandelijks geldbedrag, zou Pompelli ook al wel ingepalmd hebben. Pat Jackson? In de figuur van Pat Jackson had hij Pompelli al evenmin iets te bieden, om de simpele reden dat Jackson hem alleen maar wilde zien hangen. Dus wat had hij? Bar weinig. Er zat niks anders op dan maar gewoon af te wachten. Pompelli onder ogen te komen.

In Franconia sloegen ze rechtsaf en hij dacht dat ze misschien door de Notch naar het zuiden zouden rijden, de kant van Lincoln op, North Woodstock. Ergens had hij al die tijd al vermoed dat Pompelli daar gevestigd was. Gewoon omdat hij er zelf amper kwam. Hij werkte altijd ten noorden van de Notch.

Maar ze keerden opnieuw en reden de berg op naar het Forest Hills, waar ze even langs de kant van de weg bleven staan terwijl de ene Carrick zijn Chrysler parkeerde en bij de andere Carrick instapte, waarna het weer verderging in de richting van Bethlehem, en Jamie wist dat hij niets wist. Er was even een kwalijk moment toen de gedachte bij hem opkwam dat ze misschien wel naar zijn eigen huis reden, waar ze door anderen zouden worden opgewacht. Die Foster hadden. Daarna stopte hij met denken. Hij liet zijn hoofd achteroverzakken om naar de hemel te kijken. Zijn armen deden pijn en het koord sneed in zijn polsen. Hij wilde een sigaret, maar wilde er niet om vragen. Er lag een gloed over de augustusnachthemel, doorsneden door de lichtflitsen van de vallende sterren. Ze lieten vage lichtvlekjes op zijn netvlies achter. Omgekeerde schaduwen.

Pal onder zijn neus. Bethlehem in, een stukje Whitefield Road en de eerste de beste zijstraat in, en dan een oprit met oude dennen. Hij kende dat huis, al was hij er nooit binnen geweest. Het was pas een paar jaar oud. Zonder bovenverdieping, in buitenhuisstijl met dakplaten van cederhout en groen geschilderd lijstwerk. Er stonden al vier, vijf auto's op het erf. De drie mannen laadden hem uit en flankeerden hem op de treden naar de voordeur en gingen naar binnen zonder te kloppen. Het huis was volop verlicht. Toen ze naar binnen liepen hoorde Jamie de Ford van de Carricks kuchend tot rust komen, maar hij verwachtte niet dat ze hen zouden volgen en dat deden ze ook niet. Ze betraden een grote kamer met een gemetselde open haard en elektrische plafondlampen en ranke houten meubelen met dikke kussens. Daar bleven ze staan en de man die Jamie als de leider beschouwde liep op twee gelambriseerde deuren af en duwde ze open en ging alleen naar binnen. De twee anderen stonden vlak achter Jamie, elk aan een kant. Jamie keek naar de gelambriseerde deuren.

Ze zwaaiden opnieuw open en er kwamen twee mannen uit die zwijgend langs hen heen naar buiten liepen, zonder hem aan te kijken, maar hij herkende hen allebei. Twee van de gezichten die hij in het afgelopen jaar regelmatig had gezien. De deuren bleven openstaan en een van de mannen achter hem gaf hem een zetje. Hij haalde zijn schouders op voor zover zijn gebonden handen dat toelieten en liep de andere kamer binnen. Zijn bewakers volgden hem en trokken de deuren achter hen dicht.

Een fraai vertrek. Met leer beklede stoelen. Een groot bureau met een spiegelend oppervlak. Een tikkeltje té groot misschien. Zware donkergroene gordijnen voor de ramen. Een gepolijste houten vloer, voor een groot deel bedekt door een Perzisch tapijt. Elektrische lampen, maar niet te fel. Een man achter het bureau in een elegant kostuum, mooier dan dat van Jamie, maar niet opzichtig. Hij had iemand van middelbare leeftijd verwacht, een dikkerd met hangwangen en pafferige oogleden. Deze man was zeker vijf jaar jonger dan hijzelf. Misschien wel tien. Glad geschoren. Geolied, strak achterovergekamd haar. Zijn hoofd ietwat schuins, nam Jamie aandachtig op. De leider van het drietal dat hem hierheen had gebracht zat onderuit in een van de lederen stoelen aan weerszijden van het bureau. Keek naar niets. Had een opgewekte blik.

Jamie deed een paar passen en bleef midden in de kamer staan.

'Wat krijgen we nou, Sammy, heb je hem vastgebonden? Dat is toch geen stijl, man. Schaam je wat.'

Vanuit zijn stoel zei Sammy: 'Maak dat touw los, Lester.'

Een van de mannen achter hem begon met verwoede bewegingen de knoop los te maken. Jamie wachtte tot zijn handen helemaal vrij waren en bracht ze toen langzaam naar voren. Wilde zijn polsen wrijven maar deed dat niet. Liet zijn handen slap neerhangen.

De man achter het bureau zei: 'Kom maar, kom.' Wuifde uitnodigend naar Jamie. 'Pak een stoel en ga zitten.'

'Ben jij Pompelli?' vroeg Jamie.

'Ja, ik ben Pompelli. Vincent Pompelli.'

'Ik sta hier goed, Vincent.'

Pompelli ging rechtop zitten. Keek naar Jamie, en dan opzij naar de man in de stoel naast het bureau, bleef hem aankijken maar sprak tot Jamie. 'Ga nou even rustig zitten. Dan kunnen we een praatje maken.'

De man in de stoel, Sammy, strekte een been uit, haakte de punt van zijn schoen onder de andere stoel en trok die tot voor het bureau. Recht tegenover Pompelli. De andere twee pakten Jamie ondertussen bij zijn schouders en duwden hem naar voren om de stoel heen en begonnen hem omlaag te duwen maar hij maakte een afwerend gebaar, zonder zijn ogen van Pompelli af te nemen. Ze stapten naar achteren en hij ging zitten. En terwijl hij ging zitten schoof een van hen als een gedienstige kelner de stoel onder hem. Jamie liet hem begaan. Hij vouwde zijn handen op het bureaublad. Keek Pompelli nog steeds in de ogen.

'Vooruit dan maar,' zei Jamie.

'Die Pelham toch.'

'Ik zie het probleem niet, Vincent.'

'Nee?'

'Nee. Wat ik doe, doe ik al heel lang. Maar ik ben maar een klein mannetje, dat weet je. Mijn leverancier heb je al ingepikt. En de meesten van mijn klanten ook, voor zover ik kan overzien. Voor iemand zoals jij moet dat een peulenschil geweest zijn, en als je zou willen had je me binnen de kortste keren uit de markt. Dus denk ik zo bij mezelf dat je dat blijkbaar niet wilt, anders had je het allang gedaan. Op de een of andere manier heb je er blijkbaar belang bij dat ik mijn gangetje blijf gaan. Ik zou bij god niet weten waarom, maar ik vermoed dat het voor ons beiden ook maar goed is dat ik het niet weet. Je bent nog jong en je hebt je zaakjes goed voor elkaar, zoveel is duidelijk. Dus wat mij betreft valt er te praten. Zolang je maar niet denkt dat ik een of andere ouwe lul ben die zich een poot laat uitdraaien. We worden het eens of we worden het niet eens, zo simpel is het. Lijkt je dat wat, Vincent?'

Pompelli knikte. Alsof hij met Jamie instemde. Maar hij had zijn ogen neergeslagen. Alsof hij twijfelde. Hij nam zijn handen van het bureau en legde ze in zijn schoot. Leek ze om en om te keren, uitvoerig te bekijken, als konden ze hem uitsluitsel bieden. Sloeg zijn ogen naar Jamie op maar hield zijn hoofd gebogen. Koket bijna. Liet zijn blik over Jamie heen glijden. En toen sprak hij.

'Dus jij denkt dat we kunnen samenwerken?'

'Wie weet.'

'Nee, ik wil zekerheid. Kunnen we samenwerken volgens jou?'

Jamie zei: 'Als we ophouden met deze poppenkast, denk ik dat we wel wat kunnen afspreken ja.'

Pompelli knikte. Alsof hij het overwoog. Hij glimlachte naar Jamie. Richtte zich weer op in zijn stoel. Zijn stem bleef zacht. 'Geef me je hand eens.'

Jamie keek hem aan.

Pompelli haalde zijn linkerhand onder het bureau vandaan en stak hem naar Jamie uit. 'Kom, geef me je hand.' Reikte over het bureaublad, halverwege, zijn hand open, de vingers ontspannen. 'Kom,' zei hij zachtjes.

En Jamie hief zijn rechterhand en stak hem uit en bedacht dat het de verkeerde was om een linkspoot de hand te schudden en wilde hem terugtrekken maar Pompelli's linker was er al voorbijgeflitst en klemde zich om zijn pols, hij kwam uit zijn stoel en drukte Jamies hand op het bureaublad, de palm naar boven, en terwijl hij opstond kwam zijn rechter onder het blad vandaan met de zilveren flits van een scheermes in het lamplicht en toen liet hij weer los, liet zich in zijn stoel terugzakken en Jamie keek naar zijn vlakke hand op het bureau, de snee diep en gapend, van de muis van zijn duim naar het begin van zijn pink. En terwijl hij keek vulde de kerf zich met bloed en hij kromde zijn hand tot een lekkende kom. Zijn knieën schoten omhoog en botsten tegen de onderkant van het bureau en zijn bloedende hand vloog opwaarts en viel weer neer en hij pakte hem met zijn linker en drukte hem tegen zijn borst en zijn hemd werd warm en nat en plakte aan hem vast, zijn hand een heet hard ding terwijl de rest van zijn lichaam uitdijde en overkookte. De kamer en de lampen waren zinderend. Zijn rug kromde zich. Een stem maakte zich uit hem los: 'Ooo, godverdomme.' Keek naar de plas die hij op het bureaublad had achtergelaten, zo veel bloed, zo snel.

De pijn was een vallende ster die vonkend door hem heen schoot. Een opengebarsten sinaasappel met pulpig bloedsap. Het kruis van zijn broek werd nat en warm. Zijn ogen zochten knipperend naar scherpte en ergens ver daarachter waren zijn hersens stilgevallen, hielden zich dood om te kunnen ontsnappen. Het licht werd nog intenser. In zijn hoofd een gegons als van een radeloos insect.

'Pak eens een handdoek, Sammy.' Pompelli draaide het scheermes rond tussen zijn vingers. Keek er peinzend naar. Negeerde Jamie.

De man die Sammy heette hees zichzelf overeind, liep ongehaast de kamer uit en kwam even later terug met een zachte, perzikkleurige handdoek die hij aan Pompelli gaf, die er het bloed mee van het bureau depte, en een droog gedeelte zocht om het blad op te wrijven. Waarna hij de handdoek tot een bol propte en naar de andere kant van het bureau gooide, op Jamies samengeklampte handen. Jamie pakte de doek op en vouwde hem open en wikkelde hem om zijn gewonde hand. Zijn andere hand bewoog zich zakelijk, als wist hij precies wat hem te doen stond. Hij kon weer zien, en zoals hij al geweten had was de man Sammy niet naar zijn stoel teruggekeerd. Hij stond schuin achter hem, legde zijn hand koesterend op Jamies achterhoofd.

Pompelli liet het scheermes nog steeds rondgaan maar richtte zijn blik weer op Jamie. 'Zijn hand, moet je weten, ziet er zo uit.' Hij hief zijn rechterhand op met de vingers gebogen alsof hij een stok vasthield, de duim inwaarts gebogen, voor de vingertoppen langs, de vingers lichtjes gespreid. 'Victor Fortini. De buurtkinderen noemen hem De Klauw. Vic de Klauw.'

'Jezus.' Het woord verliet Jamie als lucht uit een vergane blaasbalg.

'O, die komt je nu niet helpen hoor. Maar goed, wat Vic betreft. Victor Fortini is net zo'n smeulend brandje dat maar niet doven wil. Valt niet op, treedt nooit op de voorgrond, alles gaat stapje voor stapje. Ik ken hem als geen ander, weet je, hij is mijn schoonvader. Eén ding moet je goed begrijpen, Pelham. Hij heeft al die tijd geweten waar je was. Al die tijd. Stel je voor, zijn hand helemaal in de vernieling maar hij is rustig blijven afwachten, jaar in jaar uit. De meeste mensen zouden van de eerste de beste kans gebruik willen maken. Hij niet. Hij had je allang te grazen kunnen nemen. Wat zeg je me daarvan? Waar haalt zo'n man de rust vandaan, hè, om al die tijd te blijven wachten? Dat zet je toch aan het denken, zoiets. Ik heb er nooit wat van gesnapt, om eerlijk te zijn. Maar kijk eens naar de feiten. Hij blijft al die tijd wachten, en hier ben je dan toch. Alsof-ie steeds geweten heeft dat deze avond aan zou breken. Ik hoor het hem nog zeggen: wachten Vinnie, laat hem zelf maar naar je toe komen. Gebeurt heus wel, wacht maar rustig af. En kijk, daar zit je nou.'

Jamie zei niets. Had niets te zeggen. Zijn geest was nu een heldere, lege ster. Een vonkje in volstrekte duisternis.

Na een poosje zei Pompelli: 'Gek, hoe stompzinnigheid soms in je voordeel kan werken. Neem jouw geval. Als je verder weg was getrokken, naar New York of Jersey of zo, dan had hij waarschijnlijk minder geduld gehad, was-ie misschien bang geworden dat je hem door de vingers zou glippen. Maar wat doe jij? Je doet iets stoms. Je gaat een paar honderd mijl verderop wonen. Dus hij weet precies waar je bent, kan je moeiteloos in de gaten blijven houden. En hoe lang zul jij je nog ongerust hebben gemaakt? Twee maanden? Drie? Een paar maandjes in de rats, meer niet. En je hebt vast nog gedacht dat je je heel goed schuilhield.' Pompelli zweeg en legde eindelijk het scheermes neer, legde het op het groene vloeiblad voor zich. Fletsrode vegen op het maanlichtwitte staal. Keek weer naar Jamie. 'En? Heb je nog wat te zeggen?'

Jamie bleef stil zitten. Zijn handen in zijn schoot nu, de handdoek vol gestold bloed, een slordige windsel om de stekende hand, zijn andere hand erbovenop, zijn doorweekte kruis eronder. De scherpe reuk van urine de enig waarneembare geur in de kamer.

Pompelli zei: 'Sammy?' Alsof hij hem om zijn mening vroeg.

De hand om Jamies achterhoofd kneep zich samen en duwde hem zo ruw naar voren dat hij met zijn gezicht op het bureaublad sloeg. Hard genoeg om een ster in de glazen plaat te maken. Rode en zilveren barsten die zich verloren in de donkere ondergrond. De hand trok hem aan zijn haar overeind. Zijn ogen leken te bloeden.

Pompelli zei: 'Zeg nou eens wat. Gaan we te ver? Is dit een al te hoge prijs voor je jaren van vrijheid? Vergeet niet dat die hand helemaal kapot is. Kinderen die hem uitlachen. Die hem naroepen. Mannen lachen ook. Niet hardop, natuurlijk. Stiekem. Die hand... Hij is er een minder iemand door geworden. Niet in zijn eigen ogen, hoor. Zo zit-ie niet in elkaar. Maar voor mensen die niet beter weten. Denk je eens even in, al die mensen. Die geen verschil zien tussen gisteren en vandaag, of morgen. Allemaal hetzelfde. Victor is anders, dat moet je hem nageven. Hij onthoudt het allemaal. Hij herinnert het zich. En jij? Ja, jij zult het je nu ook wel herinneren. En, kijk je er nu anders tegenaan? Nou? Kom, zeg eens wat tegen me.'

En Jamie kreeg eindelijk zijn gedachten terug, en zei niets. Laat ze maar. Wat ze ook van hem wilden, ze mochten het hebben. Overgave. Als ze Foster maar met rust lieten. Dat was alles wat hij wilde. Maar er kwam geen antwoord. De wereld, de kosmos, de hemel, ze zwegen. Zoals altijd.

Pompelli schoof zijn stoel achteruit, leunde achterover, zijn onderarmen op de leuningen, liet zijn handen over de gekrulde uiteinden hangen. Jamie vond hem er moe uitzien. Teleurgesteld. En hij kreeg heel even de aanvechting om hem een plezier te doen. Een gruwelijk moment. En Pompelli vermande zich, de rimpels trokken uit zijn gezicht. Hij zei: 'Niets dus? Helemaal niets? Totaal geen spijt? Een boodschap die ik kan doorgeven? Denk goed na, Pelham, misschien doet het hem wel wat. Straks vindt-ie het nog sneu voor je. Het is een ouwe man, inmiddels, je weet maar nooit. Straks laat-ie nog een mis opdragen.'

Jamie was stil.

'Rot maar op dan.' Pompelli stond op uit zijn stoel. Liep de kamer door en trok een van de groene gordijnen opzij, keek naar zijn spiegelbeeld in de ruit. Liet de groene stof los en het beeld viel weg. Draaide zich om. Keurde Jamie geen blik meer waardig. 'Neem hem mee. Breng hem maar weg.'

Hij kon niet op zijn benen staan. Alsof de signalen van zijn hersens niet aankwamen. Niemand thuis, daar beneden. Doffe, vermoeide ledematen. Rennen onder water. De man Sammy raakte hem met geen vinger aan, maar de andere twee, Lester en de naamloze, hielpen hem overeind. Hun handen waakzaam maar ontspannen, alsof ze een dier beetpakten. Ze keerden hem om en voerden hem mee de kamer uit. Zijn benen kwamen op gang, de ene voet voor de andere. Ze verlieten het huis, de treden af en over het hobbelige erf naar de grote Dodge-cabriolet, waar ze hem op de achterbank duwden. Aan het eind van de oprit, bij de weg, stond de Ford van de Carricks. Jamie draaide zijn hoofd om, sterretjes achter zijn ogen, keek naar Sammy die nog buiten de auto stond. Hij bevochtigde zijn lippen, zijn tong een opgezet ruw ding. Hij zei: 'Doe geen moeite. Ik rij wel met Carrick mee.'

Sammy legde zijn handen op de rand van het portier en boog zich naar hem toe, bracht zijn gezicht tot vlak bij dat van Jamie. Op montere toon: 'Hou je bek.'

Hij liet Jamie zitten, met Lester naast zich en de naamloze man achter het stuur, liep de oprit af en overlegde met de Carricks. Kuierde op z'n gemak terug en gleed naast Jamie op de achterbank. Niemand zei iets, de naamloze man startte de auto en reed Bethlehem weer in, door de hoofdstraat, stil en verlaten, roerloze zomerschaduwen van de straatlantaarns. Ze draaiden Agassiz Road op en de naamloze man schakelde terug voor de steile klim de stad uit. Jamie schokte van de kou, kon zich niet bedwingen. Ze reden de laatste huizen voorbij, allemaal donker, en toen de bomen aan weerszijden, dicht opeen, zwart en zacht en diep, het getik en geping van wegspringende grindsteentjes.

Sammy leunde naar hem toe. 'Je zult je wel knap beroerd voelen.'

Jamie zei niets. Zijn knieën beefden, zijn gebit een handvol rammelende botjes.

'Kop op,' zei Sammy. 'Je hebt het ergste gehad.'

De man Lester sprak. 'Weet je nog wat-ie zei? Toen hij binnenkwam met dat klapperpistooltje? Braaf zijn, jongens. Ha ha. Braaf zijn, jongens.'

'Hou je bek,' zei Sammy.

Ze reden de andere kant van Mount Agassiz af, het tafelland op dat zich uitstrekte tot aan Franconia. Eindweegs achter hen volgden de bleke koplampen van de Carricks. Voor hen een lang recht stuk. Sammy zei: 'Trap hem eens op z'n staart, Bishop.'

Aha. Het kwam Jamie als iets belangrijks voor, deze naam die nog ontbroken had. Alsof er iets tot voltooiing kwam. Alsof hij met de drie namen ook deze drie mannen kon kennen. Vreemd, dacht hij, Sammy, Lester en Bishop. Vroeg zich af wat de reden was voor dat subtiele onderscheid, waarom de bestuurder niet bij zijn voornaam werd aangesproken. Eerbetoon? Misschien was Sammy toch niet de leider. Misschien was die zwijgzame man dat wel. Jamie kreeg het gevoel dat hij hier iets essentieels over het hoofd had gezien.

De grote Dodge zoefde over de weg, wegschietend grind, de koplampen een zacht waas van kleur, die kleur de enige warmte in de nacht.

Sammy streek met zijn linkerhand over Jamies schouders, kneedde ze zachtjes door de stof van zijn colbert. 'Kun je echt niet harder, Bishop?'

En toen de auto vooruit leek te springen greep hij de stof stevig beet en duwde Jamie ruw voorover, met zijn hoofd tussen zijn knieën. Lester deed aan de andere kant hetzelfde en beide mannen schoven hun vrije hand onder Jamies dijen, alles in een vloeiende beweging die zich voortzette toen ze hem optilden en achterover de auto uitgooiden.

Ruggelings door de lucht. De sterren stil en ver, de tijd bevroren. Dan een smak op de achterklep van de Dodge, er knapte iets in zijn rug of schouder, een buiteling en zijn gezicht raakte als eerste het wegdek. De wegstervende tunnel van de automotor de laatste afstand die hij aflegde.

Een grote oehoe, hoog in een dennenboom in de tweede rij vanaf de weg, had naar een veldmuis zitten turen in het hoge gras aan de overkant. Toen de auto door de nacht kwam scheuren was de muis sidderend ineengedoken en had de uil zich op zijn klauwen opgericht, zijn vleugels alvast gespreid. En nu was de auto voorbij en veerde hij op, werkte zich met een geruisloze wiekslag in een duikvlucht over die gebroken gestalte op de weg, viste de muis op uit het gras en werkte zich met een tweede slag omhoog de nacht in, op naar een nieuwe tak.

De Ford kwam op zo'n vijftig passen afstand tot stilstand. De man en de vrouw stapten uit en begonnen op hem af te lopen. Bij de voorkant van de auto draaide de vrouw zich om, bukte zich en trok er de zware gebogen slinger uit. Hij lag op z'n zij op de weg. Er was een mouw van zijn colbert gescheurd. Er stak een botsplinter doorheen. Schuimig bloed om zijn lippen. Een hand lag open in het grind, als in afwachting van iemand die er wat in zou leggen, een kapot ding met een lange schuine bloedkorst. Even verderop de handdoek in een stijve prop. De kant van zijn gezicht die naar boven lag gekeerd was opengescheurd en geschaafd waar hij op het grind was neergekomen. De man boog zich over hem heen, met zijn handen op de knieën. Keek even en richtte zich snel weer op. Sprak met een dikke, van weerzin verstikte stem.
'Hij is er geweest.'
Bij die stem leek het hoofd omhoog te veren, de andere arm kwam los van de zij waarop hij slap had neergelegen, de nacht in geleid door een hand die zich opende en sloot alsof hij het donker wilde beetpakken.
De vrouw zei: 'Nee, Jeeter, hij leeft nog.'
De hand viel weer terug.
'Volgens mij is-ie dood.'
'Nee,' zei ze. 'Dat risico kunnen we niet lopen. Straks vindt iemand hem nog.' Ze probeerde hem de slinger in handen te duwen.
'Nee Amy,' zei hij. 'Ik peins er niet over. Hij is dood. Dat zie je toch?'
Ze keek hem aan. Ze beefden allebei een beetje in de nacht. Ze haatte hem om dat beven, van hem en van haarzelf. Ze zei: 'Wat ben je toch een lul.' En ze deed de laatste stap en hief de slinger met beide handen de lucht in en zwaaide hem omlaag en nog eens op het hoofd van de man die op de weg lag. Bij elke slag voelde ze de schedel openbreken en het gebogen uiteinde naar binnen dringen zodat ze hem los moest wrikken. En bij elke keer dat ze sloeg en de schedel voelde breken liet ze zich een o ontvallen.

Op het midden van de middag draaide Patrick Jackson het zandpad met de dennen en lariksen op en reed naar het huis, gevolgd door een federale agent in de Chrysler die ze voor het Forest Hills hadden ontdekt, met een lege tank maar een vochtplek in het zand daaronder, waar iemand de benzine had afgeheveld. Een van de aanwijzingen waar hij geen acht op wenste te slaan. De hemel was vol stapelwolken, de zon fel. De wolken zouden nog hoger opstapelen naarmate de dag heter werd en dan zou het tegen de avond gaan onweren.

Op het erf drentelden twee jachthonden de auto's tegemoet. Jackson reed tot vlak voor het huis. De agent parkeerde de Chrysler bij de stal en stapte uit en ging naast Jackson op de voorbank zitten, waarop Jackson uitstapte. De jongen was al naar buiten gekomen, stond op de hoogste tree, zag het allemaal gebeuren. De jongste van de twee honden kwam kwispelstaartend op Jackson af en hij bleef even staan en aaide het beest over zijn kop. Keek op naar de jongen. Lang en pezig. De bouw van zijn vader. Rank nog maar al wel met kracht in de spieren die als koorden over zijn armen liepen. Grof geknipt haar, zwart met een blauwe weerschijn in het zonlicht. Zijn huid olijfkleurig als die van zijn vader, maar met een rode ondertoon. Een jongeman die er het hele jaar door zonverbrand uit zou zien, of hij nu binnen werkte of buiten. Zijn ogen donker, diepliggend, wijd opengesperd naar Jackson.

'Wat is er met hem gebeurd?' De jongen bleef op de tree staan, keek op Jackson neer, zijn handen los langs zijn zijden. De jachthonden waren naast hem komen zitten, ieder aan een kant.

Jackson haalde zijn insigne te voorschijn en stelde zich voor. Stak geen hand uit, voelde dat de jongen dat niet wilde en het hem achteraf kwalijk zou nemen. Hij zei: 'Het heeft er alle schijn van dat hij zonder benzine is komen te zitten en de auto bij het Forest Hills-hotel heeft neergezet. We veronderstellen dat hij Agassiz Road is afgelopen, hopend op een lift misschien. Het moet al heel laat zijn geweest. Iemand heeft hem aangereden.'

'Aangereden?'

'Daar ziet het wel naar uit, ja. We houden er rekening mee dat hij gedronken had en midden over de weg liep. Het was al laat. En degene die aan is komen rijden had misschien ook wel gedronken, reed te hard, heeft hem misschien niet eens gezien. Er waren geen remsporen.'

'Ze zijn niet gestopt?'

'Nee, jongen. Niet voor zover we kunnen nagaan.'

'Dus hij is dood. U komt me zeggen dat hij dood is.'

'Helaas wel, ja. Het spijt me verschrikkelijk.'

De jongen zei niets.

Jackson zei: 'Luister, ik heb het nooit met je vader aan de stok gehad. Begrijp je wat ik bedoel?'

De jongen zweeg.

Jackson zei: 'Ik moet je dit vragen. Had hij soms problemen, dat je weet? Of had het daar schijn van? Heb je iets bijzonders gemerkt, de laatste tijd?'

De ogen van de jongen bleven op Jackson gericht. Na een paar tellen schudde hij traag zijn hoofd.

Jackson zei: 'Agent Clark hier heeft de tank van de Chrysler volgegooid. Kun je autorijden?'

'Ja.'

'Heb je familie, iemand die ik voor je kan opzoeken?'

'Nee.'

'Kan ik misschien iets anders voor je doen?'

'Nee.'

'Ik heb je moeder nog gekend. Niet erg goed, maar ik mocht haar graag.'

'Waar is-ie?'

Jackson vertelde het, en zei: 'Mocht je nog iets te binnen schieten, wat dan ook, dat je me vertellen wilt, dan weet je hoe je me kunt bereiken.'

De lippen van de jongen vormden een dunne streep. Toen vroeg hij: 'Ben ik veilig hier?'

Jackson zei: 'Weet ik niet. Wat denk je zelf?'

'Weet ik niet.'

En ze stonden elkaar nog even aan te kijken, wisten allebei dat de ander meer wist dan hij kwijt wilde. En Jackson zei: 'We gaan ervan uit dat het een ongeluk was. Maak je maar geen zorgen. Ik vind het heel erg, werkelijk waar.'

'Geeft niet,' zei de jongen. 'U kunt er ook niks aan doen.'

Hij zat die nacht met de beide deuren op slot en gebarricadeerd met meubels, boven op zijn bed met de beide honden naast zich in het donker, terwijl het onweer tekeerging. Op het bed lagen zijn geweren, allebei geladen. De kleine .410 die hij jaren terug van zijn vader had gekregen en de zestien kaliber L.C. Smith dubbelloops die hij het jaar daarvoor zelf had gekocht. Na het onweer zette hij het raam open en luisterde naar de druipende dennentakken. Enkele uren voor zonsopgang klaarde de lucht op en werd het kil, en met het morgenrood dreef er mist vanaf de rivier het bos in. Hij liet de honden uit door de achterdeur, nam het dubbelloops mee, hield de honden in de buurt met korte dwingende fluitjes, keek goed om zich heen in de mist. Niemand te bekennen. Toen ze klaar waren nam hij ze weer mee naar binnen, barricadeerde de achterdeur en gaf ze te eten. Riep ze weer boven en liet het raam open en sliep een paar uur. Met zijn kleren aan, de dekens tot zijn kin opgetrokken. Zijn geweren aan weerszijden naast zich, de honden aan zijn voeten. Toen hij wakker werd brandde de zon door de mist.

Vier dagen later zat en liep en stond hij de rouwdienst en de begrafenis uit alsof hij sliep, hoewel hij sinds de dood van zijn vader maar enkele uren had kunnen slapen. De dominee sprak woorden die hij niet begreep en die niets met zijn vader te maken hadden. Hij zat in z'n eentje op de voorste bank omdat ze hem daar hadden neergeplant. Als hij zelf had mogen kiezen, was hij achterin gaan zitten. Het aantal aanwezigen verbaasde hem, hoewel hij de meesten herkende. Als iemand hem aansprak gaf hij antwoord, maar hij kon zich achteraf geen woord herinneren. Bij de begrafenis 's middags was het heet. Het zonlicht fonkelde op de gepolijste kist toen die de aarde in zakte. Iemand reikte hem een schop aan en hij toog aan het werk tot iemand anders hem de schop weer afnam en hij begreep dat hij niet geacht werd het karwei af te maken, dat hij het alleen maar had mogen beginnen. Hij vond dat ze hem alleen hadden moeten laten om het gat dicht te gooien. Dat was zijn taak, vond hij. Na afloop werd er eten opgediend dat door het bezoek was meegenomen en door de domineesvrouw was uitgestald in een vertrek achter de kerk, maar hij toen hij naar binnen ging en al die mensen zag eten en praten ging hij meteen weer naar buiten. Daar hoorde hij niet bij. Buiten zat Patrick Jackson in de schaduw van de Chrysler neergehurkt en Foster was niet verbaasd toen hij hem zag.

Jackson zei: 'Zo gaat het nou eenmaal. Ze willen de doden eer bewijzen, maar daarna willen ze weer zo snel mogelijk tot de orde van de dag overgaan. Ik heb het zelf altijd te vlug gevonden, al heb ik geen idee hoeveel tijd het dan wel in beslag zou moeten nemen. Wat denk jij? Hoe dan ook, ik zie mezelf nu geen sandwich eten.'

'Nee.'

'Heb je nog moeilijkheden gehad, daar bij de rivier?'

'Nee.'

'Dus het gaat wel?'

'Mijn vader is dood.'

'Ik weet het jongen,' zei Jackson. 'De mijne ook.'

Twee ochtenden daarna diende zich een advocaat uit Littleton aan, Ewert Morse. En als het deze man verbaasde of deed schrikken dat hij Foster met een geweer over zijn knieën op de treden zag zitten, dan wist hij dat goed te verbergen. Hij droeg een panamahoed van dun stro en zweette lichtjes in de ochtendzon. Hij had de eigendomsakte van het huis en de grond bij zich, en legde Foster uit dat diens vader twee jaar eerder alles op Fosters naam had laten zetten. De akte was van dik papier, in drieën gevouwen met een lint erom. Morse vouwde hem open zodat Foster het kon zien.

'En wat moet ik daar nu mee doen?'

'Doen? Wel, helemaal niets. Het is gewoon, eh, van u.'

'Moet ik u iets betalen voor het brengen?'

Morse schudde van nee. 'U bent mij in het geheel niets schuldig. Dit hoort bij de procedure waar uw vader al voor betaald heeft.'

'Kunt u het niet voor me bewaren?'

'Jazeker.'

'En wat kost dat?'

'Dat kost u geen cent, tot u besluit iets te veranderen.'

'Zoals?'

Morse haalde zijn schouders op. 'Verkopen, bijvoorbeeld.'

'En wat zou dat dan kosten?'

'Uitsluitend het nominale tarief voor de overdracht. En dat wordt doorgaans door de nieuwe eigenaar voldaan, de koper.'

'Ik ben niet van plan het te verkopen.'

'Uitstekend, dan zal ik het gewoon voor u bewaren. Of u kunt het zelf bewaren, dat is aan u. Het is uw eigendom.'

'Maar het zou beter zijn als u het bewaarde.' Niet echt een vraag.

'Dan ligt het veilig in een brandkast, dat wel.'

'Goed. En ik hoef u niks te betalen?'

'Nee. Welnu, dat wat het onroerend goed betreft. Verder zijn er geen bankrekeningen, geen kredieten, geen retentierechten. Maar in juli is hij me dit komen brengen met het verzoek het voor u te bewaren.' En hij reikte in zijn vest en haalde er een envelop uit. Gaf die aan Foster. Hij nam hem aan en keek ernaar. Zijn naam stond erop, in het krullerige handschrift van zijn vader.

'Weet u wat het is?'

Morse zei: 'Het was verzegeld toen ik het kreeg.' Niet echt een antwoord.

'Goed,' zei Foster. 'Moet ik u hier iets voor betalen?'

'Nee,' zei Morse. 'Niets.'

In de envelop zat een met de hand getekende kaart van het bos achter de stal. Bepaalde plaatsen waren met cirkels aangeduid en in elke cirkel stond een nummer. Naast de tekening waren de nummers onder elkaar gezet, elk met een bedrag erachter. Onder de kolom stond de som van alles. Er zat geen briefje bij, niets.

Foster haalde een schop uit de stal en groef alle aardewerken potten en koffieblikken op. Alle elf. Sommige blikken waren aangetast door de lange tijd onder de grond. Hij had wel geweten dat ze daar lagen, maar niet dat het er zoveel waren. Hij droeg ze in zijn armen naar de keuken, moest een paar keer op en neer, en haalde er de omwonden rollen bankbiljetten uit. Streek ze glad op de tafel en maakte er stapeltjes van. Ging zitten en telde alles na, en nog een keer. Keek naar de som die zijn vader op de kaart had neergeschreven. Dat bedrag was iets hoger. Dat bevreemdde Foster. Was niets voor zijn vader. Hij telde het geld nogmaals. Iets meer dan veertienduizend dollar. Hij verdeelde het in bundeltjes van vijfhonderd, rolde die op en bond er touwtjes omheen. Legde ze bij elkaar in een schoenendoos, het beste wat hij zo snel vinden kon. De resterende 183 stak hij in zijn portemonnee. Pakte de schoenendoos en liep ermee om het huis. Zette hem uiteindelijk in de houtkist en stapelde er aanmaakhout overheen. Een goeie bergplaats voor de zomer.

Diep in het bos, niet aangegeven op de kaart, was in de grond een oud theeblik weggerot, het tin opgelost in de humus. De goudstukken lagen knus bijeen in de zachte aarde, als weelderige klontjes boter.

Die nacht huilde hij. Met de honden rechtop naast zich, die hem gebiologeerd aankeken terwijl hij daar met zijn handen voor zijn gezicht zat, heel zijn wezen hortend in zijn keel. 'Pappie, pappie, pappie.' Het woord borrelde onophoudelijk in hem op. Uren achtereen, misselijk, pijn, uitgeput. Bleef zelfs nog doorhuilen toen hij wist dat het minstens zo veel zelfmedelijden was als verdriet. Tot hij opeens de gebiedende stem van zijn vader hoorde. 'Hou op!' Eén keer maar. Hij haalde zijn handen voor zijn gezicht vandaan en keek om zich heen. Niemand, niets, en het geluid klonk niet opnieuw. Alleen de galm ervan. Hij keek naar zijn honden. Zij keken naar hem.

Wat hem op de dag zelf niet was opgevallen maar hem achteraf voortdurend door het hoofd spookte was dat Jeeter en Amy Carrick niet bij de rouwdienst waren geweest. Hij mocht ze niet, had ze nooit gemogen en wist dat zijn vader hen al evenmin had kunnen uitstaan. Maar toch. Ze hadden er moeten zijn. En wat hem nog het meest dwarszat: hij was er zeker van dat Patrick Jackson hun afwezigheid ook had opgemerkt. En hij had er niets van gezegd. Wat alleen maar kon betekenen dat het hem ook bezighield. Of anders had hij iets aanvaard. Foster wilde dolgraag weten wat er in Jacksons hoofd omging, maar kon zich er niet toe zetten contact op te nemen. Hij wist zelf niet wat daar de reden voor was. Misschien een nagalm van zijn vader. Maar op een nacht ging hij zijn vaders slaapkamer binnen, waar hij in geen jaren geweest was. Duwde de deur open en knipte het licht aan. Hij liep naar het kleine cilinderbureau en ging eraan zitten en speurde alle vakjes af, alle laden, neusde door alle papieren die op het schrijfblad rondslingerden. Hij wist niet waar hij naar op zoek was, maar hij was ervan overtuigd dat hij dat alsnog zou weten als hij het vond. Was er zeker van dat zijn vader al dan niet bewust een boodschap voor hem had achtergelaten, een aanwijzing. Wat hij uiteindelijk vond was iets van een totaal andere orde. Een van de laatjes kwam alleen in beweging als hij het optilde. Hij trok het er helemaal uit en ging op zijn knieën zitten en reikte naar binnen en haalde een stapeltje brieven te voorschijn, met een elastiek erom. Zijn eerste opgetogen gedachte was dat het misschien wel oude brieven van zijn moeder aan zijn vader waren. Maar het meest recente poststempel was amper twee jaar oud. Het was steeds dezelfde afzender. Ene Abigail Pelham uit Randolph in Vermont. Steeds hetzelfde handschrift. Ze waren om de twee, drie jaar verstuurd. Elke brief aan zijn vader gericht maar poste restante naar allerlei verre postkantoren gestuurd. Wells River. Conway. Berlin. Hij zat er een tijdje mee in zijn schoot, in het besef dat hij iets vasthield waardoor hij nooit meer hetzelfde beeld van zijn vader zou hebben. Uit een doos op het bureau nam hij een sigaret en stak hem aan en realiseerde zich dat een deel van zijn geest altijd bezig zou blijven om dat nieuwe beeld te verhelderen. En hij opende de laatst verstuurde brief en vouwde het enkele blaadje open. De inkt was bruin verkleurd.

29 maart 1926

Lieve Jamie,
Vader is overleden...

III

Sweetboro

7

De eerste verrassing was dat het zo dichtbij lag. Op de wegenkaart had het een immense afstand geleken. Op de laatste dag van augustus was Andy Flood in alle vroegte gekomen om mee te ontbijten en te horen hoe hij op het huis moest passen, waarna Foster bij zonsopgang was vertrokken om kort na tweeën al de hoofdstraat van Randolph binnen te rijden. Hij zette de auto langs de kant en keek naar de mensen die hem voorbijliepen, hield zich voor dat bij sommigen misschien wel iets van zijn eigen bloed door de aderen stroomde. In de weken sinds de ontdekking van de brieven had hij zich ermee verzoend dat zijn vader een verzwegen verleden had gehad. Hij kon niet uitsluiten dat hij er in de toekomst zelf ook het zwijgen toe zou doen. Wat hij tot nu toe zelf had meegemaakt leek immers ook al iedere beschrijving te tarten. Hij vermoedde dat elke weergave afbreuk zou doen aan hoe het echt geweest was, dat het verhaal de herinneringen zou verdringen en de mensen en gebeurtenissen in een veel te simpel verband zou stellen, dat hij er zichzelf en de anderen te kort mee zou doen.

Hij at een sandwich en keek naar het doordeweekse reilen en zeilen. Trachtte zich er een jongere versie van zijn vader bij voor te stellen. Bekeek de gebouwen, de straten. Keek naar de mensen. Voelde zich op zijn gemak in zijn auto langs de stoeprand. De mensen hier schenen zoveel gewoner, minder opgejut en zelfingenomen dan het slag dat hij van de vakantieoorden kende. Zelfs de winkeliers zagen er sober uit; zelfgemaakte kleding zonder opsmuk. Zelf was hij blootshoofds, droeg werklaarzen en een corduroy broek onder een wit hemd met de boord open. Hij had het idee dat hij zomaar kon uitstappen om tussen deze mensen op te gaan en zich onmiddellijk thuis te voelen.

De man van het postkantoor keek hem lang en onderzoekend aan eer hij een bondige routebeschrijving naar de boerderij gaf. Als wilde hij eerst Fosters bedoelingen doorgronden. Tja, ik zou ook voorzichtig zijn, dacht Foster. Die twee ouwe dametjes wonen daar alleen. Want zoveel had hij al begrepen: Abigail, de briefschrijfster, en haar zuster Prudence hadden er samen met hun vader gewoond, zijn grootvader, die inmiddels overleden was. Anderen waren nooit genoemd in het handjevol brieven.

Wat hij verder nog wist. De eerste brief was twaalf jaar geleden verstuurd, duidelijk in reactie op een brief van zijn vader. Drie uitbundige, haastig geschreven kantjes vol blijdschap, met de uitnodiging dat zij vieren snel eens op bezoek moesten komen. Het had meer dan drie jaar geduurd eer de volgende was verstuurd, met een heel andere toon, door de lange tussentijd of iets wat zijn vader had geschreven, een toon die in alle volgende brieven bewaard was gebleven. Elke brief was zonneklaar een respons op een bericht van zijn vader. In een van de brieven werd een ansichtkaart genoemd die ze van hem hadden ontvangen. Alle brieven na die eerste waren over weinig meer gegaan dan de boerderij en de gezondheid van Prudence en Vader. Over zichzelf schreef Abigail nooit. De laatste, met het overlijdensbericht van hun vader, was de enige geweest die naar een eerder poste-restante adres was gestuurd. Foster had eruit geproefd dat ze hem geschreven had zonder te weten of hij wel afgehaald zou worden. Hij vermoedde dat zijn vader geen antwoord had gestuurd.

Hij reed zuidwaarts het dorp uit en draaide rechtsaf het bergpad op dat de postmeester hem gezegd had op te draaien. Klom in een lage versnelling tegen de ruwe steenslag op, bomen aan weerszijden tot hij een rand bereikte en een weidse kom voor zich zag, met de boerderij aan de andere kant, het huis en de grote stal op een helling van grazige terrassen. Het land onder de stal was verdeeld in weiden en hooilanden. In een van die weiden graasde grijsbruin vee. Sommige koeien scharrelden wat rond in de lommer van een paar iepen. De weitjes op de helling achter de stal waren bezaaid met rotsen en lage jeneverbesstruiken, en een kudde schapen in het augustusgras. Daarboven, waar de helling steiler werd, stond een dicht bos tot aan de rug van de berg. Daar weer boven de verwaaide wolken van de late zomer.

Hij reed het pad af en zette de auto stil op het erf tussen het woonhuis en de stal, zei de honden te blijven zitten en stapte uit en reikte achter zich om zijn hemd in zijn broek te stoppen en liep naar het huis. Het was nooit geschilderd geweest en het hout was verweerd tot de smeuïge kleur van melasse. Hij sloeg de ingang bij de aangebouwde schuur over, wetende dat die alleen door de bewoners zelf en hun naaste vrienden werd gebruikt, liep over het kleine gazon langs een oude seringenstruik en stapte op het rechthoekige blok graniet dat als stoep diende. Klopte driemaal op de voordeur. Zijn knokkels eerst nog schuchter maar dan vol overtuiging.

De deur werd opengedaan door een oude negerin, een kleine gezette vrouw van in de vijftig. Ze droeg een dikke kamgaren broek die in kniehoge rubberlaarzen was gepropt, en een meermaals verstelde wollen trui. Haar gerimpelde gezicht had de kleur van kaneel maar was met okerkleurige sproeten overdekt. Groene ogen. Verwilderd haar dat ooit de kleur van haar sproeten had gehad maar nu met grijs was doorweven. Ze keek naar hem op en zei: 'Allemachtig.'

'Neemt u me niet kwalijk, mevrouw,' zei Foster. 'Ik denk dat ik de verkeerde afslag heb genomen.'

'Nou, volgens mij niet,' zei de vrouw.

Hij had nog maar zelden een neger gezien, en altijd van afstand. Hij stapte achteruit van het granietblok in het gras. 'Neem me niet kwalijk,' herhaalde hij. 'Ik heb me vergist.'

Ze stapte op hem af en greep hem bliksemsnel bij een pols als wilde ze hem beletten te vluchten. Haar hand was knoestig, vol sproeten en eelt. 'Precies Vader,' zei ze. 'Jij bent Jamies jongen, hè?' Wachtte niet op antwoord, bleef hem vasthouden en draaide haar hoofd naar de openstaande deur. 'Zus, kom eens kijken!'

Draaide zich weer naar hem toe en zei: 'Jij bent toch Foster? Foster Pelham?'

'Ja mevrouw,' zei hij. Zijn stem kwam als uit de verte. Hij was verbijsterd. Ergens diep vanbinnen riep hij *Pappie! Pappie!*

Ze keek naar haar hand om zijn pols, leek iets van zijn verwarring te begrijpen, van zijn angst, en liet hem los maar begon tegelijk te spreken. 'Ik ben Prudence Pelham. Iedereen zegt Pru of Prudy, dus voor jou zou ik tante Pru moeten zijn, maar als je dat gek vindt klinken laat je het maar. Hoewel ik mezelf al jaren zo noem. Sinds ik van jou af weet, en van dat lieve kind, je gestorven zusje. Niet hardop, hoor, in gedachten. Maar goed, zeg maar wat je wilt. Pru of Tante of allebei of geen van beide. O, ik kan er niet over uit hoe sterk je op Vader lijkt, je grootvader. Nou, nou... Zie me die grote ogen eens. En jij zult wel nooit iemand als ik hebben gezien, denk ik zo.' Draaide zich met een ruk om en schreeuwde: 'Zus! Kom nou toch kijken!' En weer met een ruk terug. 'Je schrikt van me, hè? Kan ik zien. Dus je wist niet wat je te verwachten had. Verbaast me niks. Wat is er met je vader gebeurd, dat je hier bent? Zit-ie in de puree?'

Foster wankelde. Bij het achteruitstappen was hij op een graspol gaan staan die hij anders niet zou hebben opgemerkt maar die hem nu naar evenwicht deed zoeken. Zijn rechterbeen trilde, de knie zwenkend als een vleugel. Hij keek naar de vrouw, haar open mond met de gevlekte tanden. 'Hij is dood,' zei hij.

'O mijn god,' zei ze, legde haar beide handen plat op het borstpand van haar trui. 'Nee toch.' Er schoot van alles over haar gezicht. 'Hoe is het gebeurd?' vroeg ze. 'Het was vast geen natuurlijke dood.'

En het verdriet dat als zonlicht op haar gezicht lag ontroerde hem en hij deed een stap naar haar toe en zei met zachte stem: 'Het was een ongeluk, zeiden ze.'

Ze hief haar kin naar hem op. Haar ogen waren vochtig maar uiterst helder, en kwaad. 'Maar dat was het dus niet.'

Wat niemand nog gezegd had. Dus was het niet moeilijk om op zijn benen te tollen voor deze vreemde oude vrouw en het haar te zeggen. 'Volgens mij niet, nee. Ze hebben het er alleen maar zo laten uitzien. En ik denk dat er heel wat mensen zijn die het maar al te graag geloven, omdat het ze heel goed uitkomt.'

En ze liet haar handen zakken en zei: 'Ik ben altijd bang geweest dat hem iets zou overkomen. Altijd. Er is geen dag voorbijgegaan dat ik het niet gevreesd heb. Hij had zo'n woede, je vader. Was kwaad om alles. Wilde ook alles.'

Foster zei: 'Hij was een goed mens. Hij is altijd goed voor me geweest.'

'Dat geloof ik onmiddellijk,' zei ze, en draaide zich weer om naar het huis. 'Abigail!' Een maat voor elke lettergreep, met de laatste het hardst zodat het Foster in de oren klonk als twee kleine preludes en een krachtig slotakkoord. Prudence keek hem weer aan en zei: 'Hij had een zachte kant, je vader. Heeft-ie altijd gehad. Maar het lukte hem nooit om die kant aan bod te laten komen. Niet in zijn tijd hier. En nu hoor ik van jou dat het hem toch gelukt is.' Haar gezicht bewoog alsof er een mechanisme achter school, een raderwerk van verdriet terwijl ze sprak. 'Ik geloof je graag. Jij hebt hem veel later gekend dan ik.'

'Volgens mij heeft hij zijn leven lang dingen goed willen maken, recht willen zetten. En hij wist misschien niet hoe. Of hij had gewoon pech. Maar hij heeft er altijd zijn best voor gedaan, dat weet ik zeker.' Tot hij deze woorden uitsprak had Foster niet geweten dat hij het wist.

Ondertussen hoorde hij voetstappen in de hal achter Prudence. Hij boog zich naar voren om aan het versplinterde zonlicht te ontkomen en te zien wie daar aankwam. En Prudence leek zich iets op te richten alsof ze ergens van schrok, boog zich langs hem heen en haar handen vlogen op en ze riep: 'Is dat jouw hond daar bij de kippen? Jongen? Foster? Kijk eens.'

Glow was uit het open raampje van de auto gesprongen en sloop nu langs het gaas van de kippenrennen aan de zijkant van de stal, bewoog zich stapje voor stapje, elke beweging ingehouden trillend, telkens stilvallend om die nooit geziene vogels aan te wijzen, zo groot, zo dichtbij. De kippen verkeerden in een milde hysterie, kakelden hun angst en verontwaardiging. Haantjes die zenuwachtig tussen de hennen en het gaas pendelden. Lovey zat rechtop achter het stuur, bekeek haar dochter door de voorruit, haar oren gespitst. Zij wist al wat kippen waren.

Foster liep over het gazon, langs de auto om Lovey te zeggen dat ze moest blijven, alleen maar om iets te kunnen zeggen, een zeker gezag te kunnen doen gelden, en haastte zich vervolgens naar de plek waar Glow ineengedoken zat, sidderend, alleen haar kop bewegend, in kleine rukjes van de ene vogel naar de andere en weer terug, in een poging ze allemaal in de ban van haar blik te brengen. Honderden kippen. Hij streek met zijn handen over haar flanken, zei haar koest te zijn, pakte haar halsband beet en trok haar in een halve cirkel van de vogels weg en hurkte bij haar neer, aaide over haar snuit en zei zachtjes 'nee nee nee' terwijl ze voortdurend probeerde om te kijken naar die beesten achter zich.

Hij hield zijn hoofd gebogen maar sloeg zijn ogen zijwaarts op om het huis te kunnen bekijken, de vreemdheid ervan. Er was een andere vrouw uit de voordeur gekomen. Langer. Met een jurk. Stond met de eerste te praten. Abigail. Abigail en Prudence. Hij begreep er niks van, behalve dat alles voorgoed veranderd was. En ook dat moest nog doordringen, lag nu nog maar als vernis over hem heen, liep hem als een rilling over de rug. Hij vroeg zich af waarom hij Glow niet gewoon mee naar de auto trok om in te stappen en weg te scheuren. Wist dat dat niet kon en vervloekte zichzelf om de gedachte alleen al.

En toen liep de langere vrouw over het gazon op hem toe en hij kwam uit zijn hurkzit omhoog, trok de tegenstribbelende Glow aan haar halsband terug naar de auto. Abigail kwam om de voorkant heen gelopen terwijl hij het portier opende en Glow naar binnen werkte en het raampje ver genoeg omhoogdraaide om een tweede ontsnapping te voorkomen, waarna hij het portier dichtgooide, en zijn rug rechtte, en zich omdraaide.

De bevreemding was nu dubbel overweldigend, tweevoudig. De wereld viel uiteen en nam tegelijkertijd gestalte aan. Die vrouw voor hem was een versie van zijn vader. Langer, in een ouderwetse jurk, parelgrijs, met een hoge kanten boord, haar haar in een knot. Maar de trekken van zijn vader. Dezelfde olijfkleurige huid strak over hoge, tere jukbeenderen, fraai beeldhouwwerk. Dezelfde frisse lippen, getuit en vlezig. Dezelfde ogen die hem opnamen en aan zich onderwierpen. De neusvleugels breder maar ook die breedheid delicaat, ging in een sierlijke curve van het gezicht uit, dat gemaakt leek om de wereld ten volle te proeven. De tweede schok was minstens zo hevig. Hij had het nooit voor mogelijk gehouden dat vrouwen van boven de twintig ook nog mooi konden zijn. Nu wist hij beter en die wetenschap mengde zich met begeerte en het voelde alsof hij misvormd raakte en dat gevoel trok als hitte over zijn gezicht en hij keek van de vrouw weg, over het gazon naar het huis om te zien of die andere vrouw daar nog stond, alsof dat zijn monsterachtigheid zou temperen. En ze stond er nog, Prudence, met haar vuisten op haar heupen naar hen te kijken. Hij kreeg de indruk dat ze op de een of andere manier wist hoe hij zich voelde, omdat ze zelf al een leven lang haar eigen monsterachtigheid kende. En ze ontroerde hem opnieuw en hij keek weer naar Abigail.

Ze hield haar hand naar hem uitgestoken, de slanke arm in een lange mouw met een bevallig kanten manchet. Ze zei: 'Geef het maar toe, je was bijna in je auto gesprongen om hier weg te wezen. Ik ben Abigail.'

Hij nam haar hand. Dunne beenderen. Droog. 'Ik heb de brieven gevonden die u naar mijn vader hebt geschreven.'

'Ik hoor van Pru dat-ie dood is.'

'Ja mevrouw, dat is-ie.'

Ze liet zijn hand los. 'En jij bent hiernaar toe gereden.'

'Zoals u ziet.'

Ze monsterde hem. 'Hoe oud ben je? Zestien?'

'Pas geworden.'

Ze knikte. 'Pittig, hè?'

'Ja mevrouw.'

Ze glimlachte niet, maar hij had het gevoel dat ze dat wel wilde. 'Schei eens uit met dat gemevrouw. Zijn dit zijn honden?'

'De mijne.'

'Kan dat wel zo? Met dat raam op een kier? Het is bloedheet. Krijgen ze wel genoeg lucht?'

'Ik denk het wel.'

'Laat ze niet doodgaan voor een zooitje kippen dat toch al van de leg is, hoor.'

'Tuurlijk niet. Ze houden het wel uit.'

Ze glimlachte alsnog. Zo'n betrapte grijns. Net zijn vader. Ze zei: 'Vooruit dan maar. Kom mee naar het huis, dan kunnen we praten. Je zult wel net zo veel vragen hebben als wij.'

'Ik kan niet zeggen dat ik hier veel van begrijp.'

Een vluchtige blik. Net zijn vader. Ze zei: 'Daar kan ik niks aan doen.'

Prudence kwam hen op het gazon tegemoet en de vrouwen namen hem mee het huis in via de aangebouwde schuur, met gereedschap en een werkbank langs de ene wand en stapels brandhout langs de andere, door een zware deur de keuken in. Daar gingen ze met hem aan de vurenhouten tafel zitten. Niet in de zitkamer zoals ze met een gast zouden hebben gedaan. Abigail vulde drie glazen aan een bronwaterleiding boven de gootsteen en Prudence zette een schaal melassekoekjes op tafel, met geribbelde randjes, waar ze geen van drieën een hand naar uitstaken. Wel dronk Foster zijn glas halfleeg zodra het hem werd aangegeven, waarna hij zonder omhaal begon te vertellen wat er met zijn vader was gebeurd. Zonder gissingen, alleen het officieel bekende. Want alleen dat leek gepast. En het enige wat zijn vader zou willen dat hij vertelde. De vrouwen zaten hem aan te kijken en hij keek van de een naar de ander terwijl hij zijn verhaal deed. Prudence leek hem het meest aangegrepen door het nieuws. Haar gezicht zwoegde en trilde.

Abigail zat tegen de tafel aan geleund, haar handen plat voor zich. Een paar keer zag hij vragen over haar gezicht trekken, maar ze zei niets.

En hij vertelde over het huis in New Hampshire, de eigendomsakte die op zijn naam was gezet. Opdat ze niet zouden denken dat hij iets van hen verwachtte. Ze moesten weten dat hij zichzelf kon bedruipen. Eindigde, bij wijze van verklaring voor zijn komst, met Abigails brieven aan zijn vader.

'Dus je hebt nooit iets van ons af geweten? Hij heeft het nooit over zijn familie gehad?'

'Abby, dat was toch ook niks voor Jamie, om zoiets te vertellen.'

'Ik vroeg het aan Foster, Zus.'

'Hij is midden in de nacht de deur uitgeglipt en heeft nooit meer aan zijn tijd hier gedacht. Dat weet je net zo goed als ik. Daar hoef je die jongen niet voor te kwellen.'

'Ik kwel niemand. Ik vroeg alleen maar wat.'

'Tja,' zei Foster. 'Pap heeft nooit iets over zijn familie verteld, maar ik heb hem er ook nooit naar gevraagd. Al meen ik me wel te herinneren dat hij geen familie had. Dat ze allemaal dood waren. Zoiets staat me bij, tenminste.'

Abigail viel hem in de rede. 'Nou, je ziet, we zijn levend en wel. En je grootvader, zijn bloedeigen vader, was tot twee jaar terug ook nog volop in leven.'

'Maar het punt is...' Foster aarzelde. 'Na de dood van mijn moeder en zusje hebben we nooit meer over vroeger gesproken. Ik denk dat het vooral daarmee te maken had. En bovendien... Hij heeft jarenlang in een van de grote hotels daar gewerkt, het Sinclair, waar-ie over de bar ging. Maar die hotels zijn de laatste jaren steeds slechter gaan draaien en heel wat mensen kwamen zonder werk te zitten. Maar Pap had nog een handeltje in sterkedrank, wat heel goed liep. En nu waren daar genoeg mensen van op de hoogte, maar we deden er toch altijd zwijgzaam over, en dat is van lieverlee een beetje de gewoonte geworden. Dus nee, hij heeft nooit iets over u verteld, over geen van beiden. Ik wist van niks. Ik weet trouwens nog steeds van niks. Ik heb geen idee wat hier allemaal gebeurt en wie u bent en noem maar op.'

Hij viel stil. Alsof hij te ver was gegaan, maar ook weer niet ver genoeg. De beide vrouwen keken hem aan. Abigail koeltjes, geamuseerd, de roofvogelogen van zijn vader, die uit haar gezicht leken weg te zweven. Prudence achterovergeleund op haar stoel, een beetje ingezakt, alsof ze ontspannen was, peinzend.

Foster stond op, liep om de tafel heen en vulde zijn glas nog eens, dronk het leeg en vulde het opnieuw. Prudence was ondertussen ook opgestaan en zei dat hij haar volgen moest en ze liepen door de hal naar de zitkamer, met Abigail achter hen aan. Er stond een sofa van oud donker hout met een sombere blauwzwarte bekleding. Langs de ramen zware gordijnen van hetzelfde materiaal. De rest van het meubilair was nog ouder: een schommelstoel met een gespijlde rugleuning, een serie tafels met ranke poten, een dekenkist waarvan de planken met zwaluwstaarten verbonden waren, een krantenbak naast de schommelstoel. Prudence pakte een gaslamp van een van de tafels en liep ermee naar de schouw boven een gietijzeren kachel met een breed rooster en krulpoten. Ze zette de lamp naast de pendule op de schouw en stapte achteruit om plaats te maken voor Foster. Boven de schouw hing een dubbelportret in een ovalen lijst.

Hij keek eerst even kort naar de man. Jong, ernstig in de lens turend, diepliggende ogen die te droef waren voor zijn leeftijd, een wilde bos donker haar. Maar het was de vrouw die zijn aandacht trok. Een negerin. Hij kon niet zeggen hoe oud, maar ze was jong. Zelfs in het verschoten vaalbruin van de foto was haar mond een weelderige donkere vrucht, haar neus havikte van de brug naar de vleugels. Lichtgekleurde ogen vol aandacht alsof haar blik het moment van de foto wilde overstijgen, om af te wachten, voor altijd alert op wie het ook was die ooit aangezien zou moeten worden. Gulzige ogen, dacht hij. En hij keek weer naar de man en vond zijn blik nu niet alleen meer droef maar ook scherp, als had hij besloten de wereld recht in de ogen te kijken, en dan er dwars doorheen naar de wereld die hij zelf zou scheppen.

'Wie zijn dit?' vroeg Foster zonder zijn ogen van het portret af te nemen.

'Norman en Leah Pelham. Je grootouders.'

'Moeders meisjesnaam was Mebane,' zei Abigail. 'Ze kwam uit Carolina.'

'Die naam zegt niks,' zei Prudence. 'Het was de naam van de baas van wie ze was weggelopen toen ze je grootvader ontmoette.'

'Hij was meer dan dat.'

'Laat dat nou maar,' zei Prudence.

Foster hief zijn handen op en legde zijn vingertoppen op de rand van de schouw. Was er nog niet aan toe om zijn ogen van dat stel aan de muur af te nemen. Voelde het zweet langs zijn lendenen lopen.

Achter hem zei Prudence. 'Hij is net Vader. Twee druppels water.'

Hij keek van de negerin naar de man. Hij kon er zichzelf niet in zien.

Abigail zei: 'Vader is in 1862 de oorlog ingegaan. Meegezogen door alles wat toen gaande was, en doodsbang toen-ie daar vervolgens middenin zat. Hij ging omdat het voor de hand lag om te gaan, amper een jaar ouder dan jij nu. Ik heb hem vaak genoeg gevraagd waarom, en dan zei hij altijd dat hij zich verplicht had gevoeld.'

Foster draaide zich om en keek haar aan. Ze stond in het midden van de kamer naar hem te kijken. 'Dat kan ik me wel voorstellen,' zei hij.

Ze glimlachte naar hem. 'Dat verbaast me niks.'

Prudence zei: 'Hij heeft vanaf 1962 tot het einde toe gediend. Is twee keer gewond geraakt. De eerste keer bij Gettysburg. Ze schepten er nooit over op, zo waren ze niet, maar de jongens van het Tweede Vermont hebben toen de doorslag gegeven. Zij waren het die Pickett in de flank aanvielen toen hij die beruchte uitval deed, en een gat sloegen waardoor de ommekeer kwam. Hij liep een sabelhouw in zijn rechterbovenarm op, dwars door de spier tot op het bot. Kwam in het lazaret te liggen, maar daarna meteen weer terug. Hij had ook naar huis gekund. Maar dat deed-ie niet. De tweede keer was helemaal op het eind, in de lente van '65. Ze zaten in het zuiden van Virginia de losse flarden van Lee's leger achterna en een paar van die rebellen schoten terug met een veldkanon. Een van die granaten raakte een boom waar Vader dekking had gezocht, en hij kreeg een stuk hout tegen zijn hoofd. Wat er daarna gebeurde weet niemand. Hij heeft zich nooit meer kunnen herinneren of hij toen zelf is weggedwaald of dat ze hem vergeten zijn, maar hij bleef in z'n eentje achter. Het enige wat hij nog wist was dat hij op een gegeven moment bijkwam en dat er een slavenmeisje bij hem zat, dat hem daar in dat bos verzorgd heeft. En dat was Moeder.'

'Dus zij heeft hem opgelapt,' zei Foster, 'en toen heeft hij haar meegenomen.'

Abigails ogen vlamden op. 'Eén ding moet je goed begrijpen. Vader zei dat Moeder de mooiste vrouw was die hij ooit in zijn leven gezien had.'

Hij draaide zich weer om naar de portretfoto en bekeek de vrouw. Ja, ze was inderdaad een schoonheid geweest. Hij begreep wat je zoal zou voelen als je zo'n vrouw in levenden lijve zag.

Prudence zei: 'Die ouwe sabelwond heeft hem in latere jaren nog behoorlijk parten gespeeld. Als het koud of nat ging worden, werd die arm helemaal stijf. Hij kon twee, drie dagen vooruit zeggen of het weer zou omslaan. Kwam niet alleen door die arm, hoor. Al die ouwe kerels konden het weer lezen als een boek. Maar hij gebruikte die wond als verklaring. Dan zei hij: ik voel mijn arm, maandag komt er regen. Dat soort dingen. Trouwens, nu ik het er zo over heb, hij zal altijd wel last hebben gehad van die arm. Maar als jongere man zei hij er gewoon niks over, liet zich er niet door afleiden. Zo'n man was het. Nooit klagen. Taai als tuigleer was-ie.'

En Foster keek naar de beeltenis van de tuigleertaaie man, van wie hij volgens deze peentjeskleurige vrouw het evenbeeld was. Een man die hij voorheen gedachteloos voorbij zou zijn gelopen. Maar nu tuurde hij naar de foto en begon langzaam te snappen waarom iemand een gelijkenis zou kunnen zien. Voelde ondertussen de ogen van die twee vreemde vrouwen over zich heen glijden. Ze namen hem van kop tot teen op, en hij wist dat ze dingen zagen die hijzelf nooit zou ontdekken. En hij liet dit tot zich doordringen, en keek onderwijl naar zijn grootvader. Kaarsrecht naast die negerin. Zijn grootmoeder.

De wereld gaat veel te snel, dacht hij bij zichzelf. *O, Pappie, Pappie.*

Hij draaide om zijn as, naar de twee vrouwen, legde zijn handen op zijn rug, waar de ene de andere omklemde. 'Hij is dus een paar jaar terug doodgegaan,' zei hij. 'Maar wat is er met haar gebeurd?' Stond nog maar net op een spekglad bemoste steen in het midden van een kolkende rivier, en sprong alweer naar de volgende.

De vrouwen schrokken. O zo kort. Ze bewogen niet, en hun ogen flitsten maar heel even weg voor ze weer naar hem terugkeerden. Maar hij zag de spanning door hun lichamen zinderen, alsof ze opeens een andere gedaante aannamen. Prudence sprak als eerste. En haar stem teder en intens verdrietig. 'Zij is al heel lang geleden gestorven. Jouw vader was nog maar een hummeltje. Volgens mij moet haar dood zowat het enige zijn geweest wat hij zich van haar herinnerde.'

'Hij heeft het er nooit over gehad.'

'Niet met jou.'

'Hij had alleen maar mij.'

Abigail zei: 'Wij waren er ook, maar dat verkoos hij te negeren. Zijn eigen vader.' Ze schokschouderde. 'Zus en mij.'

'Hoor je? Ze is er nog steeds kwaad om,' zei Prudence. 'Maar ja, ze is om zo veel dingen kwaad.'

'Ik zie de dingen helderder dan anderen. Kan ik ook niks aan doen.'

'De wereld is een grote kei die het niks kan schelen of jij ertegenaan trapt. Een kei is een kei. Je kunt er net zo goed tegenaan geleund gaan zitten.'

'Ik zal trappen zolang ik trappen kan.'

'Daar twijfelt niemand aan, Zus. Geen sterveling.'

Foster hoorde het bedremmeld aan. Zag Glows grote ongeruste ogen weer voor zich, die nacht toen hij om zijn vader had gehuild. Hij onderbrak hen, wetende dat hij een gesprek verstoorde dat al jaren gaande was, dat ze misschien wel voerden zonder het nog langer te beseffen. Een manier van praten die zo vertrouwd was geworden dat ze er woorden in kwijt konden die anders te zwaar, te pijnlijk zouden zijn. Maar nu waren de zijne eruit. 'Ik heb u beiden alleen maar van streek gemaakt. Ik had hier nooit moeten komen.'

De vrouwen vielen stil, doodstil.

En toen zei Prudence: 'Je hebt er juist goed aan gedaan. Ja, ik ben van streek. Ik had me er allang bij neergelegd dat ik nooit meer wat van mijn broer zou horen, of het moest een doodsbericht zijn. Maar die gedachte en deze dag zijn twee heel verschillende dingen.'

Abigail zei: 'Let maar niet op ons, jongen. Wij zijn twee rare ouwe dametjes die al zo lang met elkaar optrekken dat we het ene ogenblik kissebissen en het volgende elkaars zinnen afmaken, en zelf niet eens meer weten wanneer we wat doen. Maar je hebt zelf misschien wel spijt dat je gekomen bent. En daar heb je dan alle reden toe, want we zijn natuurlijk niet de tantes die je verwacht had. Je vader heeft hier niet alleen ons achtergelaten, maar ook een deel van zichzelf. Zodat hij ervoor door kon gaan.'

Prudence zei: 'Dat zou jou ook zijn gelukt, hoor.'

'Nee,' zei Abigail. 'Ik zou nooit van mijn mensen kunnen loskomen. Jamie wel. Die kon van zichzelf wegzweven als een pluisje van een paardebloem.'

De pendule sloeg vier. Heldere, serene klanken. Een kleine schoonheid die de spanning brak. Prudence draaide haar frons, haar opeengeklemde lippen van haar zuster naar de klok. En keek naar Foster, en weer naar haar zuster.

'Ik heb koeien die gemolken willen worden,' zei ze, en ze liep de kamer uit met haar schouders recht en breed in de oude trui, haar rubberlaarzen gedempt kleppend op de loper in de hal.

Abigail trok haar wenkbrauwen op naar Foster. Haar lippen krulden zich geamuseerd, maar niet tot een glimlach. 'Wat ze bedoelt is dat ík voor de kippen en de paarden moet gaan zorgen, en de ooien moet bekijken terwijl zij de koeien melkt. Ze denkt nog altijd dat ze me daaraan moet herinneren. Want zij houdt van dit werk, zie je, en ze weet dat ik er geen plezier aan beleef, dat ik het alleen maar doe omdat het moet. Tja, ik zei het al. Twee ouwe dametjes, al jarenlang met z'n beidjes, en een beetje raar geworden.'

Foster grijnsde haar toe. Vouwde zijn armen. 'Kan ik wat doen?'

'Kun jij wat doen? Nee, jij kunt niks doen. Zelfs al was je op een boerderij grootgebracht. Pru en ik hebben zo onze vaste karweitjes die we elke dag weer doen, en als we klaar zijn lopen we samen terug naar het huis. Als ik jou was at ik eerst maar eens die schaal koekjes leeg, die nog in de keuken staat. En dan kun je daarna die honden uit je chique automobiel halen. Ga maar een flink eind de helling met ze op. Dat ze zich lekker moe kunnen rennen en de kippen verder met rust laten. Er loopt een verwilderd pad door het suikerbos. Doe dat maar, en als je terug bent hebben wij het eten klaar.'

Foster keek haar even onderzoekend aan en vroeg: 'Wat bedoelde u eigenlijk, daarnet? Waar kon Pap voor doorgaan?'

'Doorgaan? Voor een blanke.'

Toen hij op zijn weg terug de onderrand van het suikerbos bereikte bleef hij staan om naar de boerderij beneden te kijken. De honden zaten achter hem, stonden af en toe op om wat rond te drentelen, Lovey met haar zelfverzekerde gang en Glow nog tureluurs van alle opwinding. Ze vonden het allebei best om even te pauzeren. Het gouden namiddaglicht van de late zomer, het hemelblauw al donkerend. Hier en daar gulden roede in het gras dat aan de bosrand hoog was opgegroeid. Paarse asters.

Ze hadden een flinke tippel gemaakt, door het suikerbos en hoger, tussen de naaldbomen op de rotsige grond boven de oude esdoorns. De honden vol opgekropte energie na hun gevangenschap in de Chrysler, druistig in dit onbekende geurenland. De jongen had er stevig de pas in gezet om ze bij te houden, en vergetelheid te vinden in de inspanning. En dan die vogels. Meer patrijzen dan je in Bethlehem in een week bij elkaar zag. Jonge vogels, nog maar nauwelijks het lentebroedsel ontgroeid. Hij dacht aan iets wat Andy Flood altijd zei. 'Een troep trijzen.' Glow had precies de goede naam, vond hij, terwijl hij daar over de kom stond uit te kijken. Ze had zowat licht gegeven terwijl ze door de sparren en dennen was gedarteld, constant achtjes makend om de stammen, haar staart een ventilator die alleen in een hoge boog bleef stilstaan als ze weer eens een jonge patrijs in de smiezen kreeg. Ze zou die kippen nu wel vergeten zijn.

Ze waren langs een oude zaagkuil gekomen. Het balkenrooster was nog intact geweest, maar de zaagsellaag in de kuil ingezakt en beschimmeld door jaren van onbruik. Tussen de balken waren jonge populieren omhooggeschoten. Hij was er een lang moment blijven staan, de open plek omgeven door grote sparren die het oude sledespoor al bijna wegdrukten, in het besef dat dit iets van zijn grootvader was geweest, denkend dat hij misschien wel iets van hem kon opvangen. Maar nee, alleen die grote balken, met uitkepingen in elkaar gepast, was geen spijker aan te pas gekomen. En daaronder die enorme laag rottend zaagsel. Het soort werk waar hij niets vanaf wist. Een man van wie hij niets af wist, al kon hij iets van hem in zijn binnenste voelen flakkeren. Twee druppels water, had hij gedacht. Hij had zijn broek opgehesen, zijn honden gefloten en was verdergegaan. Dat zien we nog wel, had hij gedacht.

En nu stond hij op de rand van bomen en weiland en keek naar de boerderij. Zijn lijf aangenaam pijnlijk van vermoeidheid. Zijn geest een poel helder water, met alleen nog de kringen waar die twee zusters er als stenen waren ingeplonst. Een milde weerzin om de helling af te lopen en hen weer onder ogen te komen, de vrede van het bos te moeten prijsgeven. Maar net toen hij dit dacht kwam er een figuur uit de stal, die traag sjokkend vee voor zich uit dreef, en het verlangen bij hem wekte om naar beneden te lopen en met ze aan tafel te zitten en zoveel mogelijk op te steken, alles wat ze maar kwijt wilden. En niet, bedacht hij, omdat het de enige plek was waar hij heen kon. Maar omdat het hoe dan ook een deel van hemzelf was. En hij speurde de helling onder zich af, de kortgegraasde schapenwei met de schapen her en der verspreid in het laatste daglicht, hun koppen omlaag terwijl ze allemaal dezelfde kant op bewogen. Zag de cirkelvormige stenen muur in het midden van de wei, met een verwilderde appelboom aan één kant, en aan de andere kant een niet minder verwilderde maar vrolijk bloeiende rozenstruik, en binnen de cirkel, in het slappe nazomergras, de stenen rechthoeken die uit de aarde omhooggeperst leken. Elk met zijn eigen schaduw.

Dus legde hij zijn handen op de koppen van zijn honden die aan weerszijden van hem zaten te wachten, en kwam weer in beweging, dwars door de wei naar de granieten hekpalen zonder hek, het kleine kerkhofje binnen.

De zerken waren allemaal van graniet en hadden allemaal dezelfde afmetingen en vorm, behoudens een paar afgeronde hoeken hier en daar. De meeste waren zwart geworden, het beitelwerk zo verweerd dat hij zijn vingers op het graniet moest leggen om de letters en cijfers te achterhalen. Meer dan de helft had jaartallen die maar kort van elkaar lagen, soms was er zelfs maar één datum. Zo veel dode kindjes. Overoudooms en -tantes. De meest recente steen, helder wit graniet nog met duidelijke letters, was van zijn grootvader. Norman. Tachtig jaar oud. Het Tweede Vermont Regiment van het Leger der Republiek. Daarnaast de op een na jongste steen, zijn grootmoeder. Leah Pelham. Op het jaartal 1848 na geen geboortedatum, en dan de dag in november 1890 waarop ze gestorven was. Tweeënveertig pas. Eronder de inscriptie ZIJ KON NIET BLIJVEN. Hij hurkte erbij neer en zat er even peinzend naar te kijken. Stond weer op en wandelde langs de andere zerken. James. Earl. Amos. Osborn. Weer een James. David. Henry. Een James die zijn overgrootvader moest zijn. Gestorven in 1864. En vrouwen: Charlotte, Jane, Estelle, Ellen Ann. Naast zijn overgrootvader lag Cora Pelham. Gestorven in 1886.

Hij lag op z'n zij, steunend op een elleboog, het licht van de middagzon schuin over hem heen, de lucht verstild en koel geworden. De schaduwen lengden van de ene zerk naar de andere en lieten alleen nog licht toe op de looppaden ertussen. De honden koesterden zich languit in de warmte die nog van de grond opsteeg. Ergens beneden klonk het geloei van een koe. Zij kon niet blijven. Zijn grootmoeder. De negerin. Bij haar dood even oud als zijn vader. Hij probeerde het zich voor te stellen, zijn vader af te meten tegen die onbekende vrouw. Het lukte niet. Wat maakt mij dat dan? De vraag bleef zich opdringen. Hij had er geen antwoord op. Een neger? Voor een deel wel, natuurlijk. Maar welk deel dan? Hoe kwam je daarachter? En als je erachter kwam, wat moest je daarmee? Voor een blanke doorgaan. Hoezo doorgaan? Doorgaan? Alsof het een soort schoolexamen was. En uiteindelijk, toen hij het koud kreeg omdat ook de grond geen warmte meer bood, terug naar *zij kon niet blijven*. Dacht aan de gulzige ogen die hem vanaf die foto hadden aangekeken. *Zij kon niet blijven*. Waarom dan niet?

Hij stond op en wreef zijn handen, veegde het gras van zich af. De honden kwamen ook overeind. De zon was achter de bergrug weggezakt maar zond zijn laatste stralen nog hemelwaarts tegen de bleke drijfwolken. De boerderij was in stilte gedompeld. De Chrysler, pontificaal midden op het erf, leek van hieraf een indringer. Een ding dat er vanuit een andere wereld was neergegooid. Hij wist nog maar weinig, maar één ding was duidelijk: zo welkom als hij hier zijn mocht, hij vormde ook een bedreiging voor die twee vrouwen daar beneden. Hij wist wel niet wat voor bedreiging, maar er was iets in hem, iets wat hij met zich mee had gebracht, dat gevaarlijk kon blijken. Pijn kon doen. Hij keek naar de ijle hittedamp die uit de keukenschoorsteen opsteeg, en tot een stoomwolk aanzwol, en weer afnam tot een trillen van de lucht. Iemand stond eten te koken. Hij had honger en liep de helling af, de honden nu sjokkend achter hem aan door de schemering. Daar beneden werd op hem gewacht, wist hij. Hij nam zich voor om in elk geval geen leed te veroorzaken.

'We eten hier eenvoudige kost.' Abigail bij het fornuis in haar parelgrijze jurk. 'Niks van de liflafjes die je wel van die hotels zult zijn gewend.' En begon de tafel vol te zetten. Schalen met dikke plakken ham, gekookte aardappelen, gesneden tomaten, dampende maïskolven, kommen met gele wasbonen, gefruite uitjes in room en boter, pastinaken, appelmoes, augurken, komkommerschijven in azijn, zuurdesembroodjes, schotels met boter en geleitjes. Prudence kwam vanuit de hal de keuken binnen, had haar werkkleren verruild voor een lichtblauwe jurk met knoopjes aan de voorkant, en een hoofddoek zoals hij die kende van de zwarte mensen in krantencartoons. De geur van zeep. Ze vulde de waterglazen en schoof een koffiepot naar het hete midden van het fornuis. Foster waste zijn handen onder de bronwaterleiding, het water zo koud dat het prikte, een grof stuk zeep dat amper schuim gaf maar al het vuil weghaalde. Hij droogde zijn handen zo langzaam mogelijk, tot de vrouwen aan tafel waren gaan zitten en hij de voor de hand liggende zitplaats kon opzoeken, waar hij eerder die dag ook had gezeten. Verloren tussen al het eten stond, nog steeds onaangeraakt, de schaal melassekoekjes. Hij had spijt dat hij er niet een stel mee naar het bos had genomen.

'Aan deze tafel wordt niet gebeden,' zei Abigail. 'Wij aanvaarden gewoon de goede werken van de Schepper, stil en ondoorgrondelijk als Hij in zijn wijsheid is.'

'Zijn je honden nog niet zindelijk, dat je ze buiten hebt gelaten?' vroeg Prudence.

'Ja hoor. Maar de jongste kan nog een behoorlijke lastpost zijn. Ze zitten weer in de auto, maar misschien is er voor vannacht wel een plekje in de stal voor ze, of de schuur.' Hij wilde hun niet vertellen dat de honden altijd bij hem in bed sliepen.

'We zullen na het eten wel wat voor ze zoeken, en ze zullen wel wat kliekjes lusten ook, denk ik zo.'

Hij grijnsde. 'Dat zal er wel ingaan.'

'En nu eten,' zei Abigail. 'Ik kon je maag buiten horen rammelen.'

Ze lieten de schalen rondgaan, schepten hun borden vol. Foster kreeg rooie wangen. De warmte in de keuken, de overmaat aan eten. Sinds de dood van zijn vader had hij van sardientjes op crackers geleefd, sandwiches met kaas en ei, blikvlees, een paar hamburgers in de eettent in Littleton. Hij pakte een maïskolf op. De eerste sinds zijn laatste maaltijd met zijn vader.

'Die maïs zou weleens taai kunnen zijn,' zei Prudence. 'Het is al laat in het seizoen. Had misschien beter in room gestoofd kunnen worden.'

'Ik zag je op het kerkhof.' Abigail, die de ham op haar bord in kleine dobbelsteentjes sneed. 'Daar zul je meer vragen dan antwoorden aan hebben overgehouden.'

Hij kauwde en slikte. Pakte zijn servet en drukte het tegen zijn mond. 'Een hoop Pelhams daar. Die ene James, dat was vast mijn overgrootvader.'

Prudence knikte. 'Vaders vader. Hij stierf toen Vader in de oorlog vocht. Werd door een paard tegen zijn hoofd getrapt toen-ie een dubbeltje wilde oprapen dat-ie had laten vallen. Vader zei altijd dat dat het duurste dubbeltje aller tijden was geweest. Heel droogjes, alsof-ie een grapje maakte, maar je kon altijd duidelijk het verdriet erachter horen.'

'En naar hem is Pap dus vernoemd.'

'Pap,' zei Abigail. 'Sprak je hem zo aan?'

'Ja. Meestal wel. Soms Pa. En toen ik klein was Pappie.'

'Ongelofelijk. Onze vader was altijd Vader. En moeder Moeder. Maar Jamie heeft je toch nog wel mevrouw leren zeggen. Hij kende de waarde van beleefdheid.'

Hij keek strak naar zijn bord. At zijn mond leeg. Zei: 'We waren altijd met z'n tweetjes. We gingen heel gemakkelijk met elkaar om.'

'Natuurlijk,' zei ze. 'Let maar niet op mij, daar zal ik wel gewoon jaloers op zijn. Ja, je vader is naar zijn grootvader vernoemd. Maar wij meiden hebben gewoon namen gekregen die ze mooi vonden. Wat lijkt jou het beste, een naam die je met het verleden verbindt, waar je niks vanaf weet, of een naam die niks te maken heeft met al die dooie mensen?'

'Ik zou niet weten. Zelf ben ik niet naar iemand genoemd, geloof ik. Maar mijn zusje kreeg de naam van mijn moeders moeder. Voor de rest zou ik het niet kunnen zeggen.' Hij had de indruk dat hem een maat werden genomen, maar had geen idee welke.

'Blijf daar niet zo boven dat lege bord zitten,' zei Prudence. 'Wij zijn voorlopig nog niet uitgepriegeld. Als je nog wilt, schep je maar weer op. Eet de tafel maar leeg, daar doe je ons alleen maar een plezier mee. Probeer wat van dat zuurdesembrood. Daar gaat Zus enorm prat op.'

'Welnee, het zijn gewoon maar broodjes.'

'Zelf kan ik geen brood bakken. Heb ik gewoon niet in mijn vingers.'

'Het zit ook niet in je vingers maar in je hoofd. Brood is brood, altijd hetzelfde. Maak je een foutje, dan wordt het heel wat anders.'

'Ja, bakstenen of kledder. Dat heb ik blijkbaar in mijn hoofd. Maar ik probeer het ook al jaren niet meer, hoor. Waarom zou ik, als het elke dag precies goed op tafel komt? Hier, neem wat.' Ze schoof de schaal met broodjes naar hem toe en hij pakte er een paar, waarop de zusters hem de andere schalen en kommen ook weer aanreikten en hij zijn bord opnieuw volschepte. De koffie was aan de kook geraakt en Prudence schoof haar stoel achteruit en duwde de pot zonder op te staan naar de koude kant.

Foster wachtte af tot ze klaar was, braak een broodje open en besmeerde het met boter. Sneed ham af en nam een paar lepels appelmoes. De tomaten waren gezouten en smaakten hem bitter. Hij keek naar de maïs, maar had drie kolven op zijn bord en hoefde niet meer. Hij at een half broodje op, prikte een stuk ham aan zijn vork en sleepte het door de appelmoes. Heerlijk zoet. Legde zijn mes en vork op de rand van zijn bord. Keek op, van de ene zuster naar de andere. Ze keken beiden terug. Als in afwachting. Zo leek het tenminste. Hij knikte.

'Lekker brood. Mijn grootmoeder. Uw moeder. Die is ook heel jong gestorven, hè? En dat op haar steen. *Zij kon niet blijven.* Wat betekent dat?'

Abigail schraapte ruw haar stoel achteruit, stond haastig op en beende de keuken uit, sloot de deur naar de hal achter zich, het hese gepiep van ingesleten scharnieren. Foster keek haar geschrokken na. En keek vervolgens naar Prudence. Die niet naar hem keek, een krul boter op een aardappel legde en verwoed begon te prakken. Ze bracht het mengsel naar haar mond en kauwde erop en slikte het door. Nam een slokje water. En keek hem toen pas aan.

'Ze neemt het zichzelf kwalijk, wat er toen gebeurd is. Ze is ervan overtuigd dat ze iets had kunnen doen om het te voorkomen. In het begin was dat nog maar een vermoeden, maar in de loop van de jaren is het een zekerheid geworden. Het maakte niet uit wat Vader tegen haar zei, of ik. Het heeft haar nooit iets kunnen schelen hoe anderen over dingen dachten die haar aangingen, niet als zij het anders zag.'

Hij knikte. Nam ook een slokje.

'Goed.' Prudence schoof haar stoel zijwaarts van de tafel weg om hem beter te kunnen aankijken. Hij was ook klaar met eten. Ze sprak verder. 'Ik had je al verteld dat Moeder een weggelopen slavenmeisje was. Uit North Carolina is ze toen gevlucht, net zestien jaar oud. De winter van 1864. Een verschrikkelijke tijd voor die mensen. Voor iedereen. Moeder zei vaak dat blanken altijd de worst kregen en zwarten de vellen. Maar in die winter zullen de blanken wel vellen hebben gegeten en de zwarten zand. En wat er toen gebeurde was dat de zoon van de man die haar eigenaar was... Kun je je dat voorstellen, trouwens? Dat de ene mens het eigendom is van een ander? Als een koe of een varken of een schaap?'

'Dat heb ik bij geschiedenis gehad, ja.'

'Nou, wat er gebeurde was dat die jongen, want het was nog maar een jongen, een paar jaar ouder dan zij en hij was al in die vreselijke oorlog geweest, waar-ie een stuk van zijn arm was kwijtgeraakt, waarna ze hem weer naar huis hadden gestuurd, en dat allemaal om mensen als hij de eigenaar te laten zijn van mensen als Moeder... Wat er gebeurde was dat ze op een dag alleen met hem was en dat hij haar toen wilde aanranden. Weet je wat dat zeggen wil?'

'Ja,' zei hij, zijn ogen nu op de hare gericht. 'Ja, dat weet ik.'

Ze vouwde haar armen en leunde achterover op haar stoel, keek hem peinzend aan. 'Nee, dat weet je nog niet echt. Maar dat geeft niet. Heb je des te meer om over na te denken. Ze waren alleen in dat huis en ze maakte korte metten met hem. Wat niet zo moeilijk was, want hij had maar één arm. Ze greep een strijkijzer en gaf hem een lel op de zijkant van zijn hoofd en hij ging neer. Overal bloed, en ze zag hem daar liggen en wist dat hij dood was dus ze maakte dat ze wegkwam. Ze kreeg hulp van een oude man die ook eigendom was van die familie, en is diezelfde nacht nog vertrokken. In de stromende regen.

Ze reisde in haar eentje. Meestal 's nachts. Kreeg hier en daar hulp van mensen. Iemand die haar de weg wees, of een schuilplaats. Die haar iets te eten gaf. Denk je eens in. Een meisje van jouw leeftijd dat in haar eentje door wildvreemde streken trekt. Terwijl ze daarvoor in haar hele leven nooit verder dan een mijl of vijf van huis was geweest. En elke stap die ze nam was een stap die ze niet hoorde te nemen. Die oorlog was eigenlijk al beslecht en dat wist iedereen, maar dat maakte het voor haar niet veel veiliger. Eerder het tegendeel. Het waren barre tijden, waarin de meest afschuwelijke dingen gebeurden, elk moment konden gebeuren. Maar ze bleef doorgaan.

Die mensen waar ze vandaan was gevlucht, de blanken, dat was geen grote boerderij of een plantage of zo. Het waren gewoon stadsmensen. Die man was advocaat. Dus ze hadden niet zo gek veel slaven. Alleen die oude man Peter, die Moeder hielp ontsnappen, Moeder zelf, natuurlijk, en haar moeder, die Helen heette. En dan nog een bejaarde vrouw. Rey heette die. Moeder noemde haar Tante Rey, maar ik weet niet of dat met een bloedband te maken had of dat ze haar zo noemde omdat ze al zo oud was. Maar goed, zij vieren waren de enige zwarte mensen. En toen ze er wegvluchtte liet ze dus niet alleen die dode jongen achter maar ook haar eigen moeder. Denk je eens in. Doodsbang maar zo dapper als wat. Een kranige meid die wegliep uit het enige leven wat ze ooit gekend had, een kant op waar ze zich niks bij kon voorstellen. Het noorden. Dat was alles wat ze wist. Geen idee waar ze terecht zou komen, of wat ze moest doen als ze er was. Gewoon maar doorgaan.'

Ze zweeg even, zonder haar ogen van Foster af te nemen.

Hij zei: 'En toen kwam ze een gewonde boerenzoon uit Vermont tegen, die Norman Pelham heette.'

'Zo is het.' Prudence stond op. 'Tenminste, dat is het in het kort.'

De stem van Abigail, gedempt, vanachter de deur naar de hal. 'Ze heeft zichzelf opgehangen.'

Ze kwam weer binnen en ging naast haar zuster staan en keek naar Foster op de keukenstoel, haar gezicht verscheurd door woede, verdriet, de huid strak en glanzend. Ze zei het nogmaals: 'Ze heeft zichzelf opgehangen. Tweeënveertig jaar oud was ze. November 1890. Net zo oud als je vader, bedacht ik me daarnet. Ze heeft hier al die jaren gewoond in het geloof dat ze zich goed verstopt had na het doden van die blanke jongen, maar wat ze vergat was dat je je nooit voor jezelf kunt verstoppen. En al die tijd moest ze aan haar moeder denken. Ze kon haar niet eens een brief sturen. Durfde ze niet, maar ze had ook niet kunnen weten waarheen. En het bleef knagen vanbinnen, het bleef maar aan haar vreten. Tot ze er niet meer tegen kon. Toen heeft ze de trein daarheen genomen, en was binnen een week weer thuis en wilde er niks over zeggen. Niet tegen ons, niet tegen Vader. Tegen niemand. Alleen tegen zichzelf. Dat heb ik een keer opgevangen. We probeerden er wel met haar over te praten, maar dan keek ze langs ons heen. Niet alsof we er niet waren, maar alsof het iets was waar niks over gezegd kon worden. En toen, op een ochtend in november, is ze zonder een woord te zeggen of een briefje achter te laten het bos ingelopen. Hoog op de helling. En daar heeft ze zich verhangen.' Viel stil, alsof ze geen adem meer had.

Foster voelde zich in de stoel neergedrukt, voelde de latten van de rugleuning door zijn hemd in zijn vel snijden. Het was heet in de keuken. Die twee vrouwen zij aan zij. De een die van hem weg keek. De ander, langer, licht voorovergebogen, zwaaiend op haar benen, woede die als een elektrische gloed van haar afkwam en alle hoeken en gaten van het vertrek deed oplichten. Foster zei niets.

Prudence begon de tafel af te ruimen, met trage, bedachtzame bewegingen als was ze bang om iets te laten vallen. Pakte de schalen en kommen een voor een op, met beide handen, haar voeten bij elke stap stevig op de houten vloer.

Abigail zei: 'Je vader was nog maar een jongetje. Hij heeft haar gezien. Toen Vader met haar binnenkwam. Haar gezicht was helemaal opgezwollen, paarszwart, de kleur van een pruim. Dat heeft-ie gezien. Vijf jaar oud.' De woorden kwamen als scherven over haar lippen, kraaltjes speeksel die uit de woorden zelf leken weggelekt. 'Hij haatte zichzelf, je vader. Hij haatte wat hij was. Is hier weggerend om nooit meer terug te komen. Omdat hij niet wilde zijn wat hij was. Zoals Moeder ook gedacht had dat ze haar oude leven achter zich kon laten. Voor eens en altijd. Maar dat kun je natuurlijk vergeten.'

'Ik weet niet,' zei Foster bedremmeld.

Ze ging door. 'En dan kom jij ons vertellen dat hij de dood heeft gevonden bij een ongeluk. Overreden door een auto. En dat hij een dranksmokkelaar was. Een handeltje in sterkedrank noemde je het. Maar ik ben niet achterlijk. Ik ben geen stom wijf.'

'Ik weet niet,' zei hij opnieuw. 'Het kan zo zijn gegaan als ze me verteld hebben. Ik weet niet.'

'O,' zei ze. 'Laat me je één ding vertellen. Wat het ook was, het is geen ongeluk geweest. Zelfs al was het een ongeluk, begrijp je wel?'

'Nee, mevrouw.'

Ze boog zich nog verder naar hem toe, over de tafel heen. Prudence stond achter haar, bij het aanrecht, haar rug naar hen toegekeerd, roerloos. Abigail: 'Jouw vader was in oorlog met zichzelf. En omdat hij zichzelf niet op z'n lazer kon geven, liet hij dat aan de rest van de wereld over. Toen hij nog een klein jongetje was, en hij was klein als jongetje, werd hij altijd gepest door andere jongens. Ze scholden hem uit, riepen dingen over zijn moeder. Gemene dingen, de gemeenheid van jongens. En elke keer vocht hij met ze, of ze nu alleen waren of met een groepje. Ze waren allemaal groter en sterker dan hij. Maar niemand was taaier. Hij gaf nooit op. En achteraf wilde hij er geen woord over zeggen. En als je nu als jongetje zo bent, zul je als man dan anders zijn? Of blijf je de wereld dan met jezelf verwarren? Met dat wat je eigenlijk haat?'

'Ik weet niet.' Zijn stem nietig tegenover de hare. 'Voor mij is hij altijd goed geweest. En voor mijn moeder en zusje ook, voor zover ik me herinner. Hij plaagde me weleens, maar dat was altijd spel.'

Ze legde haar handen op de rand van de tafel en ging op haar armen staan leunen. Haar ogen boorden zich in de zijne. 'En al die tijd heeft hij tegen je gelogen. Als jij uit wilt vinden wie je vader was, zul je eerst alles opzij moeten schuiven wat je denkt te weten.'

Foster beantwoordde haar blik. Na een stilte zei hij: 'Nee, dat wil ik niet. Maar ik kan er wel dingen aan toevoegen. Daar ben ik al mee bezig.'

Ze zette zich tegen de tafel af en stond weer rechtop. 'Goed zo, jongen.'

Prudence had een paar reuzelemmers gevuld met kliekjes voor de honden. Hij volgde haar door de deur naar de houtschuur, waar ze even bleef staan om een lantaarn aan te steken en haar sloffen te verruilen voor de rubberlaarzen die tegen de muur stonden, waarna ze het erf opliepen.

Hij zette de emmers op het dak van zijn auto en opende het portier. Glow sprong naar buiten en rende de lichtkring van de lantaarn uit. Lovey kwam aarzelend van de zitting, stapte op Prudence af en besnoof haar, en Prudence hield een hand naar haar uit en sprak haar toe en Lovey ontspande zich, liet zich aaien. Foster floot Glow terug, zette de emmers in het licht en de honden begonnen te eten.

Prudence zei: 'Je Vader is vooral door Zus opgevoed. Na de dood van Moeder waren we nog steeds een gezin, maar niet echt meer zoals het hoorde. We leefden een beetje langs elkaar heen, nu ik er zo op terugkijk. Zus was degene die het meest haar best deed om alles zo normaal mogelijk te houden voor dat jochie. Deed spelletjes met hem waar ze zelf veel te oud voor was. En later, toen we hem na al dat getreiter en geknok van school hadden gehaald, was zij het die zijn lessen met hem deed. Zij stelde een rooster op en zorgde dat hij het volgde. Vader liet hem ook weleens zinnetjes ontleden, maar vergat ze dan na te kijken. Niet omdat het hem niet schelen kon, maar na de dood van Moeder was hij zijn oplettendheid kwijt. In alles. Maar goed, omdat Abby degene was die zich het meest om je vader bekommerde, deed het haar ook de meeste pijn toen hij wegliep. Zonder iemand te zeggen waarheen, of waarom.'

'Dat lijkt me logisch.'

'En er zat ook wel wat verbittering bij. Ze had hier al een paar teleurstellingen achter de rug, en net toen de tijd rijp leek om ergens anders heen te gaan, haar eigen leven te gaan leiden, kwam ze met een treurende vader te zitten die op slag in een ouwe man was veranderd, en met een broertje dat bemoederd moest worden. Dus wat ze aan ideeën over een ander leven had gehad, dat werd ook allemaal weggevaagd.'

'En de uwe?'

'Ik? Ik heb nooit iets anders gewild dan hier te wonen en de boel aan de gang te houden. Nee, ik heb gekregen wat ik wilde, maak je om mij maar niet druk.' Haar gezicht kreeg een paar grimmige plooien in het oranje schijnsel.

Hij glimlachte haar toe. 'Dat geloof ik graag.' En vroeg: 'Wat voor teleurstellingen waren dat, van Abigail?'

'De gebruikelijke. Met jongens. Ze was een ware schoonheid als jonge meid.'

'Dat is ze nog.'

'Hoor hem eens. Je bent toch zo jong niet meer als ik dacht.' Ze sprak verder. 'Maar het echte teleurstellende was dat ze ondanks haar uiterlijk voor geen van die jongens de vrouw was met wie ze wilden trouwen. Zwart bloed, hè. Zij was de kers die iedereen wilde plukken maar ook gelijk opeten, niet meenemen. Hun handen afspoelen en dan naar huis. En dat was dus vóór Moeder een eind aan haar leven maakte.'

Ze stonden kalm naar elkaar te kijken, en naar de nacht om hen heen. De honden stonden met hun kop in de lege emmertjes, schraapten er met hun tong de smaak uit, de emmertjes wiebelend op het zand. 'Waarom heeft ze dat gedaan, denkt u?' vroeg Foster zachtjes.

Prudence keek een lang moment van hem weg. En zei: 'Pak die emmers, dan gaan we je beesten wat te drinken geven, en een plekje voor de nacht voor ze zoeken.'

In de paardenboxen van de stal stonden een span zware trekpaarden, daarnaast een span voor het rijtuig en in een laatste box een grote roomkleurige pony. Elk paard brieste toen ze binnenkwamen, een van de trekpaarden trapte tegen de beschotting. Prudence pakte Foster de emmers uit handen, schepte ze vol in de ijzerbeslagen watertrog en zette ze op de grond. De honden, die met opgerichte neuzen en oren naar de paarden hadden staan kijken, slopen naar voren en begonnen te drinken. Toen ze klaar waren leidde Prudence ze door een tussendeur de schaapskooi binnen. De schapen deinsden voor het schijnsel achteruit in hun hok. Aan het eind van het looppad was een open gedeelte met een tapijt van houtkrullen en een stapel vouwhekken voor het vastzetten van ooien die moesten werpen. Prudence pakte er een op en zwaaide hem open, schoof met haar laars de krullen op een hoop tegen een stenen muur en manoeuvreerde het hek in een vloeiende beweging om de nietsvermoedende honden heen, die er het volgende ogenblik achter opgesloten zaten.

'Zo,' zei ze. 'Die zitten er prima bij.'

'Ze zullen wel een beetje janken. Het is hier vreemd voor ze.'

'Ja, maar ze kalmeren wel weer. Het is hier warm en droog. En dan die schapen, da's rustgevend gezelschap hoor. Wacht maar af, dat gaat prima.'

'O, vast.' En omdat hij er allerminst zeker van was boog hij zich over het hek en aaide de twee koppen en hoorde achter zich hoe Prudence begon te spreken.

'Hoe kun je ooit de wanhoop kennen van iemand die zich van het leven heeft beroofd? Je kunt me net zo goed vragen hoe het is om dood te zijn. Het enige wat ik me kan voorstellen is dat je op een dag inziet dat je gefaald hebt, op een manier die zo wezenlijk voor je is dat het niet te dragen valt. Dat al het andere erbij verbleekt, onbelangrijk wordt. Zelfs de mensen om je heen, die afhankelijk van je zijn. Dat zelfs je idee van God, wat dat ook zijn mag, geen troost meer biedt. Ik heb het niet over een geloofscrisis. Wat ik bedoel is... Je hebt je leven lang het gevoel dat je een steen vasthoudt. Al kun je hem niet zien, hij is er, je weet dat hij er is. En dan kijk je op een dag in je hand en je ziet alleen maar een hoopje stof. En terwijl je kijkt steekt de wind op en waait dat stof ook nog weg. En dan heb je niks meer. Alleen je open hand. Maar dat vroeg je eigenlijk niet, hè? Jij denkt waarschijnlijk dat er iets over te zeggen valt, een of andere uitleg of een aanwijzing waardoor je het kan begrijpen.'

'Nee,' zei Foster. 'Ik denk dat u gelijk heeft.'

Ze sprak verder alsof ze hem niet gehoord had. 'Ik zal je vertellen wat we weten. Wat ze ontdekte toen ze na al die jaren terugging naar Carolina. Die oude man, Peter, die haar had helpen vluchten... Ze kwam erachter dat hij was opgepakt door een stel mannen. Naar buiten gesleurd en vermoord. Gemarteld en vermoord. Abby hoorde er haar in zichzelf over praten. Ze hadden hem op een houtblok neergezet met een strop om zijn nek, en toen met petroleum overgoten en in brand gestoken. Ze hadden eromheen gestaan en toegekeken hoe hij brandend van dat blok af danste en zichzelf verhing. Hij had het nog heel lang uitgehouden, was pas op het allerlaatst van dat blok gesprongen. Want een mens gaat tot het uiterste om te overleven. En al die mannen die ondertussen toekeken, stonden te wachten tot hij zich gewonnen gaf.'

'Jezus Christus,' ademde Foster uit.

'Dat is wat we weten. Waar we zeker van zijn. Maar er zijn nog andere dingen. Eerder vragen dan antwoorden, maar dat neemt niet weg dat ze er zijn. En in sommige opzichten zijn ze belangrijker dan de dingen die we weten.'

'Heeft ze haar moeder daar gevonden?'

'Nee. Niet dat we weten. Maar het punt is, die keren dat Abby haar in zichzelf hoorde praten...' Prudence stopte, liet haar blik over de stenen muur dwalen, een wirwar van zachte schaduwranden in het schijnsel van de lantaarn. Keek weer naar Foster. 'Het lijkt wel of ze krankzinnig was, zoals ik over haar praat. Maar dat was ze niet, ook al heeft ze zichzelf opgehangen. Integendeel, ik denk dat ze juist veel te veel begreep. Dat ze iets gezien heeft achter de schijn van alledag. En nu ik dat zo zeg, zul je wel denken dat ík krankzinnig ben.'

'Nee, hoor.' Foster keek haar ogenknipperend aan. Zijn honden lagen achter het hek in de houtkrullen gekruld, sliepen al, alsof die vreemde vrouw ze in slaap had gezongen.

'Nee? Klink ik niet als een ouwe taart die niet goed snik meer is na al die ellende in haar familie? Echt niet?'

Hij grinnikte. 'U klinkt als mijn vader. Hij had een soort van theorie. Dat mensen bijna alles wat ze doen niet voor zichzelf doen, omdat ze het zelf willen, maar omdat ze denken dat de wereld het van ze verlangt. Hij vroeg zich af, zei hij altijd, wat er van de wereld terecht zou komen als iedereen op een dag ging doen wat ze zelf wilden. En dan lachte hij, en zei dat het een hemel op aarde zou worden... Voor hen die het bloedbad hadden overleefd. Volgens mij had hij het over hetzelfde als u.'

'Het is de mens eigen om wreed te zijn.'

'Ja.'

'Maar het enige wat we echt willen, ieder van ons, is die ene lange, prachtige dag.'

'Ja.'

En ze zwegen allebei. Na een poosje zei Prudence: 'Op dat verhaal over die Peter na weet niemand wat ze daar ontdekt heeft. Wie ze er gesproken heeft. Niets van wat ze zei wekte de indruk dat ze haar moeder had teruggevonden. Maar het lijkt erop... De persoon tegen wie ze het had als ze in zichzelf praatte... Volgens ons was dat die jongen, de blanke jongen van wie ze steeds gedacht had dat ze hem had doodgeslagen. En we denken dat hij misschien toch niet dood was. Dat hij die klap overleefd had. Je zou er met Abby over moeten praten. Ze is degene die Moeder toen gehoord heeft. Ze heeft het me wel uitgebreid verteld, maar je zou het eigenlijk toch van haar moeten horen.'

Foster knikte, en vroeg: 'Die jongen, de blanke jongen, die haar had aangerand, was hij een zoon van haar eigenaar?'

'Ja,' zei ze. 'Maar hij was meer dan dat. Hij was haar halfbroer.'

'Eh, wacht even,' zei Foster.

Maar ze wachtte niet. 'Hij was haar broer, want haar vader was de man die de eigenaar van haar moeder was. En dus ook haar eigenaar. Ze was het eigendom van haar eigen vader.'

Hij zat rechtop in bed in de donkere kamer. Het oude huis was stil op de nachtgeluiden na. Het kraken van een vloerbalk. De droge tik van een traptrede. De kamer van zijn grootvader. Die van zijn eigen vader was jaren geleden door Abigail in een naaikamer veranderd. Hij had geen aandacht besteed aan de zware oude meubels en wat er zoal aan de muur hing, had de oude reistas geopend die nog van zijn moeder was geweest en er een schoon hemd voor de volgende ochtend uitgehaald, had het dek omgeslagen en de lamp uitgeblazen en was in het zachte tweepersoonsbed gestapt. Waarin ooit zijn grootouders hadden geslapen. Het matras was in het midden nog opgeplooid in een zachte richel. Had zichzelf overeind gewerkt. Een vreemde, donkere kamer.

Toen Prudence en hij weer naar het huis waren gekomen was het er stil en verlaten geweest, Abigail nergens te bekennen. De vaat in het afdruiprek. 'Ze is van streek,' had Prudence gezegd. 'Door het nieuws van je vader. Door jou. Door alles.'

Foster had geknikt. 'Ik ook,' had hij gezegd.

Ze had hem stil staan aankijken, met een gepijnigde uitdrukking op haar gezicht. 'Zo hoort het niet te gaan,' had ze gezegd. 'Ik had het zielsgraag anders gezien.'

En nu, rechtop in bed, wist hij niet meer wie er in beweging was gekomen, wie op de ander was toegelopen. Maar het volgende ogenblik hadden ze bij elkaar gestaan, hij met zijn gezicht op de hoofddoek die ze om haar kroezige haar had gewikkeld, zij met haar armen om hem heen. Ze had hem vastgehouden alsof ze daar al een leven lang op gewacht had. Zijn eigen handen strelend over haar brede rug, de harde spieren onder de dunne stof van haar jurk. Ze hadden elkaar staan wiegen. Haar geur. Houtrook. Het welige mengsel van dieren, mest, ligstro, melk, hooischimmel. Kookgeuren. De vagelijk zure reuk van een oud lichaam, en daaronder een vaag bloemenzweem als van zeep die lang geleden gebruikt was. Die ochtend waarschijnlijk pas. Hunkering naar zijn moeder. En al het andere dat hij verloren had. Maar vooral naar haar. En het besef dat deze vrouw naar haar eigen moeder stond te hunkeren. Hij had haar stevig omarmd.

De drie weken sinds de dood van zijn vader waren dof en leeg geweest. Nachten vol intens verdriet, een paar uurtjes loodzware slaap en dan weer op voor een dag waarin al het vertrouwde vreemd was geworden. En nu, in dit bed, begreep hij dat hij tot een volstrekt nieuw leven was overgegaan, dat de jaren in de White Mountains van nu af aan zijn argeloze kindertijd zouden vormen. En hij begreep dat zijn vader niet dood was, niet echt, maar hem altijd door de geest zou blijven spoken. De onbekende man, die zich nooit had laten kennen. Wat hij Abigail gezegd had was maar voor een deel waar. Ja, hij zou dingen toevoegen aan wat hij al wist. Maar niet zomaar. Zou zich tegen elk nieuw feit teweerstellen, om zoveel mogelijk vast te kunnen houden aan de lachende onbezorgdheid van zijn vader, het gevoel dat die man hem altijd gegeven had.

Hij zat rechtop in het bed, met zijn rug tegen het hoofdeinde, klaarwakker. Snoof de geur in van het huis. Als om er de herinnering aan zijn vader mee te verruimen. Liet zich omlaag glijden, plat op zijn rug. Wist zeker dat hij geen oog zou dichtdoen. Dacht aan zijn honden. En viel niet zozeer in slaap als wel bewusteloos, alsof de dag hem buiten westen had geslagen.

Hij werd bij het ochtendkrieken wakker, uitgeput van zijn dromen en droefheid. Werd wakker door de geur van het ontbijt dat beneden werd klaargemaakt. Zo was hij al heel lang niet meer wakker geworden. Hij kleedde zich aan in het donker. Omdat het kil was in de kamer graaide hij in zijn reistas naar het versleten jagersjack, canvas gevoerd met wol, dat hij ooit van dokter Dodge had gekregen. Liep de overloop op en hoorde het vage heen en weer van een gesprek. Bleef even staan en liep, een indringer, de trap af naar de hal beneden. Duwde de deur naar de keuken open.

De vrouwen waren opgewekt, beiden op stalwerk gekleed, kwebbelden tegen hem en elkaar. Gedroegen zich alsof hij altijd al bij hen had gewoond. Hij pakte een kop koffie aan van Abigail, dun porselein met een gevleugeld oortje, gloeiend heet toen hij hem in zijn handen nam. Ze zag het en liet haar ogen onbekommerd wegglijden. Alsof er die nacht een gezapige huiselijke vrede over het huis was neergedaald, zonder voorafgaande waarschuwing. Het maakte hem ongedurig. Hij sloeg het ontbijt af, zei dat hij eerst zijn honden wilde opzoeken. Nam de koffie mee. Voelde twee paar ogen in zijn rug toen hij de houtschuur instapte.

Buiten was de hemel nog blauwzwart, een bleke moot maan, laag in het oosten een eenzame ster. Een planeet, maar hij wist niet welke. Hij liep naar de Chrysler, zette de koffie op de motorkap en haalde een pakje sigaretten uit het handschoenkastje, stak er een op en ging hem geleund tegen de auto staan oproken, dronk zijn koffie. Hij dacht aan het kistje Schotse smokkelwhisky dat hij in Bethlehem had opgegraven en in de laadbak onder de achterbank had gelegd. Bij zijn jachtgeweren in hun bontgevoerde koffers. Hij had zin om zo'n fles open te trekken en een fikse slok te nemen. Hij keek naar het huis. Ze konden elk moment naar buiten komen om naar de stal te gaan. Hij nam een laatste trekje, dronk zijn koffie leeg en zette de kop op het dak van de auto, liep naar de stal om zijn honden te halen. Bij de eerste deur die hij opendeed was er volop beweging en elk beest liet zich horen. Het deed hem begrijpen waarom Prudence geen andere wensen had dan hier te leven. In het rumoer ontwaarde hij het klagelijke gejank van Lovey en de opgewonden kreten van Glow. Liep door de schemerige compartimenten, langs het gestamp en gebries van de paarden, de schaapskooi binnen waar het geblaat opwakkerde als water bij een plotse windvlaag, over het donkere looppad waar de honden hem hoorden en over het vouwhek klauterden om hem te begroeten. De schapen vielen stil. Hij nam de honden in de omgekeerde richting mee naar buiten, de nu geheel blauwe dageraad in. De hellingen een houtskooltekening tegen de hemelgloed. Op het erf kwam hij Prudence en Abby tegen, ontspannen zwaaiend met hun lantaarns. Abby bleef voor hem stilstaan.

'Alles goed met je beesten?'

'Ja, mevrouw.'

'Wat denk je, komt het er ooit nog van dat je me bij mijn naam noemt?'

'Weet ik niet,' zei hij. 'Dat lijkt me zo raar.'

'O, nou, dat is het misschien ook wel. Als je nog wilt eten, we hebben het voor je in de keuken laten staan.'

'Dank u, maar ik wilde eerst even een wandeling met ze maken.'

'Gelijk heb je. Even weg hier.'

'Dat is het niet.'

'Het zal nog wel even duren eer we helemaal aan elkaar gewend zijn,' zei ze. 'Maar wij voelen elkaar wel aan, denk je ook niet?'

Hij zei niets.

Ze zei: 'Jij hebt het misschien nog niet door, maar wij herkennen iets in elkaar.'

Hij keek haar aan. 'Ik weet niet,' zei hij.

Ze maakte een gebaar naar de randen van de kom. Er hingen wat dunne wolken boven, die bleek opkleurden door de nog verborgen zon. 'Vooruit,' zei ze. 'Laat ze maar even lekker rennen.'

Het kortgegraasde gras van de schapenwei leek op het haar van een oude man, plat en zilver van de rijp. Overal waar hij zijn laars neerzette verdween de vorst. Een afgetekend voetspoor in het wit. Hij liep naar het familiekerkhof en hurkte neer tussen de stenen, om te zien of hij er een gevoel kon opdoen, iets wat hem door die oude beenderen kon worden medegedeeld, maar het was er alleen maar stil en koud. Aan de oostelijke rand hoekten de eerste zonnestralen de lucht in. Een kraai vloog dwars over de kom, zijn rauwe gekrijs doorsneed de lucht boven het land. Tot hij de bomen bereikte en zweeg.

En er daagde hem alsnog iets. Wat zijn vader hem had onthouden was niet alleen een zwarte grootmoeder. (Nou ja, een halfbloed. En wat was hij dan? En kon zo'n rekensom ooit iets opleveren?) Het was veel meer geweest. Niet alleen de twee vrouwen die daar beneden aan het werk waren gegaan, de zusters met wie zijn vader nu nooit meer zou praten en lachen en kibbelen, maar ook al het andere. De oude man die gestorven was toen Foster veertien was geweest. Een veteraan uit de Oorlog van de Rebellie. Wat had zijn vader hem ontnomen door hem bij die oude man vandaan te houden? Hij zou het nooit weten, zou het zich altijd moeten afvragen. Welke mengeling van gevoelens had zijn vader al die jaren geleden tot de keuze voor een vertrek gedwongen? Wat had hem de afstand doen bewaren? Hij kon niet geloven dat het zo simpel was als Abigail had beweerd. Dat het alleen maar zelfhaat was geweest. Hij zat daar en zag de zon opkomen, die de rijp verdampte en het gras weer tot leven wekte, en de aarde weer naar zichzelf liet ruiken, en hij werd langzaam warm in het tere licht. De honden huppelden over de richels en dagzomen, hun tongen uit hun bek, blij.

Hij keek nog een poosje naar zijn honden, stond op en liep weer naar beneden. Kalm en resoluut en verwonderd tegelijk, veel ouder dan hij geweest was op de ochtend toen hij zijn hand naar Andy Flood had opgestoken en was weggereden van zijn huis in Bethlehem. Het was misschien alleen maar die eierschaalkoffie, maar hij voelde zich klaar voor alles wat nu op hem af zou komen. Hij wist één ding zeker: dat hij nergens voor terug zou deinzen. Zijn vader was vertrokken, zij het niet uit lafheid, dat wist hij zeker. Maar hij, Foster, was bereid om alles tegemoet te treden.

Hij bleef twee weken op de boerderij, zonder vooraf te weten hoe lang hij blijven zou, geen plan behoudens het voornemen zoveel mogelijk op te steken. Wat hem na die eerste schok het meest onder de indruk bracht, wat hij bewonderde en graag zelf ook wilde, maar uiteindelijk leerde zien als iets waarmee je geboren moest worden, was de manier waarop de vrouwen hun dagen doorbrachten. Er was geen onderscheid tussen leven en werken. Elke dag was een ongehaaste maar constante voortgang van de ene taak naar de andere, alsof ze een patroon volgden dat tot in hun ziel was ingesleten, alsof hun werk geen routine was maar hun leven zelf. Ze deden het met ingespannen ernst, maar nooit somber, alsof ze de onverbiddelijkheid van het leven kenden zonder het hardvochtig te vinden; hij had genoeg neerslachtige hotelbedienden gezien om het verschil te kennen. Zelf kende hij dat gevoel van de bossen. Maar zijn vader had hem geleerd dat dollars niet tussen de varens of het mos groeiden. 'Wil je soms hondenboer worden?' had zijn vader hem spottend gevraagd. Hij begreep dat de wereld lang niet zo op honden zat te wachten als op boter, melk of eieren. Of vlees. Of whisky.

Hij ging zich meer en meer op z'n gemak voelen bij de zusters. Merkte dat hij op ze gesteld begon te raken. En toen hij het merkte deed hij er alles aan om het binnen de perken te houden. Wist niet of hij daar wel op vertrouwen kon, genegenheid, of dat geen bron was die in hem was uitgeput. En zij lieten hem meestentijds met rust, spraken alleen met hem als hij zelf begon, op de momenten na dat een van beiden even een leemte in haar schema had en naar hem toekwam om hem vrijuit te zeggen wat er in haar omging.

Hij bemoeide zich niet met hun werk. In plaats daarvan keek hij goed rond, en zo kwam het dat hij de meeste ochtenden met het hakblok en de tweezijdige bijl in de weer was, bij de houtstapel achter het huis. Spleet de stammetjes tot kachelhout dat hij in zijn armen de houtschuur in droeg en tegen de noordelijke muur opstapelde, de geëigende plek getuige de spaanders en stukken schors op de vloer.

Op het midden van de ochtend spande Pru de roomkleurige pony voor het hoge rijtuig en reed naar het dorp met bussen melk en kratten vol eieren. En dat was meestal het tijdstip waarop Foster, bezig met de bijl, zijn hemdsmouwen tot ver boven de ellebogen opgestroopt, gezelschap kreeg van Abby die hem een glas water kwam brengen en op de houtstapel ging zitten kijken hoe hij het glas leegdronk en weer verderging met zijn werk, tot ze begon te praten. Alsof ze antwoord gaf op een vraag die hij nog niet bedacht had.

'Kijk me toch eens aan,' zei ze. En toen hij met een verwarde blik ophield met hakken schoot ze in de lach en sprak verder. 'Je hebt zoveel van Vader in je. Ik kan hem nu zien als jongeman. Geen wonder dat Moeder alles riskeerde om hem te helpen, toen ze hem gevonden had.'

Hij ging op de steel geleund staan. 'Wat was er zo riskant dan? Hij was toch een soldaat van de Unie?'

'Die Uniejongens waren heus niet allemaal heilig, hoor. Er waren er zat die gemengde gevoelens hadden bij de bevrijding van de slaven. Hun was het vooral om het behoud van de Unie gegaan. En zelfs de aanhangers van de Afschaffingsbeweging... Een jonge man kan zijn principes razendsnel vergeten als hij in het bos een weggelopen meisje tegenkomt.'

Hij bukte zich en zette een nieuw stammetje op het blok. 'Maar hij was toch gewond?'

'Ja, maar vooral door die pijl door zijn hart. Dat is iets wat jouw vader nooit heeft gezien. Hij was te jong toen Moeder stierf. Maar Zus en ik zijn met hen opgegroeid, en ik zeg je: ze hadden alles wat een man en een vrouw met elkaar horen te hebben. Wat er aan ongemakkelijkheid tussen hen geweest was, als het er al geweest was, dat was al heel lang verdwenen. Ze waren echt een paar, zo gewoon en zo moeilijk als dat zijn mag. Misschien was het in sommige opzichten wel makkelijker voor hen. Ze hadden dat ene grote obstakel al genomen, dus de rest was eigenlijk kinderspel.'

Hij spleet het stammetje, draaide een van de helften een kwartslag en spleet het opnieuw. 'Dus ondanks de afloop, tot die tijd zijn ze gelukkig geweest?'

'Ze aanbaden elkaar.'

Hij spleet de andere helft en trapte de delen opzij, hield de grond tussen het blok en zijn voeten vrij. 'Maar Pap heeft dus geen makkelijke jeugd gehad, als ik het goed begrepen heb. Hoe waren de mensen tegen jullie, de mensen van het dorp en zo?'

Ze werd stil. Hij bleef doorwerken, wist dat ze hem heus wel gehoord had, wachtte af en spleet hout.

Na een poosje zei ze: 'Moeilijk te zeggen. Grootmoeder Pelham was altijd lief voor ons, maar ook afstandelijk. Ze hield het bij cadeautjes met kerst en verjaardagen, en af en toe snoep of een kleinigheidje. Maar zou ze anders zijn geweest als Vader met een meisje uit de buurt was getrouwd? Ik zou het werkelijk niet kunnen zeggen. Ze trok uit huis toen hij hier met Moeder aan kwam zetten, maar dat had ze met een andere bruid ook gedaan. En ze was altijd voor de Afschaffing geweest. Dat weet ik van Vader. Zelf zou ze me dat nooit verteld hebben. Ik weet dat ze dingen breide en voedselpakketten maakte voor de mensen die naar Canada trokken. Onderdak heeft ze nooit geboden, maar ik ken de naam van de vrouw bij wie ze die pakketten inleverde. Ene mevrouw Glover, in Braintree. Maar was ze ook blij toen ze Moeder zag? Je kunt een idee steunen, maar dat wil nog niet zeggen dat je het bij je over de vloer wilt hebben. Ik denk het liefst dat ze alleen maar bang was dat die twee het moeilijk zouden krijgen, met allerlei roddels en hatelijkheden.'

Hij knikte, zweeg even. Vroeg: 'En anderen?'

'Je grootvader genoot aanzien, maar ik heb het idee dat ze voor je grootmoeder nog meer respect hadden. Omdat ze met opgeheven hoofd rondliep. En zij had dat kippen- en eierenbedrijfje opgebouwd, wat in die tijd behoorlijk floreerde. Vader zou het best hebben gevonden om door te gaan als vanouds. Een beetje van dit en een beetje van dat, dag en nacht zwoegen en net genoeg brood op de plank. Maar Moeder was een zakenvrouw. Door haar kregen ze geld op de bank. En de mensen hier zullen nooit het achterste van hun tong laten zien, maar ze kunnen waardering opbrengen voor iemand met werklust en een goed stel hersens. Zelf ben ik nooit slecht bejegend, op een paar onbeschofte kerels na, en die zal elke vrouw wel tegenkomen. Toen Moeder dood was veranderde het een beetje. Er kwam wat meer afstand, een groter gat tussen de mensen en ons. Dat kwam voor een deel omdat ze zo weinig wisten, want we waren niet erg spraakzaam over wat er gebeurd was. We hielden ons een beetje op de vlakte. Maar niet uit schaamte, hoor. Uit eerbied. Voor haar. Voor de redenen die ze gehad moest hebben, of we die nu konden begrijpen of niet. Kun je dat een beetje volgen?'

'Jazeker.' Dacht aan zijn eigen vader.

Ze sprak verder. 'Maar wat je eigenlijk zou moeten doen, als je een bredere kijk op alles wilt, is met Connie Clifford praten. Dat is Vaders jongste zuster. Haar eigen zoons hoorden bij het groepje dat altijd achter je vader aan zat. Nu zijn het volwassen kerels die zelf kinderen hebben. Ze keurde het niet goed wat ze deden, maar dat wil niet zeggen dat ze er een stokje voor kon steken. Je oudtante. Ze woont in Randolph, hier de weg af.'

De avonden na het eten bracht hij in de keuken door met Prudence. Abigail trok zich dan in de zitkamer terug met de krant. Overdag was Prudence een en al bedrijvigheid, zei niets op een enkel grapje of plagerijtje na. Serieus werd ze alleen 's avonds. Soms had hij het gevoel dat hij haar uit de tent moest lokken, dat ze zelf al tevreden was met zijn aanwezigheid en verder niet te veel wilde praten, bang was dat een overmaat aan woorden alleen maar verwarrend zou zijn, het wezenlijke zou verhullen. Soms ook was ze spontaan en onbevangen.

'Hoe zit het met je familie van moederskant?' vroeg ze op een avond.

'Ze kwam oorspronkelijk uit Frans Canada. Haar ouders waren hier komen wonen toen haar vader in de steengroeve van Barre ging werken. Daar is hij ook verongelukt. Haar moeder is niet lang daarna gestorven, geloof ik. Een paar jaar later. Dus Mam was een wees toen ze Pap leerde kennen. LeBaron heette ze. Ik geloof dat er nog wel familie in Quebec zit, maar ik zou niet weten waar ik die moest zoeken.'

Prudence knikte, zei niets. Hij kon niet zien of het antwoord haar beviel of niet. Het was misschien alleen maar een wetenswaardigheid voor haar. Dat was het voor hemzelf ook.

Op een andere avond ondervroeg ze hem tot in de kleinste details over zijn vader, wilde horen hoe hij er op latere leeftijd uit had gezien, waar ze gewoond hadden, wat Foster van zijn levensloop wist, van zijn handeltje, zijn werk. Hoe zijn vader met zijn moeder was omgegaan, hoe Foster zich die twee herinnerde, en de vrienden van zijn vader, en de mensen met wie hij gewerkt had. Wat er na zijn dood gebeurd was. De begrafenis, wie daarbij was geweest. Wat er gezegd was. Waar zijn vader begraven lag. Hoe het er daar uitzag. En Foster vertelde honderduit. Alles wat hij wist, en terwijl hij het vertelde ontdekte hij meer dan hij gemeend had te weten en het stroomde er allemaal uit, een eruptie van woorden die zelfs niet ophield toen hij het stuk azijntaart verorberde dat voor hem was neergezet, de smaak daarvan en de ontlading zo verrukkelijk dat hij er bijna in stikte en even stilviel, en naar de andere kant van de tafel keek waar zij met haar hoofd op haar armen lag, en toen merkte hij pas dat ze snikte. En hij keek naar de taartkorst op zijn bord, wist wel beter dan op te staan en naar haar toe te gaan. Wist dat er geen troost viel te bieden. Dat die ook niet verlangd werd.

Na donker ging hij met Pru naar de stal, waar ze de levende have nog eens voor de nacht inspecteerde, bij het licht van haar lantaarn. En als ze klaar was bleef hij op het erf staan kijken hoe ze terugliep naar het huis, de lichtkring zwaaiend over het gazon, en dan keerde hij zich om en haalde zijn honden uit de stal. En liepen ze met z'n drieën de helling op, onder de sterren en wat er aan maan was, de honden uitzinnig in het sterrenlicht. Soms trokken ze helemaal langs de rand van de kom, waarbij het tweemaal gebeurde dat hij Glow terug moest fluiten omdat ze op het gekwetter van een wasbeer afstoof, en eenmaal had hij zich de benen onder zijn lijf vandaan moeten lopen omdat ze een stel herten achternazat. Maar de meeste avonden ging het gewoon de beboste helling achter de boerderij op, en dan in een cirkel terug naar de lege schapenwei, de steenrichels zachte schaduwen in het donker, om nog even op het kerkhofje te zitten, waar hij naast de zerk van zijn grootvader een fles smokkelwhisky had verstopt, en in kleermakerszit kleine teugjes nam en een sigaret rookte en zich aan overpeinzingen overgaf.

Zoals hij dat ook al in New Hampshire had gedaan, in de tijd tussen de begrafenis en zijn vertrek, op de grote ligsteen bij de rivier, verloren in het doolhof van zijn verdriet. Foster was niet achterlijk. De boodschap van Patrick Jackson was wel degelijk aangekomen. En nu begreep hij wat hij voor zich had gezien bij de vondst van Abigails brieven; niet slechts de kans om in een veilige omgeving tot zichzelf te komen, maar ook een mogelijkheid om meer duidelijkheid te krijgen, meer wijsheid dan hij had. Een methode misschien om Jacksons boodschap te ontcijferen. Maar nu wist hij dat zo'n methode niet bestond, begreep alleen dat Jacksons woorden voor een deel een dreigement hadden vertolkt, afkomstig van de mensen die zijn vader met huid en haar verzwolgen hadden, zoals de aarde zijn lijk had opgeslokt. Hij wist dat hij voorlopig niet naar New Hampshire terugging. Hoe lang, dat viel niet te zeggen. Het huis zou hij houden. Al moest het daar wegrotten tot er niets meer van over was. Houden zou hij het, omdat hij er een aanwezigheid mee behield, een kleine roep in het donker. Zelfs als niemand die hoorde.

Zo zat hij daar, die avonden, in het verdorrende septembergras van dat kleine familiekerkhof waarin hij deels verworteld was. Zat er en nam er teugjes whisky en dacht er na over de ademloze schoonheid van de aarde en de volmaakte precisie van haar gang, waarin niets toevallig of overbodig was, en probeerde daar de gang der mensen in te betrekken, het grote geheel dat hem geruisloos naar deze plek had gevoerd, op dit tijdstip, in deze fase van zijn leven. Het leek al bij al een wereld die hem geen toekomst bood. Het was een wereld waarin hij misschien ook wel geen toekomst wilde, hoewel een deel ervan hem toekwam, door het simpele feit van zijn bestaan. En hij wist dat hij dat deel hoe dan ook voor zichzelf moest opeisen.

De whisky maakte hem melancholiek, ontroerd door de ijzingwekkende schoonheid van alles. Zijn honden lagen naast hem te slapen, af en toe rillend door de vroege herfst.

Hij besloot een bezoek te brengen aan Connie Clifford. Haalde zijn mooiste hemd en zijn zwarte broek en colbert uit de reistas, zette tot Pru's vermaak en Abby's voldoening de strijkijzers op het fornuis en perste zijn eigen kleren. Niks bijzonders. Had hij altijd gedaan, en zijn vader ook. Misschien had zijn moeder het ooit voor zijn vader gedaan, maar dat was een tijd waarvan hij niets meer wist. Hij nam een bad en schoor zich, borstelde zijn schoenen en liet ze glanzen met een ouwe lap, sloot zijn honden op in de stal en gebruikte dezelfde ouwe lap om de Chrysler schoon te vegen, die nu een week op het stoffige erf had gestaan.

Abigail zei: 'Zo veel moeite heb je niet genomen toen je hier je opwachting kwam maken.'

Hij keek haar aan. Haar gezicht stond vrolijk. 'Tja, wist ik veel,' zei hij.

Ze glimlachte, trok iets recht aan zijn boord, zei: 'Ze zal wel in alle staten zijn als ze je ziet. Geen acht op slaan. Je ziet er piekfijn uit. Ze wordt gelijk verliefd op je, let maar op. Ze zal je behandelen alsof je iets komt verkopen.'

Het huis lag in het dorp. Wit, met groen lijstwerk. Drie verdiepingen onder een schuin tinnen dak. Achter een voormalige stalhouderij, nu een garage met twee benzinepompen die met de hand bediend konden worden. De deuren van de werkplaats stonden open en hij zag een man op zijn rug onder een T-Ford liggen sleutelen. De man kwam onder de Ford vandaan en sjokte traag het daglicht binnen. In de veertig, gespierd maar met slappe wangen en een hangbuik. Zijn handen gelijnd met smeerolie. Hij vulde de Chrysler met benzine, waste de voorruit met een lap uit een emmer en wreef hem op met een lap uit zijn broekzak. Foster betaalde hem en zei: 'Ik ben op zoek naar Constance Clifford.'

De man keek hem aan. Knipperde traag met zijn ogen en stelde zichzelf niet voor. 'Da's mijn moeder. Ze zit binnen met Pa. Zet je auto naast de garage neer en loop maar om. Je vindt het vanzelf.'

Ze stond op de stoep voor de voordeur alsof ze hem opwachtte. Een gezette vrouw van in de zeventig. Klein. Haar wollen vest open op een verschoten jurk met bloemetjesmotief. Haar haar een wirwar van zilveren krullen. Ze begroette hem. 'We begonnen al te denken dat we die berg op moesten om je te ontzetten.' Glimlachte er niet bij. Haar ogen het blauw van winters water. 'Maar je bent toch zelf ontsnapt.'

Hij vroeg zich af of hij zich moest verontschuldigen. Hij zei: 'Dus u heeft al gehoord dat ik er was?'

'Prudy is een kletstante. Ze was door het dolle, trouwens. Het spijt me van je vader.'

'Dank u.'

'Kom binnen.'

Haar man Glen was ook kort van stuk. Een pak met vest plus horlogeketting. Pantoffels aan zijn voeten. Hij stond op uit zijn stoel bij de koude kachel en gaf Foster een hand, legde er zijn andere hand bovenop. Zijn haar een kortgeknipt bleek kransje. Het echtpaar ging in de gepaarde leunstoelen zitten, Foster tegenover hen op een paardenleren sofa.

Glen zei: 'Prudence had gelijk. Sprekend je broer.'

'Ja, dat zeggen ze,' zei Foster.

Connie nam hem aandachtig op, en zei: 'Je lijkt inderdaad op hem. Norman was in de oorlog toen ik een meisje was. Hij was een man tegen de tijd dat ik hem leerde kennen. Een sentimenteel mens was-ie.'

'Ik vrees dat ik dat ook ben.'

'Is niks om bang voor te zijn, of jammer te vinden. Misschien kun je niet anders als je goed naar de wereld kijkt.'

'Wie weet, misschien ontgroei ik het nog wel.' Hij keek haar schalks aan.

'Kijk, da's net Norman!'

Glen zei: 'Jouw vader had het niet makkelijk als jochie. De andere kinderen waren keihard tegen hem, erger dan tegen die meiden. En onze eigen jongens waren nogal eens de aanvoerders, moet ik zeggen. Ik heb ze er vaak genoeg voor met de riem gegeven. Maar jongens hebben altijd iets vreemds nodig om zich tegen af te zetten, iets wat anders is. Zo bepalen ze wie ze zelf zijn. En jouw vader was een makkelijke prooi. Ik heb ze wat op hun lazer gegeven, maar ik snapte ergens wel wat ze voelden. Dat ze wel voorop moesten gaan met dat getreiter, anders zouden ze zelf voor dat andere worden aangezien. En ik heb me ook vaak genoeg afgevraagd of ik het niet alleen maar erger maakte voor je vader. Je doet wat je kan, maar geen mens kan zeggen hoeveel dat voorstelt en wat ten slotte de gevolgen zijn.'

Er viel een korte stilte. Glen en Connie keken elkaar aan, alsof hij meer had gezegd dan ze beiden hadden gewild. Maar het was eruit en hij ging verder.

'Aiden, da's onze jongste, je hebt hem net ontmoet in de garage, Aiden kwam naar me toe toen-ie van jouw komst gehoord had. Vertelde me over een keer dat de grotere jongens je vader in het bos te pakken hadden. Na schooltijd. Twee van hen hadden hem bij zijn handen en enkels, stonden hem te jonassen om hem van een helling af te gooien. En Aid vertelde me, hij was zelf nog maar een ukkie, dat hij er brullend op af was gerend. Dat ze nog niet los moesten laten, dat hij ook nog wat wilde. Dus ze hielden je vader tussen hen in en Aiden begint hem in zijn ribben te schoppen. Wilde hem zoveel mogelijk pijn doen, vertelde hij, alle pijn die hij kon aanrichten voor ze hem die helling afsmeten. En hij vertelde dat je vader al die tijd geen kik had gegeven. Is-ie me een paar avonden terug komen vertellen. En niet alleen omdat jij hier was. Het was al die jaren aan hem blijven knagen. Toen hij klaar was vroeg hij me waarom ik dacht dat hij zoiets gedaan had. Ik kon hem alleen maar aankijken en zeggen dat hij op dat moment waarschijnlijk niet beseft had wat hij deed. Hij zat daar, waar jij nu zit, en hij zei dat hij dat wel degelijk beseft had.'

Foster zei: 'Mijn moeder en zusje stierven aan de Spaanse griep van '18. Als hij ooit een reden voor wrok heeft gehad, dan was dat het wel. Iedereen schijnt hier te denken dat hij vol met haat en rancune zat. En ik zal niet beweren dat hij daar vrij van was, maar zo heb ik hem nooit gekend. Het enige wat ik zeggen kan is dat hij nooit, met geen woord, over zijn tijd hier gesproken heeft. Misschien omdat het daar te verschrikkelijk voor was geweest, maar het kan ook zijn dat het hem gewoon niet meer interesseerde. Ik zal het nooit weten. Wat denkt u?'

Weer een stilte. Zo stil dat het geroezemoes van de straat door het omhooggeschoven raam naar binnen dreef. Foster vouwde zijn handen in zijn schoot en keek van de een naar de ander. Na een poosje begon Connie te spreken.

'Het zou weleens kunnen dat je vader in meer dan één opzicht op je grootvader leek. Zo heb ik er nooit over gedacht, eerlijk gezegd. Maar je grootvader Norman was een rustige, teruggetrokken man. Als je hem niet kende leek het een stille, barse man. Maar zo was-ie niet. Ik denk dat twee dingen, de oorlog en zijn liefde voor je grootmoeder, hem het gevoel hadden gegeven dat je maar het best in de luwte kon leven. Volgens mij zag hij die boerderij als een toevluchtsoord, een plaats waar hij zijn eigen wereld kon maken.'

'Ja.'

'Ik herinner het me als de dag van gisteren, die ochtend toen hij van de oorlog terugkwam met dat donkere meisje. Het was september en we hadden hem al veel eerder verwacht. De andere mannen waren allang met de trein teruggekomen. Zijn laatste brief was van voor de capitulatie geweest, en moeder was dol van ongerustheid. De mannen die al terug waren wilden alleen maar zeggen dat hij naar voren was gestapt en gevraagd had of hij zijn ontslagpapieren daar in Washington D.C. kon tekenen. Dat hij terug wilde lopen, zodat hij het land kon zien waar hij voor gevochten had. En nou moet je goed begrijpen dat mijn broer in die hele oorlog niet één verzoek had gedaan, nergens over geklaagd had. Was zijn gewoonte niet. Na de dood van Vader had hij naar huis kunnen komen, dat zou hem zeker zijn toegestaan. Maar Norman was iemand die af wilde maken waar hij aan begonnen was. Dus gaven ze hem graag zijn zin toen hij te voet naar huis wilde. Ik weet zeker dat er mannen waren, officieren maar waarschijnlijk ook zijn kameraden, die van je grootmoeder af wisten. Maar tegen ons zei niemand er een woord over. We hoorden alleen maar dat hij onderweg was, op de manier die hij zelf had gekozen. En dat sneed Moeder door de ziel. Al die mannen die al van de trein waren gestapt, en van Norman taal noch teken. Ze zei er niks over, maar ze las de krant met al die namenlijsten en de verslagen van de thuiskomsten. En dat zal hij heus wel geweten hebben. Al was-ie tot over zijn oren verliefd, Norman Pelham was er de man niet naar om zoiets vanzelfsprekends over het hoofd te zien. Dus toen hij aan het eind van die septemberochtend de berg opkwam met dat donkere meisje, had Moeder allang begrepen dat hij een keuze gemaakt had waar zij buiten viel. Bedenk wel, ze was een weduwvrouw met een veertienjarig dochtertje en verder niemand, die de grootste moeite had gehad om die boerderij draaiende te houden. En maar wachten tot meneer een keer thuis wil komen. Als moeder' – ze keek Foster woedend aan – 'heb je alles maar te slikken.'

Hij trotseerde haar blik. Hij zei: 'Het moet een hele schok zijn geweest. Toen ze haar zag.'

Connie Clifford richtte zich op in haar stoel, haar ogen bleek, levendig, scherp. Leunde naar voren en keek even van Foster weg. Haar ogen gingen als zoeklichten door de kamer, alsof ze naar bewijzen voor haar overtuiging speurde. Ze keek hem weer aan en haar stem kwam zwaar neer op elk afzonderlijk woord: 'Leah Pelham was haar eigen vrouw.'

Hij begreep het niet meteen, maar toen begreep hij het heel goed. 'Ja,' zei hij zacht.

Haar blik werd niet milder. 'En wie denkt dat dat door Norman kwam, die vergist zich deerlijk.'

Hij wachtte.

'Ze had ervaring met de ergste dingen die mensen elkaar kunnen aandoen. En daar was ze met opgeheven hoofd van weggelopen. Zeker, die twee hielden van elkaar. Wat als jong meisje prachtig was om te zien.' Ze keek even snel naar Glen, en terug naar Foster. 'Maar met of zonder hem, Leah lustte de wereld rauw. Ze was niet alleen haar eigen vrouw, het was alsof ze alles voor zich kon opeisen waar haar oog op viel. Zo iemand, zo'n vrouw, had ik nog nooit meegemaakt.' Zweeg weer even, en voegde toe: 'Heb ik ook nooit meer meegemaakt.'

Stilte. Foster keek naar de vloer, glanzend linoleum dat zich tot onder de meubels uitstrekte maar niet de wanden raakte. Het was niet zozeer wat ze gezegd had, deze oudtante, maar de toon waarop. Zijn eigen stem was nog steeds zacht toen hij vroeg: 'Wat is er toen met haar gebeurd?'

En Connie Clifford zakte terug in haar stoel, liet haar handen van de leuningen in haar schoot glijden, waar ze knokig en verdraaid over elkaar heen lagen. Haar gezicht zakte weer terug tot haar leeftijd, de huid los over haar schedelbeenderen. Ze keek naar haar wringende handen. Toen ze weer naar hem opkeek was haar mond vertrokken. Haar ogen verdofd, afgedwaald. 'Weet ik niet,' zei ze. 'Ze was mijn vriendin. Dat was ze.'

Toen hij er vertrok keerde hij niet meteen naar de boerderij terug maar reed het centrum van Randolph in. Parkeerde de auto met de voorkant tegen de stoeprand. Wilde alleen zijn. Dus liep hij rond tussen de mensen van het dorp en was in hun midden alleen. Dit was niet het dorp van zijn vader geweest, zoveel was nu wel duidelijk, maar wel dat van zijn grootvader. En zijn grootmoeder had het zelfs voor zich opgeëist. En het was nog altijd het dorp van zijn kluizenaarstantes daar op de berg. Met de andere mensen had hij niets te maken, en zij niet met hem. Hij zou een vreemde blijven, tegen wie ze vriendelijk deden maar meer niet. Dus al met al waren het alleen die nog-niet-zo-lang-dode man en de allang-dode donkerhuidige vrouw die ergens in hem scholen terwijl hij langs de winkelpuien slenterde.

Toen hij het huis van de Cliffords verlaten had en naar de garage liep waar zijn auto stond, was Aiden Clifford uit het duister van de werkplaats gekomen terwijl hij zijn handen afveegde aan een besmeurde doek, zijn vollemaansgezicht somber. 'Prachtige auto,' had hij gezegd.

'Van mijn vader geweest,' zei Foster.

Aiden liet zijn blik wegdwalen. 'Ik heb de olie voor je ververst, en hem nog even nagekeken. Op die olie na was hij tiptop.'

'Nou, da's aardig van je. Had ik helemaal niet aan gedacht, aan die olie.'

Aiden knikte. 'Doet bijna niemand.'

'Ik let wel altijd op het water en de banden, dat wel.'
'Als je de olie een beetje bijhoudt, rijd je er je hele leven mee.'
'Ik zal eraan denken.'
'Ik heb het gehoord van je vader. Vreselijk.' Aiden keek naar de overkant van de straat.
'Dank je,' zei Foster. Hij haalde zijn portemonnee uit zijn broekzak. 'Hoeveel krijg je voor die olie en zo?'
Aiden keek hem aan. 'Niks,' zei hij. 'Ben je mal.'
Foster keek hem aan. 'Jij krijgt die olie toch ook niet gratis?'
'Nee nee, laat maar zitten.'
Foster zweeg even, en zei: 'Je bedoelt het goed.' Vouwde de portemonnee open, haalde er een dollarbiljet uit en hield het naar Aiden op. 'Maar Pap was wel iets meer waard dan een blik olie.' Hij liet het biljet los. Het dwarrelde langzaam naar de grond.

In een verlaten eettentje at hij een broodje hamburger en een punt taart van kersen uit blik, dronk er koffie bij die stijf stond van de melk en suiker. In een ijzerhandel kocht hij een nieuwe halsband voor Lovey. De oude was gerafeld op de plek waar Glow altijd tegen haar aan lag en erop knaagde. Hij dacht dat ze daar nu wel overheen zou zijn gegroeid. Het was een schitterende halsband. Dubbelgestikt soepel tuigleer met een koperen gesp, lag zacht en slap in zijn hand, maar aangenaam zwaar, zou jaren meegaan. Hij kocht er geweerolie en een lap zeemleer.
Terug op straat bleef hij even staan en keek om zich heen. Het zonlicht viel schuin. De schaduwen van een vroege herfstmiddag. Alles welomlijnd. Hij was afwezig, rusteloos, fit. Zichzelf. Hij was er zeker van dat hij alles onder ogen zou kunnen zien en er zichzelf bij zou blijven. Hij verlangde naar het bos. Hij dacht aan wat Connie Clifford hem over Leah Pelham had verteld, dat ze de wereld voor zich kon opeisen. Dacht dat de zekerheid die hij nu voelde misschien wel een erfenis van zijn grootmoeder was. Glimlachte om dat idee. Alsof ze alles had doorstaan om uiteindelijk in hem tot rust te komen. Waarom niet? dacht hij. Hij was zestien jaar oud en hij kon bergen verzetten.

Hij vulde de hele noordzijde van de houtschuur met gespleten kachelhout, vijf lagen diep, van de buitendeur tot aan de wand van het woonhuis, waar drie treden naar de keuken leidden, en in de hoogte tot aan de dakbalken. Als je binnenkwam kwam je langs een massieve muur van hout, de geur vers en weldadig tegen de oude mufheid en de machineolie van de werkplaats aan de andere zijde. Het was nog geen kwart van de houtvoorraad achter het huis, maar er was geen plaats voor meer. Naast de werkbank met het oude gereedschap dat geolied en wel aan de muur hing, zat hij elke middag de bijl te wetten op de slijpsteen. Pompte het pedaal, hield zijn vingers voorzichtig uit de buurt terwijl hij de dubbele kling tegen de rondzwierende steen drukte, waarop het water langzaam neerdrupte uit de smalle schenktuit erboven. De geur van natte steen en staal. De kling was een glinsterende halve maan als hij hem van de steen ophief, braamloos glad. Op de dag toen hij de laatste lading kachelhout naar binnen had gedragen en tegen de dakbalk aan op de stapel had geduwd bracht hij na het slijpen een dikke laag olie op het staal aan en zette de bijl in een hoek bij de deur, omgekeerd met de steel tegen de muur, de kling rustend op een houtblok, klaar voor de volgende gebruiker.

In het omgaan met het gereedschap van zijn grootvader, de verzorging ervan, het uitkiezen van het juiste stuk voor wat hij wilde doen, was hij verbaasd over wat hij al scheen te weten. Zijn vader had niet meer dan een paar alledaagse hamers en schroevendraaiers gehad, zonder daar veel aandacht aan te besteden, maar hij bleek toch een zeker begrip te hebben van deze oude, ingewikkelde en vaak gevaarlijke spullen. Als was dat hem buiten de taal om medegedeeld. Het deed hem inzien dat je ergens verstand van kunt hebben zonder je daarvan bewust te zijn, tot de tijd kwam dat er aanspraak op gemaakt werd.

Het verschilde niet zoveel van het bos, waar je op elk vallend blaadje lette, op elk kloddertje vogelpoep op de bodem, en tegelijkertijd de wind beluisterde zoals die zich door de bomen bewoog, de veranderingen van de lichtinval volgde, automatisch het terrein in je geest grifte zoals het voor je lag, want dat alles bepaalde hoe je liep, waar je heen ging maar ook waar je vandaan kwam. Want je moest niet alleen voor je kijken maar ook achter je. Want als de jacht erop zat, moest je ook weer thuis zien te komen.

Pru stond in de schapenwei bij de drie oude bomen de eerste appels te rapen en hij liep erheen om een handje te helpen, de honden opgewonden voor hem uit, tot hij ze terugriep om de schapen te sparen, die zich verderop hadden samengedrongen en angstig toekeken. Ze had twee rieten manden met ronde bodems, en een juk om ze te dragen. De appels waren roestrood, pokdalig, klein en knobbelig. Het vruchtvlees helderwit met roze strepen, heerlijk zoet en sappig. Ze werkten een tijdje naast elkaar, scharrelden rond onder de zware takken waaraan het meeste fruit nog niet uitgerijpt was. Beperkten zich tot de eerste afwaaiers. Het zou nog een week, tien dagen duren, nog een vorst, eer de rest klaar was voor de pluk. Maar Pru wilde alvast wat cider maken, misschien zelfs een taart.

Hij vertelde het haar. 'Ik heb Abby nog naar Grootmoeder gevraagd. Over haar tijd daar in North Carolina. Niet die keer dat ze terug was gegaan, maar over vroeger, de tijd voor Grootvader. Maar ze wilde er niet op ingaan.'

Pru stond gebukt. Gromde, een minachtend geluidje. Haar vingers gleden door het gras. Ze pakte een, twee, drie appels in een hand alvorens ze in haar mand te gooien.

Foster sprak verder. 'Wat er ook gebeurd mag zijn bij haar terugkeer, het moet toch te maken hebben gehad met haar jeugd daar. Hoe heette die blanke familie eigenlijk?'

Ze kwam overeind, monsterde hem. Er stond een briesje vanaf de rand van de kom, een stroompje lucht dat het korte gras heen en weer deed gaan. Ze zei: 'Behalve de reden voor haar vlucht heeft ze er nooit iets over verteld. Ook niet aan Vader, voor zover ik weet. Geen verhalen waardoor een ander er wat meer van zou begrijpen. Toen ze dood was heeft Vader er nog heen willen reizen, om te proberen zelf iets aan de weet te komen.'

'En waarom heeft-ie dat niet gedaan?'

Ze keek hem langdurig aan. En vroeg: 'Waarom ben jij niet thuisgebleven om uit te zoeken wat er met je vader is gebeurd?'

Omdat ik dat niet durfde, dacht hij. En hij zei: 'Omdat dat niks veranderd zou hebben.'

Ze knikte. 'Precies. Moeder zou nog steeds dood zijn geweest.' En ze zweeg even, en zei: 'Misschien was-ie ook wel een beetje bang om te gaan. Bang voor wat hij daar zou vinden. In de laatste twee jaar van zijn leven, toen hij al oud was en niet meer zo helder, liet hij zich nog weleens ontvallen dat hij toch iets had moeten doen, toch had moeten gaan.'

Foster zei niets meer. Stapte om haar heen en bukte zich en ging weer aan het werk. Zwijgend. Appels in de manden. Ze bleven doorgaan tot de grond leeg was, en Foster hing de manden aan het juk, nam het juk op zijn schouders en keerde zich om en wilde de helling aflopen.

Ze zei: 'Mebane. Dat was hun naam. Voor de rest weet ik alleen dat die jongen van wie ze dacht dat ze hem had doodgeslagen, dat die Alex heette. Alexander. Meneer Lex had ze hem altijd genoemd. Meneer!' Ze spuugde in het gras.

'Mebane,' herhaalde hij. 'En waar?'

'De naam van dat stadje was Sweetboro. Meer weet ik niet.'

'Mooie naam.'

Ze begon de helling af te lopen, wachtte niet op hem. Haar stem verwaaide in de bries. 'Niks moois aan.'

Op het kerkhofje in het sterrenlicht. Zijn buik vol appeltaart en rundvlees. Het vroor stevig. Het licht leek de hemel te doen stollen. Kleine slokjes whisky. De oude hond drukte zich kouwelijk tegen zijn dijbeen. De pup zat parmantig in de opening van de stenen muur, de sterrengedrenkte wei af te speuren op bewegingen. Ergens op de rand van de kom slaakte een uil een klagelijke kreet. Nog een slokje. Schudde zijn hoofd. Niks klagelijk.

Het was gewoon een uil, de stem van de nacht. Liet zijn hoofd tegen een grafzerk rusten, van de een of andere Pelham. Hij kon de stenen van zijn beide grootouders zien. Verwachtte er geen magie meer van, geen plotse inzichten. Als die ouwe botten hem iets geleerd hadden, dan was het wel dat begrip een hoop geduld vergde.

Hij huilde. Hij miste zijn oude leven. Alles. Niet alleen zijn vader meer, maar alle onderdelen van zijn dagen daar. Dingen waarvan hij niet eens geweten had dat ze deel van zijn dagen uitmaakten. Het was een mooie huilbui. Stil, verstoken van ieder zelfmedelijden. Hij vond het een gunstig teken dat zijn honden niet langer van streek raakten als hij huilde. Dat bewees de oprechtheid van zijn tranen. Ze waren zijn troost, die honden, maar hij had het gevoel dat ze ook een onfeilbaar beoordelingsvermogen hadden. Lovey nam haar kop van zijn dij en stak hem tussen haar voorpoten. Dat was alleen maar vanwege de kou, dacht hij. Hij stak een hand uit en aaide haar.

Er zat nog één sigaret in het doosje dat van zijn vader was geweest. Hij had er trek in, maar bleef eraf. Nam nog een slok en sloeg de kurk op de fles en schoof hem achter de zerk en stond op om naar de muur te lopen en over de wei uit te kijken terwijl hij een plas deed. Glow leunde opzij om de damp op te snuiven. Hij knoopte zijn gulp weer dicht en liep langs de muur, liet zijn hand langs de ruwe stenen gaan, kwam bij de opening en keek naar de stille boerderij. De honden renden voor hem uit, ontspannen de donkere wei in. Hij liep de helling af.

Op een ochtend tilde hij de achterbank uit de Chrysler en pakte de L.C. Smith uit zijn koffer, haalde een doek met een scheutje olie langs het geweer en liet een handvol hagelpatronen in de zak van zijn jagersjack glijden. Hij nam het pad door het oude suikerbos en begon de steile klim tussen de naaldbomen daarboven, de honden voor hem uit, ernstig, vol overgave het terrein doorkruisend, kwispelend, halzen als gespannen bogen. Af en toe hoorde hij het gulzige gesnuif alsof ze alle geuren uit de lucht slorpten. Met het dichter worden van de begroeiing begonnen ze vogels te bespeuren. Hij wachtte tot Lovey er een aanwees, Glow die zich tegen haar flank schuurde als wilde ze haar bijvallen. Fluisterde ze een waarschuwing toe, stapte langs ze heen. De patrijs vloog op, een uitbarsting van gespikkeld geflapper die overging in een zeilvlucht de helling af en dan het weldadige moment waarop zijn gedachten hem verlieten en er alleen nog die vlucht was en de loop van zijn geweer. Dan een buiteling van vleugels en de honden renden langs hem heen en hij was weer terug. Hij knielde neer en haalde de patrijs uit Loveys bek, voorzichtig, alsof hij een ei raapte. Spreidde de staartveren. Een jong haantje. Hield hem in twee handen voor Glow op, zodat ze haar neus in de vleugels kon begraven. Heel even maar. Stond op en stopte de vogel in de buidel op de rug van zijn jack. Toen hij verderliep bleef Glow een tijdje achter hem drentelen, priemde haar neus tegen de bolling in de buidel. Hij negeerde haar, liep zwijgend door. Lovey was alweer op jacht. Het duurde niet lang of Glow sloot zich bij haar aan.

Hij kwam in een bleke avondschemering de helling af, onder een sombere hemel, met drie vogels in zijn buidel en een pup van vier maanden die ervan overtuigd was dat ze nu alles snapte van de driehoeksrelatie tussen haar, de vogels en de jongen met zijn geweer. Ze danste heen en weer in de schapenwei, snoof aan de granietblokken, wees alles aan wat los en vast zat, koningskaarsen en wolfsmelk in het gras, bleef staan om van schapenkeutels te happen, rolde haar ogen onophoudelijk in zijn richting.

Prudence was nog in de stal bezig. Een vaag schijnsel van haar lantaarn door de ramen ervan. In de keuken stond hij samen met Abby aan het spekstenen aanrecht om de patrijzen te plukken. 'Jonge vogels,' was alles wat ze zei. Goedkeurend. Ze stuurde hem naar de moestuin onder de stal, waar hij bij het licht van een lantaarn het loof van een paar jonge rapen sneed. Toen hij de keuken weer binnenkwam zag hij de patrijzen in kwarten gesneden in een kom melk liggen. Prudence was er nu ook, klopte eiwitten die ze vervolgens met de achterkant van een lepel door een schaal maïsmeelbeslag mengde, liet het beslag op een paar bakplaten lopen en schoof die de oven in. Abby had een pompoen in stukken gesneden en in een klein laagje water op de rand van het fornuis te pruttelen gezet. Ze smolten langzaam weg tot een zachte massa. Ze sneed een stuk spek af en sneed het in reepjes en schoof die op het loof dat ook stond te koken, deed een deksel op de pan en trok ook die naar de rand van het fornuis.

Foster zat aan tafel naar hen te kijken, met het opengebroken geweer op zijn schoot, maakte het schoon en zette het in de olie. In de moestuin had hij de wind voelen aanwakkeren en nu begon het te regenen, schuine vlagen die de zijkant van het huis geselden. Zijn honden lagen onder de tafel, te rillen van alle etensgeuren.

Abby sneed een paar dikke plakken reuzel af en smolt die in een grote braadpan. Prudence mengde bloem in een kom met gedroogde kruiden en specerijen uit allerlei blikjes, bepaalde van alles de maat door de kom telkens onder haar neus te houden en net zolang toe te voegen tot de geur haar aanstond. Foster sloeg hen gade. Hij begreep dat zijn aanwezigheid aan de tafel, en die van de honden eronder, precies in het patroon van hun handelingen paste.

Abby keerde zich naar hem om en zei: 'We eten dit meestal in de lente, als we jonge haantjes over hebben. Dan eten we er paardebloemen bij in plaats van rapenloof. Die rapen zelf zijn voor de schapen, de komende winter. Dit gerecht hebben we nog van Moeder. Neem van mij aan dat je nog nooit zoiets gegeten hebt.'

Ze draaide zich weer om, haalde de bouten patrijs uit de melk, rolde ze door de bloem en liet ze in het gesmolten vet zakken. Ze zonken knetterend naar de bodem van de braadpan en kwamen weer omhoog om rondjes te zwemmen in de bruisende hitte. Toen ze er allemaal in lagen duwde Abby ze heen en weer met een langgesteelde vork. Op het aanrecht lag een uitgespreide krant klaar om ze te laten uitlekken. Prudence trok de ovenklep open en trok er de bakplaten met de hoge maïssoufflés uit. Goot het loof af, deed boter en room bij de pompoen. En alles werd voor hem neergezet. Hij stond op en zette het geweer in een hoek, riep de honden en stuurde ze de houtschuur in. Kwam weer naar de tafel. De vrouwen zaten al, keken hem aan met glimmende, opgetogen gezichten. Hij bespeurde een trilling achter hun liefde, een huiverende angst voor afwijzing. En hij was niet meer zo zeker van de rest van de avond, wist niet zo zeker meer of hij nog wel zeggen kon wat hij van plan was te zeggen. Hij pakte een patrijzenbout en zijn tanden drongen door de brosse, hartige korst en het malse vlees viel van het bot af zijn mond in. Hij glimlachte naar ze. 'Sjongejonge,' zei hij. 'Lekker!' En ze begonnen ijverig schalen en kommen rond te laten gaan en hij schepte zijn bord vol. Ze aten in stilte, alle drie verlegen, ogen die voor de anderen wegvluchtten. En hij genoot van het heerlijke eten terwijl zijn hart hem in zijn borst schrijnde. De hele maaltijd door wierpen de vrouwen hem steelse blikken toe als hoopvolle maar gescheurde netten. En hij wendde al die tijd zijn blik naar wat hij niet kon zien, naar de plek waar hij heen wilde lopen om het weer uitgebreid te bekijken: het ovale dubbelportret van zijn grootouders in de zitkamer.

Toen het eten op was en de tafel afgeruimd liet hij de honden uit, rende gebogen door de stromende regen om ze naar hun slaapplaats in de schaapskooi te brengen. Terug in de keuken hing hij zijn doorweekte jack te drogen om een stoel bij het fornuis. De vrouwen waren al naar de zitkamer. Hij liep naar de gootsteen en dronk twee glazen water, liep door de deur de hal in, door de kamerdeur om zich bij hen te voegen.
Ze hadden de kachel aangemaakt tegen de vochtige kou. Hij ging bij de schouw staan, met de toppen van zijn vingers op de rand alsof hij zich warmde en bestudeerde de man en de vrouw in het portret. Geloofde dat hij nu die gloed in hun ogen begreep, zocht een glimp van de innige wereld die ze samen hadden gehad. Hij keerde zich om naar de kamer en vouwde zijn handen voor zijn buik.
Abigail was hem voor. 'Heb je eigenlijk je school afgemaakt, daar?'
Hij had net van wal willen steken. Zweeg. Wist dat hij fronste en dat die frons een reactie op haar woorden moest lijken. Stak zijn handen in zijn zakken. 'Nee, ik had nog een jaar te gaan.'
Prudence zei: 'En het is al september.'

Abigail keek haar aan alsof ze haar iets in herinnering wilde roepen. Keek weer naar Foster. 'Was je een goeie leerling?'

'Ging wel, ja. Ik haalde goeie cijfers.'

'Nou dan. Het is nog niet te laat. Die achterstand loop je wel weer in.'

'Abby,' zei hij. 'Ik ga niet terug.'

Prudence zei: 'Maar niemand zegt toch ook dat je daar in je eentje moet gaan wonen?'

Abby keek haar zuster weer aan. Prudence zei: 'Ja ja, ik hou mijn mond al.'

'We hadden afgesproken...'

'Dat jij het woord zou doen. Nou, schiet dan op en doe het woord. Ik zeg niks meer.'

Abby hield haar nog even in haar smeulende blik gevangen en wendde zich weer tot Foster. 'Zus en ik hebben dit uitvoerig besproken. Het is geen lichtvaardig aanbod. Je zou hier kunnen blijven en je school in Randolph afmaken. Dan kun je volgend jaar naar de universiteit.'

Hij viel haar voorzichtig in de rede. 'Ik heb de meeste vakken al gedaan. Genoeg om examen te kunnen doen. Het zou eigenlijk tijdverspilling zijn.'

Een mondhoek verstarde en ontspande zich weer. Ze glimlachte. 'Dan was je dus een betere leerling dan je wilt doen voorkomen. Is niks om je voor te schamen, hoor. Maar goed, voor de universiteit is het hoe dan ook te laat. Dus wat is er tegen om dat laatste jaar nog even uit te zitten? Kun je op je gemak je diploma halen, en ondertussen heb je tijd om na te denken over wat je dan wilt, en waar. Burlington heeft wel een goeie universiteit, heb ik me laten vertellen. Maar er zijn er zoveel. Je kunt overal heen. Naar die van Harvard voor mijn part, in Massachusetts. En je hebt Dartmouth, niet te vergeten. Lekker dichtbij. Of waar dan ook. Waar je maar wilt. Californië desnoods.'

'Tja,' zei hij. 'Ik weet niet. Nog niet zo bij stilgestaan.'

En ze hoorde zijn aarzeling en zette door. Hij zag triomf in haar ogen komen, een felle trots. 'Moeder kende het belang van geld. Beter dan Vader. Ze wist dat vrijheid zonder geld alleen maar een woord is. Iedereen is vrij om te wensen wat-ie wil, maar geld kan wensen waarmaken. Daarom vond ze het belangrijk. Niet voor spullen of kleren. Ze wist zichzelf heel goed te kleden, daar niet van, maar dat deed ze alleen als ze naar het dorp moest. Hier liep ze met plezier in versleten kleren rond. Blootsvoets, zolang het niet vroor. Ze wist dat het in dit leven om twee dingen draait. Geld en een goeie scholing. Heb je die twee dingen voor elkaar, dan ligt de wereld voor je open waar-ie voor anderen gesloten blijft. En waar ik nou heen wil is dit: wij hebben geld op de bank. Meer dan genoeg om je naar de beste universiteit te sturen. Welke je maar wilt.' Ze stak een bezwerende hand op alsof ze tegenspraak verwachtte, en zei: 'En je moet vooral niet denken dat het je geschonken wordt. Voor een groot deel is het jouw eigen geld. Een groot deel is altijd voor je vader bestemd geweest. Net als een deel van deze boerderij, natuurlijk, en dat is nu ook van jou. Maar het is wel duidelijk dat jij geen jongen voor een boerderij bent. Zus en ik zullen hier tot onze dood blijven wonen, maar aan dat geld hebben we amper behoefte. Dus er is meer dan genoeg voor jou. Om aan je toekomst te bouwen zoals je dat zelf wilt.'

Hij zei niets. De vrouwen zaten naar hem te kijken. Hij haalde een hand uit zijn zak en streek met zijn duim en wijsvinger langs zijn neus. Hij voelde de tranen branden maar wilde niet huilen, een innerlijk stemmetje zei dat hij nu toch echt een huilebalk dreigde te worden. Opnieuw dat vurige verlangen om weer samen met zijn vader voor het huis in Bethlehem te zitten, en te redetwisten op die verre van serieuze toon waarop ze altijd over van alles hadden zitten redetwisten. Hij keek naar die lange, oudere, prachtige-vrouwversie van zijn vader en zei: 'Pap was ook niet arm. Behalve het huis dat hij me heeft nagelaten was er een hele hoop geld. Ik heb geld zat.' En omdat hij niet wilde dat ze aan zijn woorden twijfelden zei hij: 'Ik heb het allemaal in een schoenendoos, achter in de auto.'

'Niet aankomen!' Abby's handen lagen elkaar in haar schoot te kneden. 'Zet het op de bank! En als je dan over een jaar of vier, vijf klaar bent met studeren en weet wat je wilt, heb je meteen een mooi begin.' Ze viel even stil en beet op haar onderlip en zei: 'Dan heb je er veel meer aan. Geloof me.'

Foster tolde op zijn benen. Hij had het heet, zo vlak voor die kachel, maar kon geen stap doen. Hij keek naar de vloer voor zich, waar het kleed ophield en de planken begonnen die onder zijn voeten door liepen. Alsof hij iets zinnigs kon ontdekken, iets geruststellends, op die plek waar het verborgene te voorschijn kwam. Kon achter zich die gefotografeerde ogen voelen gloeien. Wenste dat zij iets konden zeggen, die twee dode zielen daar. Maar hoorde alleen het bloed dat in zijn slapen bonkte. Hij hield zijn ogen neergeslagen en zei: 'Ik kan het niet.'

Onmiddellijk: 'Wat kan je niet?'

Dus keek hij hen weer aan, omdat het wel moest. Zijn stem kwam gebroken en zacht over zijn lippen. 'Ik kan hier niet blijven. Niet om examen te doen en niet om te studeren. Het spijt me dat ik het zeggen moet, maar dat is nu wel het laatste wat ik zou willen.'

Prudence bleef roerloos zitten. Abigail leunde achterover en sloeg een been over het andere, plukte aan de stof van haar jurk, maar haar vingers waren bedaard, liet de stof los en hij viel soepel over haar gekruiste benen. Ze liet haar hoofd tegen de rugleuning rusten. 'En,' vroeg ze, 'wat wil je dan gaan doen?'

'Nou' – hij keek van de een naar de ander voor hij verderging – 'ik ga naar

North Carolina. Naar Sweetboro. Om te zien of ik nog iets ontdekken kan.'

Abby bleef roerloos zitten. Maar Prudence leunde voorover, klemde haar handen om haar knieën. 'Ach nee toch!' riep ze uit. 'Waarom, Foster? Waar zou je dat nou doen?'

Hij bleef zwijgend voor hen staan, tollend op zijn benen. Omdat er niets meer te zeggen viel wat ze al niet wisten. En hij wist dat zij dat ook wisten.

Na een poosje stond Abby op en liep de kamer uit, zonder een woord te zeggen. Hij stond te luisteren hoe ze de trap opging, naar bed. Toen het stil was keek hij naar Prudence, die al die tijd naar hem had zitten kijken. Ze liet haar knieën los, legde haar handen erbovenop en begroef er haar gezicht in en huilde. Hij bleef staan. Tot hij doorkreeg dat die tranen niet kort zouden zijn, en niet alleen hem golden.

Het regende nog steeds. Hij liep naar de stal, haalde zijn honden achter hun hek vandaan en nam ze mee naar buiten, de regen in. Hij kon ze niet zien of horen maar wist dat ze vlakbij waren. Hij liep de helling op naar de begraafplaats, waar hij met opgetrokken schouders in de regen ging staan. Niet bij een bepaalde zerk, want ze waren nu allemaal van hem. Hij zette de fles aan zijn mond en dronk het laatste beetje whiskey, zijn gezicht omhoog, kletsnat. De whiskey deed hem niks. Van waar hij stond kon hij niets zien, op de schimmige gedaanten van zijn honden na, die af en toe zijn kant op kwamen draven. En daar beneden een bleek verlicht venster. Door het regengordijn leek het net een verre ster.

8

'Wat het ook mag zijn, ik wens ervan verschoond te blijven!' Het kwam uit het donker achter de hordeur, klonk dichtbij en ver weg, alsof de afstand klein was maar amper overbrugbaar. De stem klonk oprecht, maar het gezag erin was gespeeld, leek tot iemand gericht die niet zozeer bekend of verwacht als wel onvermijdelijk was. Alsof vreemden niet bestonden. En toen, in de doodstille eind-septembermiddaghitte, het geschuifel van voeten, moeizaam, en het syncopische tikken van een wandelstok. Door het horrengaas zag hij een gestalte opdoemen in de gang. Lang en mager, iets naar links gebogen, waar hij op de stok steunde.

Foster wachtte af in de schaduw van de veranda, zweette overvloedig, zijn boord open, hemdsmouwen tot boven zijn ellebogen opgestroopt. De auto stond langs de straatweg in de lommer van de eiken, waarvan de ovale blaadjes verdoft waren door het roestrode stof. De raampjes omlaag, voor de honden die op de achterbank slapend de hitte trotseerden. Langs het pad naar de veranda lagen drie trapsgewijze niveaus van bloembedden en rozenpriëlen, totaal verwilderd. Zelfs de klinkers van het pad waren schots en scheef gedrukt door de wildgroei. Lange rozenstaken boorden zich dwars door de kamperfoeliemassa die alles overwoekerde. Hier en daar verhief zich een verhoute stengel of het ontspoorde groen van een knolgewas boven de kamperfoelie, als de hardnekkige herinnering aan een verdwenen levensvorm. Vergane schoonheid die taaiheid had gebaard.

Het had bijna twee weken gevergd om deze plek te bereiken. Misschien wel langer. Hij wist niet precies meer welke dag van de week het was. Voor zijn vertrek uit Randolph had hij een tentje van geparaffineerde canvas gekocht, waarna hij niet meteen naar het zuiden was gereisd maar eerst een eind westwaarts door de staat New York was gereden. Om de kuststrook en de steden daar te mijden. Was door het dunbevolkte geteisterde land langs de oostelijke uitlopers van de oostelijke bergen getrokken, had elke nacht gekampeerd waar dat kon, waar de boeren hem niet verjaagd hadden wegens het brandgevaar, of in de uitgestrekte bossen waar hij niemand toestemming hoefde te vragen. Halverwege van Virginia was hij weer naar het oosten gedraaid, weg van de bergen, weg van de herfst, terug de zomer in.

De vorige dag was een lange geweest. Wegen die weliswaar breder waren dan in de bergen, maar bedekt met een dikke laag van het rode stof dat hoog om zijn auto kolkte. Links en rechts van hem langgerekte velden waar talloze mensen zich over gewassen bogen die hij nooit in het echt had gezien. De willoze slapheid van tabak in de middagzon. De groene weidsheid, met wit gestippeld als na sneeuwval, van de katoen. Aan het eind van die dag was hij gestopt in het plaatsje South Hill, had een kamer gehuurd in het spoorweghotel waar hij warm gegeten had in de eetzaal en een bad had genomen in een roestige badkuip. Was voor dag en dauw opgestaan om zijn honden uit te laten in het vochtig omfloerste licht dat zelfs op dat uur al zacht was, verre van kil. Was zonder ontbijt weggereden, North Carolina binnen, terwijl de zon over zijn linkerschouder omhoogkroop, een immense rode bal in de fletse mist die tussen hemel en aarde hing als was het de laatste hoop van de nacht. Na een lange glooiende afdaling verhief de weg zich weer en was de zon definitief op. Geen rode bal meer maar een zinderende hitte door zijn geopende raampje. En hij kon de aarde ruiken, heet en zoet en bedorven. Hij passeerde karren vol met bollende jutezakken. Andere karren met zorgvuldig gelaagde tabaksbladeren. Alle karren getrokken door muilezels. Voskleurig vaak. Soms de kleur van geschroeid hout. Hij had nog nooit een echte muilezel gezien. Alle karren werden gereden door zwarte mannen in grove kleren die hem niet wilden aankijken als hij om hen heen reed. Na het passeren stak hij elke keer zijn hand op, tot boven het dak van de Chrysler, maar zag in zijn achteruitkijkspiegel dat de groet nooit werd beantwoord en gaf het ten slotte op. Hij had het heet. Hij hoorde de honden hijgen op de achterbank, zelfs met alle raampjes omlaag. De lucht was vergeven van het stof. Zijn mond en neus zaten er vol van. Hij dacht aan New Hampshire. Als daar een man langs de weg aan het werk was, stak hij ook geen hand op naar een passerende vreemdeling. Zo was het nou eenmaal. Maar tussen de mannen en vrouwen op de velden waren er kinderen die hun gezicht ophieven, in snelle donkere flitsen van onder hun hoeden, en naar de auto staarden. En hij vroeg zich af wat ze zagen als hij voorbijreed, of hij een droom voor ze was, een onbereikbaar visioen.

Hij stak een rivier over en stak hem na een paar mijl opnieuw over zonder van richting te zijn veranderd. Het was een breed, donker, somber ding. Niets van de levendige schittering van de rivieren die hij kende, omzoomd door laag overhangende bomen, ontleende zijn kleur niet aan de weerspiegelde hemel, leek eerder uit de aarde zelf voort te komen, nat gehouden door het welige groen dat zich er vanaf de oever overheen boog. Olieachtig water zonder zichtbare beweging. Een bedrieglijke stilheid.

Uitgestrekte loofbossen. Hier en daar hogergelegen land met dennen. Grillige lapjes katoen ertussen. Andere velden, groter en gelijkmatiger, met tabak. Weiden met geel verbrand gras, het vee samengedrongen onder de verspreid staande rode eiken. Geen stallen, voor zover hij zien kon. Wel talloze schuurtjes van verweerd hout, hoog en vierkant en klein, opgetrokken op ruwe stenen muren, soms slechts op een stapel stenen onder de vier hoeken. Sommige schuren hadden nadrukkelijke spleten tussen de planken, een trillende hittelucht erboven, een vage geur van de houtrook waarmee tabak werd gedroogd. Naast deze schuren zat altijd een zwarte man op een houtblok, of hij stond gebogen op enkele passen afstand, een vuurtje brandend te houden.

De bodem was niet vlak maar leek dat wel. De zon stond hoog, de horizon was ver. Maar met de bochten in de weg bewoog ook het land, toonde onverhoedse kommen en dalletjes tussen de bomen. Werd dan weer regelmatiger en weidser. Maar er was toch altijd een beboste helling of een hoge rij dennen ten bewijze dat het land ergens door geplooid en gevouwen werd. En hij begreep gaandeweg waardoor: de rivier, waar al het land toe leek te neigen.

Hij zocht de rivier op en volgde hem een aantal mijlen, reed onder een spoorbrug door, een torenend bouwwerk van zwartgeteerde kriskrasbalken, waarna de weg omhoogveerde en hij een metalen bord zag. Zwarte letters op wit email. De stadsgrens van Sweetboro. Reed even later het stadje zelf binnen. Een straat met alleen woonhuizen, waar hij naar de twee terugschakelde en langzaam voorttufte. De huizen stonden ver van de straat af, waren kleiner dan hij verwacht had maar werden door flinke lappen grond omgeven, geflankeerd door bomen die hij niet kende. Dan het stadscentrum van een blok of drie groot. Meestal baksteen, maar ook enkele houten huizen. Drie, soms vier verdiepingen. Het was er heel stil, heel klein.

Hij parkeerde de auto in een schaduwplekje en vond een warenhuis met een eetbar en dronk een flesje prik en at een geroosterde kaassandwich en nam nog een flesje prik. Er zat maar één andere man aan de bar, een krant te lezen, waar hij eenmaal van opkeek om Foster met onbeschroomde nieuwsgierigheid op te nemen, en zich toen weer aan het nieuws wijdde. De barbediende was een broodmagere vent met een grote wijnvlek over de zijkant van zijn gezicht. Net een brandwond. Foster rekende af en liep naar de telefooncel aan het uiteinde van de bar, trok de vouwdeur achter zich dicht en pakte het telefoonboek. Het bleek makkelijker dan hij had gedacht. Er was maar één Mebane. Alexander: North Main 61, telefoon 8459. Hij sloeg het boek dicht en legde het weer op de plank.

Hij reed het stadje uit zoals hij het binnen was gereden, kwam langs het huis aan North Main en reed door. Helemaal terug naar de spoorbrug.

Stopte eronder, waar de bodem donker en kaalgetrapt was. Een cirkel van zwartgeblakerde stenen en allerlei rommel: lege prikflesjes en roodgeschilderde kurken die als dobber waren gebruikt, een verwarde kluwen vislijn en een stuk of wat platte sterkedrankflessen. Hij liet de honden uit de auto en ze zochten direct de rivier op om te drinken, waadden er tot hun buik in. Toen Glow aanstalten maakte om te gaan zwemmen riep hij haar terug. Hij had het niet zo op water waar je niet doorheen kon kijken. Toen de honden zich verkoeld hadden stuurde hij ze de achterbank weer op, stond zichzelf geen gedachten toe en stapte in en reed opnieuw het stadje binnen, parkeerde in de lommer van de eiken, vlak bij het huis dat hij had opgespeurd.

'Iemand moet u misleid hebben. U bent hier op het verkeerde adres.' De oude man hield de hordeur half open met zijn verminkte arm. De punt van zijn wandelstok stak naar buiten als een wapen. Met zijn gebogen houding was hij even lang als Foster, een lichte broek en een wit hemd, de mouw van zijn halve arm opgevouwen en onder de elleboog vastgespeld. De speld zat een beetje scheef, alsof het snel en gedachteloos was gedaan, routineus. Dunne haarslierten over zijn glanzende schedel. Hij vervolgde: 'Ik kan u niet helpen. Ik ken geen vrouw die Lee heet. Er wonen hier geen vrouwelijke Lee's, voor zover ik weet. Jongens met die naam zijn er natuurlijk volop, te veel om allemaal te kennen. En ik zal ook niet uitsluiten dat hier ergens een meisje woont dat ook zo heet. Maar ik ken er geen. Eén ding kan ik u echter met stelligheid zeggen. Het meisje waar u achterheen zit woont niet hier. Niet in dit huis. Iemand moet u misleid hebben.'

Foster keek hem aandachtig aan. Hij oogde droog en koel in de hitte. De hand met de wandelstok trilde lichtjes van de inspanning om de punt opgeheven te houden, klaar om toe te slaan. Wijd geopende ogen, met een zweem van wildheid, onverschrokken op Foster gericht. Ogen die niet helemaal pasten bij de woorden die hij zojuist gesproken had. Zijn lippen waren droog en gebarsten. Zijn tanden breed, vlekkerig van ouderdom. Ruimtes ertussen waar het tandvlees zich had teruggetrokken.

Foster liet zijn blik langs de kromgetrokken vloerdelen van de veranda dwalen, en weer terug naar de oude man. Hij zei: 'Ze dacht dat u dood was. En dat zij dat gedaan had. Dat ze uw schedel had ingeslagen met een strijkbout. Ik neem aan dat die knobbel boven uw oor daar het gevolg van is. Ze heette Leah, niet Lee.'

De man zei niets. Wiegde zachtjes heen en weer. Zette de wandelstok op de vloer en deed een stap, niet naar buiten maar precies in de deuropening, duwde de hordeur verder open. Zette de stok recht voor zich neer en leunde met zijn ene handpalm op de gebogen greep. Glad geschoren. De geur van pimentlotion.

'Hoe was uw naam ook weer?'

'Foster Pelham, meneer.'
'En hoe oud bent u, Foster Pelham?'
'Ik ben zestien.'
'En waar komt u vandaan?'
'Uit New Hampshire. Daar ben ik opgegroeid, tenminste. Nu kom ik uit Vermont.'
'Zo zo. Vermont, hè?'
'Ja, meneer.'
'Wel, mijn beste Foster Pelham, en waarom dan? Afgezien nu even van die vrouw naar wie u navraag komt doen, wat mag verder de reden zijn? U, een zestienjarige, die zowat het hele land doorkruist. Hoe bent u hier trouwens gekomen?'
'Met de auto.'
Alexander Mebane leunde een beetje voorover en keek de straatweg langs en zag de Chrysler, keek weer naar Foster. 'Is dat uw automobiel, daar?'
'Ja. Hij is van mijn vader geweest.'
'Van uw vader geweest. En die is niet met u meegekomen?'
'Ik ben alleen. Mijn vader is dood. Zodoende... Ik heb zijn familie nooit gekend. Na zijn dood heb ik in Vermont twee zusters van hem gevonden. En die hebben me bepaalde dingen verteld.'
'Zo zo. En wat mogen dat wel voor dingen geweest zijn?'
'Dat mijn grootmoeder een zwarte vrouw was. Hiervandaan. Dat ze Leah heette en het eigendom was van een familie Mebane. Dat ze gevlucht is toen de oorlog op zijn eind liep. Omdat er iets gebeurd was... Ze had iemand neergeslagen en gewond achtergelaten, en ze dacht dat hij dood was. Iemand die ze Lex had genoemd.'
'En nu denkt u dat ik diegene was?'
'Ja, meneer. Ik denk van wel. Het was iemand met één arm, zeiden ze.'
'Zeiden ze dat? Welnu, dat mag een kenmerkende eigenschap heten, nietwaar? Ik was nog maar een jongen toen ik mijn arm verloor, Foster Pelham. Ik weet amper nog hoe het was om er twee te hebben. Niet dat ik daar ooit nog bij stilsta. U lijkt me overigens geen jongmens dat zich klakkeloos bij iets zal neerleggen, of vergis ik me daarin?'
'Nee. Dat heb ik me nooit kunnen veroorloven.'
'En toch bent u het halve land door gereisd om iets wat bijna vijfenzestig jaar terug gebeurd is, als het al gebeurd is. Waarom, als ik vragen mag? Wat dacht u hier te ontdekken? Behoudens een oude man met één arm?'
'Ze is hier nog een keer terug geweest, vijfentwintig jaar na haar vlucht. Om haar moeder te vinden, die ze toen had moeten achterlaten. Of in ieder geval te achterhalen wat er met haar gebeurd was. Dat moet in september 1890 zijn geweest.'
'Ook dat is alweer heel lang geleden.'

'Ik denk dat ze u toen ontmoet heeft. Toen ze hier weer was.'

'Maar jongetje toch, wat is dat nu voor een dwaze veronderstelling? Denk je soms dat ik me elke zwarte herinner die hier komt rondzwerven? Het wemelt hier dagelijks van zulke lui. Ze komen en gaan, te veel om bij te houden, als ik het al zou willen bijhouden. En waarom zou ik het in vredesnaam willen bijhouden?'

'Ze was uw zuster. Uw halfzuster.'

De oude ogen gleden over Foster heen, stralend opeens, sluw en furieus tegelijk. 'Mijn zuster, hè? Dus jij komt me hier vertellen dat mijn vader een negerin heeft beslapen? En een andere heeft verwekt? Mijn vader die al zo lang dood is. Dood en begraven en niet in staat om zich tegen zo'n aantijging te verweren, of erom te lachen. Dus daar heb je die hele reis voor gemaakt. Om me het verhaal te doen van een man die een negerin in huis had, in zijn eigen huis welteverstaan, die hij zo af en toe een beurt gaf. Beste jongen, stap in die auto van je en rijd een paar rondjes. Op elke drie roetmoppen zul je één verwaterde, koffiekleurige neger zien. En hoe denk je dat die zo geworden zijn? Bleekpoeder? Maar vergis je niet, ze zijn enkel en alleen aan hun eigen soort verwant. Want zwart heeft vele tinten en blank is alleen maar blank. Het is maar dat je het weet.'

'En ik?'

'Hoezo en ik?'

'Wat denkt u dat ik ben?'

'Je klinkt als een yankee, zoveel is zeker. En voor de rest houd ik het op een sterk verwaterd exemplaar. Maar nu iets anders.'

'Wat?'

'Wie weten er zoal dat jij hier bent?'

'Niemand. Mijn tantes, denk ik. De zusters van mijn vader.'

De oude man knikte alsof hij een doorslaggevend argument naar voren had gebracht. 'En waar had je gedacht te verblijven?'

'Weet ik niet. Een hotel, neem ik aan.'

Mebane knikte. 'Luister, ik hoef nu alleen maar naar binnen te gaan en de telefoon te pakken. Dan kun je een verblijf hier wel vergeten. Ik hoef alleen maar te zeggen dat je een zwarte bent die voor een blanke probeert door te gaan. Denk maar niet dat je dan nog een kamer krijgt. Nog een telefoontje en de sterke arm biedt je een gratis escorte de stad uit, waar men je graag nog even zal uitleggen hoe we hier over ordeverstoring denken. Kun je me een beetje volgen?'

'Ik denk het wel, ja.'

'Maar daar blijft het niet bij in jouw geval. Zou je naar Fishtown gaan, de zwarte wijk hier, dan kreeg je ook daar geen onderkomen. Ze zouden er niet eens met je willen praten. En als je er maar lang genoeg rondscharrelde, zouden ze reuze zenuwachtig worden. En je net zo grondig aanpakken als de mannen van onze sheriff. Of misschien nog wel grondiger. Ik weet niet hoe het komt, maar negers zijn dol op messen. Misschien omdat het geen geluid maakt, geen nare harde knallen die de aandacht maar trekken. Hoe dan ook, de mensen daar zouden alleen maar een blank joch zien die zijn neus in hun zaken komt steken. Voor jou persoonlijk zouden ze nog niet eens zo bang zijn, maar wel voor wat je misschien meebrengt, voor wat er achter jou aankomt. Je hebt geen idee hoe het er daar aan toe gaat. Je zou zelf niets in de gaten hebben, zou niet weten wie er naar je keek en wat men daarbij voelde. Maar zij zouden dat maar al te goed weten.'

Foster stak zijn handen in zijn zakken. 'Toen ze hier in 1890 heen kwam is ze niet erg lang gebleven. Ze is vrijwel meteen weer naar huis gegaan, en daar wilde ze niks zeggen over wat ze had meegemaakt, waar ze achter was gekomen. Maar het moet vreselijk zijn geweest, want ze konden haar in zichzelf horen praten als ze dacht dat er niemand in de buurt was. En nog geen twee maanden later heeft ze zichzelf opgehangen.'

Alexander Mebane keek voor het eerst van hem weg. Langs de balustrade van de veranda, de middagschaduwen van de verwilderde tuin in. Liet zijn blik daar ronddwalen alsof hij er iets zocht, geluidloos prevelend met zijn dunne lippen. Zijn hand om de greep van de wandelstok. Hij hief de stok rechtstandig omhoog en liet hem met een harde klap op de verandavloer neerkomen, en nog eens. En keek toen weer naar Foster.

'Nu wil ik iets over jouzelf weten, Foster Pelham.'

'Vraagt u maar.'

'Wat ben jij voor iemand? Ben je praktisch van aard, of juist romantisch?'

'Geen idee. Ik weet niet wat u daaronder verstaat.'

'Welnu, een praktisch mens zou denken dat hij hier iets uit kon slepen, een manier zou kunnen vinden om hier zijn voordeel mee te doen. Een romanticus daarentegen zou dat niet kunnen schelen. Die zou hier met kokend bloed staan, en allang weten wat hem te doen stond. Die zou op wraak uit zijn. Vergelding.'

'In dat geval denk ik dat ik geen van beide ben.'

'Maar wat kom je hier dan doen?'

Nu liet Foster zijn blik wegdwalen. Naar de hete auto waarin zijn honden lagen te wachten. En weer terug naar de vervaarlijke oude man met zijn stok. 'Ik wil alleen maar weten wat hier toen is voorgevallen. Dat is het enige waar ik op uit ben.'

'Aha, een dichter.'

'Nee, hoor. Ik wil alleen maar de waarheid.'

En Alexander Mebane glimlachte naar hem. Hij maakte een polsbeweging en de stok zwaaide sierlijk omhoog, en weer omlaag. Foster glimlachte niet terug. Hij voelde een trilling in zijn binnenste, die hij met een zucht verjoeg. Mebane verloor zijn glimlach en nam Foster nog eens van top tot teen op. Zoals een vrouw dat zou doen. Of iemand op zoek naar iets van zichzelf, een verloren eigenschap. Hij schopte de hordeur nu helemaal opzij en draaide zich een kwartslag. Hij zei: 'Pion slaat raadsheer. Ik kan hier niet eeuwig blijven staan. Kom binnen.'

Met Foster achter zich aan liep Alexander Mebane een kamer binnen die ooit de eetkamer moest zijn geweest. De tafel stond er nog. De dientafels en de eetstoelen tegen de muur. Maar daartussen een paar boekenkasten, en aan de tafel twee kantoorstoelen op zwenkwieltjes, met rugleuningen op gietijzeren beugels. Het tafelblad lag vol boeken, tijdschriften en kranten, met daartussen een groen vloeiblad met een lederen rug, en een stapel registers. Er was een kleine ruimte vrijgehouden voor een linnen tafelmatje en een zwartgeworden zilveren servetring waarin een vuile lap stof lag gepropt. Het matje en het smoezelige hout van de tafel lagen bezaaid met kruimels en onbestemde voedselresten.

Mebane zei: 'Dit aardse bestaan kent geen vrede. Zo is het nu eenmaal. Vandaar dat wij onze handen naar de hemel uitstrekken. En toch weet geen man ooit van ophouden. Of nee, dat is niet juist... Er zijn er zat die wel ophouden. Maar om dat slag is het ons nu niet te doen, hè, Foster Pelham? Het gaat om de rest van jullie, die altijd maar blijven doorzwoegen, die denken dat als ze nog één ding achterhalen, nog één ding leren begrijpen, nog één vraag beantwoord krijgen, nog één raadsel ontsluieren, dat ze het dan alsnog op aarde krijgen... Die vrede bedoel ik.'

En hij draaide zich met een ruk om, verrassend kwiek, de stok voor zich opgeheven. Foster was hem op de hielen gevolgd om hem te kunnen verstaan, moest stoppen en achteruit springen. Mebane glimlachte opnieuw, duwde met zijn stok een van de kantoorstoelen naar achteren en liet zich erop neerploffen. Wees met de stok op de andere stoel. 'Zitten.'

De muren waren verschoten mosterdgeel met de tranensporen van lekkages. Een Perzisch tapijt, tot op de draad versleten, over een vloer van brede vurenhouten planken. Dikke mosgroene gordijnen, opzijgetrokken om iets van het middaglicht door de gesloten ramen te laten vallen, het glas getint door een vuile aanslag. Op de tafel brandde een elektrische bureaulamp met een zwanenhals. De lucht in de kamer was roerloos, doordesemd met zo veel geuren van zo veel jaren dat hij zijn eigen aroma had gekregen. Mild, niet zuur. Welriekend bijna.

Alsof hij de kamer door Fosters ogen had gezien zei Mebane: 'Ik heb hier jarenlang een vrouw over de vloer gehad, elke dag behalve zondag, om te koken en schoon te maken. Op een avond zit ik weer eens aan zo'n uitgebreide maaltijd, terwijl zij in de keuken zit te wachten tot ze de boel weer af kan ruimen. En opeens leg ik mijn vork neer, loop de keuken in en vraag: "Millie, heb je dit baantje eigenlijk nodig?" Ze keek me aan en zei dat iemand toch voor me zorgen moest. En ik zei dat dat reuze meeviel. Dat ik heus niet van honger zou omkomen, dat de rest wat mij betrof in elkaar mocht storten, en dat het me een dwaasheid toescheen om meer eten op mijn bord te hebben dan ik in drie dagen op kon, terwijl er in mijn keuken een vrouw moest zitten wachten die tien jaar ouder was dan ik. En terwijl ik dat zo zeg zit ze me neutraal aan te kijken. Niet instemmend, niet afwijzend. Dus ik vraag nogmaals of ze dat baantje echt nodig heeft. Of ze het geld nodig heeft. Nee, zegt ze. En van die avond af heb ik hier voor mezelf gezorgd. Het zal jou een armzalige boel lijken, dat lijkt het anderen ook, maar ik ben er tevreden mee.'

'Maar zou ze dan zelf geen ontslag hebben genomen?' vroeg Foster. 'Als ze dat baantje echt niet nodig had?'

'Het geld, bedoel je.'

'Ja.'

'Nee, dat denk ik niet. Menigeen wel, natuurlijk. Maar bij haar speelde er nog iets anders mee. Iets wat meer was dan gewoonte of trots. Ze had zichzelf leren beschouwen als de vrouw die voor mij werkte. Ze nam dat geld natuurlijk wel aan, en zal er ook altijd wel een bestemming voor hebben gevonden, want geld komt voor de meeste mensen altijd wel van pas. Maar daar ging het toen niet om, die avond in de keuken, en dat wist zij ook. Wat ik in feite vroeg was of ze haar tijd niet liever aan zichzelf had. En dat wilde ze inderdaad. Ik heb haar elk jaar met kerst nog een envelop met geld gestuurd, tot ze drie jaar geleden overleed. Maar daar ging het niet om. Mij niet en haar ook niet. En dat wisten we allebei van elkaar.'

Foster zat met zijn handen in zijn schoot gevouwen. 'Dus ze voelde zich aan u gebonden, en toen heeft u haar bevrijd.'

'Kijk, nu spring je van het ene uiterste naar het andere. Het is waar dat ze anders was blijven komen tot ze daar te oud of te ziek voor was geworden. Maar al wat ik je zeggen kan is dat ik het zat was en dat zij dat maar al te goed begreep. Ik zie haar nog staan, toen ze die avond voor het laatst de afwas had gedaan. Bij de deur met haar jas aan en haar hoofddoek om. "Als het tegenvalt," zegt ze, "moet u niet bij mij komen zeuren." Ze wist hoeveel rommel een man gaat maken als hij zich in zichzelf terugtrekt. Want dat was ik van plan, en dat wist ze. Dus nee, het was noch hardvochtigheid van me, noch grootmoedigheid. Het was geen van beide.'

'Ik begrijp eigenlijk niet zo goed waarom u me dit vertelt,' zei Foster. 'Tenzij het een ingewikkelde manier is om me op iets anders voor te bereiden.'

Mebane keek hem aan. Zijn oudemannenmond een droge peul. De pret in zijn ogen niet minder droog. Hij zei het alsof hij een geestigheid uitprobeerde: 'Een mens is de som van zijn delen.'

'Dat kan zijn,' zei Foster. 'Maar volgens mij ben je zelf wel de laatste die zo'n som zou moeten maken.'

'Wie zou hem anders moeten maken?'

'Weet ik niet. De mensen om je heen misschien.'

'Nee. Want ieder mens is op z'n minst twee mensen. Van wie er een alleen maar door hemzelf gekend wordt.'

'Tja.'

'Luister, rond dezelfde tijd als Millie had ik een tuinknecht. Een knoest van een vent, maar als je hem een bloemenbed zag wieden leek hij wel te zweven. Hij was nog jong, in de dertig pas, met een vrouw en kinderen. Dus hem ging het wel degelijk om het geld. Goeie genade, wat een reus was dat. Fred Fox. Handen als kolenschoppen, net zo groot en net zo zwart, maar toen ik hem ontsloeg smeekte hij me om te mogen blijven. En wat denk je, die hele eerste zomer kwam hij hier toch een paar keer per week naar toe om de bloemen in de voortuin te verzorgen en achter het gras te maaien. Wilde het allemaal toch bijhouden, in stand houden. En dan stapte ik naar buiten en zei: "Fred, als je dit blijft doen, moet ik je blijven betalen. En ik wil je niet blijven betalen, dus moet je het niet meer doen." En dan zei hij dat hij geen geld hoefde, dat hij het alleen maar een beetje netjes wilde houden. En dan zei ik weer dat ik het niet netjes wilde. Uiteindelijk heb ik gedreigd dat ik hem zou laten oppakken voor huisvredebreuk. Hij stond me even aan te kijken, veegde zijn handen af aan de voorkant van zijn broekspijpen en wenste me goedenavond. Nooit meer teruggezien.'

'Dus u ontsloeg die mensen omdat u een ander leven wilde. Was dat het?'

'Misschien.' Alexander Mebane grijnsde hem toe, dezelfde sluwe grijns als eerder op de veranda. 'Of misschien was het geldgebrek. Wie zal het zeggen?'

'Ik heb u al gezegd dat ik niet op geld uit ben.'

'Er zijn amper nog Mebanes,' zei de oude man alsof hij een vraag beantwoordde. 'In de buurt van Wilmington, onder aan Cape Fear, kun je nog wel wat achterneven en andere verwanten in de derde, vierde graad vinden, maar die betekenen niets voor me. Als die hier binnenkwamen, waren het net zulke vreemden als jij. Ik ben er sinds mijn kindertijd niet meer geweest en zal er ook wel nooit meer komen. Mijn enige broer kwam om bij Petersburg, en mijn beide zusters zijn ook dood. De een was naar Raleigh getrokken, waar ze trouwde en een jongen en drie meiden kreeg, die in naam noch karakter Mebanes zijn. Mijn andere zuster bleef hier en trouwde met ene Pettigrew, een boer. Uit dat huwelijk zijn ook kinderen geboren, die nu zelf kinderen hebben, en op één zwakzinnig geval na zie ik die ook nooit meer. Het loopt dus zo'n beetje op z'n eind, hier, wat de dynastie betreft. Dit optrekje is ooit door mijn vader gekocht, die er zijn naambord tegenaan timmerde en mijn moeder uit Raleigh liet komen, met het idee dat ze het beter zou krijgen dan ze gewend was. In de oorlog deed hij er alles aan om in het gevlei te komen bij de regering, wat op zich ook wel lonend was, maar het was niet bepaald een man met een vooruitziende blik. Toen Lee er de brui aan gaf, en daarna Johnston, had Pa al zijn geld vastzitten in Jeff Davis-obligaties. Dat was al een riskante gok geweest, maar toen was het papier waarmee je alleen nog je sigaar kon aansteken, als je geld genoeg had om een sigaar te kopen, en dat had hij in sterk afnemende mate. Na de oorlog waren er talloze mannen die weer helemaal opnieuw moesten beginnen. Wat de meesten ook wel lukte, al hadden ze minder relaties en kwalificaties dan hij. Maar hij deed alles verkeerd. Vlak na de oorlog, toen de yankees en de zwarten hier de dienst uitmaakten, probeerde hij op de oude voet door te gaan, wat natuurlijk deerlijk mislukte. En toen de yankees zich hadden teruggetrokken besloot hij alsnog met de zwarten aan te pappen, terwijl alles toen net weer de kant van vroeger opging. Zijn oude makkers waren al snel weer de baas, maar ze hadden hem zijn draai zien maken en lieten hem barsten. Uitgerangeerd. Niet meer dan verdiend, uiteraard, maar voor mijn moeder was het een hard gelag. Ze had dat oude huis in Raleigh nog, en dit hier, maar daar bleef het zo'n beetje bij. Na haar dood heb ik tot het uiterste moeten gaan om dit huis te behouden. Kreeg opeens allemaal oude schulden af te lossen, want er waren nogal wat bankiers geweest die niet meer naar haar rekeningen hadden omgekeken. Uit medelijden met haar en uit minachting voor mijn vader, die er in zijn karakteristieke leepheid toe besloten had tien jaar eerder dood te gaan dan zij. Na de begrafenis hadden we in zijn bureau een sigarendoos met die waardeloze obligaties gevonden, en verder niks.

Niet dat ik het er zelf zoveel beter van af heb gebracht, hoor. Toen ik de leeftijd kreeg ben ik ook rechten gaan studeren, heb altijd wel mijn best gedaan maar kon er toch nooit mijn draai in vinden. De wet, dat is een abstractie die voor een ideaal in de plaats is getreden. En ik bleek maar moeizaam mijn weg te kunnen vinden in een abstractie. Dus nee, helaas, ik was geen slagvaardig advocaat. Ik nam altijd zaken aan waarbij de kans van slagen nihil was, en de kans om iets te verdienen dus ook. Zaken die niet te winnen waren, los van de vraag of dat terecht was of onterecht, want de wet gaat niet over terecht of onterecht. Ik sprokkelde moeizaam de centjes bijeen en ondertussen schreef ik het ene verzoekschrift na het andere om een oorlogspensioen. Ik had natuurlijk het voordeel dat ik die arm kwijt was geraakt, en ik bofte toen iemand op een goede dag een hospitaaldossier vond, ergens in Virginia. Waarna mijn pensioen een feit was, na twee jaar zeuren. Ik zal niet beweren dat ik het ook echt verdiende, arm of geen arm, maar Washington stuurt het me nog maandelijks toe en ik moet bekennen dat ik daar een zeker genoegen aan ontleen. Noem het een compensatie voor mijn dode broer. Of misschien is het alleen maar onvervalste hebzucht. Pakken wat je pakken kunt. Het kan me eerlijk gezegd niet schelen wat het is. Hoe dan ook, nu weet je het. Voor het geval je daar in New Hampshire hebt zitten dromen van een weelderige plantage, van een luxeleventje hier. Nu weet je dat het alleen maar een verbitterde oude man in een vervallen huis is.'

'Nogmaals, ik wil alleen maar weten wat hier is voorgevallen.'

Alexander Mebane leunde naar voren. Het mechanisme van de kantoorstoel krijste om olie. 'Wat mankeert jou, jongen?' vroeg hij. 'Gebrek aan fantasie?'

'Nee, hoor. Maar het is niet wat u denkt. Ik weet alleen maar dat het leven van mijn vader, en dat van zijn zusters... Alles wat zij hebben meegemaakt kwam op de een of andere manier voort uit wat hun moeder is overkomen. En daar weet niemand het fijne van. Omdat het hier is gebeurd. Niet daar.'

'Wat was jouw grootvader voor iemand?'

'Ik heb hem niet gekend. Mijn vader is daar jong vertrokken en nooit meer terug geweest. Ik weet niet of er onmin tussen hem en zijn vader was, maar ik denk het niet. Wat hem dwarszat, denk ik, was dat zijn moeder zich had opgehangen. Hij was toen nog maar klein. Zijn zusters, mijn tantes dus, bewonderden hun vader. Voor zover ik weet was het een goede man. En hij was stapelgek op mijn grootmoeder.'

'O ja?'

'Jazeker. Hij hield vreselijk veel van haar.'

'Kijk eens aan.' Alexander Mebane zweeg even en keek van hem weg. Keek na een poosje weer terug. 'Ik kan me je grootmoeder nog wel herinneren.'

'Ja.'

'Zowel van heel vroeger als van de keer waar je het over had. Toen ze hier weer kwam maar niet bleef.'

Foster zat stilletjes. Mebane keek hem monsterend aan, zijn dunne wenkbrauwen bijna onzichtbaar boven zijn grote ogen, ogen die zich scherp aftekenden in de strakke glimmende huid om zijn schedel. De kamer was heet geworden doordat de dalende zon zich rechtstreeks door de smoezelige ramen boorde. Witte, wazige lichtstrepen over het versleten vloerkleed. Een diepe gloed op de vurenhouten planken. Foster was moe. Hij had het warm. Zijn ogen en keel deden pijn. Hij keek naar de oude man tegenover zich alsof hij een nieuwe diersoort zag ontstaan. Aantrekkelijk en afstotelijk tegelijk. Een ingewikkeld samenstel van vallen, waarvan er sommige nog openstonden en andere al waren dichtgeklapt. Terwijl dit hem door het hoofd spookte nam hij zijn ogen van hem af. Vroeg zich af wat er in al die registers was opgeschreven. De kroontjespennen keurig in hun houder. De inktpot dichtgeschroefd. Als waren het de enige waardevolle dingen in de kamer.

Mebane greep met een abrupte beweging zijn stok en kwam overeind, deed de stoel naar achteren rollen. Alsof de man, de stok en de stoel gedrieën een ritueel opvoerden. 'Kom, volg me,' zei hij, en wachtte niet af maar liep de kamer door, niet naar de gang maar naar een tussendeur, zonder klink maar met een zwartgeworden koperen plaat op het zware oude hout. Met Foster achter zich aan zette hij zijn schouder tegen de deur die open zweefde en zo bleef staan, lang genoeg om hen beiden door te laten. Foster zag dat het een tweezijdige zwaaideur was, met veren in de hengsels die hem even openhielden waarna hij geruisloos dichtzwaaide. De ruimte erachter was de keuken. Die deur was bestemd geweest om personeel stilletjes heen en weer te laten lopen, de maaltijd te serveren en te verdwijnen.

Ze liepen de keuken door. Een groot fornuis met twee ovens, de plaat onder het stof en volgestapeld met manden, potten en keukengerei. In het midden van de ruimte een vierkante tafel met een dik blad, leeg, hier en daar verkleurd, met talloze littekens. Op het aanrecht naast de gootsteen stond een klein draagbaar kooktoestel met twee elektrische spiralen. In het afdruiprek aan de andere kant van de gootsteen een enkel glas en een enkel bord. Daar weer naast een elektrisch broodrooster in een zee van verkoolde kruimels.

De keukendeur door, enkele treden af en ze betraden de achtertuin. Links voor hen uit stond een vierkante houten hut, aangesmeerd met leem, met een stenen schoorsteen en een enkel raam naast de deur, die geen treden had maar een platte steen. Het bouwsel stond op vier stapels stenen onder de hoeken. In de andere hoek stond een stal met bovenverdieping. De tuin hier was vlak, niet terrasgewijs zoals voor het huis. Er was een moestuintje met onkruid tussen de verlepte groenten. Het geheel werd omgeven door een rottende houten schutting, overwoekerd met kamperfoelie, alsof de stengels daarvan de vermolmde planken overeind moesten houden.

De zon scheen als een waterig, wazig rood ei door de eiken achter de tuin.

Mebane schreed door het uitgegroeide gras, dat ruiste en kraakte onder de punt van zijn zwiepende stok. Zijn tred was wiegend en vast tegelijk, alsof hij zijn eigen verhouding tot de zwaartekracht had gevonden. Foster volgde hem naar de hut, waar de witkalk in krullen en blaren van afbladderde. Mebane bleef voor de stoepsteen staan, hief zijn stok en zette de punt tegen de deur, vlak boven een gat dat traanvormig was uitgesleten door een klinksnoer dat er inmiddels uit verdwenen was. Hij gaf een por met de stok en de deur zwaaide naar binnen.

'Daar is ze geboren, die grootmoeder van jou. Daar heeft ze gewoond tot ze zestien jaar oud was. Met haar moeder en een andere zwarte vrouw. Met z'n drieën op elkaars lip, wat 's zomers weinig gerieflijk zal zijn geweest. Denk je eens in. Mijn vader die hier van tijd tot tijd binnenging om aan zijn gerief te komen. 's Nachts, mag ik aannemen. Zomernachten. Heet en muf in die nikkerhutten. De gedachte dringt zich op dat hij die geur wel lekker zal hebben gevonden. Kun jij je dat voorstellen?'

Foster kwam naast hem staan, en de oude man keerde zich om zijn middel naar hem toe een keek hem woedend aan. Zijn wenkbrauwen zwoegden, een kronkeling op zijn voorhoofd. Zijn mond trilde, een glimlach strijdend met een grijns van afkeer. Als om zijn woorden te honen, het beeld dat hij geschetst had. Of misschien wel een genotzuchtige haat, die jaren op ontlading had moeten wachten en nu met smaak geproefd werd. Foster wist het niet. Het rossige zonlicht op de witkalk. De open deur een duistere rechthoek.

Foster vroeg: 'Mag ik naar binnen?'

Mebane nam zijn stok weg en stapte achteruit. Wankelend opeens. Alsof zijn balans verdween als hij niet kon zien waar hij liep.

'Ga je gang,' zei hij. 'Het is jouw voorouderlijk huis, per slot van rekening.'

Binnen was het donker en leeg. De lucht muf, rook vooral naar muizen. De binnenwanden waren niet gekalkt, het hout zwart van roet en oude levens. De kleine open haard was leeg, op de bleke, langwerpige rechthoek na van een verdord slangenvel. In een van de hoeken was een ruwe houten verhoging gebouwd, die ooit als bed moest hebben gediend. Verder niets. Hij liep naar de haard en bekeek de slordig gemetselde stenen, het verbrokkelde cement. Roet en schroeiplekken. Zo stond hij daar. Trachtte de zomernamiddag buiten te sluiten, en zijn vermoeidheid, en die oude man daarbuiten, probeerde de levens van weleer uit die stenen op te roepen, hoopte dat ze zich op de een of andere manier kenbaar zouden maken.

'Ze had zo'n mooi halfbloedhuidje,' riep de oude man buiten. 'De kleur van nieuw zadelleer. En de groene ogen van mijn vader.' Foster keerde zich om en keek hem vanuit de schaduw aan. 'Maar je vergeet te vragen hoe haar eigen moeder eruitzag. Waar ze zelf uit was voortgekomen. Dat is je fout, jongen. Je denkt niet ver genoeg terug. Doe je dat niet, dan zijn er geen eenduidige antwoorden.'

Foster kwam naar de deuropening en keek naar Mebane, die nu met zijn voeten uit elkaar stond, de stok ertussenin. Zijn hoofd iets opgeheven om Foster te kunnen aankijken.

'Wat is er met haar gebeurd?' vroeg Foster.

'Met wie?'

'Met haar moeder. Nadat mijn grootmoeder hier was weggegaan. Toen de oorlog voorbij was. Wat is er toen met haar moeder gebeurd?'

'Dat weet ik niet.'

'Weet u dat niet?'

'Ze is hier vertrokken. Da's alles wat ik weet.'

'Maar waar had u het dan over?'

'Over de tijd daarvoor. De tijd die voorafging aan al die dingen waar jij al die vragen over hebt.'

Foster streek met zijn handen over zijn gezicht, en zei: 'Luister, meneer Mebane. Dit wordt me allemaal te veel. Ik ben bekaf van mijn reis en u praat alleen maar in raadseltjes. Ik heb twee honden in mijn auto, die nu wel halfdood zullen zijn van de hitte. Die zal ik nu eerst te drinken moeten geven en ze even laten rennen. En daarna ga ik een plek zoeken om te overnachten, en dit alles te overdenken. Het is allemaal gloednieuw voor me, het houdt maar niet op en het kost me de grootste moeite om er wijs uit te worden. U heeft hier dik zestig jaar zitten wachten tot u het aan iemand vertellen kon, en diegene ben ik kennelijk. Maar op dit moment ben ik er gewoon te moe voor.'

Mebane keek hem aan. Er was geen teleurstelling in zijn blik. Hij zei: 'De meeste mensen hier noemen me Lex. Of meneer Lex.'

Foster knikte. 'Ik zal u noemen zoals u wilt. Maar ik moet nu eerst even voor mezelf zorgen. Kan ik u morgen weer komen opzoeken?'

'Wat zijn het voor honden?'

'Pardon?'

'Die honden van je.'

'Jachthonden. Engelse setters.'

'Ach, werkelijk?'

'Ja. Moeder en dochter. Goeie honden. De ene al heel ervaren, en de ander is kortgeleden met patrijzen en houtsnippen begonnen. Ik had zo gedacht, nu ik hier toch ben kan ik misschien wat kwartels met ze gaan zoeken. Is weer eens wat anders voor ze.'

Uit de kofferbak van zijn auto haalde hij een blik water, goot dat uit in een reuzelemmer en liet de honden drinken. De emmer was halfvol toen ze begonnen, en ze hadden misschien nog wel meer gewild maar lieten een klein laagje staan, waar het schuim van hun eigen kwijl op dreef. Ze wilden de auto niet meer in maar hij wist ze toch weer op de achterbank te krijgen. Hij reed het stadje uit, onder de spoorbrug door en sloeg af op de plek waar Mebane hem zei af te slaan, een smal weggetje op, door een stofwolk van de rode steengruis. Mebane, rechtop naast hem, babbelde aan één stuk door.

'Mijn broer Spencer en ik jaagden op alles wat vloog toen ik nog een jongetje was. Een klein jongetje, let wel. Voor de oorlog. Mijn kindertijd hield zo'n beetje op toen ik twaalf was en de oorlog uitbrak en Spence onder de wapenen ging. Althans, het leek opeens stil te vallen, in de lucht te blijven hangen tot hij weer terug zou komen. Als hij weleens een paar weken verlof had probeerden we de draad weer op te vatten, maar het was niet meer als voorheen, en dat wisten we allebei. Dus wat ik aan jeugdherinneringen heb, dat zijn die dierbare, o zo dierbare dagen van voor de oorlog. Spence die toen al oud genoeg was om goed te zijn in wat hij deed. En hij deed alles altijd met volle ernst, en omdat hij zo was probeerde ik alles ook met volle ernst te doen. Een hond hadden we niet, want mijn moeder wilde geen vlooien en teken in huis, maar onder de jongens met wie Spence uit jagen ging was er altijd wel een die een hond had. Meestal zo'n grote, oliedomme pointer. En die zie je tegenwoordig nog steeds het meest. Setters af en toe ook wel, maar niet veel. Met die vacht kunnen ze lang zo goed niet tegen de hitte als pointers, en ze zitten binnen de kortste keren onder de doornen en klitten. Maar o, die prachtige dagen van weleer. Het is gek, maar je mooiste herinneringen lijken altijd weer met de vroege ochtend of het vallen de avond samen te hangen. Zo vergaat het mij althans. Ik zie het met grotere helderheid voor me dan het hier en nu: Spencer tussen de hoge dennen terwijl er zo'n troep kwartels voor hem opvliegt. En ik weet nog hoe hij altijd even wachtte als ze opvlogen, even toekeek voor hij die ene uitkoos, dat dan pas zijn geweer omhoogkwam, en vrijwel tegelijkertijd afging. Alsof hij er totaal niet bij nadacht.'

'Ja,' zei Foster. 'Zo gaat het.'

'Ik ben er nooit zo'n kei in geweest. Het ging wel, en als ik het had kunnen blijven doen was het allicht beter geworden. Nu moet ik zeggen dat er mannen waren, sommigen leven zelfs nog, die ook een arm hadden verloren maar evenzogoed de bossen en velden in bleven trekken, en uiteindelijk eenhandig leerden schieten. Die kregen altijd wel hun hert te pakken. Soms zelfs een vogel. Maar ik niet. Ik had er op slag alle aardigheid in verloren. De oorlog zelf had daar weinig mee te maken, want daar heb ik eerlijk gezegd niet zo bar veel van gezien. Ik kan niet eens zeggen dat het door de rouw om mijn broer kwam, hoewel we er ongetwijfeld weer op uit zouden zijn getrokken als hij in leven was gebleven. Het speelde wel mee, de oorlog en mijn broer, maar er was meer. Kijk, sommige mensen liggen vanaf hun geboorte op een vaste koers, anderen bepalen onderweg hun richting. En dan heb je hen die maar wat voortdobberen, stukje bij beetje hun weg vinden en nooit precies weten waar ze zijn.'

'Waar gaan we trouwens naar toe?' vroeg Foster.

'O, we zijn er nog niet. Rij nog maar even door. Dit is allemaal Pettigrewgebied, overigens. Land van de zoons van mijn zuster. Zie je dat dennenbos daar? Toen dat nog jong was kon je er geweldig jagen. Nu is het helemaal volgegroeid. Komt geen hond meer doorheen, laat staan een man. Als ze er wat zouden kappen, hier en daar, werd het wel weer wat. Vogels zijn verzot op jonge boompjes, vers groen. Kijk, daar heb je het huis. Nee, nee, niet stoppen. Met die lui hebben we niets te maken. Gewoon doorrijden. Het is niet ver meer, de plek die ik in gedachten heb. Je hebt er een maïsveld en een boonakker, met een brede geul ertussen waar een beekje doorheen loopt. Op deze tijd van de dag vind je daar de meeste vogels.'

Het huis lag ver van de weg onder een paar rode eiken, met een aantal lage schuren en stallen eromheen. Het huis zelf was hoekig en robuust. Slechts één bovenverdieping en een diepe veranda langs de hele voorkant. Een zilver geverfd tinnen dak. Een oude versleten Ford onder een van de bomen. Tabaksvelden aan beide zijden van het erf en een verwilderde wei tot aan de weg. Alles onder het ijle bleekrode zonlicht, waaronder het land dof en verkoold leek.

Ze reden nog meer akkers en velden voorbij, af en toe onderbroken door stukjes bos. Groepjes loofbomen, en dennen op de heuvels tussen de velden. Passeerden een kruising waar een handjevol ongeschilderde houten woningen stond, met waterpompen op het erf en grauw wasgoed aan de lijnen, dat niet schoner zou worden van het stof dat de auto deed opwaaien. Een schamele winkel, de gebarsten luiken dicht tegen de zon. Daartegenover een langwerpig gebouwtje dat zich van de rest onderscheidde door de witgeverfde muren en de blauwe deur op het midden van de korte voorzijde. Op het puntdak een eenvoudig kruis van geschilderde balkjes. Boven de deur een handgeschilderd bord: MOUNT OLIVE METHODISTISCHE GEMEENTE. Zwarte kinderen onderbraken hun spel om de auto voorbij te zien rijden. Een man in een overall stond langs de kant van de weg, hield de kinderen in de gaten en keek de auto na toen die op veilige afstand was.

'Hoe heet het daar?'

'Hoe heet het waar?'

'De plek waar we net langskwamen.'

Mebane keek hem vluchtig van terzijde aan. Keek weer voor zich uit, recht in de opzwellende avondzon. 'Crossroads heet het daar. Pettigrew Crossroads.'

'Maar ik heb alleen maar donkere kinderen gezien.'

Mebane trok zijn wenkbrauwen op, schokschouderde met één schouder. 'Dat waren wel degelijk Pettigrews, hoor.'

Ze draaiden de weg af over een duiker, de kop van een boonakker op, waar Foster de auto stilzette. De rijen bonen strekten zich in de lengte voor hen uit, de toppen van de planten nog in het licht maar de grond ertussen al in een donkere schaduw gedompeld. Wat er nog aan zonlicht was viel door de populieren, acacia's en amberbomen die langs de geul groeiden. Foster pakte het zilveren fluitje uit het handschoenkastje, liet de honden eruit en ze liepen gedrieën het bonenveld in. Alexander Mebane bleef in de auto achter. De honden renden uitzinnig rond, sprongen heen en weer door de bonenrijen en kalmeerden gaandeweg en begonnen te speuren, hun neuzen hoog in de roerloze lucht, klaar voor elk zweem van gevleugeld leven. Foster liep langzaam voort. Zijn benen waren stram en pijnlijk van de rit en de middag met die oude man. Hij voelde zich onbehaaglijk met Mebane daar achter zich, die hem ongetwijfeld gadesloeg. Hij verbeet zich omdat hij niets van het water voor zichzelf had bewaard. Het water in dat beekje zou waarschijnlijk niet tot slurpen uitnodigen.

De honden werkten nu serieus de boonakker af en hij liet ze begaan, al vermoedde hij dat Mebane gelijk had en dat de vogels alleen aan de randen zaten, of in de beschutting van de bomen. Misschien zelfs wel langs het beekje daar beneden. Maar er was niets op tegen als ze eerst met het terrein vertrouwd raakten.

Hij mocht Mebane niet. En terwijl zijn spieren langzaam soepeler werden, begreep hij waarom. Hij voelde zich van die man afhankelijk, wat hij bepaald niet verwacht had, en nog minder had gewild. Het vage dreigement dat Mebane in het begin had geuit had daar lang zoveel niet mee te maken als de dreiging van de omgeving zelf. Alsof hij niet wist hoe hij zich hier nader kon verklaren als dat van hem verlangd zou worden, en het kon niet anders of men zou het van hem verlangen. Hij voelde zich verloren, terwijl hij daar die vreemde zachte avondschemering inliep, die uit de grond leek op te stijgen. En voor het eerst echt alleen. Miste alles wat hij kende. Hij begon dwars door de bonenrijen in de richting van de bomen te lopen, zijn borst en keel samengesnoerd, bracht het fluitje naar zijn mond en blies tweemaal kort. De honden draaiden zich om, hun koppen boven de planten opgeheven, zagen hem naar de bomen gebaren, bleven nog even staan tot ze zeker wisten dat hijzelf ook die kant opging en weg waren ze, met hoge sprongen over de rijen voor hem uit en waren in een oogwenk tussen de bomen verdwenen en hij hield innig veel van ze.

Onder de bomen was het een wirwar van bessenstruiken en klimplanten en kronkelige zwarte doornstruiken met scherpe stekels, waardoor hij zich een weg baande tot onder in de geul. De honden vlakbij, het wit van hun vacht en hun snelle bewegingen en constant geflits in het oker van de takken en struiken. Na zich van een laatste klimplantstengel te hebben ontdaan kon hij bij het beekje neerhurken. Het water was doodstil maar helder. Hij schepte er enkele handenvol uit op. Het was lauw en ietwat brak maar het smaakte goed, de smaak van de omgeving. En het simpele feit dat hij drinkbaar water had weten te vinden beurde hem op, gaf hem het gevoel dat hij nog wel meer zou vinden dan water alleen. Hij keek op vanuit zijn hurkzit en zag de honden staan aanwijzen, hun staarten als vaandels opgeheven, aan de rand van het maïsveld. Hij riep ze een ingehouden kóest toe, stapte over de beek en liep tegen de andere oever omhoog, werkte zich door de bomen, had inmiddels door dat hij dat beter met zijn schouders en achterwerk kon doen dan met zijn handen, bereikte de honden en bleef even staan. Ze stonden allebei stokstijf. Glow rolde haar ogen achteruit om hem te zien, en tot actie aan te sporen. Hij zag haar rillen. De zon was vlak boven het maïsveld in een helrood waas veranderd. Hij stapte langs de honden, het hoge gras in dat tussen hem en de maïs stond. En de kwartels vlogen met veel geraas op, talloze vogels, van overal zo leek het. Een immense vlucht die zich in meerdere formaties opsplitste, die elk naar een andere kant weggleden.

Glow barstte los en stoof de maïs in, die onafzienbare vogelmenigte achterna. Foster was te overdonderd om haar terug te roepen. Lovey stond nog steeds aan te wijzen, op hem te wachten. Bevend over haar hele lijf. Hij ging met gespreide benen over haar heen staan en legde zijn handen op haar flanken.

Ze liepen door het maïsveld, op zoek naar afzonderlijke vogels. Lovey vond er drie. Glow één, of misschien wel meer die ze deed opvliegen zonder ze aan te wijzen. Foster deed er zelf een opvliegen door er domweg voorbij te lopen. Ze hadden nog wel door kunnen gaan, maar de schemering was te donker geworden, te diep. De bomen versmolten tot een massieve zwarte muur. En hij was zich bewust van de oude man die daar nog steeds in de auto zat te wachten. Die hen naar deze plek gebracht had, hun deze ervaring geschonken had. En Foster wist dat hij geen andere keuze had dan hem op zijn beurt zijn vertrouwen te schenken. Niet overmatig, maar toch wel een beetje. Dus leidde hij de honden langs de rand van het maïsveld terug naar de weg, liever dan zich weer tussen de bomen te begeven, bleef even in het donker staan waar de beek in een doorlaatkanaal onder de weg verdween, liet de honden drinken, en beklom toen het heuveltje vanwaar hij de Chrysler tussen de bonen kon zien staan. Een silhouet tegen de blauwzwarte hemel.

Op Mebanes aanwijzingen na reden ze in stilte terug. Dat deerde Foster niet. Hij wist dat de oude man nog lang niet uitgepraat was, dat de stilte een geste was, een klein gebaar speciaal voor hem. Hij nam zich voor om in het vervolg wat meer op zulke dingen te gaan letten.

Toen ze het stadje naderden zei Mebane opeens: 'Ik had zo gedacht dat je maar bij mij moest komen dineren. Op dit uur vind je nergens meer een eethuis. Geen huizen althans waar je ook daadwerkelijk zou willen eten.'

Foster zei: 'Ik hoef niks.'

'Kom kom, ik zie dat het tegendeel waar is. En kom trouwens ook maar bij me logeren zolang je hier bent. Aan ruimte geen gebrek.'

Foster was langzamer gaan rijden. Het was donker nu, de raampjes nog steeds omlaag, de lucht nog steeds warm. Hij zei: 'Dat is erg vriendelijk van u, maar het lijkt me beter als ik ergens een kamer neem.'

Mebane had zijn stok tussen zijn voeten op de vloer staan, zijn hand over de greep. Hij draaide hem wat rond, keek niet opzij. 'Je bent zestien jaar oud, nietwaar?'

'Ja.'

Mebane knikte. 'En wat denk je dat er gebeurt als een joch van zestien hier ergens een kamer probeert te krijgen? Hoe denk je dat die mensen reageren? Op zo'n joch met zo'n dure slee? En dan dat yankeespraakje van je. Denk je nu werkelijk dat ze je zomaar onderdak bieden?'

'Ja, hoor. Zodra ze zien dat ik het betalen kan heeft niemand bezwaar. Zo is het tot nu toe steeds gegaan.'

'En die honden dan? Wil je deze auto soms als kennel gebruiken?'

Foster liet de auto naar de stoeprand zwenken en zette hem stil onder de eiken. Kleine elektrische straatlantaarns, ver uiteen, met beverige lichtkransjes. Hij keek opzij naar Mebane, die nu ook naar hem zat te kijken. Foster zei: 'Het bevalt ze uitstekend in de auto.'

Mebane zei niets.

In de bomen waren de cicaden aan hun zang begonnen. Foster wist dat hij nergens anders terecht kon. Na een poosje zei hij: 'Iets te eten zou er inderdaad wel ingaan. En wat het slapen betreft, ik zou het liefst met de honden in die hut overnachten. Dat we u niet in de weg zitten.'

'De slavenhut?'

'Ja.'

'Tja, dan zullen we daar wel een soort van matras moeten creëren. Ik heb nog wel een paar veren tijken. En een kussen zul je ook wel willen.'

'Ik heb niets nodig. Ik heb een slaapzak hier in de kofferbak, en een kussen. Ik heb steeds gekampeerd op weg hierheen.'

Mebane knikte. 'En je hebt er licht nodig. Op z'n minst een lantaarn. Goed dan, karren maar weer. Ik weet niet hoe het met jou is, maar ik rammel. Rij straks maar voor het huis langs en dan rechts het zijpad in. Zo kom je precies achter het huis uit. Een prima plekje om te parkeren.'

Ze zaten tegenover elkaar aan de tafel vol papieren en registers, aten soep uit blik met zoute crackers. Mebane had twee blikjes geopend en in een omgespoelde pan opgewarmd op zijn elektrische kookplaatje. Had voor zichzelf een bodempje uitgeschonken en de andere kom tot de rand toe gevuld, zodat Foster er voorzichtig mee naar de tafel had moeten schuifelen, een doos crackers onder zijn arm, Mebane in zijn kielzog, de greep van zijn stok in de vouw van zijn elleboog om zijn eigen kom te kunnen dragen. Waarna ze op hun maaltijd waren aangevallen. Tomatensoep, aangemaakt met water omdat er geen melk in huis was, maar niettemin verrukkelijk. Op de helft gekomen dwong Foster zichzelf rustiger te eten om er genoeg aan te hebben. Mebane brak crackers in zijn kom en roerde ze erdoor. Foster wachtte twee lepels af en volgde zijn voorbeeld. Het smaakte voortreffelijk.

Mebane zei: 'Het is niet veel, maar meer heb ik je niet te bieden.'

'Heerlijk, hoor. Precies goed zo.'

'Het zal hier wel een stuk armzaliger zijn dan jij je had voorgesteld. En hoewel ik nog geen van je vragen beantwoord heb, vrees ik dat ik je ook daarin teleur zal stellen, omdat ik je maar weinig kan vertellen. Het punt is dat ik alleen mijn eigen antwoorden kan geven. Daar zul je het wat mij betreft mee moeten doen. Wil je meer, dan zul je elders moeten zoeken.'

Foster lepelde het laatste stukje cracker op en stak het in zijn mond. Legde zijn lepel in de lege kom en keek de oude man aan. 'Als ik het idee krijg dat u iets voor me achterhoudt, zal ik dat wel zeggen.'

'O, daar twijfel ik niet aan,' zei Mebane. 'Daar twijfel ik beslist niet aan.'

Hij nam de brandende lantaarn en een veren tijk mee naar de hut en liep naar de auto. Liet zijn honden eruit en opende de kofferbak om zijn slaapzak en dekens te pakken, en de verweerde oude reistas. Liep terug door de donkere achtertuin. De lantaarn stond op de vloer van de hut en wierp een nietig schijnsel op de wanden. Hij kwakte zijn spullen op de houten verhoging neer en ging weer naar buiten, zag de honden langs de schutting scharrelen, bleke schimmen in het donker. Op de bovenverdieping van het huis was één venster verlicht. Hij vroeg zich af of de oude man een oog dicht zou kunnen doen, en hoe hij zelf de slaap zou kunnen vatten. Liep de hut weer in, pakte de reistas van de verhoging en rolde de slaapzak en de dekens uit. Draaide zich om en bekeek het slangenvel in de haard. Hij kende alleen ringslangen. Deze moest een stuk groter zijn geweest. Hij wilde liever niet nadenken hoe groot, wilde het niet aanraken, laat staan oppakken. Riep de honden binnen en duwde de deur dicht, zag dat er aan de binnenkant een eenvoudige houten valgrendel zat en draaide die in de uitgesleten haak op de wand. Het hout was droog en glad aan zijn vingers. Hij vroeg zich af of er nachten waren geweest waarin hij omhoog was gelaten. Of hoe makkelijk het was geweest om hem van buitenaf met een pennenmes op te wippen.

De honden cirkelden door het vertrek, snoven allebei gulzig aan het slangenvel. Ze sprongen op de verhoging waar hij zijn slaapzak had uitgerold, waar ze hem konden ruiken. Hij kleedde zich uit en vouwde zijn kleren over de reistas naast het bed, onder handbereik. Hurkte neer om de lantaarn uit te blazen. Wenste vervolgens dat hij eerst door zijn zakken was gegaan om een doosje lucifers te vinden. Hij wist dat hij er een had. Ergens. Tastte rond in het donker, vond de slaapzak en schoof erin, wrong zijn voeten langs de honden die maar net genoeg opzij gingen om hem door te laten. Toen hij erin lag rekte hij zich uit en draaide zich om, en de honden draaiden met hem mee.

'Hé daar. Hé!' Zacht maar dringend. Een fluistering die zo aan de nacht was aangepast dat hij een nachtgeluid was geworden. Daar klonk het opnieuw. 'Hé, jij daar. Hé!' Een vrouw. Een meisje. Haar stem hees en zacht, van achter uit haar keel, woorden als een ademing, alsof ze hem van afstand in zijn oor fluisterde. Alsof ze hem al jaren kende en vol ongeduld op hem wachtte terwijl hij zich omdraaide. De honden al overeind. Waakzaam. Een laag gegrom van Lovey. Glow blafte één keer en viel stil toen hij zijn hand op haar rug legde. Waarop Lovey ook stilviel. Alsof ze geen van beide wisten wat ze hiermee aan moesten. Foster zat rechtop in zijn slaapzak. Het meisje buiten riep opnieuw en klopte op de deur, en toen op het raam, en toen weer op de deur. Hij vervloekte zichzelf in stilte omdat hij die lucifers vergeten had, en niet wist waar ze waren. Kronkelde de verhoging af met zijn armen om de slaapzak geklemd en hopte naar de deur. Leunde ertegenaan, gleed met één hand langs de wand om de houten grendel te vinden. Tilde hem niet omhoog, hield zijn hand erop en drukte zijn oor tegen de spleet van de deur. Imiteerde haar fluistertoon.

'Wie is daar?'

'Wie is daar? Je weet niet wie ik ben. Ik kan je elke naam zeggen en dan weet je nog niks. Doe die deur nou maar open.'

'Wat wil je?'

'Hou eens op met dat gevraag. Sta ik hier soms examen te doen? Doe open.'

Hij zweeg. Hield zijn hand op de grendel. Hij meende haar adem te voelen. Ze moest op precies dezelfde plek tegen de deur geleund staan.

'Ik ben Daphne. Zo goed?'

'Ik ken geen Daphne.'

'Nogal wiedes niet. Je kent hier geen sterveling. En je weet ook niks. Maar als je die deur nou opendeed kwam daar misschien verandering in. Kon je me tenminste zien. Lijkt je dat geen goed begin?'

'Ik sta naakt.'

Hij hoorde haar giechelen. Ze zei: 'Dat had van mij niet gehoeven, hoor.'

'Ik lag te slapen.'

'O, vooruit dan maar. Kleed je nu dan maar weer aan.'

'Het is hier stikdonker. Heb jij lucifers?'

'Zodat ik je in je blootje kan zien?'

'Om mijn kleren te zoeken.'

'Weet je wat?' zei ze. 'Als je die deur opendoet, heb je licht zat om je aan te kleden. En dan doen we in de tussentijd of er niks aan de hand is. Lijkt je dat wat, Foster Pelham?'

Hij wreef over zijn gezicht. Streek met zijn vingers door zijn haar om de ergste pieken in het gareel te krijgen. Voelde de zwijgende honden achter zich. 'Hoe kom je aan mijn naam?'

Het duurde even voor haar stem weer klonk, nog steeds zacht, maar voor een ogenblik van zijn humor ontdaan. 'Wat dacht je nou? Dat ik zojuist uit de lucht ben komen vallen?'

'Ik ben hier vanavond een keer of drie, vier voorbijgereden, en zag steeds die chique auto staan die ik nooit eerder gezien had. En toen ik nog een keer langskwam was-ie weg. En die ouwe was ook niet meer thuis. Ik wist niet wat ik daarvan denken moest, maar nieuwsgierig was ik wel. Dus reed ik nog wat rond en ging ten slotte maar naar huis om te eten. Zit ik daarna op de veranda, komt me die auto voorbijgereden! En ik zag hem naast je zitten. Hij die nooit ergens heen gaat of ze moeten hem slepen, en dan gaat-ie nog niet ver weg en nooit lang. Dus zat er niks anders op dan toch weer hiernaar toe te komen om te zien wat-ie nou aan het uitvreten was. Ik loop naar het raam en ik zie jullie daar aan tafel. Zat je van zijn beroemde soepschotel te genieten. Maar ik moet je waarschuwen, dat gaat na verloop van tijd toch tegenstaan, hoor. Als je tenminste van afwisseling houdt. En van een stuk vlees op z'n tijd. Ik heb die man nog nooit vlees zien eten, werkelijk waar. Dus heb ik gewacht tot jij hier kwartier had gemaakt en toen heb ik mezelf binnengelaten om een praatje met hem te maken. Oom Lex kan nooit iets voor me geheim houden, moet je weten. Bij de meeste mensen houdt-ie zijn kaken stijf op elkaar, maar ik krijg er zowat alles uit. Ik noem hem Oom Lex hoewel hij eigenlijk mijn oudoom is. Maar zo wil ik hem niet noemen, want dan krijgt-ie het te hoog in zijn bol. En hij is toch al een beetje raar, dus daar hebben we niks aan. Of raar... Hij is volkomen geschift. Net als ik. Het enige verschil is dat hij een ouwe vent is, zodat iedereen hem met rust laat. Da's bij mij anders. Om mij maakt iedereen zich druk. Meestal achter mijn rug maar ook wel in mijn gezicht. Zeggen ze dat ik eigenlijk een poosje weg zou moeten, voor een rustkuur of zo. De bergen in, naar Asheville waar ze al die sanatoriums hebben. Maar dat woord alleen al. Sanatorium. Het lijkt wel of je dan de hele dag op de plee moet zitten. Ze zien me trouwens nog het liefst met een of ander boertje trouwen. Dat ik ergens in de wildernis kom te zitten, waar ik net zo idioot kan doen als ik zelf wil, en alleen mijn echtgenoot tot last ben. Maar dat wil ik ook niet. Wat ik tot dusver aan echtgenoten heb gezien, daar zou ik al snel met een bijl achteraan gaan. Zo saai leken ze me. En tja, die anderen zouden waarschijnlijk met een bijl achter mij aan komen, wat me nou ook weer geen pretje lijkt. Er zijn wel leuke jongens, hoor, maar je kan gewoon zien dat ze vroeger of later in echtgenoten zullen veranderen. Al sluit ik niks uit, hoor, daar niet van. Maar één ding kan ik je zeggen: ik ben niet zo'n hersenloze trien die met alle geweld naar Californië wil om bij de film te komen. Dat vind ik me toch een onzin. Ronduit kwalijk vind ik dat. Boosaardig. Maar goed, wat zullen we eens gaan doen?'
'Moet je mij dat vragen? Jij hebt mij wakker gemaakt, hoor.'

Ze stonden op het zijpad bij de Chrysler. Hij had zich nog niet aangekleed of ze had zijn hand gepakt en hem door de achtertuin gevoerd, haar hand warm om de zijne, hij achter haar aan, blootsvoets, het wit van haar mouwloze jurk volgend in de duisternis, haar blote armen donkerder dan de stof, lange slanke sierlijke armen vanaf haar schouderbladen, de boord van haar jurk laag genoeg om haar nek te tonen onder het kortgeknipte dikke zachte blonde haar dat wit oplichtte in de maneschijn. En ze waren het hek naar het zijpad nog niet door of ze had zijn hand laten vallen, alsof ze hem alleen maar van het huis had willen wegvoeren, waar geen slapeloze oude man hen nog kon horen. Foster keek achterom. Het licht op de bovenverdieping was uit. Zijn hand, de hand die zij had vastgehouden, koelde vochtig af in het donker.

'Dus jij wilt een prachtige nacht verspillen? Begrijp ik het goed?'

'Ik was inderdaad van plan om mijn nachtrust te nemen. Ik ben een hele tijd onderweg geweest.'

'Goh, ik zou uren naar jou kunnen luisteren. Dat grappige accent.'

'Jij bent hier degene die grappig praat.' Hij voelde zich onnozel, ongemakkelijk. Ze was niet klein maar hij voelde zich een slungel tegenover haar. Keek haar aan. Ze had haar gezicht naar hem opgeheven, lippen iets van elkaar. Ze was ouder. Negentien.

'Ga nou niet slapen,' zei ze. 'Laten we een eindje gaan rijden. De nacht is de enige tijd dat ik het leven de moeite waard vind. Als alles weggaat en de wereld precies zo wordt als jij wilt. Er is een tijd dat zelfs de uren verdwijnen. Snap je wat ik bedoel?'

Hij snapte het heel goed. Herinnerde zich de nachten bij zijn vader in de auto. Had vaak genoeg gezien hoe de dageraad zo'n nacht vermoordde. Wist precies hoe ze eindigden. En hij had het voor geen goud willen toegeven, maar ze stond een pas of twee van hem af en ze benam hem de adem.

'Laat mij maar rijden.'

'Waarom?'

'Omdat jij geen schoenen aanhebt en ik weet hier de weg en jij niet.'

'Nou, laten we jouw auto dan nemen. Ik neem aan dat je niet bent komen lopen.'

'Nee, ik wil met de jouwe. Die van mij is een versleten ouwe rammelkast. Mijn vader wilde eigenlijk niet eens dat ik er de weg mee opging, maar toen heb ik gezegd dat ik in dat geval ging liften en bij de eerste de beste misdadiger zou instappen. Toen mocht het wel, al heb ik het idee dat hij niet echt over misdadigers inzat, dat hij eerder bang was voor wat de buren zouden zeggen als ze zijn dochter als een goedkope slet langs de weg zagen staan. Ik wil de jouwe rijden. Lijkt me leuk.'

Hij stond stil voor zich uit te kijken, wreef de zijkant van een blote voet over het zand van het zijpad. Vroeg zich af of hij niet beter terug kon gaan om zijn schoenen te halen. Vroeg zich af of de honden zouden gaan janken als ze hem hoorden wegrijden. Vroeg zich af hoe lang dit meisje nog met hem bleef sollen. Vroeg zich af of ze dat zelf wel wist.

'Nou, Foster Pelham,' zei ze. 'Vertrouw je me soms niet?'

'Nee.'

En ze schoot in de lach, en haar lach beviel hem. Hoorde er de droefheid in, en die beviel hem ook. Ze zei: 'Dat zie je niet vaak. Een eerlijke jongen.' Haar stem daalde. 'Zo zou je moeten blijven.'

Ze reed door het stadje met een gemak en precisie die hem geruststelden. De straten waren stil in de warme nacht, op het gesjirp van de cicaden na. Toen ze het centrum voorbij waren sloeg ze af en reden ze plotseling de nacht in, lieten het amberen schijnsel van de straatlantaarns achter zich. Naar de rivier, over een lage brug van zware oneven planken en een reling van spoorbielzen, elke plank rammelend onder de wielen van de auto. Dan weer omhoog door nauwe onbestrate kronkelstraatjes. Gammele houten huisjes, tegen elkaar aan gezakt, onderbroken door braakliggende veldjes. Daphne die het stuurwiel liet rondgaan met een soepele, geoefende pols. Sommige huisjes donker, andere met lantaarnlicht achter de neergelaten rolgordijnen. Maar nog veel mensen op straat. Kinderen zowel als volwassenen, mannen en vrouwen. En iedereen wierp een schuinse blik op de traag hobbelende auto. Niet één blanke. De kinderen in sleetse hemden en overgooiers. Lange blote benen als wentelende schaduwen in het donker. Ogen die opflakkerden in het licht van de koplampen, en het plotse doven ervan als ze werden afgewend. Sommige mannen droegen een kostuum, anderen een overall. Sommigen waren blootshoofds, anderen droegen platte hoedjes met een smalle rand, weer anderen elegante herenhoeden. Ook de vrouwen een afwisseling van dure en alledaagse kleding. Maar iedereen hield de pas in als de auto langskwam. Keken, en dan weer snel de andere kant op. Maar hij kon ze voelen. Niet zozeer hun blik als wel hun geest, de scherpe aandacht voor de Chrysler als die hen tegemoet kwam en voorbijreed.

'Fishtown,' zei ze. 'Wat we hier zoeken is iemand die me een paar flessen bier wil verkopen. Of een fles drank. Je hebt hier maïsbrandewijn die zo helder is als kristal, ik zweer het je. Kun je tegen sterkedrank, Foster?'

'Jazeker.' Dacht bij zichzelf hoe eenvoudig het zou zijn om zich op zijn stoel om te draaien en onder de achterbak te reiken en een transitofles te pakken. Echte Schotse whisky. Beter dan zij ooit geproefd kon hebben. En was trots op zichzelf omdat hij het niet deed. Het beste wat hij nu kon doen was zich door de nacht te laten voeren door dit blonde meisje dat zichzelf zo onbekommerd voor gek had verklaard. De lucht spoelde over hem heen als een warm bad, en de mensen daarbuiten maakten hem een beetje bang, en er was geen plek op aarde waar hij liever wilde zijn.

Ze liet de motor draaien en zei hem te blijven zitten en ging naar binnen om wat te drinken te kopen. Het huis zelf verschilde in niets van de andere huizen. Dezelfde ondoorzichtige rolgordijnen. Maar hier zat een groepje mannen op de veranda neergehurkt, allemaal naar de auto te kijken. En ditmaal werden de ogen niet afgewend. Ogen die niet wit maar rood waren in het schijnsel van de koplampen. Hoedjes achterover op hun hoofd. Staarden hem strak aan. Hij kon het niet opbrengen terug te staren. Maakte het handschoenkastje open en haalde er het doosje met de laatst overgebleven sigaret van zijn vader uit. Stak hem op. De rook kringelde in vage strengen het raampje uit. Hij keek naar de knie die hij tegen het dashboard liet rusten, wachtte op de lichtflits van Daphne die weer uit het huis te voorschijn zou komen. Hij had het gevoel dat de mannen daar op die veranda hem net zo makkelijk konden afmaken als negeren, met evenveel genoegen. Maar ze maakten geen aanstalten om op te staan. Hij begreep dat ze in sommige opzichten banger voor hem waren dan hij voor hen. Wat hen er niet van zou weerhouden hem te kelen als hij het waagde uit te stappen.

Ze was met twee flessen bier naar buiten gekomen, in een papieren zak die doornat was van de condens. En een jampot vol maïsbrandewijn, afgesloten met een schroefdeksel. Ze waren verder heuvelopwaarts gereden door de sloppen van Fishtown, hadden het rivierdal ten slotte achter zich gelaten en reden nu omhoog en omlaag door de naaldbossen en malse graslanden van het Piedmontplateau. Daphne voerde de snelheid op nu ze de weg voor zich alleen had. Een gladgestreken lint in het maanlicht, bleek afgetekend tussen het donkere gras en de donkerder bossen.
'Heb je hier een opener?'
'Een wat?'
'Een opener. Voor het bier. Iets om de doppen van die flessen te krijgen.'
'Dat doe ik wel tegen de deurkruk.'
'Niet alle twee openmaken. We delen de eerste wel samen. Het is de bedoeling dat je eerst een slokje maïsdrank neemt en dat dan wegspoelt met bier. Tegen het eind van de tweede fles zal dat bier wel warm zijn, maar dat kan je dan allang niet meer schelen. Als het zover is, lust je die drank ook wel puur.'
Foster zei niets en maakte een fles open, gaf die aan haar en schroefde het deksel van de jampot. Nam een slokje en hield het even in zijn mond om de brand te voelen. Lekker spul. Rond op de tong. Zonder de bijsmaak die zijn vader altijd 'rokerig' had genoemd, die je kreeg als je te haastig stookte. Hij nam nog wat en reikte haar de pot aan, pakte de fles die zij

voor hem ophield. Hij hield niet zo van bier, en dit bier was knudde. Dood en olieachtig, bitter. Maar hij besloot het toch maar op haar manier te doen. Voorlopig nog wel, tenminste. Na haar nipje wilde ze meteen het bier en hij gaf het maar al te graag aan. Toen ze een teug had genomen duwde ze haar jurk tussen haar dijen en zette daar de fles in. Dat bier bofte maar, vond Foster. En dat terwijl het niet te zuipen was. Maar goed, hij had die pot weer terug.

'Oom Lex zei dat wij een soort van neef en nicht waren, jij en ik. Op een hele verre, stiekeme manier dan.' Ze had één vlakke hand boven op het stuurwiel liggen terwijl de auto over de weg zoefde. Keek niet opzij. 'Maar als ik wilde kon ik dat gewoon verzwijgen, zei hij, want jij zou er uit jezelf nooit achter komen. Ik hou alleen niet zo van zwijgen, weet je, en het kan me bovendien niet schelen.' En met nadruk: 'Geen ene moer!' Alsof ze een onzichtbare aanwezige wilde tarten. 'Want zal ik jou eens wat vertellen, Foster? Het sterft daarginds van zulke "neven" en "nichten", en misschien zelfs wel "broers" en "zusters". Waar niemand van ons bij wil stilstaan. Want waarom zouden we? Het kan nooit echt familie van ons zijn, want zij zijn *zwart*, die lui. *Negers*. Tenminste, zo zeggen we het als we zulke nette mensen zijn als mijn moeder bijvoorbeeld denkt dat ze is. Maar inwendig zeggen we *nikkers*. En dan hebben we het alleen over de lui die ons wel aanstaan. Over de goeien. Over die anderen, de slechte nikkers, hebben de vrouwen het al helemáál niet. Daar praten alleen de mannen over, en dan zitten hun vrouwen er bij te luisteren met van die dichtgeknepen mondjes, alsof ze van een zure appel hebben gehapt. En weet je hoe dat komt, Foster? Dat komt voor een deel omdat al die keurige vrouwen weten, of ze vermoeden het, wat misschien nog wel erger is, dat daar allemaal kleine negertjes rondlopen die halfbroertjes of zusjes zijn van hun eigen dierbare kroost. En daar blijft het niet bij. Iedereen weet dat er op loopafstand van zijn eigen huis wel een oom of tante of wat voor familie ook woont. Ook Pettigrews. Maar dan zwárte Pettigrews. Dus wat doe je dan, Foster? Dan pers je die dorre ouwe lippen op elkaar en je weigert erbij stil te staan. Dus nou weet je het. Voor het geval je misschien dacht dat je uniek was. Dat je de enige in je soort was of zo. Maar vergis je niet, als de keurige mensen erachter zouden komen wat jij voor iemand was, dan bestond je opeens niet meer. Dan zagen ze je niet meer staan. Tenzij je bleef aandringen, natuurlijk. Dan werd je bij de slechte níkkers ingedeeld, en dan zouden ze opeens met heel andere ogen naar die grote slee van je kijken, neem dat maar van mij aan. Weet je wat mij is gebeurd? Ik studeerde aan de universiteit en toen kreeg ik een zenuwinzinking, zo noemden ze het, en hebben ze me thuisgebracht. Is Mama met me naar het Dorothea Dixziekenhuis gegaan, in Raleigh, waar een stelletje dokters dagenlang tegen me aan heeft zitten kletsen. En toen heeft een van die dokters mijn moeder verteld dat ik aan neurosen leed. Tja, hij moest toch íets zeggen, moest haar toch een woord geven waar ze zich aan vast kon klampen. Wat kon-ie anders? Had-ie soms moeten zeggen dat ik het enige normale mens was in een gekke wereld? Daar betaal je natuurlijk geen doktersrekening voor. En jij? Wat is er met jou gebeurd?'

Hij vroeg zich af wat Mebane haar al verteld had, en wat hij daar zelf aan wilde toevoegen, en of hij dat wel wilde. 'Volgens mij weet je dat al zo'n beetje.'

'O, gaan we op die toer? Zoals je wilt, maar daarvoor ben ik niet ingestapt.'

'Ingestapt? Dit was jouw idee, hoor, en jij zit achter het stuur.'

'Jawel, maar het is jouw auto.' Ze keek hem van opzij aan. Hij had geen idee wat ze met die blik wilde uitdrukken. Ze zei: 'Geef die jampot nog eens aan.' Ze pakte hem aan en nipte ervan en rilde en gaf hem terug en nam de fles op uit de wieg van haar dijen en nam een slok en reikte hem aan, en toen Foster weigerde drong ze niet aan en zette hem weer terug. Ze reden met de raampjes open en de nacht vloeide warm en weldadig over hen heen, het landschap goeddeels verloren in de snelheid en het schijnsel van de koplampen, slechts af en toe opengebroken door witte flarden katoen of het massieve zwart van een bos. Hij zag hier en daar een huis, schuur of keet, al dan niet door mensen bewoond, dat viel niet altijd uit te maken. En toen het moment waarop ze opeens een deinende grijze massa boven het wegdek zagen zweven en Daphne op de rem trapte en ze ademloos toekeken hoe de schuimbekkende, roodogige muilezel zich naar de koplampen draaide, zijn neusgaten schoonblies en hen rook, of de auto rook, of anderszins tot de muilezelachtige wijsheid kwam dat het beter was om de weg af te sjokken. En verder ging het weer, vol gas, de ene versnelling na de andere en ze zei: 'Oom Lex heeft alleen die dingen over jou verteld die voor hemzelf van belang zijn. Je kunt zelf wel raden welke dingen. En nou wil ik niet zeggen dat ze mij niet interesseerden, maar ze vormen natuurlijk niet de reden waarom we hier rondrijden.'

Hij zweeg. Nam nog een slokje uit de pot. Wenste dat hij die laatste sigaret niet had verspild. En kreeg opeens zo'n zeldzaam, betoverend moment van inzicht waarin het verleden niet langer verleden tijd is maar levend en wel en uiterst goedgunstig. Hij boog zich naar links, zette zijn rechterhand op het dashboard om haar niet te hoeven aanraken en liet zich met een 'pardon' over haar schoot zakken, waar haar geur in zijn neus drong als het aroma van tientallen houtvuurtjes, tastte met zijn vrije hand in het zijvak van haar portier en kwam weer omhoog met een pakje sigaretten. Had zich herinnerd, als was het een openbaring, dat zijn vader de gewoonte had gehad om bijna-lege pakjes in dat vak te gooien als hij uitstapte, zodat hij zijn klanten met een vers pakje tegemoet kon treden. Hij graaide in het handschoenkastje, vond een doosje lucifers, stak op en nam nog een slokje uit de glazen pot. En Daphne reed verder alsof er niets gebeurd was, hoewel het wijken van haar boezem en het stokken van haar adem hem niet ontgaan waren. En hij begreep nu dat haar gepraat niet zomaar gepraat was. Ze was net zo kwetsbaar als hij, en er was eerlijkheid in haar nieuwsgierigheid.

Hij zei: 'Mijn vader is twee maanden terug verongelukt. Mijn moeder en mijn kleine zusje zijn tien jaar geleden aan de Spaanse griep gestorven. Ik wist niks van North Carolina en het leven hier. Daar ben ik na mijn vaders dood pas achter gekomen. Hij was erg op zichzelf en ik heb nooit iets van zijn familie af geweten. Het is allemaal nog erg vreemd voor me en ik kan er amper wijs uit. Dat waar jij het net over had, bijvoorbeeld, wie hier nu blank is en wie zwart en waarom, daar begin ik nog maar net greep op te krijgen. Want mijn vader sprak nooit over zijn familie. En ik snap al helemaal niet wat het met mij te maken heeft. Het enige wat ik hier kom doen is uitzoeken wat hier een hele tijd terug met één bepaald persoon is gebeurd. En wat er ook gebeurd mag zijn, het heeft nauwelijks iets te maken met wie ik nu ben. Behalve misschien in jullie ogen. Ik heb het idee dat jullie veel te veel aandacht besteden aan dingen die er eigenlijk niet toe doen. Ik ben hier met een heel eenvoudige vraag gekomen, maar jouw oom geeft daar maar geen eenvoudig antwoord op. Misschien omdat-ie er geen heeft, misschien omdat-ie gewoon niet wil.'

Hij had naar het wegdek zitten staren. Dit leek veel op de ritten met zijn vader vroeger. De weg die onder hen door schoot. Daphne had hem niet aangekeken terwijl hij sprak. Ze zette de fles aan haar lippen, dronk hem leeg en gooide hem met een achterwaartse beweging uit het raam de nacht in. En keek hem nog steeds niet aan. Ze zat voorovergebogen, los van de rugleuning, tuurde voor zich uit terwijl de auto voortraasde. En remde opeens uit alle macht en liet de koppeling los en de auto begon te slingeren en dat liet ze gebeuren, liet haar hand langs het stuurwiel glijden, greep het weer vast en sloeg linksaf een zandweggetje in, hoge dennen aan weerszijden. Keek hem nog steeds niet aan en zei: 'Je moet me niet met hem over één kam scheren.'

'Jij begon erover.'

'Anders had je dat zelf wel gedaan.'

'Denk je dat?'

'Ja, dat denk ik.' En ze zweeg weer, minderde vaart, draaide het weggetje af, reed langzaam tussen de bomen door. Doofde de koplampen en nu was er alleen nog maanlicht, tussen de hoge stammen en hun schaduwen. Toen zijn ogen aan het licht waren gewend zag hij dat de dennen gaandeweg door loofbomen werden verdrongen, een dik bladerdak boven hen. En toen werd ook het loofbos minder dicht, en hij rook de rivier nog voor hij hem zien kon. De bomen weken uiteen en daar was het brede trage water en de Chrysler kwam tot stilstand in het donker. Ze zette de motor uit en draaide zich opzij om hem aan te kijken. Haar jurk kroop in de draai over een knie omhoog. Een bleke harde ronding onder de maan. Ze zei: 'Vreemd is het zeker. Jijzelf ook, trouwens. Een vreemdeling en ook weer niet. Heel vreemd. Er is een hoop onrecht daar, een hoop waanzin, en ik kan het billijken als jij er niks van snapt en er niks mee te maken wilt hebben. Maar daarom is het er nog wel.'

'Maar dat wil nog niet zeggen dat jij en ik er ook onder gebukt moeten gaan.'

'Denk je dat echt?' Ze wachtte niet op een antwoord of tegenwerping maar gooide het portier open en stapte uit, liep om de voorkant van de auto heen naar de rivier. Een zwevende maar o zo tastbare gedaante, een witte jurk en blond haar in het ijle maanlicht. Hij bleef zitten en zag haar neerhurken bij het stille water, haar armen om haar knieën, de jurk strak om haar gekrulde lichaam. Hij voelde zich vredig, warm en voldaan door de drank, als was hij een volstrekt nieuwe wereld binnengegaan. Hij nam zich voor om hier zo geruisloos mogelijk te werk te gaan, op zijn tenen rond te lopen om te ontdekken wat er nog te ontdekken viel. En dan zou hij zijn honden inladen en regelrecht naar New Hampshire rijden en daar een rustig leventje beginnen. Als hondenboer. Misschien die twee vrouwen nog eens opzoeken, zo af en toe. Maar misschien ook niet. Misschien gaan studeren. Maar misschien ook niet. Het enige wat hij nu wilde was vaste grond onder zijn voeten, een klein stukje maar. Hij dacht terug aan de voorbije namiddag, dat moment bij die beek toen die adembenemende vlucht kwartels was opgestegen. En hij kreeg het gevoel dat er op dat moment iets ten einde was gekomen. Hij wist niet wat, en hij wist niet of zijn weemoed echt was of uit die jampot kwam. Wist niet of brandewijn een weemoed kon oproepen die niets met de wereld van doen had.

Hij stapte uit en liep naar Daphne toe en hurkte naast haar neer. Niet te dichtbij. Hij wilde iets zeggen maar had het geduld niet om eerst iets te bedenken en aarzelde dus nog over de woorden en zij was hem te snel af, legde haar hand op zijn knie en vroeg: 'Zeg eens eerlijk, Foster. Denk jij ook dat ik gek ben?'

En hij wiebelde een beetje onder haar aanraking, en zei: 'Tja, daar vraag je me wat. Ik ken je pas een paar uur. Maar je lijkt me niet gevaarlijk in elk geval.'

En ze schoot in de lach. Gul en helder alsof het maanlicht was dat uit haar mond opwelde, en hem omhulde en zich over het water uitstrekte waar het zich oploste in het gedrens van de cicaden. En hij vroeg zich af of ze niet echt een beetje getikt was.

Ze zei: 'Weet je wat ik dacht? Toen Oom Lex me over jou vertelde? En waarom ik toen naar je toe ben gekomen om je wakker te maken? Ja? Wil je weten wat ik toen dacht?' Haar hand nog steeds op zijn knie, alsof ze naar evenwicht zocht. Of wilde ze hem alleen maar aanraken?

'Nou, zeg het eens.'

'Ik dacht: dit is iemand die niet eens weet dat ik besta. Die mij nog nooit gezien heeft, nog nooit iets over me gehoord heeft. Maar die toch een deel van me is. En dan bedoel ik niet dat verre-nevengedoe, maar iemand die me zou herkennen als hij me zag. Die meteen zou weten wat ik voor iemand was. Ik heb geen idee waarom, maar dat dacht ik dus. Misschien was het de manier waarop Oom Lex over je praatte. Of iets wat ik dacht te horen. Snap je wat ik bedoel, Foster? Kun je me volgen?'

En nu keek hij haar aan, en zag niet alleen haar maar ook zichzelf, hen beiden op die donkere rivieroever. En hij snapte precies wat ze bedoelde, en herkende haar nu ook. Ten volle, alsof hij haar tot in elke vezel en elke gedachte doorgrondde. En werd nu voor het eerst echt bang. Bang dat als hij zijn vingers niet door haar haar kon laten woelen, over haar armen kon laten glijden, over haar gezicht, dat hij dan het vermogen zou verliezen om adem te halen. Dus wendde hij zijn blik af naar de rivier en zweeg.

En ze haalde haar hand van zijn knie. Hij wist niet wat dat betekende. Ze pakte de jampot uit zijn handen, nam een slokje en wankelde een beetje op haar hurken en hij wilde zijn arm naar haar uitstrekken om haar voor een val te behoeden, alleen maar haar schouder beet te pakken, haar bovenarm. Maar hij deed het niet. En ze zei: 'Je weet het nooit, hè?'

En ze kwam overeind, en hij ook. En ze zwaaiden even op hun benen, draaiden zich naar elkaar toe en zochten steun bij elkaar, handen op onderarmen, ellebogen, hielden elkaar overeind, lieten het geen andere aanraking worden. Haar adem op zijn gezicht, warm en zoet van de maïs, en een zweempje houtskool. En toen zei ze 'o' en liet hem los en draaide zich om en liep naar de auto, en hij bukte zich om de jampot op te pakken en volgde haar. Ze stapte in aan de passagierskant. Hij bleef voor de auto staan. Een hoge wind scheurde de wolken voor de maan vandaan. Hier beneden was het windstil. Hij keek haar aan door de voorruit. Hij schroefde het deksel van de pot en nam een slokje. Liep om de voorkant heen en ging achter het stuur zitten.

Ze zat onderuitgezakt met haar knieën tegen het dashboard, haar jurk tussen haar benen geduwd. Had een van zijn sigaretten opgestoken. De rook kronkelde lui uit haar mond toen ze zich naar hem omkeerde en zei: 'Ik heb een vraag, Foster.'

'Zeg het eens.' Zijn stem rauw, verscheurd.

'Wat is het krankzinnigste dat jij ooit gedaan hebt?'

Daar hoefde hij niet over na te denken. 'Dit. Helemaal naar het zuiden komen, bedoel ik, om iets te achterhalen wat een eeuwigheid terug gebeurd is met iemand die ik nooit gekend heb. Aan de ene kant heb ik het gevoel dat ik het allemaal voor iemand anders doe. Voor mijn grootmoeder. Maar aan de andere kant denk ik dat ik wil uitvinden wat het voor mij betekent.'

'Wist je dat dan nog niet?'

'Ik dacht dat ik het wist.'

'Wat is er gebeurd, toen?'

Hij keek haar aan. 'Wat heb je er al van hem over gehoord?'

'Dat je grootmoeder een van de zwarten in hun huishouding was, en dat ze tegen het eind van de oorlog is weggelopen. En dat ze jaren later terugkwam om haar moeder te zoeken, en toen weer is vertrokken.'

'Meer niet?'

'En dat ze zijn halfzuster was. Verwekt was door zijn vader. Dat gedeelte heeft hij ook verteld.'

Foster nam een slok uit de jampot en keek recht voor zich uit en zei: 'Wat er ook gebeurd mag zijn toen ze hier weer kwam, ik denk niet dat ze haar moeder heeft gevonden. Maar toen ze weer thuis was, in Vermont, werd ze gek. Niet zoals jij maar echt gek. Gestoord gek. Liep in zichzelf te praten terwijl ze niets meer tegen haar man en kinderen zei. Niet lang daarna heeft ze zelfmoord gepleegd.'

Het blonde meisje staarde hem aan, haar onderlip iets omlaag. 'Zelfmoord?'

'Ja.'

'Hoe?'

'Ze heeft zichzelf opgehangen. Mijn grootvader vond haar. In het bos.'

'Dat heeft-ie mij niet verteld.'

'Maar hij weet het wel, hoor. Ik heb het hem zelf verteld. En hij weet ook iets van de reden voor die zelfmoord. Maar daar wil hij niks over zeggen. Voorlopig nog niet, tenminste. Ik krijg geen hoogte van die man. Ik heb hem nu één middag en avond meegemaakt, en tot dusver is hij ontwijkend geweest, sarcastisch, vijandig, en hartstikke aardig. Soms leek-ie het allemaal tegelijk.'

'Dat bewijst dat hij je mag. Of dat je zijn interesse hebt gewekt. Of allebei. De meeste mensen komen de deur niet bij hem in. Ik denk dat-ie je nog niet alles verteld heeft omdat je dan weer gaat.'

'Dus het is gewoon een eenzame bejaarde man, wou je zeggen?'

Ze streek met een hand over haar gezicht, keek even van hem weg, de duisternis in, en zei: 'Dat is niet het enige, denk ik. Dat waar jij achteraan zit, dat houdt hemzelf ook bezig.'

En ze zwegen allebei. Foster nam nog een slokje en reikte haar de jampot aan, en zij dronk er ook van en zette hem op het dashboard alsof ze ervan af wilde. En ze zei: 'Jij bent zestien, zei hij.'

'Klopt.'

'Ik ben eind mei negentien geworden.'
'Tja, daar kan ik ook niks aan doen.'
'Zeg eens, weesjongetje, ga je me ooit nog bij mijn naam noemen?'
'Hoezo?'
'Nou, je hebt me nog niet één keer bij mijn naam genoemd.'
'O, was me niet opgevallen.'
Ze lachte weer. Een zachte warme klank uit haar keel. Ze zei: 'En je bent niet van plan me aan te raken voor ik jou heb aangeraakt, hè?'
'Ik weet niet. Ik denk het niet, nee.'
'Foster, kom mee naar achteren. Ik wil op de achterbank met je.'

Er was een ogenblik, niet tijdens de stuntelige, pijnlijk snelle eerste keer, maar tijdens de tweede keer toen zij op hem zat, toen was er een ogenblik dat geen gedachte of gevoel was, zelfs geen inzicht zoals eerder op de rivieroever, maar een weten dat hem doorvloeide, een moment waarop hij voor het eerst van zijn leven wist dat hij een eenheid vormde, alsof zijn lichaam en zijn geest en dat andere, zijn onkenbare ziel, waarop dat allemaal samenkwam. Zij op hem, haar adem verscheurd door de kleine kreetjes die hem niet meer deden schrikken maar direct in zijn bloed leken op te gaan. Kleine papieren bootjes die voor altijd door zijn aderen zouden drijven, naar zijn hart. Haar gehavende adem op zijn gezicht, haar handen om zijn schouders terwijl ze haar tepels in zijn borst priemde. En toen het moment waarop haar vocht hem omgaf, hun beider zweetdruppels parelend en van de een naar de ander lekkend en de nachtlucht door de open raampjes en de stille aantrekking van de voorbijglijdende rivier en haar geur en de geur van de vochtige oever en haar kreetjes en de galm van de cicaden en zijn handen verbaasd over haar rondingen verbazingwekkend tegen hem aan en de hete kronkeling van haar mond op de zijne en de plotse snelle verkenning van haar tong en de geur van tabak en alcohol in de auto en daarbuiten het bleekzoete aroma van stervende bladeren... toen dit alles één werd en alles gestalte kreeg, toen deze wereld zich aan hem bekendmaakte en niet goed of slecht was maar weemoedig en onverdraaglijk teder. En hij zou altijd blijven leven. Zelfs al stierf hij morgen. En hij sloeg zijn armen om haar heen en trok haar tegen zich aan, omklemde haar zodat ze niet wegkon voor ze gehoord had hoe hij haar naam in haar oor fluisterde. Steeds opnieuw.

Hij werd badend in zijn zweet wakker. De slaapzak opengegooid, ook nat. De lucht in de hut was zwaar en muf, leek ingedikt tot een vloeibare toestand. Heet. Oogverblindende hitte in schuine bundels door het raam en de openstaande deur. Hij wist niet waar hij was. Hij ging overeind zitten in de open slaapzak op de oude veren tijk. Zijn honden waren weg. Zijn penis staarde hem aan vantussen zijn benen. Ze had hem teruggeloodst door het lange, vaalgrauwe uur voor zonsopgang, had hem met een ruk tegen zich aan getrokken, had zijn mond gekust alsof ze die wilde meenemen, had hem losgelaten en was het zijpad afgelopen, had nog eenmaal over haar schouder gekeken en 'dag, Foster' gezegd. Hij had staan tollen op zijn benen, had de nachtlucht verscheurd horen worden door de knallende motor van haar ouwe Ford, had staan luisteren hoe het lawaai zich door het stadje verplaatste en ten slotte onhoorbaar werd. En toen niets meer. Alleen het kwinkeleren van een paar nachtvogels in de struiken. Hij was door de achtertuin gesloft, de hut binnengegaan en bij zijn slapende honden gekropen, had gedacht dat hij geen moment zou kunnen slapen, alleen maar aan haar kon denken. Maar was nu wakker geschrokken, zwetend en verblind en zonder honden. Hij stond op, verloor zijn evenwicht toen hij zijn voet in een broekspijp stak en hinkte net niet vallend door de hut. Het daglicht in door de openstaande deur. En hij wist zeker dat hij die deur niet had opengelaten en zijn verrukking over de voorbije nacht werd vermengd met verbijstering en paniek. Alsof hij een noodlottige fout had begaan maar nog niet wist welke.

De middag overweldigde hem, brak zijn ogen aan scherven. Er stond een pomp tussen de hut en het huis, waar hij met gebogen hoofd naar toe strompelde, en manmoedig aan de hefboom zwengelde tot het water te voorschijn kolkte en hij zich bukken kon om zijn hoofd in de klaterende straal te steken, af en toe opzij om ervan te kunnen drinken. Het water was koud en verkwikkend en bracht hem met een schok terug. En hij dacht aan de koesterende natheid van de voorbije nacht en snapte niet hoe die samen met dit water in een en dezelfde wereld kon bestaan. Hij richtte zijn natte hoofd op en schudde het. Zijn honden lagen in de schaduw van het huis, aan de rand van de ontaarde tuin. Achterovergeleund in een wrakke keukenstoel, midden in de tuin, in de volle zon, zat Alexander Mebane. Zijn wandelstok over de rugleuning gehaakt. Een been over het andere geslagen.

'Mooie dag, nietwaar?' zei Mebane monter. 'Je honden hadden het te kwaad, dus heb ik ze er maar uitgelaten. Jij lag erdoorheen te slapen als een dode.'

Foster harkte zijn haar achterover met zijn vingers, streek met de rug van zijn hand over zijn voorhoofd, om er het water af te vegen en de zon af te weren. 'Goeiemorgen.' Hij was hier niet aan toe, had minstens een halfuur nodig om een beetje tot zichzelf te komen.

Mebane zei: 'Goeiemiddag zul je bedoelen. Het was twaalf uur toen ik voor het laatst op de klok keek. Die meid zal je ondergang nog worden.'

'Ik heb anders van harte met haar meegedaan.'

Mebane knikte. 'Natuurlijk heb je dat. Gezonde jonge knul die je bent. Je zult wel koffie willen, neem ik aan.'

'Nou!'

Mebane grijnsde. Dunne lippen die van zijn gele tanden weken. 'Heb ik niet. Heb ik nooit. Ik vind het leven zelf al stimulerend genoeg.'
'O. Nou, ik overleef het wel.'
Mebane maakte een zijwaartse hoofdbeweging naar het huis. 'Graai maar wat rond in de ijskist. Daar moet nog een flesje Coca-Cola liggen. Is trouwens beter dan koffie. Beter voor je maag.'
'Mijn maag is dik in orde.'
'Ga toch maar pakken. Ik wil je niet zien instorten. Je ziet eruit als een geest.'
'Het is hier ook bloedheet.'
'Ik zit hier elke dag een uurtje. Uiterst heilzaam, die zon. En daarna lijkt het binnen lekker koel.'
'Ik ga die frisdrank maar eens pakken.'
'Doe dat.'
Foster liep naar het huis. Lovey en Glow sloegen hem vanuit de schaduw gade, hun tongen loom uit hun bek. Achter hem riep Mebane: 'Kom het hier maar opdrinken.'
Foster stommelde door de keuken die aardedonker leek na de tuin, vond de ijskist en hurkte erbij neer, stak zijn hand zo diep mogelijk naar achteren en vond het flesje. De vorm van een vrouwenlichaam. De hele wereld was veranderd. Hij vroeg zich af waar ze was, wat ze deed. Wanneer hij haar weer zien zou. Hij rolde het flesje tussen zijn handen. Alles ging voorbij. Dat wist hij heus wel. Hij liep naar de hordeur en riep: 'Heeft u een opener?'
'In de la onder het broodrooster.'
Hij wipte de dop eraf en nam een paar diepe teugen. Heerlijk. Zij was onverwoestbaar. Hij vroeg zich af of dat door haar leeftijd kwam. Of was dat maar bijzaak? Hij besloot haar niet op te sporen. Nam nog een slok en ging weer naar buiten. Voelde zich al een stuk beter, zijn voeten vaster op de grond.
'Ik had wel verwacht dat jullie elkaar aardig zouden vinden,' zei Mebane. 'Al was het nog maar de vraag of je haar kon bijhouden, natuurlijk. Zou geen schande zijn geweest, hoor. Menigeen heeft het al moeten afleggen, heb ik begrepen. Sommigen denken zelfs dat ze daar een loopbaan van wil maken. Maar volgens mij is ze gewoon op zoek naar iemand die gelijke tred met haar kan houden. Aan jouw voorkomen viel dat niet een-twee-drie af te leiden. Wat denk je zelf?'
'Ik red me wel.'
'Is dat je aard, die zwijgzaamheid, of zijn het de omstandigheden?'
Foster grinnikte. 'Allebei een beetje, denk ik.'
'Enfin, het is jullie gelukt om de buren op te schrikken. Vanochtend kreeg ik die ouwe Winifred Coxe aan de deur. In alle staten was ze, vertelde me allerlei dingen die me niet in het minst interesseerden. En ondertussen die

grijze knar naar alle kanten draaien, of ze misschien een geluidje van boven kon opvangen. Dodelijk nieuwsgierig waar je was. Ik heb haar maar niet verteld dat je hier achter in de nikkerhut sliep. Er ontgaat ze niets, die ouwe tangen. Als ik ook maar een bloempot voor mijn raam verschoof, gesteld even dat ik een bloempot voor mijn raam had staan, dan zouden ze dat niet alleen in de gaten hebben maar er ook prompt een uitleg voor bedenken. Een of andere buitenissige duiding van mijn karakter, van wie ik ben, van wie zij denken dat ik ben. Dat is hun enige bezigheid, vrees ik. De enige waar ze voor geschikt zijn althans. Dus het is maar dat je het weet: ik heb haar gezegd dat je de kleinzoon bent van een vriend uit Chapel Hill, die na de oorlog naar het noorden is getrokken. Dat benaderde de waarheid dicht genoeg om mezelf tevreden te stellen. En het is ver genoeg van de waarheid om hun roddelpraat onschadelijk te maken. Mijn zaken zijn de hunne niet. Dat zijn ze nooit geweest en dat zullen ze nooit worden ook. Maar wat Daphne betreft, die kan ik onmogelijk nog in een gunstig daglicht stellen voor die oude dames. Niet dat ze dat zou willen, overigens. Niet dat ze waar dan ook mijn hulp bij zou willen.'

'Ik mag haar wel.'

'Natuurlijk doe je dat. Ik mag haar zelf ook. Zal ik je wat verklappen?'

'Nou?'

'Zoals je je nu voelt, hè. Het gevoel dat zij je nu geeft. Dat zul je voortaan altijd hebben met vrouwen. Let wel, het zal in de loop van de tijd de nodige butsen en deuken oplopen en aanzienlijk getemperd worden, geknauwd zelfs, met name door de capriolen van het vrouwvolk zelf. Er zullen tijden zijn dat je vergeet dat je hebt, en tijden dat het de kop weer opsteekt en je om wat voor reden ook wenst dat je het kwijt was. Maar het zal er altijd zijn. En je zult het altijd gehoorzamen. Maar trek het je niet aan, mannen doen wel ergere dingen.'

'Ik denk niet dat ik u begrijp.'

'Ik zeg ook niet dat je het begrijpen moet. Ik zeg dat je het onthouden moet.'

'O, goed.'

'Dus onthoud het maar.'

'Zal ik doen.'

'Helpt dat spul een beetje?'

'Jazeker, dank u.'

'Geen dank. Maar het is wel de laatste. Ik zal nieuwe moeten bestellen, zeker als je de nachtbraker blijft uithangen.'

'Dat hoeft niet, hoor.'

'Ja, dat zeg je nu. Wacht maar af hoe je er morgen over denkt.'

Foster grinnikte opnieuw. 'Ik heb geen reden om aan te nemen dat we het nog een keer zullen doen.'

'Ah, maar ze komt je wel weer halen, hoor. Maak je maar niet ongerust.'

'Ze had het over iets wat haar op de universiteit is gebeurd. Weet u daar iets van?'

'Wat heeft ze je verteld?'

'Dat ze er een zenuwinzinking heeft gehad.'

Mebane veegde zijn handpalmen droog aan zijn broekspijpen. Hij zei: 'Dat zijn de woorden van haar mama. Er is niks mis met Daphne, behalve dat ze een tikje rusteloos wordt op plaatsen waar men geen rusteloosheid duldt. En ze is er nog niet uit hoe ze daarop reageren moet. Of ze zich moet voegen of moet maken dat ze wegkomt.'

'Maar wat is er nou precies gebeurd, op die universiteit?'

'Heeft ze dat niet verteld dan?'

'Nee.'

'Ah, dat lijkt me een teken van het een of ander. Normaliter doet ze dat verhaal zonder blikken of blozen. Tja, wat is er gebeurd. Ze hebben haar weggestuurd, daar komt het op neer. In oktober van haar eerste jaar. Zo'n beetje een jaar geleden dus. Hufters. Als het een jongen was geweest, hadden ze hooguit gezegd dat hij zulke fratsen niet meer uit moest halen. En dan hadden ze er nog om gelachen ook, samen met hem, lachen in de wetenschap dat hij zich een reputatie op de hals had gehaald. En niet eens een kwalijke. Een teken van het soort man dat hij zou worden. Maar zij is geen jongen, hè, dus paste het niet in hun idee van hoe de wereld in elkaar zit. Dus hebben ze haar eruit gekinkeld. En wat waren al die prullige meisjes daar blij om, anders hadden ze voor de taak gestaan om zelf ook zoiets te verzinnen. Nu konden ze lekker bij elkaar kruipen en met elkaar smiespelen over hoe vreselijk het was geweest. Wat een monster ze was. Da's een bijzondere gave van vrouwen, moet je weten. Om zich massaal tegen iemand van hun eigen soort te keren als die ook maar het kleinste misstapje heeft begaan. Vrouwen zijn de hoedsters van de wolventroep. We zouden niet buiten ze kunnen, maar denk vooral niet dat ze zachtaardig zijn. Uiteindelijk zijn ze dat nooit. Al geef ik grif toe dat ze daar meestal goede redenen voor hebben. Enfin, het was begonnen met iets wat elke jongen of meid wel doet als ze voor het eerst op zo'n campus wonen: op een avond had ze te veel gedronken. Alleen was zij daar niet tevreden mee. Voor haar volstond het zelfs niet om zich door zo'n puisterige corpsbal te laten pakken, zoals haar brave medestudentes. Nee, zij moest zonodig Franklin Street aflopen, helemaal naar Carrboro, dat als een stadje op zich aan de rand van Chapel Hill ligt. Ze sloop de achtertuin van een of andere zwarte vent in, haalde zijn muilezel uit de schuur en reed terug naar het centrum. Tegen zonsopgang, slechts gehuld in een laken dat ze ergens van een waslijn had getrokken, onder het zingen van "In My Merry Oldsmobile". Ze had altijd al een mooie stem gehad op de zondagsschool, en ik neem aan dat ze een voortreffelijke aanblik bood op de rug van dat ouwe beest. Maar het was toch niet wat die lui daar bij het ontwaken wilden zien, terwijl ze net probeerden hun miserabele nacht te vergeten, hun dromen van een aangenamer leven. Het laatste dat ze verdragen konden was iets wat die dromen vlak voor hun snufferd tot leven wekte. Want dat deed ze natuurlijk. Het is een lekkere meid, mocht je dat nog niet gemerkt hebben. Nogmaals, als een jongen het geflikt had was het met een lach afgedaan, tot een anekdote verdicht waarmee hij zijn voordeel had kunnen doen. Maar om haar wilde niemand lachen, en vergeven konden ze het al helemaal niet. Dus stuurden ze haar weg. Terug naar ons.'

'Waar zijn haar kleren toen gebleven?'

'Pardon?'

'Toen ze dat laken van de lijn had gepikt, waar zijn haar kleren toen gebleven?'

Mebane keek hem met opeengeperste lippen aan. Reikte over zijn schouder naar de stok, plantte die voor zich neer en stond van de stoel op. Zwaaide eventjes op zijn benen. 'Kom, we gaan naar binnen. Ik heb genoeg zon gehad. Kom. Weet ik veel wat er met haar kleren is gebeurd. Je hebt het flink van haar te pakken, hè?'

In een klein koekenpannetje met een oeroude vetlaag bakte Mebane een ei op zijn elektrische kookplaat, verkoolde twee dikke boterhammen in zijn broodrooster en smeerde er boter op, pakte het bord uit het afdruiprek en liet er het spiegelei op glijden en zette het op het aanrecht neer opdat Foster het daar staande kon opeten. Hij ging zelf aan de tafel zitten en zei: 'Wat ik verafschuw aan de ouderdom is dat het almaar moeilijker wordt om 's nachts goed te slapen. Omdat je overdag te weinig doet om voldoende vermoeid te raken. Maar omdat je zo beroerd slaapt heb je de fut niet om eens een dag lang flink te werken. Het is een cirkeltje waar je maar niet uitkomt. Word je midden in de nacht wakker en dan lig je daar met alle troep die je versleten brein je voorschotelt. Zo heb ik vannacht liggen piekeren over jouw komst hier. Ik voel me net iemand die eindeloos op een of andere gebeurtenis heeft gewacht, en nu ontvouwt die zich en weet hij niet wat hij ermee aan moet. Want door dat lange wachten is hij dát geworden: iemand die wacht. Dat is de vorm die zijn ziel heeft aangenomen. Ben jij kerkelijk opgevoed, Foster Pelham?'

'Nee.'

'Je bent niet gedoopt, gekerstend, vrijgemaakt of anderszins tot het eeuwige leven voorbestemd?'

'Nee.'

'Proficiat, dan ben je een vrij man. Kun je God in de praktijk leren kennen. Kun je zelf je leven onder de loep nemen, als een experiment beschouwen van dat wonderlijke beginsel dat ons doet leven en ademen en denken. Kun je naar hartenlust proberen het zelf te ontcijferen. Geloof en genade zijn geen lege woorden, hoor. Maar je kunt de betekenis beter zelf verzinnen dan dat je hem krijgt voorgekauwd.'

'Ik heb nog maar weinig bij dat soort dingen stilgestaan. Alleen als ik aan mijn ouders dacht, mijn kleine zusje.'

'Natuurlijk niet. Het is ook geen sport voor jonge mensen. Althans niet voor gezonde jonge mensen. Maar ik stel voor een ritje te maken in die automobiel van jou. Niet ver, hoor. Gaan we een stukje geschiedenis bekijken dat nog niet helemaal dood is. Krijg je wellicht een idee van wat je hier nu eigenlijk bent komen zoeken.'

Ze reden over de verkeersweg ten noordwesten van het stadje, de weg waarlangs Foster gekomen was. Het was heet en de honden zaten achterin met hun koppen uit de raampjes, twee verwaaide waterspuwers, hun tongen opzij door de snelheid van de auto. Mebane had een emmer water voor ze gepompt en Foster wist dat ze honger hadden maar dat ze moesten wachten. Ze waren op een karig rantsoen gesteld. Zelf beviel hem dat wel, het gaf hem een alert gevoel. En de honden moesten daar voorlopig maar even een voorbeeld aan nemen.

Mebane zat weer op zijn praatstoel. 'Er is een tijd geweest dat ik hier een paar maal per maand kwam, eenmaal per maand als het winterde. Ik werd toen gereden door G.T. Kress, al jaren dood nu. En dan heb ik het over twee paarden voor een gammel oud rijtuig met een versleten huif. Na zijn dood was er niemand anders die hier geregeld heen wilde, en ik verfoei het om mensen iets te vragen wat ze uit zichzelf niet zouden doen. Ik ging evengoed nog wel een keer of wat per jaar, maar met G.T. was het een regelmatige aangelegenheid geweest. Om de week op dinsdagavond, of het moest rotweer zijn, dan gingen we de week daarop. Dat rijtuig was niet veel soeps, maar zijn paarden waren tiptop. Zelf heb ik nooit paarden gehouden. Als eenarmige vent zou het natuurlijk idiotie zijn om met paarden te donderjagen.'

'Maar hoe kwam u dan waar u wezen moest?'

'Ik ben nog even in het bezit van een rijwiel geweest. Maar mijn evenwichtsgevoel is niet al te best en ik had de moed niet om mezelf steeds maar weer belachelijk te maken tot ik het eindelijk onder de knie zou hebben. Daarvoor, tijdens mijn korte en niet al te krachtige carrière in de advocatuur, had mijn tuinknecht een rijtuig waarmee hij me bracht waar ik wilde. Dat was trouwens niet de tuinknecht over wie ik je gisteren vertelde, Fred, maar die daarvoor.'

Foster dacht aan het verhaal van zijn tantes over de zwarte man Peter, die in brand was gestoken en opgehangen omdat hij zijn grootmoeder had helpen vluchten. Hij vroeg zich af of Mebane erop gokte dat hij dat verhaal kende, en hem nu uit de tent probeerde te lokken. Hij zei niets. Ze reden door een golvend landschap. Grote weiden met grazend vee, onderbroken door bosjes en akkers, meestal met tabak. Het was een heldere, bloedhete dag met veel karren en wagens op de weg en de lucht zoet van de tabakspluizen.

Mebane sprak verder. 'Nu moet je weten dat G.T. een stuk jonger was dan ik. Kwam aan zijn eind in zo'n nieuwerwetse automobiel, kort nadat hij zijn paarden had verkocht. Ook een leerzaam verhaal, maar dat een andere keer. Hij had de oorlog zelf niet eens meegemaakt, was pas een jaar of tien daarna geboren. Een van zijn ooms was gesneuveld bij Fort Fisher, een ander was doorzeefd bij de slag om Wilderness, maar zijn eigen vader had geen schot gelost. De reden daarvan ken ik niet, maar de Kressen waren niet van het slag dat er makkelijk onderuit kon. Plattelanders waren het, arme boeren die wel nooit meer dan drie zwarten zullen hebben gehad. Maar dat was dus voor zijn tijd geweest. Voor die van G.T., bedoel ik. O, wacht even, we zijn er bijna. Daar moet je inrijden. Nee, dáár.'

Ze reden een zanderig erf op, met hier en daar een pluk gras, voor een langwerpig stenen gebouw met twee verdiepingen en een doorzakkende veranda. De meeste vensters glasloos, blind de dag in starend. Het geheel werd door een aantal hoge eiken overschaduwd en het erf lag vol groene eikels, die met vochtige knallen uit elkaar barstten toen Foster eroverheen reed om de auto in de schaduw te parkeren. De ruwe stenen van het gebouw waren donkergrijs, alsof er nog altijd vocht in zat van de bodem waaruit ze ooit opgegraven waren, alsof de eindeloze hitte en verwaarlozing ze niet hadden kunnen uitdrogen.

'Dit hier begon ooit als het levenswerk van een veteraan uit de oorlog met Mexico. Een militaire academie voor jonge jongens, die in '61 leegliep toen al die jongelui onder de wapenen gingen en binnen de kortste keren overhoop werden geschoten. Net als de kolonel zelf, overigens, al denk ik niet dat die jongens hem beweend zullen hebben. Het heeft toen niet lang leeggestaan, werd al snel als hospitaal ingericht.' Hij draaide zich met een ruk van zijn bovenlichaam naar Foster, woede in zijn blik. 'Niet het hospitaal waar ik in belandde, hoor. Dat was een rij lekke tenten in zuidelijk Virginia.' Hij wendde zijn blik weer naar het gebouw en sprak verder. 'Na de oorlog werd het een tehuis voor overlevenden. Mannen die nog heel wat slechter af waren dan ik. Mannen zonder benen, of allebei hun armen weg, of zodanig verminkt van lichaam of geest dat ze zichzelf niet langer konden verzorgen. Het werd in stand gehouden met een steunfonds, en ik mag aannemen dat de regering ook wel wat geld fourneerde. Een jaar of acht terug hebben ze het gesloten, toen er nog maar een handjevol oude mannetjes zat, die ze naar een tehuis in Raleigh hebben overgebracht. Maar voor die tijd kwamen G.T. en ik hun dus geregeld een bezoek brengen. G.T. had

er aardigheid in om ze aan de praat te krijgen, hun verhalen aan te horen. Ik ging liever brieven zitten voorlezen of schrijven voor degenen die dat zelf niet meer konden. Maar het kwam allebei op hetzelfde neer. Hij hoorde steeds weer dezelfde verhalen, ik schreef steeds dezelfde brieven. Twee manieren om hetzelfde te doen. G.T. deed het omdat hij het gevoel had dat hij iets was misgelopen, wat hem iets onthouden was. Zoals mensen wel vaker dingen idealiseren die ze alleen van horen zeggen kennen, zelf niet hebben meegemaakt. En ik, tja, ik zou natuurlijk graag beweren dat ik iets voor die arme drommels wilde doen. Maar de waarheid gebiedt te zeggen dat ik ook naar iets op zoek was. Mijn dode broer, wellicht, of mijn dode jeugd, of beide. Maar dat alles terzijde, daarom zijn we hier niet. Tot zover de tekenfilm en het journaal, zullen we maar zeggen. De hoofdfilm moet nog komen. Ga je weleens naar de bioscoop?'
'Nee, niet vaak.'
'Ah. Ik ben er verzot op. Misschien alleen maar omdat ik er op mijn gemak heen kan lopen, 's avonds. Misschien omdat ik mezelf vergeten kan in zo'n uurtje in het donker. Maar goed, laten we maar eens uitstappen en wat rondlopen. Het zal je honden hier uitstekend bevallen.'

Ze liepen niet naar het gebouw, waar twee planken kruiselings voor de deur waren getimmerd, en de vermolmde treden naar de veranda vol lagen met afval en kapotte flessen, maar door het broze hoge gras dat achter de eiken bleek te groeien. De honden opgewonden voor hen uit, sprinkhanen die in roekeloze sprongen voor hun voeten wegschoten. Voorbij de lommer van de bomen was de lucht hel en de zon geen bol meer maar een witte veeg die geleidelijk in het fletse blauw overging. Achter het gebouw lag een kerkhof. Een lange rechthoek omgeven door een ijzeren hek met scherpe punten, de poort open. Ze gingen naar binnen. Het was een heel ander kerkhof dan Foster ooit gezien had. Vanaf de poort liep een enkel kiezelpad recht door het midden naar een ijzeren bankje onder een lommerrijke boom. Aan weerszijden daarvan niets dan kleine marmeren zerken, op gelijke afstanden van elkaar in de grond gezet, de afmetingen identiek, namen en data nagenoeg onzichtbaar in het witte marmer. Voor elke steen een ijzeren standaard met een vlaggetje in de kleuren van de Zuidelijken. Stil en plechtig. Zonder gedenkplaten of gebeeldhouwde engeltjes of wat voor afleiding ook. Zo zou de dood zelf weleens kunnen zijn, dacht Foster. Een eindeloze optocht van kleine witte vormen, elke identiteit uitgewist door het geheel.

Het gras was goed onderhouden. 'De Dochters van de Revolutie betalen een mannetje om het bij te houden,' zei Mebane. 'Ik vind het altijd bijzonder vredig hier. Het is een zwarte, trouwens, die de boel op orde houdt. Ik heb hem weleens bezig gezien. Noeste werker. Maar ik vraag me af wat er zoal in hem omgaat. Betaald krijgen om die Confederatiejongens te verzorgen.'

'Ach, ze zijn dood,' zei Foster. 'Hij zal allang blij zijn dat hij werk heeft. Geld kan verdienen.'

'Dat zou kunnen, natuurlijk. Zou kunnen. Maar wie weet, misschien verbijt hij zich wel, omdat hij hier nog altijd voor dat tuig gebukt moet staan. Wie weet. Maar ik zal je zeggen wat we hier gaan doen. We gaan daar op dat bankje zitten en dan zullen we het eens hebben over het Kwaad. En nu weet ik natuurlijk ook wel dat zo'n jongeling als jij niet dol is op bespiegelingen, dus zal ik je een verhaal vertellen. Een waargebeurd verhaal.' Mebane bereikte het bankje, plantte zijn stok stevig tussen de kiezels, draaide zich eromheen en liet zich zakken. De schaduw leek stoffig, de bladeren van de eik ook, dof, alsof ze levensmoe waren. Foster wilde niet naast hem gaan zitten en hurkte schuin tegenover hem op de kiezels neer. Zijn honden liepen tussen de stenen rond te neuzen. Hij hield ze vanuit zijn ooghoeken in de gaten. Ze hadden maar een zwak geurtje nodig om door de spijlen van dat hek weg te glippen.

'Wat ik je te vertellen heb zal je meteen enig inzicht bieden in je familiegeschiedenis,' zei Mebane.

'Ik heb u al gezegd dat ik daar niet op uit ben,' zei Foster, en liet er iets op volgen wat hij pas wist nu hij het zei. 'Ik heb alle familie die ik hebben wil. Er wonen nog Pelhams op de boerderij in Vermont, waar al Pelhams woonden toen de revolutie uitbrak. En de familie van mijn moeder woont in Frans Canada, waarschijnlijk al honderd jaar langer dan er Pelhams op die boerderij wonen.'

'Jawel, maar we hebben het nu over bloed,' zei Mebane. 'Kijk, je snapt het misschien zelf nog niet, maar je bent hier niet gekomen om één afzonderlijke gebeurtenis te achterhalen. Jij hebt zelf ook moeraswater in je aderen, en rijst, of je dat nu leuk vindt of niet.'

Foster wiegde heen en weer op de ballen van zijn voeten, keek reikhalzend om naar zijn honden, volgde ze een poosje. Keek weer naar Mebane en wachtte af.

'Mijn vader heette Caswell Mebane. En hij had één broer, die acht jaar ouder was en Buchanan heette. Mijn grootvader, Coleman Mebane, was als jongen de jongste van drie broers geweest. Hetgeen zeggen wil dat alles wat hij ooit kreeg eerst door de handen van die andere twee was gegaan, en dus nooit vers of ongeschonden was. En hoewel hij in weelde opgroeide, zeker voor mijn begrippen, moet hij het idee hebben gehad dat het lot hem een loer had gedraaid. Dat zijn broers altijd de taart kregen en hij de korst. Al te diep wil ik er niet op ingaan, want dit verhaal gaat niet zozeer over hem, maar toen hijzelf kinderen kreeg deed hij wat elke man doet die gelooft dat zijn jeugd verpest werd door zijn plaats achterin de rij: hij trok zijn oudste zoon voor boven de jongste. Ja, jij zit daar op je hurken te denken dat het juist andersom had moeten zijn. Maar zo zit de mens niet in elkaar. En om nu maar zo mild mogelijk te zijn voor die ouwe Coleman: hij zal gedacht hebben dat het nu eenmaal zo hoorde. Hij geloofde misschien dat hij geen keus had. Hij zat misschien wel zo in elkaar dat hij geen andere mogelijkheid zag. Mensen zijn curieuze wezens, moet je weten. Ieder van ons denkt dat we eerst en vooral onszelf zijn, onze eigen koers bepalen, in weerwil van alles wat ons is aangedaan. En we hebben vrijwel nooit door dat wij anderen precies hetzelfde aandoen. Want we hebben onze redenen voor wat we doen, zeggen we, en we geloven van harte dat het goede redenen zijn, en dat het bovendien allemaal zo hoort. Als iedereen kon zien wie hij in feite is, hoezeer hij in een vast patroon is opgenomen, als iedereen dat eens in alle objectiviteit kon zien, dan zouden ze net als ik het bijltje erbij neergooien. En dat was dan het einde van alles. Dan stierven we gewoon uit. Wat misschien zo slecht nog niet zou zijn. Maar ik zie het nog niet zo snel gebeuren.

Enfin, zo waren er dus twee broers, Caswell en Buchanan, die acht jaar in leeftijd verschilden en grondig de pest aan elkaar hadden. Zoals alleen broers dat kunnen, denk ik. Want een broer kan als geen ander de geheime gedachten van zijn broer raden, en beiden weten ze donders goed van elkaar dat ze dat kunnen. Dus heb je maar twee mogelijkheden: óf ze leggen zich bij dat gegeven neer en worden vrienden door dik en dun, óf ze kunnen zich er niet bij neerleggen en raken vervuld van haat. Omdat ze weten dat daar die ene man is die hen op tal van manieren volledig kan ontluisteren, wanneer hij maar wil. Wat niet eens in het openbaar hoeft te gebeuren. Het kan ook onder vier ogen, en ook dan zal de ander in één klap te gronde zijn gericht. Dan kan hij de uiterlijke schijn misschien nog wel ophouden, maar vanbinnen zal hij onttakeld zijn, aan flarden gescheurd. En dat nu is precies wat er gebeurde tussen de twee broers in mijn verhaal.

Mijn vader had hetzelfde temperament als zijn vader. Beiden waren het mannen die, als het erop aankwam, geen idee hadden wat ze met de wereld aan moesten. Beiden waren het mannen die telkens weer in het duister tastten, waardoor ze vrijwel altijd aan het kortste eind trokken. En beiden waren het mannen met een geweldige honger, maar een blinde honger. Altijd op zoek en nooit in staat om voor zichzelf uit te maken wat ze nu precies zochten, al lag het pal voor hun neus. En daartussen had je mijn oom Buchanan, de evenwichtigheid zelve, met een onverslijtbare innerlijke as zodat hij moeiteloos alle kanten op kon draaien om te zien wat er zoal op hem afkwam, en waar het vandaan kwam, en waar het zich heen bewoog. Een eigenschap die zijn vader en zijn jongere broer volstrekt ontbeerden. Dus kon mijn grootvader amper met mijn vader uit de voeten, die veel te veel op hem leek, maar hield hij zielsveel van zijn andere zoon. Terwijl mijn vader zijn vader niet kon uitstaan en van zijn broer hield maar hem tegelijk ook haatte tot in het diepst van zijn ziel. En nu is het belangrijk te weten dat mijn oom Buchanan precies wist hoe die twee over hem dachten en dat hij zich daar niets van aantrok. En hij hoefde zich er ook niets van aan te trekken. En nog niet eens omdat hij al het land had en al het geld, maar omdat die andere twee zo volkomen van hem in de ban waren. Het maakte hem niet uit dat ze dat nooit zouden toegeven. Hij wist het. Kijk, en hier komen we nu het Kwaad nabij. Niet dat hij kwaadaardig was, hoor. Het Kwaad is niet iets wat zich in een enkel mens bevinden kan, iets wat hem van anderen onderscheidt. Nee, het is een stroompje dat ergens begint te lopen, en vervolgens door de jaren en generaties heen aan kracht wint.

 Welnu, toen mijn vader, Caswell, naar de universiteit ging wist hij dat hij Cape Fear voorgoed achter zich liet. Niet dat dat hoefde. Hij had zijn graad kunnen halen en weer terug naar Wilmington kunnen komen om een praktijk te beginnen, en een goed leven te hebben in die plaats waar zijn familie goed bekendstond. Hij kende er tal van andere jongemannen, in heel wat nederiger omstandigheden en beroepen, met wie hij een lucratieve band had kunnen opbouwen. Maar daar koos hij niet voor. Ik kan je onmogelijk het hele waarom uitleggen van zijn keuze voor een nieuw bestaan in een nieuwe plaats, maar het is iets waar menigeen voor kiest. Tallozen hebben het gedaan en tallozen zullen het nog doen. Een van de motieven die hij ervoor had was ongetwijfeld dat hij bij zijn vader en broer uit de buurt zou zijn. En zo ging hij dus op zoek en vond uiteindelijk een stadje dat wel een advocaat gebruiken kon. Sweetboro. Dat groot genoeg was om enige klandizie te kunnen bieden en bovendien niet ver van Raleigh lag, zodat hij zich ook daar kon bewegen. En hij leerde mijn moeder kennen en nam haar een paar keer mee naar zijn ouderlijke rijstplantage op Cape Fear, vaak genoeg om haar het idee te geven dat hij een goeie partij vormde. En ze gaf hem ten slotte haar jawoord zonder ooit van haar leven van Sweetboro te hebben gehoord. En hoewel dat niet bepaald het woonoord bleek dat ze verwacht had, was het er nu ook weer niet zó beroerd. Een beetje behelpen kan heel romantisch zijn, zolang het niet te veel moeite kost. En het was haar niet ontgaan dat hij politieke aspiraties had. Raleigh mocht dan een gat zijn vergeleken bij Wilmington, ze was een jonge vrouw en jonge vrouwen voelen doorgaans uitstekend aan uit welke hoek de wind waait.

 Dus liet hij dat huis bouwen. Je zou het nu niet meer zeggen, maar het was destijds een alleraardigste woonstee. Van Grootvader en Oom Buchanan kregen ze als huwelijkscadeau een stel zwarten. Een oude vrouw voor in huis en een oude man voor de tuin en de paarden. En mijn moeder liet er geen gras over groeien en baarde mijn broer Spence, en niet lang daarna een stel meisjes, Audrey en Deborah. En toen die er waren vond mijn vader dat ze nog een huismeid nodig hadden, om al die kinderen te bedoen en mijn moeder bij te staan. En nu had hij natuurlijk hier in de omgeving kunnen rondkijken, waar genoeg beschikbaar was, maar dat deed hij niet.

Sommige mannen kunnen het gewoon niet laten om risico te lopen waar dat het minst nodig is. Want wat deed hij? Hij stuurde achthonderd dollar naar zijn broer, met het verzoek of die een meisje wilde regelen. Misschien dacht hij zo een slag te kunnen slaan. Achthonderd was niet veel voor een sterke gezonde meid. Maar hoe dan ook, daar zat Buchanan Mebane met een cheque voor achthonderd dollar, hem toegestuurd door zijn enige broer.

Driehonderd jaar heeft het geduurd, zwarte mensen als eigendom van blanke mensen. Een tijd waarin het verre van ongebruikelijk was dat je als blanke jongen een zwarte meid uitkoos om je knapenschap bij kwijt te raken. En menigeen bleef daar zijn leven lang mee doorgaan, ook al hadden ze vrouw en kinderen. Sommigen deden het omdat het kon, omdat die meisjes er nu eenmaal waren en niet konden weigeren. Anderen gingen ermee door omdat het ze een glimp van een ander leven schonk, een opwindender en vrijer leven, ook al stond daar de onvrijheid van die meisjes tegenover. En dan waren er nog mannen die het deden omdat ze niet meer konden ophouden, omdat ze er hun hart aan verpand hadden. En degenen die het niet deden, die na hun inwijding geen zwarte vrouw meer aankeken, of zelfs dat niet hadden gedaan, die vielen in twee groepen uiteen: zij die begrepen hadden dat het verkeerd was, en zij die aanvaard hadden dat het verkeerd was. Begrijp je dat verschil? Iets niet doen omdat het verkeerd is of het niet doen omdat men zegt dat het verkeerd is?'

'Natuurlijk,' zei Foster. Nog steeds op zijn hurken. Zijn onderbenen sliepen maar hij kon zich niet bewegen, zijn ogen aan het gezicht gekluisterd van de oude man tegenover hem op dat bankje.

Mebane zei: 'Coleman Mebane was er zo een met een verpand hart. En zijn oudste zoon en erfgenaam, Buchanan, wist dat van zijn vader en verfoeide hem erom. Ik hoef je natuurlijk niet te vertellen dat hij er zelf zo een was die zich erboven verheven had. En mocht hij zich toch aan zwart vlees te buiten zijn gegaan, reken dan maar dat hij dat altijd goed buiten zicht heeft gehouden. Maar enfin, daar zat hij dus met die achthonderd dollar. Wetende dat zijn broer zo nadrukkelijk op zijn vader leek, dezelfde weekheid had die hij zo verachtte. Grootvader Coleman was zelfs zo weekhartig dat veelwijverij hem te ver ging. Hij hield er maar één negerin op na, die haar eigen hutje had aan het eind van de rij op de plantage, met een stoet kinderen die allemaal even koffiebruin waren, om de wel zeer eenvoudige reden dat ze allemaal dezelfde vader hadden.

Het was een flinke plantage, zo'n zevenhonderd hectare. Buchanan zwaaide er de scepter, maar dat betekende niet dat zijn vader niks meer te vertellen had. Voor mijn verhaal wil dat zeggen dat die koffiekleurige kindjes niet aan hun lot werden overgelaten, daar in die laatste hut van de rij. De jongens kregen allemaal een vak geleerd. Smid, wielmaker, kuiper, metselaar. De meisjes kwamen allemaal in huis. Geen van die kinderen hoefde op het veld te werken. En daar zat Oom Buchanan, met die achthonderd dollar om een huismeid voor zijn broer te regelen. Dus wat deed hij, met die bijzondere gave die hij had om met minimale inspanning het maximale te bereiken? Hij koos het middelste meisje uit, een knap ding van veertien dat Helen heette, en stuurde dat naar zijn broer. Hun beider halfzusje dus, en hij stuurde haar in de wetenschap dat zijn broer, mijn papa, haar niet zou durven terugsturen, en al evenmin de innerlijke kracht zou hebben om zijn begeerte te weerstaan, net zomin als zijn vader die had. Buchanan wist bij voorbaat dat mijn vader dat meisje zou haten en aanbidden tegelijk, en dat het een zowel als het ander hem van zichzelf zou doen walgen, en dat die walging hem zou vergiftigen. Hij zou haar begeren omdat hij niet anders kon, en van zichzelf walgen omdat hij niet anders kon dan haar te begeren. Het volmaakte gif, onschuldig zolang je er afblijft. Dus stuurde hij haar naar zijn broer opdat die zichzelf zou vergiftigen. Vergis je niet, ik verwijt het vooral mijn vader. Want ergens diep vanbinnen moest hij geweten hebben dat dit zou gebeuren. Alsof hij zijn hand aanbood aan de man die eerder al zijn voet had afgehakt.'

Foster zat inmiddels in kleermakerszit op de kiezels, zijn handen los in zijn schoot. Hij had zijn honden al een poosje niet meer gezien, had het gevoel dat hij ze maar beter kon gaan zoeken, maar hij kon zijn blik niet losrukken van de oude man die daar voor hem zat, zijn ene hand over de greep van zijn stok. Hij bevochtigde zijn tong langs de binnenkant van zijn wangen, likte zijn lippen en zei: 'Dus mijn grootmoeder was niet alleen uw halfzuster. Haar eigen moeder was de halfzuster van haar vader. Heb ik het zo goed begrepen?'

Mebane keek van hem weg. Naar de hemel boven de lege huls van het voormalige hospitaal. En zonder naar hem terug te kijken: 'Tja, het is een bloeddoorlopen geschiedenis. De hele geschiedenis, bedoel ik. Het is nu al zo dat we ons alleen de grote feiten herinneren. Wat de ene groep de andere aandeed. En het zal steeds abstracter worden, steeds minder met onszelf te maken hebben. Voor zwart zowel als blank zal de afstand steeds groter worden. Dat kon ik al bij G.T. Kress zien. Wat vergeten zal worden zijn de kleine dingen die het maakten tot wat het was, de alledaagse dingen uit ieders leven. Kijk, om zo'n krakkemikkige, slecht opgezette tent overeind te houden, daar moet iedereen bij meehelpen. En als hij dan toch is omgewaaid lopen we ervan weg en zeggen dat het niet aan ons lag, maar aan de vent die hem ooit heeft opgezet, en aan de anderen die hem overeind hielpen houden. Ja, we lopen ervan weg, en hij zal nooit meer worden opgezet zoals het eigenlijk moet. Hij zal nooit hersteld worden. Want sommige dingen zijn kennelijk onherstelbaar. Juist de dingen die eigenlijk hersteld zouden moeten worden, daar komen we nooit aan toe. Want we zijn veel te druk met het najagen van wat we zelf verloren denken te hebben. Zo is de mens. We zouden het goed kunnen hebben met elkaar, maar dat zal nooit gebeuren. Misschien omdat we het niet waard zijn. Misschien omdat het makkelijker is om die zwarte zuster te naaien dan haar bij haar naam te noemen.'

'Is dat soms wat u haar verteld heeft?' vroeg Foster, zijn stem droog en raspend. 'Toen ze hier haar moeder kwam zoeken? Is dat wat u mijn grootmoeder toen verteld heeft?'

Mebane keek hem weer aan, vanaf het bankje. Foster moest om de hand op de stok heen kijken om zijn gezicht te kunnen zien. En terwijl hij keek klemde die hand zich om de greep en kwam de oude man overeind. Stond rechtop. Torende hoog boven hem uit. Keek omlaag. Zijn huid droog in de middaghitte, zijn gezicht vlekkerig wit en rood. En hij wendde zich af en begon het kiezelpad tussen de graven af te lopen. Een lange, magere gestalte, iets naar één kant gebogen, het zonlicht zacht als badwater over hem heen, de stok venijnig op de kiezels. Zonder om te kijken riep hij: 'Nee! Dat heb ik haar niet verteld. Was ik te laf voor. Geen haartje beter dan mijn vader. En de zijne. En iedereen daarvoor.'

Hij bleef doorlopen en Foster keek hem na. Hij bereikte de auto en ging er met zijn ene hand tegenaan staan leunen, zijn rug nog steeds naar Foster gekeerd. Foster kon hem zien ademhalen, zijn hangende schouders schokkerig op en neer zien gaan. Hij sloeg zijn ogen neer, keek naar de grond voor zijn gekruiste benen, harkte met zijn vingers door de kiezels, glad en rond. En hij stond ook op. En toen hij stond wiegde hij even heen en weer, stampte zijn tintelende voeten op de grond. Streek door zijn haar, en over zijn gezicht. Zijn wangen en kaakspieren waren strak gespannen. Hij liet zijn blik via de slagorde van grafstenen naar een dennenbosje achter het hek dwalen, waar het licht grillig doorheen speelde. Hij floot zijn honden terug.

Ze reden in stilte terug. De oude man onderuitgezakt tegen de rugleuning en het portier, zijn gezicht naar buiten gedraaid om wind te vangen, zijn vlassige haarslierten wapperend om de strakke papieren huid van zijn schedel, een luguber aureool. Foster stuurde met zijn linkerhand, had zijn rechter over de rugleuning geslagen en op de rug van een van zijn honden gelegd. Reed door de doodstille middag en zelfs de ezelwagens leken te zwemmen in het stof. De muilezels zwaaiden hun kop bij elke stap loom zijwaarts alsof ze meer moeite hadden met de zon dan met de vracht achter ze. Foster stak geen hand meer op naar de zwarte mannen op de bok, kon hen niet langer zien als gewone plattelanders, wist nu dat ze een landschap bewoonden dat voor hem onkenbaar was en ontoegankelijk zou blijven, ongeacht het bloed dat hij al dan niet met hen deelde. Bloed deed er net zomin toe als de dromen en angsten die alle mensen wel gemeen hadden. Dat zonk allemaal in het niet bij al die jaren waarin het ene ras de troebelste wateren van zijn ziel over het andere had uitgestort, onbekommerd de sluizen had opengezet. De slaventijd was niet de zwepen en kettingen van de geschiedenisboeken geweest, noch het uiteenrukken van families en het martelend zware werk. Het was een vlek die zich veel wijder en dieper had verspreid, iets wat was losgebroken en opgebloeid, zowel tussen als in de beide rassen, blank en zwart. Een woekering die nooit meer was gestopt. Taai, ongeremd, ongenaakbaar. En hij vroeg zich af hoe iemand dit kon weten zonder de moed te verliezen. En voor het eerst sinds hij naar die boerderij in Vermont was gereden en zijn tante in de deuropening had zien verschijnen, kreeg hij het gevoel dat hij iets van zijn vader begreep. Zo doe je het, dacht hij. Zo hou je de moed erin. Je maakt er iets persoonlijks van, omdat je dat tenminste dragen kunt. En hij herinnerde zich dat Mebane iets vergelijkbaars had gezegd, en keek opzij om te zien of hij nu iets van zichzelf herkennen kon. Maar nee, deze man was een vreemde voor hem, waar die andere man, dat vergeelde gezicht op die foto boven de schouw in Vermont, nooit meer een vreemde zou zijn. Alhoewel, dacht Foster, je weet maar nooit.

Hij parkeerde de auto op het zijpad en opende het hek in de schutting voor Alex Mebane en liet de oude man alleen naar het huis lopen, opende de kofferbak van de Chrysler en maakte een blik voer open voor zijn honden. Zat in de vlekkerige schaduw van de eiken op de vloer van de auto, het portier open, zijn voeten in het zand van het zijpad, te kijken hoe zijn honden het grijze vlees van een tinnen bord schrokten. Liet ze de tuin in en pompte hun emmer vol met vers water. Haalde het waterblik uit de auto en vulde ook dat aan de pomp, wilde alles zo goed mogelijk voor ze in orde maken. Hij vulde hun emmer nog een keer en zag ze ditmaal naar de andere kant van de tuin sjokken, waar nu de ongebruikte stal een schaduw wierp. Hij ging stilletjes het huis binnen.

Alex Mebane zat te slapen in de beklede schommelstoel in de eetkamer, zijn hoofd achterover, mond open. Foster liep terug de keuken in, liet de klapdeur geruisloos dichtzwaaien. Pakte een geëmailleerd teiltje van een spijker in de muur, een stuk zeep van het aanrecht, ging de tuin weer in en vulde het teiltje aan de pomp. Liep ermee naar de hut, waar hij de deur sloot tegen het helle licht en zich in het doffe hete halfdonker ging staan wassen. Hij stapte weer in zijn broek, liet zijn voeten en bovenlijf onbedekt en ging languit op zijn slaapzak liggen, zweette alweer maar hoopte dat hij nu minder stonk.

Na een poosje stond hij op, riep zijn honden binnen, die aan kwamen rennen alsof ze op hem gewacht hadden, en sloot de deur weer. Hij wilde ze bij zich hebben. Glow dartelde met een boogje naar de tijk en ging op de plek liggen waar zijn hoofd had gelegen. Lovey, ouder en wijzer, liep regelrecht naar de haard en strekte zich voor de koele stenen uit, zonder nog acht te slaan op het slangenvel. Foster ging weer liggen, duwde de jonge hond opzij, wilde haar warmte niet tegen zich aan. Ze waren allebei overdekt met driehoekige groene klissen. In de Chrysler had hij een stalen kam die hij hoognodig weer eens door hun vacht moest halen. Hij sloot zijn ogen, overmand door een immense, hardvochtige vermoeidheid. Had het gevoel dat hij maar beter weg kon wezen, een duister, dreigend gevoel van naderend onheil. Maar hij wist dat hij nog lang niet klaar was hier. Vertrouwde dat gevoel noch die wetenschap maar kon geen van beide naast zich neerleggen. Misschien was het wel gewoon de hitte. Of misschien te veel ineens. Hij voelde zich eenzaam, een pijn die vanuit zijn borst door zijn hele lichaam trok. Hij legde zijn handen op zijn buik en ademde de muffe lucht in van die ellendige hut, zijn ogen dicht, het vertrek in zijn geest gegrift alsof hij hier talloze winteravonden had doorgebracht en bij het licht van een lantaarn elke spleet in de houten wanden, elke klodder leem tussen de planken, elke schroeiplek in de haard uit zijn hoofd had geleerd. Hij zoog de lucht diep in zijn longen, lucht die ooit was uitgeademd door hen die hier hadden moeten wonen. Vochtige, bedompte, benauwde lucht, net genoeg om in leven te blijven.

Toen hij wakker werd was het licht dat door de deuropening viel bleek en schuchter van de vallende avond. De deur stond open. Hij kwam geschrokken overeind, met haar naast zich op de verhoging en ze keek hem aan en hij slaakte een kreet en zag toen pas wie ze was. Ze had geen vin verroerd bij zijn kreet, was niet teruggedeinsd voor zijn paniek. Zat zijwaarts gedraaid, ter hoogte van zijn middel, in een lichtgroene rok en een witte blouse met de bovenste knoopjes los, waar een gouden kruisje aan een dunne ketting hing. Glow lag tegen haar dij gevlijd, haar kop op de rok. Twee paar ogen die hem aankeken. De eerste gedachte die bij hem opkwam was hoe dicht haar kruis zich bij het zijne bevond en er verhief zich iets in zijn broek en hij bleef overeind zitten, legde zijn handen in zijn schoot. Zijn gezicht vlak bij het hare.
'Je hebt hier niet de hele dag op mij liggen wachten.' Het was geen vraag.
'Daphne,' zei hij.
'Zo, da's beter,' zei ze. 'Het is niet de bedoeling dat je al gilt voor ik iets gezegd heb.'
'Ik schrok alleen maar even.'
'Geeft niet, hoor. Ik vond het wel koddig.'
'Sjonge, wat heb ik geslapen.' Hij wilde haar kussen. Hij zei: 'Dat had ik gehoord, ja.'

'Wat had je gehoord?'

'Dat je het leuk vindt om mensen aan het schrikken te maken.'

'Nou, tot op zekere hoogte. Maar je hebt zo te horen informatie over me ingewonnen. Vertel eens.'

'Ik ben de hele dag met Mebane op sjouw geweest. Hij heeft me ergens mee naar toe genomen. En geen seconde zijn mond gehouden.'

'Aha,' zei ze. 'Dus je begint achter de dingen te komen die je hier kwam uitzoeken. Mooi. Maar, eh, dat is niet echt een antwoord op mijn vraag. Wij kunnen toch eerlijk zijn tegen elkaar?'

'Misschien wel,' zei hij. 'De vraag is alleen of we daar geen spijt van krijgen.'

Ze tuitte haar lippen en blies naar hem. 'Wat is er mis met eerlijkheid? Maar kom op, voor de draad ermee. Wat heb je over mij gehoord?'

'Kijk, zo gaat het nou altijd. Iedereen wil het liefst over zichzelf praten.'

'Wat dacht jij dan, jongen? Wat zouden we anders moeten?' Ze grijnsde hem toe.

'Goeie vraag.'

En ze hoorde de wanhoop in zijn stem, en bleef een lang moment stil. Bleef stil zitten en keek hem doordringend aan. En zei: 'Ik denk niet dat we anders kunnen.'

Hij zei: 'Ik heb dat verhaal gehoord over die toestand toen je nog studeerde. Met die muilezel.'

Ze slaakte een zucht. 'Wat dat beest betreft voel ik me nog steeds bezwaard. Hij wilde helemaal niet. Ik moest van hem afstappen en een tak van een struik afbreken om hem mee op te zwepen. Niet omdat-ie zich schaamde, natuurlijk, maar hij zal het wel veel te vroeg hebben gevonden om weer aan het werk te gaan. Muilezels weten precies of het hun tijd is.' Ze grijnsde weer.

'Nou, als ik hem was geweest had ik je maar wat graag op mijn rug gehad met alleen dat laken om.'

'Heeft-ie dat ervan gemaakt? Ik had mijn onderbroek nog aan, hoor. Ik was niet helemáál in mijn nakie.'

Hij stak een hand uit naar haar gezicht. Ze stond op. 'Zijn dit je honden?'

'Deze hier heet Glow, en die daar heet Lovey. Het zijn Engelse setters.'

'Weet ik. Mooie beesten.'

'Hartstikke mooi.' Hij zat haar roerloos aan te kijken. Ze stond naast de verhoging, keek hem niet aan maar langs hem heen. Ze stond doodstil, maar hij voelde dat haar innerlijk vol beweging was. Woelig. Strijd. Dat ben ik, dacht hij, en probeerde haar hand te pakken, al wist hij dat dat geen goed idee was.

Ze stapte van hem weg en ging voor het kleine venster staan, de ruit van oud, bobbelig glas. Hij kon nog net de zijkant van haar gezicht zien. Ze trok langzaam een vingertop door het stof op de ruit. Zonder om te kijken zei ze: 'Ik weet niet wat me mankeert. Iedereen maakt me treurig. Vreselijk. Weet je, toen ik nog klein was sleepte mijn papa me overal mee naar toe. Ik weet nog hoe het was, knus tegen hem aan. Ik ging mee de velden op, naar de stad, de katoenfabriek, de tabaksopslag. De veemarkt. En hij stelde me aan iedereen voor. Ik weet het nog goed. Grote kerels een handje geven. Ouwe kerels. Ik kan je niet zeggen wat voor gevoel dat gaf, die mannenwereld. In hun overalls of hun lange jassen, hun laarzen, die grote prikstokken voor het vee. De geur van hun zweet en hun tabak. De geur van de aarde die aan ze hing. Dan bukten ze zich om me heel plechtig een hand te geven, alsof ik een van hen was. Maar ze glimlachten er ook bij, zoals ze naar niemand anders glimlachten, dus ik voelde me heel bijzonder. Terwijl ik er wel bij hoorde. Bij die grote mannen. Zelfs toen ik naar school ging. Dan kwam ik 's middags thuis en rende gelijk naar mijn vader, en die stond dan al naar me te kijken alsof-ie me verwachtte. Stopte met wat hij aan het doen was en nam me op zijn arm, of hij hurkte bij me neer. Praten. Vragen wat ik allemaal gedaan had en vertellen waar hij mee bezig was. Of nee, waar wíj mee bezig waren. Zo voelde het. Wat het ook was, we deden het eigenlijk samen. Alsof mijn afwezigheid maar tijdelijk was geweest. Alsof-ie mijn plaats had opengehouden. Ik ben de jongste thuis, weet je. Twee grote broers en een zuster. Mijn broers werken al met Papa sinds ik me heugen kan, zij aan zij. Maar tegen hen was-ie altijd heel anders dan tegen mij. Voor hen was-ie streng, hard. En nog steeds. Ze hebben de schurft aan hem, en hij aan hen, maar ze zijn allemaal gek op elkaar. Al zullen ze dat nooit laten merken. Ze praten veel, maar alleen over het werk. Maar met mij... Het lijkt wel of-ie me nauwelijks nog kan aankijken, laat staan dat-ie met me praat.' Ze draaide zich van het raam weg en keek naar Foster. 'En toch ben ik niks veranderd. Ik ben nog steeds dezelfde. Dus wat is er gebeurd? Ik weet het bij god niet. Wat is er mis aan me? Ik zou het echt niet weten.' Ze deed een paar stappen in zijn richting en bleef in het midden van het vertrek staan, haar handen voor zich uit alsof ze iets uit de lucht wilde grijpen, haar ogen strak op hem gericht, haar gezicht rusteloos, en voor hij iets kon zeggen vroeg ze: 'Wat denk jij, Foster. Ben ik een slet? Dat van vannacht, was dat sletterig volgens jou? Eerlijk zeggen. Ik reken erop dat je eerlijk tegen me bent.'

Hij sprak bedachtzaam. 'Ik weet alleen wat vannacht voor mij heeft betekend. Al zou ik je dat niet eens kunnen zeggen. Ik zou er de woorden niet voor weten.'

Ze knikte.

'Waar het om gaat,' vervolgde hij, 'is hoe je er zelf tegenaan kijkt. Volgens mij is dat belangrijker.'

'Maar hoe kan ik nou weten of het was wat ik vond dat het was?'

Hij schokschouderde. 'Als jij het niet sletterig vond, dan was het dat ook niet. Hou het daar maar op.'

Ze keek hem schuins aan. 'Voor jou was het de eerste keer, hè?'

Hij keek haar een poosje aan, en zei: 'Waarom maak je je zo druk om wat ik misschien denk over wat jij misschien met anderen hebt gedaan?'

'Denk je dat ik dáárover inzit?'

'Nou, je schijnt weinig vertrouwen te hebben in hoe ik over je denk.'

'Ik heb nergens veel vertrouwen in.'

'Dat lijkt me ook terecht. Ik heb gemerkt dat er maar weinig is waarop je kunt vertrouwen. Dat er maar weinig is dat blijft.'

'Maar waarom vertrouw je mij dan?'

Hij grinnikte. 'Dat heb je me niet horen zeggen.'

'En dat van daarnet dan, dat je geen woorden had voor vannacht?'

'Tja, die heb ik gewoon niet.'

'Natuurlijk wel. Daar heb je heus de woorden wel voor. Je bent alleen bang dat je iets verkeerds zegt.'

'Het is geen angst om iets verkeerds te zeggen,' zei Foster. 'Het is de wil om het goed te zeggen.'

Ze glimlachte. 'Dat is in elk geval mooi gezegd.'

Hij keek haar opnieuw een poosje aan. En zei: 'Jij bent wel het laatste wat ik verwachtte toen ik hierheen kwam. Het laatste waar ik aan dacht. Het laatste wat ik dacht te vinden.'

'Het kan raar lopen.'

'Zeg dat wel. En soms klopt het dan ook wel weer.'

'Het is gek, weet je. Het eerste wat ik dacht toen hij het over je had was dat dit iemand was waar ik op af moest. Iemand die hier voor mij was gekomen.'

Hij versomberde. 'Het is niet eenvoudig. Er zijn dingen tussen jouw oom, je oudoom, en mij die nog maar net aan de oppervlakte beginnen te komen. En ik weet niet waar het allemaal toe gaat leiden, maar ik kan je nu al zeggen dat een deel ervan niet bepaald prettig zal zijn. Het gaat stroef, en ik ga er niet van uit dat het gaandeweg vlotter zal gaan lopen. Als het al verdergaat. Hij zou ook weleens dicht kunnen klappen, al verwacht ik dat niet echt. Hij geeft zich maar heel langzaam bloot, bij stukjes en beetjes, maar dat doet-ie waarschijnlijk om alles goed te laten doordringen voor we weer verder kunnen. Hoe dan ook, ik heb geen idee wat er uiteindelijk van komen zal, en ik weet al helemaal niet of hij jou er wel bij wil hebben.'

'Dus je bent bang dat ik alles verpest? Ook voor hem? Door hier te komen?'

'Nee, dat lijkt me geen punt. Hij scheen het vanochtend zelfs leuk te vinden. Hij plaagde me met je. Maar hij was ook even serieus. Volgens mij is-ie erg op je gesteld.'

'Hij heeft een zwak voor me, dat weet ik.'

'Maar het punt is, wat-ie mij vertellen moet, daar zullen we geen dikke vrienden door worden, hij en ik.'

En ze zweeg, keek hem peinzend aan, begreep wat hij gezegd had. En zei: 'Ik ben niet achterlijk, Foster. Ik weet een hoop van hem af. Van hem en van die anderen.'

'Dat zal best. Maar hij is je oom, en het bloed kruipt...'

En ze kwam weer in beweging, kwam naast hem zitten, legde haar handen op zijn schouders, losjes, haar gebogen armen tussen hen in. Hij verroerde zich niet. Haar ogen scherven van een winterse hemel. Ze zei: 'Het bloed kruipt hier overal, lieverd.'

De deken. Hun huid. De lucht in de hut was als een moeras. Dik, kleverig, welig. En zuiver als de oceaan, zoals hij zich die voorstelde. Of als een verborgen zee. De honden lagen nu allebei bij de haard, naar hen te kijken, hun koppen opgeheven, hun ogen waakzaam, nieuwsgierig, en een beetje ongerust.

'Ik ben geen slechte meid. Niet echt. Ik wil alleen. Ik wil.'

'Natuurlijk ben je niet slecht. Voor mij ben je een engel, een wonder.'

'Nee, nee, Foster. Dit zou ieder meisje voor je doen.'

'Dat bedoel ik niet. Ik weet niet wat het is, maar het is niet wat je denkt. Wat je denkt dat het voor me is. Waar je bang voor schijnt te zijn. Ach, ik ben gewoon in de war.'

'Je bent lief, dat ben je.'

'Wat wil je dan?' vroeg hij.

'O god,' zei ze. 'Alles.'

Late, bruinroze schemering. De schaduwen verflauwd in het kwijnende licht. De deken van hen af. Nog steeds heet. Roerloos heet. Het was geen slaap geweest. Een zachte sluimering, langzaam op en af.

De deur ging open. De honden stoven naar buiten. Alexander Mebane verscheen in de deuropening, zijn stok schuin naar voren als een tastend lichaamsdeel. Zijn hoofd iets opzij om hen te kunnen zien. Daphne die de deken over hen heen trok, met ruwe bewegingen tot een tent voor haar en Foster maakte.

'Kinderen,' zei Mebane. Trok de deur weer dicht en was verdwenen.

'O, christemezielen!' Ze stond rechtop in het halfduister, van de ene voet op de andere huppend terwijl ze in haar onderbroek stapte. In de korte tijd tot ze al haar kleren aanhad glansde ze wit als een gepelde ui. Het was de eerste keer dat hij haar zo zag. Naakt. Haar lichaam gejaagd. De vertedering vloeide door hem heen. Ze was zo totaal anders dan hij, vulde de ruimte zelfs anders. En ze mochten dan allebei ongeschikt zijn voor deze wereld, samen konden ze misschien precies het juiste evenwicht vinden. Ze zei: 'Ik ben erbij. Ik hang. Jezus, nou ben ik echt de pineut.'

Hij stond langzaam op, vadsig, alsof het alleen haar jachtigheid was die hem deed bewegen. Trok zijn broek aan en zei: 'Zo boos leek hij anders niet.'

Haar blouse was dichtgeknoopt. Ze streek met haar vingers door haar haar. Hij had niet de indruk dat het daar anders door viel. Ze zei: 'Je snapt het niet, sukkel. Ik heb Mama naar de woensdagavonddienst gereden en had een zak met eten voor jullie bij me. Het was de bedoeling dat ik jullie zou voeren en meteen weer terugkwam om haar op te halen. Weet jij hoe laat het is? O Jezus, ik hang. Nou zit ze daar, te wachten en net te doen alsof ze niet zit te wachten. Met een stuk of wat dames die doen alsof ze gezellig met haar babbelen, maar die ook alleen maar zitten te wachten tot ik weer kom opdagen. En als ik er ben zullen ze stuk voor stuk de lucht opsnuiven, of ze drank kunnen ruiken, of een kerel of weet ik veel wat.'

Foster knoopte zijn hemd dicht. Stak zijn hand naar haar uit en trok het gouden kruisje recht, dat verstrikt was geraakt in haar ketting. 'Nou ja,' zei hij. 'Je hebt tenminste niet gedronken.'

Ze sloeg zijn hand weg. 'Ja, doe maar lollig. Jij bent vanochtend niet om kwart voor vier thuisgekomen met je vader al in de stal en je moeder aan de keukentafel met de koffie klaar. Ik stonk een uur in de wind naar die brandewijn en god weet wat nog meer en ik kon amper uit mijn ogen kijken. Dus ze begon gelijk. Dat ik mezelf al heel wat vond voorstellen, maar zolang ik onder hun dak woonde had ik me aan hun regels te houden. Je kent dat wel. En ik had haar net een beetje gesust toen Papa binnenkwam en alles weer overnieuw begon. Heb ik even geslapen en me het lazerus gewerkt om al dat eten klaar te krijgen, zodat ik een zielig verhaal kon ophangen dat jullie hier alleen maar soep uit blik aten en dat ik jullie helpen wilde en dat ik nog voor het eind van die dienst terug zou zijn en je moest eens weten wat nog meer voor beloftes en nou heb ik het helemáál verknald. Dus doe jij maar lollig.'

'Kwart voor vier?' vroeg hij. 'Is het zo laat geworden, gisternacht?'

'Nee.' Ze zat op de rand van de verhoging haar veters vast te maken. 'Ik heb je hier om een uur of twee achtergelaten. En toen heb ik die jampot uit je auto gepikt en ben ik nog een eind gaan rijden. Heb hem ergens stilgezet en nog wat gedronken en nagedacht. Tot er een ouwe neger langskwam op een fiets, en toen wist ik dat het later was dan ik zou willen en ben ik naar huis gejeesd.'

Hij wilde haar vragen waar ze over nagedacht had. Maar ze was al opgestaan, streek met haar handen langs haar kleren, en vroeg: 'Weet je echt niet hoe laat het is?'

'Het loopt tegen achten, denk ik. Misschien iets later.'
'Maar niet veel later?'
'Nee, het wordt nu eenmaal vroeg donker in deze tijd van het jaar.'
'Dat is zo. Maar toch, ik ben veel te laat.'
'Wil je dat ik meega? Ik kan het misschien uitleggen.'
Ze keek hem aan met een flauw glimlachje. 'Wat wou je precies uitleggen dan?'
'Tja. Of haar gewoon een beetje afleiden.'
'O, dat zou je zeker doen. Toch maar niet. Verdomme, ik had het fornuis nog willen aanmaken om die spullen voor jullie op te warmen. Luister, er staat een zak met eten in het huis. Moeten jullie zelf dan maar opwarmen, of van mijn part eet je het koud. Maar ik moet nu echt weg.'
'Red je het wel?'
'Welja. Mama en ik hebben de hele rit naar huis nog om het uit te praten. Ga jij nou maar naar binnen om te eten. Je moest eens weten wat een hekel ik aan koken heb. Ik heb de hele middag in de keuken staan kokhalzen van al die dampen, alleen maar voor jullie. Dus ga naar binnen en ga aan tafel met die ouwe vent. Hoe het nu is weet ik niet, maar toen ik het klaarmaakte was het lekker. En dan kun je daarna je zaken met hem regelen. Er valt nog heel wat te bepraten, begrijp ik.'
Hij deed een stap achteruit, voelde opnieuw die vage dreiging van afstand. Hij kon zich niet inhouden en vroeg: 'Wanneer zie ik je weer?'
Ze stapte naar hem toe en gaf hem een vluchtig kusje. 'Weet ik niet.'
'Het is nog vroeg,' zei hij. 'En ik ben goed uitgerust. Maar voor zo'n oude man als hij is het al laat. Zelfs als hij zin heeft denk ik niet dat-ie het langer dan een uur of drie volhoudt.'
Ze keek hem aan. Hij voelde dat ze weg wilde, maar ze bleef staan. En zei: 'Weet je nog hoe je bij die kruising komt waar Pettigrew Crossroads ligt?'
Hij knikte gedecideerd.
Ze zei: 'Tussen een en twee. Ik zal proberen om daar langs de weg te staan. Niet pal voor ons huis, maar ergens in de buurt. Ik zal in de greppel op je wachten en spring wel te voorschijn. Zie je me niet, rij dan door naar de kruising, wacht even en rij langzaam terug. Maar niet vaker als twee keer, dan niet meer langsrijden. Zie je me na de tweede keer nog niet, dan kom ik ook niet meer. Hoor je me?'
'Ik zal er zijn.'
'En zo niet,' zei ze, 'dan weet ik dat het niet aan jou ligt.'

Het was een zonderlinge maaltijd. Mebane had alles uit de zak gehaald en op het aanrecht uitgestald. Een paar grote potten met groenten, sperziebonen en fijngesneden gele pompoen, en een kleinere met gepelde tomaten, paprika en okra. Een hoop brokkelige biscuits in een doek gewikkeld. En een vierkant blik waarin ooit boter of soda had gezeten, en dat nu gevuld was met brokken rundvlees in een dikke haverkleurige jus.

Ze besloten het op kamertemperatuur op te eten. Mebane haalde zwijgend een paar grote, vliesdunne borden uit de oude porseleinkast, veegde ze schoon met een lap en zette ze op het aanrecht neer. Een voor een, met trage, behoedzame bewegingen. Als wilde hij duidelijk maken, dacht Foster, dat zijn hele leven bestaan had uit bedachtzame handelingen, stapje voor stapje, alles van tevoren uitgedacht, in een wereld die verstoken was van een vrije hand om vallende borden op te vangen, misgrepen te herstellen.

Mebane liet het vlees links liggen, lepelde wat van de groenten op zijn bord en nam er een biscuit bij. Foster schepte het zijne vol, stak zijn lepel diep in het vleesblik om de warmste brokken uit de stollende jus op te diepen. Volgde Mebane naar de eetkamer waar ze naast elkaar aan de lege plek van de tafel gingen zitten. Hij voelde zich volkomen ontspannen, klaarwakker, en dat beviel hem niet. Dit leek bij uitstek een stemming om dingen over het hoofd te zien. Hij moest voortdurend aan Daphne denken, die dit voor hem had klaargemaakt. Dat móest toch iets betekenen. Dit was het soort van gebaar dat mensen samensmeedde. En wat wilde hij graag samengesmeed worden. Het was een simpel verlangen, net zoiets als het verlangen naar een thuis, een thuis dat op zou bloeien uit een bord eten. Hij zag haar weer voor zich, naakt, haastig en stuntelig in haar kleren stappend. En hij vroeg zich af of hij haar ooit zou kunnen zeggen hoe haar loutere aanwezigheid hem deed beven, tot in zijn ziel.

'Okra,' zei Mebane naast hem, 'is geen eetbaar artikel.' Hij pikte de groene stukjes tussen de tomaten vandaan en legde ze op de rand van zijn bord. 'Het is destijds met de zwarten meegekomen uit Afrika, als zelfgekozen voedsel of als voeder, daar wil ik vanaf zijn. Hoe dan ook, wij zitten er nu mee opgescheept. Je kunt het in stukjes snijden, zoals in dit gerecht, of platslaan en bakken, maar het enige wat je eet is datgene waarmee het bereid is. En toch heeft iedereen het in de tuin en roepen ze maar hoe heerlijk ze het vinden. Ik voor mij eet liever boomschors.' Hij schonk Foster een misnoegde zijdelingse blik.

Foster nam wat van het mengsel op zijn vork en stak het in zijn mond. De stukjes tomaat en paprika waren heerlijk kruidig en de okra was een anoniem gekraak, iets wat het geheel moeilijk kauwbaar maakte en de smaak van de rest in zich op leek te zuigen. 'Ik vind het wel lekker,' zei hij.

'Natuurlijk vind je het lekker,' zei Mebane. 'Het is door je lief bereid. Eet maar lekker op. Alles. En neem dat vlees ook maar. Als jongeman kon ik er geen genoeg van krijgen, van vlees. Wat ik lange tijd toeschreef aan de schaarste ervan in de oorlogsjaren. Tot ik erachter kwam dat mijn behoefte een veel merkwaardiger grond had. Dat ik mijn tanden wilde zetten in iets wat ikzelf voor altijd kwijt was. Toen ben ik ermee opgehouden, en dat bleek wel zo gunstig voor mijn humeur, om nog te zwijgen van mijn ingewanden.'

'Ik heb gewoon honger.'

'Natuurlijk heb je dat. Welnu, eet smakelijk. En wat jij niet neemt geven we aan je honden, anders bederft het maar.'

'Dan zullen ze wel even moeten wachten.'

'Ze wachten allang, jongen. Denk je soms dat ze nog niks geroken hebben? Je wordt met de minuut afweziger.'

'Ik weet anders nog wel waarvoor ik hier gekomen ben.'

'Ach ja, dat is ook zo.' Mebane prikte een stukje pompoen aan zijn vork, bekeek het, en liet het weer op zijn bord vallen. 'Jij bent hier om de waarheid te achterhalen, is het niet?'

Het vlees vergde geen mes. Foster kon het met zijn vork uiteendrukken. Het was niet wat hij onder rundvlees verstond, maar hij meende het blik toch voor het grootste deel leeg te kunnen krijgen. Hij vroeg: 'Waarom bent u nooit getrouwd?'

'Wie zegt dat ik nooit getrouwd ben?' Mebane hief tartend zijn hoofd op, keek hem langs zijn neus aan.

Foster keek de rommelige kamer rond. 'Niemand. Maar ik dacht...'

'Nooit zomaar iets veronderstellen, jonge waarheidszoeker. Maar inderdaad, ik ben nooit getrouwd geweest. Welke vrouw wil er nu een man met één arm?' Hij prikte een voor een de sperziebonen van zijn bord en keek ze bozig aan voor hij ze in zijn mond stak.

'Ik weet niet,' zei Foster. 'Ik stel me zo voor dat zulke vrouwen er heus wel zijn. Het hangt van de vrouw af, zou ik zeggen.' Hij zweeg even. 'En van de man.'

'Ziedaar de gedachtegang van elke bemoeial die ik in mijn leven heb moeten dulden,' zei Mebane. 'Dat mijn ongehuwde staat iets laakbaars zou zijn. Een tekortkoming mijnerzijds. En waarom? Omdat het gros van de mensen wel trouwt. Al moet ik zeggen dat ik de strengste oordelen van ouwe vrijsters heb moeten vernemen, maar dat terzijde. En het is toch zo simpel. Ik zal je zeggen hoe ik het bekijk, al bekijk ik het de laatste jaren van steeds grotere afstand. Hoe twee mensen ook met elkaar beginnen, hun leven samen zal vooral een kwestie zijn van kleine dingen, de dingen van alledag. En de dingen van alledag kosten mij vier- tot vijfmaal zoveel moeite als een ander. Zijn er mensen die daarvoor het geduld zouden hebben? Die jaar in jaar uit iemand als ik om zich heen zouden kunnen velen? Jazeker, die zijn er. Maar de bron van een dergelijk geduld kan naar mijn idee slechts domheid zijn. En als er iets is waar ik verschrikkelijk de pest aan heb, dan is het domheid. Dus vandaar. Maar ach, misschien is het wel gewoon een excuus. Misschien heb ik nooit de ware ontmoet, was het voor mij niet weggelegd. Of misschien ben ik gewoon niet het trouwlustige type. Daar lijkt het tenminste wel op, hè?'

'Tja,' zei Foster. Hij legde zijn mes en vork op zijn lege bord en liet zijn handen losjes op de rand van de tafel rusten. Zat rechtop in zijn stoel, keek opzij naar Mebane. 'Bent u van de verkeerde kant?'

Mebane knabbelde van zijn biscuit. Zijn ogen op Foster. Zijn misnoegen was weggeëbd, de wrangheid uit zijn blik geweken. Hij slikte en zei: 'Nee maar, jij bent al een echte man van de wereld, hè?'

Foster haalde zijn schouders op. 'Het zou mij niet uitmaken, hoor. Mijn vader werkte in die hotels in de White Mountains, zoals ik al vertelde. Die heeft daar elk slag meegemaakt. Heeft me er genoeg over verteld.'

'Over mij gaan ook de wildste geruchten, al hebben die meestal de strekking dat er een steekje aan me los is. Maar nee, om je vraag te beantwoorden, ik ben niet van de verkeerde kant. Mijn behoeften zijn gewoon onvervuld gebleven, en zullen dat ook wel altijd blijven. Ze liggen buiten mijn bereik, zou je kunnen zeggen.'

Hij doelt op zijn arm, dacht Foster. Hij duwde zijn stoel achteruit en stond op, pakte zijn bord. Hij zei: 'Ik ga nog wat halen. Wilt u ook nog wat?'

'Neem jij het allemaal maar. Ik heb wel genoeg gehad, geloof ik.' Hij schoof zijn bord van zich af, waar nog van alles op lag. 'Wat je wel voor me kunt doen is dit meenemen. Dat het me niet meer aanstaart.'

'Natuurlijk,' zei Foster, en pakte het andere bord op.

'En weet je wat je nog meer voor me zou kunnen doen, daar in de keuken? Ik zou wel een hartversterking lusten. Als ik me goed herinner staat er in het gootsteenkastje, achter de soda en de lysol en al die andere troep waar ik nooit meer naar omkijk, daarachter staat geloof ik nog een pot met maïsbrandewijn. Neem die maar mee terug voor me, met een glas. Of twee als je ook wat wilt. Ik heb begrepen dat je het inmiddels hebt leren kennen.'

Foster droeg de borden door die stille klapdeur die hem bij elke doorgang het gevoel gaf dat hij een onpeilbaar grote afstand overbrugde. Hij zette de borden in de gootsteen, viste nog wat vleesbrokken uit het blik, de kruidige jus in dikke klodders op zijn vingers. At nog een biscuit en spoelde zijn handen af. Keek naar zijn spiegelbeeld in het raam boven de gootsteen. Vroeg zich af hoe vaak zijn grootmoeder hetzelfde had gedaan. En haar moeder. En wat zij naar zichzelf terug hadden zien kijken. Hij droogde zijn handen aan de jutelap die Mebane had gebruikt om de borden schoon te vegen. Pakte het halfvolle vleesblik en stapte ermee naar buiten, stond even stil te wachten tot zijn honden uit de avond opdoken. Hurkte neer om het blik op de grond te zetten en bleef even zo zitten om ze over hun rug te aaien. Ze schenen het niet te voelen, slobberden van de jus, slikten de vleesbrokken door zonder te kauwen, probeerden elkaar in gulzigheid te overtreffen. Honden, die van elkaar wisten dat de een niet zou wachten tot de ander een achterstand had ingehaald, of ze nu moeder en dochter waren of niet.

Hij liep door de tuin naar het hek in de schutting, het zijpad op naar de Chrysler. Tilde de achterbank omhoog en opende de kist met de Schotse whisky waarop zijn vader zo zuinig was geweest, de parels uit zijn smokkelvoorraad. Pakte een fles en zette hem in het zand neer. Opende de houten koffer van de L.C. Smith en haalde het geweer eruit, wreef het op met de oliedoek die los in de koffer lag. Brak het open en reikte opnieuw in de laadbak, tastte rond tot hij zijn jack vond en haalde er twee patronen uit. Kaliber-6 hagel. Voor vogels. Hij had geen andere. Hij liet ze in het geweer glijden en klapte het dicht. Met het geweer in zijn ene hand bukte hij zich en pakte de fles op, liep er de tuin mee in. In de slavenhut zette hij het geweer rechtop in de hoek bij zijn hoofdkussen. Gleed er nog even met zijn hand overheen om zich ervan te verzekeren dat de veiligheidspal eraf was. Een vertrouwd gevoel in het donker. Zijn geweer. Iets wat hij door-en-door kende. Hij wist niet waarom hij het voor de greep wilde hebben, maar wist des te zekerder dát hij dat wilde. Het was iets simpels, iets vanzelfsprekends. Net zoiets als je hemd in je broek stoppen voor je ergens naar binnen ging. Hij pakte de whiskyfles en liep terug naar het huis. Bij de keukendeur lag Glow op haar buik, haar voorpoten om het vleesblik geklemd en haar snuit erin gestoken. Haar tanden schraapten over het metaal. At alleen nog maar de smaak. De geur.

Er stonden mosterdpotglaasjes in het afdruiprek, maar die negeerde hij. Maakte de porseleinkast open en tuurde naar de bestofte stapels glazen. Vond een paar korte, brede tumblers en pakte ze met één hand uit de kast. Vederlicht. Nam ze mee naar de gootsteen en spoelde ze om en droogde ze af met de jutelap tot ze glansden in het licht. Pakte de fles erbij en liep naar de eetkamer. Weer die stille deur door.

Hij zette de glazen op tafel en maakte geen ophef over de fles maar trok het zegel eraf, schonk de glazen halfvol. Zette de fles ernaast en ging zitten. Zijn stoel stond iets achteruit en naar Mebane toe gedraaid. Hij zei: 'Mijn vader had hier een voorraadje van begraven achter het huis. Toen hij dood was heb ik ze opgegraven en meegenomen.'

Mebane boog zich vooroverom de fles te bekijken, pakte zijn glas en snoof eraan. Nipte ervan. 'Dit is je ware, zeg.'

Foster nam ook een slokje en had meteen spijt dat hij geen sigaretten had meegenomen. Maar het was tijd om er weer tegenaan te gaan. Hij zei: 'Ik heb goed nagedacht over alles wat u vanmiddag verteld heeft, daar op dat kerkhof. Het stak goed in elkaar, vond ik. Het was net alsof ik een rondleiding kreeg. Maar waar ik voor gekomen ben is het feit dat mijn grootmoeder hier toen is teruggekomen, om haar moeder te zoeken, die ze niet vinden kon, waarna ze weer naar huis is gegaan, waar haar man en kinderen van haar hielden en haar nodig hadden, maar waar ze toen toch besloten heeft om het bos in te lopen en een eind aan haar leven te maken. U heeft me nog niets verteld dat daar ook maar in de verte mee te maken lijkt te hebben. Met de reden waarom ze dat toen gedaan heeft. En als iemand die reden kent, dan moet u dat zijn. Ik kan me vergissen, maar het gegeven dat haar vader de halfbroer van haar moeder was, dat maakt op zichzelf nog niks duidelijk.'

Mebane pakte zijn glas op en hield de rand op ooghoogte, tuurde langs en nam een slokje. Zette het glas weer neer en keek ernaar. 'In zekere zin,' zei hij, 'maakt het er wel degelijk deel van uit.'

'Haar deel of uw deel?'

'Dat zou weleens op hetzelfde neer kunnen komen.'

Foster dronk in één teug zijn glas leeg, zette het neer en schonk weer in, draaide zich om naar Mebane. 'Toen ze weer thuis was schijnt ze voortdurend in zichzelf te hebben lopen praten. Over een oude man die op een houtblok werd neergezet met een touw om zijn nek, en die ze toen met petroleum hebben overgoten en aangestoken, zodat hij brandend en wel van dat blok gesprongen is om er een eind aan te maken. Weet u waar ik het over heb? Meneer Mebane? Weet u dat?'

Mebane zweeg en liet zijn blik over de tafel dwalen, naar de stapels boeken en kranten en registers, als wilde hij daar zijn toevlucht zoeken. Hij wreef de top van zijn wijsvinger over de rand van het glas, zonder ernaar te kijken. 'Ja.' Zijn stem zacht maar onrustig, in strijd met zichzelf. 'Jazeker, mijnheer Pelham. Dat weet ik.'

'Neem me niet kwalijk,' zei Foster. 'Zo bedoelde ik het niet.'

'Wie niet tegen drank kan, zou niet moeten drinken.'

'Waar ik niet tegen kan is dat u steeds verstoppertje speelt. Ik probeer zo geduldig mogelijk te zijn.'

'Maar ook aan jouw geduld komt een eind, wou je zeggen.'

'Dat geldt toch voor ieder mens?'

'Dreig je me nu?'

'Nee hoor,' zei Foster. Hij zweeg even, en zei: 'Nu nog niet.'

'Goed zo, Foster Pelham,' zei Mebane. Hij pakte zijn glas en nipte ervan. 'Zie je, we beginnen elkaar steeds beter aan te voelen.'

'Dat was mij nog niet opgevallen.'

'O, zeker wel. Je beseft misschien nog niet wat het betekent, maar je hebt het al wel in de gaten.'

'Wat heb ik dan in de gaten?'

'Dat we geen van beiden blij zijn met wat zich hier tussen ons afspeelt, maar dat het nu eenmaal gaande is en dat we er niet meer onderuit kunnen.'

Foster zei niets.

Mebane vulde zijn glas bij en liet het op het vlekkerige groene vloeiblad staan. Alsof hij het alleen maar vol wilde hebben. Hij had Foster nog steeds niet aangekeken. Met dezelfde zachte stem zei hij: 'De man in kwestie heette Peter. Hij hield de tuin bij en verzorgde de paarden. Koetsierde ons doorgaans ook, op die spaarzame momenten na waarop mijn vader een opwelling van mannelijkheid kreeg. Ik moet zeggen dat Peter een echte paardenman was. Laat me daaraan toevoegen dat veel slavenbezitters nogal opschepten over hun negers. Er waren er ook die alleen maar op ze foeterden, maar over het algemeen was het een litanie van hoe goed de een koken kon en hoe geweldig de ander met de kinderen was, of met bloemen, of met paarden.' En nu keek hij Foster alsnog aan, en hief zijn wijsvinger. 'Dus de ene groep deed alsof de meest eenvoudige huishoudelijke taken heel wat om het lijf hadden, waarbij men de andere groep dan ongehoorde bekwaamheden toedichtte. Alsof het om werk ging waarvoor die tweede groep nu eenmaal beter geschikt was, hoewel het dus doodgewone, nederige bezigheden betrof. En waarom nu die onzin? Om het wankele evenwicht tussen de beide groepen te versterken! Want kijk, als een goede behandeling afhangt van hoe lekker je kookt of hoe kundig je de rozen bemest, dan zul je daar ook je stinkende best bij doen. En als je zulke dingen zelf niet hoeft te doen, er niet eens verstand van hoeft te hebben, zal het je niet aan het hart gaan om die anderen daar grootmeesters in te noemen. En ga je gewoon lekker zitten eten of je ogen de kost geven in de tuin. Begrijp je?'

Foster zweeg.

Mebane sprak verder. 'Maar dat gezegd hebbende, Peter was een echte paardenman. Jij als automobilist, weet jij iets van paarden?'

'Niet veel.'

'Kijk, zie je. De nieuwe wereld is daar. Zo gaan er onophoudelijk werelden verloren, zonder dat we dat zelfs maar opmerken. Jij bent hier op één oude wereld uit, maar zo zijn er talloze, zoals die van de paarden. Jouw kinderen, en de hunne zeker, zullen zich niet meer kunnen voorstellen dat er ooit iets anders was dan auto's. Terwijl die dingen gloednieuw zijn, en vooraf zijn gegaan door tienduizend jaar van samenwerking tussen man en paard. Denk daar maar eens goed over na. Helemaal weg, die tijd. In de wereld van de toekomst zullen paarden nog maar speeltjes zijn. Met steeds minder mannen die echt verstand van ze hebben, die ze tot in hun bloed, hun zweet, tot in elke vezel begrijpen. De plaats van zulke mannen zal nu ingenomen worden door de autokenners. Ik hoop er nooit een te ontmoeten. Paardenmannen zijn er eeuwenlang geweest. Hun kennis behelsde meer dan smeerolie en zuigers en assen en weet ik veel wat. Het was de ontmoeting van twee zielen. Hun samengang. Het kennen van elkáár. De besten onder de paardenmannen konden met mensen maar moeilijk overweg. Maar ze konden op een wildvreemd paard aflopen, de onderlip tussen hun vingers nemen en die kop omhoogduwen en het beest dan recht in de ogen kijken. En ermee praten. En dan begrepen ze elkaar.'

'Je hebt mannen die dat met honden hebben.'

'Ach ja, dat is ook zo. Jij bent een hondenjongen. En in zekere zin heb je gelijk, hoor. Maar je zult toch moeten toegeven dat honden en paarden volstrekt verschillende dieren zijn. Een hond zal naar zijn aard geneigd zijn om voor de mens te buigen. Met paarden is dat heel anders. Een paard is wat minder... Beheersbaar. Paarden zien dingen die wij nooit zullen zien. Ze zien verder dan wij.'

'Sommige honden hebben dat ook. De goeie.'

'Zeldzaam is de hond waarbij je een simpele fout met je leven moet bekopen.'

'Ja, da's waar.'

Mebane pakte zijn glas en sloeg het in één keer achterover. Hij zei: 'Met Peters dood had ik niets van doen. Toen het gebeurde lag ik zelf bewusteloos in bed en alles wat ik ervan weet is me achteraf verteld. Maar ik zal er niet om liegen, toen ik het hoorde, voldoende hersteld was om het te horen, was ik er niet rouwig om. Het leek me niet minder dan terecht. Maar ik ben er niet bij geweest, heb er niet toe opgeroepen, heb niet staan kijken. En als ik gekund had, had ik dan wel gekeken? Ja, vermoedelijk wel. Al zou ik niet naar Peter hebben staan kijken. Maar naar al het andere. Naar dingen waarvan ik me op dat moment niet eens bewust zou zijn geweest. Zoals die mannen zich er ook niet bewust van zijn geweest. De meesten niet, althans. Maar goed, ik was er dus niet bij. Ik lag in bed.'

'Omdat ze u had neergeslagen met een strijkijzer.'

Mebane pakte de fles en zette hem aan zijn mond. Hij keek Foster niet aan, knikte zijn hoofd en toonde hem zijn verminkte oor. Richtte zijn blik op het duister aan de andere kant van de tafel. De plek, bedacht Foster zich, waarnaar hij al talloos vele uren had zitten kijken. 'Ik was nog maar een jongen. Jonger dan jij nu. Had nog maar net mijn arm verloren. Een maand of drie, vier. Ze sloeg mijn schedel in. Terwijl ik al zo zwaargewond was. En er was niemand om me te hulp te komen. Niemand die me hielp overleven. Ik lag daar volkomen alleen, aan mijn lot overgelaten. Ik heb er nog steeds dromen van, die mijn lakens doorweken en me in paniek doen wakker schrikken. Ben ik weer helemaal terug.'

'Maar wie heeft die oude man toen gedood? En waarom?'

'Mannen uit de buurt. Ik was er niet bij.'

Foster knikte. 'Ja, goed. Maar waarom?'

'Omdat hij haar had helpen wegkomen nadat ze me had aangevallen.'

Foster nam een slokje van zijn whisky. Voelde zich zeker nu, vaste grond onder zijn voeten, wist welke kant dit op moest. Hij vroeg: 'Maar hoe wisten ze dat dan? Dat hij haar geholpen had?'

Mebane sloeg zijn ogen neer, naar het vloeiblad voor zich. 'Toen het bekend raakte wat mij overkomen was, zijn die mannen hierheen gekomen om met Peter te praten. Ik was er niet bij. Het was een woelige tijd. Ze gingen met Peter praten omdat het niet anders kon of hij wist waar ze heen was, en hoe ze weg had kunnen komen. Een meid van zestien, nooit verder dan vijf mijl van huis geweest, die kan niet zomaar haar bullen pakken en opstappen. Niet in een tijd waarin de hele wereld op zijn kop staat. Ze had hulp gehad, zoveel was zeker. Maar wat er gebeurde, wat ik gehoord heb dat er gebeurde, was dat hij zich niet gedroeg zoals ze verwacht hadden. Hij hing niet de domme neger uit, maakte zelfs geen kabaal. Nee, hij stond daar voor de deur van zijn keetje dat tegen de stal was aangebouwd. En met een stem zo zacht dat al die mannen zich naar hem toe moesten buigen om hem te verstaan hield hij hun voor dat ze boosewichten waren. Dat de tijd van de wrake en de vergelding des Heren gekomen was, en dat hun niets dan bloed en vuur en geknars van tanden te wachten stond, en dat ze door de eeuwigheid zouden dwalen met hun lijdenskelk in hun verdorde handen, hun ziel in de ketenen van hun zonden, de zonden van hun medeplichtigheid en onverschilligheid. Ja, het was me de redevoering wel, al kan ik me voorstellen dat die jongens er niet zo enthousiast over waren.'

'Voor iemand die er niet bij was schijnt u er heel wat vanaf te weten.'

'Het is toen woord voor woord voor me herhaald. Het zal nog wel uitgebreider zijn geweest, maar dit is wat ik me herinner, en dan sta ik er nog niet voor in dat het precies klopt. Maar de strekking is me bijgebleven.'

Het interesseerde Foster niet wie Peters woorden destijds herhaald had. In plaats daarvan vroeg hij: 'Maar als ze alleen maar wilde weglopen, waarom heeft ze u dan eerst die mep met dat strijkijzer gegeven?'

Mebane keek hem aan, keek weer van hem weg. Keek de kamer rond. En toen weer naar Foster. Zijn gezicht strak en grimmig, een woede van vele jaren her. Hij zei het alsof het naar verrotting smaakte: 'Je weet verdomd goed waarom.'

Foster zweeg. Beelden die als door een telegraafdraad van zijn kruis naar zijn hersens stroomden: Daphne voorop, en in haar kielzog een ander meisje, dat er altijd was, nooit verder dan vijf mijl van huis, dat niet weigeren kon. Wier nee er niet toe deed. Alsof er een steenpuist in hem was doorgeprikt en nu alle kanten op vloeide. Begreep opeens de smet die hij bij zich droeg. Herinnerde zich wat zijn vader ooit over meisjes had gezegd, dat hij nooit vergeten mocht dat hij zelf een zusje had gehad. En omdat er niets anders was wat hij zeggen kon, niet met gezag, zei hij zacht: 'Ze was uw zus.'

En Mebane draaide zich naar hem toe, zijn mond een trillende bleke streep, zijn ogen doorvlochten met rode vaatjes terwijl hij zijn lichaam opzij zwaaide. Hij zei: 'Je luistert niet, jongen. Ik probeer je uit te leggen hoe we ertoe komen om dingen te laten bestaan of niet te laten bestaan. Natuurlijk was ze mijn zuster. En dat wist ik ook. Maar ik erkende het niet. Zoals mijn vader niet erkende dat ze zijn dochter was, en dat haar moeder zijn zuster was. Zoals mijn moeder niet erkende dat ze dat iedere dag om zich heen had. En dat waren wij alleen nog maar. Dat was onze bescheiden versie van de grote vertoning. Snap je dat dan niet?'

Foster zei: 'En al was ze niet uw zuster geweest...'

'Geen zedenpreek nu, jongen. Niet na wat je zelf met dat meisje hebt gedaan. Je eigen nichtje. Want hoe ver je dat feit ook wilt opschuiven, het blijft een feit. Maar ik snap het wel, hoor. Je denkt natuurlijk dat het zo ver weg is dat het onvindbaar is geworden, dat je er nooit over zult struikelen. En dat doen we dus allemaal. We vinden allemaal een manier om dat te kunnen doen waarvan we weten dat het eigenlijk niet mag. Je ziet, het verschil tussen ons is zo groot nog niet.'

Foster pakte zijn glas en liet een beetje whisky over zijn tong vloeien, zette het weer neer en zei: 'Maar ik heb haar nergens toe gedwongen.'

En Mebane bleef stil. Keek niet naar Foster, niet naar het duister aan de overkant van de tafel, maar naar het vloeiblad voor zich. En sloot zijn ogen. Bleef roerloos zitten. Na een poosje dacht Foster dat hij in slaap was gevallen. Hij kreeg de aanvechting om op te staan en door het huis te lopen, alle deuren te openen, alle kasten, alles. Voelde dat hij daar het recht toe had. Dat Mebane het misschien zelfs wel van hem verwachtte. Maar hij kwam niet in beweging. Wilde liever toch niet zien hoe ze eruitzagen, die ongebruikte kamers aan de andere kant van de gang en op de bovenverdieping, noch de kamer waar Mebane sliep, de meubels, de siervoorwerpen, de schilderijen, het afval van alle levens die dit huis gekend had. Wilde er niets van weten. Hij voelde zich alert, behoedzaam, zelfbewust, des te sterker omdat hij al die dingen liet voor wat ze waren en hier aan tafel bleef zitten. Hij kon doen wat hij wilde met dit huis, kon het met zijn blote handen slopen desnoods, maar zou er onbekommerd van weg kunnen lopen. Zoals een man wegloopt, dacht hij.

Zonder een vin te verroeren begon Mebane weer te spreken. Zijn toon dof, suffig. 'Ik was een jongen. Jouw leeftijd, een jaar jonger denk ik. Maar ik wist niet wat jij al weet. Was nog in mijn kindertijd vervat. Ik weet niet wat het was. De oorlog misschien. Of gewoon mijn aard. Maar voor mij stond heel die winter in het teken van wat ik nog nooit gedaan had. En dat nog-nooit-gedaan ging hand in hand met wat ik vond dat ik had moeten doen. En weet je, dat was allemaal Spencer. Spencer in mijn gedachten. Dode Spencer. Ik zou de hele nacht de manieren kunnen opsommen waarop ik hem probeerde na te volgen. Talloze manieren. Ze bepaalden alles wat ik deed, alles wat ik dacht en voelde, elke stap die ik nam. Welnu, is dat gewoon het jongere broertje of is het iets anders? Kom daar maar eens uit. Er is natuurlijk het voorbeeld van mijn vader en oom Buchanan. Die bij de begrafenis van mijn grootvader zwijgend aan de rand stonden, in de winterse regen, toekeken hoe dat gat werd volgegooid, en geen woord tegen mij spraken of tegen wie ook. Hij in zijn geborstelde wollen overjas en de rest van ons in kleren waar we al een jaar of drie uitgegroeid waren. Maar hij die toekeek hoe die kist uit zicht verdween. Alsof dat iets was waarop hij lang had moeten wachten.

Ik was vijftien. Mijn broer was al langer dan een jaar dood. Als enige thuis achtergebleven, met nog maar één arm. Alleen met dat meisje. Jouw grootmoeder. Ik kan me haar niet als een grootmoeder voorstellen. Het enige wat ik mijn leven lang ben blijven zien is dat lange soepele lichaam en die stralende glimlach, die zomaar kon doorbreken. En zoals ze liep, alsof iedere vezel van haar lichaam in een wereld woonde waar ik geen toegang toe had, waar ik niet bij kon. Snap je? Dat is geen zuster, waar ik nu over spreek. En dan was er dit nog: zij en Spencer hadden elkaar aanbeden. Als jongetje had me dat geobsedeerd. Alsof hij iets had wat ik miste. En laten we wel zijn, hij wilde het ook niet zeggen. Wilde niet vertellen wat ze samen hadden. Ben ik een aanzienlijk deel van mijn leven mee bezig geweest, om dat voor mezelf uit te knobbelen. Want in die tijd was hijzelf ook nog maar een jongen. Dus wat hij me gezegd had was niet waar. Dat was helemaal niet gebeurd. Hij wilde alleen maar dat ik dat geloofde. Of nee, hij zal wel gevonden hebben dat ik dat hoorde te geloven. Maar dat doet er niet eens zoveel toe. Het gaat om iets veel simpelers. Kijk, hij heeft haar wel altijd als zijn zusje gezien, en ook alleen maar als zijn zusje. Spencer was in staat om al dat andere te negeren. En dat nu mocht niemand weten. Ik niet en niemand niet. Nou ja, zij natuurlijk wel, al neem ik aan dat hij het haar niet hoefde te zeggen. Ze wisten het allebei. Maar tegen mij zei hij heel andere dingen. Hij zal wel gedacht hebben dat het in haar belang was om hun tederheid te verhullen. Met hol gepoch. Obscene verzinsels. Die zal hij veiliger geacht hebben dan de waarheid. Want als alles om je heen op leugens berust, wat moet je dan nog met de waarheid? Die verberg je liever. Die stop je zo diep mogelijk weg. En dat de ene leugen een heleboel andere kan voortbrengen, daar kun je niet bij stilstaan. Die luxe heb je niet. Dus was ik een ontriefd jongetje. Ik moest ontberen wat mijn broer wel had gehad.'

Foster nam een slokje. De gloeilamp boven hun hoofden wierp een beverige boog van schaduwrijk licht. Hij wachtte nog even, en vroeg: 'Wie was het?'

'Wie was wat?'

'Toen mijn grootmoeder geprobeerd had u te doden en vervolgens de benen nam, u zei net dat u toen helemaal alleen was. Maar u was nog maar een jongen. Iemand zal u toch hebben geholpen. Wie was dat?'

Mebane knikte. Pakte zijn glas, zette het meteen weer neer en keek naar Foster. 'Heb je me gehoord, daarnet?'

'Ja.'

'Mooi.' Hij knikte opnieuw. Pakte zijn stok en kwam overeind, stond even tegen de tafelrand geleund en verplaatste zijn gewicht naar de stok, zonder zijn ogen van Foster af te nemen. 'Haar moeder,' zei hij. 'De enige die er nog was. Toen heeft Helen zich over me ontfermd.'

Foster nam hem aandachtig op, en zei: 'Zij moet begrepen hebben wat u gedaan had, om zo'n mep van haar dochter te krijgen.'

'Ik heb haar anders geen tekst en uitleg gegeven.'

'Nee, dat zal wel niet. Maar ze moet het geweten hebben.'

'Ik weet niet wat ze wist. Al wat ik zeggen kan is dat ik zwaargewond was en dat haar dochter ervandoor was, en dat dat Peter zijn leven had gekost. Dus wie weet waarom ze me verpleegd heeft? Wat ze geweten heeft. Welke redenen ze had. Ze heeft het misschien alleen maar gedaan om haar eigen hachje te redden. Wie weet, misschien alleen maar daarom.'

'Wacht eens even. Dus u wilt zeggen dat u hier met haar alleen was, dat ze u verpleegde en dat jullie nooit met elkaar gesproken hebben? Dat u nooit iets gezegd heeft buiten wat u wilde of nodig had? Terwijl hier verder niemand meer was?'

Mebane leunde zwaar op zijn stok, alsof die het enige aan hem was dat nog rechtop kon staan. Op zijn voorhoofd klopte een eenzame dunne ader. Hij zei: 'Moet je horen, een deel van dit werk zul je op eigen kracht moeten doen. Ik kan je bezwaarlijk als een kind aan de hand nemen en alle kermistenten met je afgaan. En nu ga ik een plas doen. Ik ben een oude man, en mijn blaas kan zo veel whisky niet meer aan. En daarna ga ik naar bed.' En met een stuurse blik: 'Maar afgezien daarvan ga ik nergens heen, hoor.'

'Goed. Ik denk dat ik voorlopig ook nog niet wegga.'

'Uitstekend.'

'Nog één ding.'

'Nou?'

'Ik begrijp heel goed waarom u me dit allemaal vertelt. Maar u zult toch ooit datgene moeten vertellen waarvoor ik gekomen ben. Het is maar dat u het weet.'

Mebane keek hem langdurig aan, met ogen die waterig waren van vermoeidheid. Foster wachtte af tot hij nog wat zeggen zou, en toen hij niets meer verwachtte zei Mebane: 'Pas een beetje op met dat meisje. Ze is het enige schepsel op deze aarde waar ik nog wat om geef. Begrepen?'

'Ik denk het wel, ja.'

'Je krijgt heus je zin wel, maar op mijn manier, en pas als ik het wil. Als ik zeker weet dat ik het goed kan overbrengen.'

Foster zweeg.

'Goed, welterusten dan maar. Doe dat licht uit als je hier weggaat. Ik heb geen spat vertrouwen in dat elektrische spul.'

Hij bleef aan de tafel zitten tot er een eind kwam aan alle geluiden van dat andere leven in het huis, het vage gestommel en geschuif op de bovenverdieping, die oneven voetstap. En toen nog een poosje terwijl het huis zelf tot rust kwam. Hij stopte de kurk in de whiskyfles en dronk zijn glas leeg. Liet het op het vloeiblad staan, opdat het de volgende ochtend als bewijs zou dienen voor deze avond. Nam de fles mee en liet de kamer donker achter. In de keuken wachtte hij even met het omdraaien van de lichtschakelaar, om nog een blik te werpen op het overgebleven voedsel, de potten met groenten en de biscuits. Het was niet zomaar voedsel. Daar was hij heel zeker van.

Buiten was de avondnevel dikker geworden. Er waren geen sterren. Het was nog steeds warm, de lucht zwaar, voelde alsof hij erdoorheen moest waden, voelde als een vloeistof bij het inademen. Het gedrens van de cicaden leek alles te vullen, dreigde zijn oren binnen te stromen.

Hij haalde zijn honden uit de hut en liet de deur openstaan om ze vanaf de drempel te kunnen gadeslaan. Witte schimmen langs de schutting. Stond op en stak binnen de lantaarn aan, liet hem op de vloer staan omdat er niets was om hem op neer te zetten. Liep naar de open haard, hurkte ervoor neer en pakte het verdroogde slangenvel. Verpulverde het tussen zijn vingers. Droge harde schubben. Schakels van een vergaan leven. Liet een hand over de bodem van de haard glijden. Ouwe stenen. Meer niet. Allang verkild.

De honden kwamen de hut binnen en gingen op de verhoging naar hem liggen kijken, als om te zien wat zijn volgende stap zou zijn. Hij keerde zich om, ging in kleermakerszit naar ze terug zitten kijken, de lantaarn op een laag pitje. Nam nog een slokje van zijn vaders Schotse whisky.

Tweemaal liep hij de tuin in, naar het hek in de schutting, naar de Chrysler. Waarin hij tot tweemaal toe een sigaret ging zitten roken. Het was makkelijk genoeg. Hij kon hem van de handrem halen, de koppeling indrukken en geruisloos het paadje afrollen, en beneden stilletjes wegrijden en niemand die hem zou horen. Naar de kruising. Pettigrew Crossroads. Waar ze op hem zou wachten, had ze gezegd. Hij zat zijwaarts op de stoel, zijn benen languit op de verre kant van het dashboard, de fles tussen zijn benen en een sigaret tussen zijn vingers. Hij had geen idee waarom hij niet ging. Elke keer dat hij naar de auto liep was hij van plan te gaan, maar hij ging niet. Elke keer stapte hij weer uit om terug te lopen naar de hut, waar het lampenglas van de lantaarn steeds meer beroet raakte zodat het er steeds donkerder werd. Alleen nog maar schaduwen. Op de wanden en de vloer, en de stenen van de schouw, en de verhoging die tot bed moest dienen. Twee gedaanten op dat bed, twee paar bleekgele ogen als uit een andere wereld, die hem overal volgden.

Hij sliep al een tijdje toen de regen kwam, die hem niet wakker maakte maar niettemin tot hem doordrong. Het ruisen op de oude cederhouten dakspanen bezorgde hem dromen van rivieren, dromen waarin hij onder water zwom, zij aan zij met een donkerhuidig meisje, lange ritsen luchtbellen van haar mond naar haar glinsterende zwarte krulhaar, haar lichaam naakt maar nooit helemaal zichtbaar. Samen gleden ze rakelings over de gladde stenen op de bedding.

Hij ontwaakte ten slotte in een regenomfloerst ochtendgloren. Verkwikt en alert, krachtig. Hij stond op, trok zijn broek aan en opende de deur en zag het water in schuine strepen op de verwilderde dorre achtertuin vallen. De honden schoten langs hem heen naar buiten, opgetogen in de plotse koelte, op zoek naar konijnen in het geknakte gras. De regen viel door de deuropening naar binnen en maakte een donker ovaal op de oude vloerplanken, om zijn blote voeten heen. Hij rende met een onderdrukte vloek naar buiten, door het hek naar de Chrysler. Draaide haastig de raampjes omhoog en schold zichzelf inwendig uit voor stommeling. Had toch moeten weten dat het zou gaan regenen. Was hier dus nog steeds niet thuis, niet in staat de eenvoudigste tekens te zien. Hij graaide onder de achterbank en haalde zijn canvas jack te voorschijn.

De tuin, de oude stal, het nog donkere huis, de bomen daarachter, alles tekende zich scherp af en leek toch heel nabij. Alsof de regen niet alleen de kleuren uit de wereld haalde maar ook het perspectief. Terug in de hut gooide hij het jack uit, trok een hemd aan, en zijn sokken en schoenen. Streek met zijn vingers door zijn natte haar en trok het jack weer aan. De honden maakten vochtige pootafdrukken in de stoflaag op de vloer. Nat en blij, allebei. Roken naar hond. Hun ogen aan hem vastgekleefd.

Hij stapte de natte ochtend weer in en sloot de deur achter zich, de honden nog binnen. Bleef even staan om het donkere huis te bespieden. Het was nog vroeg. Hij liep naar de stal en opende de manshoge deur in een van de twee hoge staldeuren. Binnen zag hij langs de ene wand een rij voertuigen staan. Een overdekt rijtuig, een groter open rijtuig, een elegante tweewielige sjees. Allemaal dofzwart van het vuil en het stof, spinnenwebben die zich er als spookhanden aan vastklampten. De huif van het overdekte rijtuig hing halfvergaan aan de hoepels. De andere wand werd in beslag genomen door een reeks paardenboxen, allemaal leeggehaald, geen mest of ligstro meer te bekennen. Hij stapte er een binnen en liet zijn hand langs de zijkant gaan, waar het hout glad was door het jarenlange schuren van een vacht, zag hier en daar nog lange donkere haren achter een splinter steken. De rand van de voederbak was uitgesleten door de hongerige halzen, jaar na jaar, dag in dag uit. Op de bodem lag een roestige tuigketting.

Aan het eind van de rij boxen stond een rij voedertonnen, en daarnaast bevond zich een deur, die hij binnenging om een kleine aangebouwde keet met een schuin dak te betreden. Leeg. Volkomen leeg. Links een kleine haard met een ruwe schoorsteen. Aan de stalwand acht houten pennen, polsdik en aan het uiteinde omhooggebogen. Tuighaken. Dat was alles. Zelfs de haard was schoongeveegd. Het was donker in het vertrek dat slechts één ruit had, hoog in de wand, donker van het vuil dat buiten bereik van de regen bleef. Foster hurkte neer en keek om zich heen, naar de wanden, de vloer. Kon na een poosje de plaats ontwaren waar zich een verhoging voor een bed had bevonden, net als in de hut waar hij verbleef. Ernaast staken een stuk of wat spijkers uit de wand, waar ooit kleren aan gehangen hadden. In het midden van de vloer meende hij enkele uitgesleten plekken te zien, van stoelpoten misschien, waar die jarenlang van en naar een tafel waren geschoven. Maar dat was alles. Aan het korte einde zat een deur die uitkwam op de tuin. Daar liep hij door naar buiten. Langs de zijkant van de stal was brandhout opgestapeld, tot aan de dakrand. Hoog genoeg om de buitendeur van het keetje aan het zicht te onttrekken. Het keetje waar Peter had gewoond.

In de tuin hing inmiddels een zurige houtrookhucht. Hij keek naar het huis en zag een vettige rookwalm uit een van de twee schoorstenen komen, als natte zwarte wol. Hij liep naar het huis en ging door de keukendeur naar binnen. In de eetkamer trof hij Mebane op zijn knieën voor de haard. Tegen de vuurijzers lagen de registers van de tafel opgestapeld. Naast hem een hoop vergeelde kranten, waar hij vellen vanaf trok die hij tegen zijn borst tot een prop rolde en met een pook onder de brandende registers duwde. Zijn stok stond onder handbereik tegen de zijkant van de haard. Hij keek even op naar Foster en ging weer verder, pakte een nieuw vel krantenpapier.

'Wat doet u daar?'

Zonder op te kijken, in het vuur turend, zei Mebane: 'O, niks. Ouwe rommel opruimen.'

'Wat stond er in die boeken?'

Mebane pakte de pook en gaf er een harde por mee die de stapel deed wankelen en omvallen. De vlammen schoten omhoog. 'Niks.' Hij gaf nog een por. Keek niet op.

Foster liet de oude man begaan, ging terug naar de keuken en deed de afwas van de vorige avond. Veegde het aanrecht schoon. Hij bakte een paar eieren op het elektrische kookplaatje, deed boterhammen in het broodrooster en legde het eten op borden. Het werk maakte hem melancholiek. De regen op de ruiten. Zoals hij vroeger voor zijn vader had staan koken, of voor zichzelf als hij alleen was, terwijl het regenwater van de dennen en lariksen drupte. Wat was hij ver van huis. Maar zelfs als hij weer thuis zou zijn geweest, als dit Bethlehem was geweest, was die tijd voorgoed voorbij. Zijn verdriet zwol aan. Hoe verder hij reisde des te minder leek hij over te houden.

Hij droeg de borden naar de eetkamer en zette ze zwijgend op de tafel. Pakte de glazen van de vorige avond en liep ermee naar de keuken. Het vuur brandde fel nu. Mebane stond naast de haard, had nog wat kachelhoutjes op de registers gegooid. Het was heet in de kamer. Hitte die de vochtigheid uit de lucht verdreef. Foster kwam weer binnen en ze gingen aan tafel.

Mebane veegde met een broodkorst het eigeel van zijn bord. 'Ik dacht dat je de hort nog wel op zou gaan, vannacht.'

'Nee, ik ben binnen gebleven.'

Mebane knikte, alsof ze het ergens over eens waren geworden. 'Zelf heb ik urenlang liggen woelen, kon de slaap weer eens niet vatten. En toen het net leek te gaan lukken belde dat wicht. Wilde zeker weten of ik je weggejaagd had, of om zeep had geholpen.'

'Heeft Daphne gebeld?'

'Had je geen afspraak met haar?'

'Geen vaste.'

'Aha. En, ben je van plan haar te schaken als je werk hier erop zit? Haar eer te roven?'

'Ik heb nog geen idee wat ik ga doen.'

Mebane keek hem aan. 'Leven is lijden, hè, jongen?'

'Dat zou je soms wel denken, ja.'

'Toch zit het je op één punt mee.'

'Hoe bedoelt u?'

'De meeste mensen doen er hun halve leven over om tot die vaststelling te komen.'

'Ik weet niet. Je hebt toch ook mensen die behoorlijk tevreden zijn.'

'Omdat ze niet nadenken.'

'Zou het? Kunnen ze niet gewoon geluk hebben?'

'Geluk? Denk je dat werkelijk? Luister, als je in dit leven niet tegen een verdwaalde kogel aanloopt, zul je vroeger of later op je sterfbed liggen wegkwijnen, alle details nog eens aan je voorbij zien trekken terwijl je naar adem ligt te snakken. Denk je eens in hoe dat zijn zal. Geen lucht meer kunnen krijgen. Lig je daar te hopen op een beetje genade van de Heer. Want die goeie ouwe Moeder Aarde is door haar genade heen, wat jou betreft, als ze die ooit al getoond heeft. Maar o wee, de Heer zwijgt in alle toonaarden. Hij laat je gewoon barsten, de Heer. Dus waar zit hem dat geluk in, waar jij het over hebt?'

Foster grinnikte. 'Tja, als je het zo bekijkt.'

'Het is niet om te lachen, jongen. Er deugt maar weinig van. Kijk eens in die haard. Wat denk je dat daar ligt te branden?'

'Geen idee.'

'Inderdaad, daar heb jij geen idee van. Maar ik zal het je zeggen. Wat daar ligt is het jarenlange streven om op papier te krijgen wat er in mijn leven is gebeurd. Hele middagen. Hele nachten. Lange, lange uren. Op je pen kauwen, steeds maar weer proberen het goed op te schrijven. Omdat het me de enige manier leek. Een manier om het eruit te krijgen en het voor me te hebben liggen, waar ik het zien kon. Iets wat enige samenhang zou hebben. Iets waar ik bij kon. Dat ik kon overzien.'

'Waarom verbrandt u dat?'

'Omdat, mijn beste jongen, omdat ik jou nu heb. Omdat jij degene bent aan wie ik het kwijt kan. Beter dan aan een schrift. Omdat jij het net zo hard nodig lijkt te hebben als ik.'

'Maar dat wil ik allemaal niet. Een paar simpele antwoorden, da's voor mij genoeg.'

'Welnu, je bent er dichtbij,' zei Mebane. 'Dichterbij dan je denkt. Je hebt twee en twee bij elkaar opgeteld en je bent er bijna. Behalve dan dat je dat ene onverwachte erbij gekregen hebt, en je wringt je in alle bochten om haar in het geheel in te voegen. Zodat je nog steeds op vier uitkomt. Maar zij is een rekensom op zichzelf, jongen. Ze zit hier ook wel een beetje bij in, maar ze staat vooral op zichzelf. Net als jij.'

'Nou kan ik u niet meer volgen.'

Mebane keek hem misprijzend aan. 'Kijk, er is altijd wel iemand, altijd die ene, die ons hoopvol gestemd houdt. Door wie we blijven geloven dat de boel toch nog kan veranderen. Of die ons op z'n minst gaande houdt, door laat gaan tot de volgende bocht, in de hoop dat het daar allemaal duidelijk wordt, zin zal blijken te hebben.'

Foster leunde achterover in zijn stoel en keek naar de oude man naast zich. Alexander Mebane. Bleek en gerimpeld, zijn ogen vurig, een sprankeling van iris en pupil. Foster zei: 'Nu heeft u het over de liefde, nietwaar?'

Mebane zei: 'Soms kun je het zo noemen, ja. Zeker in het begin. Soms ook...'

'Soms ook wat?'

'Soms ook zou ik niet weten hoe je het noemen moet. Soms is het iets wat je opslokt, iets wat je verzengt, verteert. Iets waar je niet bij kunt. Dat je niet eens kunt zien. En dat toch bij je is, elke vervloekte dag weer. Er valt iets voor te zeggen om het hartstocht te noemen, zolang je maar niet vergeet dat hartstocht een van die dingen is die net zo ingewikkeld en veel-

kleurig zijn als de persoon zelf. Snap je wat ik bedoel?'
'Ik denk het wel, ja.'
'Luister. Je grootmoeder. Leah. Ik zal haar van nu af aan Leah noemen. Want zo heb ik haar gekend, zo heb ik aan haar gedacht. Jij hebt haar toch nooit ontmoet. Dus vind je het goed? Als ik haar Leah noem?'
Foster zweeg.
'Kijk, zie je. Het begint te komen. Jij voelt het ook, hè? Dat waar je voor gekomen bent. Waarvan je dacht dat je het wilde weten.'
Foster bleef nog even doodstil. En zei: 'Vertel het me.'
'Ik heb haar vermoord, jongen. Ja. Ik was het.' Hij hief een bezwerende hand op. 'Ik had haar net zo goed naar huis kunnen volgen, naar dat bos in Vermont, en zelf die strop om haar hals kunnen leggen. Ik was het.'

'Goed, wat jij nu moet doen is alles vergeten wat ik tot dusver verteld heb. Want wat nu komt heeft daar niets mee te maken. Niet dat je alles moet weggooien. Zeker niet. Maar schuif het naar een hoekje van je geest, en bewaar het voor later. Voor jezelf. Stel je nu alleen het volgende voor. Een man die vijfentwintig jaar eerder een vrouw heeft willen schenden, die hem op haar beurt nog veel erger wilde schenden, maar daarin faalde. Stel je hem voor, die man. Niet jong meer, maar nog wel met een zweem van hoop, een sprankje, dat zijn mislukte leven ooit een draai ten goede zal nemen. Zie hem daar op de veranda voor zijn huis zitten. Het is een hete septembermiddag, niet zo heel anders dan de middag toen je hier zelf je opwachting kwam maken. Alleen is dit nog de tijd dat hij daar vrijwel elke middag zit. Te wachten. Want er is in al die jaren geen dag voorbijgegaan dat hij niet aan haar gedacht heeft. Geen enkele dag. Terwijl hij niets van haar weet, en ze net zo goed dood zou kunnen zijn. Maar dat is ze niet. Daar is hij zeker van. En het zijn niet alleen de dagen. Minstens eenmaal per week wordt hij wakker uit een droom van haar. Dromen zijn dat, waarin haar huid en haar stem echt zijn, haar aanraking zo overtuigend dat hij zichzelf wel iets zou kunnen aandoen om maar weer terug te keren. Naar dat dromenland. Hij vraagt zich weleens af hoe vaak hij dromen van haar heeft waaruit hij niet ontwaakt, die hij helemaal uitslaapt. Aan de ene kant hoopt hij dat het er niet veel zijn, maar aan de andere kant zou het hem fantastisch lijken als ze constant door hem heen vloeide. Want hij weet dat het niet zijn hersens zijn die op haar zwoegen, het is niet zijn geest die door haar in beslag wordt genomen. Maar zijn ziel. Zijn hart. Dat is de plaats waar ze onophoudelijk opduikt. De plaats waar hij sinds jaren alle had-gekunds uit verbannen heeft. Alle manieren waarop hij anders had kunnen zijn. Anders had kunnen handelen. De plaats waar hij min of meer met zichzelf in het reine is gekomen, vrede met zichzelf heeft gesloten. Zij daarentegen zal allerminst vrede met hem hebben, vermoedt hij, maar hij is ervan overtuigd dat ook dat zou veranderen als hij haar ooit weer zag. En dat weerzien, moet je weten, verwacht hij ook. Hij verwacht het zelfs al zo lang, dat hij zelf niets dan verwachting is geworden. De vleesgeworden verwachting is hij. Zij is eigenlijk nog maar een fragment van al dat wachten, een deel ervan. Ze zou overal ter wereld kunnen zijn, zou wat dan ook kunnen doen. Dus blijft hij zitten waar hij zit, omdat dat de enige manier is waarop zij hem ooit vinden kan. Hij kan zelf immers niet naar haar op zoek gaan. En dat is niet eens een kwestie van weten waar ze al dan niet is.

Het enige wat hij wil is uitleggen dat hij een jongen was. Dat hij niet wist wat hij deed. Dat hij gewoon een stom joch was. En dat het hem spijt. Dat hij er vreselijke spijt van heeft. Dat is alles wat hij wil, alles wat hij nog denkt te willen na al die jaren. Want als ze ooit komt, en diep in zijn hart twijfelt hij daar nu wel aan, maar als ze ooit komt zal dat voldoende zijn. Dat zal alles zijn wat ze nog wil, denkt hij. En hij denkt bovendien dat het alles is wat hij zelf nog wil. De kans om haar te zeggen hoezeer het hem spijt. Maar wat hij niet weet, wat hij niet kán weten tot het moment waarop hij opkijkt en ze daar staat, is dat ze geen van beiden nog dezelfde zijn. Zij is niet langer dat meisje. En wat belangrijker is: hij is niet langer die jongen. Niet dat hij dat niet zou willen, overigens. Hij denkt zelfs dat hij het ooit weer worden kan. Maar hij is het niet meer. Hij is een met zichzelf vergroeide man.

Goed, en dan is die middag daar. Afgezien van het weer een middag als alle andere. Behalve dat hij opkijkt en daar staat ze. Beneden, aan het begin van het tuinpad. Staat naar hem te kijken zoals hij daar op de veranda zit. Hij ziet haar gezicht en weet in één oogopslag dat het heel anders zal zijn dan hij altijd gedacht heeft. Want wat hij daar ziet is pure walging. Misschien een klein beetje angst erbij, maar vooral walging. Het is een masker van pure afkeer, het is net alsof hij in zijn eigen ziel kijkt en voor het eerst ziet hoe leeg die eigenlijk is. En hij voelt zich miserabel, voelt zich betrapt, doorzien. Hij zit daar en hij denkt dat ze hem misschien alleen maar even aan zal kijken en dan weer door zal lopen, dat haar doel daarmee bereikt zal zijn. Maar ze blijft alleen maar lang genoeg staan om die hoop in hem te wekken, en begint dan naar boven te lopen. Bij elke trede tilt ze damesachtig de zoom van haar rok omhoog. Het werd toen allemaal nog bijgehouden. En dan staat ze onder aan de verandatrap, in de schaduw van het huis, en kan ze hem recht in de ogen kijken.

Ze zegt dat ze dacht dat hij dood was. Het klinkt niet bepaald alsof ze op het tegendeel heeft gehoopt.

Hij zei dat het een verdienstelijke poging was geweest, maar net niet grondig genoeg.

En ze bleef hem aandachtig aankijken. Alsof ze hem stond op te meten. Maar ze kende hem al, dus moest het iets anders zijn waar ze naar keek. En opeens bespeurde hij een zekere meewarigheid in haar ogen, en hij maakte snel zijn blik los uit de hare. En hij keek nog steeds van haar weg toen ze vroeg wat er van haar moeder was terechtgekomen.

En toen... Pats! Toen had hij haar, zie je. Alle aanstellerij van al die jaren viel in één keer weg. Hij zag zichzelf opeens in alle helderheid. Hij werd aan zichzelf geopenbaard. Dus toen hij haar weer aankeek had hij een glimlach op zijn gezicht. En hij hief zijn hand op, zijn ene hand, en streek met zijn vingertoppen over het litteken op zijn slaap, en bleef glimlachen. En ze tuurde naar die glimlach, ze volgde hoe hij over dat litteken aaide, en hij zag haar iets terugzakken. Niet veel. Maar net genoeg, wat hem betrof. Precies goed.

Het was een wonderbaarlijk ogenblik. Daar stond ze. Niet langer dat tienermeisje uit zijn herinnering, dat toen zo mateloos veel ouder was geweest dan hij, maar een volwassen vrouw die nog steeds jong en mooi was en met rechte rug voor hem stond. In haar mooiste kleren, duurder dan het soort kleding dat hij bezat, maar onmiskenbaar een vrouw van het platteland. Een zwarte boerenvrouw in goeden doen, die zich mooi had opgedoft voor een bezoek aan haar geboorteplaats. En hij zat daar, aan lager wal geraakt maar trotser en sterker dan hij zich in jaren had gevoeld, sterker dan ooit misschien wel. Hij keek haar aan en wist dat ze allebei terug waren in die keuken met de gutsende regen op de ramen, onwillekeurig teruggekeerd naar die avond van een kwarteeuw daarvoor. En hij zag geen enkel beletsel om haar uitgebreid te bekijken, zijn ogen over haar heen te laten glijden, stil te blijven zitten en zijn ogen de kost te geven terwijl haar vraag onbeantwoord in de lucht bleef hangen. Hij gaf zijn ogen de kost en zag dat zij het hem zag doen. Want dat was de verhouding die ze hadden. Toen, en vroeger, en voor altijd. En dat begrepen ze allebei.

Welnu, daarnet is gebleken dat jij al enig inzicht hebt in de tragiek van het leven. En da's goed. Dat siert je. Maar waar je nog niks van begrijpt, dat is begeerte. Als dichter, Foster Pelham, ben je gehouden een goed begrip te hebben van begeerte. We hebben het onderwerp al wel aangestipt, weliswaar, toen we het gisteren over de menselijke natuur hadden, en het Kwaad. Of was dat alweer eergisteren? Dondert niet. De mens is een achthoek, moet je weten. Minimaal een achthoek. En nu is begeerte de punt die altijd naar boven zal wijzen. Het bovenste en voornaamste. Dat waarin je geen keus hebt. Vandaar dat de dichter zich eerst en vooral met de begeerte moet bezighouden.'

'Ik ben geen dichter,' zei Foster.

'Een waarheidszoeker, ontken dat nou maar niet. Welnu, ik heb geen lange verhalen nodig om de begeerte aan je uit te leggen. Begeerte is niet datgene waar de predikanten het altijd over hebben. Waar zij het over hebben is simpelweg dat wat ze het meest in zichzelf vrezen: de neiging om te pakken wat je pakken kunt. Maar dat is geen begeerte. Dat is geen hartstocht. Dat is gewoon platte inhaligheid. Kijk, en dat is nu precies wat ik op de godsdienst tegen heb. Men wil niet met de billen bloot, wil niet over de dingen praten zoals ze werkelijk zijn. Zwetsen over de kleine zielenroerseltjes van alledag, verder komen ze niet. Voor de grote zaken deinzen ze terug. Want die zijn zo groot, zo overweldigend, dat je ze niet in parabelen kunt vatten. Daar geldt geen simpel goed of fout, schuldig of onschuldig. Begeerte, namelijk, is wanneer je weerloos bent. Het is geen dwaling, beslist niet. Het is de waarheid omtrent jezelf. Het is alles wat je hebt. Alles wat je ooit kunt hopen. Het hoogste op deze goeie ouwe aarde. Het is alles. En als je het voelt, weet je dat het datgene is waarvoor ook de Heer zijn hoofd moet buigen. Want als er iets is waar Hij wat van snapt, dan is het wel de begeerte. En als je het voelt, als het je in bezit heeft genomen, als je erdoor geleid wordt, weet je dat je geen andere keus hebt dan het te volgen.

Dus werd die man op de veranda aan zichzelf geopenbaard. En hij handelde ernaar. En wat hij deed was heel simpel. Hij bleef glimlachen en zei haar wat ze moest doen, dat ze naar Fishtown moest gaan, naar de nikkerwijk. En terwijl hij genoot van het wegvallen van die vijfentwintig jaar legde hij uit wat dat voor iets was. Want die wijk was er natuurlijk nog niet geweest toen zij uit Sweetboro was weggevlucht. Dus legde hij uit hoe ze er komen kon en zei dat ze het daar eerst maar eens moest gaan vragen. Want hij wist dat ze daar toch niets aan de weet zou komen, omdat er niemand was die haar iets vertellen kon. Hij wilde haar zelf laten ontdekken dat hij de enige was aan wie ze het vragen kon. En vervolgens hield hij haar voor dat ze nog altijd voortvluchtig was. En ten slotte vertelde hij haar welke tegenprestatie hij in gedachten had als ze uiteindelijk toch bij hem zou aankloppen. Hij zat kaarsrecht overeind in die schommelstoel, liet die verdomde stok plat op de verandavloer liggen en dwong zichzelf rechtop zodat hij op haar neer kon kijken. En hij bleef glimlachen. Zei wat hij in ruil wilde en wachtte haar gelaatsuitdrukking niet af maar graaide zijn stok van de vloer en bleef nog even zijwaarts voor haar staan, om te laten zien dat één lichaamsdeel nog uitstekend functioneerde.

Hij luisterde niet naar wat ze zei. Kon hem niet schelen. Hij keek omlaag naar haar gezicht dat vlekkerig was van woede, maar nog altijd beeldschoon. Dierlijke schoonheid. Het soort van wezen dat een man zou maken als hij daartoe de macht had, als hij iets maken kon naar zijn eigen voorkeur en behoefte. Was dat ook niet waar de Grieken op uit waren met hun nimfen en najaden? De vrouw als een aards wezen, uit steen, of hout, of een ander bestendig materiaal waarmee we ons zoeken te verenigen. Iets voorbij de simpele, broze menselijkheid van zomaar een vrouw.

Dus hij wuifde haar weg. Maakte een schamper gebaar in reactie op haar reactie. Zei haar dat ze naar de nikkerwijk moest gaan om zelf te zoeken, en dat ze dan maar weer terug moest komen. Hij wist niet of ze waar dan ook naar toe zou gaan. Kon hem ook niet schelen. Ze moest in elk geval wachten. En hij draaide zich om en liep naar binnen, deed de deur achter zich dicht en schoof de grendel erop. Die hij vrijwel nooit gebruikte. Alleen maar opdat zij het zou horen, dat ze wist dat ze bij terugkomst op de veranda zou moeten komen en moest aankloppen. Dat hij niet buiten op haar zou zitten wachten. Die grendel moest haar duidelijk maken dat er niets te onderhandelen viel.

Want het punt met begeerte en berouw, als je iemand iets hebt aangedaan en daarna jaren hebt om het steeds maar weer te overdenken, het punt is dat je dan de ware oorzaak van dat voorval uit het oog verliest. Je voegt er telkens nieuwe betekenissen aan toe, laag na laag, en gaat het als een misstap zien, een moment waarop je niet jezelf was. Dat doet berouw met je. Het schenkt je de mogelijkheid om met jezelf te kunnen leven. Ken je die wijsheid, dat in de gevangenis iedereen onschuldig is? Dat zijn ze natuurlijk niet, en ze geloven het ook niet echt, maar ze leren zichzelf beschouwen als slachtoffers van die ene impuls die hen tot hun daad dreef, dat wat hen uiteindelijk achter de tralies deed belanden, en gaan dat meer en meer zien als iets wat niet bij hen hoort. Ze gaan geloven, nee weten, dat als ze het nog eens over konden doen, dat hun keuze dan een andere zou zijn. Niet alleen in het verleden maar ook in de toekomst. Omdat ze de waarheid niet onder ogen kunnen zien.

De waarheid, Foster Pelham, is bijzonder eenvoudig. De menselijke natuur is verdeeld. En omdat we niet in het licht kunnen leven, weigeren we het duister om ons heen te zien. Tot het ons in bezit neemt.

Dus zat hij de rest van die middag in dat vergrendelde huis. Want het leek alsof de tijd verschrompeld was. Vijfentwintig jaar, meer nog, was tot een paar uurtjes teruggebracht. Hij had geen berouw meer, snap je, geen verdriet of wroeging. Doorzag dat nu als een bouwwerk dat hij in die jaren rond zichzelf had opgetrokken. Alleen maar om deze dag te kunnen halen. Want het was geen liefde geweest, zoals hij gedacht had. Er school een vreselijke woede in. Wezenlijk is een woord dat zich hier opdringt. En bezit. Haar te bezitten op een wijze die ze nooit zou kunnen loochenen. Waarvan ze weg kon lopen, wellicht, maar die haar zou blijven volgen. Voor altijd. Ja, altijd.

Tja, nu kun jij me hier zitten aankijken alsof ik een monster ben. Doet me weinig. Jij weet nog niet beter. Maar het is iets wat iedere man wel voelt, minstens eenmaal in zijn leven. Als hij geluk heeft, althans. Jazeker, als hij geluk heeft. Zo'n hartstocht. Waarbij niks je meer kan schelen. Geen ene malle moer.

Dus hij verroerde zich niet en zat hier in deze stoel. Deze stoel. Te wachten. Voor het eerst in vijfentwintig jaar alleen maar wachten. Niet meer denken. Alleen nog maar een man. Tot in elke porie, elke vezel. Ontketend. Niet meer te stoppen. Had niks meer nodig. Niks te eten, nog geen slokje water, helemaal niks. Zelfs die godverdomde stok niet, die hij plat op de tafel had gelegd. Dus toen op het eind van die middag de klop op de deur kwam, waarvan hij geweten had dat die zou komen, liet hij die stok liggen en liep met een soepele tred de gang in, alsof hij weer veertien was. Hij kon haar door de ruit in de voordeur zien, haar gezicht naar beneden, met één schouder naar de deur gekeerd. Zo stond ze te wachten. En hij bleef staan, op enkele passen van de deur. Hij wist dat ze hem had horen aankomen, maar dat kon hem niet schelen. Hij wilde haar daar zien wachten.

Hij had de deur nog niet geopend of ze begon te praten. Maar hij strekte zijn arm uit en legde zijn hand over haar mond. Hield hem daar. Tot ze haar hoofd ophief om hem aan te kijken. Haar ogen wijd opengesperd maar vlak. En alles wat in haar was lag erin opgezameld. Hij boog zich voorover en kuste haar voorhoofd. Het kon hem niet schelen dat ze van hem terugweek. Het zat er dik in dat ze in de komende uren nog wel vaker van hem terug zou wijken. En dat beviel hem eigenlijk wel, hij wilde het zelfs. Hij wilde haar horen kreunen, niet alleen van genot maar vooral ook van ellende. Omdat dat de enige manier zou zijn waarop ze hem kon begrijpen, helemaal begrijpen. En daar was ze toe in staat. Dat wist hij.

Toen ze stil was pakte hij haar bij een hand en voerde haar het huis in. De gang door, de trap op. En op het einde van de overloop, voor de deur van zijn slaapkamer, hield ze hem staande. Ze stak haar vrije hand uit en greep zijn schouder, de korte, en draaide hem naar zich toe. Zo bleven ze even staan. Ze keek hem in de ogen en hij zag niet alleen de woede die hij verwacht had maar ook iets als een barst in haar ziel, een zwakte, een oude afgrond die zich weer geopend had. En hij vroeg zich af of ze hem zou doden, of ze nu het karwei zou afmaken dat toen was mislukt. Want zoals zij hem tot zijn wezenlijke zelf had teruggevoerd, zo had hij datzelfde effect misschien wel op haar gehad. Dit maakte hem niet bang. Het was juist opwindend.

Toen ze begon te spreken zag hij de haat in haar ogen, die helemaal los van haar stem leek te bestaan. En het was die haat die hij wilde. Die wilde hij bezitten. Niet temmen, niet veranderen, niet wegnemen. Bezitten. Hij hield zijn ogen op de hare gericht en zag haar weifelen. Bleef haar als een roofdier in de ogen staren. Net zolang tot ze van hem wegkeek. Want er viel niets te onderhandelen. En toen, met haar gezicht naar de deur, die ze eigenlijk al binnen was gegaan al had ze zich nog niet bewogen, toen vertelde ze hem wat ze over Peter had gehoord. Wat hem even in verwarring bracht. Eerst omdat hij moest nadenken wie Peter ook alweer geweest was, en vervolgens omdat hij ervan was uitgegaan dat niemand haar iets zou zeggen. Omdat niemand haar zou kennen, terwijl ze hém maar al te goed kenden. Maar Peter kon hem niet schelen. Peter had hem nooit iets kunnen schelen. Wat telde was dat ze weer in beweging was gekomen, en hij volgde haar, naar het bed.'

Het plensde nog steeds. Het vuur had zichzelf bijna uitgeput en het was heet en benauwd in de kamer, schemerig hoewel het al eindweegs in de ochtend was, de hoge ramen beslagen en van buiten stromend van de regenvlagen. Foster was verstijfd maar weerhield zichzelf van iedere beweging, nat onder zijn oksels, rillingen ondanks de hitte. Hij staarde naar het smoezelige groene vloeiblad. Kon zich niet herinneren wanneer hij zijn blik had afgewend van de oude man naast hem. De kamer was vergeven van de geur van dat oude lichaam. Bitter, zuur, oud bloed, alsof hij tijdens zijn verhaal was gaan schimmelen en tegelijk ook muskus was gaan afscheiden, bederf en opwinding. Het enige wat Foster nog wilde was weggaan. Het laatste dat hij wilde was dat Mebane zijn benige klauw naar hem zou uitstrekken om zijn aandacht terug te winnen, terug naar dat verbitterde oude maniakale gezicht. Hij bleef roerloos zitten.

Het was stil op de striemende regen na. Af en toe knapte er iets in de haard, een kleine opleving van het kwijnende vuur. Na een eeuwigheid stond Mebane kreunend van zijn stoel op, zwaar op zijn stok leunend. Hij mankte om de tafel heen naar de haard, waar hij de pook pakte en in de verkoolde massa porde. Het kostte hem zichtbaar moeite, alsof de lange zit hem had afgetakeld. Foster vroeg zich af of dit misschien zijn eigenlijke gang was, of die kwieke behendigheid van de voorbije dagen schijn was geweest. Iets wat hij Foster had voorgetoverd, en zichzelf misschien ook wel. Om erdoorheen te komen. Om dit te kunnen halen.

Foster verbrak de stilte. 'En hoe zat het nou? Wat heeft u haar uiteindelijk verteld?'

Mebanes ene hand rustte op de smalle houten schoorsteenmantel. Hij keerde zich langzaam om en ging over zijn stok gebogen staan. Hij glimlachte naar Foster.

'Tja, ik moest haar natuurlijk toch íets vertellen. Na die lange reis en zo. Daar moest ik toch wat tegenoverstellen. En ze wist al wat er met die ouwe nikker was gebeurd, dus daar kon ik mooi bij aanknopen. Wat ik Leah verteld heb, jouw grootmoeder, was dat ik na Peters afstraffing tot een vergelijk was gekomen met haar moeder, toen die me verpleegde met die schedelbreuk en mijn kapotte oor. Het was een beroerde tijd. Alles was naar de bliksem. Ze was veel te bang geweest om zelf ook te vluchten, want ze had Peter gezien toen die jongens met hem klaar waren. En ze was nog steeds een jonge vrouw geweest, zelfs voor een jongen als ik. Een lekkere stevige kont. Sjonge, als ik er nog aan denk. Het was een prachtig verhaal, moet ik zeggen. Ik kreeg er Leah helemaal stil mee, zoals ze daar op mijn bed zat met het laken om zich heen geslagen. Ik stond voor haar met mijn broek alweer aan, al kon ik haar nog steeds op mijn huid voelen. Ik stond daar en ik vertelde dat ik haar moeder vijftien jaar lang als mijn bijslaap had gehad. Vertelde haar dat mijn vader, onze vader, het loodje had gelegd en dat Helen toen voor mij was. Als mijn huishoudster, natuurlijk, maar ook voor in bed. Wanneer ik maar wilde, en hoe ik het maar wilde. Het was geweldig, jongen. Goddelijke inspiratie, daar deed het aan denken. Alles wat ik haar vertelde kon ik zo voor me zien. Geëxalteerd was ik. Je gaat je afvragen wat nu eigenlijk waarheid is, waar ze begint en waar ze ophoudt. Want terwijl ik het vertelde werden het heuse herinneringen, terwijl ik daar stond en de woorden voelde komen, en ik kon zien dat het tegelijk ook haar herinneringen werden. Het was verrukkelijk. Het bleef maar komen.

Dus ging ik door. Ik liet een kind komen. Een meisje. Een achterlijk meisje. Een imbeciel. Zwakzinnig. Haar naam was Nell. Geniaal was dat, en het rolde zomaar van mijn tong. De omkering van haar moeders naam. Ik beschreef hoe Helen haar verborgen wilde houden, bij de mensen vandaan. Maar ze was niet te beteugelen, dat kind. En ik hield Leah voor dat haar moeder natuurlijk niet geheel zonder blaam was, om zomaar van de vader naar de zoon te gaan. Dat het zo wel een ratjetoe van bloedbanden werd. Alsof dat het enige was wat ze kon. Alsof ze daarvoor op de wereld was gezet. En ondertussen naar dat gezicht van je grootmoeder kijken, die natuurlijk begreep dat zij zojuist hetzelfde had gedaan, dat het op hetzelfde neerkwam.

Maar dat volstond nog niet. Er viel heel wat te overbruggen, per slot van rekening. Van die avond waarop ze mijn schedel had ingeslagen naar die middag, vijfentwintig jaar later, dat ze daar naakt en zwetend op mijn bed zat. Dus zei ik dat alles wat ik met haar moeder had gedaan, en haar moeder met mij, dat dat welbeschouwd een eerdere versie was van wat zij en ik zojuist hadden gedaan. Een heel wat betere versie ook. Omdat beide partijen precies hadden geweten wat ze deden, en waarom. Zonder het risico dat ik met Leah had genomen. Daar had ik dan wel vijfentwintig jaar op gewacht, maar met haar moeder was het van een andere orde geweest. Geen schoolvoorbeeld van liefde, weliswaar, maar wel van behoefte. Een verscheurende behoefte die van geen wijken wist. Niet te stillen viel. Voor geen van beiden. Het was precies geweest wat ik eigenlijk met Leah had willen hebben.

En het verhaal ging verder. Met Nell. Die gaf de doorslag, eerlijk is eerlijk. Wat een ingeving! Ik had haar zwakzinnig gemaakt, maar dat liet haar zinnelijkheid onverlet. En zinnelijk was ze, reken maar. Een complexe figuur, maar ik plukte haar zomaar uit de lucht. Wat een dochter! De zuster van je grootmoeder, maar ook haar niet. Veertien jaar was ze geweest toen iemand midden in de nacht haar strot had afgesneden in de nikkerwijk, waar ze toen al twee, drie jaar om de haverklap heen was geglipt. De dader was nooit gevonden. Een jaloerse echtgenote, wellicht. Of een kerel die het al te zwaar van haar te pakken had. Een achterlijk wicht dat alleen maar op haar rug wilde liggen met haar benen wijd. Zoals we diep in ons hart allemaal maar op één ding uit zijn. Leah zat het wezenloos aan te horen. Het laken was van haar schouders gegleden. Vliegen die op haar neerstreken zonder dat ze het merkte. Haar geur in mijn slaapkamer. Haar gezicht alsof het met een steen verbrijzeld was.

 En wat in mijn voordeel pleit, dunkt me: daar liet ik het bij. Natuurlijk ook wel omdat ik mezelf wilde wassen, en honger had gekregen, en haar de deur uit wilde hebben. Dus ook wel een beetje voor mezelf. Maar ik maakte niettemin een einde aan de kwelling. Er viel ook weinig meer te vertellen, hooguit nog een laatste detail om het af te ronden. Hoe haar moeder diezelfde nacht nog van huis was gegaan en de rails had gevolgd tot de spoorbrug. Waar ze zichzelf vanaf had gestort. Er was geen graf, zei ik. Geen gedenkteken althans. Want nikkers zijn bang voor zelfmoordenaars. Zoals we dat diep in ons hart allemaal wel zijn, nietwaar? En toen liet ik haar alleen. Alleen daar in mijn slaapkamer. Dat ze een beetje tot zichzelf kon komen en dan haar biezen kon pakken. Vond ik wel een elegante geste van mezelf, haar een beetje privacy gunnen. Ondanks het feit dat ik eigenlijk wel weer zin in haar had, en mijn zin waarschijnlijk ook wel gekregen zou hebben. Maar aan de andere kant was ik het wel zat. Zo bar veel had het niet om het lijf gehad, voor zo'n lange tijd wachten. Niet veel, uiteindelijk. Al had ik er wel wat van gemaakt, vind je ook niet?'

 Foster kon zijn eieren proeven, en de whisky van de vorige avond. Zijn maag was verkrampt. Mebane glimlachte niet meer, maar zijn gezicht straalde. Foster ging met zijn tong langs zijn gehemelte en slikte. Hij zei: 'Dus het was allemaal verzonnen? Allemaal uit uw duim gezogen?'

 Mebane maakte een geluidje. Een zucht. Een snik van verdriet, of van wanhoop. Of een afgebeten lachje. Hij zei: 'Ik heb nooit geweten waar Helen heen is gegaan. Wat er van haar geworden is. Ik lag doodziek van de wondkoorts en iemand, misschien zij wel, heeft ervoor gezorgd dat mijn moeder dat te horen kreeg, in Raleigh. En die is me toen komen halen. Het was een vreselijke tijd om te reizen. De spoorbaan was kapotgeschoten en de wegen waren vol met yankeepatrouilles en allerlei ander tuig. Ik weet niet hoe ze het voor elkaar heeft gekregen, maar ze regelde een span paarden en een menner en heeft die reis voor me gemaakt. Dertig mijl. En toen ze aankwam was ik alleen. Helen was verdwenen, en dat andere ouwe nikkerwijf ook. Ik wist niet waarheen en het interesseerde me ook niet. Ik weet nog hoe ik op een matrasje in de laadbak van die wagen lag, te zweten onder een dekzeil en te janken bij elke hobbel in de weg.'

 Foster stond op. 'Dus het was allemaal gelogen. Alles.'

'Kon me niks verdommen,' zei Mebane. 'Het enige wat ik wilde was haar zien breken. En toen ik dat had gezien kon ze opdonderen. Kijk, ze had iets nodig en dat heb ik haar gegeven. En wat dan nog? Ze was gewoon aan dat droeve verhaal toe, net als dat akkefietje met mij om het te kunnen horen. Jazeker! Daar was ze hard aan toe, aan dat ruilhandeltje met mij. Harder misschien nog wel dan ik eraan toe was. Daarvoor had ze al een andere ruil gedaan om een nieuw leven te krijgen. Om een chic, welgedaan nikkerwijf te worden. En ik vond dat ze moest weten wat dat gekost had. Wat het mij gekost had. Die last wilde ik haar voor de rest van haar leven op haar schouders leggen.'

'Jezus,' zei Foster. 'Maar waarom dan? Ik begrijp niet waarom.'

Mebane keek Foster even scherp aan, en toen hij sprak was zijn stem zacht maar triomfantelijk.

'Wat ik je duidelijk probeer te maken,' zei Mebane, 'is dat ze die innerlijke zwakte had, meer nog dan haar twijfels. Dus dat was een reden. Maar ik deed het vooral... omdat ik het kon.'

'Omdat u het kon,' herhaalde Foster. Hij had de rugleuning van de andere stoel vastgepakt, die kantelde op zijn zwenkwieltjes, zijn armen trilden.

Mebane bewoog zich niet. Zijn gezicht was roze, glansde van het zweet. Donkere plekken onder zijn hemdsmouwen. Foster kon hem ruiken. Hij loste zijn greep op de stoel en liet zijn armen slap neerhangen. Mebanes glimlach was terug, zijn grijze lippen een kromme spleet in zijn verhitte gezicht. Hij zei: 'Het kon er maar net mee door, trouwens. Zij zat bovenop, natuurlijk, met haar ogen dicht maar zo'n beetje op en neer te pletsen. Ik heb beter gehad tegen betaling, moet ik zeggen. Nee, het was niet de vrijage die ik verwacht had.'

Foster stond op en begon om de tafel heen te lopen. Mebane deed een stap terug, weg van de haard, ging tegen de muur geleund staan. Hij hief zijn stok op en zwiepte hem een paar keer heen en weer. 'Goed, het is zover!' riep hij uit. 'Kom op maar, jongen. Hier heb ik op gewacht.'

Foster bleef staan. Hij wendde zich van de oude man af. De regen tekende landkaarten op de ruiten, zinkende continenten. En hij dacht aan zijn vader. Wat die zou hebben gedaan. En hij keek weer naar Mebane. De stok wees naar het plafond, klaar om neer te komen. 'Nee,' zei Foster.

'Nee? Hoezo nee? Hier ben je toch voor gekomen?'

Foster stopte zijn handen in zijn zakken, en bleef zo doodstil staan. 'Nee,' zei hij opnieuw.

'Nee? Zo'n stoere jagersman als jij? Je hebt die honden nog wel. Ik heb je met ze bezig gezien. Wat scheelt jou, jongen? Geen eergevoel?'

Foster zweeg. Mebane deed een stap naar voren, zwaaide met de stok. Foster verroerde zich niet. Mebane keek hem aan. Er viel een lange stilte.

Mebanes adem gierde. Hij zette de stok voor zich neer en leunde erop.

Kreeg zijn adem weer terug. 'Ik weet dat je een geweer hebt. Ik heb het je de nikkerhut in zien dragen.'

Foster deed een paar stappen en ging vlak voor hem staan, dichter dan hij ooit bij hem was geweest. Hij tikte met zijn linkerschoen tegen de stok. 'Het ergste wat ik bedenken kan is u gewoon achter te laten zoals u bent.'

'Niet doen.'

'Tot kijk.' En Foster liep om de oude man heen naar de klapdeur.

'Kom terug, jij!'

Foster was al in de keuken, liep op de deur af, hoorde rumoer in de eetkamer. Iets wat met een klap op de grond viel en aan scherven brak.

Hij holde met zijn hoofd tussen zijn schouders door de tuin, de regen geselend op zijn gekromde rug. Opende de deur van de hut, maar tot zijn verbazing kwamen de honden niet naar buiten gestoven. Hij stapte naar binnen, schudde de regen uit zijn haar. De honden zaten op het bed, aan weerszijden van Daphne die met gekruiste benen, haar haar in natte slierten, uit haar gezicht geveegd, met de L.C. Smith op haar schoot zat.

'Jezus Christus,' zei hij, en liep op haar toe om het geweer te pakken. Ze hief haar handen ervan op en hield ze nog even omhoog nadat hij het had weggenomen. Hij brak het open, haalde er de patronen uit en stak ze in zijn broekzak, klapte het weer dicht en zette het tegen de wand. Ze volgde hem met grote ogen, haar gezicht nat van de regen die uit haar haar drupte. Hij zei: 'Wat moest dát voorstellen?'

'Ik was bang,' zei ze. 'Ik dacht dat je iets was overkomen.'

'Ik ben compleet van slag, dat wel.'

Ze kwam overeind. Had een zware spijkerbroek aan, die haar veel te groot was, de riem om haar middenrif en de pijpen hoog omgeslagen boven oude schoenen die haar ook te groot waren. Een flanellen hemd tot aan haar hals dichtgeknoopt. De kleren nat, de schoenen onder de rode modder. Ze kwam voor hem staan, niet te dichtbij. Glow was ondertussen ook op gaan zitten en hield hen nauwlettend in de gaten. Daphne zei: 'Je was niet komen opdagen, vannacht, en ik werd vanochtend wakker met een naar voorgevoel. En toen ik Oom Lex belde klonk hij zo vreemd. Druk en warrig. Hij bleef maar zeggen dat er niks aan de hand was, dus ik kreeg het idee dat er heel wat aan de hand was. Omdat ik die auto niet door de blubber kreeg ben ik maar gaan lopen. Kreeg al snel een lift.'

'Maar wat moest je nou met mijn geweer?' Foster was moe. Wilde alleen zijn. Maar daar stond ze. Haar lippen van elkaar. Haar adem rook zurig. Angst, dacht hij.

'Ik ben door de voordeur naar binnen gegaan, de gang door en heb naar jullie staan kijken in de eetkamer. Hij was helemaal door het dolle, had een heel verhaal over iemand. Ik weet niet wie. En jij zat daar helemaal achteruit in je stoel, alsof je geslagen was. Jullie hadden geen van tweeën in de gaten dat ik daar stond, dus ben ik maar weer weggegaan en hiernaar toe gekomen. En toen zag ik dat geweer tegen de muur staan en daar had je natuurlijk een reden voor gehad. Ik was ten einde raad. Het leek me nog het beste om hier maar te wachten, en als je dan naar binnen kwam rennen kon ik misschien wat doen tegen degene die achter je aan kwam.'

En hij keek haar aan, dat natte meisje. 'Dacht je dat echt?'

'Sta me niet uit te lachen, jongen.'

Hij schudde zijn hoofd. 'Wat ik achter me aan heb, daar kun je met een geweer niks tegen uitrichten. En ik lach je heus niet uit.'

En ze zwegen allebei. Ze was zo lief. Zo gaat het dus, dacht hij. Met allemaal. Zo was het tussen zijn vader en moeder gegaan. Tussen zijn grootvader en grootmoeder. Zelfs, op een ziekelijke, wrange manier, tussen Mebane en diezelfde grootmoeder. Hij werd onnoemelijk treurig. Hij wilde haar aanraken en deed het niet. Hij voelde meer dan dat hij het zag hoe ze weifelde. Voelde zijn eigen weifeling. Zag haar mond opengaan en weer dicht. Hij wilde haar haar drogen, een vuur aanleggen in die oude open haard, ervoor zitten en haar in zijn armen nemen en wiegen om haar warm te krijgen. Hij kwam niet in beweging. Nee. Nee, dacht hij.

Ze zei: 'Je bent eigenlijk al vertrokken, hè?'

Zijn stem zacht en hees. 'Ik moet hier weg.' Gebroken.

'Heeft hij je weggestuurd?'

'Nee. Nee. Hij wil... Laat ik maar niet zeggen wat hij wil.'

'Het is goed mis, hè?'

Foster schudde zijn hoofd. 'Het is iets waar ik verder ook niks aan kan doen. Maar ik wil er wel bij vandaan, zo snel mogelijk.'

'Hoor ik het ooit nog van je?'

'Ik denk het niet. Het gaat niet om mij...'

'Dat weet ik.'

'Maar ook niet om hem. Het is iets wat ik maar het beste voor me kan houden.'

'Zulke dingen heeft iedereen wel. Ik ook. Dingen die ik gedaan heb, dingen die mij zijn aangedaan. Die je nooit vertellen zal, al ken je iemand je hele leven.'

Hij keek haar aan, vermoedde dat hij begreep waar ze op doelde. Om het een beetje duidelijker te maken zei hij: 'Wat hij me verteld heeft ging maar voor een deel over hemzelf. Er zijn dingen aan die man waar je van over je nek gaat, maar dat interesseert me allemaal niet. Het gaat mij om andere mensen. Mensen die allang niet meer leven, niks meer kunnen doen aan wat hij gedaan heeft, en gezegd. Zelfs niet aan wat hij over hen heeft gezegd. Voor die mensen moet ik erover zwijgen. Dat vind ik een verplichting. Het is alles wat ik nog voor ze kan doen. Erover zwijgen.'

'O, lieverd.' En ze deed die ene stap en sloeg haar armen om hem heen, haar hoofd omlaag, bleef hem net zolang vasthouden tot hij haar ook omhelsde. En hij begon zomaar te huilen. Ze drukte hem tegen zich aan. Stil. Geen woordjes van troost of afleiding. Bleef tegen hem aan gedrukt staan terwijl hij huilde, om alles, om alle mensen voor hem, om zichzelf. En ondertussen snoof hij de geur op van het meisje in zijn armen, haar natte haren, de schone geur van haar huid, haar natte kleren. Haar hoofd lag zijdelings tegen zijn borst, haar gezicht naar beneden zodat hij haar kruin kon zien, de streep hoofdhuid waar haar haar uiteenweek, de tere curve van haar oorschelp, de zachte glooiing van haar nek waar die in de boord van haar hemd verdween. En toen hij ophield met huilen bleef hij haar vasthouden, hield haar vast tot ook zij weer stil was en hij haar leven tegen het zijne kon voelen, het kloppen van haar hart. En hij stapte van haar weg toen hij zich voelde zwellen.

'Godverdomme,' zei hij terwijl hij zich omkeerde, 'wat ben ik van slag.' Hij haalde het doosje met de muffe sigaretten van zijn vader uit zijn jaszak, stak er een op en hurkte neer in de regen die door de open deur naar binnen viel. En toen pas, alsof iemand ze bevrijd had, kwamen de honden van de verhoging af en renden de regen in. Hij zat daar gehurkt, te roken en te kijken hoe zijn honden de tuin doorkruisten. De rook kringelde opwaarts in spiralen die maar even standhielden en dan door de regen uiteen werden geslagen. Achter hem hoorde hij haar weer op de verhoging gaan zitten, het kraken van de planken en het geritsel van het tijk.

'Waar ga je heen?'

'Geen idee.' Hij keek niet om.

'Terug naar het noorden?'

'Geen idee,' zei hij opnieuw. 'Ik denk het niet. Niet meteen, tenminste.' Dacht aan het huis in Bethlehem, en aan die twee vrouwen op de boerderij in Vermont. Die moest hij toch bericht sturen. Een brief of zo. Geen idee wat hij hun moest schrijven. Eerst maken dat hij hier wegkwam. En dan iets simpels schrijven. Iets neutraals. Pijnloos. Goed laten blijken hoeveel hij van ze hield. Wat zijn plannen waren, als hij die dan had.

Achter hem zei ze: 'Neem me mee.'

Waar de regen van het schuine dak liep zag hij parelende stroompjes die plassen in de modder maakten, die zich tot een slootje samenvoegden. Hij zei: 'Mijn vader had het vlak voor zijn dood over het westen. New Mexico. Arizona. Hebben we toen grapjes over zitten maken, maar nu vraag ik me af hoe serieus hij was. Misschien rijd ik die kant wel op. Gewoon de hele herfst doorrijden. Overal waar het kan op kwartels jagen met die twee. De herfst en de winter, aan één stuk doorrijden. Kijken hoe het daar is. Hoe het eruitziet. Ik weet niet.'

Ze zweeg achter hem.

Na een poosje schoot hij de sigaret tussen zijn vingers vandaan de modder in, keek toe hoe hij doordrenkt raakte en uit elkaar viel. Toen hij er niks meer van kon zien, het papier en de tabak in de modder waren opgegaan, zei hij: 'Weet je wat het is. Als ik je meenam, zou ik elke keer dat ik je aankeek aan deze plek moeten denken. En ik moet dit juist zo snel mogelijk zien te vergeten.' Hij keek haar nog steeds niet aan.

Haar stem was heel zacht. 'Je vergist je. Het is precies andersom. Als je me meeneemt, ga ik bij alles horen wat je daar ziet en meemaakt. Laat je me hier, dan moet je elke keer dat je aan mij denkt ook aan dit hier denken. Dan ga ik daar juist bij horen. Dan zal ik nooit meer alleen Daphne voor je zijn. Nooit meer. Ik heb tweeënveertig dollar.'

Dat laatste deed hem niet glimlachen, al meende hij in zijn binnenste een glimlach te voelen. Hij stond op, tuurde nog even naar de regen en keerde zich naar haar om. Hij zei niets, keek haar alleen maar aan, aandachtig, alsof hij haar lezen kon, elke regel, alles wat hij kon leren of hoopte te leren. Om dat in zich op te nemen. Met zich mee te nemen. Ze zag het hem doen.

'Ga dan maar,' zei ze.

'Daphne.'

'Nee, ga maar. Vooruit.'

'Luister nou even.'

'Nee. Ga maar, Foster Pelham. Ga maar meteen. Kijk, je hebt hier alleen die ouwe reistas en dat geweer. Je honden lopen zelf wel. O ja, die ouwe slaapzak nog.' Ze rolde opzij en trok de slaapzak onder zich vandaan. Vouwde hem op en legde hem op het uiteinde van de tijk. 'Alsjeblieft. Klaar voor vertrek.'

'Daphne...'

'Hou je bek! Wat het ook is, ik hoef het niet te horen. Of weet je ineens wat je twee nachten terug niet wist te zeggen? Altijd het ouwe liedje. Ik hoef het niet te horen, Foster. Hou maar lekker voor je. Zeg het jezelf maar, mij niet. Ga maar gauw. Uit mijn ogen.'

Hij stond zwijgend voor haar. Verbluft, stuntelig, overdonderd door haar woede. Na een tijdje zei hij iets waarvan hij wist dat hij het beter niet kon zeggen, maar het was het enige wat hij nog bedenken kon. 'Mag ik je nog wel een lift naar huis geven?'

Haar gezicht schoot omhoog, haar ogen wild van woede. 'Ik ga nergens heen. Ik blijf gewoon hier, en ik moet zeker geen lift van je. En sodemieter nou maar op!'

Hij droeg zijn spullen naar de auto en stapte in, nam de oliedoek om de L.C. Smith schoon te vegen en legde hem in zijn koffer, legde de koffer in de laadbak bij de whiskey en zijn geld, tilde de achterbank erop. Terug naar de tuin, waar Glow en Lovey op hem zaten te wachten. Hij liet ze het hek door, de achterbank van de auto op, waar ze zich allebei in een behaaglijke krul neervlijden, alsof ze wisten dat ze een lange rit voor de boeg hadden. Hij ging achter het stuur zitten. De regen bleef neerstromen, de dag was niets dan bruin en grijs, zelfs de bladeren van de eiken waren grauw, anoniem in het ruisende water. Het duurde niet lang of alle ruiten waren beslagen, door die natte honden en ieders ademhaling. Hij draaide het raampje aan zijn kant omlaag en liet zich natregenen, stak nog een sigaret op. En hij wist dat hij haar niet alleen zou laten, niet zou achterlaten op deze plek. Was er zeker van dat haar vertrouwen in hem gegrond was. Dat hij te vertrouwen was. En toen begreep hij dat het niks met vertrouwen te maken had. Omdat het alleen maar met haar te maken had. Dat hij haar niet verlaten wilde omdat hij haar net zomin verlaten kon als zichzelf. Hij gooide de sigaret naar buiten en bleef nog even zitten, in het besef dat dit de eerste keer was dat zijn leven ging veranderen omdat hij dat zelf wilde, niet door iets wat iemand anders had gedaan of gezegd. Dit moment, deze dag, was het ware begin van zijn leven. Hij stapte uit en liep door de tuin terug naar de hut, waar hij even voor de deuropening bleef staan en naar binnen keek. Ze zat nog steeds met gekruiste benen op de verhoging, haar ellebogen op haar knieën en haar gezicht in haar handen. Haar schouders schokten. Het had een lachbui kunnen lijken, maar het enige geluid kwam van de lucht die ze wanhopig tussen haar handen door naar binnen zoog. Hij stapte de hut in en zei: 'Ik heb geen idee hoe ver we vandaag nog komen met dat rotweer, maar ik wil hier vanavond toch wel een flink eind vandaan zijn. En dan kijken we daar wel of we ergens een paar landkaarten kunnen kopen.'

Ze hief haar hoofd op, haar gezicht nat en vlekkerig. Liet haar handen in haar schoot vallen en keek opzij, keek hem aan, haar lippen getuit alsof ze een geluidloos deuntje floot.

En met een voldane blik vroeg ze: 'Hebben we kaarten nodig dan?'

Woord van dank

Mijn dank gaat uit naar Ginger West en Allan Wolfe voor hun beoordeling van het ruwe materiaal; Kim Witherspoon voor haar voortreffelijke ondersteuning; Elisabeth Schmitz, Morgan Entrekin en alle anderen van Grove/Atlantic voor hun toegewijde aandacht; de familieleden die me bleven bemoedigen, hun heimelijke twijfels ten spijt; en tot slot mijn moeder die me, naast andere passies, de liefde voor lezen en boeken bijbracht, al die jaren terug op het gazon van de boerderij in North Pomfret.

Inhoud

	Proloog	5
I	Randolph	9
II	Bethlehem	175
III	Sweetboro	359
	Woord van dank	491